启真馆 出品

［斯洛文尼亚］

SLAVOJ ŽIŽEK

斯拉沃热·齐泽克

THE PARALLAX VIEW

视差之见

季广茂 译

ZHEJIANG UNIVERSITY PRESS
浙江大学出版社

目 录

二 太阳视差：难以承受的非我之轻

三 月球视差：走向减法政治

引论：辩证唯物主义兵临城下

媒体 2003 年报道了两则异乎寻常的消息。

西班牙一位艺术史学家披露了现代艺术首次被处心积虑地用作酷刑手段的情形。瓦西里·康定斯基（Wassily Kandinsky）和保罗·克利（Paul Klee），以及路易斯·布努埃尔（Luis Buñuel）和萨尔瓦多·达利（Salvador Dalí），都为于 1938 年在西班牙巴塞罗那建造的系列秘密牢房和酷刑中心提供了灵感。这些牢房和酷刑中心是法国无政府主义者阿方斯·劳伦奇克（Alphonse Laurencic）的杰作。顺便说一句，劳伦奇克是斯洛文尼亚姓氏。他发明了一种颇具"心理技术"含量的酷刑：建造了他所谓的"彩色牢房"（colored cells），作为对反佛朗哥的武装力量的贡献。[1] 这些牢房的建造既蒙恩于几何抽象艺术（geometric abstraction）及超现实主义艺术的观念，又受益于先锋派艺术有关色彩心理属性的理论。床铺前高后低，呈 20 度斜坡状，使囚徒几乎无法入眠。六英尺见长、三英尺见方的牢房，地面布满了砖块等几何形块状物，以阻止囚徒走来走去。囚徒唯一能做的，就是凝视墙壁。墙壁呈弯曲状，覆盖着足以改变心理状态的立方体、正方形、直线、螺旋线等图案。借助于色彩、视角、比例之类的机关，这些图案足以引发精神上的混乱和痛苦。灯光效果予人以这样的印象：墙壁上眼花缭乱的图形正在移动。阿方斯·劳伦奇克更喜欢使用绿色，因为根据他有关"不同颜色会导致不同心理效果"的理论，绿色令人感到忧郁和悲哀。

第二个消息：原以为瓦尔特·本雅明于 1940 年在西班牙边境的一个村落自杀身亡。他之所以自杀，是害怕自己被遣返法国，落入法西斯特工的魔掌。其实他并非死于自杀，而是死于苏联特工之手。[2] 死前

---

1 See Giles Tremlett, "Anarchists and the Fine Art of Torture," *The Guardian*, January 27, 2003.

2 See Stuart Jeffries, "Did Stalin's Killers Liquidate Walter Benjamin?" *The Observer*, July 8, 2001.

几个月里，他一直在写《历史哲学论纲》（"Theses on the Philosophy of History"），那是他对马克思主义所做的分析。就在本雅明去世前后，许多人都因为苏德条约，而对莫斯科感到幻灭。作为回应，一个"刽人"（killerati）[1]——从知识分子中招募的、用以执行暗杀任务的特工——结果了他。之所以夺他性命，终极原因在于，他在穿山越岭，从法国逃往西班牙的过程中，怀揣一份手稿。这份手稿是他一直在巴黎的国家图书馆苦心经营的大作，即对《历史哲学论纲》的详尽阐述。装有手稿的公文包被委托给了同行的逃亡者。这位逃亡者心不在焉地把手提箱遗失于从巴塞罗那前往马德里的列车上。简言之，斯大林读过本雅明的《论纲》，他知道本雅明要以这个《论纲》为基础撰写一部著作，他要不惜任何代价，阻止该著作的出版……

这两则消息的共同之处不仅在于，在高雅文化（美术与理论）和低劣野蛮的政治（谋杀与酷刑）之间存在着惊人的联系。在这个层面上，两者间的联系并不像我们最初想象的那样出人意料：欣赏抽象艺术（如聆听无调性音乐）无异于遭受酷刑，这不是最通俗的常识性看法吗？依此类推，我们可以轻而易举地设想一座监狱，在那里，囚犯被迫永不间断地收听无调性音乐。另一方面，"更深刻"的常识告诉我们，勋伯格（Schoenberg）在其音乐中表达了对大屠杀和集中轰炸的极度恐慌，然后才出现了大屠杀和集中轰炸。不过，说得更绝对些，这两则消息的共同之处在于，它们之间有联系，但这种联系不可能发生短路，也就是说，出于结构性的原因（structural reasons），它们各自代表的层面永不相交。也就是说，绝不可能透过斯大林主义的视角领悟本雅明《论纲》的真实维度。这两则消息得以成立，是因为它们共同基于一个错觉，即可以把两个互不相容的现象置于同一个层面上。该错觉与康德所谓的"超验错觉"（transcendental illusion）酷似。它是这样一种错觉：可以运用同一种语言描述不同的现象，尽管这些现象根本无法相互转译，我们也只能透过某种视差之见（parallax view）来把握它们。在透过视差把握它们

1　"killerati"可能来自"literati"，是对"literati"的"戏改"。"literati"意为文人，故把"killerati"译为"刽人"。——译者注

时，我们总在两点之间变换视角（perspective），而两点之间，绝不存在任何综合（synthesis）和调停（mediation）的可能。因此，这两个层面无法和睦相处，也没有共享的空间。尽管它们密切相连，甚至在某种程度上完全一致，但它们毕竟处于同一个莫比乌斯带（Moebius strip）的完全相反的两面。列宁主义政治和现代主义艺术的邂逅（集中体现在列宁与达达主义者在苏黎世伏尔泰咖啡馆会面这一幻象之中），在结构上是无法发生的。说得更激进些，革命政治和革命艺术是在完全不同的时间内运行的。尽管它们有联系，却是同一现象之两面；因为是同一现象之两面，它们永远无法相交。[1]事实上，就文化而言，列宁主义者多钦佩伟大的古典艺术，而现代主义者则多是政治保守派，甚至是原法西斯主义者（proto-Fascists）。这绝非历史的偶然。法国大革命（French Revolution）与德国唯心主义（German Idealism）的联系，不是早已给我们提供了这方面的教益？尽管是处于同一历史时刻，但它们毕竟属于同一历史时刻的两个方面，因而无法相交。也就是说，德国唯心主义只能出现在德国那种"落后"的条件下。在那里，任何政治革命都无法发生。

简言之，这两则奇闻轶事的共同之处在于，无法消除的视差分裂（parallax gap）出现了，两个密切相连的视角之间的对抗形成了，而且在两个视角之间，无法存在共同的中立地带。[2]就第一种情形而言，视差分裂这一概念不得不表现为康德对黑格尔的某种报复："视差"不就是基本二律背反（*antinomy*）的别称吗？二律背反永远无法通过辩证地"调停／扬弃"（mediated/sublated）进入更高级的综合，因为两个层面之间并不存在共同语言和共享地带。本书的使命并不在于使辩证法面临不可跨越的障碍，而在于证明，视差分裂提供了使我们能够识别辩证法

1　"革命乌托邦"的最简洁的定义或许是这样的：指一种社会秩序（social order），在那里，这种二元性，这种视差分裂将不再有效。也就是说，"革命乌托邦"指一种空间，事实上，列宁在那里与达达主义者相遇和论战。

2　如果我们看得更仔细些，就会明白，这两则奇闻逸事之间的关系正是视差的关系：它们的对称并不纯粹，因为有关阿方斯·劳伦奇克（Laurencic）的奇闻轶事显然以政治为核心的（政治恐怖和政治酷刑），它把现代主义艺术当成滑稽的对应物（comical counterpoint）来使用；有关本雅明的奇闻逸事是以"高级理论"（high theory）为核心的，它把斯大林当成滑稽的对应物来使用。

的颠覆性内核的关键。对于辩证唯物主义哲学的康复而言，把视差分裂真正理论化，是必不可少的第一步。[1]我们在此遇到了一个基本悖论：如今许多科学都在自发地践行唯物主义辩证法，但从哲学上讲，它们全都摇摆于机械唯物主义（mechanical materialism）和唯心主义蒙昧主义（idealist obscurantism）之间。在困难重重的年代，不存在妥协的空间，不存在"对话"，不存在对盟友的寻求。如今，在辩证唯物主义暂时撤退的年代，列宁的战略洞察力是至关重要的："军队在撤退时比在进攻时，更需要千百倍地强化纪律。……一个孟什维克说了，'你们现在撤退了；我一直都主张撤退；我同意你们的看法，我是你们的人，让我们一起撤退吧。'我们回答说，'为了让孟什维克主义当众原形毕露，我们的革命法庭将之判处死刑，否则那就不是我们的法庭，鬼才知道那是谁的法庭。'"[2]

　　辩证唯物主义已经不再怎么为人认可，更不必说那令人尴尬的"唯物主义辩证法"（materialist dialectic）了。在这里，从"确定的反思"（determinate reflection）转向"反思的确定"（reflective determination），是生死攸关的。它提供了另一个证明下列情形的个案：单词或单词所处的位置决定一切。[3]我们这里面对的转移是关键的辩证性转移（dialectical shift）。这一转移极难把握，因为"消极的辩证法"（negative dialectics）已经与"消极性之爆炸"（explosions of negativity）一拍即合，与所有能够想象出来的、形态各异的"抵抗"、"颠覆"难解难分，但又无法克服它对先前的积极秩序（positive order）的依赖，因为它就寄生在先前的积极秩序之上。从由（压迫性）体制解放出来的狂野之舞（wild dance）到（德国唯心主义者所谓的）"自由之体制"（System of Liberty），莫不如此。单从革命政治（revolutionary politics）中提取

1　我分享阿兰·巴迪欧（Alain Badiou）的下列信念：现在已经到了采纳这个问题重重的术语的时候了。巴迪欧在他即将出版的《世界的逻辑》（La logique des mondes）中，把"民主唯物主义"（democratic materialism）与"唯物主义辩证法"（materialist dialectics）的对立视为今日首要的政治-哲学对立（politico-philosophical opposition）。

2　V. I. Lenin, Collected Works, Vol. 33 (Moscow: Progress Publishers, 1966), p. 282.

3　这道理同样适用于真理（truth）：从真命题（true propositions）走向真理自身，是至关重要的一步。

两个例证，就足以说明问题了：与法国 18 世纪大革命前大量出现的众多自由思想家一拍即合，不费吹灰之力。这些自由思想家既包括自由意志主义者（libertarians）又包括可怜兮兮的艺术家。自由主义者在沙龙里唇枪舌剑，尽情享受他们自身的矛盾和由此导致的悖论。可怜兮兮的艺术家以其对强权的抗议，大讨当权者的欢心。但是，彻底赞同下列转化就会困难重重——把动荡不安的局面转化为严酷的革命恐怖（revolutionary Terror）这一新秩序。同样，与十月革命后最初几年那疯狂而又富有创意的动荡局面一拍即合，轻而易举。那时的至上主义者、未来主义者、建构主义者，等等，全都充满了革命的激情，奋勇争先。但是，要在 20 世纪 20 年代后期强迫集体化这一行动中，识别出要把这种革命激情转化为积极的社会新秩序的努力，却要困难得多。从伦理上讲，没有什么比革命的美丽灵魂（Beautiful Souls）更令人厌恶了，因为这些革命的美丽灵魂拒绝从后革命礼物这个十字架（the Cross of the postrevolutionary present）上，识别出他们当初那些花团锦簇的自由梦想所包含的真理。

　　从哲学上讲，斯大林主义"辩证唯物主义"并不精巧。指出这一点，并没有超出"辩证唯物主义"自身，因为我所要做的，就是把我的黑格尔-拉康立场（Hegelian-Lacanian position）与辩证唯物主义哲学的同一，设想为黑格尔式的无限判断（infinite judgment），即设想为最高级和最低级的思辨性同一（speculative identity）。这就如同那个颅相学公式（formula of phrenology）——"精神是根骨头"。如此说来，对辩证唯物主义所做的"最高级"解读和"最低级"解读的差异何在？钢嘴铁牙的第四导师[1]犯了严重的哲学错误，因为他把辩证唯物主义与历史唯物主义之间的差异存有论化了（ontologized），把它们之间的差异设想为一般形而上学（*metaphysica universalis*）和特殊形而上学（*metaphysica specialis*）的差异，设想为下列两者间的差异：其一是普遍存有论（universal ontology），其二是普遍存有论在特定社会领域的运

1　现在此人必须处于匿名状态，就像藏身于历史唯物主义这个傀儡内的侏儒一样。

用。[1]为了从"最低级"走向"最高级",我们要做的全部事情,就是把这种普遍与特殊的差异,置换为特殊自身:辩证唯物主义提供了另一种人性观,不同于历史唯物主义。……没错,再说一次,历史唯物主义与辩证唯物主义之间的关系是视差关系;本质上,它们是相同的,从一者转向另一者,纯粹是视角的转换。它引入了诸如死亡驱力(death drive)——人的"非人"内核——之类的话题,而死亡驱力超越了人类集体实践(collective praxis of humanity)的视野。分裂被视为人性自身的固有之物,被视为下列两者间的分裂:其一是人性,其二是非人的过度(inhuman excess)。

有人把精神分析运用于社会-意识形态过程,随之有人对此做了乏味的标准的批评,然后又有人从精神分析的角度对这一标准批评作出回应。在下列两者之间存在着结构性类似:其一是历史唯物主义与辩证唯物主义的关系,其二是上述真正的精神分析回应。扩展某些原本用于个人治疗的概念,把它们运用于集体性实存物(collective entities),并把宗教说成是"集体性强迫神经症"(collective compulsive neurosis),这是"正当"的吗?精神分析的焦点不在这里,而在别的什么地方:社会域(the Social),即社会实践和社会坚守的信念这一领域,不仅处于与个人经验不同的层面,而且还是这样的事物——个人不得不把自己与它联系在一起,个人不得不把它体验为被最小"物化"(reified)、外化的秩序。因此,问题并非"如何从个人层面跃向社会层面",而是"如果主体要

1　这里的"存有论"即"ontology"。"ontology"的中文译法甚多:"万有学"(卫礼贤)、"实体论"(陈大年)、"本体学"(常守义)、"万有论"(陈康)、"至有论"(张君劢)、"存有论"(唐君毅)、"有根论"(张岱年),"是论"(陈康、汪子嵩、王太庆等)、"是态论"(陈康),等等。"本体论"是最常见的译法。本书提及这一哲学范畴多达189次(包括"ontology"、"ontological"和"ontologize")。此外,齐泽克还多次提及康德所谓的"现象"(phenomena)与"本体"(noumenon or noumena),且"本体"一词(包括noumenon, noumena, noumenal, noumenally)出现49次之多。通常所谓的"本体论"与康德所谓的"本体"相去甚远。为避免混淆,本书译者将通常所谓的"本体论"译为"存有论"。如此翻译还有一层考虑:在本书中,齐泽克亦步海德格尔后尘,多次将"ontology"与"ontic"对举。"ontic"本书译为"存有性"。海德格尔把"存有性"(the ontic)与"存有论"(the ontological)严格区别开来:我们对世界的认知、体悟始于"存有性",始于对现象的庸常体验,终于探寻其"存有论的意义"(ontological meaning);"存有性客体"(ontic object)是由意识直接通过感知确定性(sense-certainty)来认知、体悟的,"存有性客体"的"存有论意义"乃"存有性客体"的本质。

保持'精神健全'，发挥'正常'功能，制度化践行和制度化信仰这个外在的－非个人的社会－符号秩序（external-impersonal socio-symbolic order）就应该建立起来。何以会是这样？"以那个众所周知的自我主义者为例，他对道德规范这个公共制度冷嘲热讽、不屑一顾。一般说来，这样的主体之所以能够正常运作，是因为这个制度就"在那里"，是被公开认可的。也就是说，某人要想成为一个私下里的狗智派[1]，他就必须预先假定：存在着一些幼稚的人，他们"真正相信"这个制度。换言之，个人与"非个人"的社会维度之间的分裂，就要回过头来，铭刻在个人身上。社会实体（social Substance）这一"客观"秩序，只有人这样对待它时，与它关联起来时，才会存在。这方面的最高范例不（再次）就是耶稣基督吗？在他身上，上帝与人的差异被转移到了人的身上。

　　至于思想（thought）与存在（being）的关系，历史唯物主义和辩证唯物主义全都舍弃了前哲学（prephilosophically）的、幼稚的"辩证唯物主义"思想观，即把思想视为对存在的反映／镜射，把存在视为"独立的、客观存在的现实"这一观点。不过，它们在这样做时，所取

　　1　"狗智派"（cynic），原译"犬儒派"，源于"cynicism"一词。"cynicism"原译"犬儒主义"，译者主张译为"狗智主义"。从字面上看，狗智主义（cynicism）即犬儒主义（cynicism），但这种犬儒主义与以前的犬儒主义大相径庭。"犬儒主义"一词有三义：（1）指古希腊由犬儒（Cynic）践行的哲学主张，后形成流派，世称犬儒派（Cynics）。它否定社会与文明，倡导回归自然，主张清心寡欲，鄙弃荣华富贵。（2）西方进入19世纪后，"犬儒主义"摇身一变，成为某种特定的人生态度或心理状态，其特点是对人类、文化和制度采取怀疑一切、否定一切的态度，对之冷嘲热讽，表现出愤世嫉俗、玩世不恭、厌倦尘世的样子。用泽克的话说，这时的"犬儒主义代表着平民大众、黎民百姓对官方文化的拒绝，而拒绝的方式则是反讽（irony）和讥讽（sarcasm）：经典的犬儒做法，是以庸常的陈词滥调（everyday banality）对抗占统治地位的官方意识形态所使用的乏味语句（pathetic phrases），反抗它神圣、低沉的语调，并将这种语句和语调提升到荒诞不经的高度，以此揭露掩藏在高贵意识形态语句下面的自我利益、血腥暴力和对权力的极度渴望。……例如，当政客号召大家履行为国牺牲的义务时，犬儒主义会揭露说，这位政客正在从别人的牺牲中捞取个人利益"。（3）第三种意义的犬儒主义恰恰是对第二种犬儒主义的"否定"：它对"掩藏在高贵意识形态语句下面的自我利益、血腥暴力和对权力的极度渴望"一清二楚，但依然找理由为这种现象进行辩解：在高贵意识形态语句下面固然有自我利益、血腥暴力和对权力的极度渴望，在"低贱"意识形态语句下面又何尝不是如此？有一种意识形态的面具来遮掩那些肮脏的东西，总比赤裸裸的肮脏强吧？伪君子固然不好，总比真小人强吧？这时的犬儒主义不仅与古希腊的犬儒主义风马牛不相及，而且与19世纪以来的犬儒主义态度南辕北辙，译为犬儒主义，容易造成理解的混乱，无奈之下，译为"狗智主义"。犬儒者，"犬仁"也，因为儒家以"仁"为本；狗智者，重"智"轻"仁"。——译者注

的路径完全不同。借助于思想这一概念，历史唯物主义克服了从外部
把思想与存在并置的做法，不再把思想视为对"客观现实"的被动镜
射。思想（"意识"）在它那里被视为（社会）存在、集体实践这一过
程的内在时刻，被视为嵌入社会现实的过程（尽管在美国入侵伊拉克
后，人们已经羞于使用"嵌入"这一动词），被视为自身的积极的时刻
（active moment）。卢卡奇在《历史与阶级意识》中对这一"克服"所
做的讨论，无人能出其右："意识"（consciousness）——意识到自己具
体的社会地位及其革命潜能——改变了存在自身，也就是说，它把被
动的"工人阶级"——社会大厦中的一个阶层——转化成了作为革命
主体（revolutionary subject）的无产者。可以说，辩证唯物主义是从相
反的一面处理这个纽结的：它面临的问题，并非如何借助于实践-辩证
的调停（practico-dialectical mediation）克服思想与存在的外在对立；
它面临的问题是，思想与存在的分裂（存在是对思想的否定），是如何
在积极存在（positive being）这一平面秩序（flat order）中形成的。换
言之，就在卢卡奇等人努力证明思想是社会存在的积极的-构成性时
刻（active-constitutive moment）时，辩证唯物主义的基本范畴（诸如
"死亡驱力"的否定性）则瞄准了思想这一被动性（passivity of thought）
的"实践"方面：对于活生生的存在来说，打破/延缓生命繁殖的循
环（cycle of the reproduction of life），把非行为（non-act），即退入与存
在保持着的反射性距离之内，设定为最激进的干预，这是如何可能的？
依照克尔凯郭尔的说法，关键并不在于克服思想与存在的分裂，而是在
它"化成"（becoming）的过程中设想它。当然，对于思想与存在的分
裂的形成，卢卡奇派的实践哲学（philosophy of praxis）提供了自己的
解释：既置身于客观过程之外又作为外部操纵者干预客观过程的观察
主体（observing subject），本身就是社会异化/物化的结果。不过，这
个解释没有考虑到实践的出现，即没有考虑到它那被抑制的"超验起
源"（transcendental genesis）。这个解释只能运行于社会实践领域之内，
有其无法超越的视域（insurmountable horizon）。这对历史唯物主义的
补充是至关重要的：没有它，我们或者把社会提升到伪黑格尔式的绝对
主体（absolute Subject）的高度，或者不得不为包罗万象的一般存有论

（general ontology）预留空间。

辩证唯物主义原来的基本"定律"是"对立面的斗争"（struggle of opposites），新世纪（New Age）又出现了"对立面的极性"（polarity of opposites），如阴与阳的对立，即属此类。在这里，问题的关键在于，"对立面的斗争"已经被"对立面的极性"所殖民 / 迷乱（colonized/ obfuscated）。第一个关键步骤是用固有的"张力"（tension）、分裂（gap）、不重合（noncoincidence）等概念，用"太一"（the One）这个概念取代"对立面的极性"。本书立足于这种战略性的政治 - 哲学决策（politico-philosophical decision），说明这种分裂（gap）。该分裂借助"视差"概念把太一与它自身分割开来。[1] 完整系列的视差模式，出现在各种现代理论领域中。这样的理论包括：（1）量子物理学中的波粒二象性（wave-particle duality）。（2）神经生物学之视差，即对下列现象的认识：如果我们透过面部审视脑壳，我们会一无所获，那里"空空如也"，只有一堆灰质（gray matter），很难与意识和纯粹实在界（pure Real）的分裂共处。（3）存有论差异（ontological difference）之视差，即存有性（the ontic）和超验 - 存有论（the transcendental-ontological）之间的不和谐之视差：我们不能把存有论视域（ontological horizon）简化为它的存有之"根"（ontic "roots"），也不能从存有论视域（ontological horizon）断定存有性领域（ontic domain）的存在，也就是说，超验的构成（transcendental constitution）不是创造（creation）。（4）实在界之视差：拉康的实在界并不具有积极 - 实体的一致性（positive-substantial consistency），而只是它的众多视角之间的分裂。（5）欲望（desire）与驱力（drive）之间的分裂所具有的视差性质（parallax nature）：我们不妨设想，某人试图完成某个简单的体力活动，比如抓住某个一直躲避他的小东西，但他突然改变了主意，尽管在试图抓住那个小东西的过程中再三失利，但他却开始从中获得乐趣，与那个一直躲避他的小

1　我应该在此承认，我蒙恩于：Kojin Karatani's *Transcritique: On Kant and Marx* (Cambridge, MA: MIT Press, 2003).

东西嬉戏……这时，他从欲望转向了驱力。[1]（6）无意识之视差：在弗洛伊德理论大厦的两个方面之间，在他对无意识构成（formations of the unconscious）的解释与他提出的驱力理论（theories of drives）之间，缺乏公约数（common measure）。他的无意识构成理论体现在《梦的解析》（*The Interpretation of Dreams*）、《日常生活的精神病理学》（*The Psychopathology of Everyday Life*）和《笑话及其与无意识的关系》（*Jokes and Their Relation to the Unconscious*）中，他的驱力理论体现在《性学三论》（*Three Essays on the Theory of Sexuality*）中。（7）最后也最不重要的是阴道视差（parallax of the vagina），即从性插入（sexual penetration）的终极客体——性秘密（mystery of sexuality）的化身——向母性器官（即出生）的转移。

最后，但并非最不重要的是，我们应该承认哲学自身的视差身份（parallax status）。哲学是深深陷于"视差"之域的人的思想，它自诞生之日起（哲学始于苏格拉底之前的爱奥尼亚人），就寄身于各种实质性社会群体（substantial social communities）的间隙之中，我们无法把这些思想与任何积极的社会身份（social identities）完全等同起来。列奥·施特劳斯（Leo Strauss）曾在《论暴政》（*On Tyranny*）中回答下列问题："哲学性政治（philosophic politics）寄身于何处？"他答道，哲学性政治寄身于"以下列事实令城邦心满意足：哲学家不是无神论者，他们并不亵渎城邦视为神圣的任何事物，他们敬畏城邦敬畏的事物，他们不是颠覆分子，一句话，他们不是恣意妄为的冒险家，他们是最好的公民"。[2]当然，这是防御性的生存策略，其目的在于掩盖哲学货真价实的颠覆性。在海德格尔的解释中，这一生死攸关的维度不见了：自他心仪的苏格拉底以前的古希腊哲学出现以来，就任何公共身份而言，哲学化是如何涉及"不可能"的、被废黜的立场的？无论这公共身份是"经济"（*oikos*，即家庭组织）还是"城邦"（*polis*）。和马克思眼中的交换一

1　虽然无法达到满足欲望的目的，却要从这一失利中受益。这是一种策略。驱力就是作为这样的策略出现的。

2　Quoted from Anne Norton, *Leo Strauss and the Politics of American Empire* (New Haven:Yale University Press, 2004), p. 217.

样，哲学寄身于不同共同体的间隙之中，寄身于不同共同体之间那不堪一击的交换、流通空间之中。这样的空间缺乏任何积极的身份。在笛卡儿那里，这不是明摆着的事情吗？由他的普遍怀疑立场构成的坚实经验，恰恰是对以下列事实的"多元文化"式体验：我们的传统并不比别人的传统好多少，尽管在我们眼中，别人的传统总是那么"稀奇古怪"：

> 我在大学读书时听人说过，所有能够想象出来的事物，无论怎样稀奇古怪或离奇荒诞，不是被这个哲学家倡导过，就是被那个哲学家信守过。在后来的旅行过程中，我进一步得知，有些人的情感与我们的情感截然相反，但他们未必就残暴野蛮，他们拥有的理性可能跟我们不分伯仲，甚至还略胜我们一筹。我还想到，一个人在心智与精神上本与我们完全相同，但如果他在法国人或德国人中度过童年，或在中国人或食人族中了却一生，就会与我们有天壤之别。我还注意到，即使就人的服装时尚而论，同样一件衣服，十年前令我们满心欢喜，十年内或许还能差强人意，但现在却显得放荡荒谬。于是我得出了这样的结论：真正令我们折服的，更多的是习俗和范例，而非任何确定的知识。即便如此，多数人的声音并不能证明它在并不容易发现的真理方面拥有任何价值，因为发现真理的，很可能是一个人，而不是一个民族。不过，因为不能确切地说出哪个人的见解比他人的见解更为可取，我只好强迫自己采纳由我自己的程序确定的方向。[1]

柄谷行人（Kojin Karatani）强调"我思"（cogito）的非实体性，这是有道理的："它是无法正面谈论的；一旦正面谈论，其功能即告丧失。"[2] "我思"并非实体性实存物（substantial entity），而是纯粹的结构性功能，是一个空位（拉康所谓的$)。如此说来，它只能出现在诸种实体性公共系统（substantial communal systems）的间隙之中。一边是"我

1　René Descartes, *Discourse on Method* (South Bend: University of Notre Dame Press, 1994), p. 33.
2　Karatani, *Transcritique*, p. 134.

思"的出现,一边是实体性公共系统的瓦解与消失,两者之间的联系是与生俱来的。与笛卡儿相比,这道理甚至更适用于斯宾诺莎:尽管斯宾诺莎批评了笛卡儿的"我思",把它视为积极的存有论实存物(positive ontological entity),但还是暗中对它表示赞同,并把它视为"被阐明者之位"(position of the enunciated),即这样的位置,从那里可以表达彻底的自我怀疑。之所以这么说,是因为斯宾诺莎是从诸种社会空间的间隙中发话的——他既非犹太人,亦非基督徒。在这一点上,他比笛卡儿有过之而无不及。

实际上,斯宾诺莎就是"这样的哲学家"(philosopher as such)。他拥有双重弃儿(double outcast)的主体立场——他甚至被西方文明的弃儿群体驱逐出来。也正是由于这个缘故,我们应该把他视为一个范例。这样的范例使我们能够发现类似位移的踪迹,发现公共的"脱臼"(out-of-joint)。这样的位移和"脱臼"为尼采之前的所有伟大哲学家所共有。尼采是德国人,他以此为耻,并骄傲地强调他的波兰之根。对于哲学家而言,种族之根、民族身份等等均不属于真理的范畴(category of truth)。或用康德的话严格地说,一旦想到了自己的种族之根,我们就已开启理性的私人用途(private use of reason),受限于偶然的、教条化的前提预设。也就是说,我们充当的是"不成熟"的人,而不是自由自在的人类存在,没有寄身于理性的普遍性(universality of reason)这一维度之上。这样说,当然不是我们为自己的种族之根而羞愧。我们可以热爱自己的种族之根,可以为之骄傲。回到故乡总能温暖我们的心房。但不可改变的事实依然是,说一千道一万,这一切都与我们的论题毫不相干。我们应该像圣保罗(Saint Paul)那样,他虽然为自己特殊的身份——身为犹太人和罗马公民——感到自豪,心里依然一清二楚:在基督教绝对真理这一恰当空间内,"既没有犹太人,也没有希腊人"。……他内心挣扎着的,并非一个群体是否比另一个群体"更具普遍性",而是是否服从全然不同的逻辑(entirely different logic):这里的逻辑不再是一个自我一致的实体性群体(self-identical substantial group)对抗另一个群体之逻辑,而是这样的对抗(antagonism)之逻辑——对抗沿着对角线切过所有的具体群体。

　　笛卡儿开辟的多元文化主义，他使人的地位的相对化，仅仅是万里征程第一步。它会使我们摒弃代代承袭的见解，而正是这样见解，确保我们获得绝对确定的哲学知识。实际上，我们摒弃了虚假、动荡的家园，目的在于抵达真正的家园。黑格尔不是曾经把笛卡儿发现的"我思"比作在海上漂泊多年之后才最终看见坚实大地的海员吗？难道笛卡儿式的这种无家可归（Cartesian homelessness）只是骗人的策略性手段？难道我们在这里面对的不是黑格尔式的"否定之否定"，即在最终发现了概念性的真正家园（conceptual true home）后，对虚假的传统家园的扬弃？从这个意义上说，黑格尔满心赞许地引用诺瓦利斯（Novalis）的哲学决断（determination of philosophy），不是完全合理的吗？在诺瓦利斯那里，哲学决断就是渴望回到已经丧失的真正家园。应该在此补充两件事情。第一，就这个话题而论，康德是独一无二的：在他的超验哲学中，无家可归依然是不可简化的；我们依然处于分裂状态，注定停留在两个维度之间的脆弱位置上，注定会在毫无保证的情形下发生"信仰的飞跃"（leap of faith）。第二，黑格尔面临的处境真的那么毫无疑问？情形会不会是这样：在黑格尔那里，这个新"家园"在某种意义上就是无家可归自身，即公开的消极性之运动（open movement of negativity）？

　　沿着哲学的构成性的"无家可归"（constitutive "homelessness" of philosophy）这一思路，柄谷行人反对黑格尔-康德的世界主义的"世界-市民-社会"（world-civil-society/*Weltburgergesellschaft*）观念。这个观念并非只是把民族-国家的公民观扩展为全球性、跨国界的公民观，它还涉及下列行为：从认同自己"有机"的、寓于特殊传统的种族实体，转向完全不同的认同原理。柄谷行人在这里提到了德勒兹（Deleuze）的"普遍单一性"（universal singularity）观念，而"普遍单一性"与"个性-特殊性--一般性"（individuality-particularity-generality）这个三元组背道而驰。"普遍单一性"与"个性-特殊性--一般性"的对立，实乃康德与黑格尔的对立。在黑格尔看来，"世界-市民-社会"是没有实体内容的抽象观念，缺乏特殊性（the particular）的调停，因而缺乏完整现实性（full actuality）应有的力量。也就是说，它涉及抽象的认同，而抽象的认同无法在实体上把握主体（seize the subject substantially）。个人要想有效地分享普遍人性（universal humanity），唯一途径就是完全认同特殊的民族-国家：我必须先是德国人、英国人等或某国人，才能是"人"。[1]与此相反，在康德看来，"世界-市民-社会"标示出了普遍单一性之悖论，标示出了单个主体之悖论，单个主体以某种短路的形式，绕过了特殊（the particular）的调停，直接分享了普遍（the Universal）。对于普遍的这种认同，不是对无所不包的全球性实体（global Substance）——"人性"——的认同，而是对一种普遍的伦理-政治原理（universal ethico-political principle）的认同。这样的伦理-政治原理包括普遍的宗教集合（religious collective）、科学的集合和全球性革命组织。从原则上讲，人人都可以直接介入它们。这也是康德在其《何谓启蒙？》的著名段落中，用与"私"（private）截然相对的"公"（public）所要表达的东西："私"不是指与公共联结（communal ties）相对的个人，而是指某人的特殊认同这个公共-制度性的秩序（communal-institutional order）；"公"是某人的理性践行这个跨国界的普遍性（transnational universality）。因此，悖论在于，个人是作为单一的个人（singular individual）分享"公"领域的普遍维度的，而"单一的个人"是从他的实体性的公共认同（substantial communal identification）中抽离出来的。不仅如此，他甚至与自己的实体性的公共认同背道而驰。也就是说，一个人只有成为彻底的单一的人，只有寄身于各种公共认同的间隙，才是真正的普遍的人。[2]

　　我们很容易迷失于对众多视差分裂的非系统配置（nonsystematic

---

　　1 不过，黑格尔的整体性（Hegelian totality）就是这样的"有机"整体性——它依赖在普遍（the Universal）与个人（the Individual）之间发挥调停作用的特殊（the Particular）？正相反，驱使辩证法运动的（不）著名的"矛盾"不就是"有机"整体（普通-特殊-个人结构）与直接——未经调停——代表普遍的单一性（singularity）之间的矛盾吗？

　　2 不过，我们不应忘记，康德版或伪康德版的"世界-市民-社会"（world-civil-society）早就打着所谓新"符号阶级"（symbolic class）的幌子存在了。执行主管（executives）、记者、科学家和文化工人（cultural workers）等构成了这一"符号阶级"，并直接参与全世界的文化网络或专业网络。因此，与他们社会中的其他阶级相比，他们与处于世界最偏僻地区的同一阶级的成员的联系更为密切。这个普遍的"符号阶级"的面临的问题在于，它的普遍性立是以每个具体社会内部的彻底分裂为根基的：普遍性以独特的黑格尔式的方式，将自己内在的分裂铭刻在了每个具体情形之上。

deployment）之中。我的目的在于，通过集中关注众多视差的三种主要模式——哲学模式、科学模式和政治模式，使众多视差具有最低限度的概念秩序（conceptual order）。首先是存有论差异（ontological difference），它是决定我们能否触及现实的终极视差。其次是科学视差（scientific parallax），它是下列两者的无法简化的分裂：其一是对现实所做的现象性体验（phenomenal experience of reality），其二是对这种体验所做的科学说明／解释。它致力于为我们的"第一人称"经验提供"第三人称"的神经-生物学的解说（neuro-biological account），在认知主义（cognitivism）中达到顶峰。最后但并非最不重要的，是政治视差（political parallax），即社会对抗（social antagonism），它无视相互冲突的行动者（agent）之间的共同基础。很久很久之前，它一度被称为"阶级斗争"。社会对抗有两种主要存在模型，本书最后两章关注这两种存在模型。一章关注下列两者间的视差分裂：其一是公开律令（public law），其二是对公开律令所做的超我的、淫荡的补充（superego obscene supplement）。另一章关注下列两者间的视差分裂：其一是从社会介入（social engagement）退隐的"巴特尔比"（Bartleby）态度，其二是集体性的社会行动。哲学模式、科学模式和政治模式构成了本书的三重结构；在每一部分之间，加入一个插曲，它把概念网络（conceptual network）运用于更为具体的领域（亨利·詹姆斯的小说；资本主义和排犹主义的联系）。

我们要在三部分的每一部分中辨别和部署相同的形式操作（formal operation），但每一次辨别和部署都处于不同的层面：分裂被视为不可简化和无法克服之物；分裂设定了现实领域的界限。哲学围绕着存有论差异（ontological difference）运转，而存有论差异即存有论视域（ontological horizon）和"客观"的存有性现实（ontic reality）的分裂；认知主义的脑科学（brain sciences）围绕着下列两者的分裂运转：其一是主体的现象性自我关联（phenomenal self-relating），其二是大脑的生物物理现实（biophysical reality of the brain）；政治斗争围绕着下列两者间的分裂运转：其一是真正的对抗，其二是社会经济现实。这个三元组当然与普遍-特殊-单一（Universal-Particular-Singular）无异：普遍的哲学，特殊的科学，政治域（the political）的单一性。[1] 在所有这三种情形下，问题在于，如何以唯物主义的方式思考这一分裂。这句话的意思是，一味地坚守下列事实是不够的：不能把存有论视域（ontological horizon）简化为存有性事件（ontic occurrences），不能把现象性的自我知晓（phenomenal self-awareness）简化为"客观"的大脑进程这一附带现象（epiphenomenon of "objective" brain processes），不能把社会对抗（"阶级斗争"）简化为客观的社会经济力量导致的结果。我们应该百尺竿头更进一步，直抵这种二元论下面掩藏的事物，进入导致这种二元论的"最小差异"（太一与其自身的不一致）。我写过不少东西，在那些东西中，我与德里达的著作苦苦抗争。如今德里达的时尚已渐成明日黄花，或许现在已经到了这样的时候，指出这种"最小差异"与他所谓的"延异"（différance）的邻近性，并以此纪念他。声名远扬的"延异"一词遮蔽了它前所未有的唯物主义潜能。

如果这一评估还要有所作为，那就表现在，它要把自己与那帮"即将到来的民主-解构主义的-后世俗主义的-列维纳斯式的-对大对体性的尊敬"（democracy-to-come-deconstructionist-postsecular-Levinasian-respect-for-Otherness）的寻找嫌疑犯清晰区别开来。纳博科夫曾在英文版《国王·王后·流氓》（King, Queen, Knave）的前言中，发出了具有讽刺意味的反弗洛伊德式警告。改述一下他的话，我会说，像往常一样，我喜欢指出：像往常一样（而且像往常一样，我喜欢的那几个情感纤细之人会怒气冲冲），我没有邀请"即将到来的民主"代表团（democracy-to-come delegation）大驾光临。不过，如果某个意志坚定的"即将到来的民主派"（democrat-to-come）千方百计地潜入，他或她理应被警告：众多致命的陷阱已经遍布本书，小心为佳。

拉康曾把"被阐明的主体"（the subject of the enunciated）与"阐明

---

[1]　那么，这三个时刻是否体现了绝对（存在）-客体（科学）-主体（政治）这个三元组？相反，与此相反的演进序列才是真正的黑格尔式的序列：主体-客体-绝对。与自身不同的太一（The One）就是以主体（Subject）的身份或资格出现的绝对；科学致力于把它当成客体来把握；政治就是绝对（the Absolute）"本身"，它是偶然的、脆弱的过程。在这个过程中，绝对的命运处境危殆。

的主体"（the subject of the enunciation）区分开来，我们的日常学术经验为此提供了一个美妙的例证。在学术会议上，有位演讲者问我："你喜欢我的发言吗？"我该怎么做，才能委婉地暗示，他的发言既无聊又愚蠢？我只能这样说："挺有趣的……"悖论在于，如果直接告诉他，他的发言既无聊又愚蠢，那就已经说得太多：我发出的信息会被人理解为对演讲者的存在之内心（heart of the speaker's being）进行了人身攻击，被理解为这样一种行为——我恨他，而不仅仅被理解为我对他的发言不屑一顾。在这种情形下，演讲者将有权利表示抗议："如果你真的只想告诉我，我的发言既无聊又愚蠢，为什么你不告诉我，我的发言挺有趣？"……不过，如果我真诚希望读者觉得本书有趣，那我也是在更为精确、真正辩证的意义上使用"有趣"一词的：每当用以例证一个普遍概念的众多特殊个案与它们自身的普遍性存在着张力时，对那个普遍概念的解释就会变得"有趣"。这是怎么回事？

在美国任何大型书店中，都有可能买到《莎士比亚开蒙版》（*Shakespeare Made Easy*）。那是一套特立独行的丛书，由约翰·德班德（John Durband）编辑，由巴伦出版社（Barron's）出版。那是莎士比亚戏剧的"双语"版，左页上印原版（用的是古英语），右页上则把古代英语译成了庸常的当代英语。阅读这套丛书会获得淫荡的满足，这满足来自下列事实——原来声称只是被译成了当代英语，事后证明远非如此：一般说来，德班德要以日常惯用语，直接概括（在他看来属于）以莎士比亚的隐喻习语（metaphoric idiom）所表达的意思；"To be or not to be, that is the question"（生存还是毁灭，这是个问题），变成了"What's bothering me now is: Shall I kill myself or not?"（现在让我烦恼的问题是：我是否要结果自己？）之类的东西。或许去除文学经典中的难解之语的唯一方式，就是接受这种疯狂的赌注：把它的文本重新翻译成日常的口语。

我们可以想象，如何把荷尔德林最崇高的诗句"Wo aber Gefahr ist, wächst das Rettende auch"译成日常语言："When you're in deep trouble, don't despair too quickly, look around carefully, the solution may be just around the corner."（当你陷入巨大的麻烦，不要过早地心灰意

懒，仔细环顾四周，或许解决问题的方案就在眼前。）[1] 或者以同样的方式，我们可以充分地想象，如何以淫荡的迂回曲折（obscene twist）补充海德格尔对苏格拉底之前的诗句所做的评论。海德格尔在《林中路》（*Holzwege*）中谈及阿那克西曼德（Anaximander）时，突显出单词 "*Fug*"（意为接头、接缝、关节）和 "*fügen*"（意为使接合、连接、使适合、使配合）的全部维度，突显出 *Fug* 和 *Unfug* 之间、存有论一致（ontological accord）与存有论不一致（ontological discord）之间的张力的全部维度，突显出他是如何沿着异教的宇宙观——宇宙乃男性宇宙原则与女性宇宙原则（阴与阳等等）交配的产物，沉浸于对下列问题的冥思的——交媾（f... word）一词是如何根植于这个宇宙性的 *Fug* 中的？依照海德格尔的说法，交媾的本质（essence of fucking）与交媾行为本身（act of fuck itself）毫不相干。相反，它关注和谐-斗争的交媾（harmonious-struggling Fucking），正是这样的交媾导致了宇宙的形成。

在纪录片《德里达》（*Derrida*）中，有人问德里达，如果他与某个古典大哲相遇，他会向那位古典大哲提出什么样的问题。德里达机智地答道："有关他的性生活的问题。"或许我们应该在此对德里达做出补充：如果这样单刀直入，我们或许只能得到寻常的答案。我们所寻求的，是处于各自不同的哲学层面上的性理论。或许这里的终极哲学幻象是发现一部手稿，在那里，杰出的系统家（systematician）黑格尔建立了性系统（system of sexuality），即彼此矛盾、对立、否定的性实践的系统，并从其基本僵局中推导出所有的形态，既有正常的形态，也有"变态"的形态。[2] 如同在有关黑格尔的《百科全书》中那样，我们会首先

1　英语世界一般把这句译为："But where danger is, grows/The saving power also."（哪里有危险／拯救力量就会应声而来。）——译者注

2　沿着同样的思路，我们可以想象，新近发现的海德格尔论性的笔记会以怎样的面貌呈现出来。女性的本质即 *sich anzustellen*——暴露自己，即 *sich anzubieten*——推荐／提交自己：我在这儿呢，接我走吧，来追我吧，把我留下吧。与这种挑衅性展示——*Herausforderung*——的姿势形成对比的是，男人在女性面前牛皮哄哄地展示自己，大肆炫耀：他的姿势是 *sich aufstellen*（摆开）的姿势，这是就 *sich aufspielen*（摆架子），*sich brüsten*（自吹自擂）的意义而言的。男人 *stellt sich auf*，女人 *stellt sich an*。我们由此可以想象海德格尔式的暴露／退缩之色欲学（erotic of disclosure/withdrawal）：存在通过暴露来刺激我们，通过处于暴露核心地带的退缩（withdrawal at the heart of its disclosure）来刺激我们：*Sich-Anzustellen* 的本质就是本质自身的 *Sich-Anzustellen*，人的命运就

获得主要的"对性的主观态度"的推演，包括动物交配、纯粹过剩的性欲、人类表述爱的方式、形而上学的激情（metaphysical passion）等。随后则是真正的"性系统"（system of sexuality），并依据我们通常对黑格尔的期待，组织"性系统"，将其融入某个三元组序列。在这里，起点是背后交尾，即具有动物直接性（animal immediacy）和前主体直接性（presubjective immediacy）的性行为（sexual act）；继之我们转向对它的直接（抽象）否定，即自慰。在那里，单枪匹马的自我激发是由幻象化行为来补充的。让·拉普朗什（Jean Laplanche）认为，伴随幻象的自慰是真正的人类驱力的基本形式和零度形式，而人类的驱力与动物的本能截然相反。直接（抽象）否定之后是背后交尾和自慰的综合，即以传教士性交体位（missionary position）为形式的真正的性行为。在这种性行为中，面对面的接触向我们保证，充分的身体接触（插入）依然要由幻象化行为来补充。这意味着，"正常"的人类性行为具有双重自慰（double masturbation）的结构：每个参与者都在借助于一个真实的伴侣自慰。不过，一边是粗糙的交尾现实（reality of copulation），一边是对这种交尾现实的幻象性补充，二者间的分裂已经无法消除；随之而来的性实践的种种变体和位移，又是那样的极度渴望恢复两者间的平衡。

　　因此，辩证的"进步"首先需要经历一系列的变体，涉及面孔、性器官、其他身体部位及其各自用途所遵循的模式。器官还是阳具，但它插入的地方发生了变化，如肛门和口腔。于是，以某种"否定之否定"的形式，不仅被插入的客体有变，而且作为性伴侣的整个人也走向自身的对立面（同性恋）。在进一步的发展中，目标不再是性高潮，而是恋物癖之类的东西。拳交（fist-fucking）把这整个序列引入了手与阴道的不可能的综合（impossible synthesis）：手是实施工具性活动（instrumental activity）的器官，是用来体力劳作的器官，阴道则是"自

是把事情搞砸，就是在竭力对这种刺激性的暴露作出适当的反应时大败而归……既然如此，为什么不冒险将海德格尔的反向修辞（rhetorics of reversal）——如真理的本质就是本质的真理——运用于 Abort（厕所）一词？Abort（厕所）的本质就是本质自身的 Ab-Ort（流失）……沿着同样的思路，一首诗的 Er-Örterung（字面意义是将某物放在正确的地方）同时就是它的 Ab-Örterung（从厕所马桶冲走）。那又如何看待堕胎？如果堕胎（Ab-Treibung, Fehl-Geburt）的本质毫无存有性（ontic）可言，而只是本质自身的堕胎性（abortiveness）呢？

发"的被动生殖的器官。拳头是有意识的劳作的焦点，手是我们实施最紧密的控制和训练的身体部位，阳具则是不受我们意识控制的器官，因为它的勃起与否完全独立于我们的意志。现在拳头取代了阳具，其方式类似某人以某种精心策划的工具性方式，促成一种本应"自发"形成的状态。举例说吧，诗人以"理性"的方式建构自己的诗歌，就是诗的拳交者（poetic fist-fucker）。当然，还存在着更为深入的变体，等待着我们对它们进行思辨性推想：在男性自慰时，作为终极主动器官（ultimate active organ）的手，取代了作为终极被动器官（ultimate passive organ）的阴道，并使阳具由主动走向被动。本书不再探讨可以进一步推想的更多的变体，如与动物交媾，与机器玩偶交媾，与众多伴侣交媾，如施虐和受虐等。要点在于，从一种变体走向另一种变体的"进步"，是由性关系的结构性不平衡（structural imbalance）推动的——拉康所谓的"根本不存在性关系"（il n'y a pas de rapport sexuel）。从一种变体走向另一种变体，注定使所有的性实践走向永恒的摇摆：摇摆的一极是"自发"的自我消灭这种悲怆（pathos of self-obliteration），一极是外部仪式之逻辑（即遵守规则）。性行为的最后结局是"伪无穷大"（spurious infinity）。如果推向极致，"伪无穷大"的逻辑难免导致乏味的过度（tasteless excesses），就像"精子马拉松"比赛那样：一个女人在一个小时内可使多少男人达到性高潮，等等。对于一个真正的哲学家来说，世界上还有很多事情比性更有趣。

　　使这种操练变得怪异的（即使在某些人看来并不乏味），并非它提到了性实践本身，而是两个领域出现了短路。在人们眼中，这两个领域通常是水火不容的；从存有论的角度看，它们运行于完全不同的层面。一个是崇高的哲学思辨领域，一个是烦琐的性实践领域。尽管没有任何事物先验地阻止我们把黑格尔的概念机器（conceptual machinery）运用于性实践，但情形似乎是这样的：不知何故，一旦如此做来，整个操练就会变得毫无意义，甚至更糟，整个操练就会变成一个笑谈。如此短路导致了讨厌、怪异的结果。这表明，这些短路在我们的符号世界中发挥着征兆性的作用：它们清晰展示出那些隐含的、缄默的禁令（prohibitions），而符号世界就建立在这些禁令之上。人通过为普遍性（universality）提供它"无法忍受"的例证，来践行具体普遍性（concrete universality）。当然，黑格尔的辩证法可以用来分析任何事物。话虽如此，人们还是心照不宣，不把它运用于性的分析，仿佛一旦如此，辩证分析（dialectical analysis）就会变得荒诞可笑。当然，所有的人都是平等的。话虽如此，人们还是心照不宣，把某些人看得"不那么平等"，仿佛断定人人完全平等，就会使"平等"一词土崩瓦解。

　　这就是"有趣"一词具有的不平凡的意义。正是就"有趣"的这一意义而言，我希望读者觉得本书有趣：只要我践行具体普遍性——即投身于德勒兹这个反黑格尔派所谓"扩展那些概念"（expanding the concepts）——的努力获得了成功。

一 恒星视差[1]：
存有论差异之陷阱

1 主体，这个"在内心行过割礼的犹太人"

（1）发痒的客体

除本书外，我有一本书篇幅最长。关于那本书的标题，我曾被多次问及那个显而易见却又相当中肯的问题："谁或什么是发痒或易痒的主体？"答案当然是：客体。然而，哪个客体？总而言之，统而言之，或总统而言之，这是本书讨论的话题。主体（subject）和客体（object）的差异，还可以表述为两个相应动词之异：前者是隶属，即屈从（submit）；后者是反对，即抗议（protest）、对抗（oppose）、制造障碍。主体基本的、原始的姿势就是屈从——当然是自愿地屈从。瓦格纳和尼采这两个老对手都知道，最高的自由行为就是展示"命运之爱"（amor fati）。最高的自由行为就是自由地承受无论如何都必然发生的事情。如果说主体最基本的活动就是使自己屈从于无可避免之事，那么客体被动性的基本模式（the fundamental mode of the object's passivity），客体的被动呈现（passive presence），就是这样的模式或呈现：它驱动、骚扰、打搅我们（主体），使我们（主体）遭受精神创伤。最激进的客体是表示反对和拒绝的客体，是妨碍事物平稳运行的客体。[1] 因此，悖论在于，依据标准的看法，主体是主动的，客体是被动的，主动的主体作用于被动的客体，但现在，主体和客体扮演的角色发生了一百八十度的逆转：主体是由基本被动性（fundamental passivity）来界定的，运动来自客体，它在令主体瘙痒。但是，再问一遍，这是什么客体？答案是：视差客体（parallax object）。

1　此外，"主体"一词主要有三种意义：主体是自治的行动者；主体还是行动者，但屈从（"臣服"）于某种权力；话题，"主题"（subject matter）。在这三种意义中识别出实在界、符号界和想象界这个三元组，并不困难：纯粹的主体，也即"实在界的应答"（answer of the Real）；能指主体（subject of signifier），屈从于——陷于——符号秩序；为主题、"内容"提供的想象性材料。

　　视差的标准定义是：客体显而易见的位移（在某个背景下，它的位置发生了变化）；位移源于观察者位置的变化。观察者位置的改变提供了新的视线。当然，随之而来的哲学迂回曲折（philosophical twist）是，观测到的差异不仅是"主观"的，不能仅仅归诸下列事实：那个客体就在"那里"，主体借助不同的姿势或透过不同的视点审视它。与此相反，黑格尔会说，主体和客体得到了内在的"调停"（mediated）。于是，发生于主体视点层面上的"认识论"转移，总是对客体自身的"存有论"转移的反映。或者依照拉康的说法，主体的凝视（gaze）总是在"盲点"掩护下，已经刻入那个被感知的客体。盲点"处于客体之内，而非客体本身"。通过这个"盲点"，客体把主体的凝视返还给主体。"当然，图画在我的眼中，但我也在图画中。"[1] 拉康这番话的上半部分讲的是主体化（subjectivization），即现实对主体构造（subjective constitution）的依赖，第二部分则为之提供了唯物主义的补充，它以一个污点（stain）为伪装，再次把主体刻入图画，使他成为他自己眼中客体化了的碎片。唯物主义并不直接断言，我已经被囊括于客观现实（objective reality）。如此断言的先决条件是，我的阐明位置就是外部观察者的阐明位置，外部观察者能够把握现实整体。与此相反，唯物主义寄身于反射性迂回曲折（reflexive twist）之内。借助于反射性迂回曲折，我被囊括于由我自己建立的画面。这是反射性短路（reflexive short circuit），这是必要的自我加倍（redoubling of myself）——我既处于画面之外，又处于画面之内。正是这种反射性短路，正是这种必要的"自我加倍"，证明了我的"物质性存在"（material existence）。唯物主义的意思是，我看到的现实从来都不是"完整"的。这样说，倒不是因为大部分现实是我看不见、摸不着的，而是因为现实包含着污点（stain），包含着盲点（blind spot）。污点或盲点的存在表明，我被囊括于现实之内。

　　这种结构在拉康的小客体（*objet petit a*）个案中表现得最为清晰。小客体即欲望的客体-成因（object-cause of desire）。同一个客体突然间发生了"质变"：那个客体对你而言本是普通客体，对我而言却成了力

1　Jacques Lacan, *The Four Fundamental Concepts of Psycho-Analysis* (New York: Norton, 1979), p. 63.

比多投入（libidinal investment）的焦点。这种变化是由某种莫测高深的未知因素引发的，是由客体中莫名其妙的东西（*a je ne sais quoi*）导致的。我们无法把这种莫测高深的未知因素，把客体中莫名其妙的东西，归结为客体的任何特定的属性。因此，小客体接近于康德的超验客体（transcendental object），因为超验客体代表的是未知因素——超越了客体表象的本体内核（noumenal core），代表的是"在你之内而非你"（in you more than yourself）的事物。因此，可以把小客体界定为纯粹的视差客体（parallax object）：不仅它会随着主体的位移而变化，而且只有当从某个视角观看风景（landscape）时，它才存在，人们才能识别它的出场。说得更确切些，小客体正是视差分裂的成因，正是莫测高深的未知因素。莫测高深的未知因素永远都在躲避符号性把握（symbolic grasp），因而造成了符号性视角（symbolic perspectives）的多样性。这里的悖论恰恰是这样的：在某个时刻，纯粹的差异出现了；差异不再是两个实证性存在的客体（positively existing objects）之间的差异，而是把同一个客体与这个客体自身分割开来的最小差异（minimal difference）；正是在这个时刻，这种差异"本身"（as such）与某个莫测高深的客体重合起来。因此，视差分裂的另一个名字就是最小差异。最小差异即"纯粹"差异，它无法立足于实证性的实体性属性（positive substantial properties）。在亨利·詹姆斯的短篇小说《真品》（"The Real Thing"）中，一位画家兼叙述者同意雇佣贫困的"真实"贵族莫纳克少校及其太太（Major and Mrs. Monarch），让他们来做他的模特，供他为一部豪华图书配制插图。不过，尽管他们无疑属于"真品"之列，画上的他们却像是赝品，于是画家不得不越来越多地依靠一对出身卑微的夫妇——操一口粗俗伦敦腔的模特彻姆小姐（Miss Churm）和体态柔韧的意大利人奥龙蒂（Oronte），他们对上流社会的姿势的模仿可谓惟妙惟肖。……这不就是最为纯粹的莫测高深的"最小差异"？

关于这种最小差异，一个较为复杂的文学个案是菲茨杰拉德（F. Scott Fitzgerald）的杰作《夜色温柔》（*Tender Is the Night*）经历的编辑过程，以及由此导致的命运。《夜色温柔》讲述一桩婚姻解体的悲哀故事：一方是美国富裕的女继承人尼科尔·沃伦（Nicole Warren），乱伦的受害者，患有精神分裂症；一方是才华横溢的青年精神病医师理查德·戴弗（Richard Diver），他在瑞士为尼科尔治病。在小说的第一版中，故事始于若干年后，地点是戴弗位于法国里维埃拉（French Riviera）的别墅。在那里，他们夫妇过着迷人的生活。故事是从罗斯玛丽（Rosemary）的角度讲述的。她是年轻的美国电影演员，与迪克（Dick）[1]坠入情网而无力自拔，为戴弗夫妇光鲜的生活方式所陶醉。罗斯玛丽渐渐得到一些暗示，发现在这种迷人社交生活下面，隐藏着创伤和精神崩溃的黑暗面。到了这个时候，故事回到了先前的时光：迪克与尼科尔如何相遇和相知，如何不顾尼科尔家人的疑虑缔结连理，等等。这个插曲过后，故事又回到了现在，继续描述尼科尔与迪克婚姻如何一步步分崩离析（迪克不顾一切地爱上了罗斯玛丽，等等，直至现代文学中最压抑和最绝望的结局）。不过，对于小说的第二版而言（第一版失败了），菲茨杰拉德为了使这个故事脱胎换骨，要按事情发生和发展的时间顺序重新安排内容：在第二版中，小说始于1919年的苏黎世，那时迪克是年轻的大夫，他一位当精神病医师的朋友要他接管一个难以治愈的病案，即尼科尔的病案。[2]

　　何以这两个版本都无法令人满意？显然，第一个版本更为恰当。这样说，不仅是出于纯粹的戏剧性−叙事性的缘故。它先制造了一个谜团——在戴弗夫妇婚姻的光鲜外表下面隐藏着秘密，然后在引发了读者的兴趣后，开始提供答案。罗斯玛丽的外在视点，即痴迷于迪克和尼科尔这对理想（化）的夫妇的外在视点，并非纯粹外在的。相反，它是社会"大对体"（big Other）的凝视的化身，是自我理想（Ego-Ideal）的凝视的化身。为了这个凝视，迪克过着快乐丈夫的生活，试图以自己的魅力征服他身边的每个人：即是说，这个外在的凝视，在迪克那里却是内在的，是他内在主体身份（subjective identity）的一部分：为了满足这一凝视，他才过上了如此这般的生活。除此之外，这还意味着，不能用缺陷人格的内在配置（immanent deployment of a flawed character）来

1　迪克（Dick）是理查德（Richard）的昵称。——译者注
2　欲对《夜色温柔》（*Tender Is the Night*）的两个版本问题做扼要的概览，见马尔科姆·考利（Malcolm Cowley）为企鹅版的《夜色温柔》（Harmondsworth: Penguin, 1948）撰写的"引论"。

说明迪克命运的成因：以这种方式——即以线性叙事的模式——解释迪克的悲惨命运无异于谎话连篇，无异于意识形态的神秘化（ideological mystification）。意识形态的神秘化把外在的社会关系网络转换为内在的心理特点（psychological features）。我甚至不禁要说，对迪克和尼科尔婚姻的史前史的倒叙，远远没有揭示隐藏在虚假、光鲜外表下面的现实。它只是回溯性的幻象，是在资本主义历史中发挥"原始积累"神话功能之物的叙事版。[1] 换言之，从史前史到后面真正的光鲜故事，并无直接的、固有的发展线索：从史前史到光鲜故事的跳跃是不可化约的；一个完全不同的维度开始干预。

谜团在于：为什么菲茨杰拉德对第一个版本感到不满？为什么他要以自己显然更加不满的线性叙事取而代之？如果仔细推敲，可以不费吹灰之力地看清第一个版本的局限：第一部分过后的倒叙相当突兀——从现在（1929 年的法国里维埃拉）跳到过去（1919 年的苏黎世）是令人信服的，但从过去跳到现在却"无功而返"，在艺术上缺乏充分的合理性。因此，唯一的前后一致的答案是：要想保持对艺术真实（artistic truth）的忠诚，道路只有一条，那就是，"咬紧牙关"，承认败北。也就是说，通过展示两个版本，缩小分裂（gap）本身。[2] 换言之，两个版本并不是前后连贯的，我们应该结构性地（共时性地）阅读它们，一如列维-斯特劳斯那样。列维-斯特劳斯曾经举过一个例子：同一个村庄，却被画了两幅地图。这一点下文还要详细探讨。简言之，我们在此遇到的是最为纯粹的视差功能（parallax function）：两个版本之间的分裂是不可化约的，分裂是这两个版本的"真相"（truth），即创伤性内核（traumatic core），两个版本都是围绕着这个创伤性内核运转的；根

1　即使第二个版本的"完整"叙事，也是围绕着一个黑洞结构起来的：它从导致婚姻的事件直接跳到了生活在里维埃拉（Riviera）的这对夫妇，那时，他们的婚姻已经开始解体。第一个版本的"幸福岁月"已被省略。

2　由于这个原因，我不禁要说，唯一可行的解决之道就是做路易斯·布努埃尔（Luis Buñuel）做过的事情：完全省略过去，只是在唤起的记忆中把它们呈现为黑色的污点、难以名状之物和故事"不在场的原因"。路易斯·布努埃尔自 20 世纪 50 年代以来一直致力于墨西哥版《呼啸山庄》的改编。在这个版本中，故事从希斯克里夫（Heathcliff）归来开始。几年前在希斯克里夫和凯茜（Cathy）之间发生的往事只在唤起的记忆中呈现为神秘事件。它们从未被直接呈现，甚至没有被人以语言叙述出来。

本无法消除张力，无法找到"真正"的解决之道。初看上去，仿佛是纯粹的形式叙事僵局（如何讲述这个故事，以何种顺序讲述这个故事）；事后看，是一个更为激进的与社会内容密切相关的僵局。菲茨杰拉德在叙事上的失利，他在两个版本之间的彷徨，都告诉了我们有关社会现实自身的事物，有关某种分裂的事物，而分裂是严格意义上的基本社会事实。在这里，"发痒的客体"（tickling object）就是不在场的成因（absent Cause），就是莫测高深的未知因素。正是这样莫测高深人的未知因素，瓦解了解决叙事难题的所有方案。

　　既然小客体是精神分析的对象，也难怪我们会在精神分析经验（psychoanalytic experience）的内核中遇到视差分裂。让·拉普朗什在详细阐明"引诱"这一弗洛伊德式话题面临的绝境时，实际上复制了康德式二律背反的精密结构。一方面，存在着父母引诱（parental seduction）这一野蛮的经验现实主义（empirical realism）：造成后来创伤和病态的终极原因就是，儿童确实受到过成年人的引诱和性虐。另一方面，对引诱的场景做了（非）著名的化约，即把它化约为病人的幻象。正如拉普朗什指出的那样，终极反讽在于，把引诱视为幻象而对之不屑一顾，这种做派如今已经被视作"现实主义"的姿态，以至那些坚持认为引诱确实存在的人，最后都赞许所有种类的性虐，直至极端邪恶的仪式和极度荒唐的骚扰。……拉普朗什的答案恰恰是超验性的：不能把"引诱"仅仅化约为主体的幻象，它的确涉及与大对体发出的"神秘信息"（enigmatic message）的创伤性遭遇，这证明了大对体的无意识（Other's unconscious）的存在，但我们还是无法把它化约为在儿童与成年人进行现实互动这一现实中的某个事件。与此相反，引诱是某种超验结构（transcendental structure），是儿童最低程度的先验的形式格局（a priori formal constellation）。儿童那时面临着大对体令人费解的行为，而大对体令人费解的行为证明，存在着大对体的无意识。我们在此处理的，从来都不是简单的"事实"；我们在此处理的，是永远都处于介乎"太早"（too soon）和"太迟"（too late）之间的不确定性这一空间（space of indeterminacy）中的事实。儿童最初是孤苦无助的，在他没有能力照料自己时被抛进了这个世界。也就是说，儿童的生存技能发展得太迟了。

但是，与此同时，借助于结构上的必要性（structural necessity），与性化大对体（sexualized Other）的相遇又总是来得"太早"。与性化大对体的相遇是意料之外的冲击，它永远都无法被真正地符号化，永远都无法转入意义世界（universe of meaning）。[1] 因此，引诱之事实即康德所谓的超验未知因素（transcendental X）之事实，它是超验错觉，但从结构上讲，又是必可不少的。

（2）康德式视差

柄谷行人（Karatani）在令人难忘的著作《跨越性批判》（*Transcritique*）中，[2] 致力于张扬如此"视差之见"（parallax view）的批判潜能。他声称，在面对严格的康德意义上的二律背反的姿态时，我们应该放弃把一个方面化约为另一个方面，甚至对相互对立的两方进行"辩证的综合"的努力。与此相反，我们应该坚持认为，二律背反是不可化约的；我们不应该把激进批判点（point of radical critique）设想为与某个位置相对的另一个确定的位置，而应把它设想为不同位置之间的不可化约的分裂，设想为不同位置之间的纯粹结构性裂缝（structural interstice）。因此，康德的姿势是"既不从自己的视点，也不从别人的视点审视事物，而是直面通过差异（视差）暴露出来的现实"[3]。柄谷行人不就是以这种方式断言，拉康所谓的实在界就是纯粹的对抗，是先于其术语而存在的、无法消除的差异吗？柄谷行人也是这样解读康德的自在之物的观念的（自在之物处于现象之外）：这样的自在之物不仅是我们无法把握的超验性实存物（transcendental entity），而且是这样的事物：我们只有借助我们的现实经验（experience of reality）的不可化约的

1　See Jean Laplanche, *New Foundations for Psychoanalysis* (Oxford: Basil Blackwell, 1989).

2　See Kojin Karatani, *Transcritique: On Kant and Marx* (Cambridge, MA: MIT Press, 2003).

3　Ibid., p. 3.

二律背反特征，才能识别它的存在。[1]

且让我们以康德如何面对认识论上的二律背反（epistemological antinomy）为例。如此面对认识论上的二律背反，是他那个时代的标志。这"二律"即：经验主义（empiricism）和唯理主义（rationalism）。康德在解决这个问题时，既不选择这两个术语中的一个，也不实施某种高级的"综合"。倘若如此，他会把这两个术语视为一面之词，视为总体真理（global truth）的局部时刻而"扬弃"。当然，他也没有遁入纯粹的怀疑主义。他把赌注压在了"超验的转向"（transcendental turn）上，这恰恰是要避免这样的需要：概括某个人自己的"实证性"的解决之道。康德所做的，就是改变论争中使用的术语；他解决问题的方案——超验的转向——是独树一帜的。这表现在，首先，它拒绝存有论终结（ontological closure）：它认识到，人类的生存状况存在着某种根本性的、不可化约的局限——"有限"（finitude）；这也是理性与感性、主动与被动之类的两极从来都无法充分调停-和解的原因。两个维度的综合，即下列事实——我们的理性（Reason）似乎适合影响我们的外在现实的结构，总是依赖于某种形式的惊险一跃（*salto mortale*）或"信仰的飞跃"。康德式"超验"远远不是标明两个维度的"综合"，相反，它代表着两个维度的不可化约的分裂"本身"。"超验"指向这种分裂中的某物，它是一个新的维度。无法把这个新维度化约为两个实证性术语中的任何一个。正是在这两个实证性术语之间，分裂本身也处于分裂之中。康德在处理笛卡儿与休谟（Hume）的二律背反时就是这样做的：笛卡儿的我思（cogito）是会思考的实体（*res cogitans*），是"思维实体"（thinking substance），是自我一致的实证性实存物（self-identical positive entity）；休谟则把主体分解成了众多转瞬即逝的印象。康德反对这两种立场，主张超验性统觉之主体（subject of transcendental apperception）。超验性统觉之主体一方面展示出自我反射性的一致（self-reflective unity），无法把

1　正如勒内·吉拉尔（René Girard）已经指出的那样，首次充分肯定伦理视差的不就是"约伯记"（book of Job）吗？在那里，一个视角是世界的神圣秩序，一个视角是约伯的诉苦，两个视角针锋相对，每个视角都不"真诚"。真理处在它们之间的裂缝中，处在视角的转移中。See René Girard, *Job: The Victim and His People* (Stanford: Stanford University Press, 1987).

它化约为经验的众多（empirical multitude），却又缺乏任何实体性的实证存在（substantial positive being）。也就是说，它绝对不是会思考的实体（*res cogitans*）。不过，我们在此应该比柄谷行人更加一丝不苟，柄谷行人把超验主体等同于超验错觉：

> 是的，自我（ego）只是一个错觉，在那里运作着的，是超验统觉 X（transcendental apperception X）。被大家当作形而上学的东西之所以是形而上学的东西，是因为它把这个 X 视为实体性之物。不过，人还是无法摆脱驱力（Trieb），把自我视为现身于各种语境的经验实体（empirical substance）。如果真的如此，可以说，自我（ego）只是错觉，但它是超验错觉（transcendental illusion）。[1]

不过，就精确身份而论，超验主体（transcendental subject）不是康德所谓的超验错觉（transcendental illusion），不是马克思所谓的客观上必要的思想形式（objectively necessary form of thought）。首先，超验之我（transcendental I），它纯粹的统觉，是纯粹的形式功能（formal function）。这种形式功能既非本体性的，亦非现象性的。它是空无（empty），没有现象的直觉（phenomenal intuition）与之呼应，因为如果它要显现自身，它的自我显现（self-appearance），即它的表象，就会是"物自体"，即本体的直接的自我明晰（self-transparency）。[2] 一边是超验主体的空白（$），一边是超验客体——激发我们感觉的那个难以企及的未知因素（inaccessible X）——的空白，二者的并行不悖颇具误导性：超验客体是超越了现象性表象（phenomenal appearances）的空白，而超验主体早已显现为空白。[3]

要描述在这个新维度上出现的康德式突破，最佳方式或许与"非

---

1 Karatani, *Transcritique*, p. 6.
2 见下列著作第 1 章：Slavoj Žižek, *Tarrying with the Negative* (Durham:Duke University Press, 1993).
3 沿着这样的思路判断，康德的物自体（*Ding an sich*）的视差在于，它既是感受（receptivity）对智力（intellect）的过剩——我们被动感知的不可知的外部来源，又是某个未知因素（an X）纯粹可知的、无内容的、没有我们感官支撑的建构。

人"（inhuman）这一概念已经改变的身份有关。康德引入了一个关键性区分，这就是对否定判断（negative judgment）和不定判断（indefinite judgment）所做的区分。可以以两种方式来否定"灵魂是必死的"（the soul is mortal）这一肯定判断：一种方式是以谓语动词否定主语，说"灵魂不是必死的"（the soul is not mortal）；一种是以非谓语动词（non-predicate）肯定主语，说"灵魂是非必死的（the soul is nonmortal）。史蒂芬·金（Stephen King）的任何一位读者都对这两者间的区别耳熟能详。这区别也就是"他没死"（he is not dead）和"他不死"（he is un-dead）之间的区别。不定判断开辟了第三个疆域，瓦解了原有潜在的区分："不死"（undead）并非活，但也不是死，"不死"之人恰恰是鬼怪般的"活死人"（living dead）。[1] 这道理同样适用于"非人"（inhuman）：说"他不是人"（he is not human）不等于说"他是非人"（he is inhuman）。说"他不是人"仅仅意味着，他处于人类之外，或者是野兽，或者是神仙；说"他是非人"，意味与此大相径庭：他不是人，但也不是野兽或神仙，只是被打上了骇人的过度（terrifying excess）之标签；尽管否定了他身上具有我们理解的"人性"（humanity），过度还是"做人"（being-human）的内在固有之物。或许我们应该冒险提出一个假说：这就是康德式革命带来的巨变。在前康德的世界上，人类只是人类，是理性的存在，与动物性欲（animal lusts）和神圣疯癫（divine madness）浴血奋战；只是在康德和德国唯心主义之后，过度才被视为人类的固有天性，被视为主体性之核（core of subjectivity）。也正是职是之故，在德国唯心主义之后，用以表达主体性之核的隐喻是黑夜（Night），是"世界之夜"（Night of the World），这与启蒙运动时期与四周的黑暗激烈鏖战

1　为什么康德把"灵魂是非必死的"（The soul is non-mortal）之类的判断称为无限判断？因为与"灵魂不是必死的"（The soul isn't mortal）形成对比的是，"灵魂是非必死的"这一判断覆盖了一个无限集合（an infinite set）：它不仅覆盖了"不死的灵魂"（immortal souls）这一有限集合（这时"不死的灵魂"是"灵魂"这个属的一种，它的另一个种是"必死的灵魂"），而且覆盖了开放的、无限的灵魂集合，该集合属于第三领域，既不是必死，也不是不死。对这一区分的详细阐释，见下列著作第 3 章：Slavoj Žižek, *Tarrying with the Negative*。

的"理性之光"（Light of Reason）构成了鲜明的对比。[1] 所以在前康德的世界上，某个主人公失去理智，这意味着他丧失了人性。也就是说，他被动物的激情或神圣的疯癫所攫取。但在康德那里，疯癫意味着人类之核（core of a human being）无拘无束的爆发。在卡夫卡的《变形记》中，格里高尔·萨姆沙（Gregor Samsa）的妹妹格蕾特（Grete）把她变成大甲虫的哥哥称作怪物——德语单词是"ein Untier"，即怪物。它是非动物性的，是与非人（inhuman）严格对称的。我们在这里得到的是非人的对立物：是动物，具有动物的特性，却又并非真的动物。它在兽性方面超过了动物，是动物性之创伤内核（traumatic core of animality）。它只在已经变成了动物的人那里显现"自身"。[2]

在这种分裂中出现的那个新维度是什么？它是超验之我（transcendental I）这一新维度，是超验之我的"自发性"（spontaneity）这一新维度：终极的视差，介乎现象与本体间的第三空间，就是主体的自由 / 自发性（freedom/spontaneity）。当然，它不是现象性实存物（phenomenal entity）才具有的属性，以至于我们无法把它当成隐藏着下列本体事实（noumenal fact）——我们完全陷于难以企及的必然性（inaccessible necessity）——的假象而一笑置之。尽管如此，它也不只是本体性的。康德的《实践理性批判》中有一个神秘的章节，题为"人的认知机能对其实践天命的明智适应"。在那里，康德致力于回答一个回答：如果我们能够接近本体之域（noumenal domain），接近自在之物，结果会是怎样？

不是这样的冲突，在那里，道德性情（moral disposition）不得

1　或许用刀伤害自己的人（"自残者"）并不能达到这样的目的——强烈的肉体疼痛感会把我们带回现实，而是实现这样的功能——割伤自己是打上标记的一种形式：一旦我割伤自己的手臂，主体的存在困惑（existential confusion）之"零"，我模糊不清的虚拟存在（virtual existence）之"零"，就被转化成了符指性铭刻（signifying inscription）之"一"。

2　当拉康把自己界定为反哲学家（anti-philosopher）、认为自己在反抗哲学时，这要再次被理解为康德式的不定判断：不是"我不是哲学家"，而是"我是非哲学家（not-philosopher）"。也就是说，我代表着哲学本身的过度之核（excessive core），代表着在哲学之中又多于哲学之物（what is in philosophy more than philosophy）。这也是他的主要参考文献都是哲学文献的原因。在其《文集》（*Écrits*）的索引中，黑格尔超过了弗洛伊德！

不与心理倾向（inclinations）一决雌雄；在那里，心灵的道德力量在几经失利后会逐渐取胜，上帝与永恒（eternity）以其令人敬畏的威严不断地出现在我们眼前。……因此，绝大多数守法行为的发生都是源于恐惧，少数守法行为的发生是源于希冀，没有一件守法行为源于责任。行为的道德价值从不存在。在无上智慧（supreme wisdom）的眼中，一个人的价值，甚至整个世界的价值，都只能立足于这样的道德价值。只要人的天性依旧，他的行为就会变成纯粹的机械装置，如同木偶表演，木偶一举一动都无可挑剔，却无法在他身上找到生命。[1]

一言以蔽之，直接进入本体之域，会使我们丧失"自发性"（spontaneity），而"自发性"构成了超验性自由（transcendental freedom）的内核。直接进入本体之域，会使我们变成无生命的机器，或者依照今天的说法，会使我们变成"思维机器"（thinking machines）。这段文字的内涵远较它初看上去的样子激进，充满了更强的悖论性。如果我们忽略了它的非一致性（如恐惧与无生命举动的共存），就会不可避免地得出结论：在现象的层面上，以及在本体的层面上，我们——人类——是"纯粹的机械装置"，无法自治，也无自由。作为现象，我们不自由，我们是自然的一部分，是"纯粹的机械装置"，全然屈从于因果关系，是原因与结果之联结的一部分；作为本体，我们还是不自由，沦于"纯粹的机械装置"。被康德描述为对本体之域了如指掌的人，与一言一行都完全取决于对快乐与痛苦的精确计算的功利主义主体（utilitarian subject），不是难兄难弟吗？我们的自由只住留于介乎现象界

　　1　Immanuel Kant, *Critique of Practical Reason* (New York: Macmillan, 1956), pp. 152–153.——作者注。参见中译本。章节题为："人的认识能力与他的实践使命的明智适当的比例"。正文："但道德意向现在必须与爱好进行的那场几经失败之后毕竟可以在其中逐渐赢得灵魂的道德力量的战斗就会被取代，而上帝的永恒就会以其可畏的威严不间断地被置于眼前。……于是绝大多数合法则的行动的发生就会是出于恐惧，只有少数会出于希望，而根本没有什么行动会出于义务了，但这些行动的道德价值也就会荡然无存，而人的价值，甚至在最高智慧中的世界的价值，毕竟都是惟一地取决于这种道德价值。所以，只要人类的本性还是像它现在这样，则人类的行为就会变成单纯的机械作用，这时一切将会像在木偶戏中那样很是有模有样，但在人物形象里却看不到任何生命。"——康德：《实用理性批判》，邓晓芒译，人民出版社 2003 年版，第 201–202 页。——译者注

（the phenomenal）和本体界（the noumenal）之间的空间内。因此，康德把因果性（causality）局限于现象之域（phenomenal domain），并非只是为了能够宣称，在本体的层面上，我们是自由的、自治的行动者。只有当我们的视域（horizon）是现象界（the phenomenal）的视域时，只有当本体之域（noumenal domain）对我们而言依然难以企及时，我们才是自由的。

宣称只要我们在本体的层面上是自治的，同时我们的认知视角又依然局限于现象的层面，是摆脱这一困境的出路？在这种情形下，我们在本体的层面上是"真正自由"的。但如果我们还要对本体之域具有认知洞察力（cognitive insight），我们的自由就会变得毫无意义，因为这种洞察力永远决定我们做出怎样的选择：为非作歹的代价是遭受天谴，面对这一事实，谁又会选择作恶多端呢？然而，难道这个假想出来的情形没有为下列问题提供唯一合乎逻辑的答案吗："真正自由的行为会是怎样的"？即，本体性实存物（noumenal entity）的自由行为是怎样的？或，真正的本体性自由（noumenal freedom）之行为是怎样的？这种行为会是这样的：明知为非作歹会导致各种难以改变的恐怖结果，还是选择作恶多端。这才是真正"非病态"（nonpathological）的行为，即在采取行动时完全不考虑自己的病态利益（pathological interests）的行为。在这里，康德的概括是误导性的，因为他通常把超验主体（transcendental subject）等同于本体之我（noumenal I），而本体之我的现象性表象（phenomenal appearance）是经验的"人"。这样做时，康德已与他对下列问题的激进洞察力相去甚远：超验主体如何只是超越了本体界（the noumenal）与现象界（phenomenal）之对立的纯粹的形式-结构功能（formal-structural function）？

借助于存有论差异（ontological difference）这一概念，这种康德式视差导致的哲学后果得到了充分的探索。存有论差异是海德格尔全部思想的焦点。只有把它置于有限这一主题的背景上，才能真正把握存有论差异这一概念。关于海德格尔的存有论差异，存在着双重庸见：存有论差异是"什么性"（What-ness）——即存在的本质（essence of beings）——与存在的纯粹"那个性"（That-ness）之间的差异。存有论

差异把存在（beings）解放了出来，使之不再对任何基础／源泉／目标
（ground/*arche*/goal）卑躬屈膝。此外，它不只是（处于各种不同层面的）
存在的差异，不只是（处于各种不同层面的）现实的差异，而是现实之
全部（All of reality）与别的什么东西（something else）的差异。一旦触
及现实，这种差异不得不显现为"空无"（Nothing 空空如也）。……这
一庸见具有很强的误导性。

　　有人认为，存有论差异即"事物是什么"（what things are）与"事
物确实存在着"（that they are）之间的差异。说到这种看法，依据上述
庸见，形而上学的错误在于，它使存在（beings）屈从于以至高实存物
（highest entity）为化身的、预先假定的本质（presupposed essence），如
意义（sense）、目标（goal）、源泉（*arche*）等；存有论差异则去除了存
在的本质（"de-essentializes" beings），使存在不再受本质（Essence）的
奴役，使之在无政府式自由（an-archic freedom）的状态下随心所欲，从
而使存在（beings）先于"想干什么？为什么？"之类的疑问。事情就
摆在那里，它们只是发生了。……不过，如果这是海德格尔的主题，萨
特早就会在《反胃》（*Nausea*，又译《恶心》）中概述过最激进的存有论
差异了。难道他没有在那里描述过对存在之惰性（inertia of being）的
体验吗？存在之惰性是令人厌恶至极的，本身也是愚不可及的，是毫无
意义的，它对我们（人类）的所有意义和事业绝对无动于衷。与萨特形
成鲜明对比的是，在海德格尔看来，"存有论差异"是下列两者间的差
异：一者是实存物的愚蠢此在（entities' stupid being-there），实存物的
无知觉现实（senseless reality）；一者是实存物的意义视域（horizon of
meaning）。

　　当然，沿着拉康的"性化公式"（formulas of sexuation）的思路，
以纯粹的形式－超验之方式（formal-transcendental way）来设想，存有
论差异与性差异（sexual difference）是有联系的。[1] 阳性一方，即普遍

　　1　See *On Feminine Sexuality, the Limits of Love and Knowledge:The Seminar of Jacques Lacan*,
Book 20, *Encore* (New York: Norton, 1999).

性与例外，是真正"元物理性的"[1]：整个宇宙、全部现实都立足于它的构成性例外（constitutive exception），立足于"超越存在"（*epekeina tes ousias*）的最高实存物（highest entity）。真正的存有论差异是阴性的：现实"并非全部"（non-all），但在它之外又别无他物，这种空空如也（Nothing）就是存在（Being）自身。存有论差异并非"存在之整体"（Whole of beings）与存在外观（their Outside）的差异，仿佛存在着"全部这一超级根基"（Super-Ground of the All）似的。正是从这个意义上说，存有论差异与"有限"有关。海德格尔最初的洞察及他与康德的关系，就表现在这"有限"上。说存有论差异与"有限"相关，这意味着，存在（Being）是"有限之视域"（horizon of finitude），它阻止我们把存在设想成为"全部"（All）。存在（Being）是从存在（being）的内部切下来的：存有论差异并非"存在之全部"（All of beings）与某种更为根本之物（something more fundamental）的差异，它还总是使存在之域（domain of beings）本身"并非全部"。至于"和盘托出真相"，我们应该再次使用拉康的"并非全部"之悖论。也就是说，我们应该严格反对下列两种情形。因为就其本身而论，真相（truth）"并非全部"，它是不一致的，是"对抗性的"（antagonistic），每次讲出"全部真相"（all the Truth）都不得不依赖于例外，依赖于被保留的秘密；与此相反的情形是，讲述"并非全部真相"（non-all truth），并不意味着我们把真相的某些部分视为秘密而保守之——与此相对的情形是，我们已经毫无保留地和盘托出。[2]

这还意味着，存有论差异并非下列两者间的"最大"差异：一者为各种存在（all beings），各种最高种类物（highest genus），一者为各种存在、各种最高种类物之外的某物。存有论差异是"最小"差异，是差异的绝对最小值；它不是各种存在之间的差异，而是某个实存物的最小

1　"元物理性的"（meta-physical），即形而上学的（metaphysical）。形而上学的本义即元物理学，专门探讨被物理学排除在外的玄妙之理。——译者注

2　难道不能沿着拉康的"并非全部"的思路，来理解与"人群"（crowd）截然相反的"众多"（multitude）？"众多"岂不就是"并非全部"，在它之外什么也不存在，没有什么不是它的组成部分？"人群"岂不就是太一记号（sign of One）之下的众多，即认同之"公分母"（"common denominator" of identification）？

值（minimum of an entity）与空白（void）、空无（nothing）之间的差异。只要立足于人类之无限（finitude of humans），存有论差异就是这样的差异：它使得"全部存在"（All of beings）的整体化变得不可能。存有论差异意味着，现实领域（field of reality）是有限的。正是从这个意义上讲，存有论差异是"实在界的 / 不可能的"（real/impossible）：运用埃内斯托·拉克劳（Ernesto Laclau）有关"对抗决断"（determination of antagonism）的理论，可以说，在存有论差异内，外部差异与内部差异重为一体。各种存在（beings）与其至高存在（Being）之间的差异，同时也是各种存在内部的差异。也就是说，各种存在 / 实存物（beings/entities）与其空缺（Opening）、意义视域（horizon of Meaning）之间的差异，总是早已切入了存在自身的领域（field of beings themselves），使之成为不完整的 / 有限的（incomplete/finite）。于是悖论出现了：整体意义上的各种存在（beings in their totality）与其至高存在（Being）之间的差异，恰恰"迷失了差异"，并把至高存在（Being）化约成了另一个"较高"的实存物（"higher" Entity）。康德的二律背反与海德格尔的存有论差异的并行不悖，可以在下列事实中发现：无论在康德的二律背反还是海德格尔的存有论那里，现象 / 本体（phenomenal/noumenal）、存有性 / 存有论（ontic/ontological）之间的分裂，涉及现象-存有之域自身（phenomenal-ontic domain itself）的"并非全部"。不过，康德的局限在于，他没有充分认识到，这个有限之悖论（paradox of finitude）对存有论视域（ontological horizon）发挥着构成性的作用。通过把一切置于疆域广阔的本体现实之域（realm of noumenal reality），他最终把超验视域（transcendental horizon）化约为现实在有限的存在——人——面前呈现自身的一种方式。

因此，自由之位置（place of freedom）从本体向现象与本体之间的分裂转移，是至关重要的。难道这种转移不就是从康德向黑格尔的转移吗？不就是从内在性（immanence）与超验性（transcendence）之间的张力向内在性自身内部的最小差异 / 分裂转移吗？所以，黑格尔与康德并非大路朝天，各走半边。康德面临的难题在于，他制造了这一转移，但出于结构性原因（structural reasons），他无法明确地概括它。他

"知道"，自由之位置其实并不处于本体之域，而处于现象与本体的分裂之中，但他不能这样打开天窗说亮话，因为倘若如此，他的超验大厦（transcendental edifice）就会坍塌。然而，没有这种明确的"知晓"，也就没有超验之维。所以，我们不得不承认，康德所谓的"超验"之维远非稳定一致的位置，它只能在已言（the said）和未言（the unsaid）达成的脆弱平衡中，通过制造某种事物——我们拒绝表述和"如此设定"（posit as such）这种事物导致全部结果——才能维系自身。[1] 这意味着，柄谷行人把康德与黑格尔对立起来的做法是错误的：黑格尔没有压制视差逻辑（parallax logic），而是把它从康德的"自在"（in itself）带到了"自为"（for itself）。只有黑格尔才想到了视差的激进性（parallax in its radicality），才认为内在的对抗（inherent antagonism）先于对超验的 / 不可理喻的原质（transcendent/impossible Thing）的多重 / 失败的反思。

克洛德·列维-斯特劳斯在《结构人类学》中对北美五大湖区部落（Great Lake tribes）之一的温贝尼戈人（Winnebago）的建筑的空间布局所做的典范性分析，在此或许多少有些裨益。该部落被划分成两个子群（subgroup）或"半族"（moieties）：一个"来自上层"，一个"来自底层"。如果要求某人在纸上（或沙上）画出他所在村庄的平面图（村舍的空间布局），那我们会得到两个完全不同的平面图。究竟是哪个平面图，取决于他属于哪个子群。来自两个子群的成员均把村庄视为一个圆圈。对于一个子群的成员来说，圆圈之内还套着另一个以中央房舍为核心的圆圈，所以我们得到的是两个同心圆。但对于另一个子群成员而言，圆圈被一条清晰的分界线一分为二。换言之，来自第一个子群（我们姑且称之为"保守-社团主义"的子群）的成员把这个村庄理解为由房子组成的环形物，它是围绕着中央神殿，以对称的形式布局的。来自第二个子群（"革命-对抗"的子群）的成员则把村庄理解为由一条看

---

1 这道理同样适用于下列事实：在康德式的崇高之辩证（dialectic of the Sublime）中，不存在其现象性表征（phenomenal representation）失败的超越（Beyond）。没有什么"超越"性的东西，"超越"只是它自己的表征之不可能性 / 失败的空白。或者，正如黑格尔在《精神现象学》（Phenomenology of Spirit）专论意识的那一章的结束处所言，一旦超越现象的面纱（veil of phenomena），意识就只能找到它自己放在那里的东西。再说一次，康德不必能够系统地概括就"知道它"。

不见的边界线分隔开来的两个房屋区……[1] 列维－斯特劳斯想说的是，我们决不应该为这个例子所诱惑，以至于跳进文化相对论的陷阱。根据这种文化相对论，对社会空间做怎样的感知，取决于观察者的群体归属（group-belonging）。两种"相对"感知的分裂，意味着涉及某个常数。这个常数不是建筑物的客观、"实际"的布局，而是创伤性的内核（traumatic kernel），是村舍居民难以符号化、无法解释、不能"内在化"、不堪忍受的基础性对抗，是社会关系中阻止共同体成为和谐整体并长期稳定的不平衡。对平面图的两种不同感知，同时也是两种相互排斥的努力——他们都在努力地应付这个创伤性对抗，通过强迫自己接受均衡化的符号性结构来医治创伤。正是在这里，我们可以理解，实在界是在何种意义上通过失真图像（anamorphosis）来实施干预的。我们先有房屋的"实际"、"客观"的布局，然后才有两种不同的符号化。这两种符号化均以失真的方式扭曲了实际的布局。不过，在这里，"实在界"并非实际上的布局，而是某种社会对抗的创伤性内核。正是这种创伤性内核，扭曲了部落成员对村中房屋的实际布局的观察。

因此，实在界就是那个被否认的未知因素（disavowed X）。正是因为这个未知因素的缘故，我们对现实的观察才被扭曲得失真。实在界既是那个我们无法接近的原质，又是阻止我们接近原质的障碍。说得再确切些，归根结底，实在界是从第一个视点向第二个视点的转移。不妨回忆一下阿多诺对"社会"观的对抗性特征（antagonistic character）所作的著名分析。在第一种情形下，社会观处于分裂状态：一种是盎格鲁－撒克逊的个人主义－唯名主义的（individualistic-nominalistic），一种是涂尔干式的有机主义的（organicist notion）——社会是个整体，它先于个人存在而存在。在这种情形下，这两种社会观似乎是不可化约的。我们似乎面临着真正的康德式的二律背反，无法通过更高级的"辩证综合"来消除它，还把社会提升到了物自体的高度。然而，在第二种情形下，我们只应注意一点：似要阻止我们接近原质的这个激进的二

1 Claude Levi-Strauss, "Do Dual Organizations Exist?," in *Structural Anthropology* (New York: Basic Books, 1963), pp. 131–163; 插图在第 133–134 页。对这个例证更为详尽的分析，见下列著作的第 3 章：Slavoj Žižek, *The Puppet and the Dwarf* (Cambridge, MA: MIT Press, 2003).

律背反，早已是原质本身——如今社会的基本特色就是整体（Totality）与个人（the individual）之间不可调和的对抗。这意味着，归根结底，就其身份而论，实在界纯粹是视差性的，因而也是非实体性的（non-substantial）：它本身没有实体性的密度（substantial density），它只是两个透视点（points of perspective）的分裂，只有从一个透视点转向另一个透视点时才能觉察其存在。因此，视差实在界（parallax Real）与标准（拉康式）的实在界截然相反。标准（拉康式）的实在界"总是回到它的位置"，也就是说，在所有可能的（符号）宇宙中都保持不变。与之相反，视差实在界可以用来解释，何以同一个潜在的实在界却具有多种多样的表象。它并非一成不变的硬核（hard core），而是引发分歧的根本缘由（hard bone of contention）。正是这缘由把同一性（sameness）粉碎成了五花八门的表象。就前者而论，实在界是不可能的硬核，我们无法直接面对它，只有透过众多符号性虚构（symbolic fictions）、虚拟性构型（virtual formations）这些镜子才能面对它。就后者而论，这个硬核纯粹是虚拟出来的，实际上并不存在的未知因素。它只能借助于众多的符号构型（symbolic formations），回溯性地重建。那些符号模型"全都明明白白地摆在那里"。[1]

用哲学术语讲，视差这个话题使我们面对从康德向黑格尔过渡这一关键问题。对这一过渡的看法，主要有两种。它至今都是一道分水岭，哲学家们各奔西东：一派大多具有分析哲学的取向（analytic orientation），认为康德是最后一位"言之成理"之人，德国唯心主义在康德之后发生的转向，是哲学史上的最大灾难之一，使哲学堕入了

[1] 关于实在界的身份，拉康的思想发生过变化。当初，作为原质（Thing）的实在界，是符号界的"内在的外在性"（internal externality），即著名的"外隐"（ex-timacy）。这时，实在界是难以企及的创伤性内核，符号构型（symbolic formations）绕之旋转，就像苍蝇围绕灯火旋转，如果贴得太近，就会被烧伤。后来，实在界是符号界的绝对的内在性，这时，实在界没有生命，自身没有存在论的一致性（ontological consistency），它只是符号界内在的非一致性和分裂。但拉康思想的这一变化没有解决那个关键的唯物主义问题（materialist question）：如果实在界自身没有生命，如果它只是符号界的内在之物，那么如何设想符号界从"前符号性未知因素"（presymbolic X）中出现-激增？取代朴素实在论（naive realism）的唯一选项真的就是某种"方法论的实在论"（methodological idealism）？依据这种实在论，"我们语言的极限就是我们世界的极限"。如此一来，超越了符号界的事物，是根本难以想象的。

无意义的思辨之中；一派认为康德之后的思辨-历史路径（speculative-historical approach），乃是最高的哲学成就。

1. 康德把有限的、超验的图式主义的分裂（gap of finitude, transcendental schematism），即通过崇高对本体的消极接近（negative access to the Noumenal），视为唯一可能的分裂，而黑格尔的绝对唯心主义（absolute idealism）则终结了康德的分裂，重新回到了前批判的形而上学（pre-critical metaphysics）那里；

2. 康德在摧毁形而上学时半途而废，他依然把物自体视为外在的、难以企及的实存物；黑格尔只是使康德激进化了，他迈出了对绝对的消极接近（negative access to the Absolute），向着作为消极性的绝对自身（the Absolute itself as negativity）进发。黑格尔从认识论障碍（epistemological obstacle）转向了实证的存有论条件（positive ontological condition），把我们对原质不完整的认识变成了本身就不完整和不一致的原质所具有的实证性特征。从这个角度看，或许可以说：不是黑格尔使康德"存有论化"了；恰恰相反，只要康德把分裂视为纯粹认识论的，他就在一直在预先假定彻底构成性的本体之域（fully constituted noumenal realm）的存在；正是黑格尔使康德"非存有论化"（deontologizes）了，把分裂引入了现实的肌质（texture of reality）。

换言之，黑格尔要采取的步骤不是"克服"康德的分裂，而是任其"自生自灭"，放弃对"克服"的需要，不再寻求对立两极的额外"和解"。也就是说，通过纯粹形式上的视差转移，获得对下列问题的洞悉：设定差异（positing opposites），这"本身"就已经是在寻求"和解"。康德的局限并不在于，他陷于有限对立（finite oppositions）之域而无力自拔，无力抵达无限（Infinite）。相反，康德的局限在于，他在寻求处于有限对立之域以外的超验之域（transcendent domain）：康德不是不能抵达无限（Infinite），他只是无法理解，他正在寻找的东西，他早已得到。这一形势的逆转，为理解黑格尔名声不佳的"三元组"提供了关键。

在谈论"黑格尔的三元组"时，当务之急就是忘掉那些故事：异化啦，原始的有机统一体（original organic unity）的丧失啦，重返经过调停之后形成的"更高"统一体啦。要想更为恰当地理解"三元组"，回顾一下在查尔斯·狄更斯《远大前程》[1]中出现的崇高逆转（sublime reversal），还是值得的。皮普（Pip）甫一出生，就被指定为"具有远大前程之人"，而且人人都把这视为他世俗成功的预言。不过，他最终还是放弃了伦敦虚假的荣华富贵，回到了童年时住过的普通村落。只有到了这时，我们才意识到，他确实兑现了那个影响其一生的预言：只是在找到毅然摆脱伦敦上流社会的力量后，他才表明，"具有远大前程之人"的想法是千真万确的。我们在此面对的是黑格尔式的反射性（Hegelian reflexivity）：主人公在历经磨难的过程中改变的，不仅是性格，而且是据以衡量性格变化的伦理标准。在亚特兰大 1996 年奥运会开幕式上，不是发生了完全相同的事情吗？在那里，恶疾缠身的拳王穆罕默德·阿里（Muhammad Ali lit）手握火炬，剧烈颤抖地点燃了奥林匹克圣火。记者宣布，阿里这样做，表明他是真正"最伟大的人"（The Greatest）——暗指他数十年前自命不凡的自称，暗指他亲自粉墨登场、自己扮演自己的那部传记电影，暗指他的一部自传的标题。当然，记者们这样做是想强调，因以高贵的方式忍耐使人慢慢瘫痪的顽疾，穆罕默德·阿里现在已经大功告成，无愧于"最伟大的人"的英名；而他在尽情享受拳迷的阿谀奉承时，在竞技场上威风凛凛地打败对手时，却做不到这一点。……这就是所谓的"否定之否定"（negation of negation）：它是视角的转移（shift of perspective），它把一败涂地转化成了真正的功成名就。

要断言黑格尔所言不虚，即是说，要把他从下列指控中解救出来——他的体系是完全过时的形而上学疯狂（metaphysical madness），主要方式就是把的思想解读为一种努力：他在致力于为我们的认知主

---

1 《远大前程》的英文是"Great Expectations"，原指一笔遗产，本与"前程"无关，中文本一律将之译为"远大前程"，有误译之嫌；但根据齐泽克的解读，故事结束时，"expectation"有了"前程"的意味。由是观之，中文本将之译为"远大前程"也算是歪打正着。——译者注

张和伦理主张（cognitive and ethical claims）确立规范性的条件和预设。黑格尔的逻辑并非有关普遍存有论（universal ontology）的体系。我们以何种方式断定世界上存在着何种事物？黑格尔的逻辑只是对这些方式以及这些方式固有的非连贯性所做的系统处理而已。在这种解读中，黑格尔的出发点是，人类心理就其基本结构而言是自反性的（self-reflective）：人类不仅行动，还能依据理性的、自由采纳的规范和动机采取行动。这意味着，要解释我们的陈述和态度，我们永远不能仅仅采纳实证性数据——自然的法则和自然的进程、神的理性（divine Reason）、上帝的意志等。采纳任何一种实证性数据都是合乎情理的，这些数据的规范性的约束力也必须以某种方式得到解说。这种优雅的解决之道的问题在于，与对黑格尔所做的粗鲁的、直接的形而上学解读——认为它呈现了绝对（Absolute）的结构——大相径庭的是，这种优雅的解决之道过于温和了：它悄无声息地把黑格尔的逻辑化约为有关总体认识论（global epistemology）的体系，化约为有关全部可能的认识论立场（epistemological stances）的体系，而遗失了认识论方面和存有论方面的交叉，没有认识到，"现实"本身已经陷入我们对它的认知的运动之中，或者反之，我们对现实的认识已经嵌入现实自身，就像新闻记者已经嵌入进入伊拉克的美军一样。

（3）从（康德的）二律背反精神中脱颖而出的（黑格尔的）具体普遍性

在朝鲜非军事区南面，有个罕见的观景点。那是剧院般的建筑，有大屏幕般的窗口，面朝北方。人们坐在那里透过窗口观赏的景观，就是现实自身，或者说，是某种"实在界之荒漠"：由墙壁围起的荒芜的非军事区，等等，还有对朝鲜的惊鸿一瞥。仿佛是为了配合这种虚构，朝鲜在这个剧院的前面建造了一个如假包换的赝品，即一个由排排雅舍组成的模范村落。一到夜幕降临，尽管空无一人，雅舍里面还是华灯齐放。这不就是有关框架（frame）自身的符号功效的纯粹例证吗？一片荒芜的区域，仅仅通过被框定，就被赋予了幻象性身份（fantasmatic status），提升成了一道景观。这里没有发生任何实质性的变化，只是透过框架来观赏，现实就摇身一变，成了自身的表象。这样的存有论喜剧（ontological comedy）的极端个案，发生在 2001 年 12 月的布宜诺斯艾利斯。那一天，阿根廷人走上街头，向当时的政府——特别是经济部长卡瓦罗——表示抗议。抗议人群聚集在卡瓦罗家周围，威胁着要冲进他家。闻听此言，卡瓦罗戴着面具仓皇出逃。那面具上面画的正是他本人的脸谱。面具商店出售这种面具，为了的是让人们戴上它，嘲弄他。情形似乎是这样的，至少卡瓦罗受益于拉康运动在阿根廷的广泛传播。至少他知道，掩饰某个事物的最佳面具，其实就是它自己。我们在无谓的重复（tautology）——即同一个事物的重复——中看到的，就是纯粹差异（pure difference）。纯粹差异不是一个因素与其他因素的差异，而是该因素与其自身的差异。

黑格尔给我们提供的基本教益在于，关键的存有论问题不是有关现实的问题，而是有关表象的问题。要关注的问题不是："难道我们注定陷于表象的无穷无尽的嬉戏？我们是否能够揭开面纱，直视表象之下的现实？"而是："在单调、愚蠢的现实中，类似于表象之类的东西是如何显现出来的？"因此，有关视差的最低限度的存有论就是有关莫比乌斯带的存有论，即转了一圈又回到自身的弯曲空间的存有论。也就是说，最低限度的视差格局就是简单的框架：所有那些不得不干预实在界的事物，都不过是一个空空如也的框架而已。所以，同一个事物，我们以前是"直接"看到的，现在则是透过那个框架看到的。于是形成了某种剩余效应（surplus-effect）。我们无法只是通过"去神秘化"（demystification）消除这种剩余效应。仅仅展示隐藏在框架之下的机制，是不够的；在框架内形成的舞台效应（stage effect）已经获得了自治，它可以自行其是。这是怎么可能的？只有一个结论，可以用来解释这一分裂：并不存在"中性"的现实。在这样的现实中，分裂形成了；在这样的现实中，框架把表象之域（domains of appearances）隔离开来。视差并不对称。在审视同一个未知因素时，视差是由两个互不兼容的视角构成的。在这两个视角中间，存在着不可化约的非对称性，即最低限度的反射性迂回曲折（minimal reflexive twist）。我们并不拥有两个视角。我们只拥有一个视角，以及在躲避这个视角的事物。透过第一个视角我们无法看到的事物，构成了空白，第二个视角填补了这个空白。

　　现代主义绘画的一个最低限度的定义，涉及其框架的功能问题。一幅绘画摆在我们面前，它的框架并非它真正的框架；还有另一个我们看不见的框架，即由绘画的结构暗含的框架。该框架框定了我们对绘画的感知。根据定义，这两个框架永不重叠。一个无形的分裂，把它们隔离开来。绘画的中心内容不是在其可见内容中传达出来的。绘画的中心内容位于两个框架的脱臼和分裂之中。在卡济米尔·马列维奇（Kazimir Malevich）、爱德华·霍普（Edward Hopper）和爱德华·蒙克（Edvard Munch）的绘画中，处于两个框架之间的这一维度是一望即知的。如果卡济米尔·马列维奇的《白底黑方块》（*Black Square on White Background*）没给这两个框架存在的距离打上印记，它又是什么？不妨回想一下爱德华·霍普绘画中那些在办公室或餐厅里茕茕孑立、形影相吊的人物吧。在那里，仿佛绘画的框架上又加上了另一个框架——窗口，或者如同在他太太的肖像画中那样——他太太靠近打开的窗口，绘画的框架沐浴在阳光里，我们实际看到的东西显得不足，仿佛我们只看到了整个画面的碎片，只看到了射击而没有看到反击。爱德华·蒙克的《圣母玛利亚》（Madonna）中的精液，《呐喊》中胎儿般的矮小人物，都寄身于两个框架之间。框架总是连着框架："现实"内的框架总是与另一个用来框定"现实"的框架连在一起。因此，现实与表象之间的分裂一旦形成，就会立即变得复杂起来，就会立即向自身反射：一旦我们透过框架（the Frame），瞥见了另类维度（the Other Dimension），现实就会变成表象，真实就会变得虚假。换言之，事物并不只是显现，它们还装着在显现。（things do not simply appear, they appear to appear.）之所以否定之否定并不给我们带来简单平实的肯定，原因就在这里：一旦事物（开始）显现，它们不仅可以显现成它们本来不是的样子，制造幻觉；它们还可以装着只是显现（they can also appear to just appear），掩盖下列事实——它们正是它们显现出来的样子。[1]

正是这种"最小差异"的逻辑，事物与其自身的构成性非重合（constitutive noncoincidence）的逻辑，为理解黑格尔的核心范畴——"具体普遍性"——提供了关键。且以"沉默"的抽象普遍性（abstract universality）为例。抽象普遍性是由一组因素组成的。不知何故，这些因素全都对这个普遍框架（universal frame）有谋反之意，都与之格格不入。在这种情形下，"真正"的具体普遍性（concrete universal）不就是这种距离本身，即普遍化的例外（universalized exception）吗?[2] 如同那个常年老调所言，普遍性全都基于例外。不仅如此，拉康还要百尺竿头、更进一步。在他看来，普遍性就是普遍性自身的例外，普遍在自己的例外中"显现自身"。这就是被阿兰·巴迪欧（Alain Badiou）等人当作"额外"因素来部署的东西。这"额外"因素就是例外：一个在结构之内无立足之地的因素，却直接代表着普遍性之维（universal dimension）。最早引入这种想法的是基督教：基督这个可怜兮兮的弃儿就是人类本身（"瞧这个人"）。就其真正的庄严而论，而不是就其后政治的管制逻辑以及众多利益的妥协而论，民主政治也是这一传统的一部分："非部分的部分"（part of no-part），即在社会大厦（social edifice）之内无立足之地的部分，直接就是"人民"这一普遍性。[3]

普遍性不是容纳特定构型（particular formations）的中性容器，不是特定构型的公约数，不是被动的场地或背景，在这样的场地或背景上，特定的战斗正在进行。普遍性是战斗本身，是从一种特定构型走向另一个特定构型的斗争。且以克日什托夫·基耶斯洛夫斯基（Krzysztof Kieslowski）从纪录片向虚构片（fiction cinema）的转移为例：我们并非简单地拥有两种类型的电影，一类是纪录片，一类是虚构片；虚构源于

1　"因此，现实与表象之间的分裂一旦形成……它们正是它们显现出来的样子。"这段文字殊难理解。据我揣测，齐泽克的意思是，"现实"意味着我们通常理解的真，表象意味着我们通常理解的假。"现实与表象之间的分裂一旦形成"，真与假的关系便复杂起来：人不仅会以假做真——装出它本来不是的样子，还会以真做假——装出它本来就是的样子。结果都是假。——译者注

2　这里所谓的"距离"和"普遍化的例外"，即"这些因素全都对这个普遍框架有叛逆之意，都与之不合"。——译者注

3　"人民"之所以具有普遍性，是因为没有任何人属于"人民"，任何人都只是"人"，而不是"人民"。"人民"是"人"的例外，"人民"的普遍性便来自这里。——译者注

纪录片固有的局限。基耶斯洛夫斯基的起点是社会主义国家中所有电影制作者共有的：一边是枯燥乏味的社会现实，一边是光辉灿烂、昂扬乐观的形象，两者间显而易见的分裂，充斥着严密审查的官方媒体。如同基耶斯洛夫斯基所言，对下列事实——社会现实在波兰是"无法再现"的——的第一反应，就是走向更加充分地再现真实生活的单调乏味和暧昧不明。简言之，这是真正的纪录片的方法。

> 有描述世界的必要或需要。这种必要或需要令我们激情澎湃。共产主义世界已经描述出世界应有的样子，但没有描述出它实际的面目。……如果还有什么东西未被描述，那它并不正式存在。所以，如果我们开始描述它，我们就赋予它生命。[1]

我只需要提一下基耶斯洛夫斯基 1976 年拍摄的纪录片《医院》（*Hospital*）。在片中，摄影机追逐一群值班长达 32 小时的骨科医生。他们手中的器械散架了，电力时有时无，最基本的材料短缺，但医生们还是咬紧牙关，坚持了下来。……不过，正面的经验（obverse experience）开始出现，最近用来宣传一部好莱坞电影的标语，可以完美地概括这种经验："太真实了，肯定是虚构出来的！"也就是说，在最激进的层面上，我们只能打着虚构的幌子描绘主体经验之实在界（the Real of subjective experience）。在纪录片《初恋》（*First Love*，1974）中，摄影机追逐着一对年轻的未婚伴侣。女孩怀孕了。他们举办了婚礼，迎来了新生的婴儿。在纪录片的结尾处，父亲怀抱着新生婴儿，婴儿在哭叫。如此未经授权地刺探他人隐私是淫荡的。基耶斯洛夫斯基以"令人惊恐的真实泪水"（fright of real tears）来回应这种淫荡性。他决定放弃纪录片，改拍虚构片。就其最激进的层面而言，这一决定是伦理性的决定：

> 并非所有的事情都能描述。这是纪录片的头号难题。仿佛它跌入了自我设定的陷阱。……如果我要拍一部以爱情为主题的纪录片，

1　*Kieslowski on Kieslowski*, ed. Danusia Stok (London: Faber & Faber, 1993), pp. 54−55.

如果有真人在卧室中做爱，我就不能进入那个房间。……我注意到，在摄制纪录片时，我越是想拉近与人的距离，自我封闭的对象就越多，而这些对象正是我感兴趣的。

或许这就是我改拍虚构片的原因。虚构片不存在这样的难题。我需要一对夫妇在床上做爱，找人去做就是了。当然，要找到心甘情愿地解开自己胸罩的女演员，可能比较困难，但你只需要找到一个乐意效劳的女演员而已。……我甚至可以买些甘油，把它们滴入女演员的眼睛，这样她们就会哭泣。以前，我总是设法拍到真实的泪水。那是迥然不同的东西。但现在我搞到了甘油。真实的泪水令我惊恐。其实，我甚至不知道我是否有权利拍摄真实的泪水。每逢那时，我都觉得自己变了个人：他知道自己已经置身于这样的领域，而这样的领域其实属于禁区。这就是我逃离纪录片的主要原因。[1]

在从纪录片转向虚构片的过程中，决定性的中介物就是《电影狂》（*Camera Buff*, 1979）。影片中的主人公因为酷爱拍摄影片而失去了太太、孩子和工作。这是一部有关纪录片制作人的虚构片。因此，可以说，存在着幻象性私密（fantasmatic intimacy）这样的领域。其标志是，那里挂上了"严禁闯入"的牌子。要想避开色情的淫荡，只有取道于虚构，方能抵达那里。这也是《薇罗尼克的双重生活》（*The Double Life of Véronique*）中的法国人薇罗尼克拒绝木偶艺人的原因：他想过于深入地洞察她的秘密。这也是为什么，到最后，在木偶艺人告诉她有关她的双重生活的故事之后，她受到了严重伤害并逃往父亲那里的原因。[2] "具体普遍性"就是这个过程的称谓。通过这个过程，虚构片从内部推翻了纪录片。也就是说，"具体普遍性"就是下列方式的称谓：以这种方式，虚构片的出现解决了纪录片与生俱来的僵局。或者说，在哲学中，关键并不在于把永恒设想为与暂时性（temporality）截然相反之物，而是把它设想为源于我们的暂时性经验（temporal experience）之内的某种事

1　Ibid., p. 86.

2　对这个段落更为详尽的说明，见下列著作第 1 章：Žižek, *The Fright of Real Tears* (London: BFI, 2001).

物。或者像谢林那样，以更为激进的方式，把时间（time）设想为永恒的一个亚种，设想为解决永恒这一僵局（deadlock of eternity）的途径。[1]

这把我们带入了具体普遍性这一概念的核心地带：具体普遍性不仅是激活了一系列特定的表象形式（forms of appearance）的普遍内核，它还维系着这些不同层面之间的不可化约的张力与非重合。黑格尔通常被视为"本质主义的历史主义者"（essentialist historicist），因为他把每个时代的精神"本质"（essence）设定为普遍原理，而这样的"本质"在每个社会生活领域都以特定的方式呈现出来。例如，主体性（subjectivity）这一现代原理在宗教领域呈现为新教，在伦理领域呈现为主体的道德自治，在政治领域呈现为民主的平等，等等。这样的看法所遗漏的，正是我不禁要称之为暂时性视差（temporal parallax）的东西：在历史现象的复杂辩证中，我们遇到的事件或过程虽然是同一潜在"原理"在不同层面上的显现，但也正是因为这缘故，它们无法在出现于同一历史时刻。

且以新教教义、康德的哲学革命和法国政治革命之间的关系这一古老的话题为例。丽贝卡·科美（Rebecca Comay）最近推翻了那个神话。根据这个神话，我们可以把黑格尔对法国大革命的批判，化约为下列"德国"观念的一个变种：信奉天主教的法国不得不发动残暴的、"真正"的政治革命，因为法国人错过了进行宗教改革的历史契机，而宗教改革已经在精神领域实现了法国革命派在社会领域中苦苦追寻的和解，即精神实体（spiritual Substance）与无限主体性（infinite subjectivity）之间的和解。依据这种标准的看法，德国的伦理-审美态度（ethico-aesthetic attitude）以其内在的伦理秩序"扬弃"了革命的暴力，推动了下列进程：以作为审美有机整体（aesthetic organic Whole）的国家享有的具体的自由（concrete freedom），取代法国抽象的、"恐怖主义"的、革命的自由（revolutionary freedom）。不过，法国的政治革命与德国的

1　诸如"杂交性"（hybridity）和"游离的主体性"（nomadic subjectivity）之类的"抽象"普遍术语存在的问题是，它们要消除径直穿越其内容的对抗，使之销声匿迹。当"杂交性"既覆盖游历全球的学术研究，又囊括逃离兵连祸结之国的难民时，它所做的事情类似于填平把忍饥挨饿与节食减肥隔离来的鸿沟。

精神改革之间的这种关系的时序性（temporality），早已变得模糊不清：所有三种可能的关系似乎都重叠在一起。首先，"扬弃"这种观念指向了演替的过程：先是普遍（the Universal）与主体（the Subject）在法国的"直接"统一，随后是对这种统一的扬弃，即德国对这种统一所做的伦理－审美调停（ethico-aesthetic mediation）。因此存在着这样的观念，即有同时选择（simultaneous choice）——或缺乏同时选择——的观念，这使得两个国家选择了不同的道路：德国选择了宗教改革，法国则依然故我，困守天主教世界，因而不得不走上了曲折的暴力革命之路。然而，康德的哲学革命先于法国大革命。出现这样的经验性事实，不只是无关紧要的意外：康德的伦理学在革命大恐怖（revolutionary Terror）的壮观场景中看到了它自身的"抽象"品格导致的终极结果。因此，我们应该透过法国大革命这面棱镜，回溯性地解读康德哲学。这会使我们理解康德的伦理学的局限：

> 如果［康德的道德观］把自己展现为法国大革命的叙事性继承者，那也不是因为它合乎逻辑地（logically）满足或接替了它：康德的批判性冒险（critical venture）现象性地（phenomenologically）继承了法国大革命。当然，康德的批判性冒险历史性地（chronologically）预期了那场革命。它预期了那些革命，也只是因为我们借助于那一事件对他的文本进行回溯性的解读，并使之变得清晰易读。通过自由与残酷行为的不断短路，那一事件把现代性之大业（project of modernity）置于最为极端的考验之下。……革命给康德的文本带来了某种回溯性的创伤（retroactive trauma）。[1]

---

1 Rebecca Comay, "Dead Right: Hegel and the Terror," *South Atlantic Quarterly* 103:2/3 (Spring/Summer 2004), p. 393.——作者注。康德的"批判性冒险"（critical venture），指康德的三大"批判"，即《纯粹理性批判》、《实践理性批判》和《判断力批判》。这段文字甚难理解。冒昧揣测作者立意如下：（1）从历史的角度看，即在"chronological"的层面上，康德的三大"批判"早于法国大革命，因此可以将其视为对法国大革命的预期；（2）从逻辑的角度看，即在"logical"的层面上，它又没有满足法国大革命提出的要求，没有取代法国大革命；（3）从现象学的角度看，即在"phenomenological"的层面上，康德的三大"批判"又是法国大革命的继承者——"叙事性的继承者"。它之所以成为法国大革命的继承者，是因为法国大革命为解读康德的三大"批判"提供了契机：它允许我们透过法国大革命这一事件，回溯性地解读康德的三大"批判"；只有这样，我们才能清晰地解读它。因此说它是对法国大革命的预期，是我们的错觉。——译者注

这意味着，革命大恐怖是对康德伦理思想的淫荡性加倍（obscene double）：它的破坏性暴力只是"外化"了康德思想的恐怖主义潜能而已。之所以说站在"德国"道德观的立场上抵制法国大革命的"过度"是虚伪的，原因就在这里。这也是黑格尔的核心洞识。法国大革命全部令人恐惧的特性都在康德的精神大厦中找到了对应物，这些特性也包含在康德的精神大厦中，并在那里重复着。而且在这里，"重复"一词不得不赋予弗洛伊德所谓的"重复强迫"（Wiederholungszwang）以全部分量：

> 道德意志（moral will）的纯洁性不再是革命美德（revolutionary virtue）的骇人纯洁性的解毒剂。有关绝对自由的所有逻辑问题，本质上都被带入了黑格尔对康德式道德（Kantian morality）的分析中：在对主体性的猛烈夸大中，强迫、妄想、怀疑、客体性之蒸发，全都醉心于在一个它必须否定的世界中复制自己。[1]

一边是"法国"道路，即固守天主教，并因此不得不开展自我毁灭式的革命大恐怖行动，一边是"德国"的宗教改革之路，我们面临着历史的选择。我们只要还面临着这一选择，就会精确无误地涉及一个基本的辩证性悖论（dialectical paradox）。该悖论与黑格尔在《精神现象学》中列举的悖论——对"精神是根骨头"所做的两种解读之间存在的悖论——如出一辙。在那里，黑格尔借助阳物隐喻（phallic metaphor）说明那个基本的辩证性悖论：阳物一方面是授精器官，一方面是排尿器官。黑格尔并不是想说，与只知排尿、不知授精的粗俗的经验主义心灵截然相反，恰当的思辨性态度（speculative attitude）是选择授精。悖论在于，直接选择授精，会万无一失地遗失授精：直接选择"真实意义"是做不到的，我们必须首先做出"错误"的（排尿）选择；只有通过反复的解读，真实的思辨性意义（speculative meaning）才能作为第一次"错误"解读的事后效应或意外收获呈现出来。

1　Ibid., p. 392.

　　这道理也适用于社会生活。在社会生活中，直接选择某个特定的伦理生命世界（ethical life-world）之"具体普遍性"，只能导致这样的结果——堕入前现代的有机社会。前现代有机社会把主体性之无限权利（infinite right of subjectivity）视为现代性之基本特征（the fundamental feature of modernity）而严加排斥。现代国家的主体-公民[1]不再一往情深地扮演某个特定的社会角色，而正是这样的角色，为他们在有机社会整体中指定了某个确定的位置。职是之故，通往现代国家之合理整体性（rational totality）的唯一方式，就是引入革命大恐怖：我们应该毫不留情地打破前现代的、有机的"具体普遍性"的限制，完全肯定主体性之无限权利的全部的抽象否定性（abstract negativity）。换言之，黑格尔对革命性大恐怖的分析，其要义并不在于，他对下列问题有了平淡无奇的洞识：革命大业如何卷入了对抽象普遍理性（abstract Universal Reason）的直接肯定，如何因此注定葬身于自我毁灭的狂怒之中，之所以如此，是因为它无法把普遍理性的革命能量转化为具体稳定的、业已分化的社会秩序（differentiated social order）。黑格尔要破解的谜团是，尽管革命大恐怖无疑属于历史的一个僵局，为什么我们只有通过这一僵局才能缔造现代的、理性的国家？所以，回到对新教"内在革命"和法国残暴政治革命的选择上，黑格尔此举意味着，他远远没有认可令人沾沾自喜的德国优势性（"我们做出了正确的选择，并因此避免了革命的疯狂"）：恰恰因为德国人在错误的时间（太早，在宗教改革时代）做出了正确的选择，他们才无法创建处于真正的政治现代性（political modernity）层面的理性国家。

　　我们应该百尺竿头更进一步：不仅普遍性本质（universal Essence）表现在诸种特定的表象形态之间的不和之中，而且这种不和还是由处于普遍性本质之核心的分裂驱使的。在其论述现代性的著作中，詹明信对最近有关"另类现代性"（alternate modernities）的各种时髦理论做了简明扼要的批判。那时，他谈到了黑格尔的"具体普遍性"概念：

　　1　"主体-公民"（subject-citizen）又可译为"臣民-公民"。"subject"既有主体之意，又有臣民之意。——译者注

那么，那些研究目前意义上的"现代性"的意识形态家们（ideologues）是如何千方百计地把他们自己的产品——信息革命以及全球化的、自由市场的现代性——与先前可憎的产品区别开来，同时又不提出种种严肃的政治、经济等全局性问题的？要知道，后现代性（postmodernity）一词已使提出这些问题成为不可避免的事情。回答上述问题的答案很简单：你可以谈论"交替"或"另类"现代性。现在人人都对这套做法心知肚明：这意味着，可以存在着适用于每个人的现代性。适用于每个人的现代性不同于标准的或霸权性的盎格鲁-撒克逊模型。无论你厌恶盎格鲁-撒克逊模型的哪个方面，包括它将你置于卑微之境，你都可以借助于令人心安理得的、有关"文化"的想法而将其一笔勾销。这想法就是，你可以独树一帜地打造自己的现代性概念。如此一来，现代性可以是拉丁美洲式的，可以是非洲式的，等等。……但这样做，只是对现代性一词的其他基本意义——全世界范围内的资本主义这一基本意义——的无视而已。[1]

这种批判的意义超出了现代性这一个案，涉及唯名主义历史化（nominalist historicizing）的根本局限。求助于多样化（"并不存在一种具有固定本质的现代性，存在着多种现代性，每一种现代性都不能化约为其他的现代性……"）是错误的。说它是错误的，并不因为它否认现代性有其独特的、固定的"本质"，而是因为多样化发挥着这样的作用——否认现代性这一概念本身存在着内在的对抗：多样化的虚假不实之处在于，它通过将这一方面贬为一个历史的亚种，剥去了现代性这一普遍概念（universal notion）本身固有的对抗，剥去了它被嵌入资本主义制度的那种方式。法西斯主义的基本理念不就是有关如此现代性的理念吗？这种现代性为标准的盎格鲁-撒克逊式资本主义现代性提供了另类的选项，即通过去除盎格鲁-撒克逊式资本主义现代性的"偶然"的犹太人-个人主义-牟取暴利（Jewish-individualist-profiteering）

---

[1] Fredric Jameson, *A Singular Modernity* (London and New York: Verso, 2002), p. 12.

的迂回曲折，拯救资本主义现代性的内核。苏联在 20 世纪 20 年代末和 20 世纪 30 年代的快速工业化，不也是致力于迥异于西方-资本主义的工业化的一种努力吗？只要能把这种固有的对抗命名为"阉割"之维，而且，只要如弗洛伊德所言，对阉割的否认是以阳物-表征（phallus-representatives）的多样化的表式表现出来的（众多阳物标志着阉割，即阳物的匮乏），我们就会轻而易举地把如此的现代性之多样化视为一种形式的恋物癖式否认（fetishist disavowal）。

詹明信对另类现代性概念的批判为我们正确的理解普遍（the Universal）与特定（the Particular）之间的恰当的辩证关系提供了一个模型：差异并不处于特定内容一方，就像传统的种类差异（*differentia specifica*）所理解的那样；差异处于普遍一方。普遍并非容纳特定内容的容器，并非为发生冲突的诸种特定性提供的祥和的媒介-背景；普遍"本身"是一个场所，令人不堪承受的对抗、自我矛盾寄身于此。众多特定的种类最终不过是模糊 / 调解 / 主宰这一对抗的众多努力而已。换言之，普遍为难题-僵局（*Problem-Deadlock*）、亟待解决的问题（*burning Question*）得以容身的场所进行命名，而特定则是为这个难题提供的虽已竭尽全力但最终还是宣告失败的答案。例如，国家概念主是用来对某个问题进行命名的：如何围堵社会中的阶级对抗？呈现各种特定形式的国家都在为此努力寻求解决之道，它们不过是这些众多（业已失败）的努力而已。

我们理应如此回应对基督教普遍主义（Christian universalism）的标准批判：这种包容一切的态度——不妨回忆一下圣保罗的名言"没有男人也没有女人，没有犹太人也没有希腊人"——所涉及的，是将那些不同意将自己纳入基督教社团的人的彻底排除。在其他的"特定主义"（particularistic）宗教中，总有允许他人立足的一席之地。这些人被宽容，即使他们在他人眼中低人一等，也是如此。基督教的座右铭"四海之内皆兄弟也"还意味着，"非我兄弟者，非人也"。基督徒通常赞美自己克服了犹太教排外主义的"上帝选民"观，把全人类都囊括进来。这里的陷阱在于，犹太人在坚称自己是上帝选民，拥有与上帝直接沟通的特权时，认可了他人的人性，只不过这些人在礼赞自己虚假

的上帝而已，基督教的普遍主义则把没有信仰的人排斥在人类普遍性
（universality of humankind）之外……

　　但基督教的普遍性并非无所不包的全球媒介，在那里，人人都有容
身之所。相反，它是斗争的普遍性（struggling universality），是发动持
久战役的战场。什么战役？谁跟谁战？还是听圣保罗的吧：不是律令与
罪孽在战，而是下列两方在战：一方是律令之整体（totality of law），以
及作为其补足物的罪孽；一方是爱之方式（way of Love）。基督教的普
遍性是在某些人的征兆点（symptomal point）上出现的普遍性，这些人
则是全球秩序（the global order）的"非部分的部分"。从这里看，对基
督教排外的指控是不成立的：基督教的普遍性远未排除某些主体，它是
站在那些被排除在外的人的立场上总结出来的，是站在那些在现存秩
序中没有特定位置的人的立场上总结出来的，尽管他们属于这一现存秩
序；一者是普遍性，一者是特定位置／决断的匮乏，两者是彻头彻尾地
相互依存的。

　　或以与此不同的方式表述之。谴责圣保罗的普遍主义，此举遗漏了
普遍性藏身的真正场所：他打开的普遍性之维并非"没有犹太人也没有
希腊人，只有基督徒"，如此说法暗中将非基督徒排除在外；作为一种
差异，基督徒／非基督徒的差异才是普遍性的。也就是说，基督徒／非
基督徒的差异跨越整个社会躯体（social body），它从内部撕开、割裂了
实体性的种族之类的身份：希腊人被分成了基督徒和非基督徒，对犹太
人也是如法炮制。所以在某种程度上，这一标准谴责是在敲击已经打开
的大门：圣保罗式的斗争的普遍性（struggling universality）这一概念的
完整要义在于，真正的普遍性和局部性（partiality）并不相互排斥，但
只有站在局部的、介入的主体立场（a partial engaged subjective position）
上才能接近普遍的真理（universal Truth）。

　　"跨越整个社会躯体"还有一个名称，这名称当然就是对抗。不可
化约的对抗所遵循的逻辑，是由厄尼斯特·拉克劳在最近确立的。不可
化约的对抗与黑格尔的具体普遍性形成了鲜明的对比。据说，黑格尔的
具体普遍性以更高级的、经过调停后形成的统一"摒弃"——克服——
了一切对抗。然而，情形真的如此？或者，正相反，提起黑格尔会使我

们关注拉克劳理论存在的瑕疵？一是差异之逻辑（logics of difference），一是对抗之逻辑（logics of antagonism），拉克劳把它们配成一对。这种做法在哲学 / 概念上的局限表现在，他把它们视为在外部完全对立的两极。拉克劳在详细阐释差异之逻辑（logic of difference）与等值之逻辑（logic of equivalence）时，宣称对立面是重合在一起的：两种逻辑并非纯然对立的，一旦推向极致，每一种逻辑都会走向自己的对立面。[1]也就是说，正如拉克劳反复指出的那样，一个由纯粹的差异性（pure differentiality）构成的系统，即，一个完全由其构成元素组成的差异结构（differential structure of its elements）来界定的、没有对抗也无法穿越对抗的系统，会导致这样的结局——它所有的构成元素都完全等值的。它们之所以完全等值，是因为它们全都缺乏外观（void of their Outside）。在另一个极端，一个毫无结构可言（with no structure at all）的、彻底对抗（radical antagonism）的、只有我们和他们纯然对立的系统，会与作为实证性存在的对立物种的我们和他们的自然化差异（naturalized difference）重合在一起……不过，从黑格尔的角度看，这种逻辑依然依赖于在外部完全对立的两极。每一个对立面都是从另一个对立面提取而来的，也就是说，倘若推向极致，每一个对立面都不再需要另一个对立面。如此一来，每个对立面都扑向了另一个对立面。这个事实只能表明，它们是相互依赖的。我们需要百尺竿头更进一步的，是从外部对立或相互依赖走向直接的内在化的重叠（internalized overlapping）。这意味着，不仅一极与它的对立面重合在一起（因为一极要从另一极提取自己，并因此被推向极致），而且一开始就不存在"原初"的两极二元性（duality of poles），只存在太一（the One）的内在分裂。等值最初也不是差异的对立（opposite of difference）。只是因为任何差异系统（system of differences）都永远无法自我完成，等值才出现了。等值"是"这种未完成性的结构性效果（structural effect of this incompleteness）。[2]因此，

1　See Ernesto Laclau and Chantal Mouffe, *Hegemony and Socialist Strategy* (London and New York: Verso, 1985).
2　同样，说到性差异，女人并不处于与男人对立的一极：女性之所以存在，是因为男人自身不够完善。

与内在性自身内部的分裂相比，内在性与超验性之间的张力是第二次性的。超验性是某种透视错觉，是我们（错误地）感知内在性自身固有的分裂／不和的方式。同样，与同一（the Same）与其自身的非重合（noncoincidence）相比，同一（the Same）与另类（the Other）之间的张力是第二性的。

这意味着，两种逻辑的对立，即对抗之逻辑与差异之逻辑的对立，是一个逻辑上先于它们而存在的术语的展开，是内在"纯粹"差异、最小差异的展开。内在"纯粹"差异和最小差异为太一与其自身的非重合打上了标记。这种非重合，这种"纯粹差异"，或者可以被拆解为众多实存物，而众多实存物又构成了差异性整体（differential totality），或者可以被分割为两个术语的对抗性对立（antagonistic opposition）。而且，这种二元性又一次遵循了拉康的性化公式所遵循的逻辑：与人们的预期相反，差异的众多（differential multitude）属于"阳性"，而对抗则属于"阴性"。因此原初的分裂并非两个原则的截然对立（阳性与阴性、光明与黑暗、开放与封闭），而是元素与其自身的最小分裂，是其自身的铭刻位置（place of inscription）的缺失。谢林在区分存在（Existence）与存在的无法穿透的地基（Ground）时，瞄准的也是这种分裂。有人指控谢林犯下了二元论的错误，他对此拒不承认。他这样做是对的。之所以说他是对的，原因也在这里。谢林一直是一元论者：只存在太一，分裂是这个太一自身所固有的；分裂不是它的两个对立面的分裂，而是太一（One）与太虚（Void）的分裂。[1]

（4）主人能指及其兴衰

用拉康的话讲，拉克劳的霸权逻辑（logic of hegemony）的藏身空间，就是空空如也的主人能指（Master-Signifier）与一系列"平庸"能指之间的张力的立身之所。"平庸"能指竭尽全力以特定的内容填充主

1　See F. W. J. Schelling, "Philosophical Investigations into the Essence of Human Freedom," in *Philosophy of German Idealism*, ed. Ernst Behler (New York: Continuum, 1987).

人能指。为了民主——民主即今日的主人能指——而开展的斗争之所以为斗争，表现在：民主是什么意思？哪种民主能够雄霸于这个普遍概念（universal notion）之上？

那什么是主人能指呢？且让我们想象某个混乱不堪的社会解体的情景吧。在那里，意识形态已经丧失凝聚力。在这种情景中，主人是发明新能指的人。新能指就是著名的"缝合点"（quilting point），它要再次稳定形势，使形势变得清晰可读。那时，用来支撑如此可读性的是知识网络（network of Knowledge），大学话语（university discourse）又对知识网络进行精心阐释。根据定义，这样的大学话语是以主人最初的姿势（initial gesture）为前提的，也依赖于主人最初的姿势。主人没有添加新的实证内容（positive content），他只是添加了能指。突然间，这样的能指使杂乱无章变成了井然有序，变成了"新的和谐"（new harmony）——兰波肯定会这样说。想想德国 20 世纪 20 年代的排犹主义吧：人们觉得自己走投无路，被无端抛进了战败的深渊，此外还有吞噬了他们一生积蓄的经济危机，不尽如人意的政治效率，道德的堕落……纳粹分子提供了一个单一的代理（single agent），可以用它对所有这一切做出合乎逻辑和情理的解释。主人的魔力就源于这里：尽管在实证内容的层面上没有添加任何新东西，但在他进出那个词语之后，"一切都与先前大不相同"……例如，为了对缝合点（*le point de capiton*）做出生动的说明，拉康引用了拉辛的戏剧《阿达莉》（*Athalie*）中的著名台词："上帝令我恐惧，我亲爱的艾伯纳，此外别无惧意。"这无异于以一种恐惧兑换所有的恐惧。也就是说，对上帝的恐惧使我在应对人间的俗事时毫无惧意。如此引发了新的主人能指的逆转也能在意识形态中正常运：在排犹主义中，所有的恐惧（对经济危机的恐惧，对道德堕落的恐惧）都兑换成了对犹太人的恐惧——犹太人令我恐惧，亲爱的公民，此外再无惧意……这跟我们在斯皮尔伯格的《大白鲨》之类的恐怖电影中发现的逻辑岂不如出一辙？大白鲨令我恐惧，我的朋友，此外再无惧意……

在其即将出版的《世界逻辑》（*Logique des mondes*）中，为了给做出纯粹主观决策 / 选择的那个时刻进行命名（做出如此决策 / 选择的目的在于稳定世界），巴迪欧提出了"点位"（point）的概念。"点位"即简单的决策。简单决策是在被简化为"是"或"不是"的单项选择的情形下做出的。当然，巴迪欧在提出"点位"的概念时，含蓄地提到了拉康的"缝合点"。难道这不意味着，语言之外根本没有"世界"可言？难道这不意味着，其意义视域（horizon of meaning）不取决于符号秩序（symbolic order）的世界根本就不存在？因此，转向真理（truth）就是从语言——"我的语言的极限就是我的世界的极限"——走向字母，走向"数元"（mathemes）。"数元"成对角线般穿越众多世界（multitude of worlds）。后现代的相对主义（postmodern relativism）恰恰就是有关不可化约的众多世界的思想。在那里，每个世界都由某种特定的语言-游戏（language-game）来支撑，所以每个世界都是其成员向自己讲述的有关自己的叙事。各个世界之间没有共享的领域，没有共同的语言。用模态逻辑（modal logic）中颇受欢迎的话讲，有关真理的问题就是如何确立某种在所有可能的世界中都始终不变的事物的问题。

我们现在明白了，我们要在何种确切的意义上设想拉康的下列论点，依据这种论点，"原初就被压抑"的是二元能指（binary signifier），即概念表征（Vorstellungs-Repräsentanz）之能指。被符号秩序排除在外的，是成双配对的主人能指、作为阴-阳的 S_1-S_2，或任何其他两两对称的"基础原则"的全然和谐的现身。"根本不存在性关系"，这样说恰恰意味着，次级能指（secondary signifier）——女性（Woman）——"原初就被压抑"。我们在被压抑者所处的位置上得到的，用来填被压抑者在被压抑之后形成的空隙的，是众多的"被压抑物的回归"，是成串出现的"平庸"能指。在伍迪·艾伦（Woody Allen）有一部戏仿托尔斯泰的电影，题为《爱情与死亡》（Love and Death）。在这部电影中，在我们脑海中自动涌出的第一个联想当然是："如果托尔斯泰出现了，那陀思妥耶夫斯基又在哪里呢？"在电影中，陀思妥耶夫斯基——他与托尔斯泰相比属于二元能指——依旧在"被压抑"。不过，如此压抑要付出的代价是，电影中间部分的一段对话出人意料地囊括了陀思妥耶夫斯基所有重要小说的标题："那人还在地下室吗？""你是说卡拉马佐夫兄弟中的一个？""对，那个白痴。""哦，他的确罪恶累累，并因此遭受了惩罚！""这我知道，那个胆大包天的赌徒！"[1] 我们在此目睹了"被压抑物的回归"，即成串出现的能指，它们填补了"陀思妥耶夫斯基"这个被压抑的二元能指在被压抑之后留下的空隙。

这也是标准的解构主义批评在批评拉康的性差异理论时完全不得要领的原因。根据这种批评，拉康的性差异理论已经跌入"二元逻辑"（binary logic）的陷阱。拉康所谓的"女性并不存在"，恰恰旨在瓦解"二元"对立，瓦解成双成对的阳性与阴性的对立。最初的分裂并不出现在太一（the One）和异类（the Other）之间，它完全处于太一之内，是太一与其空空如也的铭刻位置（place of inscription）之间的分裂。我们也应该这样解读卡夫卡的名言：救世主会在他抵达的那一天到来。我们还应该如此设想下列两者的联系：一者是处于太一之内的分裂，一是众多（the multiple）之激增：众多（the multiple）并非原初的存有论事实；众多（the multiple）之"超验"起源，就源于二元能指的匮乏。也就是说，众多（the multiple）是作为填补二元能指失去后留下的空隙的一系列努力出现的。因此，S1 和 S2 之间的差异并非同一领域内部相互对立的两极之间的差异，而是一个术语固有的切口，是它与自身的非重合：最初的一对并非由两个能指构成的一对，而是由能指与其副本（reduplicatio）构成的一对。也就是说，它是能指与其铭刻位置（place of its inscription）之间的最小差异，是一与零之间的最小差异。[2]

这样的自反性对于理解凝视（gaze）的身份至关重要。凝视一旦"从对内部的好奇和对内部的凝视转向对外的凝视（the gaze ex qua），即从内部走向外部"，就会变成客体。"这一转变构成了天翻地覆的变化：它假定，人们先是公开地凝视私密场景，然后将凝视引入秘密和私密之域。这也是对引入偷窥来说所必需的最终时刻。"[3] 与主人形象的同源，在此意

1　"那人还在地下室吗？"——暗指《地下室手记》，写于 1864 年。"你是说卡拉马佐夫兄弟中的一个？"——暗指《卡拉马佐夫兄弟》，写于 1880 年。"对，那个白痴。"——暗指《白痴》，写于 1868 年。"哦，他的确罪恶累累，并因此遭受了惩罚！"——暗指《罪与罚》，写于 1866 年。"这我知道，那个胆大包天的赌徒！"——暗指《赌徒》，写于 1866 年。——译者注

2　对这一反射性结构所做的更为缜密的阐述，见下列著作的第 3 章：Žižek, The Puppet and the Dwarf.

3　Gérard Wajcman, "The Birth of the Intimate (II)," lacanian ink 24–25 (New York, 2005), p. 44.

味深长：正如作为符号性禁令代理人的父亲（他阻止主体自由地触及力比多客体）不得不被禁一样（因为他也是力多比客体），通过窥视个人生活的私密领域来寻求满足的凝视也不得不把自己转化成秘密，转化成致力于在公共空间中深藏不露和不为人知的事物。符号秩序的这种自反性（这种秩序涉及某个元素与其结构位置的最小差异）对伦理选择要做的，是引入它的再次倍增（its redoubling）：选择从来都不只是在下列两者间做出的选择，一者是恪尽职守，一者是放纵自己，力争"病态"的快乐和满足。这个初步的选择总是被在下列两者间做出的选择再次倍增：一者是提升自己对快乐的谋求，使之成为至高无上的责任；一者为恪尽职守，但恪尽职守并不是为了职责自身，而是因为这样做，它会令我满足。在第一种情形下，快乐就是我的职责：对快乐的"病态"谋求被置于职责的正式空间之内。在第二种情形下，职责就是我的快乐：恪守职责被置于"病态"满足的正式空间之内。所以说，德里达在谈及法令时强调禁令的自反性，是完全正当的：律令不仅禁止，也被禁止：

> 律令即禁令：这不仅意味着它禁止，而且意味着它本身还被禁止，是禁止他人进入的某个位置。……人无法触及律令，而且为了与它建立尊敬与被尊敬的和谐关系，人切不可与律令和谐相处，人务必要中断与它的和谐关系。人务必要与律令的代表（law's representatives）、实例及其卫士建立联系。这些是中断者（interrupters），也是信使。人切不可知道谁是律令，什么是律令或律令在哪里。[1]

卡夫卡在一个简短的文本片断中指出，律令的终极秘密就是它根本不存在。这为拉康所谓"大对体并不存在"提供了另一个实例。当

---

1 Jacques Derrida, *Acts of Literature* (New York: Routledge 1992), p. 201. 关于这个能指的反讽意味，有一个至高无上的个案：斯洛文尼亚流行音乐界有一个"波"涛汹涌的性感女星，真名（非艺名）就叫纳塔利娅·韦尔伯顿（Natalija Verboten）。在德语中，韦尔伯顿（Verboten）的意思是"被禁止"。原质不仅被禁止，而且直接就是禁令的象征和代理。禁令的反射性（reflexivity of prohibition）也表现在这里：最终被禁止的是禁令的代理，而不是禁令的代理阻止他人靠近的原质。

然，这种"不存在"并不只是简单地把律令化约为空洞的妄想。相反，
"不存在"使律令成为不可能的实在界（impossible Real），成为空白
（void）。尽管是个空白，却依然在发挥作用、产生影响、引发后果、扭
弯符号空间：

> 在律令难及企及的超验性之前和之先，人屹立不动。律令难以
> 企及的超验性只能显现成无限超越性的，因此也是神学性的，以至
> 到了这样的地步，因为离人最近，它只依赖于人，依赖于述行行为
> （performative act），而人正是通过述行行为，创立了它。……律令是
> 超越性的和神学性的，总是要到来，总是被约定的，因为它是内在
> 的、有限的，并因此总是早已过去的。[1]

在德里达这样说时，这个段落的含糊不清是至关重要的：它是否
意味着，超验性表象（appearance of transcendence）只是必要的幻觉
（illusion），只是结构性的错觉（structural misperception），如同德勒兹
在解读卡夫卡时也这样宣称的那样？倘若如此，有没有可能打破这种误
读，完全假定"它全都依赖于我"？难道这没有出现在基督教中吗？难
道这不就是道成肉身（incarnation）的核心吗？这种自反性的正面，要
在下列事实中去发现：拉康所谓的"主人能指"只是弥补了能指之匮
乏的反射性能指（reflexive signifier）而已。在这里，斯宾诺莎提供的
至高无上的例证——"上帝"——是至关重要的：上帝被设想为威武强
大之人（powerful person），但他只是体现了我们对真实因果关系的无
知而已。在这方面，来自科学史的实例可谓俯拾皆是：从"燃素"到马
克思的"亚细亚生产方式"，更不必提如今甚嚣尘上的"后工业社会"
了。"燃素"是个伪概念，它暴露了科学家在下列问题上的无知——
光到底是如何运行的？马克思的"亚细亚生产方式"是某种消极容器
（negative container）：这个概念唯一的真实内容是，"所有那些无法纳入
马克思对生产方式所做的标准分类的生产方式"。从"燃素"到"亚细

---

[1]　Jacques Derrida, *Acts of Religion* (New York: Routledge, 2002), p. 270.

亚生产方式"，再到"后工业社会"，这些概念表面上指定了实证性内容，实际上只是暴露了我们的无知而已。

不过，难道我们没有在两个截然相对的版本中摇摆不定吗？在第一个版本中，那个二元能指，S1 的对称对应物，是"原初就被压抑"的。为了填补 S1 的对称对应物被压抑后留下的空白，S2 链（chain of S2）出现了。也就是说，最早出现的是 S1 和 S1 的对应物被压抑后留下的空白，它们构成了一对，S2 链是第二性的。在第二个版本中，在解释作为"谜一般的术语"、空洞能指的 S1 时，原初因素是 S2，即本身尚未完成的符指链（signifying chain in its incompletenes）。正是为了弥补这种未完成性（incompleteness）留下的空白，S1 开始干预。如何把这两个版本协调起来？终实事实就是它们相互蕴含并由此形成恶性循环？再说一次，如果两个版本全都指向拉康的"性化公式"，情形又会怎样？与我们的期待相反，第一个版本——众多（the multitude）的出现只是为了弥补二元能指被压抑后留下的空白——才是"阴性"的。也就是说，第一个版本解释了众多不一致的"阴性的并非全部"（feminine non-all）之激增。第二个版本是"阳性"的。也就是说，它回答了下列问题：众多（a multitude）是如何通过例外（众多填补了例外留下的空白）被整合成了全部（a all）的？

因此，我们制造了一套话语的四种成分，它们分别是 S_1、S_2、S 和 a。当然，它们之间的互动总是意味着构成更为复杂的网络。[1] 一边是

1　且让我们列举一个出乎意料的例证：为什么奥利维埃·梅西安（Olivier Messiaen）在 1943 年为双钢琴创作的钢琴曲集《阿门的愿景》（Visions de l'amen）包括七首乐曲？他本人提到阿门的四个主要愿景：创造之阿门（Amen of creation）——"听天由命，顺其自然"，接受之阿门（Amen of acceptance）——上帝的造物接受神圣的意志，欲望之阿门（Amen of desire），天堂赐福之阿门（Amen of paradisiacal bliss）。这不就是拉康所谓的话语的四要素（S_1、S_2、S（A）、a）吗？那为什么要七首乐曲？第一，接受之阿门被分成了造物之阿门（Amen of creatures）和基督接受苦难之阿门（Christ's acceptance of his suffering）。造物之阿门宣告，造物接受了其造物主赋予他们的生存——"你询唤我们，我们就来了！"基督接受了苦难，因而他救赎了造物。第二，欲望之阿门本来就分成了欲望的两面，一面是纯洁宁静的精神渴望，一面是激情带来的疯狂磨难。这两个方面外化为两首乐曲：一首是天使、圣徒、群鸟的歌声之阿门（Amen of the song），用来满足纯洁的精神欲望；一首是审判日之阿门（Amen of the Day of Judgment），它说的是，一旦到了审判日，凡人将为他们罪孽沉重的激情付出代价。整个钢琴曲集是以完全对称的方式结构起来的：在中间，欲望之阿门这首到目前为止最长的乐曲，被打上了分裂的标记，并被两个三元组包围。

主人能指，一边是成串出现的、竭力雄霸于主人能指之上的"平庸能指"，两者构成了张力。那么，小客体（objet petit a）是如何在这种张力中运作的？埃内斯托·拉克劳曾经强调，小客体在推动意识形态大厦（ideological edifice）运转方面扮演着不可或缺的角色。[1]他这样说，大方向是对的。尽管如此，他还是剥夺了这一角色的真实维度，因为他把这一角色局限于霸权上：如何以某种特定的内容填补主人能指留下的空白。说得更确切些，事情是这样的：因为小客体也是幻象之客体（object of fantasy），所以关键在于（the catch lies in）我不禁要与康德一道称之为小客体扮演的"超验图式"（transcendental scheme）的角色这种东西上。幻想促成了我们的欲望，为它提供坐标。也就是说，它真的"教我们如何去欲望"。

因此在某种程度上，幻象发挥的作用类似于命途多舛的松果腺（pineal gland）在笛卡儿哲学中发挥的作用。在笛卡儿那里，松果腺居于会思考的实体（*res cogitans*）和广延的实体（*res extensa*）中间，进行调停。幻象则居于正式符号结构（formal symbolic structure）和我们在现实中碰到的客体之实证性（positivity of the objects）中间，进行调停。幻象提供"图式"（scheme），据此"图式"，现实中的某些实证客体（positive objects）可以充当幻象客体（objects of desire），填充由正式符号结构开辟的空洞位置。说得简单些吧，幻象并不意味着，我渴望得到草莓蛋糕，但又苦于在现实中难以如意，于是乎只好在幻想中大快朵颐。这里的问题是，当初我是如何知道我渴望草莓蛋糕的？是幻象告诉我的。幻象的这种作用以下列事实为转移的："根本不存在性关系"，不存在确保某人与其性伴侣保持和谐性关系的普遍公式或基质（matrix）。正是由于缺乏这样的普遍公式或基质，要想确立和谐的性关系，每个主

两个三元组，一个是上帝-造物-基督，即主人和仆人接受（Servant's acceptance）之分裂；一个是天使-审判-天堂，即主体依据纯粹欲望和"病态"欲望的不同分为两类，再加上天堂赐福之调和（reconciliation of paradisiacal bliss）。我们始于主人这个太一（the One of the Master），继之以三重分裂——为人效劳的造物、欲望和主体性，终于天堂赐福之同一（Sameness of paradisiacal bliss）。尽管《阿门的愿景》是一部深刻的基督教作品，但它同时突显了最基本的符指结构（signifying structure）。

1　See Ernesto Laclau, "Populist Reason," *Umbr(a)*, 2004.

体都不得不发明自己的幻象，建立自己的"私人"公式。对于某个男人来说，只有在某个女人能够纳入该男人的公式时，与该女人确立和谐的性关系，才是可能的。道理与此完全相同，小客体是"崇高的意识形态客体"，因为可以用作意识形态命题的幻想性支撑（fantasmatic support）。例如，借助于一帆风顺、功成名就的职业女性的形象，反堕胎斗争被"图式化"了。这样的职业女性为了追求事业，压抑了母性的天命。或者，如同在约翰·梅杰（John Major）的保守派政府治理下的英国那样，单身失业母亲遭到了媒体的污名化，被视为全部社会弊病的单一成因：税收居高不下？还不是因为国家要养活单身失业母亲！青少年违法犯罪泛滥成灾？还不是因为那些单身失业母亲，她们缺乏坚实的父性权威，无法提供适当的道德教育……

在这里，至关重要的关键一环在于，在普遍性陈述（universal statement）和对它的幻象性支撑之间形成的张力中，"真理"处于普遍性一方。不妨考察马克思做的一个精彩分析：法国在1848年发生革命时，在"无名共和王国"（anonymous kingdom of the Republic）中，信奉保守与共和的秩序党（Party of Order）是如何充当两个保皇主义分支——奥尔良党人（Orleanists）和正统主义者（Legitimists）——的同盟的？[1] 秩序党的议会代表把自己信奉的共和主义视为笑柄。在进行议会辩论时，他们频繁制造有利于保皇主义的口误，不断嘲弄共和制，等等，以便让世人知道，他们的真正目的是恢复君主制。但他们没有想到的是，他们受到了自己的欺骗，对他们的统治具有的真实社会意味一无所知。他们当时的实际所作所为，是为他们在内心深处极度鄙视的资产阶级共和秩序确立前提——确保私有财产的安全，等等。并不是说他们是戴着共和面具的保皇党，虽然他们就是这样看待自己的。尽管他们这样看待自己，他们"内心"的保皇主义信念才是用来遮蔽他们的真实社会角色的骗人面具。简言之，他们"真诚"的保皇主义是对他们实际的共和主义

---

1 See Karl Marx and Friedrich Engels, *Selected Works*, vol. 1 (Moscow: Progress Publishers, 1969), p. 95.

的幻象性支撑——为他们的活动提供了"激情"。[1]

此外，仅仅这样说是不够的：每个意识形态的普遍（ideological universal）都发挥着空洞能指的作用，而空洞能指又必须用特定的内容来填充，以特定的内容使自己取得霸权地位。这样说，是想表明，所有的实证性内容都是用来填补空洞能指之空位的填充物。我们应该超越空洞能指与确定内容（determinate content）的分裂，提出更为激进的问题：空洞能指之空白（void of the empty signifier）是如何出现的？是借助于何种暴力姿势（violent gesture）出现的？普遍性的这个空洞空间（empty space of universality）源于某个特定（a Particular）与其自身的彻底的不适当（radical inadequacy）、非重合和内在分裂。换言之，不仅所有普遍性（all universality）之结构性匮乏／空白需要以某个特定内容和替身来填充；这种空洞的普遍性（empty universality）本身就是替身，可以以之代替特定（the Particular）与其自身的彻底非重合，代替某个已经遗失的特定。空洞的普遍性是一个元素，添加了这个元素，会使特定变得"完整"，会使特定与其自身重合起来。

（5）愿微风轻吹……

如此旋绕的拓扑结构在斯宾诺莎那里竟然彻底付之阙如。难道斯宾诺莎没有明确表述最高级别的视差？实体即太一，心灵与肉体的差异，太一的两种模式的差异，是纯粹的视觉差异。"肉体"与"心灵"是以不同模式感知的同一实体。尽管如此，斯宾诺莎与黑格尔在此存在一个关键性差异：在斯宾诺莎那里，视差是对称性的，就是说，两种模式没有接触点，没有联系的通道，每一种模式都是以不同的方式对同一个网络的展示；在黑格尔那里，涉及视差转移（parallax shift）的两个平面是

1　因此，在社会生活中，情感——对领袖的共同仇恨和爱戴、惊慌等其他"激情"——也是廉价的。只有焦虑是例外。正如弗洛伊德在其论"恋物癖"（Fetishism）的论文中所言，一旦我们看到"王位是空着的"，焦虑就会油然而生。See Sigmund Freud, *Studienausgabe*, vol. 3 (Frankfurt: Fischer Verlag, 2000), p. 384. 那么，热情与焦虑截然相反？焦虑与热情的关系只是恰当距离的关系？热情意味着与客体保持适当的距离，靠得太近时就会感到焦虑？

绝对不对称的，一个层面似乎能够特立独行，一个层面则代表着视差转移，代表着这两个层面之间的分裂。换言之，二并非简单的一加一，因为二代表着从一向二的运动／转移。一个简单化的实例：在资产阶级与无产阶级的阶级斗争中，无产阶级代表斗争自身。从斯宾诺莎的作为自身模式的中性媒介／容器的"一"向"太一"的内在分裂的转移，正是从实体向主体的转移。[1]

　　如今被奉为圭臬的批判步骤是强调人（man）与主体（subject）的势不两立：主体性（subjectivity）——包括自我意识、自我设定的自治等——代表着危险的傲慢、求权的意志（will to power），它模糊和扭曲了人的真正本质，因此我们的使命在于，要在主体性这一领域之外思考人的本质。拉康试图要做的，似乎与这一标准步骤截然相反。从《俄狄浦斯》（Oedipus）和《安提戈涅》（Antigone），到萨德的《茱莉耶特》（Juliette），再到克洛岱尔（Claudel）的《人质》（The Hostage），拉康全都做了伟大的阐释。在阐释这些作品时，他致力于寻找某个"点位"，在那里，我们进入"非人"之维，"人性"开始分崩离析。如此一来，剩下的残余就是纯粹的主体。索福克勒斯笔下的安提戈涅，萨德笔下的茱莉耶特，克洛岱尔笔下的辛祺（Sygne），都与其"人类"的对应物——伊斯梅娜（Ismene）、瑞斯丁娜（Justine）——构成了鲜明的对比。安提戈涅、茱莉耶特和辛格，所有那些形象都属于"非人"的主体之

　　1　从阿尔都塞到德勒兹，从德勒兹到安东尼奥·内格里（Antonio Negri），这些"法国"的斯宾诺莎在各种幌子的掩护下，把我们大家搞得眼花缭乱。尽管如此，我们不应忘记，对斯宾诺莎还有其他的解读，这些解读在确立理论取向方面发挥着至关重要的作用，提到这些解读会使"后现代"的左派惊恐战栗。首先，斯宾诺莎在俄国社会民主主义主要理论家普列汉诺夫的著作中是极为重要的参考文献。普列汉诺夫一个世纪前首次把马克思主义提升成了无所不包的世界观。顺便说一句，他还发明了"辩证唯物主义"（dialectical materialism）一词。他反对黑格尔，认定马克思主义是"现代的斯宾诺莎主义"。……其次，斯宾诺莎对今日美国新保守派之父列维·施特劳斯（Leo Strauss）的著作也是极为重要的。在施特劳斯看来，斯宾诺莎为适用于普通民众的意识形态与只应供少数人享用的真正知识的分裂，树立了典范。最后但绝非最不重要，斯宾诺莎在人类灵魂问题上提供的反笛卡儿教义，被今日某些最具影响力的认知学家（cognitivists）和脑科学家视作权威。安东尼奥·达马西奥（Antonio Damasio）甚至写过一本题为《寻找斯宾诺莎》（Looking for Spinoza）的通俗著作。仿佛每个后现代的"法国"斯宾诺莎都有一位淫荡的、被否认的影子或前驱与己相伴：阿尔都塞的原马克思主义的斯宾诺莎（proto-Marxist Spinoza）-普列汉诺夫，内格里的多数人的、反帝国的斯宾诺莎-列奥·施特劳斯，德勒兹的情感的斯宾诺莎（Spinoza of affects）-达马西奥……

列。要对尼采予以释义，有一种东西，我们应该使之成为问题，这便是我们身上的"人性，太人性了"。我们应该毫不恐惧地把这一洞识应用于政治：可以不费吹灰之力地认定，纳粹分子毫无人性和残酷无情，并盖棺论定。但是，如果纳粹分子的问题恰恰在于，他们"人性，太人性了"，情形又会怎样? [1]

在记录希特勒"桌边会话"（table conversations）的著名或邪恶的档案中，有一则有关希特勒的古怪故事。它说的是，20 世纪 40 年代早期的一个早晨，他惊恐万状地醒来，泪水滑下面颊。他向医生讲述了那个死死缠住他的噩梦："在梦中，我看见了未来的超人，他们极端残忍，对我们遭受的痛苦不屑一顾，这实在令人不堪承受! "希特勒是千古以来最大恶人的主要候选人，现在却因为得不到他人的同情而惊骇莫名，他的这个形象当然是怪异的。但，从哲学的角度看，他的这个形象还是讲得通的。希特勒含蓄地提到了尼采所谓从狮子向孩子的变形[2]：我们已经陷入反射性的虚无主义态度（reflective attitude of nihilism）的网络之中，因此我们现在还不可能获得"化成之纯真"（innocence of becoming），即无须辩解的丰满生命（full life beyond justification）。我们现在力所能及的，就是参与下列活动——"凭借诚实对道德进行自我克服"（self-overcoming of morality through truthfulness）[3]，即促使道德主义的求真意志（will-to-truth）自行作废，发觉真求意志的真相：它是弱者的错觉，也是为了弱者制造出来的错觉。"我们无力创造新的价值观念"，我们只能当狮子。在积极虚无主义（active nihilism）迸发时，狮子收拾桌子并"为新的造物提供自由"[4]在我们之后，孩子定会出现。他将标志着"新的开端，神圣的肯定"[5]。

---

1 关于康德，迪特尔·亨利希（Dieter Henrich）展开了与人（person）与主体（subject）之异完全相同的差异。See Dieter Henrich, *Bewusste Leben* (Stuttgart: Reclam, 1999), p. 199.

2 尼采曾经说过："精神的三次变形，我指派给你：精神如何变成了骆驼，骆驼如何变成了狮子，狮子最后如何变成了孩子。"（Three metamorphoses of the spirit do I designate to you: how the spirit becometh a camel, the camel a lion, and the lion at last a child.）狮子、骆驼和孩子分别代表着信徒、笛卡儿式哲学家和尼采自己。——译者注

3 Friedrich Nietzsche, *The Anti-Christ* (Harmondsworth: Penguin, 1978), p. 173.

4 Friedrich Nietzsche, *The Genealogy of Morals* (New York: Anchor Books, 1956), p. 255.

5 Friedrich Nietzsche, *The Will to Power* (New York: Random House, 1968), p. 288.

　　喜剧领域是由两个被莫名其妙地对立起来的特征来界定的：一方面，喜剧通常被视为平庸生活之粗俗物质性（vulgar materiality）对高高在上和自命不凡的高贵性的入侵。领袖走进会堂，要去主持正式会议，却踩在香蕉皮上（喜剧中司空见惯的场景），重重摔倒在地，这时，想不产生喜剧效果都是不可能的。另一方面，存在着一种与喜剧人物有关的奇特永生，即类似于萨德笔下受害者具有的那种能力——历尽劫难却能死里逃生。我们再次回到那个因为踩到香蕉皮而摔倒在地的领袖的例子。真正的喜剧性在于，即使摔倒在地，他依然能够维持自己的高贵，继续前行，仿佛什么也不曾发生……如果他不能维持自己的高贵，我们就要面对一个即使不算悲剧至少也是悲哀的场景了：领袖丧失了其高贵性。我们如何同时思考这两个特征？阿伦卡·祖潘奇克（Alenka Zupancic）[1] 提借了一个真正的黑格尔式的答案：喜剧性空间是介于高贵庄严的符号面具和平庸生活的荒唐粗鄙之间的空间，外加琐碎的激情和小小弱点。这样说是对的。不过，真正的喜剧性步骤不仅要通过日常现实的入侵来撕破高贵的面具（或使命或崇高的激情），而且要实施某种结构性短路（structural short circuit），或干脆使二者交换位置。在那里，每个高贵的面具 / 使命 / 激情都显现为可怜的怪癖，显现为十足的人性弱点。想一想那些标准类型的喜剧主人公（吝啬鬼、酒鬼和色鬼）吧：正是他们对某些过度的使命 / 激情的依恋，才使他们成了人。之所以说卓别林在《大独裁者》中的做法是对的，原因也在这里：希特勒的不可一世并不属于"非人"因素，没有超出对平庸的乐趣和弱点表示同情的范围；希特勒是"人性，太人性了"，他在政治上的狂妄自大是他"太人性"的怪癖，而正是这种怪癖，使他变得荒唐可笑。简言之，希特勒是个邪恶独裁者式的滑稽人物，可与色鬼、吝啬鬼和骗人的奴仆之流平分秋色。

　　那什么才是主体性的基本维度？丽贝卡·科美曾让大家注意，在黑格尔的解读中，作为绝对自由（Absolute Freedom）的实现，革命大恐怖这种自我毁灭式狂热既废除了每一种超越（Beyond），又在把死亡化约为

1　See Alenka Zupancic, *The Shortest Shadow* (Cambridge, MA: MIT Press, 2003).

毫无意义的剁白菜－砍脑袋时，被淫荡的、幽灵般超越（Beyond）死死纠缠，不得脱身。超越（Beyond）是以"不死"的幽灵为幌子回归的：

> 由流行的断头台想象（popular imaginary of the guillotine）提供的、自 20 世纪 70 年代以来让文学和医学科学如醉如痴的有关幸存者的强迫性幻象，只是对活死亡（living death）的倒置和确认而已（生命似乎已经被化约成了活死亡）。于是开始大量出现红色的头颅，说话的头颅，受苦的头颅，会做梦、尖叫和会返还他人凝视的头颅，大量出现被肢解的肉体，被割下的会写字的手，以及填满了全欧洲每一页哥特式小说的鬼魂、食尸鬼和僵尸。[1]

难道这还没有把我们带回黑格尔《耶拿实在哲学》（"Jenaer Realphilosophie"）中有关"世界之夜"的那个著名段落吗？

> 人就是这个黑夜，就是这个空无（empty nothing），它空手套白狼般地容纳了一切，即由众多表征（representations）、意象（images）构成的无穷财富，但又没有一样专属于他，或者没有一样能够呈现出来。在幻影般表征（phantasmagorical representations）的中存在着的这个黑夜，自然的内部（the interior of nature），就是周围的黑夜。在黑夜中，这里在枪击一颗血淋淋的头颅，那里又有一颗苍白的幽灵突然出现它的面前，然后又消失一干二净。人在注视人的眼睛时，在注视那个变得可怕的黑夜时，他就瞥见了这个黑夜。[2]

1　Comay, "Dead Right: Hegel and the Terror," p. 386.

2　G. W. F. Hegel, "Jenaer Realphilosophie," in *Frühe politische Systeme* (Frankfurt: Ullstein, 1974), p. 204.——作者注。译者不懂德语，不知道黑格尔这段文字到底如何；以英文形式出现，很是蹩脚，甚至不堪卒读，由之译成中文难以差强人意，甚至令人大失所望。现将原文附后，供方家明察。"The human being is this night, this empty nothing, that contains everything in its simplicity－an unending wealth of many representations, images, of which none belongs to him－or which are not present. This night, the interior of nature, that exists here－ pure self－in phantasmagorical representations, is night all around it, in which here shoots a bloody head－there another white ghastly apparition, suddenly here before it, and just so disappears. One catches sight of this night when one looks human beings in the eye－into a night that becomes awful." ——译者注

仿佛革命巨变造成的狂暴把我们带回到主体性的零度（zero-level of subjectivity）。在那里，主体面对的不是被构成的现实（constituted reality），而是幽灵般的、淫荡的原始现实（proto-reality）。这种现实是由在存有论空白（ontological Void）的背景上漂来荡去的局部客体（partial objects）组成的。[1] 这种使人成为人的"间隙"（inter-space）、分裂出现在三个层面上：

1. 首先，作为介于自然（Nature）与文化（Culture）之间的"正在消失的调停者"，作为自由的"非人"过度（"inhuman" excess of freedom）。自由即将通过文化被规训。可以借助于黑格尔的术语，把这种"人化"（humanization）的零度概括为从人类－动物（*Mensch–Tier*）向动物－人类（*Tier–Mensch*）的反射性逆转（reflexive reversal）：同一个因素的结构性位置从过度到中立再到零度的变化，即从扭曲了兽性的人之过度（human excess which distorts animality）向人性零度（zero–level of humanity）的转型。[2]
2. 然后，作为对抗之实在界（Real of antagonism），作为差异。自相矛盾的是，差异先于与之相比而不同的那个事物存在。这两个术语是对差异的回应，是积极应对自身创伤的两种方式。
3. 最后，作为"最小差异"。由于存在"最小差异"，人从来都不是完满的他／她，而永远只是"类似于他／她"。美国喜剧演

1　用更一般的术语讲，幽灵般的实在界有三种版本：伴随着完全被构成的现实（fully constituted reality）出现的幽灵实体（spectral entities）的影子；已经被刻入被感知的现实（perceived reality）的凝视；现实本身的繁殖，即这样的观念，被我们视为现实的东西，只是众多现实之一。这三个版本之间的联系是很容易确立的：把现实与其原有论的（proto-ontological）、幽灵般的影子分割开来的鸿沟，就其性质而论，并不只是"存有论的"（这是在客体自身的固有属性这一朴素意义上说的），它还涉及主体以何种方式与现实相关系。简言之，把现实与其原存有论的、幽灵般的影子分割开来的鸿沟是一个标志，它标志着，主体的凝视已经被刻入被感知的现实。用标准的康德式的术语讲，只有当现实本质上通过主体被超验性地构成时，它才由其幽灵般的影子来陪伴。一旦凝视被纳入画面，我们就不再拥有一个由其多重影子陪伴的、完全被构成的现实，而是出现在模糊不清的前存有论的实在界（preontological Real）这个背景上的多重现实。因此，把凝视刻入被感知的现实，这个行为本身就是处于下列两个极端之间的"正在消失的调停者"（vanishing mediator）：一个极端是由原存有论的（proto-ontological）、幽灵般的影子陪伴的一种现实，一个极端是脱胎于实在界深不可测的可塑性（abyssal plasticity of the Real）的多重现实。

2　See Giorgio Agamben, *L'ouvert* (Paris: Payot & Rivages, 2002), p. 57.

员马克斯兄弟是对的："你看上去那么像谁谁，难怪你就是谁谁……"这当然意味着，并不存在人的实证性－实体性判断标准：人本是动物，却把自己当成了人。使人成为人的东西，正是"当成"这个正式姿势本身，而不是"当成"的内容。人是匮乏，为了弥补这个匮乏，他要把自己当成什么东西。

当然，这个三元组是由普遍－特定－个人组成的三元组：正在消失的调停者是由人类的普遍性（Universality of Humankind）构成的；"特定"被分割成性差异、阶级差异之类的种类（species），它打破普遍性；最小距离、与自身的差距是由个人构成的。

在列奥纳多·达·芬奇的名画《蒙娜·丽莎》中，人物与背景之间存在着奇怪的偏差：一方是蒙娜·丽莎这个人物，一方是由树木和石头等组成的异常复杂的、几乎是哥特式的背景，两者之间存在着非连续性。实际上，仿佛蒙娜·丽莎站在一道画出的背景面前，而不是身处现实环境之中。画出的背景代表空无，它是用画来填补的。[1] 这样的偏差不同样可以用来解释好莱坞在 20 世纪三四十年代拍摄的老电影散发出来的奇特吸引力吗？在那些电影中，那么多人站在投影背景（projected background）前面表演。且以希区柯克电影对这种手法的系统地运用为例：在《爱德华大夫》中，在一个假得出奇的雪景前面，英格丽·褒曼脚踏滑雪板，滑下山坡；在《美人计》中，还是英格丽·褒曼，她在摄影棚里驾驶汽车，与之不协调的夜间背景在她身边闪过；希区柯克晚期电影中还有两个经典个案。一个个案出现于《西北偏北》，在那里，加里·格兰特（Cary Grant）与爱娃·玛丽·森特（Eva-Marie Saint）坐在列车餐车的餐桌旁交谈，背景是哈德逊湾。在那里，同一个车库出现了三次。另一个个案出现于《艳贼》，在那里，提比·海德伦（Tippi Hedren）骑马而行。尽管很容易把希区柯克长期以来的粗枝大叶（很可能是这样的）说成自觉的谋略，但很难否认，这些镜头引发了奇异的心理共鸣效应，仿佛人物与背景之间的不协调传达了有关被刻画人

[1] See Darian Leader, *Stealing Mona Lisa* (London: Faber & Faber, 2002), p. 89.

物之主体性的关键信息。首先完善这一技术的表现性用途的是奥森·威尔（Orson Welles）：他的标准镜头之一是，他的美国主人公紧靠摄影机，于是背景变得模糊。如此一来，即使背景"绝假纯真"，也会导致故意人为的效果，获得幽灵般的维度，仿佛主人公并未穿行于真实世界，而是奔走于幻影般的虚拟宇宙……这道理不同样适用于现代主体性（modern subjectivity）？或许这是一个至关重要的事实——《蒙娜·丽莎》诞生于现代性之黎明。它表明，主体与其"背景"的不可化约的分离，主体永远不能完全适应环境，无法融入环境，成了对主体性的定义。

在《讲座之十四》（*Seminar XI*）中，拉康谴责了"哲学实在论中存在的本质性缺陷"：

> 没有主体性欲消失（*aphanasis* of the subject）的主体是不存在的。正是这种异化中，在这种根本性的分裂中，主体的辩证（dialectic of the subject）得以确立。为了回答我上次被问及的有关我固守黑格尔式辩证（Hegelian dialectic）的问题，难道这样说还不够吗：因为被迫选择（*vel*）、敏感点、平衡点的缘故，在意义的层面上，主体只源于它在大对体场所（Other locus）中的性欲消失，它是无意识性的？[1]

1　Lacan, *The Four Fundamental Concepts of Psycho-Analysis*, p. 221.——作 者 注。性 欲 消 失（*aphanasis*）一词源于古希腊文"*aphanes*"，意为消失。欧内斯特·琼斯（Ernest Jones）1927 年将其引入精神分析。琼斯认为，对性欲消失的恐惧是所有神经症的终极成因。无论在男性还是女性那里，对性欲消失的恐惧（fear of aphanisis）远甚于对阉割的焦虑，甚至俄狄浦斯情结的核心也是性欲消失。拉康为此词赋予了新意："要以更为激进的方式将性欲消失置于这样的层面上，在那里，主体在这一消失的运动中证明自己的存在。……主体的凋谢。"见 Jacques Lacan, *The Four Fundamental Concepts of Psycho-Analysis* (1994) pp. 207–208. 在拉康那里，性欲消失是一个过程，而主体就是在这个过程中，部分地隐于用以描述主体的能指之后："当主体在某个地方显现为意义时，他在另外某个地方显现为'凋谢'，显现为消失，……性欲的消失。"（同上，p. 218.）主体被语言这个大对体所禁止和撕裂。这样，主体没有别的选择，只能把自己设想为他本来不是的东西，设想为在他之外的东西，设想为已经与他彻底分裂的东西。因此，对于理解主体及主体的根本性空无（fundamental emptiness）而言，性欲消失成了一个重要的概念工具。齐泽克把这个概念置于在场（presence）与不在场（absence）的辩证之中，置于人格之核（core of the personality）与符号性叙事（symbolic narrative）的辩证之中，而人就生活在这样的符号性叙事之中。——译者注

　　为了标明主体的根本性分裂，拉康不得不求助于黑格尔的"辩证"一词。难道这不是一个泄露天机的细节？如果黑格尔式的主体辩证的核心不是下列事实，还能是什么：不论何时，只要主体"设定"了意义（事业），他的这一姿势的真相就会弃他而去，并固守于其他场所，他的姿势的真相在那里悄然瓦解他的事业？

　　诚然，黑格尔式主体是"得意忘形"的（ecstatic），它的调停使它面对异己性（otherness）、转移、自我同一性（self-identity）的丧失。但是，还要迈出至关重要的一步。不仅主体总是早已无依无靠－得意忘形的（dispossessed-ecstatic），等等，而且这种得意忘形（ecstasy）就是主体。也就是说，主体是空洞的 \$，只有在实体通过得意忘形（ecstasy）"被剥夺"时，主体才会形成。尽管说起来有些吹毛求疵，但下列区分还是至关重要的：到底是主体的身份（status of the subject）是永远受限制、被剥夺、无遮蔽的，还是主体只是用来指代这种"被剥夺"的名字？从主体的局限看，我们不得不将其限制为主体的名字。这也是仅仅这么说远远不够的原因：在黑格尔那里，存在着"自我阉割"这一步骤，主体阉割自己。但谁是这个"自我"？问题在于，这个"自我"只是作为阉割的成果、结果出现的。所以，辩证过程中的关键时刻就是其焦点的"质变"（transubstantiation）：当初只是谓词的东西，当初只是这个过程的次要时刻的东西（市场经济中的货币），后来（随着资本主义的到来）却变成了它的核心时刻，回溯性地使它的预设前提，使它当初脱胎而出的那个因素，退化成了次要的时刻，退化成了它的自我推进的循环的因素。我们还应该这样理解黑格尔有关精神（Spirit）即其自身结果的蛮横"思辨"公式：虽然"精神（Spirit）一般在自然中（in nature）有其起源"，

　　　　但精神要走向极端，这极端便是它的自由、它的无限、它的自在的和自为的存在（its being in and for itself）。这是两个方面，但如果我们要问精神（Spirit）究竟是什么，迅速得到的答案就是，精神就是从自然出发的这个动作、过程，就是摆脱自然的这个动作、过

程。这就是存在（being），就是精神本身的实体。[1]

因此，精神是彻底去实体化的：精神不是自然的实证性反作用力
（positive counterforce），不是借助于惰性自然材料（inert natural stuff）不
断破裂和发光的另一种实体。它一直都在摆脱什么，它只不过是"一直
都在摆脱什么"（freeing-itself-from）这一过程而已。黑格尔直接否定了
这样的精神观（notion of Spirit）：精神是位于这个过程下的实证性行动
者（positive agent）：

> 人们通常说，精神是主体，精神在做事情，而且除了它做的事
> 情，它是做事情这个动作本身，是这个过程本身，是某种特定的事
> 物，它的行动或多或少是偶然性的……下列做法全都符合精神的本
> 性：成为这一绝对的热烈（liveliness），成为这个过程，摆脱自然性
> （naturality）、直接性（immediacy），毅然前行，扬弃，离开自己的
> 自然性，恢复意识（come to itself），解放自己，成为自己，但成为
> 自己的前提是，它知道它是它自己的产物。它的现实性仅仅在于，
> 它使自己变成了自己现在这个样子。[2]

如果说"只是作为自身的结果，它才成了精神"[3]，那么，这意味
着，有关黑格尔的精神（Spirit）的下列标准理解具有严重的误导性：精
神使自己疏离自己，并在异己性（in the otherness）中识别自己，然后再
次挪用其内容。精神要回归到自我（Self）那里，但自我（Self）就是在
这个回归的运动中产生的。或者说，这个回归过程要回归的地方，恰恰
是回归这个过程创造出来的。黑格尔的《逻辑学》（Logic）中有一个极
其简明扼要的表述，我们不妨以之为例：

1 G. W. F. Hegel, *Hegels Philosophie des subjektiven Geistes/Hegels Philosophy of Subjective Spirit* (Dordrecht: Riedel, 1978), pp. 6-7.
2 Ibid.
3 Ibid.

本质（essence）预设自身，对此一预设的扬弃就是本质自身；反之，对自己的预设的这一扬弃，就是预设自身。因此，反射（reflection）在反射之前发现了一个直接（an immediate），它超越了这一直接并从那里回归。但这个回归只是对反射在反射之前发现的那个事物的预设。它发现的东西只能通过自己被留在那里而形成。……因为，对向自身回归（return-into-self）的预设（本质就来自那里，而且只作为这一回归出现）——只是回归自身。[1]

黑格尔曾经说过，概念（Notion）是它自身的结果，概念促成了它自己的实现。初看上去，他的这一主张不能不显得荒唐放纵（概念不仅是由思维主体激活的思想，而且拥有自我运动的魔法般的属性……）。我们只能站在相反的一面来理解他的这一主张。作为精神实体（spiritual substance）的精神（Spirit）是实体（substance），是自在（In-itself），它只能通过介入精神实体的主体永不停息的活动来维系自己。例如，只有当一个国家的成员把自己当成这个国家的成员并相应地采取行动时，这个国家才能存在；在这种行动之外，它绝对没有任何内容，没有任何实体性一致性（substantial consistency）。这道理同样适用于共产主义这个概念。"共产主义"这个概念通过动员人民为之奋斗"生成自己的现实

1　Hegel's *Science of Logic* (Atlantic Highlands: Humanities Press International, 1989), p. 402. 在这里，形形色色奋力争取"回归本源"的民族主义运动是典范性的：正是对"失去的本源"的回归，真正构成了已经失去的事物。从这个意义上说，作为一种精神性的实体（spiritual substance），国家/概念是"它自身的产物"。——作者注。这段文字极其智慧又极其晦涩，是对经验主义信奉的"常识"的彻底颠覆，本非常人所能解，由德语译为英文，再由英文译为中文，几经周折，不仅尤不可解，而且极易曲解和误解。限于篇幅，仅以本段引文的第一句为例说明之。"预设"在汉语中只有一个，既用作名词，又用作动词；在英文中却有两个，作名词是 presupposition，作动词时是 presuppose。"预设"意为"以……为前提条件"。比如："All of these actions presuppose they are lacking something, that they are small and helpless."意为："所有这些行动都以下列情形为前提：他们缺少什么东西，而且他们既渺小又无助。"因为他们缺少什么东西，因为他们既渺小又无助，才有这些行动。这是可以理解的，属于"常识"的层面。黑格尔颠覆了这些常识。"本质预设自身"，意为"本质是以自己为前提条件的"，这怎么可能？按"常识"，本质只能以本质以外的什么东西为前提条件，绝对无法以自身为前提条件，但黑格尔偏偏以本质为本质的前提条件。倘限于此，倒也罢了，偏偏又来一句："对此一预设的扬弃就是本质自身"。原来本质以本质为前提条件，现在又要扬弃（即否定）这个前提条件，只有这样，本质才是本质。这样"本质"就经历了三个阶段：第一阶段就是没有预设自己之前的"本质"，第二阶段是预设自己之后的"本质"，第三个阶

性"（generates its own actualization）。

　　康德与黑格尔之间的关系在这里甚为分明。我们应该逃避诱惑，把两人的关系化约为下列两者的简单对立：一是康德的"伦理自恋"（ethical narcissism），一是黑格尔对伦理立场（ethical substance）的信任。在康德的"信仰的飞跃"这一问题上，阿多诺在否定他所谓的康德的"伦理自恋"时未免操之过急：坚守自己的伦理原则，不论在现实世界中导致了怎样的结果；反对把坚守道德价值准则这一行为导致的结果视为"病态现象"；确保我的意志（Will）、我的意图的纯正性，并以之为终极标准。[1] 与此截然相反的观点通常被归诸黑格尔：我的行为的"真相"是在它导致的实际结果显露出来的，是以这样的方式显露出来的——它为伦理实体（ethical substance）所吸纳，它被铭刻在伦理实体上。这种观点颇成问题，因为它预设了（单个）主体与实体的预定和谐（preestablished harmony），预设了实体的"仁慈"身份。如果我无法在社会实体（social substance）中完全识别出自己呢，情形会怎样？我无法完全识别出自己，倒不是因为我的自恋，而是因为我自己的社会实体（social substance of myself）是"恶"的，并因此把我的行为逆转为这种行为预定目标的对立物。换言之，如果我的行为之意图（intention of my act）受到阻挠，能把所有的过失都归罪于我吗？黑格尔深谙这一僵局，这也是他在《法哲学原理》（*Philosophy of Right*）中承认"暴民"有权奋起反抗"社会实体"的原因。

　　超越了"意向纯正-实际结果"的二中选一、阐明了第三种立场的是伯纳德·威廉姆斯（Bernard Williams）。"意向纯正-实际结果"的

段是对这个预设予以否定之后的"本质"，不禁让人想起《五灯会元》卷十七青原惟信禅师的语录："老僧三十年前未参禅时，见山是山，见水是水。及至后来亲见知识，有个入处，见山不是山，见水不是水。而今得个休歇处，依前见山只是山，见水只是水。"为帮助读者理解，现将原文（英文）列出：(E) ssence "presupposes itself and the sublating of this presupposition is essence itself; conversely, this sublating of its presupposition is the presupposition itself. Reflection therefore finds before it an immediate which it transcends and from which it is the return. But this return is only the presupposing of what reflection finds before it. What it thus found only comes to be through being left behind.... For the presupposition of the return-into-self—that from which essence comes, and is only as this return—is only in the return itself."——译者注

　　1　See Theodor W. Adorno, *Nachgelassene Schriften*, vol. 10, *Probleme der Moralphilosophie* (Frankfurt: Suhrkamp, 1996).

二中选一关注的是我们境遇的不可化约的偶然性，以及我们行为的价值对不可化约的偶然性的依赖。如此二中选一，其结果是可耻的，因为与康德的看法不同，它认定病态的污点不能还原为伦理的问题（a pathological stain is irreducible to ethics）；与黑格尔的看法相反，它拒绝信任伦理实体。威廉姆斯[1]独一无二地倡导一种立场，该立场对康德的普遍主义先验主义（universalist apriorism）及功利主义予以质疑。为上述两种立场所共有的，是有关某种"共同货币"（common currency）的想法，是有关某种普遍中介（universal medium）的理念。它允许我们对所有的道德经验作出判断，无论这经验是道德律令方面的，还是实际功效方面的。虽然威廉姆斯对功利主义的局限了如指掌——提及"更大利益"（greater good）就能证明对个人不公的正当性，他在批评"道德的自我放纵"（moral self-indulgence）时还是意识到，那些抵制道德上令人反感的行为（morally distasteful acts）的人有其基本弱点，尽管这些人会令某些人受益。这与逻辑功利派（logical utilitarian）大异其趣，逻辑功利派总能找到充足的理由，去做那些在道德上令人反感的事情。总是存在着这样的"怀疑：与其说行动者（agent）关心别人，不如说他关心正在关心别人的自己。"[2]他更为基本的观点是针对那个主张"在制定人生计划时力求合理的审慎"的派别，特别是罗尔斯一派。这些人强调，随着时间消逝，作为一个人（one person），我们要对我们自己负责，正是基于这个原因，理性之人应该总在采取行动，如此一来，无论最终结果如何，他都无须自责。在这里，威廉姆斯的驳论是辩证的——这里的"辩证"一词是严格的黑格尔意义上的。他向我们表明，如此立场如何忽略了下列事实：一个人做了些什么，他走向怎样的生活，是以他后来的欲望和判断为条件的。如此立足点，即回溯性地判断我后来的自我会变得怎样的立足点，将会是我先前所做选择的产物。所以，不存在这样一套偏好（set of preferences），它既固定不变又切实有用，还可以用来与对我的生命空间的丰富填充（various fillings of my life-space）进行比较。[3]

---

1 See Bernard Williams, *Moral Luck* (Cambridge: Cambridge University Press, 1981).

2 Ibid., p. 45.

3 Ibid., p. 34.

这意味着，在道德判断中，暂时性（temporality）以及由暂时性导致的偶然性是不可化约的：

> 对人的人生进行慎重的选择，这个视角基本来自这里。与此相应，以更为丰富的知识（greater knowledge）进行评估，这个视角必定来自那里。不仅我无法保证，到那时它将真正变成什么，而且不能最终保证，从怎样的评估立足点（standpoint of assessment）出发，对我将来主要的、最根本的遗憾作出评估。[1]

我们在此应该小心翼翼，避免不得要领：我们之所以无法作出这些保证，完全是因为我们无法预先说明，我们现在的行为将以何种方式影响我们未来的回溯性看法（future retrospective view）。

从这个角度看，与其把康德对自治的强调解读为"伦理自恋"的表达，不如将其解读为对我们不可逾越的局限的认可：因为我总是在某种处境中行动，而这种处境又是暧昧不明的，所以我无法控制我的行为导致的结果，我所力所能及的，就是怀揣真诚的意图（sincere intentions）采取行动。如此说来，康德并不只是做出下列规定的伦理哲学家：内在意图的纯正是判断我们行为的道德品格的唯一尺度。他很清楚，要让我的道德行为具有任何意义，我们就必须预先假定，在我们的道德意图和客观的现实结构之间，存在着深刻的亲和、和谐关系，而这正是纯粹实践理性（pure practical reason）这一假设的作用之所在。被康德公开驱逐的"道德运气"（moral luck）也是在这里携复仇之心回归的：康德承认，如果一味受限于我们的内在意图，完全无视实际结果，我们就无法行之有效地践行道德（practice morality）。我们被迫从事某种"信仰的飞跃"，从根本上信任友好的现实结构（friendly structure of reality）。因为友好的现实结构求助于（实在界的）"因素"，以对我们的欲望做出亲切的回应，我不禁要把这种友好的现实结构称为莫扎特歌剧《女人心》（Così fan tutte）中的那首三重唱"愿微风轻吹"（Soave sia il vento）：

---

[1] Ibid., p. 35.

愿微风轻吹，

愿波浪宁静，

愿每个因素，

仁慈地回应

我们的欲望。[1]

如果我们以这种方式解读康德，集中关注对开展惊险一跃（salto mortale）的需要，那么，自治与被抛弃／不负责（thrownness/unaccountability）之间的对立就会丧失优势：主体的被抛弃／不负责正是他获得自治的前提。我们理应在此提及拉康的"并非全部"的逻辑：真正的自治，其立场不是"我对一切负责"（I am responsible for everything），而是"不存在我对之不负责任的事物"（there is nothing for which I am not responsible），它的对应物是"我不对一切负责"（I am not responsible for All）：恰恰是因为我无法概览一切，所以根本不存在我能够使自己免于责任的事物。当然，反之亦然：如果我对所有事物负责（if I am responsible for everything），那肯定存在着我无法负责的事物（there must be something for which I cannot be responsible）。

偶然性在道德活动中是不可化约的。这个命题的另一面是"必须"（must）与"应该"（ought）的永恒分离。"'应该'与'必须'的关系，充其量是'应该'与'唯一'（only）的关系。"[2] 我们面临着非此即彼的选择，经历了漫长和焦灼的思虑后，我们知道哪些事情是必须做的，而且"能够确立信仰（belief），同时又依然对它满腹狐疑，依然能够清晰地看到那个被迫选择进程（alternative courses）的强大优势"。[3] 这还打

---

1 "Soave sia il vento, /Tranquilla sia l'onda/Ed ogni elemento/Benigno responda/Ai nostri desir."（"愿微风轻吹，／愿波浪宁静，／愿每个因素，／仁慈地回应／我们的欲望。"）——在此我们必须避开的陷阱是，把这首三重唱视为可以证明莫扎特是前现代（前浪漫）的作曲家的证据。这样的作曲家依然相信，在我们内心生活的骚乱与世界之道（ways of the world）之间，存在着预定的和谐（preestablished harmony）。与之相反，莫扎特是第一位后古典主义的、真正现代的作曲家：他求助于某些因素，要以之温柔地回应我们的欲望，这已经暗示我们，在主体性与世界之道之间已经存在浪漫的鸿沟（Romantic gap）。

2 Williams, *Moral Luck*, p. 125.

3 Ibid., p. 126.

开了操纵空间（space of manipulation），如同讨价还价的合伙人或直言不讳的勒索者所说的那样，"可悲的是"，因为已经做了选择，他已经没有选择，只能采取那个令其不快的行动。这个命题的虚假性在于，当我们"必须"做某件事情时，这不仅是说，在我们的处境设定的局限内，我们"能做所有的事物，就是不能做这件事情"。一个人的性格不仅在下列事实中揭示出来——他正在做他必须做的事情，一个人的性格还"取决于那些局限的场所，取决于下列事实——他能够确定，虽然有时是经过深思熟虑后确定，有些事情是他能够做的，有些事情是他必须做的。"[1] 我为自己的性格负责，也就是说，我为我对坐标的选择（choice of coordinates）负责，这些坐标遏止我做某些事情，激励我做另外的事情。这使我们想起拉康的行动概念（notion of act）：在行动中，我精确地重要界定了坐标，这些坐标标明了我不能做的事情和我必须做的事情。

当拉康宣称伦理属于实在界时，依照拉康的说法，他岂不是在宣称，在我们这个业已丧失终极存有论根基（ultimate ontological grounding）的、稍纵即逝的现象性现实（phenomenal reality）中，责任提出的伦理性要求，责任提出的无条件要求，正是我们与永恒域（the Eternal）——本体域（the noumenal）——的唯一联系？这个问题不仅告诉我们，"应该"（Ought）是如何脱胎于"是"（Is）的，如何脱胎于实证性的存在秩序（order of Being）的，或如何把伦理域视为存在秩序的外在之物，如何认定伦理域是无法化约为存在秩序的。在何种存有论之内，伦理维度（ethical dimension）既是完全可能的又不被化约为附带现象（斯宾诺莎式的附带现象，在斯宾诺莎看来，"应该"只是表明了我们知识的局限）？换言之，追问下列问题是误导性的：我们如何克服把"是"与"应该"、现实性（facticity）与规范域（domain of norms）分割开来的鸿沟？这里不需要额外中追加"综合"。要追问的问题是："应该"之维（dimension of *Sollen*）是如何脱胎于"是"（Being）的？"是"之实证性（positivity of Being）又是如何派生"应该"（ought）的？解释两者间的分裂是如何形成的，就已经是那个正在被寻找的综合了。额外

1　Ibid., p. 130.

追加"综合"是没有意义的，正如以"精神综合"（psycho-synthesis）取代精神分析没有意义一样，因为精神分析已经是这种"综合"了。

（6）政治经济学批判之视差

对康德做的基本的黑格尔式校正是这样的：通过主体态度的转移，即通过"加括号"[1]，理性的三大领域（理论理性、实践理性和审美理性）出现了。通过给道德判断和审美判断加上括号，科学的研究对象形成了；通过给认知－理论关切和审美关切加上括号，道德领域形成了；通过给理论关切和道德关切加上括号，审美领域形成了。例如，一旦我们给道德关切和审美关切加上括号，人就会变得不自由，完全受制于因果联系。与此相反，如果我们给理论关切加上括号，人就显现为自由的自治存在（autonomous being）。因此，二律背反不应该被物化（reified），因为正是通过主体态度的转移，才有二律背反的位置（antinomic positions）的形成。[2] 不过，柄谷行人的至关重要的突然表现在，他把这样的视差解读（parallax reading）应用到了马克思身上，应用到了他本人对马克思的解读上——他把马克思解读成了一个康德派。

拉康在《讲座之十七》（*Seminar XVII*）中说过："我用政治经济学取代了弗洛伊德的动能学（energetics）。"他说的是真的？马克思曾经在《政治经济学批判》（"Critique of Political Economy"）中处理过下列两者间的对立：一是以李嘉图及其劳动价值论为代表的古典经济学，它是哲学理性主义的对应物；一是以贝利[3]为代表的新古典经济学，他们把价

---

1 "加括号"（bracketing），胡塞尔的现象学术语。胡塞尔认为："彻底从头开始的哲学家们的决断：首先，我们要使我们迄今为止所接受的一切信念，包括我们的科学，都失去效用。"（《笛卡尔式的沉思》第一章第一沉思第 3-11 节）"失去效用"的方式，在古代怀疑论那里是"悬搁"（epoché），即"中止"（stoppage），在胡塞尔这里是"加括号"（bracketing）。"加括号"意味着"存疑"、"悬置"、"中止判断"、"存而不论"等。——译者注

2 更为缜密的考察告诉我们，关于道德，康德既拒绝理性主义的道德观，又排斥个人主义-功利主义的伦理观。根据前者，道德即超常的——形而上学的或公有的（metaphysical or communal）——实体性的善（substantial Good）；根据后者，道德根植于快乐、收益和情绪的运算。在康德看来，它们都是"他治性的"（heteronomous）。如果我们要建议自治性的伦理学（autonomous ethics），就必须把公共的、实体性的善和个人的、"病态"的快乐和情绪排除出去。

3 指塞缪尔·贝利（Samuel Bailey，1791-1870），英国经济学家。——译者注

值化约为没有实体形态的纯粹关系性的实存物（purely relational entity），它是哲学经验主义的对应物。马克思通过重复康德在"视差"观方面的初步突破，解决了这一对立。他把这两者看成是康德式的二律背反。也就是说，价值必定既起源于流通之外和生产之中，又起源于流通之中。马克思之后的"马克思主义"，无论是社会民主党版的马克思主义，还是共产主义版的马克思主义，全都丧失这个"视差"视角，退化到了这样的境地：一味提高生产的地位，把生产视为真理藏身的场所，把交换领域和消费领域视为"幻影"而加以排斥。正如柄谷行人强调的那样，从青年卢卡奇到阿多诺再到詹明信，这些专门研究物化、商品拜物教的学识渊博的理论家们，全都落入了这个陷阱。他们是这样解释革命运动的匮乏的：他们说，工人们的意识或者为消费主义社会的诱惑所模糊，或者为文化霸权的意识形态力量所操纵。正是因为这个原因，批判工作的焦点应该转向"文化批判"（所谓"文化转向"），揭示意识形态的机制（或力比多的机制——这也是精神分析在西方马克思主义中发挥关键作用的原因）。意识形态机制（或力比多机制）把工人置于资产阶级意识形态的魔咒之下。

在缜密解读马克思对商品形式（commodity-form）的分析时，柄谷行人持之以恒，坚持把视差分裂置于"惊险一跃"之上。产品要想宣称自己是商品，就必须实现这样的"惊险一跃"：

> ［以黄金的形式表达的铁材的］价格，一方面标明了包含在铁材中的劳动时间量，即它的价值，同时又表达了把铁材转化为黄金的虔诚愿望，即赋予包含在铁材中的劳动时间以普遍的社会劳动时间的形式。如果转型没有实现，这吨铁材就不仅不再是商品，而且不再是产品，因为它是商品，只是因为它不是它的所有者的使用价值。也就是说，只有在对别人有用时，它的所有者的劳动才是真正的劳动。只有当它是抽象的一般劳动时，它才会对其所有者有用。因此，铁材的使命，或铁材的拥有者的使命，就是在商品世界中找到这样一个地方，在那里铁材对黄金产生了吸引力。但是，如果销售真的发生了，就像我们在这个简单流通分析中假定的那样，

这个商品遭遇的困难，这个惊险的一跃，全都迎刃而解。作为这一异化——它从一个人（它对他而言没有使用价值）转到了另一个人（它对他而言有使用价值）那里——的结果，这吨铁材证明，它有使用价值，它价格同时实现了，原来纯粹想象中的铁材变成了如假包换的黄金。[1]

这是柄谷行人的康德式/反黑格尔式要点之所在：商品纵身一跃变成了黄金，并因此被有效地构成为商品。这纵身一跃并非价值（这个概念）的内在的自我发展的结果，而是惊险的一跃，它可与克尔凯郭尔式"信仰的飞跃"相媲美。它的使用价值和交换价值达成的短暂的、脆弱的"综合"，这可与康德对感性（sensitivity）与知性（understanding）所做的综合相媲美。在这两种情形下，两个不可化约的外部层面会合在一起。[2]正是因为这个缘故，马克思放弃他原来的方案（这可以从《政治经济学批判大纲》手稿中见出），即以黑格尔式的方式，从价值这个概念"推导"出交换价值与使用价值的分裂。在《资本论》中，这两个层面的分裂，"商品的二重性"，是出发点。和在康德那里一样，综合必须依靠不可化约的外在因素：being 不是谓词，也就是说，不能把 being 化约为某个实存物的概念性谓词。或者和在索尔·克里普克（Saul Kripke）的《命名与必然性》（Naming and Necessity）中一样，赋予某个物体以某个名称，并不以这个名称的内容为根据，不以这个名称标明的属性为根基。

尽管马克思在谈及资本的自我配置（self-deployment）时多次提到黑格尔的名字，[3]但资本的自我运动（self-movement）却远非黑格尔式的概念（或精神）的循环性自我运动。之所以如此，原因也在这里。马克思

1 Karl Marx, "A Contribution to the Critique of Political Economy," in *Collected Works*, vol. 29 (New York: International Publishers, 1976), p. 390.——作者注。参见马克思《政治经济学批判》第 2 章"货币或简单流通"第 2 节"流通手段"第 1 小节"商品的形态变化"第 7 自然段。《政治经济学批判》收入《马克思恩格斯全集》（第 13 卷），中央编译局译，人民出版社 1962 年版。——译者注

2 既然如此强调资本主义流通的惊险一跃，强调资本主义的生活与繁荣对未来信贷（future credit），强调如此赌注——流通周期必将完成，我几乎禁不住要用黑格尔式的术语说：信贷的本质就是本质的被信贷（the being-credited）……

3 重点参见：Helmut Reichelt, *Zur logischen Struktur des Kapitalbegriffs* (Frankfurt: Europöische Verlagsanstalt, 1970); Hiroshi Uchida, *Marx's Grundrisse and Hegel's Logic* (New York: Routledge, 1988).

的观点是，资本的自我运动从来都无法追上自己，它从来都无法归还其贷款，它的决断（resolution）永远被推迟，危机乃其深层构成因素——阿多诺会说，资本整体（Whole of Capital）即非真（the non-True）。这也是这种运动是"伪无穷大"运动的原因，它永远都在复制自身：

> 尽管用了黑格尔式的描述性语体，……《资本论》还是在自身的动力机制（in its motivation）问题上，把自己与黑格尔的哲学区别开来。《资本论》的结尾从来不是"绝对精神"。《资本论》揭示了下列事实：尽管赋予世界以生机，资本从来都无法超越自身的局限。超越了这一局限的，是对资本 / 理性那难以遏制的、以自我实现为目标的驱力所做康德式批判。[1]

阿多诺在《黑格尔三论》（*Three Studies on Hegel*）中，以同样的"金融性"术语，把黑格尔的体系批判性地概括为这样一个体系——以永远无力偿还的债务为生。注意到这一点甚是有趣。这样的"金融性"隐喻还常常用来描述语言。布莱恩·罗特曼（Brian Rotman）等人已经把语言确定为这样的事物：它总是"从未来借债"，依赖于它无限延期的、将来才能获得的满足。[2]也就是说，大家共同认可的意义是如何形成的？是通过阿尔弗莱德·舒茨（Alfred Schütz）所谓的"共同理想化"形成的："我们用'鸟'指的是同样一个事物吗？"对这个问题的无穷无尽的探究造成了难以克服的僵局，主体解决这一僵局的方式是，把"'鸟'指同样一个事物"视为理所当然之事，预先假定"'鸟'指同样一个事物"，做起事情时仿佛"鸟"指的就是同样一个事物。没有"信仰的飞跃"，就没有语言。

不应该按照哈贝马斯的思路，把这一预先假定、"信仰的飞跃"设想为已经成为语言功能一部分的规范性（normativity），设想为说话人（应该）努力争取的理想。这一预设不是理想，而是虚构，即"仿佛如

1　Karatani, *Transcritique*, p. 9.

2　See Brian Rotman, *Signifying Nothing* (London: Macmillan, 1975).

何如何"，它支撑着语言的运作。这样的话，它理应随着知识的进步而被反复瓦解才是。对于这一点，哈贝马斯派或许会回应说，被刻入语言的理想、规范不过是一种状态而已。在这种状态下，虚构不再是虚构。在这种状态下，在顺利进行的交流中，主体其实会意指同样的事物。不过这种回应还是不得要领。要领在于，不仅这样的状态是难以企及的（同时也是不可欲的），而且"信仰的飞跃"（主体借助于"信仰的飞跃"把他们意指同样的事物视为理所当然之事）不仅没有任何规范性的内容，还能妨碍进一步的阐释，比如，它无法回答，为什么要努力争取按照它的说法我们已经拥有的东西？换言之，把"仿佛如何如何"解读为规范性，会遗失某些东西：恰恰因为"信仰的飞跃"是反事实的虚构（counterfactual fiction），它才既是必要的，又是卓有成效的（促进交流）。它的"真实效果"，它的实证性作用（促进交流），恰恰是以下列事实为前提的：它不是真的，它一头扎入了虚构。就其身份而言，它不是规范性的，因为它把我们理应努力争取的东西展示为我们早已获得的东西，从而打破了那个令人气馁的语言僵局，打破了对担保的终极匮乏（ultimate lack of guarantee）。[1]

生产与流通之间的张力还是视差导致的：不错，价值是在生产过程中创造出来的，但那时它只是潜在性地创造出来了，因为只有在生产出来的商品售出之后，在货币－商品－货币这一循环完成之后，作为价值，它才能够得以实现。一边是价值的生产，一边是价值的实现，两者间在时间上的分裂至关重要：尽管价值在生产中已经创造出来，但是，如果流通过程没有大功告成，严格说来就没有价值可言。在这里，时间是"先将来时"（futur antérieur）的时间：价值并非"现在"立即生成的，它只是"将来完成"的，它是回溯性地实现的，是以述行形式运作的（performatively enacted）。在生产中，价值是"自在"（in itself）地生

---

1 靠向未来借贷为生，这逻辑同样适用于斯大林主义。标准的进化版本是这样的：在推动俄国迅速工业化方面，斯大林主义的社会主义的确发挥了核心作用。但自20世纪60年代中期以来，这套制度耗尽了自己的潜能。不过，这个判断没有考虑到的是，自1917年以来，或者更确切地说，自斯大林于1924年宣告"在一个国家内建设社会主义"的目标以来，俄国整个共产主义时期都在依靠借来的时间过活，都在"向自己的未来借贷"。所以，最终的失败回溯性地否定了它先前的成就。

成了，只有借助于流通过程的完成，它才能变成"自为"（for itself）的存在。柄谷行人就是这样解决这一康德式的价值二律背反的。价值既是在生产过程中生成的，又不是在生产过程中生成的。在生产中，它只是"自在"地生成了。正是因为"自在"与"自为"之间存在着分裂，资本主义才需要形式上的民主与平等：

> 把资本与主从关系（master-slave relation）严格区别开来的是，工人使自己面对消费者和交换价值的所有者，而且以货币拥有者的形式，以货币的形式，他变成了流通的简易中心——无数众多中心之一，在那里，他作为工人的特异性消失了。[1]

这意味着，货币为了完成其再生产的循环，必须跨越其临界点。在那个临界点上，他的角色被逆转："只有在工人全部购回他们的产品后，剩余价值才会实现。"[2] 在柄谷行人看来，这一点至关重要，因为它提供了反抗今日资本之统治的手段：无产者应把攻击火力集中于一个独特之处，在那里，他们以购买者的身份接近资本；因为他们以购买者的身份接近资本，结果资本在那里被迫讨好他们。这不是自然而然的事情吗？"如果工人能够最终变成主体，那也只能作为消费者来变成主体。"[3] 或许这是视差形势的终极情形：尽管大不相同，工人-生产者的地位和消费者的地位应该永远是不可化约的，不需要赋予一方以特权，使之成为另一方"更为深层的真理"。[4] 随便说一句，国家社会主义计划经济没有为消费者提供必要的商品，只是一味制造无人需要和想要的产品，以损害消费为代价而成全生产，难道这种计划经济没有为此付出沉重代

---

1 Karl Marx, *Grundrisse* (Harmondsworth: Penguin, 1993), pp. 420-421.
2 Karatani, *Transcritique*, p. 20.
3 Ibid., p. 290.
4 关于生产与消费之间的视差，一个恰当的语言范例不就是现代英语中"猪肉"（pork）与"猪"（pig）的不同用法吗？"猪"指农民饲养的动物，"猪肉"则是我们消费的肉类。阶级维度在这里是一清二楚的："猪"是古老的撒克逊单词，因为撒克逊人是社会地位低下的农民，"猪肉"则来自法语"porque"，由高高在上的、通常消费农民饲养物的诺曼底征服者专用。

价?[1] 这把我们带回到柄谷行人的关键主题上：我们应该彻底拒绝下列两者间的原法西斯主义（proto-Fascist）的对立：一者为金融投机性的牟利资本，一者为参与生产活动的"实体"经济。在资本主义中，生产过程只是绕过了赚取更多金钱的货币投机过程的一条便道而已。也就说是，归根结底，牟利的逻辑支撑着永不停息的、驱使生产革命化和扩张的驱力：

> 如今多数经济学家发出警告：全球金融资本的投机已经脱离了"实体性"经济。然而，为他们所忽略的是，实体性经济本身也是由错觉驱动的，这就是资本主义经济的本质。[2]

因此，关于货币，存在着三种基本立场：（1）重商主义的立场，它把货币视为"特殊之物"，直接地、朴素地、恋物癖式地信奉货币[3]；（2）"古典资产阶级政治经济学"的立场，以李嘉图为代表，他把货币恋物癖视为纯粹的幻觉而摒弃，把货币仅仅理解为社会有效劳动量的标记——价值在这里被设想为商品的固有之物；（3）"新古典"学派的立场，它拒绝劳动价值论，否定"实体性"的价值观，认为商品的价格只是供求互动之结果，是此商品与所有其他商品相比而言具有的有效性之结果。柄谷行人的下列做法是对的：他强调——虽然听上去有些自相矛盾——通过对贝利的解读，马克思摆脱了李嘉图的"古典"劳动价值论。贝利是第一位"庸俗"经济学家，他强调价值纯粹的关系身份：价值并非商品的固有之物，它只是表达这种商品与所有其他商品之

1　后马克思主义左派在谈论作为无产者新形式的"消费者"（consumtariat）时想要表达的意思是，工人与消费者最终合二为一了。正是因为这个缘故，在资本主义社会中，工人想不在形式上获得自由都难。关于"消费者"概念，见：Alexander Bard and Jan Soderqvist, *Netrocracy: The New Power Elite and Life After Capitalism* (London: Reuters, 2002)。——作者注。这里的"消费者"（comsumtariat）不同于我们常说的那个"消费者"：前者是对"无产者"（proletariat）的改写，在它后面总有无产者的影子，给人以时过境迁、物是人非之感；后者指购买或使用商品、接受服务的人。——译者注

2　Karatani, *Transcritique*, p. 241.

3　"恋物癖"（fetishism），传统上译为"拜物教"。下面的"货币恋物癖"（money-fetishism），传统上译为"货币拜物教"。如此翻译是强调此词的精神分析来源。——译者注

间的关系。就这样，贝利为马克思的结构-形式研究（structural-formal approach）开辟了道路，而形式-结构研究强调一个物体与该物体占据的结构性地位（structural place）之间的分裂：国王之所以为国王，并不因为他的内在属性与众不同，而是因为人们在对待他时把他当成了国王（这是马克思本人列举的例证）；同样，某个物体之所以是货币，是因为它占据了所有商品的一般等价物的正式位置（formal place），而不是因为该物体（比如黄金）是"天然"的货币。但是，注意到下面一点至关重要：重商主义者和批评他们的李嘉图派都是"实体主义"的。李嘉图当然知道，用来充当货币的物体并非"天然"地就是货币，他嘲笑对货币的朴素迷信，把重商主义者视为魔法属性的原始信徒；不过，他又把货币化约为商品固有之价值的第二个外在标记，因而再次把价值自然化了，把价值设想成商品直接的"实体性"属性。正是这种错觉为早期社会主义者和蒲鲁东派提出朴素和实用的建议铺平了道理。他们提议，通过引入直接的"劳动货币"克服金钱恋物癖，而"劳动货币"只会标明每个人贡献给社会劳动的数量。马克思和弗洛伊德在形式上极其相似，这一点理应得以强调。[1] 下面是来自马克思的三个关键段落：

> 因此，劳动时间决定价值量，这是个秘密。这个秘密隐藏在的商品相对价值的表面起伏之下。这个秘密的发现，虽然消除了有关"产品价值量的决定纯属偶然"的所有表象，却绝对没有改变那个

1　我首先在《意识形态的崇高客体》第1章中提出了这个观点。针对柄谷行人的反黑格尔主义，我们应该记住，形式这个概念与其说是康德的，不如说是黑格尔的："因此在意识的运动中，自在的存在（being-in-itself）或为我们的存在（being-for-us）之时刻出现了。这种存在并不呈现于意识，无法以经验的形式来理解。不过，将自身呈现给我们的那个事物的内容，并不为此而存在；我们只能理解那个内容的形式方面，或它纯粹的起源。对它而言，已经出现的东西只是作为客体存在的；对我们而言，它同时显现为运动，显现为一个化成的过程（process of becoming）。" G. W. F. Hegel, *Phenomenology of Spirit* (Oxford: Oxford University Press, 1977), p. 56.——作者注。参见中文版："因此，在意识的运动过程里就出现了一种环节，即自在的存在或为我们的存在，这种存在是为我们的，〔我们研究意识过程的人，知道它出现，〕而不是为意识的，〔意识并不知道它的出现，〕因为意识正在聚精会神地忙于经验自身。然而这种为我们而出现的存在，它的内容却是为意识的，我们只另外把握了它的形式，亦即它的纯粹的出现；所以就它是为意识的而言，这种新出现或新发生的东西只是一种对象，而就它是为我们的而言，它就同时又是一种形成运动。"见黑格尔：《精神现象学》上卷，贺麟、王玖兴译，商务印书馆1979年版，第62页。——译者注

模式，商品的价值就是按这个模式决定的。[1]

政治经济学的确分析过价值和价值量（尽管不完整），发现了这些形式遮蔽着的东西。但它从来没有提出过这样的问题：为什么劳动要由劳动产品的价值来代表，为什么劳动时间要由那一价值的大小来代表？[2]

显而易见，借助于自己的行业，人改变了由上帝赋予的物质的形式，以便供自己使用。例如，用木头做桌子，木头的形式就发生了变化。尽管如此，桌子还是那个普通的日常之物，即木头。但是，一旦桌子摇身一变，成了商品，它就成了具有超越性的东西。它不仅以脚站立，而且因为涉及其他商品，它还以头站立。它的木脑袋里还冒出些怪异念头，这可比"转桌降灵"（table-turning）奇妙多了。

因此，商品的谜一般的属性并不源于商品的使用价值，也非来自价值的决定因素所具有的性质。因为，第一，无论有用的劳动或生产活动有多少种，一个生理学的事实是，它们都是人体组织的功能，而且每一种这样的功能，无论其性质或形式如何，本质上都是人的大脑、神经、肌肉等等的支出。第二，谈到何者构成了定量测定价值（即那一支出的持续时间或劳动量）的根基，显而易见，在劳动的数量与质量之间存在着明显的差异。在所有形式的社会中，用以生产生活资料花费的劳动时间，必定是人人都感兴趣的事情，

1　Karl Marx, *Capital*, Volume 1 (New York: International Publishers, 1967), p. 166.——作者注。参见中文版："因此，价值量由劳动时间决定是一个隐藏在商品相对价值的表面运动后面的秘密。这个秘密的发现，消除了劳动产品的价值量纯粹是偶然决定的这种假象，但是决没有消除这种决定所采取的物的形式。"见马克思：《资本论》（第一卷·上），中央编译局译，人民出版社1975年版，第92页。——译者注

2　Ibid., p. 167.——作者注。参见中文版："诚然，政治经济学曾经分析了价值和价值量（虽然不充分），揭示了这些形式所掩盖的内容。但它甚至从来也没有提出过这样的问题：为什么这一内容要采取这种形式呢？为什么劳动表现为价值，用劳动时间计算的劳动量表现为劳动产品的价值量呢？"见马克思：《资本论》（第一卷·上），中央编译局译，人民出版社1975年版，第97-98页。——译者注

尽管在不同的发展阶段兴趣并不完全相同。最后，自从人人都为对方工作的时候起，他们的劳动就采纳了社会的形式。

那么，劳动产品一旦采纳了商品的形式就具有的谜一般的属性究竟来自哪里？显然来自这种形式本身。人类所有种类的劳动的相等性（equality），都由他们的具有同等价值的产品，客观地表现了出来；根据劳动力支出的持续时间来测量劳动量的支出，采取了劳动产品的价值量的形式；最后，生产者之间的相互关系（生产者的劳动的社会性在这种关系内得以肯定），采取产品之间的社会关系这种形式。[1]

在弗洛伊德那里，关键性的说明隐藏在一个注释中。该注释处于《梦的解析》的关键一章的末尾处。这一章是论述"梦运作"（dream-work）的。

从前，我发现要使我的读者适应下列两者间的区分是极其困难的：一是显性的梦内容（manifest dream-content），一是隐性的梦思想（latent dream-thoughts）。争论和异议一再从未经解析的、尚保留在记忆中的梦中引证出来，而对梦进行解析的必要性被忽略了。但是现在，就在分析师们至少已经心甘情愿地以借助解析发现的意义取代显性的梦（manifest dream）时，他们中的许多人又犯了另一个错误，对此错误他们固执地坚守着。他们在这隐性的内容（latent content）中寻找梦的本质，因而忽略了潜在的梦思想（latent dream-thoughts）与梦运作（dream-work）之间的区别。从根本上说，梦不

1　Ibid., pp. 163-164.——作者注。参见中文版："很明显，人通过自己的活动按照对自己有用的方式来改变自然物质的形态。例如，用木头做桌子，木头的形状就改变了。可是桌子还是木头，还是一个普通的可以感觉的物。但是桌子一旦作为商品出现，就变成一个可感觉而又超感觉的物了。它不仅用它的脚站在地上，而且在对其他一切商品的关系上用头倒立着，从它的木脑袋里生出比它自动跳舞还奇怪得多的狂想。／可见，商品的神秘性质不是来源于商品的使用价值。同样，这种神秘性质也不是来源于价值规定的内容。因为，第一，不管有用劳动或生产活动怎样不同，它们都是人体的机能，而每一种这样的机能不管内容和形式如何，实质上都是人的脑、神经、肌肉、感官等等的耗费。这是一个生理学上的真理。第二，说到作为决定价值量的基础的东西，即这种耗费的持续时间或劳动量，那末，劳动的量可以十分明显地同劳动的质区别开来。在一切社

过是我们思维的一种特定形式而已。只有以进入睡眠状态为条件，梦才是可能的。制造了梦这种形式的是梦运作，只有它才是梦的本质——它对梦之独特性做了唯一的解释。[1]

因此，我们应该极端密切地注意把马克思与李嘉图及其左翼追随者们分割开来那个裂口。李嘉图及其左翼追随者完成了从表象到本质的一跃，即从迷恋交换领域到垂青生产场所的一跃，把生产作为秘密的核心。马克思的基本做法与此相反，即重新关注这种形式本身的秘密。重要的是不被形式所蒙蔽，而把形式化约为"纯粹的形式"，即无视下列问题：神秘的本质（secret essence）是何以采取这种形式？为什么形式自身就是本质性的？

然而，这不正是马克思的视差，即经济和政治之间的视差吗？一边是"政治经济批判"，还有它有关商品的逻辑；一边是政治斗争，还有它有关对抗的逻辑。这两种逻辑都是"超验性"的，不仅是存有性-经验性的（ontico-empirical）；它们彼此都不能化约为对方。当然，它们彼此都指向对方。阶级斗争已被刻入经济的内脏，但又依然留在场外，依然处于非主题化（nonthematized）的状态。不妨回忆一下《资本论》第三卷手稿是如何于此戛然而止的。阶级斗争最终也是"关于"经济权力关系的。经济与政治的相互蕴含（mutual implication）被拧死了，这样它就能够直接阻止任何直接的接触。直接把政治斗争转化为经济"利益"的纯粹镜射（mere mirroring），是注定要失败的；把经济生产领域化约为潜在的、基础性的政治斗争的二次性的、"被物化"的沉淀，也是如此。

阿兰·巴迪欧、雅克·朗西埃（Jacques Rancière）、艾蒂安·巴里巴

会状态下，人们对生产生活资料所耗费的劳动时间必然是关心的，虽然在不同的发展阶段上关心的程度不同。最后，一旦人们以某种方式彼此为对方劳动，他们的劳动也就取得社会的形式。／可是，劳动产品一采取商品形式就具有的谜一般的性质究竟是从哪里来的呢？显然是从这种形式本身来的。人类劳动的等同性，取得了劳动产品的等同的价值对象性这种物的形式；用劳动的持续时间来计量的人类劳动力的耗费，取得了劳动产品的价值量的形式；最后，劳动的那些社会规定借以实现的生产者的关系，取得了劳动产品的社会关系的形式。"见马克思：《资本论》（第一卷·上），中央编译局译，人民出版社 1975 年版，第 87—88 页。——译者注

[1] Sigmund Freud, *The Interpretation of Dreams* (Harmondsworth: Penguin., 1977), p. 650.

尔（Étienne Balibar）的"纯粹政治"比马克思主义激进。它的对手是益格鲁-撒克逊的文化研究，以及这种文化研究对为获认可而展开的斗争（struggles for recognition）的关注。巴迪欧等人的"纯粹政治"与其对手有一个共同之处，那就是贬低经济领域的重要性。也就是说，从巴里巴尔到朗西埃和巴迪欧，再到拉克劳和穆菲，法国（或以法国为本位）的新型"政治域"理论都致力于——用传统的哲学术语讲——把物质生产的经济领域化约为丧失了"存有论"（ontological）尊严的"存有性"（ontic）领域。在这个视域内，马克思的"政治经济学批判"毫无立足之地：在马克思的《资本论》中，就结构而论，商品和资本的世界不仅是有限的经验领域，而且先验性的社会-超验（socio-transcendental *a priori*）领域，是派生社会关系与政治关系之整体性（totality of social and political relations）的母体。归根结底，经济与政治的关系是著名的视觉悖论"两副面孔或一个花瓶"的关系[1]：我们要么看到两副面孔，要么看到一个花瓶，就是不可得兼。我们必须做出选择。同样，要么我们把焦点置于政治上，这时经济领域被化约为经验性的"商品服务"，要么我们把焦点置于经济上，这时政治被化约为表象的剧场（theater of appearances），化约为过渡性的现象，这种现象会随着发达的共产主义社会的到来而销声匿迹。正如恩格斯所言，在共产主义社会里，"对物的管理"将取代"对人的管理"。

对马克思主义所做的"政治"批判声称，一旦把政治化约为某种潜在的、"客观"的社会经济过程（socioeconomic process）的表现"形式"，就会丧失开放性和偶然性，而开放性和偶然性构成了正常的政治领域。这种批判应该用它的另一面来补充：就其形态而论，经济领域是不能化约为政治的。就在法国"政治的后马克思主义者"（political post-Marxists）把经济化约为一个实证性的社会领域时，这个层面的经济形态，即对社会域之形态发挥决定作用的经济形态，为这些马克思主义者是所忽略。在巴迪欧那里，这个纯粹的"政治"概念完全独立于历史、

1　指格式塔心理学家爱德加·鲁宾（Edgar Rubin）在1915年设计的著名的"面部/花瓶错觉"（The face/vase illusion）：以黑色为背景，看到的是白色花瓶；以白色为背景，看到的是两个人相向而对的面孔。——译者注

社会、经济、国家甚至政党，它起源于存在（Being）与事件（Event）的对立。在这里，巴迪欧依然是"唯心主义者"。从唯物主义的立场看，事件是在特定的存在格局（constellation of Being）中"脱颖而出"的，事件得以寄身的空间是两种存在之间最小的、"空"的距离，是透过这个裂缝闪烁的"另一个"维度。

视差意味着，加括号（bracketing）这一行为本身会创造出这一行为的对象。只有当我们给经济关系之肌质（texture of economic relations）以及政治性国家机器在运作时遵循的内在逻辑加上括号，作为一种形态的"民主"才会显现：两者都必须抽离出来；那些实际上已经嵌入经济过程和屈从于国家机器的人，必须被化约为抽象的单元（abstract units）。这道理同样适用于"统治的逻辑"（logic of domination），即征服机器（apparatuses of subjection）控制／操纵人们的方式：为了清晰地辨识权力的诸多运作机制，我们不仅必须从民主想象中抽离出来，就像福柯在分析权力的微观物理机制时所做的那样，就像拉康在《讲座之十八》中分析权力时所做的那样，而且必须从经济（再）生产的过程中抽离出来。最后，只有把国家和政治意识形态的具体存在全面置于括号之内，特定的经济（再）生产领域才会显现出来。难怪批评马克思的人抱怨说，马克思的"政治经济批判"缺乏有关权力和国家的理论。当然，这里要避开的陷阱，恰恰是试图概括出这样的整体性（totality），它里面包括民主的意识形态、权力的践行以及经济（再）生产的过程。如果要把它们全部纳入我们的视野，那到最后，我们会一无所得。轮廓消失了。这种加括号的做法不仅是认识论的，还涉及马克思所谓的真正的"抽离"（real abstraction）：从权力和经济关系中抽离出来，这已刻入民主过程的现状（actuality of the democratic process），等等。

尽管令人钦佩不已，柄谷行人的解释还是会招致一系列的批评。至于他对 LETS（地方交易系统）这一经济模型的拥戴，我们很难发现这个模型是如何避开那个柄谷行人一清二楚的陷阱的。这个陷阱即货币。货币不再是被迷恋的对象，它只用来充当"劳动货币"，即用来标明每个人对社会产品贡献大小的透明的交易工具。此外，柄谷行人对马克思的剩余价值、剥削等概念的解释是极其不当的。这表现在，柄谷行人的解释完全无视马克思对标准的劳动价值论所做的批判包含的一个关键因素：工人被剥削，不是因为他们没有得到自身的全部价值，他们的工资大体上是"公平"的，他们得到了他们销售的商品（"劳动力"）的全部价值；关键在于，这个商品的使用价值是独一无二的，它创造了新的价值，新的价值又大于它自身的价值，这个新的价值被资本家所占有。与此相反，柄谷行人把剥削化约为两个价值系统之间存在的价格差异：因为技术不断革新，资本家通过销售劳动产品获取的利润大于他们支付给工人的工资，因此，资本家的剥削被设定为这样一种活动，这种活动在结构上与商人的活动毫无二致。商人在不同的地方购入和售出，他们在利用下列一点赢利：因为生产能力（productivity）不同，同一个产品在这个地方便宜（于是他们购入），在那个地方贵（于是他们售出）：

> 存在着不同的价值系统——系统 A（他们出售自己的劳动力之时）和系统 B（他们购买商品之时）。只在这两个价值系统存在价格差异时，剩余价值才能得以实现。这就是所谓的相对剩余价值。只有借助于不断的技术革新，才能实现剩余价值。因此，人们发现，工业资本也能从两个不同价值系统的缝隙中赚取剩余价值。[1]

或许这些不足源于柄谷行人所信奉的康德主义本身具有的局限。[2]柄谷行人提议为货币的二律背反提供"超验"的解决之道：我们需要某个既是货币又不是货币的未知因素（an X）。他把这一解决之道再次运用于权力：我们需要某种集权（centralized power），但又不膜拜它，把它视为这样的实体——它"单就其本身而论"（in itself）就是权力。他明确引入了与杜尚有关的结构性类比：一个物体成了艺术品，不是因其固有的属性，而只是因为它在结构中占据了某个位置。难道柄谷的这些

1　Karatani, *Transcritique*, p. 239.

2　柄谷行人的著作竟然没有明确提及阿尔佛雷德·索恩–雷特尔（Alfred Sohn-Rethel），任何精通马克思主义史的人都会为此感到震惊。索恩–雷特尔直接把康德的超验批判（transcendental critique）与马克思的政治经济学批判做等量齐观（商品世界的结构与康德超验空间的结构无异），但又认为他们沿着不同的批判方向发展。

做法不完全适用于克洛德·勒福尔（Claude Lefort）对民主所做的理论概括吗？在勒福尔那里，民主就是一种政治秩序，在这种秩序中，权力的位置最初都是空着的，当选的代表也不过只是暂时占据这个位置而已。由此看来，即使柄谷行人看上去稀奇古怪的想法——在决定谁来统治我们时把选择与抽签组合在一起——也比我们想象得更为传统，而且他本人甚至提到了古希腊。具有讽刺意味的是，这种想法完成的使命与黑格尔的君主理论完全相同……

在这里，柄谷行人勇于冒险，为资产阶级专政和无产阶级专政的差异提供了一个近乎疯狂的定义："如果说通过无记名投票进行全民普选（即议会民主）是资产阶级专政，那么应该把引入抽签视为无产阶级专政。"[1] 就这样，"中心同时既存在又不存在"[2]：说它存在，是因为它是无人占据的位置，是超验的未知因素；说它不存在，是因为它不是实体性的、可以实证的实存物（positive entity）。但揆诸现实，这样做能够彻底颠覆"权力的恋物癖"吗？当某个路人甲被允许暂时占据权力的位置时，遵循着那个著名的恋物癖式否认的逻辑，权力的超凡魅力就会转移到他身上："我很清楚他是跟我一样平凡的路人甲，但是……（一旦他大权在握，他就成了某种超常力量的工具，权力的言与行都要通过他来完成。）"所有这一切不都适用于康德提出的解决之道这个通用的母体（general matrix）吗？在那里，他宣称，作为单纯的假设，形而上学的命题（上帝、灵魂的不朽等）均"有待擦除"。如此说来，真正的使命不就是去除权力之位置（place of Power）的神秘性吗？

---

1 Karatani, *Transcritique*, p. 183. 柄谷行人在此以古雅典民主政治为例，而引用之。但是，他提倡的选票和抽签的最终结合，不就是古时威尼斯推举总督的独特程序吗？该程序是在总督试图获得世袭君主权力后，于1268年确立的。首先通过抽签推出30个成员，然后再从中抽出9人。这9人提名40个临时选举人，这40人抽出12人，这12人再推出25人。这25人再减至9人，9人每人提名5人，共45人。这45人通过抽签减至11人。11人中，需要有9人投票选出41人。41人通过召开选举会议，选出总督。……这个程序的目的，当然是阻止任何团体或家庭施展不当的影响力。此外，为了阻止总督获取太多的权力，某些职责他不能履行（他的子女不能在共和国外结婚，只有在别人在场时他才能拆阅公函，等等）。

2 Ibid.

（7）"……这唯一的客体，太虚因之而荣幸"

关于从货币向资本的过渡，马克思做过经典的描述。且让我们更为仔细地审视马克思的描述。马克思在描述时明确以黑格尔和基督教为背景。首先，存在着简单的市场交易行为。在这种行为中，我为了购买才出售——我出售自己拥有或制造的产品，目的在于购买另一种对我有用的产品。"简单的商品流通，即为了购买而出售的商品流通，是达到与流通无关的某种目的的手段。这目的即占有使用价值，满足需要。"[1] 伴随着资本的出现而发生的，不仅是从商品-货币-商品向货币-商品-货币的简单逆转，不仅是投资于某些商品以便再次出售并赚取（更多的）货币，这个逆转的关键结果是流通的永恒化："相反，货币作为资本，其流通本身就是目的，因为价值的扩张只能发生在这个时时更新的运动中。因此，资本的流通是无远弗届的。"[2] 在这里，传统的守财奴与资本家的差异是至关重要的。传统的守财奴只知把财宝藏在隐蔽的地方，资本家则把财宝投入流通之中，以使之增值。

> 永不停息、永无终止的营利过程乃是他的全部目的之所在。这种对财富的无边无际的贪欲，这种追逐交换价值的激情，是资本家和守财奴所共有的；但守财奴只是发疯的资本家，资本家则是理性的守财奴。交换价值永无终止的增加，也是守财奴所力争的，其手段是使他的货币退出流通，但真正达到这个目的的，则是更为敏锐

1　Marx, *Capital*, Volume 1, p. 253.——作者注。参见中文版："简单商品流通——为买而卖——是达到流通以外的最终目的，占有使用价值，满足需要的手段。"见马克思：《资本论》（第一卷·上），中央编译局译，人民出版社1975年版，第173页。——译者注

2　Ibid., p. 254. 流通本身就是目的。正是借助于这种流通的普遍形式，我们从前现代的伦理转向了典型的康德式现代伦理。前现代伦理根基于对某种实体性的至善的参照。在典型的康德式现代伦理中，归根结底，只有义务之形式才值得重视。在那里，履行义务只是为了义务自身的缘故。这意味着，拉康的下列看法——康德的伦理是伽利略-牛顿的现代科学世界所固有的伦理，还必须用下列洞识来补充——康德的伦理还是资本主义的流通逻辑（流通本身即目的）。——作者注。参见中文版："相反，作为资本的货币的流通本身就是目的，因为只是在这个不断更新的运动中才有价值的增殖。因此，资本的运动是没有限度的。"见马克思：《资本论》（第一卷·上），中央编译局译，人民出版社1975年版，第173-174页。——译者注

的资本家，其手段是把货币持续不断地投入流通。[1]

　　然而，守财奴的发疯并没有随着"常态"资本主义或其病态偏差（pathological deviation）的兴起而迅速销声匿迹。相反，它是资本主义所固有的。守财奴在经济危机中颇有得意扬扬之时。在危机中，并不像人们想象的那样，货币会失去价值，我们不得不求助于商品的"真正"价值；商品本身——"真正（使用）价值"的体现——变得无用，因为没人购买它们。在危机中，

> 货币突然立刻从其纯粹的名义形态——记账货币——变成了现金。世俗的商品不再能够取而代之。商品的使用价值变得微不足道，商品的价值在自身的价值形态（form of value）面前销声匿迹。从前，资产阶级陶醉于繁荣，傲慢地肯定自己，宣布货币只是纯粹的想象之物，说什么"只有商品才是货币"。现在，与此相反的叫喊声回荡在世界市场的上空：只有货币才是商品。……在危机中，商品与价值形态（value-form）的并列，已被提升到了绝对矛盾的高度。[2]

　　难道这不意味着，在这个时刻，恋物癖远远没有分崩离析，而是在

　　1　Ibid., pp. 254-255.——作者注。参见中文版："他的目的也不是取得一次利润，而只是谋取利润的无休止的运动。这种绝对的致富欲，这种价值追逐狂，是资本家和货币贮藏者所共有的，不过货币贮藏者是发狂的资本家，资本家是理智的货币贮藏者。货币贮藏者竭力把货币从流通中拯救出来，以谋求价值的无休止的增殖，而精明的资本家不断地把货币重新投入流通，却达到了这一目的。"见马克思：《资本论》（第一卷·上），中央编译局译，人民出版社1975年版，第174-175页。——译者注

　　2　Ibid., pp. 236-237.——作者注。参见中文版："货币就会突然直接地从计算货币的纯粹观念形态变成坚硬的货币。这时，它是不能由平凡的商品来代替的。商品的使用价值变得毫无价值，而商品的价值在它自己的价值形式面前消失了。昨天，资产者还被繁荣所陶醉，怀着启蒙的骄傲，宣称货币是空虚的幻想。只有商品才是货币。今天，他们在世界市场上到处叫嚷，只有货币才是商品！……在危机时期，商品和它的价值形态（货币）之间的对立发展成绝对矛盾。"见马克思：《资本论》（第一卷·上），中央编译局译，人民出版社1975年版，第158-159页。——译者注

大张旗鼓地展示其直接的癫狂?[1] 在危机中，潜在的信仰，无论是被否认的信仰还是被践行的信仰，都在直接张扬自己。至关重要的是，在提升货币并使之具备了唯一真正商品的身份的过程中（"资本家知道，所有商品，无论看上去多么肮脏，或闻上去多么刺鼻，都是响当当的货币，是在内心行过割礼的犹太人"[2]），马克思求助于圣保罗给基督徒所下的定义——基督徒即"在内心行过割礼的犹太人"：基督徒并不需要外部的、实际的割礼（即不需要摒弃具有使用价值的商品，只与货币打交道），因为他们知道，每个寻常的商品都已经"行过内部割礼"，它真正的实体就是货币。黑格尔曾经描述过从实体（substance）向主体（subject）的过渡，马克思则以黑格尔的方式描述从货币向资本的过渡。马克思的这种做法甚至更具决定性：

> 然而，实际上，在一个过程中，价值在此［在资本中］是活跃因素。在这个过程中，它不断地以货币和商品的形态呈现出来，同时又改变自身的大小，通过舍弃剩余价值把自己与自己区分开来；换言之，原始价值在自发地扩张。因为这一运动（在这一运动中，它增加剩余价值）是它自身的运动，是它自身的扩张，因此它是自动的扩张。因为它是价值，所以它已经获得了神秘品质，能够自行增加价值。它能生出活生生的后代，或都至少能生出金蛋。
>
> ……
>
> 在简单流通中，即商品－货币－商品的流通中，商品的价值最多取得了独立于使用价值的形态，也就是货币的形态；但是现在，在货币－商品－货币的流通中，或在货币的流通中，同样的价值突然把自己呈现为独立的实体，而且天生就具有了自身的运动，经

1　这个悖论在结构上类似于意大利花花公子卡萨诺瓦的结构。卡萨诺瓦为了引诱天真的农家女孩，在草地上划了一个圆圈，声称只要躲在里面，就能使你免于各种危险，比如不会被闪电击中。说时迟，那时快，他话音刚落，暴雨即至。在片刻的惊慌之后，卡萨诺瓦躲进了那个圆圈，仿佛他真的相信那个圆圈法力无边，尽管他心里很清楚，它不过是他设下的骗局……

2　Marx, *Capital*, Volume 1, p. 171.——作者注。参见中文版："资本家知道，一切商品，不管它们多么难看，多么难闻，在信仰上和事实上都是货币，是行过内部割礼的犹太人……"见马克思：《资本论》（第一卷·上），中央编译局译，人民出版社1975年版，第176页。——译者注

历了它自身的生命过程。在那里，货币和商品只是它依次采取和舍弃的两种形态而已。不仅如此，还有：它并不一味代表商品间的关系，可以这么说，它现在进入了它与自身结成的私人关系。它把作为原始价值的自己与作为剩余价值的自己区分开来，正如父亲把他（原始的）自己与作为儿子的自己区分开来，而父子本是一人，而且年龄完全相同：因为只有凭借 10 英镑的剩余价值，当初预付的100 英镑才成了资本，如此等等。一旦儿子出生，并且由于儿子出生，父亲成了父亲，父子间的区别就消失了，他们又重新成为一个人，即 110 镑。[1]

简言之，资本是这样的货币——它不再是纯粹的财富实体，不再是财富的普遍化身。资本是这样的价值——通过它自身的流通创造了更大的价值。如此价值调停-设定自己，回溯性地设定自身的前提。首先，货币显现为纯粹的商品交易手段：人不是无穷无尽地以货易货，而是先拿自己的产品换回所有商品的普遍等价物，然后再拿这个普遍等价物兑换他可能需要的任何商品。一旦资本的流通开始启动，关系就颠倒了过来，手段变成了目的。也就是说，穿越使用价值这一"物质"领域（用来满足人的特定需要的商品生产）的通道，被设定为开启资本自身的自我运动的时刻。从这一刻开始，真实目的（aim）不再是满足人的需要，而只是赚取更多货币，只是流通自身的无穷无尽的重复……于是，可以把这个神秘莫测、循环往复的自我设定之运动等同于基督教有关天主圣

1　Ibid., pp. 171-173.——作者注。参见中文版："但是实际上，价值在这里已经成为一个过程的主体，在这个过程中，它不断地交替采取货币形式和商品形式，改变着自己的量，作为剩余价值同作为原价值的自身分出来，自行增殖着。既然它生出剩余价值的运动是它自身的运动，它的增殖也就是自行增殖。它所以获得创造价值的奇能，是因为它是价值。它会产仔，或者说，它至少会生金蛋。／……／在简单流通中，商品的价值在与商品的使用价值的对立中，至多取得了独立的货币形式，而在这里，商品的价值突然表现为一个处在过程中的、自行运动的实体，商品和货币只是这一实体的两种形式。不仅如此。现在，它不是表示商品关系，而可以说同它自身发生私自关系。它作为原价值同作为剩余价值的自身区别开来，作为圣父同作为圣子的自身区别开来，而二者年龄相同，实际上只是一个人。这是因为预付的 100 镑只是由于有了 10 镑剩余价值才成为资本，而它一旦成为资本，一旦生了儿子，并由于有了儿子而生了父亲，二者的区别又马上消失，合为一体——110 镑。"见马克思：《资本论》（第一卷·上），中央编译局译，人民出版社 1975 年版，第 176-177 页。——译者注

父（God-the-Father）与其圣子身份的核心教义，等同于有关圣灵感孕（Immaculate Conception）的核心教义。正是通过圣灵感孕，单身圣父在没有女性配偶的情形下直接得到了唯一的儿子，并因此构成了可说是终极的单亲家庭。

那么资本是真正的主体 / 实体（Subject/Substance）吗？既是又不是。在马克思看来，这个自生的循环运动，用弗洛伊德的话讲，恰恰是资本主义的"无意识幻象"。它寄生在作为"纯粹的无实体性的主体性"（pure substanceless subjectivity）的无产阶级身上。由于这个原因，资本投机性的自生之舞（self-generating dance）是有局限的，它会为它自身的土崩瓦解创造条件。这种洞察力允许我们解决前面引述过的那个关键性的阐释问题：我们如何解读它开头的那五个字——"然而，实际上"？当然，首先，这五个字暗示我们，要把这个真相与某些虚假表象或经验对立起来，进而肯定真相。虚假经验包括这样的日常经验：资本流通的终极目标还是满足人类的需要，资本只是以更为有效的方式满足人们需要的手段而已。不过，这种"真相"并非资本主义的现实：在现实中，资本并不创造价值，它剥削工人的剩余价值。一边是有关资本的主观经验——资本是有效满足人们需要的简易手段，一边是有关资本神秘的、自生的循环运动的客观社会现实，两者之间构成了简单的对立。现在有必要为这一简单对立追加第三个层面：有关资本神秘的、自生的循环运动的"客观"欺骗，被否认的"无意识"幻象，这才是资本主义过程的真相（尽管揭示的不是现实）。再说一遍，依照拉康的说法，真理具有虚构之结构：揭示资本真相的唯一方式，就是展示这一虚构，即有关资本"纯洁"的自生运动的虚构。这种洞察力还使我们能够发现对马克思的资本主义分析所做的"解构主义"借用存在的弱点：尽管它强调无穷无尽的延宕过程（延宕概括了这一运动的特征），强调其根本性的非决定性（fundamental inconclusiveness），强调其自我封锁（self-blockade），"解构主义"的复述依然在描述资本的幻象——它描述了人们相信的东西，尽管人们对此一无所知。

从以目标为本位的消费立场向自我驱动的流通这一特定的资本主义立场的转移，允许我们借助资本主义确定欲望（desire）与驱力（drive）

的关系。紧步雅克-阿兰·米勒的后尘，必须在此引入一个区分，即匮乏（lack）与洞穴（hole）的区分：匮乏是空间性的，指空间中的某个空缺；洞穴更为激进，指某个点位（point），在这个点位上，空间秩序开始瓦解，如同物理学中的"黑洞"。[1] 这就是欲望与驱力的差异：欲望是以构成性的匮乏（constitutive lack）为根基的，驱力则围绕着洞穴旋转，围绕存在秩序（order of being）中的缺口旋转。换言之，驱力的循环运动遵循的是怪异的弯曲空间（curved space）的逻辑。在弯曲空间中，两点之间的最短距离不是直线，而是曲线：驱力"知道"，达到目的的最短途径是围绕其目标-客体旋转。在面对个人（addressing individuals）这一直接层面上，资本主义当然把他们当成消费者来质询，当成欲望的主体（subjects of desire）来质询，在他们身上激发更新的变态欲望（perverse desires）和过度欲望（excessive desires），然后提供产品满足这些欲望；此外，它显然还操纵"促生欲望的欲望"（desire to desire），赞美激发了对新事物和新享乐模式的欲望的欲望。不过，即使它已经操纵了欲望，并顾及下列事实——最基本的欲望就是这样的欲望，它要把自己繁殖为欲望（同时不想获得满足）。在这个层面上，我们还没有抵达驱力。在更为根本和系统的层面上，驱力是资本主义所固有的：驱力驱动着整个资本主义机器滚滚向前，它是非人格的强制力量，推动着已经扩张的自我繁殖（expanded self-reproduction）做永不终止的循环运动。我们在这样的时候进入了驱力模式：货币作为资本，其流通已经"本身就是目的，因为价值的扩张只能发生在这个时时更新的运动中。因此，资本的流通是无远弗届的。"我们应该在此牢记拉康所做的那个著名区分，即在目的（aim）和目标（goal）之间所做区分：目标是驱力绕之循环的客体，驱力的目的是使这一循环永无终止。因此，资本主义的驱力并不属于明确的个人，倒是那些为资本（资本家本人、高层管理人员）充当直接代理的人不得不展示驱力的存在。

　　米勒曾经提出过一个本雅明式的区分，即在"被构成的焦虑"

1　See Jacques-Alain Miller, "Le nom-du-père, s'en passer, s'en servir," available on <www.lacan.com>.

（constituted anxiety）和"构成性焦虑"（constituent anxiety）之间的区分。对于理解从欲望向驱力的转移，这个区分至关重要："被构成的焦虑"指这样一种标准的想法——令人恐惧、令人着迷、令人魂牵梦绕、令人寝食难安的焦虑深渊，随时可能把我们吸引进去的邪恶循环；"构成性焦虑"代表着与小客体的"纯粹"对抗，它是在小客体丧失后形成的（as constituted in its very loss）。[1] 米勒正确地强调，把被构成的焦虑与构成性焦虑分割开来的差异，涉及客体的身份（客体与幻象有关）。在被构成的焦虑的情形下，客体处于幻象的疆域之内；只有当主体"穿越幻象"和对抗由幻象性客体填充的空白（void）、分裂（gap）时，我们才能得到构成性焦虑。正如马拉美在"Sonnet en-yx"中著名的、加了括号的最后两行诗所言，小客体是"这唯一的客体，太虚因之而荣幸"[2]。

尽管思路清晰和令人信服，米勒的公式漏掉了真正的悖论，或者说，漏掉了小客体的含混性。他把小客体界定为与其丧失重叠的客体，它形成于它丧失的那一顷刻，所以它全部的幻象性化身（fantasmatic incarnations），从乳房到语音再到凝视，全是空白（void）、"空无"（nothing）的转喻性形象。米勒在这样界定小客体时，依然停留在欲望的视域之内：欲望的真正客体-成因（object-cause）是由幻象性化身填充的空白（void）。正如拉康强调的那样，虽然小客体也是驱力之客体，但这时的关系是完全不同的：尽管客体与丧失的联系在两种情形下都是生死攸关的，但在小客体即欲望的客体-成因的情形下，客体直接就是丧失本身。在从欲望转向客体时，我们从丧失的客体（lost object）转向了作为客体的丧失（loss itself as an object）。也就是说，被称为"驱

1　Ibid.

2　"这唯一的客体，太虚因之而荣幸"的原文是 "ce seul objet dont le Néant s'honore"，出自马拉美的诗句：Sur les crédences, au salon vide: nul ptyx, /Aboli bibelot d'inanité sonore, / (Car le Maître est allé puiser des pleurs au Styx/Avec ce seul objet dont le Néant s'honore). 译为英文：on the empty room's credences: no ptyx, /abolished bauble, sonorous inanity/(Master has gone to draw tears from the Styx/with that one thing, the Void's sole source of vanity). 或：On the credenzas in the empty room: no ptyx, /Abolished shell whose resonance remains/(For the Master has gone to draw tears from the Styx/With this sole object that Nothingness attains). 参见中文版："空荡荡沙龙的祭器桌上，/ 神号发出空幻的嘹亮，/（主人用这虚无感到光荣的器皿 / 到忘川去淘及泠泠清泪。)" 见《马拉美诗全集》，葛雷、梁栋译，浙江文艺出版社 1997 年版，第 93 页。齐泽克将其译为 "this sole object with which Nothing is honored"，译者据此将其译为"这唯一的客体，太虚因之而荣幸"。——译者注

力"的那种怪异运动，并不由对已经丧失的客体的"不可能"的探寻所驱使。它是推动着直接制造"丧失"——分裂、切口、距离——本身的推力。因此，这里要提出双重的区分：一是以幻象性身份（fantasmatic status）出现的小客体与以后幻象性身份（postfantasmatic status）出现的小客体之间的区分，二是在后幻象性领域内，已经丧失的欲望的客体-成因（lost object-cause of desire）与驱力的客体-丧失（object-loss of drive）之间的区分。

这也是我们不要把死亡驱力与所谓"涅槃原理"（nirvana principle）混为一谈的原因。"涅槃原理"指摧毁或自我消灭的冲动。弗洛伊德所谓的死亡驱力，无论如何都与渴望自我湮灭毫无关系。相反，它是死亡的对立面，是对"不死"的永恒生命的称谓，是对下列行为的称谓：在内疚和痛苦中转来转去，形成了永无休止的反复循环，最终陷入这一可怕命运而无力自拔。因此，弗洛伊德所谓"死亡驱力"之悖论在于，弗洛伊德以"死亡"称谓它的对立面，称谓这种方式——不朽就是以这种方式出现在精神分析中的，称谓生命的神秘过度（uncanny excess），称谓超越了生命与死亡、生成与溃烂的（生物性）循环的"不死"冲动。精神分析为我们提供的终极教益在于，人类的生命从来都不"只是活命"：人并不只是活着，还要为驱使着他们过度享受生活的奇怪驱力所支配，还要强烈依赖于突显并颠覆了事物的平凡运转的剩余（a surplus）。

这意味着，这样说是错误的："纯粹"的死亡驱力本是无法实现的、"总体性"的（自我）毁灭意志，是令人心醉神迷的自我湮灭，在这种自我湮灭中，主体会重新加入并使物质性原质（material Thing）圆满得以实现，但这种（自我）毁灭的意志是无法实现的，它受到了阻挠，执著于"局部客体"。如此理解把死亡驱力重新转化成了欲望及其已经丧失的客体：正是在欲望中，实证性的客体才成了不可理喻的原质这一空白（void of the impossible Thing）的转喻性替身；正是在欲望中，对圆满的渴望被转移到了局部客体身上。这就是拉康所谓的欲望的转喻（metonymy of desire）。如果不想错过拉康的观点并因此把欲望与驱力混为一谈，我们就必须一丝不苟：驱力不是对已经固着于局部客体的原质的无限渴望，"驱力"就是这种固着本身，每一种驱力的"死亡"之维都盘踞在这种固着上。驱力不是被刹住和被粉碎的［对乱伦性原质（incestuous Thing）］普遍冲动，它就是"刹住"这个动作本身，它刹住了本能。埃里克·桑特纳（Eric Santner）会说，它就是"固着"（stuckness）。[1] 驱力的基本母体不是超越所有特定客体、走向原质之空位（于是只能以其转移性替身的形式接近它），而是我们"固着"于某个特定客体、注定要永远围绕这个客体旋转的力比多。

这里的基本悖论在于，这个特别的人类之维（human dimension）——与本能相对的驱力——恰恰出现在这个时候：原本只属于副产品的东西得到了提升，摇身一变，成了自治的目的（autonomous aim）。人并不比动物具有更多的"反射性"，相反，人把在动物眼中没有任何内在价值的东西当成了直接的目标。简言之，"人化"的零度（zero-degree of "humanization"）不是对动物行为做进一步的"调停"，把动物行为重新铭刻为更为高级的总体性（higher totality）的次要时刻（subordinated moment）——比如，我们为了开发更高级的精神潜能而吃饭和生殖。相反，"人化"的零度是焦点的急剧缩小，是把细小的活动提升为目的。当我们陷入这个封闭的、自我驱动的回环，即重复同一个姿势并从中获得满足时，我们变成了"人"。

我们全都能够想起卡通动画中的那个原型场景：猫在翩翩起舞时跃至空中，并围绕某个轴心旋转；不是依据正常的重力定律落回地面，而是在空中暂时停留一段时间，轻飘飘地旋转，仿佛陷入了时间的回环，反复做着同一个动作。我们还可以在某些使用了闹剧因素的音乐喜剧电影中发现同样的镜头：当跳舞者在空中做旋转动作时，他或她在空中停留的时间会稍长一些，仿佛在短暂的时间内，他或她成功地暂时中止了重力定律。达到这样的效果，不正是舞蹈艺术的终极目标吗？在一时刻，事物的"常态"运转，陷于物质现实的低能惰性而无力自拔的"常态"过程，被暂时中止；我们进入了充满魔力的生命暂停之域（domain of a suspended animation），那是一种轻飘飘的自我支撑的旋转，就像悬

1　See Eric Santner, *On the Psychotheology of Everyday Life* (Chicago: University of Chicago Press, 2001).

在空中的闵希豪森男爵那样。[1]闵希豪森男爵抓着自己的头发，把自己从沼泽中拔了出来。回到前面的例子，在旋转动作中，线性的时间进程暂时中止于重复性的回环。这个旋转动作就是最基本的驱力。这也是零层面的"人化"：这个自我驱使的回环，暂时中止/瓦解了线性的时间链。如果我们要充分把握"最小差异"这一关键，从欲望向驱力的转移至关重要：在其最基本的层面上，最小差异不是把平凡客体提升为欲望客体的那个莫测高深的未知因素，而是使力比多空间弯曲并因此把本能转化为驱力的内在扭曲（inner torsion）。

结果，驱力概念使得下列选择变得虚假不实："要么被原质烧焦，要么与之保持距离。"在驱力中，"事物本身"是围绕某个空白（void）——或洞穴而不是空白——循环。说得更尖锐些，驱力与作为空白填充者（a filler of its void）的原质并无关联。驱力简直就是对欲望的反向运动。它并不争取本不可能获得的完满，在被迫宣布放弃后，固着于某个局部客体，以之为自身的残余。从字面意义上讲，驱力就是"驱力"，它打破我们被嵌入的整个连续性（All of continuity），把彻底的不平衡引入其中。驱力与欲望的差异恰恰在于，在欲望中，这一切口，对局部客体的这一固着，可以说是"超验化"了，被调换成了填补原质之空白（Void of the Thing）的替身。

我们还应该这样解读拉康有关"驱力满足"（satisfaction of drives）的论题：驱力带来满足，不是因为它的客体是原质的替身，而是因为驱力把失败转化成了胜利。在驱力中，因为无法达到目的而失败，这个失败本身以及这一失败的重复，围绕着其客体所做的永无终止的循环，为它自己带来了满足感。正如拉康所言，驱力的真正目的不是抵达自己的目标，而是永无止境地绕之循环。有个著名的粗俗笑话，说的是某个傻瓜初次享受云雨之欢，女方不得不对其循循善诱，告诉他如何做："看

1　闵希豪森男爵（Baron von Münchhausen, 1720—1797），德国人，以说谎与吹牛闻名。他出身名门，游历甚广，见多识广，喜欢讲述一些稀奇古怪的冒险故事，如骑炮弹飞行、飞挂屋顶、到月球旅行、被大鱼吞进肚子又活着跑出来等，人称"吹牛大王"或"说谎男爵"。后人出版多册《吹牛大王历险记》，还拍过一部电影《闵希豪森男爵历险记》（*Adventures of Baron Münchhausen*），甚是好看。——译者注

到我两腿间的这个洞没有？把它放在那儿。现在推进去。现在拔出来。推进去，拔出来，推进去，拔出来……""等一下，"那个傻瓜不耐烦地打断了她，"你拿定主意，到底是推进去还是拔出来？"这个傻瓜漏掉的，恰恰是驱力的结构：驱力正是从这种优柔寡断中，从反复的振动中获得满足的。

死亡驱力即自我关联的否定性（self-relating negativity），对于这样死亡驱力观，布鲁诺·布斯特尔斯（Bruno Boostels）在其未发表的论文《没有齐泽克的巴迪欧》（"Badiou without Žižek"）中，提出了巴迪欧式的反对意见：通过赋予作为彻底的（自我关联的）否定性这一消极姿势的行动（Act）以优先权，通过赋予作为"死亡驱力"的行动以优先权，我提前贬低了每个实证性方案的价值。这样的实证性方案包括强制实施新秩序，忠诚于任何实证性的政治事业：

> 如果在精神分析看来，最激进的行动也不过是主体采取纯粹的否定性这一决定性的姿势，而这一姿势又先于每个可能的选项，瓦解每个可能的选项，那么，从精神分析的角度看，还有什么事业能够幸免于难？……在新真理的铭刻（inscription of a new truth）甚至有机会形成之前，在凭借结构上的必要性（structural necessity）提前对这个进程进行实际阻挠之前，死亡驱力永远早已大驾光临，荡涤一空。

这里要注意的第一件事情，就是布斯特尔斯直接"不言自明"地反对拉康和巴迪欧各自的行动观（notions of act），把拉康纳入"悲剧性失败"的范式，指责他把否定性置于否定性的实证化之前。同时，在巴迪欧看来，所有的"死亡驱力"现象都是实证性的解放方案失败（背叛、枯竭）的结果。难道我们没有在此听到关于恶（Evil）的古老神学观的回声？根据这种神学观，恶只是善（Good）的缺席，而不是实证性的力量本身。这样的直接对抗，只字未提这两种相互抵触的理论的真正价值。归根结底，布斯特尔斯对拉康的责备是同义反复的：拉康不是巴迪欧，他肯定对巴迪欧心怀内疚。

不过，否定性之优先性与实证性真理之优先性的对立，真的就是那么简单和对称？难道布斯特尔斯没有为了偏袒巴迪欧而被迫把两种否定性概念合为一体？两种否定性，一种是"纯粹"的自我关联的否定性，一种是作为伦理性-实践性失败（ethico-practical failure）的否定性，作为对实证性方案之背叛的否定性。要想正确地处理这个话题，我们就必须集中精力，关注"不可命名"（Unnameable）在巴迪欧那里发挥的既至关重要又常常模糊不清的作用。长话短说，在巴迪欧那里，不可命名的实在界是真理过程（process of Truth）的深不可测的外部背景，是从未完全被真理"强迫"的抵抗性因素（resisting X）。在拉康那里，"不可命名"是绝对内在的，就它对其命名（namings）的过度而言，它就是行动（Act）。巴迪欧的理性主义依然停留在理性（Reason）与"不可命名"——理性的模糊的背景——的外在对抗这一层面上。处于理性核心的"疯癫"时刻没有立足之地。在此提及德国唯心主义是至关重要的：步康德的后尘，谢林展开了原始的决策-分化（primordial Ent-Scheidung）这一概念，原始的决策-分化即无意识性的非时间行为（unconscious atemporal deed）。借助于无意识性的非时间行为，主体选择自己的永恒性格。从此以后，在其意识性-时间性的生命（conscious-temporal life）中，主体把自己的不朽性格体验为无法改变的必然，体验为"他历来如此的样子"：

> 这种行为一旦完成，就会立即沉入深不可测的底部，并因此获得它持久的性格。意志也是如此，它一旦在起点设定并走向外部，就会立即沉入无意识。这是起点——永不停止的起点、真正外在的起点——成为可能的唯一方式。在这里，它还认为，起点不应知道自己。一旦它知道了自己，行为就永远完结了。决策——无论如何都是真正起点的决策——不应该在意识面前显现，不应该被回忆起来，因为这恰恰相当于对它的回忆。至于决策，为自己保留了再次拉它面世的他，永远无法抵达这个起点。[1]

1　F. W. J. von Schelling, *Ages of the World* (Ann Arbor: University of Michigan Press, 1997), pp. 181–182. 对这个概念更为详细的解读，见下列著作第 1 章：Slavoj Žižek, *The Indivisible Remainder* (London and New York: Verso, 1997).

以这种深不可测的自由行为，主体粉碎了驱力的旋转运动，打碎了"不可命名"这个深渊。简言之，这种行为是命名的基本姿势。谢林史无前例的哲学革命就表现在这里：他并没有把下列两者简单对立起来，一者是前存有论驱力（preontological drives）的旋转运动这一黑暗领域，是永远无法完全符号化的不可命名的实在界，一者是与逻各斯领域，是永远不能完全"强迫"它的、明确表达出来的太言（Word）。和巴迪欧一样，谢林坚持认为，不可命名的实在界永远存在着的残余，即"除不尽的余数"，它躲避着符号化。在其最激进的层面上，不可命名的无意识并不处于逻各斯之外，不是逻各斯模糊的背景，而是命名种行为（act of Naming），是逻各斯的基本姿势。最大的偶然性，深不可测的疯癫这一终极行为（ultimate act of abyssal madness），恰恰是这样的行为——把理性的必然性（rational Necessity）强加于实在界的前理性的混沌。而且，因为我们在此处理的是德国唯心主义，我们应该鼓起勇气，提出另一个悖论性的鉴定（paradoxical identification）：如果驱力的弯曲结构就是黑格尔用"自我意识"（self-consciousness）表达的东西呢？要避免的致命错误，就是把黑格尔的自我意识理解为某种元主体（meta-Subject）、心灵（Mind），认为它大于单个人的心灵，对自己了如指掌。一旦我们这样做，黑格尔就不可避免地像个荒谬可笑的唯灵论的蒙昧主义者，宣称存在着某种控制我们历史的巨型精神（mega-Spirit）。与这个陈词滥调相反，我们应该强调，黑格尔充分意识到，"正是在有限的意识中，认识精神的本质（knowing spirit's essence）这一过程展开了，神圣的自我意识出现了。从有限这个冒着泡沫的酵素中，精神带着芬芳冉冉升起。"[1]

不过，尽管我们的知晓（awareness）——有限之人（finite humans）的（自我）意识——是精神得以立足的仅有的现实场所，但这并不需要任何种类的唯名主义化约（nominalist reduction）。在自我意识中，还有一个维度在运作。这个维度被拉康称为"大对体"，被卡尔·波普尔称为

---

1 G. W. F. Hegel, *Lectures on the Philosophy of Religion*, vol. 3 (Berkeley: University of California Press, 1985), p. 233.

第三世界（Third World）。也就是说，在黑格尔那里，抽象的"自我意识"代表着这样的纯粹非心理的自我反射的策略：记录（重新标注）某个人的位置，反射性地"顾及"他正在做的事情。这就是黑格尔与精神分析的联系：在严格的非心理学的意义上，"自我意识"在精神分析中是客体，如抽搐，如征兆，它明确表明我的立场的虚假性，而我对这种虚假性一无所知。举例说吧，我做错了事，我故意欺骗自己，说我有权利这样做；但是，我被蒙在鼓里的是，一个在我看来不可思议、毫无意义的强迫行为"记录"了我的过失，它证明，在某个地方，我的过错引起了注意。沿着同样的思路，英格玛·伯格曼曾经注意到，在费利尼和塔科夫斯基的生涯即将结束的时候，他们（他钦佩他们）不幸地开始制作"费利尼电影"和"塔科夫斯基电影"，而且正是这一点导致了伯格曼本人的《秋日奏鸣曲》（*Autumn Sonata*）的失败。那是一部"伯格曼制作的伯格曼电影"。这意味着，在《秋日奏鸣曲》中，伯格曼对其他创造性的实体已经丧失自发的态度，他开始"摹仿自己"，反射性地运用自己的公式。简言之，《秋日奏鸣曲》是一部"自我意识"的电影，即使伯格曼本人没有在心理上完全意识到这一点，也是如此……这就是拉康的最纯粹意义上的"大对体"的功能：它是非人格的、非心理性的动能（或场所），记录、"注意"着正在发生的事情。

我们还应该这样把握黑格尔的国家观。在他那里，国家是一个民族的"自我意识"："国家是有自我意识的伦理实体。"[1] 国家不只是用来调控社会生活的盲目运转的机器，它还总是包含着一系列用来"彰显"其身份的实践、仪式和制度。以这个身份为幌子，国家向它的臣民显示它的面目：阅兵、公共庆典、庄严宣誓、法律典礼和教育典礼，这些活动表明（并因此规定）臣民属于国家：

> 如果以"精神"一词理解与我们的心灵（mind）有关的种种事件或品质，那么国家的自我意识与心智（mental）无关。在国家那种情形下，自我意识相当于反射性实践（reflective practices），诸如

1　G. W. F. Hegel, *Philosophy of Mind* (Oxford: Clarendon Press, 1971), p. 263.

（但又不限于）教育实践。展示国家军力的阅兵会是这种实践，立法机构发布的原则声明（statements of principle），或最高法院的宣判，也是这种实践。即使所有参与阅兵的人，立法机构或最高法院的全体成员，全都在贪婪、惯性或恐惧的驱使下，随意在这些事务中扮演着他们分得的角色，即使所有参与者或成员在整个过程中都毫无兴趣并感到厌倦，对这些事务的意义一无所知，也是如此。[1]

所以，黑格尔很清楚，这种彰显与意识性知晓（conscious awareness）无关：个人在参加典礼时全神贯注于何物，并不重要。真理就在典礼之中。说到结婚典礼时，黑格尔表达了同样的看法，结婚典礼记录了最为隐秘的爱情联系："庄严地宣布同意建立伦理性的婚姻联结（ethical bond of marriage），及家庭和社区对这个婚姻联结的认可和确认，构成了正式的结论和婚姻的现实。"之所以说"粗鲁及其伙伴——知性"的作用就是明白，"典礼及这种联结的本质表现和确认……为外部的礼节"，而与内心激昂的情感无关，原因就在这里。[2]

这当然不是故事的全部：黑格尔还强调，只有通过个人的自我知晓（self-awareness）这一主观因素，国家才能充分实现自己。也就是说，必须有一个现实的人说出直接体现国家意志的"我愿意！"，国家才能充分实现自己。黑格尔对君主的推论也是如此。不过，我们在此必定感到惊奇：君主并非被赋予特权的位置，在那里，国家完全意识到了自己，意识到了自己的性质和精神内容。相反，君主是个白痴，他只是把"这是我的意志！顺从它吧！"这一纯粹的形式赋予内容（内容也是从外部强加于它的）："在一个充分组织起来的国家里，……要从君主位置得到的，就是一个会说'是'的人，一个别人画龙他点睛的人；最高机关理应如此，最高机关的占据者的品性如何，无关紧要。"[3]因而国家的"自我意识"是下列两者间不可化约的分裂：一者是国家

1 Ermanno Bencivenga, *Hegel's Dialectical Logic* (Oxford: Oxford University Press, 2000), p. 64.

2 G. W. F. Hegel, *Elements of the Philosophy of Right* (Cambridge: Cambridge University Press, 1991), pp. 204–205.

3 Ibid., pp. 322–323.

的"客观方面"，即以国家仪式和国家声明的形式所做的自我记录（self-registration），一者是国家的"主观方面"，即这种做法——君主把个人意志之形式授予国家。两者从不重合。黑格尔笔下的君主与想必知晓真情的"极权主义"领袖形成了极为鲜明的对比。

不过，在一个有关伦理反常（ethical perversion）的独特个案中，"极权主义"利用了这种自反性分裂（gap of reflexivity）。自反性分裂正是自我意识的结构所具有的特征。在《耶路撒冷的艾希曼》（*Eichmann in Jerusalem*）中，汉娜·阿伦特描述了一种自反性迂回曲折（self-reflexive twist），这种自反性迂回曲折是纳粹刽子手为了使自己能够忍受自己的恐怖行为而发明的。他们中的多数人不仅邪恶，而且完全知道，他们的所作所为给他们的受害者带来了耻辱、痛苦和死亡。他们处理这一状况的方式，是使用"希姆莱诡计"（Himmler trick）。如此一来，"杀人者不说：你看我对他人做了多么可怕的事情！而是说：你看我在履行职责时，要看多么可怕的事情，压在我肩膀上的责任有多么沉重！"[1] 就这样，他们能够颠覆抵抗诱惑的逻辑：要抵抗的诱惑是，面对人类的痛苦，屈从于最基本的怜悯和同情；他们的"伦理"努力指向这样的使命，即抵抗不杀人、不实施酷刑和不羞辱他人的诱惑。以某种重新闭合（*recapitonnage*）的形式，对怜悯和同情这种自发的伦理本体（ethical instincts）的违背，转换成了用以证明我品德高尚的证据：为了恪尽职守，我已做好准备，随时给他人造成痛苦，并承受由此造成的心理负担。难怪艾希曼把自己视为康德派：在他看来，一边是主体自发的利己主义奋斗，一边是为克服这些利己主义奋斗而展开的伦理斗争，两者之间构成了康德式对比。现在，这种康德式的对比转换成了下列两者间的斗争，一者是自然而然的伦理奋斗，一者是旨在克服某些障碍的"邪恶"努力，正是这些障碍使我们难以实施酷刑或杀害他人的可怕行为，如同布莱希特在他那首写到日本妖怪雕像的短诗中表明的那样。布莱希特强调，人要付出巨大的努力，才能使自己真正变得邪恶起来。

---

[1] Hannah Arendt, *Eichmann in Jerusalem: A Report on the Banality of Evil* (Harmondsworth: Penguin, 1963), p. 98.

2 用以堆积唯物主义神学的砌块

（1）少年遇到淑女

在美国著名导演大卫·林奇（David Lynch）执导的影片《我心狂野》（*Wild at Heart*）中，有一个令人极其不快和不安的场景。在那里，威廉·达福（Willem Dafoe）在一个偏僻的汽车旅馆里粗鲁地向劳拉·邓恩（Laura Dern）施加压力：抚摸她，挤压她，侵入她的隐秘空间，并一再以胁迫的口吻命令她，"说操我！"即是说，强迫她说话，以表明她同意与他发生性关系。这个丑陋不堪、令人讨厌的场景一直在延续，直至筋疲力尽的劳拉·邓恩发出微弱的声音，"操我！"这时，达福突然跳开，露出和蔼、亲切的笑容，愉快地反驳道："不，谢谢，我今天没空，我得走了；改天我会乐意效劳的……"这个场景带来的不安，当然源于下列事实——达福极力强迫邓恩向他发出提议，待邓恩发出提议后，他又表示拒绝，由此造成的冲击力更使达福得意扬扬（the shock of Dafoe's final rejection of Dern's forcibly extorted offer gives the final pitch to him）。他出人意料的拒绝是他最终的胜利，而且在某种程度上，以此对她造成的羞辱甚于对她的直接强暴。我们在此得到的，是幻象中的强暴。幻象中的强暴是对现实中的强暴的拒绝，因此进一步羞辱了它的受害者。幻象被强行挤出，被唤醒，然后又被抛弃，抛到受害者身上。也就是说，显而易见，令劳拉·邓恩感到厌恶的，不仅是达福（剧中人物鲍比·秘鲁）对她隐秘空间的野蛮入侵。就在她说出"操我！"之前，摄影机把镜头对准了她慢慢伸开的右手。这是一个迹象，表明她已默认；这是一个证据，证明他激起了她的幻象。

我们应以列维－斯特劳斯的方式，把这个场景解读为经典引诱场景的倒置。在经典的引诱场景中，引诱者竭力引诱女人，女人最终答应，但一番柔情蜜意过后，是野蛮性行为的爆发。或者，我们不妨换种说法，邓恩被迫答应了达福的要求，但达福又对此做了友好的否定性应答，这带来了创伤性冲击。如此创伤性冲击源于下列事实：它揭开了构成符号秩序（symbolic order）的空洞姿势（empty gesture）具有的悖论性结构（paradoxical structure）：在野蛮地强迫她同意发生性关系后，达福把她的同意视为需要礼貌地拒绝的空洞姿势，因此用她对发生性关系的潜在的幻象性投入与她对抗。不过，达福转向彬彬有礼，这个行动要求我们对该场景进行不同的解读。达福本是残暴之人，现在却是一个文质彬彬的形象：他的残暴入侵的真实目的，就是强迫邓恩心甘情愿地向他发出提议，然后再把这个提议视为必须拒绝之物加以拒绝，因为如果按邓恩的提议行事，必定显得粗鲁无礼。礼貌性姿势的力比多投入（libidinal investment），就表现在这里。我以礼貌的姿势让你知道我真正的欲望是什么，但又不想去满足这一欲望，因此期待你拒绝我的提议。康德曾经对伦理义务的冷酷性做过经典的概括："你能够，因为你必须能够！"我们在此看到的，是对康德这一概括的迂回曲折："你能够，但你不应该！"当然，我们对此做出的第一反应就是，把一个"真诚"的提议视为必须加以拒绝的提议，这必定是极端羞辱的做法；然而，与此同时，它隔离了我所欲求的东西（what I desire），而我所欲求的东西是与我所想要的东西（what I want）是截然相反的："我欲求它，但我不想要它！"正如拉康所言，欲望大多被体验为我不想要的那些东西。换言之，劳拉·邓恩不得不眼睁睁地瞅着，她身体的某个部分（确切些说是拳头）如何失控地扭动着，并自动发出信号，告诉达福她已认可他的侵犯，表明她有了性的冲动，接受了他的野蛮提议。这时，达福让劳拉·邓恩蒙受羞辱，迫使她颜面尽失。

这也是记住下列事实至关重要的原因：来自《我心狂野》的那个场景持续了半分钟之久。在那里，达福愉快地反驳邓恩："不，谢谢，我今天没空……"然后邓恩开始哭泣。这时，达福用和蔼、温柔的语言安慰她："别哭，一切都会好起来的。"如果我们不把这种友善视作为残忍的狗智主义而拒之门外，而是以之为真，把它视为真诚的关心，并因此冒险修正达福这个独特的形象，情况会是怎样？从残忍的侵犯到友好的道谢，达福在话语模式（mode of discourse）上实施突然的切入和转型，因而表现得更像某种"狂野精神分析师"（wild analyst），同时又强迫邓恩面对调节其欲望的幻象性内核（fantasmatic core）之真相。如果真的如此，情形会怎样？如果他的袖手旁观（non-act）是在与精神分析师交换位置呢？如果他采取的干预导致的最终结果是唤醒了邓恩，使她意识到了她那处于分裂状态的主体性，情形会怎样？简言之，如果达福以他对邓恩的（错误）治疗，提供了"爱汝邻居"的杰出范例，提供了基督徒所谓"爱之作"（work of love）的杰出范例，情形又会如何？

《我心狂野》的这个场景具有离奇的冲击力，解释这种冲击力的另一种方式是注意，异性恋引诱过程中的标准的角色分类，是如何从根本上被颠覆的。我们可以把影片对达福的嘴巴的强调作为出发点。那是一张大得出奇的嘴巴，两片厚厚的嘴唇被满嘴的唾液分开，这使整个嘴巴变得淫荡不堪，还有他那丑陋、扭曲和变色的牙齿……他的嘴巴和牙齿没有使我们想到"有牙阴道"（vagina dentata）这一形象？这个形象是以粗俗的方式展现出来的，仿佛这个阴道口（vaginal opening）驱使着邓恩说出那句话，说出"fuck me"的。这显然把达福那张扭曲的面孔当成了众所周知的"屄脸"（cuntface）。这种做法表明，表面看来，这是一个要把自己的意志强加于女性的咄咄逼人的男性，但在这个形象下面，展现的是另一个幻象性的情境：一个年轻、纯真、拥有一头金发的少年，先是被一个成熟、衰萎、粗俗的女人挑逗，后是被她拒绝。在这个层面上，性角色是颠倒的：达福成了女人，他戏弄和刺激纯真的少年。再说一遍，达福扮演的鲍比·秘鲁产生的令人不安的效果，全是由他在性别角色上的终极混乱所致。他在下列两者之间摇摆不定：一者是尚未阉割的、原生的阳物权力（noncastrated raw phallic power），一者是骇人的阴道。这两者是前符号性的生命实体（presymbolic life-substance）之两面。因此，要把这个场景解读为"死亡与少女"（death and the maiden）这一标准的浪漫主题的逆转：我们在这里得到的是"生命与少女"（life and the maiden）。

　　纯真、脆弱的少年面对高度性化的成熟女性，如同基耶斯洛夫斯基的《爱情短片》（A Short Film about Love）中的托米克（Tomek）和玛格达（Magda），这样的主题有其漫长的史前史，可以追溯至19世纪末毁灭性或自我毁灭的蛇蝎美人（*femme fatale*）形象的出现。我们在此特别感兴趣的，是海德格尔那篇论述格奥尔格·特拉克尔（Georg Trakl）诗歌的种子论文《诗中的语言》（"Language in the Poem"），只是在那里，海德格尔才谈及性差异这一话题：

> 人类这个铸造物，总被扔进那个模具再被甩进这个模具，因而被称为种类（Geschlecht）。"种类"一词既指作为整体的人类，也指种族、部落、家庭意义上的同类关系（kinship）。所有这些同类关系依次被扔进两性二元性（duality of the sexes）这个模具。人类这个铸造物的"腐烂形式"（decomposed form）就是诗人所谓的"腐烂"（decomposing）种类。这个种类已经远离其本质性的存在（essential being），这也是它又是"被废黜"的那个种类的原因。
>
> 这种人遭受了何种天谴？我们这个"腐烂"种类遭受的天谴就是，击碎了古老的人类同类关系（human kinship）已被性别、部落、种族内的不和所击碎。每个种类都在极力逃离这种不和，遁入总被孤立、绝对野蛮的野生动物们释放出来的骚乱。二元性不是天谴，不和才是。它把每个种类从盲目野蛮的骚乱带入不可调和的分裂，然后将其置于放纵的孤立（unbridled isolation）之境地。一分为二的"破碎种类"（fragmented kind）单凭自身已经无法找到正确的铸型。只有这样的人才能找到正确的铸型：他们的二元性中不再有不和，而且——"说起来有些奇怪"——追随陌生人的足迹，步入了简单二重性（simple twofoldness）具有的温柔之中。[1]

---

1 Martin Heidegger, "Language in the Poem," in *On the Way to Language* (New York: Harper & Row, 1982), pp. 170-171（译文有修订）。

这段文字甚是晦涩，由德文而英文，再由英文而中文，加之其中公开承认的改写，其间必定充满波折，结果可能是相去甚远。将其依次详加对比，发现其中的"文化原理"，必为一件是意义或有趣的事情。可惜译者不懂德文，现将英文与中文罗列如下，供识者细察。

齐泽克对他引用的英文已稍作改写。他引用英文原文是这样的：

A human cast, cast in one mold and cast away into this cast, is called a kin, of a kind, a generation. The word refers to mankind as a whole as well as to kinship in the sense of race, tribe, family-all of these in turn cast in the duality of the sexes. The cast of man's "decomposed form" is what the poet calls the "decomposing" kind. It is the generation that has been removed from its kind of essential being, and this is why it is the "unsettled" kind.

这是海德格尔版的"根本不存在性关系"。这里显然提到了也蒙恩于柏拉图《会饮篇》中的神话。毫不怀疑地提及形而上学，理应为我们提供思考的理由：那个长生不老、面色苍白、虚无缥缈的少年爱利斯——有人会禁不住说"爱丽丝梦游仙境"——代表着女性，代表着和谐的两性二元性（duality of the sexes），而不是两性间的不和。这意味着，在含混不清的不和序列（series of discords）中，性差异（"两性二元性"）发挥着特殊的作用：在某种程度上，它是导致"腐烂"之地。其他的层面之所以"腐烂"，只是因为它们受到了性差异这个根本性不和（fundamental discord）的感染，受到了海德格尔在这篇论文后面提及的"堕落种类"（degenerate kind）的感染。[1]

首先要做的事情——也是海德格尔没有做的事情——就是将这个前性别的少年（presexual boy）这一形象置于某种语境之下。这种语境的第一个参照点就是挪威画家爱德华·蒙克（Edvard Munch）的画作：这个"未尝出生"（unborn）的脆弱少年不就是《呐喊》（*The Scream*）中

What curse has struck this humankind? The curse of the decomposing kind is that the old human kinship has been struck apart by discord among sexes, tribes and races. Each strives to escape from that discord into the unleashed turmoil of the always isolated and sheer wildness of the wild game. Not duality as such, the discord is the curse. Out of the turmoil of blind wildness it carries each kind into an irreconcilable split, and so casts it into unbridled isolation. The "fragmented kind," so cleft in two, can on its own no longer find its proper cast. Its proper cast is only with that kind whose duality leaves discord behind and leads the way, as "something strange," into the gentleness of simple twofoldness following in the stranger's footsteps.

与此对应的中文译文之一是：

我们的语言把这种带有某个类型特征、并且为这个类型所规定的人称为"种类"（Geschlecht）。"种类"这个词既意味着人类意义上的人种，又意味着种族、民族和家族意义上的族类——所有这些族类都体现着种类的双重性。诗人把人的"腐朽形象"的种类称为"腐朽的种类"。它是一个离开其本质方式的种类，因而是"被废黜的"的种类。

这个种类受到了何种伐咒呢？……对这个腐朽种类的伐咒在于：这个古老的种类已经分裂为诸族类的相互倾轧。每个族类都力求摆脱这种倾轧而进入野兽各各不同的、彻头彻尾的兽性状态所具有的未得释放的骚动中。双重性（das Zwiefache）本身并不是伐咒，相反，伐咒乃是那种倾轧。这种倾轧出于盲目的兽性之骚动而把这个种类分裂为二，并且因此把它变成一盘散沙。于是，这个被分裂、被粉碎的"衰败的种类"自己再也找不到它真正的类型（Schlag）。真正的类型只与那个种类相随，后者的双重性摆脱了倾轧，并且先行漫游到某个单纯的二重性（Zwiefalt）的温和之中，也就是说，它是某个"异乡者"并且跟随着异乡人。

见海德格尔：《在通向语言的途中》，孙周兴译，商务印书馆 2005 年版，第 45 页。"伐咒"，原文如此，非"诅咒"。——译者注

1 Ibid., p. 191.

那个惊恐不安的无性人物吗？不就是《圣母玛利亚》（*Madonna*）中被强行塞入两个画框间的那个人物吗？那也是个婴儿般的无性人物，漂浮在滴状的精液之中。这种人物的恐惧不是海德格尔式的焦虑（*Angst*），而是彻底令人窒息的恐惧。我禁不住要把一个著名镜头插入此一序列，这个镜头出现在希区柯克《眩晕》（*Vertigo*，又译《迷魂记》）开始不久的花店场景中。在那里，斯科蒂（Scottie）透过花店半开的大门的缝隙窥视马德琳（Madeleine）。大门的旁边是一面大镜子。大部分屏幕被马德琳的镜中影像占据。在屏幕的右侧有两条垂直线，发挥着画框双线的作用。在两线之间，斯科蒂在看她，俨然格林兄弟的《白雪公主》中的小矮人站在镜子边上，接受邪恶女王的质问。尽管我们只看到了马德琳的影像，尽管斯科蒂其实就在那里，但这个镜头给我们的感觉是，只有马德琳在那里，并构成了我们共同现实（common reality）的一部分，斯科蒂则只是透过我们现实的一个缝隙打量她，从地狱般的阴间（hellish underworld）这一前存有论的阴暗领域（preontological shadowy realm）观察她。在大卫·林奇的《妖夜荒踪》（*The Lost Highway*）中，稚气十足的皮特（Pete）面对着一个女人的面庞。这张因为享受性爱的欢娱而变形的面庞，展现在巨大荧光屏上。如何看待皮特这个形象？难道我们不应该勇于冒险，直接把战争或大屠杀的受害者的典型形象——带着一脸惊恐神色、处于极度饥饿状态的无性少年（asexual boy）——置于这一序列之内吗？我们还应记得西贝尔贝格（Hans Jürgen Syberberg）的《帕西法尔》（*Parsifal*）中的一个关键场景，在那里，在帕西法尔拒绝了孔德里（Kundry）的求爱后，少年-帕西法尔变成了少女-帕西法尔。所有这一切都发生在巨大的介面-原质（interface-Thing）——瓦格纳头部的幽灵般的轮廓——这一背景上。那个少年在否认他迷恋大写女性的同时，也丧失了少年气质（boyishness），变成了拥有一张蓝色面孔的极其冷酷的年轻女性。由此传达出来的信息并非某种蒙昧主义雌雄同体，而是把性差异强行重新铭刻到那个幽灵一般、长生不死的少年形象身上。

一方是无性少年，一方是大写女性，二者间的对峙有个杰出的范例，那便是英格玛·伯格曼的影片《假面》（*Persona*）开始时的几个著名镜头。在那些镜头中，一个青春期之前的少年，戴着大大的眼镜，以迷茫的眼神注视屏幕上的影像——巨大而模糊的女性面孔。这个影像渐渐变成特写，特写中出现的是与第一个女性酷似的另一个女性。这是主体面对幻象性的介面–屏幕（interface-screen）的另一个范例。[1]这个少年先前还出现在伯格曼的杰作《沉默》（Silence，1962）中，它的魏宁格[2]式背景一望便知：那里有两个女人，一个是母亲，即大写女性，喜爱肮脏交配的、过度性化的引诱者；一个是知识分子，曾经陷入恶性的反射循环（vicious cycle of reflection）而无力自拔，正在抑制自己的女性气质（femininity），因而不可阻挡地走向了自我毁灭。[3]故事发生在一个难以形容的东欧国家，那里肉欲横流和道德败坏的气氛为萎靡不振的现代生活提供了完美的"客观对应物"（objective correlative）。

简言之，海德格尔的解读没有考虑到，无性少年与"不和种类"（discordant Geschlecht）的对立是如何被性化，变成了少年与女性的对立的。"不和种类"不是中性的，而是女性的，正是爱利斯显而易见的性别中性使他成为少年。海德格尔宣称："爱利斯的少年气质之为少年气质，并不在于它与少女气质（girlishness）截然相对。他的少年气质只是他更为宁静的少年之表象。如此少年保护着年轻人和'黄金般少女形象'这一温和的性别二重性（two-fold of sex），并把这种性别二重

1　英格玛·伯格曼的《假面》（Persona）最终失败的原因如下：这部影片多重层面的现代主义自反性（直至我们看到胶片卷燃烧）失灵：要想使之奏效，仅以"实际"生产过程的框架来包裹"内在"的、叙事性的剧情行动（narrative diegetic action）是不够的；这个过程本身还要与剧情故事（diegetic story），还要脱胎于剧情（diegesis）自身的张力，例如，成为叙事的内在张力和强度的实体化。

2　奥托·魏宁格（Otto Weininger，1880—1903），旧译"奥托·华宁该尔"，奥地利精神分析学家，以仇视女性著称。鲁迅曾经两次提到他（《热风·随感录二十五（1）》和《华盖集·"碰壁"之余〔1〕》），说他"痛骂女人"、"短命"。魏宁格著有《性与性格》（Sex and Character）、《存在与非存在：死亡本能的临床应用》（Being and Not Being: Clinical Applications of the Death Instinct）。——译者注

3　对于理解卡夫卡的作品而言，含蓄地提及奥托·魏宁格的"女性特质"观是至关重要的：犹太作家卡夫卡和排犹分子魏宁格离奇地亲近。瓦格纳和魏宁格等大牌排犹分子认为，犹太人的咒语的最大受害者是犹太人，犹太人为其困境之咒语所苦，他们注定游荡四方，没有获得救赎的希望。依据瓦格纳和魏宁格等人的标准，希特勒不再被视为极端排犹主义的可耻人物，而是排犹主义的耻辱（disgrace to anti-Semitism）。

性储存于自身之内。"[1] 海德格尔在这样做时，遗漏了一个关键事实：
在这种情形下，性差异不是指人类血统／物种的两种性别，而是无性别
（the asexual）与性别（the sexual）之间的差异。用拉克劳的霸权逻辑
（logic of hegemony）的术语讲，性差异是对抗这一实在界（the Real of
an antagonism），因为在对抗中，性别与无性别之间的外在差异映射到了
男性与女性之间的内在差异上。此外，海德格尔和特拉克尔已经暗示我
们，恰恰是作为前性别的人物，这个稚气十足、"长生不死"、面对着已
经烂熟的熟女肉体的儿童才是真正的怪物，是魔鬼（Evil）拥有的众多
化身之一：

> 以这种方式来理解，精灵或鬼魂是在既温顺（gentleness）又
> 破坏（destructiveness）这两种可能性中拥有其存在（has its being）
> 的。温顺绝不抑制由心情激荡带来的狂喜，但把这狂喜凝为一体，
> 将其置于友善的宁静之中。破坏来自恣意胡为，它在反叛中消耗自
> 己，因此是积极的恶（active evil）。恶，总是鬼魂般的精灵（ghostly
> spirit）之恶。[2]

儿童这个纯真的恶鬼，当然就是桑特纳所谓最纯粹的"生物"。[3]
或许我们应该把爱利斯这个形象纳入斯蒂芬·金在其恐怖小说中塑造的
同类形象系列："长生不死"的、属于白色人种的、面色苍白的、虚无
缥缈的、鬼怪一般的无性儿童回过头来对成人作祟。在不同的层面上，

　　1　Heidegger, "Language in the Poem," p. 174.——作者注。参见中文版："在少年爱利斯的形象
中，少年并不是与少女相对立的。少年是更寂静的童年的表现。这个童年在自身中庇护和储存着
种类的柔和的二重性（Zwiefalt），即少男和'金色的少女形象'的二重性。"见海德格尔：《在通
向语言的途中》，孙周兴译，商务印书馆 2005 年版，第 51 页。——译者注

　　2　Ibid., p. 179.——作者注。参见中文版："如此这般被理解的精神在温柔而毁灭性的状态的可
能性中成其本质。所谓温柔绝不阻止燃烧的东西出离自身，而是把它聚集起来，把它保持在友好
之物的安宁中。毁灭性来自放纵无度的东西，后者在自己的骚动中耗尽自身，并且因此来从事恶
端。恶始终是精神之恶。"见海德格尔：《在通向语言的途中》，孙周兴译，商务印书馆 2005 年版，
第 58 页。——译者注

　　3　不能把"生灵性"（creatureliness）概念与《圣经》中的"兽"（Animal）的概念联系起来吗？
"生灵性"是生命的过度（excess-of-life），是不死的生命；"兽"则是把消极力量（negative forces）
这一原始混沌（primitive chaos）人格化、神话一般的妖怪。参见《圣经·但以理书》第 7 章。

帕特丽夏·海史密斯（Patricia Highsmith）笔下的汤姆·里普利（Tom Ripley）不就是这样的主体吗？因其主体立场（subjective position）尚未打上性差异的标记，他把冷酷无情的破坏与天使般的纯真融为一体。我们不妨直接跳到这个序列的最后一个人物：在基耶斯洛夫斯基的《十诫》（Decalogue）中，不可思议的、无家可归的、关键时刻出现在主人公面前的年轻人，不就是这样无性的鬼魂一般的人物吗？终极反讽意味不就在于，在无性的、天使般的实存物这个问题上，特拉克尔–海德格尔的视境在米歇尔·乌勒贝克（Michel Houellebecq）的小说《基本粒子》（Les particules elementaires，1988）中找到了最新的表现。这部畅销书在全欧洲都引发了激烈争论。在小说结尾处，人类集体决定，为了避免陷入性的僵局（deadlock of sexuality），要用转基因的、无性的类人动物取代人类。

尽管邪恶之形象（figure of Evil）在今天的主要人选之一是儿童性虐，但在受到伤害和易受伤害的儿童形象中，还是存在着令人不堪忍受的动人因素：两岁至五岁间的儿童，受到严重伤害却又维持着傲慢的姿态，面孔和姿势依然顽强不屈，尽管几乎无法控制自己，阻止泪水喷涌而出。难道这个形象不就是绝对之形象（figures of the Absolute）？我们在此想到某些儿童的照片，他们因为在切尔诺贝利事故（Chernobyl accident）后受到核辐射而奄奄一息。在乌克兰的儿童色情网站上，有一张照片。照片展示的是，一个年龄不会超过四岁的少儿面对着正在射精的巨型阴茎，面部布满了精液。尽管这个镜头大概展示的是正在射精的阴茎与母亲蓄满奶水的乳房这两者间的联系，但儿童的面部表情显然是恐怖与困惑的混合：儿童无法理解当时正在发生的一切。必须把这张恐怖的面孔与儿童威武不屈的凝视联系起来：如果还有什么形象能够用来阐释列维纳斯有关面孔创伤（the wound to the face）的观点，非此莫属。

难道我们不应该甘愿冒险，也从这个角度解读迈克·尼科尔斯（Mike Nichols）的影片《毕业生》（The Graduate）中年轻的本·布拉多克（Ben Braddock）——由达斯汀·霍夫曼（Dustin Hoffman）扮演——与年迈的罗宾逊太太（Mrs. Robinson）——由安妮·班克罗夫特（Anne Bancroft）扮演——之间那段著名的风流韵事吗？这段风流韵事一般被视为原嬉皮士的（proto-hippy）、敏感的、诚实的、迷茫的少年与成熟的、堕落的、肤浅的引诱者的关系。与达福扮演的鲍比·秘鲁（Bobby Peru）不同，罗宾逊太太用"fuck me"连续轰炸意乱神迷的本；而且与鲍比·秘鲁不同，她绝非虚晃一枪，而是说到做到。不过，把不和因素（discord）导入这个形象的第一件事情，是本蛮横的自以为是。我们不妨回忆一下，他是如何反击罗宾逊太太的："与一个年老色衰的酒鬼共度时光，你觉得我会为此感到自豪吗？"影片中有一个场景，在那里，本试图通过让罗宾逊太太与他交谈，赋予这场风流韵事以某种人性的深度。这个场景展示了罗宾逊太太比平时更复杂的一面。在他们进行不了了之的谈话时，她命令本，不许他带她女儿外出。这时，本能够猜出的她下这道指令的唯一理由就是，她认为他比不上她女儿伊莱恩（Elaine）。他愤怒地宣布，他认为拿他跟她女儿对比是"病态和变态"的。本的面孔充满了强烈的社会不满和个人不满。这表明，这不是罗宾逊太太的理由，她的理由比本所预期的理由更充分和更扭曲，这些理由远远超出了年轻人的忌妒和恐惧——害怕因为她女儿的缘故被她抛弃。值得同情的是她，而不是本的道德主义愤怒：

> 本的感觉过于迟钝，他没能看到，尽管她似乎承认她觉得他无法与她女儿相提并论，但这也只是因为绝望和困惑；她的情感更为复杂和混乱，她不知道如何向他解释这一切。他在这时把她拒之门外，似乎看上去是道德的，但考虑到她的情绪体验（emotional experience）的深度和苦恼，这是相当丑陋和无情的回应。本恳求她与他交谈，罗宾逊太太对此请求的回应——"我并不觉得我们彼此间有什么太多的话可说"——被证明是相当精确的，但这并没有暴露她的肤浅。如同导演尼科尔斯似乎已经表明的那样的，这暴露了本的肤浅。与他相比，她有更为丰富的自我意识，还有更多的实际问题，为什么她要与他交谈？[1]

---

[1] 斯蒂芬·法伯（Stephen Farber）和埃斯特尔·尚加斯（Estelle Changas）语，见他们有关《毕业生》的感觉敏锐的论文。网上可见：<http://web.infoave.net/~dennmac/review3.html>.

　　注意到下列一点甚是有趣：通过"使本最低限度地介入这场风流韵事，通过暗示我们，在本看来，这场风流韵事是何等的无聊和讨厌，通过把性行为排除在他与伊莱恩确立的恋爱关系之外"[1]，这部影片出人意外地复制罗宾逊太太的禁令：性与爱被彻底分割开来。也就是说，本对罗宾逊太太的兴趣被展示为纯然的"性趣"，期间没有任何深刻的情感纠葛，但在他对罗宾逊太太的女儿伊莱恩的爱情中，丝毫没有性诱惑的踪迹。

　　因此，核心谜团在于，何以罗宾逊夫人不顾一切，坚持不让本与她女儿约会？何以她准备牺牲一切，拿婚姻和全部社会存在（social existence）冒险，而这样做的目的仅仅在于阻止本与她女儿确立恋爱关系？我们在此看到的是潜在审查行为（underlying act of censorship）的另一个实例，是颁布禁令（prohibition）的另一个实例，而正是这样的禁令支撑着她荒唐的淫乱行为。只有女儿保持"纯洁"之身并身处她与本的风流关系之外，罗宾逊太太才能全然投身于不正当的风流韵事。伊莱恩并非只是到了后来才介入那段风流韵事，相反，她从一开始就作为不在场的第三者出场了。结果，罗宾逊太太绝不只是放纵粗俗的中年家庭主妇，而是这部影片中唯一真正的伦理人物（ethical figure）：她的淫乱是她与上帝达成的私下交易的一部分，这交易类似于伊夫林·沃（Evelyn Waugh）的小说《故园风雨后》（*Brideshead Revisited*）最后的迂回曲折：在小说的结束处，朱莉娅（Julia）拒绝嫁给莱德（Ryder），尽管他们都是为了这个缘故而与原配离异；朱莉娅对莱德的拒绝，是她语含讥讽地提到的她与上帝达成的"私下交易"的一部分。尽管她腐化堕落和荒淫无耻，但是，如果她牺牲了自己心爱之物，即她对莱德的爱，或许她还有药可医。正如朱莉娅在对莱德最终表白时所坦率承认的那样，她已经完全意识到，一旦她甩了他，她还会投身于无数无关紧要的风流韵事之中。不过，这些风流韵事无足轻重。在上帝眼中，这些风流韵事都不足以严厉地谴责她。真正谴责她的，是把唯一真正之爱置于对上帝的奉献之先，因为诸种至善（supreme goods）之间不应该存在竞争。和朱莉娅一样，罗宾逊太

1　Ibid.

太已经得出结论：她自己只有过上荒淫无耻的堕落生活，才能使女儿伊莱恩保持处子之身，使她免于堕落。难道我们没有在鲍比·秘鲁的那种情形下发现正面的牺牲吗？为他的淫荡入侵而付出的代价是，这些淫荡入侵应该保持这样的身份：优雅的提议，但发出这种提议的意图在于被拒绝。正是这一点，使他成为伦理主体（ethical subject）。

（2）作为黑格尔派哲学家的克尔凯郭尔

因此，至关重要的一点是，不要把罗宾逊太太的禁令化约为实证性的心理学解释，如她对女儿的风华正茂心怀妒意，等等。在这里，说到底，"上帝"只是无谓的牺牲（meaningless sacrifice）这个纯粹否定性姿势的代称而已。在朱莉娅的情形下，无谓的牺牲就是牺牲她美满的婚姻生活；在罗宾逊太太那里，无谓的牺牲主就是对任何真诚情感联系的牺牲。在真正的宗教体系中，充分阐明了无谓牺牲所遵循的逻辑的是克尔凯郭尔，但他使用的词语是"无限弃绝"（infinite resignation）。难怪在克尔凯郭尔和真正的辩证唯物主义之间，只有一条隐约可见、几乎难以觉察的分界线。这样的无谓牺牲是巴迪欧所谓"反哲学"（anti-philosophy）的主要成分之一。克尔凯郭尔为无谓牺牲做了最为简明扼要的概括，这并不令人感到惊讶。他这是样说的："真相是，我们必须承认，归根结底不存在理论。"[1] 从克尔凯郭尔和尼采到晚年的维特根斯坦，在所有伟大的"反哲学家"（anti-philosophers）那里，最彻底、最纯正的"做人"（being-human）之核，都被视为具体的实践–伦理介入（practico-ethical engagement）和 / 或实践–伦理选择。这样的实践–伦理介入或实践–伦理选择，先于每种"理论"，先于对如此介入或选择所做的每种理论解释，并为每种"理论"和对如此介入或选择所做的每种理论解释提供理据。而且，就"'做人'之核"这个术语的激进意义而言，最彻底、最纯正的"做人"之核是偶然的，"非理性的"。为"反哲学"奠定根基的是康德，因为他肯定了实践理性对理论理性的优先权。费希

1　Søren Kierkegaard, *Journals and Papers* (Bloomington: Indiana University Press, 1970), entry 2509.

特只是清楚表达了"反哲学"的后果，因为在说到要在斯宾诺莎主义与主体自由哲学（philosophy of subjective freedom）之间做出终极选择时，他写道："某人选择什么哲学，取决于他是怎样一种人。"因此，康德和费希特会出人意料地赞同克尔凯郭尔的看法：说一千道一万，根本没有理论，只有基础性的实践-伦理决策（practico-ethical decision），即一个人决定委身于何种生活的决策。

在德国唯心主义与克尔凯郭尔之间存在的这种出人意料的连续性，为我们提供了第一个线索，使我们明白，和德勒兹的反黑格尔一样，克尔凯郭尔的反黑格尔主义远比我们想象的暧昧：把黑格尔提升为假想敌，这种做法模糊了被否认的亲近性。在克尔凯郭尔看来，黑格尔是最终的"系统化者"（systematizer），他把活生生的主体性具有的独特性化约为普遍概念（Universal Notion）的逻辑的自我部署过程中的次要时刻。而且，因为使思想的委曲求全（mortification of thought）系统化是大学话语（university discourse）从事的勾当，难怪克尔凯郭尔也受到了被大学话语吞没的威胁。这不仅是诗人与艺术家的标准抱怨，也是所有把自己视为"创造性"心灵之人的标准抱怨："唉，我知道谁会继承我的思想，我觉得这人讨人嫌，那些不断继承一切的人是最优秀的，就像他过去所做的那样。也就是说，助理教授，教授。"[1]

教授当然指黑格尔。克尔凯郭尔认为，黑格尔的思辨哲学"拥有滑稽的预设，之所以拥有这样的预设，是因为它以某种世界历史性的漫不经心（world-historical absent-mindedness）忘记了，做人究竟意味着什么。不是说，一般而言，做人意味着什么；倘若如此，它就可能是用以引诱思辨哲学家去认可的某种事物；而是说，对你、我和他而言，做人究竟意味着什么，每个人都只能代表自己。"[2]简言之，在我们想到下列一点时，黑格尔体系的滑稽方面不能不令人惊讶：这个"绝对之知"（Absolute Knowing）体系是由一个偶然之人（contingent individual）——黑格尔——写出的。……难道克尔凯郭尔又一次没有抓住要领？普遍体

1　Ibid., entry 6818.

2　Søren Kierkegaard, *Concluding Unscientific Postscript* (Princeton: Princeton University Press, 1968) (hereafter CUP), p. 279.

系（Universal System）与偶然之人，这两者的血缘联系所遵循的逻辑，正是黑格尔所谓"无限判断"遵循的逻辑，即普遍（the Universal）与"最低级"的单一性的悖论性联结（"精神是根骨头"等等）。

克尔凯郭尔对黑格尔的批判，是以"客观"思想与"主观"思想这一完全黑格尔化的对立为根基的："客观思想把一切转化为结果，主观思想把一切置于过程并忽略结果，因为作为一个存在着的人，他持续处于形成的过程（process of coming to be）之中。[1] 显而易见，在克尔凯郭尔看来，黑格尔代表着"客观思想"的最终成就：他"不是从化成（becoming）的角度理解历史的，而是借助于幻觉——依附于过去（pastness）的幻觉，从结局（finality）——剔除了所有生成过程的结局——这一角度理解历史的。"[2] 在这里，我们要小心翼翼，不要错过克尔凯郭尔的观点：在他看来，实际上只有主观经验才处于"生成"之中，客观现实是没有固定结局的开放进程，因而依然处于存在（being）的范围之内。何以如此？因为根据定义，尽管是"过程性的"，任何客观现实从存有论的角度看都是完全被构成的（ontologically fully constituted），呈现为实证性存在的客体领域（positively existing domain of objects）及客体间的互动；只有主体性（subjectivity）才标明了自身"开放"的领域，该领域打上了内在存有论失败（inherent ontological failure）的标记：

> 每当一个特定的生存被移交给过去，它就已经完成，具备了结局，而且开始屈从于系统的领悟（systematic apprehension）。……但对谁而言，它是如此的卑躬屈膝？任何人，只要他是存在着的人，就无法在生存之外获得与永恒一致的结局，而过去已经进入永恒。[3]

然而，揆诸事实，如果黑格尔的所作所为与此截然相反呢？三个大异其趣的思想家——尼采、海德格尔和德里达——全都把自己所处的时

---

1 CUP, p. 279.

2 Ibid., p. 272.

3 Ibid., p. 108.

代视为形而上学的关键转折点：在他们（我们）那个时代，形而上学油尽灯枯，思想家的职责就是为崭新的后形而上学思想打造舞台。广而言之，直至我们如今的后现代，犹太教－基督教的历史已为我所谓的荷尔德林范式（Hölderlin paradigm）所决定。圣奥古斯丁在《上帝之城》（*City of God*）中最早揭示了这一范式。荷尔德林说："哪里有危险，拯救者就会在哪里涌现。"我们今天处于漫长的历史衰落过程的最低点（诸神逃逸，异化丛生……），但伴随着"做人"的本质之维（essential dimension of being-human）的悲惨丧失而来的危险，也催生了乾坤逆转之可能——无产阶级革命、新神降临（根据海德格尔的晚期著作，只有新神，才能拯救我们）等等。我们可否设想一个"异教徒"的、非历史的宇宙，一个完全处于荷尔德林范式之外的宇宙？在那里，（历史）时间只是白驹过隙，它没有目的论之弧（teleological curvature）；在那里，危险的历史决策时刻——即本雅明所谓的"现－时"（*Jetzt-Zeit*），救赎过去的"光明未来"就脱胎于如此"现－时"——毫无意义。

　　尽管这种荷尔德林式范式通常被等同于基督教，但最激进的基督教似乎已经对它做了独特的迂回曲折：不得不发生的一切，早已发生；没有什么需要等待，不需要等待大事件（the Event）的发生，不需要等待弥赛亚的到来，因为弥赛亚已经到来；大事件已经发生，我们生活在大事件的余波之中。对待历史终结（historical closure）的这一基本态度，也是黑格尔所要传达的信息，是他的"密涅瓦的猫头鹰在黄昏起飞"这一警句所要传达的信息。[1] 难以把握又至关重要的事情是，这种立场并未因为我们的被动反思（passive reflection）而谴责我们，反而为积极干

1　黑格尔是这样说的："关于教导世界应该怎样，也必须略为谈一谈。在这方面，无论如何哲学总是来得太迟。哲学作为有关世界的思想，要直到现实结束其形成过程并完成其自身之后，才会出现。概念所教导的也只必然就是历史所呈示的。这就是说，直到现实成熟了，理想的东西才会对实在的东西显现出来，并在把握了这同一个实在世界的实体之后，才把它成一个理智王国的形态。……密纳发[密涅瓦]的猫头鹰要等黄昏到来，才会起飞。"见黑格尔：《法哲学原理》，范扬、张企泰译，商务印书馆1961年版，第13～14页。密涅瓦（Minerva）是古罗马神话中的智慧女神，曾把纺织、缝纫、制陶、园艺等技艺传到人间，受雅典人敬重。出于爱屋及乌的心理，栖落在她身上的猫头鹰也成了智慧的象征。黑格尔以之说明哲学问题：智慧女神的猫头鹰总在夜晚起飞，因为阴暗的环境是思想的催化剂。黑格尔所谓的思想主要是反思（reflection），反思是"对思想的思想"、"对认识的认识"。可见，在两个"思想"之间，在两个"认识"之间存在着时间上的距离，即"延迟"。——译者注

预（active intervention）开辟了空间。这道理不同样适用于克尔凯郭尔吗？尽管他对"当代"（present age）的大众社会做出了标准的抱怨，但他似乎并不依赖荷尔德林的史实性之范式（paradigm of historicality），因而也不依赖与这一范式有关的、思想家们在自我感知（self-perception）方面表现出来的狂妄自大：我们这个时代并无异常之处，如果真有什么异常，那也是，我们生活在平庸和乏味的时代。

　　两种相互对立的过渡，乃是精神分析过程的特征：一种是从可能性向必然性的过渡，一种是从不可能性向偶然性的过渡。[1] 在移情的层面上，精神分析师充当着"想必知道的主体"（subject supposed to know），充当着虚幻的异域（illusory Other Place）。在那里，一切都总是早已（always-already）形诸文字；在那里，所有征兆的无意识意义都总是早已铁板钉钉。精神分析师这一形象代表着处于非时间之维（atemporal dimension）的无意识，代表着弗洛伊德所谓对时间一无所知的无意识。他对接受精神分析者所传达的信息，总是下列陈述的变体："你正在重复你三十年前与你父亲的互动关系……"等等。这是从可能性向必然性的过渡：初看上去似乎属于纯粹的可能性，属于或许不会发生的意外事件，却回溯性地转化成了无论如何都必然发生的事情。……这种姿态当然基于回溯性的幻觉（retroactive illusion），基于对其述行之维（performative dimension）的误认：患者发现的"永恒"意义是在发现这个意义的过程中建构起来的。不过，精神分析师形象的这个方面必须由其对立面来补足：精神分析师的阐释性干预（interpretive interventions）还代表着惊奇，代表着实在界的入侵；这里的过渡是从不可能性向偶然性的过渡，也就是说，原本是不可能发生的事情，原本不属于可能性之域（domain of possibilities）的事物，突然间－－偶然性地－－发生了，这改变了整个领域的坐标。

　　传统上认为黑格尔与克尔凯郭尔是水火不相容的，如果我们接受这种传统的看法，那这两种过渡似乎浓缩了黑格尔与克尔凯郭尔的基本操作。黑格尔所谓的辩证过程不就是这样一个自我封闭圈吗，在那里，事

1　See Jacques-Alain Miller, "Introduction to the Erotics of Time," *lacanian ink* 24/25 (New York, 2005).

物实现了自己的潜能，变成了它们早已变成的事物？难道黑格尔本人没有强调，本质上，这个过程的起始不早已是它的终结？另一方面，克尔凯郭尔的反黑格尔主义的主要冲击力不恰恰表现在，他致力于打破黑格尔的封闭圈，为偶然的切口（contingent cuts）、"跳跃"、入侵开辟空间，而且这样做，破坏了那个仿佛属于可能性（what appears to be possible）的领域？

那么如何看待黑格尔与克尔凯郭尔之间的鲜明对比？这鲜明对比表现在，在黑格尔看来，一切皆已发生，就其基本维度而言，思想是对已经发生之事的回忆；在克尔凯郭尔看来，历史是向未来开放的。不过，在这里，我们应该避免对黑格尔辩证法的一个关键误解：它的赌注并非对现在采纳"结局之视点"（point of view of finality），把现在视为已然的过去，而是把未来之开放性（openness of the future）重新引入过去，在过去（that-which-was）之化成过程（in its process of becoming）中把握之，审视派生了必然性的偶然过程。不正是基于这个原因，我们才必须把绝对（the Absolute）"不仅视为实体，而且视为主体"吗？正是基于这个原因，德国唯心主义推翻了标准的亚里士多德式存有论的坐标。亚里士多德式存有论就是围绕着从可能性（possibility）滑向现实性（actuality）这一矢量结构起来的。与"每一种可能性都竭力实现自己"这种观点截然相反，我们应该把"过程"设想为这样一个步骤：恢复潜能之维（dimension of potentiality）的纯然现实性（mere actuality），在现实性之核心（heart of actuality）发现向着潜在性（potentiality）的秘密奋进。

以瓦尔特·本雅明的革命观－－革命即通过重复对过去的救赎（redemption-through-repetition of the past）－－为例：[1]关于法国大革命，真正的马克思主义历史编纂学的使命并不在于，按诸种事件的样子描述它们，解释这些事件如何促成了与这些事件相伴而生的意识形态错觉；相反，它的使命在于发掘隐蔽的潜能，即乌托邦式的解放性潜能。这些潜能是在事实之现实性（actuality of revolution）及其最终产物——

1　See Walter Benjamin, "Theses on the Philosophy of History," in *Illuminations* (New York: Schocken Books, 1969).

功利主义的市场资本主义——中显现出来的。马克思的观点首先不是取笑雅各宾派的革命热情包含的狂热希望，指出他们高昂的解放性说辞（emanciptory rhetoric）只是供历史上"理性的诡计"用以建立粗俗的商业资本主义之现实的手段；它要解释，这些显现出来的激进的、解放性的潜能，是如何作为历史的幽灵（historical specters）"屹立不倒"的，是如何死死抓住革命的记忆（revolutionary memory）不放并要求走向前台的，职是之故，后来的无产阶级革命还应拯救（消除）所有这些往昔的鬼魂。……而且，在与此不同的层面上，当谢林把创世之前的上帝（God before Creation）设想为纯粹潜能性之域（domain of pure potentialities）时，不是表达了同样的观点？在人的思想中，这种本质上模糊不清的潜能就是"如此设定"（posited as such）的。[1]

不过，难道克尔凯郭尔没有把可能性精确性地设定为概念性的"客观思想"（objective thought）这一基本范畴，并与应对实际存在之我（actually existing I）的常态伦理方法形成鲜明对比吗？"真正的主体不是认知主体（cognitive subject），因为在认知中，他进入可能性之域（sphere of the possible）；真正的主体是伦理性存在的主体（ethically existing subject）。"[2]言下之意，从认知的角度看，每个单独的实存物都被化约为某种普遍性之实例，化约为普遍定律或规律的任意例证——化约为定律可能的例示（possible instantiation）；从伦理-存在的角度（ethico-existential approach）看，真正重要的是我实际的单独生存（my actual singular existence）。如此说来，我们如何把这一点与可能性对现实性的优先权（priority of the possible over the actual）结合起来？人们假定，可能性对现实性的优先权乃伦理立场（ethical stance）的特征。我们应该牢记下列两者的对立：一是偶然之物（what is contingent），一者是任意或意外之物（what is arbitrary or accidental）。语言是证明这种对立的最佳范例：作为人类，我是"语言的存在"（being-of-language），这是普遍的事实（Universal fact）；与这个普遍的事实相比，我又能说英

1　See F. W. J. Schelling, "Philosophical Investigations into the Essence of Human Freedom," in *Philosophy of German Idealism*, ed. Ernst Behler (New York: Continuum, 1987).

2　CUP, p. 281.

语，这只是意外。不过，在说英语时，我把语言当成纯粹的表意工具，或者当成工具性的操纵，或者我以诗意的方式使用之，充分利用其向世界开放的能力（world-opening capacity），但这一切都是偶然的。简言之，"意外"代表着在某个种属（genus）的普遍范围之内的第二个特定差异，而"偶然"则指向更为激进的层面，即挖掘普遍维度（Universal dimension）自身具备的潜能的层面。正是从这个意义上说，从属于认知思想（cognitive thought）的可能性，是普遍定律的任意例示之可能性；从属于伦理-存在方法（ethico-existential approach）的可能性，则涉及下列决策的彻底偶然性（thorough contingency）——我要用我唯一的生命做什么事情。

尽管如此，对黑格尔的如此解读不得不是反常识性的：难道黑格尔没有把他的体系（his System）说成"密涅瓦的猫头鹰的飞行"？密涅瓦的猫头鹰在黄昏起飞，难道这不是对绝对（the Absolute）走过的道路进行回溯性的重新概括/重新记忆（recapitulation/remembering），因而是对"结局之视点"的明确赞同？我们应该在此插入存在主义的老生常谈，根据这一老生常谈，当我们投身于当前的历史进程时，我们把它视为丰富的可能性，我们把自己视为行动者，认为自己可以自由地挑选那些丰富的可能性；但从回溯性的视角看，同样的历史进程被视为被彻底决定和必然如此的，没有任何取而代之的可能。与这种存在主义的老生常谈相反，投身历史进程的行动者认为自己陷入了命运的魔掌，只能被动地作出回应；但从回溯性的视角看，从事后诸葛亮的角度看，我们可以在过去中发现其他的替代选择，使事件向不同方向发展的可能性。

唯心主义与唯物主义的区别就在这里：在唯心主义者看来，只要我们置身于某种处境，我们就会把这种处境视为"开放"的，但从"结局之视点"看，也就是说，从全知全能的、独自把世界视为封闭整体（closed totality）的上帝的永恒视角看，我们的处境是"封闭"的；但在唯物主义者看来，"开放性"始终不变，也就是说，必然性并非秘密地调控各种表象的混乱互动的、潜在的普遍律令（universal law）。它是"全部"（All）本身，但这样的"全部"又是"并非全部"，又是前后矛盾的，被打上了不可化约的偶然性（irreducible contingency）的印记。

在这里，克尔凯郭尔的神学展示了唯心主义的极点（extreme point）：他承认整个现实场域（field of reality）的彻底开放性，正是因为这个缘故，封闭整体只能显现为彻底的彼岸（radical Beyond），只能打着全然超验性的上帝的幌子："永不停息地化成（incessant becoming）派生了世俗生活的不确定性，在世俗生活中，一切都是不确定的。"[1] "一旦所有事物的不确定性被无穷地思考"[2]，神就出现了。

我们在此遇到那个关键的公式：克尔凯郭尔的上帝与现实的存有论的开放性（ontological openness of reality）密切相关，与我们的下列行为密切相关——我们把自己与未完成的、"处于化成中"的现实关联起来。上帝只是绝对大对体（Absolute Other）的称谓，我们以它测量现实的彻底偶然性。如此一来，我们无法把他视为任何种类的实体，视为超级原质（Supreme Thing），否则会再次使他成为现实（Reality）的一部分，现实是他真正的根基（Ground）。正是因为这个缘故，克尔凯郭尔不得不坚称，上帝是彻底"去实体化"（desubstantialization）的。上帝"超越了存在的秩序"（beyond the order of Being），它只是一种模式，以这种模式，我们与它关联起来（we relate to him）。也就是说，我们并不与他关联起来（we do not relate to him），它就是这种关联（relating）：

> 上帝本人就是这样的：人如何与他联系在一起。就物理客体和外在客体而言，客体是别的什么东西，而不是模式（mode）：存在很多模式。关于上帝，如何（the how）就是什么（the what）。无法以绝对虔诚的模式使自己与上帝联系在一起的人，以后也无法与上帝联系在一起。[3]

我们必须在字面意义上理解基督教向"作为爱的圣灵"（Holy Spirit as Love）的过渡，即基督的"无论何时，只要你们两人有了爱意，我就在那里"：作为神圣个人（基督）的上帝，进入了个人与个人之间

1　Ibid., p. 279.

2　Ibid., p. 80.

3　Kierkegaard, *Journals and Papers*, entry 1405.

的纯粹非实体性的联系。这个绝对虔诚是以全然自我牺牲（total self-renunciation）的姿势完成的："在自我牺牲中，人终于明白，人一无所能。"[1]这种牺牲见证了把人与上帝分割开来的鸿沟：断定人对无条件的生命意义（Meaning of Life）的恪守承诺，唯一的方式就是把我们生命的全部，把我们的全部生存，与神圣者（the divine）的绝对超验性关联起来，因为我们的生命与神圣者之间没有公约数，牺牲的放弃（sacrificial renunciation）无法成为我们与上帝交易的一部分：我们牺牲一切，牺牲我们全部的生命，而一无所求："那个［令知性］着迷的矛盾在于，人必须做出最大可能的牺牲，把自己的全部生命当成祭品奉献，但理由呢？真的没理由。"[2]这意味着，无法保证我们的牺牲必定获得奖赏，无法保证我们生命的意义会得到恢复。我们必须做出信仰的飞跃，这在外部观察者看来，不能不表现为疯狂的行为，就像亚伯拉罕准备杀死以撒那样："乍看之下，知性已经探明，这是疯狂的行为。于是知性问道：这对我有什么好处？答案是：丝毫没有。"[3]或者引用迈克尔·威斯顿（Michael Weston）的简明概括：

> 真的，从测量的角度看，目标还是那样，克尔凯郭尔谈论的"永恒快乐"（eternal happiness）还是那样，就这个目标而论，一切都必定是冒险，但是这个目标作为必不可少的缺席（essentially absent），可以建立关联。一旦人把它当成某种可以在场的事物来思考，作为回报，人不就不再拿一切冒险，故而也不再与它发生关联。这样的目标不是满足人的能力，因为倘若如此，所有这样的满足，作为目标，都必定被放弃。[4]

因此，与康德的自在之物一样，善（the Good）是从负面确定的概念（negatively determined concept）：如果我在"无限弃绝"的运动中拒

1　Søren Kierkegaard, *Works of Love* (London: Harper Books, 1962), p. 355.

2　Søren Kierkegaard, *Training in Christianity* (Princeton: Princeton University Press, 1972), p. 121.

3　Søren Kierkegaard, *Journals and Papers*, entry 1608.

4　Michael Weston, *Kierkegaard and Modern Continental Philosophy* (London: Routledge, 1994), pp. 85–86.

绝了所有暂时性的商品（goods）、目标和理想，那么，引用西蒙娜·韦伊[1]的话说：

> 我拒绝它们的理由是，通过与善的理念相比较，我判定它们是虚假的。……那么这个善又是什么？我不知道。……情形是这样的，单单它的名字——如果我把自己的思想依附于这名字——会赋予我确定性，使我确信，这个世界上的事物不是商品（goods）。[2]

记住，在克尔凯郭尔看来，上帝的一贯正确（infallibility）也是一个从负面确定的概念：它的真正意义在于，人总是错的。这个克尔凯郭尔式的"无限弃绝"展示了拉康紧步弗洛伊德的后尘称之为"挫败"（*Versagung*）之物具有的结构，即对幻象性的存在之核（core of being）彻底的、自我关联性的丧失／放弃（loss/renunciation）：为了事情-原质（Cause-Thing），我牺牲了自己的一切，因为它比我的生命还重要；我为此做出了牺牲，作为交换，我得到的只是这个事业-原质（Cause-Thing）的丧失。[3]

（3）挫败

拉康在谈及保罗·克洛岱尔（Paul Claudel）的戏剧《人质》（*The Hostage*）时煞费苦心地阐述了这个概念。剧中的女主人公辛祺为了解救隐藏在她家中的教皇，同意嫁给她极度蔑视的图桑·蒂尔卢尔（Toussaint

---

1 西蒙娜·韦伊（Simone Weil, 1909—1943），法国哲学家、基督教神秘主义者和政治活动家，一生对受苦人充满强烈同情。六岁时拒绝吃糖，因为她听说参加第一次世界大战的士兵没有糖吃。二战时拒绝吃多于前线士兵定量的食物，终因营养不良，死于肺结核。20世纪30年代做教授，因健康问题和政治活动几度中断教职。一生勤于著述，但去世之前几乎无人关注。阿尔贝·加缪（Albert Camus）称她为"我们时代最伟大的精灵"。——译者注

2 Quoted in Michael Weston, *Kierkegaard and Modern Continental Philosophy* (London: Routledge, 1994), p. 89.

3 在专论移情的讲座之八中，拉康对保罗·克洛岱尔（Paul Claudel）的《人质》（*L'otage*）做了详细的阐释［*Le seminaire, livre VIII: Le transfert*（Paris: Editions du Seuil, 1982）］；另见我在《除不尽的余数》［*The Indivisible Remainder*（London and New York:Verso, 1997）］第2章中对"挫败"（*Versagung*）的解读。

Turelure）。图桑·蒂尔卢尔是她的佣人和乳母的儿子，利用法国大革命满足其私欲。作为雅各宾派在当地的当权派，他命令在辛祺的兄弟姊妹面前处死辛祺的父母。于是她牺牲自己珍视的一切，包括她的爱情、姓氏和产业。她的第二个行动就是她对蒂尔卢尔最终说"不"：受到致命重伤的辛祺躺在床上，蒂尔卢尔待立床边，竭尽一切地让她有所表示，以便为她出人意料的自杀性姿势——拯救她极度厌恶的丈夫的性命——赋予某种意义，任何意义都可以。尽管她这样做并不出于对他的爱，而是使自家的姓氏免于被辱。奄奄一息的辛祺一言不发，只是通过强迫性的抽搐，表示拒绝与丈夫最终和解。剧烈的抽搐频频扭曲她温柔的面庞。这道理同样适用于亨利·詹姆斯（Henry James）的《贵妇肖像》(*The Portrait of a Lady*) 结尾处的伟大放弃行为：伊莎贝尔·阿切尔（Isabel Archer）决定留在可恶丈夫的身边，尽管她完全可以一走了之。这是证明詹姆斯信奉唯物主义的终极证据：它与任何一种宗教超验性（religious transcendence）都风马牛不相及；相反，使得这种放弃如此高深莫测的原因是，它以缺乏任何超验性为前提。也就是说，在不信神的世界（Godless universe）里，这样的放弃只能作为某种空洞姿势出现。绕道于詹姆斯，使我们能够辨别克尔凯郭尔的宗教牺牲所隐藏的唯物主义内容。在克尔凯郭尔的宗教牺牲中，我们放弃了一切，放弃了所有重要的事物，却又一无所求。

　　也就是说，我们如何阐释伊莎贝尔·阿切尔在《贵妇画像》结尾处发出的女性之"不"？为什么伊莎贝尔不径直离开奥斯蒙德（Osmond），尽管她肯定不再爱他，对他的操纵行径也一清二楚？理由并非由下列概念向她施加的道德压力——人们期待着处于她那种地位的女性怎样做。伊莎贝尔已经充分证明，如果他想打破常规，她完全可以一走了之："伊莎贝尔留下来，因为她信守承诺；伊莎贝尔留下来，因为她不愿放弃这样的决定——她现在依然认为，这个决定是出于她的独立意识做出的。"[1] 简言之，正如拉康在谈及《人质》中的辛祺·库方丹（Sygne de

---

1　Regina Barecca, "Introduction" to Henry James, *The Portrait of a Lady* (New York: Signet Classics, 1995), p. xiii.

Coufontaine）时指出的那样，伊莎贝尔也是"被承诺绑架的人质"。所以，把这种行为阐释为这样的牺牲是错误的：这种牺牲证明存在着人尽皆知的"女性受虐癖"（feminine masochism）。尽管伊莎贝尔明显是在他人的操纵下嫁给奥斯蒙德的，但她的行为就是她的行为，离开奥斯蒙德同样等于剥夺了她的自主权。[1] 男人为了原质（国家、自由、荣誉）牺牲自己，只有女人才能一无所求地牺牲自己。或者说，男人是道德的，只有女人才是伦理的。[2]

多米尼克·霍恩斯（Dominick Hoens）的艾德·普拉斯（Ed Pluth）最近提议，要对拉康对《人质》的阐释进行感知解读（perceptive reading）。在戏剧高潮中，女主人公辛祺·库方丹把自己插在她那可恶的、堕落的丈夫蒂尔卢尔和她真正的意中人乔治（Georges）之间，以身抵挡乔治射向蒂尔卢尔的子弹。然后，蒂尔卢尔问奄奄一息的辛祺，为什么她要这样做：

1　第一个完成类似姿势的是作为反安提戈涅的美狄亚（Medea）：她先是杀了自己的弟弟，她最亲密的家人，然后与家庭一刀两断，迫使自己破釜沉舟，把全部赌注压在与伊阿宋（Jason）的婚姻上；在为伊阿宋背叛了全部亲人并被伊阿宋背叛后，她一无所有，处于空虚之中。这空虚是自我关联的否定性（self-relating negativity）之空虚，是"否定之否定"之空虚，即主体性（subjectivity）本身。所以，应该以安提戈涅为背景重新评估美狄亚：要么美狄亚，要么安提戈涅，这是今天的终极选择。换言之，我们如何与权力抗争？通过忠诚于受到权力威胁的古老的有机习俗（organic Mores），还是借助于输出暴力的权力（out-violencing Power）？两个版本的女性特质：依然可以这样解读安提戈涅——她代表着特定的家庭之根，反抗国家权力的公共空间之普遍性；与此相反，美狄亚使普遍权力更加普遍化了（out-universalizes universal Power）。

2　我们如何解读拉斯·冯·提尔的"女性"三部曲《破浪》《黑暗中的舞者》和《狗镇》？在这三部影片中，女主人公艾米丽·沃森、碧玉和妮可·基德曼全都遭受了即使不算极度夸张也是骇人的苦难和羞辱。不过，在前两部影片中，女主人公的磨难以痛苦绝望的死亡告终。但在《狗镇》中，女主人公到一个小镇避难，却被小镇居民以卑鄙的方式对待，她为此发起无情反击，实施彻底报复，亲手杀死了她的前男友。这个结局无法不在观众中引发尽管伦理上可疑却又深深的满足，因为所有作恶者都连本带利地得到了报应。我们还要为它添加一个女权主义的迂回曲折：在受虐的女性苦难这一景观一再延长，令人难以容忍地持续良久之后，受害者终于鼓足勇气，猛烈地发起反击，把自己肯定为这样的主体——她已经完全控制了自己困境？这样一来，我们似乎能够两全其美：不仅我们对复仇的渴望得到满足，而且从女权主义的角度看，复仇得以合法化……破坏这个简单解决之道的，不是可以预知但又虚假不实的"女权主义"反论——她是通过采纳"男性"暴力态度获胜的。还有一个特色应该引起我们的充分注意：《狗镇》的女主人公是在他父亲（黑道老大）来到这个城镇寻找她时才能实施残忍报复的，简言之，她的积极作用暗示出，她重新屈从于父性权威。相反，前两部影片中对苦难的"受虐"性认可，更接受于女性的"挫败"。

辛祺没有回答，或者说，她的身体以痉挛的形式做了回答，做了"不"的示意。辛祺为了维持事物往昔的秩序牺牲了一切，为了拯救教皇解除了与表兄的婚约，现在却不能也不会忍受对蒂尔卢尔做最后和最终的牺牲。……辛祺为了把自己与敌人蒂尔卢尔绑在一起而放弃了一切，最终救他一命，使他免受表兄的枪击，但在请求她承认，做好这一切是出于夫妻之爱时，她只是以否定的特征做了回答。在这个地方，辛祺为了进入那个并不属于她的符号世界而放弃了一切。这个地方后来显现为对这一秩序的否定。这不就是符号秩序的终端，在那里，丑陋、淫荡的特征（obscene feature）暴露了整个秩序存在的问题，因而成了对秩序代表的事物的纯粹否定？辛祺最终变成了符号化身，对这个终端说不。主体是从这个终端引入的，借助于原初的牺牲（primordial sacrifice），对符号秩序的接纳也是从这个终端开始的。[1]

因此，辛祺的"挫败"（*Versagung*）中的"挫"（*Ver-*）允许主体"在符号秩序之内拒绝符号秩序"[2]。霍恩斯和普拉斯建议把辛祺

1 Dominick Hoens and Ed Pluth, "The *sinthome*: A New Way of Writing an Old Problem?", in Luke Thurston, ed., *Re-Inventing the Symptom* (New York: Other Press, 2002), pp. 8-9.
2 "征候"的原文是"*sinthome*"。拉康最早是在1975—1976年的讲座"*le sinthome*"中引入这个概念的。据拉康讲，*sinthome* 就是法语"*symptôme*"（征兆）的古体字，意思就是征兆。那他为什么不用"今体字"而用"古体字"？这是因为拉康要把自己的"征兆"观与传统的"征兆"观区分开来。传统的征兆观是语言学上的征兆观，它把征兆视为一种语言现象，它就是现代语言学所谓的"能指"（signifier）。其特征在于，它是加密的，因而需要破解。拉康早年也认可这套理论，也是从这个意义理解征兆的。在他那里，破解征兆，就是破解无意识，而破解无意识的方式就是破解"像语言那样结构起来的无意识"。但晚年的拉康认为，精神分析所谓的征兆，并非什么加密信息，更不需要破解。它是纯粹的原乐（pure *jouissance*）。齐泽克在这里强调，"'征候'不是征兆（symptom），不是通过阐释予以破解的加密信息，而是毫无意义的字符（meaningless letter）。它使我们获得直接的原乐（jouis-sense），即'感官享受'（enjoyment-in-meaning, Enjoy-Meant）。"在此之前，征兆是可以破解的信息；现在，征兆（即征候）则是特定形态的主体享受的踪迹，它超越任何分析。精神治疗的目的就在于认同现在的征兆（即征候），即与现在的征兆（即征候）保持一致。这里把这种征兆译为"征候"，以便与传统的语言学意义上的"征兆"、阿尔都塞等人使用的"征兆"区别开来。有时候，拉康和齐泽克把 sinthome 与 symptom 严格区分开来，有时混用之。但无论是严格区分开来，还是混用之，一般指的都是超越任何分析（包括语言学分析、哲学分析和精神分析）、只能认同的纯粹享受。当然这样的享受纯粹是个人化的。但无论在拉康那里，还是在齐泽克那里（特别是在齐泽克那里），他们口称"征候"（sinthome）时肯定是在讲征候；但有时他们口称"征兆"（symptom），要说的还是"征候"。——译者注

的"不"解读为对拉康后来所谓征候的预示。[1] 不过，从属于挫败的内在拒绝（inherent refusal）的维度，挫败的自我否定的、近乎扬弃（*Aufhebung*）的质素，并不仅以辛祺的"不"这个征候开始；作为她牺牲一切导致的最后结果，挫败已在辛祺婚后的处境中被清晰识别出来：为了某个因素，为了她的事业（以教皇为化身的旧秩序），为了真正重要的原质，她牺牲了一切，到最后，她又最终丧失这个因素本身。……因此我们应该强化霍恩斯和普拉斯的分析：在《人质》中，辛祺做出了四种行为：

1. 辛祺和乔治悲惨的婚约，对永恒的爱情和忠诚的承诺，是以维持传统秩序为目的的。这是基本的、零度的行为，张扬的是人对自己的伦理实体（ethical Substance）的忠诚。
2. 她决定嫁给蒂尔卢尔，为教皇这个旧秩序的象征牺牲一切。
3. 她以身抵挡乔治射向蒂尔卢尔的子弹，救了蒂尔卢尔一命，这是自杀行为。
4. 她最终说"不"，拒绝把自己的牺牲姿势（sacrificial gesture）刻入现存的意识形态符号秩序。

至关重要之谜不是（4），即辛祺的"不"，而是（3）：为什么辛祺在抵挡子弹？她的"不"是事后发出的。它表明，辛祺坚守她的自然姿势的彻底伦理品格（ethical character）——伦理一词是在拉康赋予此词的意义上说的。也就是说，她拒绝认可（3）的标准意识形态复原（ideological recuperation），不把（3）视为出于婚姻义务和婚姻之爱才做出的行为。除此之外的任何解读都会把这一行为刻入"病态"动机之域——"病态"一词是在康德赋予此词的意义上说的。比如这样的观念：她因为天性善良，才不由自主地奋身一跃，拯救受到威胁的人类生命。她的"不"真是某种最低限度的抵抗，是对牺牲的拒绝，类似于

---

1 Dominick Hoens and Ed Pluth, "The *sinthome*: A New Way of Writing an Old Problem?", in Luke Thurston, ed., *Re-Inventing the Symptom* (New York: Other Press, 2002), p. 9.

说，"我已经做得太多，不会再做这个……"？如果说，她的"不"实际上是帕斯卡尔式的回答："我已坚持到底，做了人们期待忠诚的妻子要做的事情，为丈夫牺牲了性命，现在我奄奄一息，不要再迫使我承认，我是出于对婚姻意识形态或任何其他意识形态的信奉，才这样做的。"如此说此，是否过于简单？辛祺的"不"绝非表明，她"不会忍受对蒂尔卢尔做最后和最终的牺牲"，相反，它发出的信号是，他要坚守牺牲性的自杀姿势（sacrificial suicidal gesture）的"纯洁性"：辛祺是为了这样做，才这样做的，我们无法把她的行为刻入任何牺牲构造（sacrificial economy），刻入任何算计策略（calculating strategy）。换言之，此"不"不是对具体内容说"不"，不是拒绝披露秘密，拒绝展示我们真实动机之隐秘，拒绝展示某种秘密的特异内容（idiosyncratic content），而是"不本身"（No as such），是"不之形式"（form-of-No），它本身就是内容的全部，在它之后一无所有。如此纯粹丧失之行为（act of pure loss）构成了符号界，所以在这个方面，霍恩斯和普拉斯是对的：辛祺把她与符号界分割开来，这个姿势与主体进入符号界的形式是一致的。

不过，至关重要的是，不要把这个"不"与另一个"不"混为一谈。那个"不"是零层面符号禁令（symbolic prohibition），是纯粹形式性的"不"，也是支撑着符号秩序的"不"，即拉康所谓与"父亲之名"（le Nom-du-Père）截然相反的"父亲之不"（le Non-du-Père）。辛祺的"不"指更为原初的否定，它是女性的拒绝 / 退守，它无法被化约成构成了符号秩序的父亲之"不"。即使在抽象的层面上，两者的差异也一目了然的：父亲之"不"是纯粹形式性的，辛祺之"不"则以一小片实在界为化身，以处于符号形式（symbolic form）之外的、令人作呕的"病态"痉挛排泄出来的粪便残余为化身。因此，两个"不"就像同一个未知之物（the same X）处于莫比乌斯带的两个对立面上：如果父亲之"不"是纯粹的形式，是没有内容的空洞位置，那么辛祺之"不"则是缺乏"恰当"位置的过度因素（excessive element）。

在这里，"分割"（separating）一词要按拉康赋予此词的精确意义来理解，即在异化（alienation）与分割（separation）相对立的意义上来理解。包含在从（1）向（2）转移的挫折，或者更确切些说，以（2）的内在迂回曲折之形式出现的挫折，发生在异化的层面上：即从事业中的明显异化（主体准备为事业奉献一切），转向事业的丧失。为了事业，我已经牺牲了一切，包括幸福、荣誉、财富，但我突然意识到，我已经丧失事业本身，因此异化被加倍，被异化反射到了自身（reflected-into-itself）。与此相反，在（3）和（4）中发生的则是与符号界的分割：我们从大对体（the big Other）走向小异己（the small other），从 A 走向 a，走向 A 的"外隐"内核／斑点，从符号秩序（符号认同之秩序、接受符号性委任-头衔之秩序）走向某种微小的抽搐，走向某种特异的病态姿势，它支撑着主体最低限度的一致性。就像是说，我为事业牺牲了一切，结果呢，我丧失（背叛）了这一事业；我在符号界中毫无保留的、彻底地异化了自己，结果呢，我把自己化约成了微不足道的排泄物／抽搐，而这样的排泄物／抽搐既处于符号界之外，又玷污了符号界，简直与克罗诺斯（Colonus）的俄狄浦斯无异。难怪在论焦虑的讲座（1962—1963，该讲座以对《人质》的解读详细说明了论移情的讲座导致的后果）中，拉康在绝对支持符号秩序的问题上改变了立场。[1]在谈及"主体的颠覆和欲望的辩证"的论文中，拉康的回答是：这样的排泄物／抽搐就是作为"反射"能指的阳物能指，就是被禁的大对体（barred Other）之能指，就是能指匮乏之能指（signifier of the lack of signifier），就是没有所指的能指，就是这样的能指——尽管被剥夺了全部确定的内容，却依然代表着意义的纯粹潜能（potentiality of meaning）。这表明，尽管拉康已对大对体的非一致性一清二楚，对大对体被禁的字符（barred character）一清二楚，对下列事实一清二楚——"根本不存在大对体之大对体"（there is no Other of the Other），符号秩序以恶性循环的形式运转而没有任何改变的可能，他依然致力于在标志着匮乏的、悖论性的"反射"能指的掩护下，把这种匮乏重新刻入符指秩序（signifying order），进而使符号秩序发挥作用。[2]稍后不久，拉康为问题

1 See Jacques Lacan, *Le séminaire, livre X: L'angoisse* (Paris: Éditions du Seuil, 2004).

2 See Jacques Lacan, "La Subversion du sujet et la dialectique da désir," in Écrits (Paris: Éditions du Seuil, 1966).

提供了新的答案：

> 新答案就是把自己撤入对意含不确定指涉（indefinite referral of significations）中的大对体发挥功能的保证。在论述焦虑的讲座中，这个答案摒弃了先前的符指化答案（signifying answer），并主张：这样的保证之为保证，在于它假定在某个地方存在着原乐（*jouissance*）。然后还有许多阶段，让我浓缩一下：人需要符指秩序的保证，需要符指链的保证。……一块躯体，一磅血肉，也就是说，人必须割让一个器官。主体必须把自己与一个器官分割开来，但这个器官不是因此被转化为能指的器官，它是器官-原乐（organ-*jouissance*）。稍后在其讲座中，拉康将把这个器官称为原乐的冷凝器（condenser of *jouissance*），称为剩余享受，也就是说，称为原乐的一部分。这一部分发起抵抗，不想被体内平衡（homeostasis）吸纳，不想被快乐原则吸纳。[1]

因此，不应以伪黑格尔的方式，把"辛祺之不"与支撑符号秩序的否定性这一零度姿势（zero-gesture of negativity）混为一谈。它不是符指化的"不"，而是某种躯体性的自残姿势。它引入了最低限度的扭曲（minimal torsion），引入了已被弄弯的驱力空间（curved space of drive），引入了驱力绕之循环的空白（void）。黑格尔最高级的思辨性同一就表现在这里，处于符号秩序根基的"无限判断"就表现在这里："精神是根骨头"。也就是说，理想的符号秩序，漂浮在普通现实之上的、（准）自治的意义世界，是（由某种脐带连接的）令人反感的抽搐／隆凸（repulsive tic/protuberance），这样的抽搐／隆凸是从人体中长出的，它正在损毁人体的一致性……

赋予"无限弃绝"这一激进姿势的"唯物主义"的迂回曲折似乎是显而易见的。我们在尼采那里发现了这种迂回曲折。如果在接受

1　Jacques-Alain Miller, "Introduction à la lecture du Séminaire de L'angoisse de Jacques Lacan," *La Cause freudienne* 58 (Paris, 2004), p. 99.

克尔凯郭尔关于人的化成（becoming）对其自身生命具有优先性的看法，关于人不可能采纳"结局之视点"的看法时，我们快乐地肯定了化成的并非全部，肯定了化成的开放性和不确定性，情形会怎样？换言之，如果在确定了任何实证客体、价值或观念均不能把意义赋予我的生命整体后，我放弃了对如此尺度（Measure）的需要，情形会怎样？克尔凯郭尔的绝望因此变成了尼采所谓的"化成之纯真"（*die Unschuld des Werdens*）：我们的生命不需要把意义赋予我们生命整体的超验尺度（transcendent Measure），我们的生命是永不停息地创造新意义和新价值的创意游戏（creative play）……然而，如果克尔凯郭尔所言甚是，情形会怎样？如果直接肯定化成（Becoming）对存在（Being）的优先性，是操之过急之举呢？如果如此做派遗漏了化成中的鸿沟、僵局，而正是这样鸿沟、僵局推动着化成的进程（process of Becoming），情形会怎样？这也就是说，克尔凯郭尔的弃绝当然"没有堕入'意义的丧失'，没有堕入'虚无主义'。只有对人性可能意味（humanly possible significance）的欲望遭遇挫折，堕入'意义的丧失'、'虚无主义'才是可能的。但人类是把这种意味当成对如此欲望的放弃来接受的。"[1]尼采式的回答会是这样的：如果到了最后，我不仅放弃了对人性可能意味的欲望，而且放弃了对意味的欲望，即放弃对我生命整体的意义的欲求，情形会怎样？何以这种尼采式回答不够充分？

克尔凯郭尔的"无限弃绝"使我们面对的是纯粹意义（pure Meaning），是意义本身，它被化约成了意义的空洞形式，即使在我放弃了由人类决定的全部有限意义后，这种意义的空洞形式依然存在：纯粹的、无条件的意义只能显现为废话（nonsense），也必须只能显现为废话。纯粹意义的内容只能是否定性的，显然为意义的空白、缺席。我们在这里面对的是马列维奇的《白底黑方块》（*Black Square on White Background*）的哲学－宗教对应物：意义被化约为意义的在场与

1　Weston, *Kierkegaard and Modern Continental Philosophy*, pp. 154–155.

缺席之间的最小差异，也就是说，与列维-斯特劳斯对"曼纳"[1]的解读——"曼纳"是零度能指（zero-signifier）——神似，纯粹意义的唯一"内容"就是纯粹意义的形式本身，它与非意义（non-Meaning）截然相反。或许，这种极端立场是尼采始料不及的：他急切地从强加的确定意义（imposed determinate Meaning）跃向了无意义、无根基的化成过程（process of Becoming），而无意义、无根基的化成过程派生了所有的意义。

（4）纯粹牺牲这个陷阱

在电影制作人中，安德烈·塔尔科夫斯基（Andrei Tarkovsky）集中关注同样的无意义牺牲（meaningless sacrifice）这一行为，在那里，无意义的牺牲是意义（sense）的终极保证。他的最后两部影片，一部是《乡愁》（Nostalgia），一部是《牺牲》（Sacrifice），全都是克尔凯郭尔式的。《牺牲》的主人公亚历山大与其大家族生活在位于瑞典乡下的偏僻别墅里。这是另一个版本的俄国乡间别墅（dacha），塔尔科夫的主人公常常为之着迷。一条可怕的消息打乱了他的生日庆典：一架低空飞行的喷气式飞机标志着超级大国之间核战争的开始。绝望之下，亚历山大转而祈求上帝，说他愿意牺牲他最珍贵的一切，阻止战争的爆发。战争"撤销"了，在影片结束时，亚历山大以牺牲的姿势焚烧了自己心爱的小屋，被送进了精神病院……这个主题，即关于纯粹的、本身无意义却又使我们的世俗生活恢复了意义的行为的主题，正是塔尔科夫斯基最后两部影片关注的焦点。它们都是在国外拍摄的。在这两部影片中，这个行为是由同一个演员——厄兰·约瑟夫森（Erland Josephson）——完成的。在《乡愁》中，厄兰·约瑟夫森扮演的老傻瓜多米尼克公开点燃

1　"曼纳"（mana）本是原始部落用语，或指神圣之物，或指神奇之力，涂尔干、弗洛伊德等人都曾论及。但列维-施特劳斯认为，它不是神圣之物，亦非实体性的神奇之力，而是一种空位，一种没有内容的形式，一种没有意义的意义，可用数学中的 X 来代指。用语言学的术语说，它既非能指，亦非所能，它居留于能指与所指的缝隙；用存在主义的术语说，它既非存在，亦非不存在，而是存在与不存在之间的最小差异。见 Levi-Strauss, *Totemism*, trans. Rodney Needham (Boston: Beacon Press, 1963).——译者注

了自己；在《牺牲》，他扮演的主人公烧毁了自己的房子，那是他最珍贵的财产，是"在他之内又超于他"的东西。这开启了与拉斯·冯·提尔（Lars von Trier）的《破浪》（*Breaking the Waves*）的可能联系，《破浪》同样以女主人公的牺牲行为告终：如果她跟残暴的水手上船，被他狠揍一顿，或许直至被打死，这种牺牲将使她的残疾丈夫恢复活力。塔尔科夫斯基很清楚，为了有效运作和提高效率，牺牲必须在某种程度上是"无意义"的，必须是"非理性"的、无益的损失或仪式（就像点着蜡烛穿越干涸的池塘，将自己的房子付之一炬）。他的想法是这样的，这样的自发地"径直去干"的姿势，这样的任何理性考量都无法覆盖的姿势，能够恢复直接的信仰。如此信仰会拯救我们，医治我们现代人的精神萎靡。我甚至不禁要以海德格尔式的倒置概括塔尔科夫斯基的无意义牺牲遵循的逻辑：牺牲的终极意义就是牺牲意义本身。至关重要的一点是，在《牺牲》的结尾处，被牺牲、被焚毁的客体正是塔尔科夫斯基幻象性空间这一终极客体，即代表着家的安全、家的地道乡村之源的木制别墅。只是因为这个缘故，《牺牲》才是名副其实的塔尔科夫斯基的最后一部影片。[1]

克尔凯郭尔对这个极限点的坚守（position on this limit-point）是令人极端爱恨交加、摇摆不定的。要想获得恰当的唯物主义主体理论，就必须对它做最低限度的校正。问题在于，尽管克尔凯郭尔的立场是极端反哲学的，但他重复了笛卡儿的基本姿势，因此我们可把他最基本的操作称为某种"存在的我思"（existential *cogito*）。笛卡儿和克尔凯郭尔共同的出发点是彻底的怀疑。在笛卡儿那里，这种怀疑是认知性的；在克尔凯郭尔那里，这种怀疑是存在性的，是对人的全部生命的意义的怀疑。在笛卡儿那里，这种怀疑走向了极致，形成了有关"恶魔"（evil spirit）的假说；在克尔凯郭尔那里，这种失望把我们推向了"无限弃绝"。通过这种怀疑，纯粹的我思在笛卡儿那里出现了；但在克尔凯郭尔那里，这种怀疑获得了第一人称"我"的单一性之特点，"我"成了

---

1 欲了解对塔尔科夫斯基的详尽分析，见 Žižek, "The Thing from Inner Space", in *Sexuation* (SIC, vol. 3) (Durham: Duke University Press, 2001).

所有思想和行动的无法超越的预设。在两人那里，怀疑都是通过引证上帝解决的：在笛卡儿那里，上帝从不骗人，因而确保了我们观念的真实性；在克尔凯郭尔那里，为人信仰的上帝能把意义赋予我的全部生命。因此，克尔凯郭尔的步骤依然是超验性的：他的问题是过上有意义的生活的可能性之条件的问题[1]，信仰是作为唯一真正可行的答案出现的。

帕特丽夏·亨廷顿（Patricia Huntington）[2]想让下列两者达成恰当的平衡，确立某种综合：一者是克尔凯郭尔的具体伦理介入（concrete ethical engagement），一者是海德格尔对伦理学的存有论化（ontologization of ethics）。海德格尔对伦理学的存有论化使介入中立化（neutralizing engagement），进而把它悬置起来。一方面，克尔凯郭尔对纯正的亲自介入（authentic personal engagement）的坚持强调了对具体伦理责任的需要，比如，我就要表现得像我要为我是怎样的人负责一样，但这样做丝毫没有触及支撑非纯正的生存模式（unauthentic modes of existence）的传统存有论的参照系。克尔凯郭尔在概括他对仅着眼于封闭的实证世界的、传统的古希腊存有论的颠覆时，使用的是从它那里沿袭下来的术语：他谈论的是主体、真理、辩证等。另一方面，海德格尔通过革新传统存有论的框架，详细说明了纯正的此在模式（modes of Dasein）与非纯正的此在模式的对立。不过，他为此付出的代价是，这种对立被剥夺了具体的伦理介入之维，被转化成了对具体选择的原超验的（proto-transcendental）、先验形式（formal a priori）的漠不关心。海德格尔多次以征兆性的方式（symptomatic way）强调，为了指明非纯正的此在模式，他求助于具有明显否定性伦理内涵的术语，但这种求助被看成了全然中立的存有论描述。

这里的问题是，任何综合都是不可能的。我们无法两全其美：我们永远都不能以充分的批判－哲学反思（critico-philosophical reflection）

<hr>

1　"过上有意义的生活的可能性之条件"（conditions of possibility of leading a meaningful life），实际上是问：（1）过上有意义的生活是否可能？（2）如果可能，过上有意义的生活需要满足什么条件？——译者注

2　See Patricia Huntington, "Heidegger's Reading of Kierkegaard Revisited: From Ontological Abstraction to Ethical Concretion," in *Kierkegaard in Post/Modernity*, ed. Martin Matustik and Merold Westphal (Bloomington: Indiana University Press, 1995).

为根基实现具体的伦理介入。一方面，伦理介入要想具有真正的约束力，伦理介入要想成为无条件的伦理介入，它就必须依赖公认的庸见（accepted *doxa*）。如此说来，这当然意味着，它必须依赖被形而上学存有论（metaphysical ontology）的传统浸染过的庸见。这样的介入无法幸免于无穷无尽的自我反思探索（self-reflective probing），无法幸免于对其预设的充分质疑。另一方面，批判－历史的哲学反思（critico-historical philosophical reflection）轻而易举地向我们表明，我们的介入不得不依赖的规范（norms），乃是向非伦理界（the unethical）、非纯正的生存模式"退化"的终极来源。也就是说，这些规范从来都不足以支撑恰当的伦理态度。克尔凯郭尔很清楚这一点，因为他认为有必要对普遍的伦理规范进行宗教式悬置，并把这种必要性设定为伦理界（the Ethical）的履行。因此，引证一套既成的规范，既是伦理介入的可能性之条件（condition of possibility），又是伦理介入不可能性之条件（condition of impossibility）：我们必须引证它，但与此同时，不知何故，这种规范性之维（normative dimension）总是早已以其确定的形式背叛大对体性（Otherness），而每个伦理要求／伦理指令（ethical call/injunction）又都是这种大对体性发出的。

这意味着，双方都是虚假不实的：海德格尔认为一切选择都是"存有性"的，并对之不屑一顾；有人以哈贝马斯的方式，对海德格尔进行自由－民主的批判（liberal-democratic criticism），强调海德格尔对恐怖、虐待、民主、正义和蔑视人权等"存有性"问题漠不关心。双方的共同之处在于，它们全都不能为具体的伦理介入奠定根基。从这个意义上说，它们全是"形式主义者"。也就是说，他们全都引证某种普遍参照系：一方引证"存在新纪元的历史命运"（historical Destiny of the Epochs of Being），一方引证普遍的、务实的、程序性的交流伦理规范（norms of communicational ethics）。这样的普遍参照系，领先于对具体情形的存有性伦理介入（ontic ethical engagement），也处于这种介入之外。换言之，海德格尔对人权、民主等问题漠不关心，把它们视为不值得哲学关心的存有性悖论（ontic dilemmas），这是哈贝马斯的普遍的、务实的、规范性的预设之镜像。为这两种立场所拒绝的，是激进偶然性（radical contingency）这种情形。在这种情形下，无法保证我能否作出决断；在这种情形下，行动者不得不面对自由这个深渊。哈贝马斯激起了对缺乏普遍的规范性参照系的恐惧：在他看来，一旦我们放弃这样的普遍参照系，通往原法西斯主义的"非理性主义"的决断主义（proto-Fascist "irrationalist" decisionism）的门户就会大开，启蒙事业必定前功尽弃……不过，如果缺乏先验的普遍参照系——缺乏免除了政治斗争的偶然性（contingencies of the political struggle）的参照系——恰恰为争取"自由"、"民主"的斗争开辟了空间，情形会怎样？这不正是克尔凯郭尔为我们提供的教益吗——每次把伦理转化为实证的普遍参照系，都已经背叛了根本性的伦理要求，因而必定陷入前后矛盾之中？职是之故，唯一真正的伦理立场不就是接受这个悖论及其发起的挑战吗？

克尔凯郭尔曾对从清白向罪孽的飞跃做过说明。我们不妨从这里开始。在精神的原初状态（primordial state）下，精神在沉睡，因此对一切都懵懂无知。在这种状态下，

> 存在的是和平与宁静，同时又存在着别的什么东西，但不是争执和冲突，因为尚无一物值得冲突。但"尚无一物"导致了怎样的结果？它引发了焦虑。这是清白不为人知的秘密："尚无一物"同时又是焦虑。精神恍恍惚惚地设计了自己的现状，但这种现状是"尚无一物"，清白总是认为，这种"尚无一物"处于清白之外。[1]

这种焦虑仍然处于心理学领域之内："焦虑是处于睡梦中的精神（dreaming spirit）的前提条件，如此一来，它在心理学中占有一席之地。"[2] 我们在此应该一丝不苟：克尔凯郭尔谈论的非心理学之维（nonpsychological dimension），即在他看来属于超自然的、无法由科学解释的事物，严格等同于弗洛伊德所谓的"元心理学"（metapsychology）。向罪责、善与恶的伦理领域的过渡涉及飞跃，即涉

1　Søren Kierkegaard, *The Concept of Anxiety* (Princeton: Princeton University Press, 1982), p. 41.
2　Ibid.

及跃入罪孽的泥坑。这样的飞跃在心理学面前只能显现为彻底的含混（utter ambiguity）——我们喜爱令我们恐惧的东西，等等。在克尔凯郭尔看来，打破了"处于睡梦中的精神"的原初的和平与平衡（primordial peace and balance）的，是来自外部的干预，即神圣禁令（divine prohibition）：

> 一旦假定禁令唤醒了欲望，人获得的就是知识，而不是无知。在这种情形下，亚当必定已经知道了自由，因为欲望之为欲望就是要使用自由。解释是后来的事情。禁令使他焦虑，因为禁令使他想到了自由之可能性。以前为被清白当成了焦虑之空无（nothing of anxiety）而一掠而过的东西，现在到了亚当那里，而且再次成为空无，成为能够这种令人焦虑的可能性（anxious possibility of being able）。他一点都不知道他能做什么，否则（这是经常发生的）稍后发生的事情，即善与恶的差异，就不得不预先假定。唯一存在的，是能够之可能性（possibility of being able）。它是更高级的无知之形式（higher form of ignorance），是更高级的焦虑之表现（higher expression of anxiety）……因为在更高的意义上说，他既爱之，又要弃之而去。[1]

不过，尽管这个禁令来自外部，禁令导致的结果——即引发了对自由的焦虑——仍然可用心理学做出说明；至关重要的飞跃是后来才有的：

> 焦虑可与眩晕（dizziness）相比。眼睛向下看，恰巧看到了张开的大嘴的深渊，就会感到眩晕。……因此焦虑就是对自由的眩晕（dizziness of freedom），一旦精神要设定综合（wants to posit the synthesis），一旦自由低头看到了自己的可能性（freedom looks down into its own possibility），同时紧紧抓住有限性（laying hold of

---

[1] Ibid., p. 45.

finiteness）以支持这种可能性，自由的眩晕就出现了。自由在这种眩晕中俯首称臣了。不仅如此，心理学无法离去，也不会离去。就在那个时刻，一切都变了，自由在自己出现时，知道自由就是罪责。在这两个时刻之间存在着飞跃，没有任何科学解释过这一飞跃，没有任何科学能够解释这一飞跃。[1]

在这里，确切的时间至关重要：精神放弃了带着自由这个深渊（abyss of its own freedom）的眩晕，同时在某种有限的实证性（finite positivity）中寻求支持，这个主题后来在"逃避自由"的名义下风靡一时；然而，以精神（主体）的软弱为前提条件的堕入有限（fall into finitude），还不是真正的堕落（Fall）。在此种堕入有限之后，自由再次崛起。只有到了这时，砌块的堕落（building blocks Fall）才会发生。自相矛盾的是，砌块的堕落与自由的崛起不谋而合。只是到了现在，自由把自己视为罪责。而且作为这一飞跃的另一面，性（sexuality）与肉欲（the sensuous）才显现为罪孽。只有在自由第二次崛起时，我们才进入了罪孽和罪责之域，何以如此？

为了正确解释这一点，我应该在此引入更为复杂的理论。克尔凯郭尔的描述遗漏了至关重要的一步。倘若没有遗漏这一步，他的心理学感性（psychological sensibility）会更加精致，而他精致的心理学感性会使他误入歧途：从饱含着对空无的欢乐焦虑（joyous anxiety of nothing）的原初宁静向禁令的过渡，不是直接的；处于两者之间的，是谢林所谓的"收缩"（Zusammenziehung），即原初的自我退却（self-withdrawal）、原初的利己紧缩（egotistic contraction）。[2] 由于这个原因，克尔凯郭尔有些操之过急，因为他讽刺性地拒绝了谢林有关上帝的心情和状态（moods

---

1　Ibid., p. 61.

2　至于超越存在的上帝（God beyond Being），这个话题是柏拉图［至善乃是对存在的超越（*epekeina tes ousias*）］以来的形而上学传统的一部分，也是否定神学（negative theology）的一部分，直至谢林晚年对上帝的无法逾越的概括：上帝是超越存在的自由（Freedom beyond Being），因为它不仅可以自由地决定，他是否是要创造宇宙，而且他可以自由地决定，他本身是否存在——他自由地选择自己的存在。参见谢林《对人类自由之本质的哲学探究》（"Philosophical Investigations into the Essence of Human Freedom"）。

and states in God）的话题，拒绝了有关上帝的苦难（God's suffering）的话题，以及其他的"神的创造性阵痛"（creative birth pangs of the deity）的话题。[1] 在克尔凯郭尔看来，上帝是绝对超验的，任何拟人化的谓词都不适用于它。这也是克尔凯郭尔以嘲笑的口吻做出下列评论的原因：谢林关注上帝遭受的挫折，认为是上帝遭受的挫折激发了他的创造力，谢林的如此做派无异于把上帝比作了路人甲。不过，即使拟人化的谓词不适用于上帝，它显然适用于人类主体。这也是深为拉康器重的弗洛伊德元心理学取得的重要洞识：禁令的功能不是把干扰引入先前天堂般的纯真宁静，相反，禁令的功能是解决某个骇人的僵局。

只是到了这个时候，我们才能重建整个序列：原初的宁静首先被收缩这一暴力行为所破坏，被自我退却这一种暴力行为所破坏，这为主体的存在（subject's being）提供了密度（density）；这种收缩的结果是僵局，僵局撕碎了主体，把他扔进了瓦解自身动力的恶性循环之中。对于僵局的体验是恐惧，是极端的惊心动魄。依照拉康的说法，这一收缩创造了征候（*contraction creates a* sinthome），即对主体的一致性的最低程度的概括。通过征候，主体成了生灵，而焦虑恰恰是对过于亲近自己的征候这一行为的回应。僵局是通过禁令解决的。禁令使障碍外在化，即把内在障碍这个主体难以启齿之物转化为外在的妨碍，从而缓解僵局。如此一来，禁令引发了欲望，引发了克服外在妨碍的欲望，而这又导致了焦虑——害怕面对我们的自由这个深渊（abyss of our freedom）。于是我们就有了前后相贯的三种焦虑：与原初清白之宁静（repose of primordial innocence）相伴而生的"对空无的欢乐焦虑"；对过于亲近自己征候的麻木的焦虑／恐惧（anxiety/dread）；对自由的焦虑，即因而害怕面对可能性这个深渊（abyss of possibilities）而产生的焦虑，对我"能做"（can do）之事的焦虑。[2]

---

1 Kierkegaard, *The Concept of Anxiety*, p. 59.
2 以想象界–符号界–实在界这个三元组为轴分析拉康的焦虑概念，这是不可能的吗？在拉康的早期著作中，焦虑位于想象的层面，它是自我（ego）对破碎躯体（*corps morcelé*）发出的威胁的回应；后来，焦虑位于（符号性）主体之中，它标志着下列时刻的到来：大对体欲望的过于亲近（overproximity）即将覆盖维系着符号秩序的距离、匮乏；最后，焦虑涉及原乐的过于亲近（overproximity of *jouissance*）。

我们应该牢记拉康为我们提供的教益：认罪只是消除我们焦虑的谋略，认罪表明主体已经降低了自己的欲望。所以，在克尔凯郭尔描述的一个步骤中，我们从有限之秩序（order of finitude）中寻求坚定的支持，进而从对自由的眩晕中退却。这种退却本身是真正的堕落（Fall）。更确切些说，这种退却是退向外部强加的禁令之限制，如此一来，那时出现的自由就是违反律令的自由，就是陷入律令和违反律令的恶性循环的自由。在那里，律令导致了"使自己获得自由"的欲望，而"使自己获得自由"的途径就是违反律令，"罪孽"则是律令本身固有的诱惑。向往与厌恶的含混不清，构成了焦虑的基本特征，这样的含混不清不是由欲望直接导致的，而是由罪孽直接导致的。律令与违反律令的辩证不仅表现在律令本身祈求对律令的违反，而且表现在它创造了违反律令的欲望；我们遵守律令，这不是"自然"、自发的；我们遵守律令，总是早已受到了"违反律令"这一欲望的调停，或总是早已受到了抑制"违反律令"这一欲望的调停。当我们遵守律令时，我们把遵守律令视为下列绝望策略的一部分——反抗我们要违反律令的欲望。所以我们越是严格遵守律令，我们就越能见证：我们在内心深处感受到了压力，这压力来自一种欲望——我们要沉溺于罪孽。

在这个步骤中发生了变化的，是律令的身份：我们从心理学转入了"元心理学"的符号秩序，而这种秩序是寄生在主体身上的外部机器（external machine）。或者严格地用康德的话说，"堕落"乃是放弃我彻底的伦理自治（radical ethical autonomy），也就是说，当我求助于他治的律令（heteronomous law），求助于被视为从外部强加于我的律令时，"堕落"发生了。我在无限中寻求逃避对自由的眩晕（dizziness of freedom）的支持，这种无限就是外部的-他治的律令本身。之所以说，做个康德派哲学家，还真是不容易，原因就在这里。

（5）做个康德派哲学家，还真是不容易

每个家长都知道，孩子的挑衅，无论看上去有多少疯狂和违反律令，最终都向权威人物隐藏和表达了一种要求——要求权威人物设定坚

实的限制，即划定界线，以之表明"到此为止，不可得寸进尺！"这使儿童能够获得清晰的图绘（mapping），知道什么是可能的，什么是不可能的。这道理不同样适用于癔症患者的挑衅吗？家长可以这样做，但精神分析师拒绝这样做，这使精神分析师令人不快。有些自相矛盾的是，正是设定坚实的限制这一行为，才具有解放性的力量；缺乏坚实的限制，则是令人窒息的体验。这是康德式的主体自治（autonomy of the subject）如此艰难的原因。其内涵恰恰在于，因为没有人，没有"自然权威"这一外在行动者能为我做这件事，为我设定界限，所以我必须亲自动手，为自己的天性的"无法无天"设定限制。尽管康德曾经写道，人是需要主人的动物，但我们不应上当受骗：康德旨在表达的，并非那个哲学滥调，根据这一滥调，动物的行为模式以遗传的本能为根基，人则与动物不同，他缺乏这些坚实的根基，因此不得不通过文化权威，把坚实的根基从外部强加于己。相反，康德旨在指出，对于外部主人（external master）的需要，是欺骗性的诱惑：人需要主人，是为了使自己无视自己面临的艰难的自由和自我责任之僵局。正是从这个意义说，真正开明的、"成熟"的人，是不再需要主人的主体，是完全承担"界定自身界限"这一重负的主体。

康德（也是黑格尔）的这一基本教益，是由切斯特顿（G. K. Chesterton）清晰表达出来的："每个意志行为（act of will）都是自我限制（act of self-limitation）的行为。渴望行动就是渴望限制。从这个意义上说，每个行为都是自我牺牲的行为（act of self-sacrifice）。"[1] 沿着同样的思路，我们可以说，放浪形骸的青少年可以沉溺于群交和吸毒的纵欲狂欢生活，但他对绝对无法忍受这样的想法——他的母亲像他那样放纵自己，因为他的放纵行为就是建立在他的母亲纯洁无瑕这一假定之上的。这个假定发挥着"例外点"（point of exception）、外在保证（external guarantee）的作用：我可以随心所欲，我可以为所欲为，因为我知道我妈妈会为我支撑一片纯洁之地……世上最难的事情不是以纵欲贪欢的方式违反禁令，而是在违反禁令时没有并不如此纵欲贪欢的人可

---

1 G. K. Chesterton, *Orthodoxy* (San Francisco: Ignatius Press, 1995), p. 45.

供依赖；只有依赖这样的人，他才能够尽享这样的糜烂生活。也就是说，世上最难的事情是直接享受这样的生活，而没有经过另一个纯洁之人的调停。这道理同样适用于信仰：世上最难的事情不是为了让那些坚持信仰之人大吃一惊而拒绝信仰，世上最难的事情是不论他人是否拥有或坚持自己信仰，都要成为一个没有信仰的人。

拉康对 1968 年造反学生的著名回应是："作为癔症患者，你们想要新主人。你们会得到的新主人的。"我们必须赋予这个回应以全然康德式的内涵，必须把它置于这样的背景上解读：康德说过，人是需要主人的动物。简言之，从精神分析的角度看，这意味着，人是癔症化的动物（hystericized animal），因而也是被臣属化的动物（subjectivized animal）。这意味着，人是这样的动物：不再知道自己想要什么；需要大对体这样的主人为它设定限制，以禁令的形式告诉它，它想要什么；陷于向主人挑衅的游戏而无力自拔；它对主人权威的挑衅、质疑与它对新主人的需求联系在一起，难解难分，反之亦然，它对主人的渴望总是伴随着隐含的资格限制（hidden qualification），主人必须是"……我能支配／操纵的主人"。必须把这一陈述与康德的《何谓启蒙？》并排解读。在《何谓启蒙？》中，康德要人摆脱不成熟的状态：依然需要主人的人是"不成熟"的。不过，上述的资格限制（"……我能支配／操纵的主人"）是拉康对弗洛伊德的"女人想要什么"的回答。就女人的确切定义而言，难道这不意味着女人在结构上，在形式上是不成熟的主体吗？是的，的确如此，但这样的肯定不是在下列简单意义上做出的：使女人与"成熟"的男人截然相对，女人不"成熟"，"成熟"的男人则不需要主人告诉他，他想要什么，他可以自主地设定自己的界限。这个结论相当于说，女人是真正的主体，是最根本的主体，男人则是可笑的假货，是虚假的伪装者。当然，康德（和拉康）的赌注是，这种"不成熟性"并非人类不可避免的命运，人可以走向"成熟"，但走向"成熟"并不是通过占据主人的位置。拉康用以界定精神分析师的主体位置的，是主体性（subjectivity）具有的唯一"自主"形式；颇具讽刺意味的是，它与拉康所谓"主体性贫困"（subjective destitution）重叠在一起。

康德有自己的局限，他的突破性进展被大打折扣，他没能把自己进展的结果贯彻到底。这可以通过伯纳德·威廉姆斯对"必须"（must）与"应该"（ought）的概括得到最佳的证明。[1] 在概括伦理命令（ethical imperative）时，康德似乎把它们混为一谈了。通过化约、误读，他把"必须"当成了"应该"。"必须"是处于实在界层面的指令，是坚硬的"我不能不这样做"（I cannot do otherwise）；"应该"则是处于难以企及的符号理想（symbolic Ideal）层面的 Sollen，是你努力谋求却又永远不能获得之物。换言之，康德没有把两种实在界区分清楚：一种是"作为不可能的实在界"（Real as the impossible），即"我不能不做"（I cannot not do）之物，它真正地发生了；一种是"作为不能够–不可能的实在界"（Real as the cannot-possibly），即"我永远不能完全获得之物"。也就是说，在康德的伦理学中，真正的张力并不出现于下列两者之间：一者是主体的看法，即他认为自己只是为了履行义务才采取行动；一者是隐秘的事实，据此事实，其实某种病态动机在发挥作用（庸俗的精神分析）。真正的张力与此相反：处于自身深渊中的自由行为是无法忍受的，是创伤性的，所以当我们践行自己的自由行为时，为了能够忍受，我们把它体验为这样的行为——它以某种病态动机为条件。我在这里禁不住要启用康德的"图式化"（schematization）概念：自由行为是无法图式化的，是无法融入我们经验的；所以，为了使它图式化，我们不得不使它"病态化"。一般说来，康德混淆了两种张力：一种是真正的张力，表现为难以认可、接受自由的行为；一种行为是行动者的标准张力，他永远无从确切知道他的行为是否属于自由行为，他的行为是否以隐秘的病态冲力（pathological impetuses）为动机。所以，就"必须"与"应该"的区分而论，不能把康德著名的"*Du kannst, denn du sollst!*"译为"你能够，因为你必须！"（You can, because you must!），而要更为同义反复地译为"你能够，因为你不能不这样做！"（You can, because you cannot not do it!）我们应该以此回应最近建议对"康德同萨德"这一话题做感性的批判解读的洛伦佐·基耶萨（Lorenzo Chiesa）：

---

1 See Bernard Williams, *Moral Luck* (Cambridge: Cambridge University Press, 1981), p. 125. See also Chapter 1 above.

康德的伦理学和萨德的"反伦理学"同样致力于使律令与欲望的辩证趋于恶化，并最终和律令与欲望的辩证分道扬镳。这里的欲望是作为内在的违反律令的欲望（desire qua inherent transgression）。圣保罗曾这样描述它："如果当初没有律令，我就不会知道罪孽。"[1] 在律令与欲望之间缺乏调停，一味偏袒一方或另一方，想来都会导致这样的结果：或者律令成了纯粹的原乐，就像在康德那种情形下一样；或者原乐最终不易为人觉察地成了纯粹的律令，如同在萨德那种情形下一样。……在康德那里，要消除至善（Sovereign Good）与实证的道德律令之间的分裂，就是消灭供内在逾超存身的空间，而内在逾超与任何道德都居于同一空间之内；正如拉康反复指出的那样，没有这样的空间……社会是不可能的："我们花费时间打破十诫，正因此故，社会才是可能的。"（E-69）"……作为逾超这些箴言的结果，社会繁荣了。"（E-78）。[2]

职是之故，康德的理想社会和萨德在《法国人，如果你们想成为共和党人，就要再作努力》中勾勒出来的彻底"非道德"的社会同样"不切实际"。在康德的理想社会中，人类将克服自身的"彻底之恶"（radical Evil），即克服这样的嗜好——将恶注入人类自然[3]，道德律令会与人性重叠，遵守道德律令不再被体验为痛苦之事，不再被体验为对我们自然的自我中心主义进行羞辱。每个"实际存在的社会"都要在下列两个极端之间达成妥协：一个极端是对道德准则的全然无知，一个极端是丝毫都不违反这些道德准则。这两个极端都对社会构成了道德威胁。符号规范是不可能（遵守的），却又是必不可少的。

不过，这里要注意的第一件事情就是，在康德看来，彻底之恶永

1　参见《圣经·罗马书》1:7。"若不是由于律法，我就不知道罪是什么。"——译者注

2　Lorenzo Chiesa, "Imaginary, Symbolic and Real Otherness: The Lacanian Subject and His Vicissitudes," thesis, University of Warwick, Department of Philosophy, 2004, pp. 223–224. (The numbers attached to E refer to the page in Lacan, Écrits.)

3　"人类自然"（human nature），即人性。但作者下面谈论的"nature"却是外在的自然。如果分别译成"人性"和"自然"，读者可能不明白作者东一句"天性"，西一句"自然"，究竟要表达怎样的意思。译者实在无法两全其美。——译者注

远无法彻底摧毁，这样一来，与伦理要求和谐共处的新的"人类自然"（human nature）概念就毫无意义，甚至是极端危险的天国般诱惑。关于人类自然的问题，我们应该注意，对于康德和萨德而言，求助于"自然"是一个征兆性姿势，借助于这一些姿势，他们在躲避他们的理论大厦造成的最终结果："在萨德那里，以及在康德那里，自然是征兆，是这两个专注于普遍性的思想家未及思量之物的征兆。"[1]也就是说，在萨德和康德的情形下，我们面对的是这一术语的含混性，而这种含混性又具有某种结构上的必要性。康德先把自然界定为现象之整体（Whole of phenomena），界定为现象性现实之整体，只要这样的整体是由普遍定律凝结起来并屈从于普遍定律的。不过，康德还谈论另一种自然，即本体性自然（noumenal Nature）。本体性自然是伦理目标的王国，是全部理性伦理存在（rational ethical beings）的共同体。因此，自由对自然（即自然因果链）的过量，再次被自然化。……另一方面，萨德先把自然视为中性的物质体系，它永远变化，顽强不屈地自行其是，不屈从于外在的神圣主人（Divine Master）。不过，他又主张，当我们在折磨、毁灭同伴，直至在打破自然的繁殖循环中获得乐趣时，我们有效地满足了大自然内心深处的渴求。以这种主张，萨德悄无声息地引入了另一种形式的自然。这种自然不再是对万物运演漠不关心、"超越善恶"的自然，而是这样的自然：不知何故，它被臣属化了，变成了违反律令的／恶魔般的实存物，命令我们作恶，命令我们在破坏和牺牲每种形式的道德和同情中寻求乐趣。他的第二种自然，即拉康所谓的"邪恶的至高存在"（Supreme Being of Evilness），不就是康德的作为超感官理性存在共同体（community of suprasensible rational beings）的自然的萨德式对应或反转，不就是伦理目标王国的萨德式对应或反转吗？

这种含混性还能以下列措辞陈述：事实上，什么为萨德笔下的主人公提供了快乐？是单纯的"回归自然之纯真"，无拘无束地顺从还在要求发挥破坏作用的自然定律？或者，是与它违反的道德律令密切相连的快乐？这样一来，我们之所以快乐是因为我们知道，我们正在亵

1　Monique David-Menard, *Les constructions de l'universel* (Paris: PUF, 1997), p. 64.

渎神明？纯真与亵渎性堕落（blasphemous corruption）之间的这种含混性是不可化约的。[1] 所以，在两种情形下，在康德以及萨德那里，"基本上"属于中立的自然观，作为一味自行其是的冷漠机制（indifferent mechanism）的自然之观念，是由另一种自然观即"伦理"的自然观来补充的。如此自然观中的自然或是超感官的伦理目标王国，或是恶魔般的指令——指令他人踏上邪恶的破坏之路。在这两种情形下，第二种自然观掩盖了这样的姿势：退缩，避免面对我们立场的终极悖论，即逃避不可思议的自由深渊，这样的自由深渊在存在的秩序（Order of Being）中没有任何存有论的保证（ontological guarantee）。

康德克服了律令与欲望的"辩证"，同时又"消灭供内在逾超存身的空间"。在拉康看来，这种克服及消灭是伦理学历史上不可逆转的时刻：再也没有办法撤销这一革命，重返古老美好的禁令年代（times of prohibition），在那年代，违反禁令支撑着我们的存在。正因此故，今日新保守派不顾一切地重新张扬"古代价值"的努力，最终都成了一败涂地的变态策略——把那些无人信以为真的禁令强加于人。难怪康德是自由哲学家（philosopher of freedom）：自由的僵局是和他一起出现的。也就是说，和康德一道，对任何预先确立软禁令——只有违反如此禁令我们才能张扬自由——的依赖已经不再可能，我们的自由被宣扬为自主的，每种界限／限制（limitation/constraint）都是彻底自我设定的。

这也是我们应该颠覆对"康德同萨德"所做的标准解读的原因。根据这种标准解读，萨德式变态是康德的"真理"，萨德式变态比康德更"激进"；它展示了康德本人没有勇气面对的后果。我们不是在这个意义上说"萨德是康德的真理"的，相反，萨德式变态的出现是康德式妥协的结果，是康德逃避自己的突破性进展产生的后果的结果。萨德是康德

1　这个含混性具有的另一个方面，是萨德在快乐之唯我主义（solipsism of pleasure）与互为主体的亵渎逻辑（intersubjective logic of blasphemy）之间摇摆不定。难道关键仅仅在于，我们必须忽视大对体的尊严，把大对体化约为满足我之奇想的工具，这样，大对体就无法主体化，就只能被化约为非人的工具，化约为我独自快乐的自淫资源？或者关键在于，我因为知道下列事实而快乐——我正在羞辱大对体，使他忍受那不堪忍受的痛苦？

的征兆：这倒是真的，康德退却了，没能展示他的伦理革命的全部后果，萨德笔下的人物的生存空间是由康德的这种妥协开辟的，是由康德的下列行为开辟的：他不愿意坚持到底、决不妥协，不愿意忠诚于自己的哲学突破。萨德远远没有直截了当地成为"康德的真理"，他是表明下列事实的征兆：康德背叛了自己的发现这一真理，萨德笔下淫荡的追求原乐者（*jouisseur*）只是见证康德的伦理妥协的一个污名而已；追求原乐者这个人物的一目了然的"激进性"——萨德笔下的主人公愿意以其享乐意志（Will-to-Enjoy）坚持到底、决不妥协——只是掩饰与其完全相反的另一极端的面具而已。[1]

　　此外，处于僵局临界点（point of deadlock）的，绝对不是拉康的讲座，而是他的《精神分析的伦理》（*Ethics of Psychoanalysis*）。在那里，拉康危险地接近了标准版的"对实在界充满激情"（passion for the Real）。如果存在着"对实在界充满激情"的哲学家，乔治·巴塔耶（Georges Bataille）算是一个。拉康的讲座与巴塔耶的思想之间出人意料的共鸣，难道没有明确地指出这个方向？拉康的伦理格言"不使你的欲望妥协"（do not compromise your desire）——我们应该永远牢记，他在晚期著作再也没有提及这一格言——不就是巴塔耶式的指令吗？巴塔耶式的指令禁止"在思考一切时走到这样的地步，以至于使人们惊惶战栗"[2]，禁止尽可能地离经叛道，以至于两个一正一负两个极端不谋而合。在那里，无限的痛苦变成了至高无上的快乐，巴塔耶的《色情》

1　在即将发表于《测谎仪》[*Polygraph* 17（2005）]的《没有齐泽克的巴迪欧》（"Badiou without ZiZek"）一文中，布鲁诺·布斯特尔斯（Bruno Boostels）对"反哲学"序列做了批判性的分析。"反哲学"序列是由拉康的《康德同萨德》一文开启的。在这篇论文中，第二个术语，即反哲学家（anti-philosopher）这一术语，理应揭示哲学家的伦理立场的淫荡"真相"：拉康的《康德与萨德》把萨德笔下病态的变态世界设定为在人类历史上被最彻底地肯定过的符号律令的道德力量之"真相"……尽管萨德认为，人的天性在全能的变态中发挥着同谋的作用，但事实证明，他比康德更诚实和更激进。浪荡子，和在自己卧室里找到了灵感的精神分析师一样，是为我们提供"真相"的人。如果没有他们，这些"真相"就会被哲学家隐藏、伪饰和否认。拉康文本之后的阐释图式揭示出秘密的双重束缚，它把下列两者捆在了一起：一是最崇高的道德律令，一是由病态的欲望和淫荡的超我指令组成的黑暗大陆。萨德发现了这个大陆的一部分。一百多年后，弗洛伊德首次征服了这个大陆。我们可以在这里清楚看到，布斯特尔斯如何错过了拉康《康德同萨德》的中心点。

2　Michel Surya, *Georges Bataille* (London and New York: Verso, 2002), p. 479.

（*Eroticism*）中复制的一张照片可以清晰地表明这一点，在那里，一个中国人正在遭受惨烈的凌迟之刑；在那里，强烈的色情享受与死亡殊途同归；在那里，圣徒言行与极端放纵重叠起来。一边是拉康有关精神分析伦理的讲座，一边是巴塔耶的《色情》，难道两者的暂时重合只是纯粹的巧合？难道巴塔耶的圣者之域（domain of the Sacred），"可憎部分"（accursed part）之域，不就是他那个版本的"埃特（*ate*）"这个拉康在谈及《安提戈涅》时布置的领域？巴塔耶把下列两者对立起来：一者是"同质性"，即交换秩序（order of exchanges）；一种是"异质性"，即无限支出之秩序（order of limitless expenditure）。拉康则把下列两者对立起来：一是符号交换秩序（order of symbolic exchanges），一是与实在界的创伤性遭遇导致的过度（excess）。他们两人的这种做法岂不有异曲同工之妙？"异质性现实是武力之现实或冲击之现实。"[1]巴塔耶曾经把荡妇提升到上帝的高度，如此做法怎能不令我们想起拉康的一大主张——女人是上帝的众多称谓之一？不必再说巴塔耶用来描述违反律令经验的术语"不可能"了吧，拉康认为"不可能性"正是实在界之为实在界的条件。……正是对"坚持到底、决不妥协"的迫切要求，正是对"不可能域"（the Impossible）的极端体验——即把不可能性体验为保持纯正（being authentic）的不二法门——使巴塔耶成为"对实在界充满激情"的哲学家。难怪他如此痴迷反民主的生活过度（excesses of life），民主是"表象的世界，是牙齿脱落的老人的世界"[2]。

巴塔耶充分意识到，这种违反律令的"对实在界充满激情"依赖于禁令；这是他明确反对"性革命"的原因，反对在他晚年时开始形成的性解放（sexual permissiveness）的原因：

> 在我看来，性机能障碍是注定的。在这方面，尽管表象纷纭，我反对那种如今似乎正在席卷天下的趋势。我不是那种把忽略色欲禁绝（sexual interdictions）当成解决之道的人。我甚至认为，人的

1 Georges Bataille, *Visions of Excess* (Manchester: Manchester University Press, 1985), p. 154.
2 Surya, *Georges Bataille*, p. 176.

潜能取决于这些色欲禁绝：没有这些色欲禁绝，我们就无法想象人
的潜能。[1]

巴塔耶把律令与违反律令的辩证推向极致。正如他喜欢反复强调
的那样："需要制度，也需要过度。""作为对犯罪的回应，罪犯常常要
求处死自己，最终为的是获得许可（impart the sanction）。如果未获许
可，罪犯就会处于可能的状态，而不是处于现在已然的状态，那不是
罪犯想要的东西。"[2] 这也是他最终不认同苏联的原因：他赞成革命之过
度（excess of the revolution），但又担心革命之后，过度支出（excessive
expenditure）这种革命精神会在新秩序中，会在比资本主义更为"均
质"的社会中被遏止："革命这种想法令人陶醉，但革命之后会发生什
么？世界将重建自己，会纠正今日压迫我们的东西，以便明日采取其他
形式。"[3]

或许这正是巴塔耶严格说来属于前现代人物的原因：他依然陷于
律令与违反律令的辩证之中，陷于促生违反律令欲望的禁止性律令
（prohibitive law）的辩证之中，这迫使他得出了下列虚弱的变态结论－－
人必须设定禁令，以便能够享受违反律令的乐趣。这显然是难以运转的
实用悖论（pragmatic paradox）。巴塔耶无力理解的，只是康德哲学革命
的后果，即绝对过度是律令本身的过度这一事实。也就是说，律令作为
绝对稳定化的"异质性"之粉碎性力量，干预我们以快乐为本位的生活
的"同质"稳定性。在其有关精神分析伦理的讲座中，拉康在这个关键
点上显然是摇摆不定的：在第五章，他沿着圣保罗式"违反律令"的模
型－－正是禁令本身派生了违反律令的欲望－－这一思路，阐释律令与欲
望的关系；此后，在讲座接近尾声时，他走向了康德对绝对命令（即道

1　Georges Bataille, *Oeuvres complètes* (Paris: Gallimard, 1971—1988), vol. 3, p. 512.

2　Ibid., 12: 296.

3　Ibid., 12: 232.

德律令）公式，把绝对命令直接等同于纯粹欲望（pure desire）。[1]

所以，拉康的《康德同萨德》（"Kant avec Sade"）一文，拉康的下列断言——萨德是康德之真理，远远没能宣称自己找到了成功的解决之道，反而列出了拉康在有关精神分析伦理的讲座中没能解决、甚至没有完全面对的令人尴尬的问题：我们如何把下列两者区别开来？一者是纯粹欲望（pure desire）之表象，即这样的暴力姿势——逾超"服务于善"（servicing goods）这一社会领域，进入骇人的埃特（ate）领域，即"不使他的欲望妥协"的主体采取的伦理立场（ethical stance）；一者是登峰造极的"对实在界充满激情"，即主体消失、沉浸于原乐这一行为。在基耶萨看来，[2] 这个问题的答案就在拉康在《讲座之二十三》（Seminar XXIII）中极其明确地提出的一个论点中：符号界之外没有实体性的原质-原乐（substantial Thing-jouissance），原乐本身——或按照黑格尔的说法，就原乐的概念而论——就是由它自身的匮乏所导致的原乐（jouissance of the lack of itself），就在于由它自身的匮乏所导致的原乐（jouissance in the lack of itself）。原乐诞生于它的运动反复错失自己的目标之时。原乐就是由这种反复失败促成的快乐。依拉康之见，围绕着目标所做的重复循环，乃驱力（drive）之定义。职是之故，很显然，没有看到纯粹欲望与沉浸于原乐之深渊的区别的《康德同萨德》却列出了由如此欲望构成的僵局、绝境。摆脱这一僵局、走出这一绝境的出路（"过渡"）就是驱力。

那么，从康德的视角看，何谓堕落（Fall）？不妨考虑女权主义觉醒的重要时刻：女权主义的觉醒并不始于对重男轻女的直接攻击，而是始于把自己的处境体验为不公正和羞辱性的处境，把自己的被动性体验为没能采取行动的结果。对这种没能采取行动的深刻醒悟，难道不是一个积极的迹象？难道没以消极的方式见证下列事实——女性清晰感到了

1　看到下列一点是令人惊讶的：即使雅克-阿兰·米勒（Jacques-Alain Miller）也把律令和欲望的一致化约为这个逾越模型（transgressive model），因而遗漏了拉康的真正康德式重点："'欲望即律令' 代表着被压缩的俄狄浦斯公式。它的意思是：欲望和律令拥有同样的客体，因为律令是禁止欲望客体的言词，而且通过这一禁止，把欲望指向这一客体。这因此意味着，欲望的原理与律令的原则完全一致。"（Miller, "Introduction à la lecture du Séminaire de L'angoisse de Jacques Lacan," p. 93.）

2　See Chiesa, "Imaginary, Symbolic and Real Otherness," p. 242.

对张扬自己的需要，把没有这种需要视为一种失败？同样，"堕落"是走向解放的第一步，它代表着知晓、认识自身处境的那一时刻。"堕入罪孽"（fall into sin）是纯粹形式上的变化：现实毫无变化，变化的实质是主体对现实的态度。这意味着，宗教意义上的堕落（Fall），即对罪孽的知晓，已经是对堕落的反应，是从"自由的眩晕"中的退却。正是由于这个缘故，至关重要的是要意识到，克尔凯郭尔跃过了有限的第一次收缩（first contraction of finitude），跃过了征候的第一次出现，而征候使主体成了动物，直接从原初的宁静（primordial repose）走向了禁令。我们应该全力关注从无限之空白（Void of infinity）中两次退却的差异：第一次是创造了征候的原初收缩，它先于禁令；但只有第二次收缩，即从"自由的眩晕"中退却，才是真正的堕落，我们从此进入超我领域，进入律令与违反律令的恶性循环。

因此，被迫的选择这一悖论不是已经刻入上帝最初送给人类的自由这一礼物的结构了吗？人被赋予自由，同时又被期待不要（错误地）以它摆脱造物主，也就是说，不要享有真正的自由。[1] 在不导致内疚的前提下使用自由这一礼物的唯一方式就是不使用它。简言之，我们在此发现的是被迫的选择之结构："你可以自由地选择，但前提是，你必须做出正确的选择……"难怪依据诺斯替教对堕落所做的标准解读，在天堂中诱惑夏娃的蛇是智的仁慈代理，它要向夏娃和亚当传播知识，而夏娃和亚当被他们邪恶的创造者囚禁在天堂的高墙之内，它们的创造者想让他们处于浑然不知的状态。不过，还有第三个也是明显的解决之道，它既不是把堕落解读为原罪行为的正统解读，也不把对堕落的救赎（redemption of the Fall）解读为走向智慧的第一步：表面上，上帝明确禁止亚当和夏娃吃智慧树上的果实；实际上，上帝想让他们违反他的禁令，开始知善识恶，进而意识到赤身裸体是可耻的。在这里，他言在此而意在彼，提供了另一种秘密的指令。这把我们带到了基督牺牲这一核心之谜上："没人能夺我性命，是我自愿放弃的。"所以基督自由地、自愿地选择了死亡。尽管如此，我们全都为他的死感到内疚。何以

---

1 See Peter Sloterdijk, *Nicht gerettet. Versuche nach Heidegger* (Frankfurt: Suhrkamp, 2001), p. 98.

至此？因为他为我们而死，为救赎我们而死，为我们付出了生命的代价？或者因为我们想让他死去，尽管倘若不是出于自愿他不会死去？犹太大祭师该亚法（Caiaphas）把基督交给了罗马人，对此所做的玩世不恭的、机会主义的辩解是："一个人为一个民族而死，使整个民族都免于毁灭，这是有利的。"难道基督没有遵循"嫁祸无辜者"（scapegoating the innocent）的逻辑？他本是无辜者，却自由地选择了死亡，以便让所有的人获得永生？[1] 我们在这条路的尽头发现的是无神论，它不是英勇地看待至高存在这一既可笑又可悲的景观，而是对神圣者的百无一用的洞识。这与布莱希特笔下的 K 先生不谋而合：[2]

> 有人问 K 先生，是否真有上帝。K 先生说："我劝你想一想，这个问题的答案会不会改变你的行为。如果不会，那我们可以放下这个问题；如果会，那我可以帮助你，至少我可以告诉你：你已经做出了决定，你需要上帝。"[3]

布莱希特是对的：我们永远都不能径直选择有神论或无神论，因为这个选择本身处于信仰领域之内。决定不相信上帝，这个意义上的"无神论"是渴望上帝却又无法找到上帝之人采取的可怜复可悲的立场，或者是渴望上帝却又无法找到上帝之人"对上帝的反叛"。真正的无神论者并不选择无神论：对于他来说，这个问题无关紧要。……所以，如果即将来临的意识形态之战不是宗教与科学之战，不是宗教与享乐主义之战，不是宗教与任何其他形式的无神论唯物主义之战，而是直接跨越这些区分，成了对新形式的"邪恶"诺斯替精神性（Gnostic spirituality）的斗争，而且诺斯替精神性已经在荣格心理学（Jungian psychology）的"原法西斯主义"倾向中清晰可辨，在某些版本的印度教和藏传佛教等

1　我们应该注意这里的讽刺性重叠：像瓦格纳那样的"高贵"的排犹主义者给犹太人提供的标准建议是，他们唯一获得拯救的方式就是心甘情愿地自我毁灭。但真正这样做的，真正救赎我们大家的，是耶稣基督，而不是犹太人。
2　布莱希特曾经写过有关 K 先生（Herr Keuner）的系列故事，简短生动、趣味十足。——译者注
3　Bertolt Brecht, *Prosa* 3 (Frankfurt: Suhrkamp, 1995), p. 18.

宗教流派中清晰可辨，情形会怎样？[1]

我们在此想到了犹大以及撒旦发挥的功能，那就是"显现"（天启）基督，把他"交付"——即"传送"（传统意义上的"传送"）与出卖——给法律。传送与出卖的重合不同于通过逆转／扬弃，把个人的死亡转化为普遍的概念-信息（notion-message）的标准做法。比如说，基督的死亡和他借圣灵之身的复活，不同于作为个人的恺撒大帝的死亡以及他在普遍的符号性头衔——"恺撒"（caesar）——的幌子下的复活。我们可以说，早在基督死去之前，作为活着的导师，他已经实在太"普遍"了。他以自身的行为和活动传送和"例示"普遍的信息（爱的信息等）。在被钉死在十字架上之前，他只是一个神圣的使者；只是在被钉死在十字架上之后，他才变成了上帝。用黑格尔的话讲，只是在他被钉死在十字架上之后，下列两者间的分裂才弥合了：一者是普遍的内容，一者是普遍内容的表征（基督）。

> 没有犹大，基督只能是一般的佛陀和先知。他会终生传播慷慨与平和等崇高教诲，但他不会以人的肉体和人的行为"显现"面对着荒诞、暴力和死亡的谦卑之爱具有的无敌力量。[2]

这似乎错得一塌糊涂：佛陀之类的伟大导师不也是这么做的吗？他们不是也以自身的行为"显现"了爱与慷慨的力量？广而言之，宗教智者的核心特征不就在于，他有义务在自己的生活中，以实例展示、证明自己教诲的真理？这与科学话语构成了鲜明对比，在科学话语中，科学

1　关于人们对一神教暴力的标准抱怨，注意许多新世纪（New Age）理论家发出的暴力信息，是有益的。根据何塞·阿古勒斯（José Argüelles）这位行星艺术网（PAN）和新世纪转型（New Age Transformation）领导人的看法，Pan 是大地母亲（Mother Earth）的长子，曾经与住在原始森林里的母亲、兄弟姐妹相依为命，后来走出森林，建立了寺舍社会（temple-building societies）——阿兹特克人的、埃及人的等。当 Pan 拒绝他的兄弟姐妹进入城市时，他们把他称为魔鬼和撒旦。他们发明了属于他们自己的自私的宗教，即基督教。必须消灭基督教，因为它包含世界毁灭的视境。现在大地母亲让 Pan 回来拯救我们，带我们进入新世纪。我们可以通过投降于他而受益，调到水晶母体（crystal matrix）的频率，一边收听，一边迈向那个方向；这可能包括从肉体上消灭基督徒，因为他们是实现转型的最大障碍。

2　Jean-Yves Leloup, "Judas, lérévelateur," *Le Monde des Religions*, March-April 2005, p. 42.

家的人格品质无关紧要。即使我们获悉爱因斯坦是恋童癖系列杀手，也绝对不会影响他的科学发现的地位。在这里，精神分析引入了变化更大的变体。真正的精神分析师不是供人追随的榜样。一旦被人发现，他建议患者这样做，自己却又反其道而行之，他会说："闻我言，不必观我行！"这是对"你的行为证明你言辞的真假"这一标准格言的叛逆，但这种叛逆绝不是虚伪。不妨回想一下亨利·詹姆斯的小说《大师的教诲》（"The Lesson of the Master"）。在那里，年轻的小说家保罗·欧弗特（Paul Overt）见到了他久仰的文学大师亨利·圣乔治（Henry St. George）。圣乔治劝他保持单身，因为妻子不是灵感之源，而是障碍之物。当保罗问圣乔治，如果女人不会"真正理解，谁又会做出牺牲"时，他得到的回答是："她们怎么会做出牺牲？她们本身就是牺牲。她们是偶像、祭坛和火焰。"保罗对圣乔治言听计从，与热恋中的年轻女孩玛丽安（Marian）一刀两断。他去欧洲旅行，回到伦敦后，发现圣乔治在突然丧偶后打算把玛丽安娶进家门。保罗指责圣乔治的无耻行为，这位老先生却说，他对保罗的忠告正确无误：他不会再捉刀写作，而保罗将成就一番大业。……圣乔治并没有展示狗智的智慧（cynical wisdom），他的行为与真正的精神分析师无异：他不惧怕从自己的伦理选择中获益，也就是说，他有能力打破伦理与牺牲的恶性循环。

　　那么，精神分析师如何与基督平起平坐？两者既接近又存在差距，但不是我们期待的那种接近和差距。不妨重新回到佛陀那样的大师那里：他们在显现自己信仰的真理，但不是在严格的基督教意义上这样做的，他们只是以其典范生活（model life）例证他们传播的普遍教诲。从这个严格意义上讲，佛陀是佛教徒，甚至是典型的佛教徒，而基督不是基督徒——他是基督，绝对独一无二的基督。基督并不"以其行为证明他对自己的教诲的忠诚"，他的个性和他的教诲之间不存在鸿沟，即不存在他要以忠诚于自己教诲的行为来填补的鸿沟。

　　于是我们得到了四种立场，它们组成了格雷马斯式的符号方阵（Greimasian semiotic square）。这个方阵的基本因素是沿着两轴配置的。一轴的两个极点分别是身体力行的 X 与坐而论道的 X，另一轴的两个极点分别是"是 X"与"有 X"。科学家和精神分析师只说不做，他们"实际上做什么或是什么"无关紧要；导师和基督直接就是他们自称所是之物。基督神圣，不是因为他的行为；他的行为神圣，是因为他是基督；与此极其类似，患者对精神分析师言听计从，不是因为他的言辞充满智慧，他的言辞能够发挥效力，是因为他是怎样之人，也就是说，因为他在移情中占据的位置。这是拉康谈论"精神分析师的在场"（presence of the analyst）的原因：和基督一样，精神分析师是一个客体。这是精神分析师并不代表客观智慧（objective Wisdom）的原因。也就是说，他传达的信息不是"注重我的言辞包含的客观真理，即使我自己都不遵从这些言辞……"尽管如此，基督与精神分析师还是存在着明显的差异：基督的合法化是以他的"是"（his being）这一现实为根基的，他是因其出生，即成为上帝之子，才神圣起来的；精神分析师的"是"只是移情的结果，也就是说，一个人充当精神分析师，不是因为他生来就是精神分析师，而是因为出于偶然的缘故，他开始占据精神分析师的位置。

要使这一直接身份得以"显示"，与精神分析师不同，基督必须死去。魔鬼和犹大之类形象的功能就在于促成、引发这种"显示"。魔鬼形象不仅为犹太－基督徒传统所专有；只有 diabolos（把一分离、撕裂为二）处于 symbolos（聚集与统一）的对立面，基督就是最终的魔鬼形象，因为他带着的是"剑，不是和平"，扰乱现存的和谐统一："人到我这里来，若不恨他的父母、妻子、儿女、弟兄、姐妹、甚至他自己的生命，就不能做我的门徒。"（路加福音十四：26）因此，基督本人就是圣灵"魔鬼"般的创基姿势（founding gesture），圣灵则是真正的"符号"共同体，是信仰者的聚集地。[1]

说得更确切些，恶（Evil）在异教中有两种主要形象：一种是原初暴力和破坏性狂怒（destructive fury）的人格化，如印度教中的迦梨[2]；

---

[1] 此句令人费解，现将原文列出，供读者参阅："Christ himself is thus the 'diabolic' founding gesture of the Holy Spirit as the properly 'symbolic' community, the gathering of the believers"。查作者另一个版本，此句为："In order for there to be a properly unified 'symbolic' community of believers, Christ had to first come and perform the Holy Spirit's separating 'diabolic' founding gesture."此句语法正确，语义晓畅："为了促成由信仰者构成的真正统一的'符号'共同体，基督必须首先降临并做出圣灵的分裂性的、'魔鬼'般的创基姿势。

[2] 迦梨（Kali），湿婆神妃帕尔瓦蒂产生的化身，印度神话中最黑暗和最暴虐的黑色地母。——译者注

一种是拟人的诱惑，即诱惑人们放弃正确道路、选择踏上自负、色欲、世俗傲慢与尘世权力之路的魑魅魍魉。基督教传统中最不可思议的是——从克尔凯郭尔到 T. S. 艾略特，所有聪明的基督徒都知道这一点——撒旦这个邪恶形象，他的最终诱惑总是与上帝有关。正如艾略特所言，他是"最高形式的叛逆：出于错误的原因，做正确的事情。"撒旦最后的撒手锏不是"为你的权欲让路，享受生活，放弃最高伦理价值之妄想"，而是"做你的心灵要你去做的全部高贵事情，过最高形态的伦理生活，心里明白，没有必要在这样做时引证上帝，让你内在的天性成为你的指南，你正在遵循自己心灵的定律！"

当然，我们也能在异教中发现"恶魔"般的张力：这些异教的主要关切，是教我们如何在动荡骚乱的世界上获得和保持内在平静（inner peace）。《薄伽梵歌》（Bhagavad-Gita）可谓这方面的典范，它教我们在采取行动时如何保持心理距离：人应充分介入尘世的纷争、战事等，但要保持内在平静和内在距离，也就是说，并不真正介入冲突和战事。在这里，基督教的立场不是与此截然相反吗？在基督教中，要义并不在于，在保持距离的前提下介入世事时保持内在平静，而是在我们的尘世生存中采取被动的宁静立场（passive stance of peace）："有人打你的右脸，连左脸也转过来由他打。"这直接成了它的对立物的化身，即恶魔、对抗性张力的化身，而这样的化身影响了我们的主体性（our subjectivity）的内核。

说魔鬼发挥这种作用，不等于发出下列陈词滥调：就起源而论，恶是障碍、诱惑、试验场地，它迫使善实现自身，迫使善从潜在性走向现实性。那什么是恶？在谢林看来，恶是本理应保持纯粹潜在性之物的现实化：同样的力量，只要一直处于后台，就能为人的行为提供安全的、照料性或保护性的基地，但一旦化为现实，就会变成最具破坏性的狂怒。沿着这样的思路，在理查德·瓦格纳（Richard Wagner）看来，再也没有比干预政治生活、为权力欲望驱使的女人更令人恐惧和恶心的了。与男人的野心勃勃不同，女人渴望权力，为的是促进自己的狭小家庭的利益，甚至更糟，满足她反复无常的性情需要，因为她无法理解国家政治的普遍性维度（Universal dimension）。这是对谢林下列主张的一种解读："同样的原则，在其无效时，会运载和支撑我们，在其有效时，会消耗和毁灭我们。"[1] 在被置于正确的位置时，权力可以是良性和抚慰性的；权力一旦它在较高的层面上发挥干预作用，在本不属于它的层面上发挥作用，就会变成它的激进对立物，变成最具破坏性的狂怒。同样的女性特质（femininity），如果处于封闭的家庭生活之内，就是保护性的爱（protective love）的力量，如果表现在公共事务和国家事务的层面上，就是淫荡的狂热。……在与此不同的层面上，黑格尔提出了同样的观点：某个基础（Ground）具有的抽象普遍性（abstract universality）一旦得以直接实现，就会变成绝对恐怖（absolute Terror）发出的破坏性愤怒，而如此狂怒会毁灭所有特定的内容。我们应该这样概括这一原则：因此恶是基础（Ground）的实现这一原则。

　　这也是《星球大战》（Star Wars）这一传奇的意识形态旨趣。更确切些说，这是《星球大战》关切时刻——"好人"肯·阿纳金（Ken Anakin）向"坏人"黑武士达斯·维德（Darth Vader）的逆转——的意识形态旨趣。《星球大战》在此利用了下列两者的显而易见的并驾齐驱：一是个人层面，一是政治层面。在个人的层面上，"解释"涉及在佛教中颇为流行的陈词滥调："因为挂念俗物，他变成了黑武士达斯·维德。他放不下母亲；他放不下女友。他放不下俗物。这会使你变得贪婪，而你一旦变得贪婪，就会踏上通往黑暗世界的道路，因为你害怕失去那些俗物。"[2] 绝地武士团（Jedi Order）被描述为封闭的男性共同体，它禁止自己的成员有男女私情。这是瓦格纳歌剧《帕西法尔》（Parsifal）中圣杯共同体的新版本。但更具启示意义的是与个人层面并行的政治层面："共和国是如何变成帝国的？与这个问题平行的是：阿纳金是如何变成黑武士达斯·维德的？好人是如何变成坏人的，民主是如何变成独裁的？不是说帝国征服了共和国，而是说帝国就是共和国。"帝国诞生于共和国内在的堕落："有一天，莉娅公主（Princess Leia）和她的朋友一觉醒来，说：'这不再是共和国，这是帝国。我们都是坏人。'"我

1　F. W. J. Schelling, *Die Weltalter.Fragmente.In den Urfassungen von 1881 und 1883*, ed. Manfred Schröter (Munich: Biederstein, reprint 1979), p. 13.

2　George Lucas, quoted in "Dark Victory," *Time*, April 22, 2002.

们不能无视这个罗马帝国的当代内涵，即从民族－国家向全球帝国的转移。因此，我们应该就在哈特（Hardt）和奈格里（Negri）的《帝国》（*Empire*）的背景上解读《星球大战》提出的问题，即从共和国走向帝国的问题：它是从民族－国家向全球帝国的转移。[1]

《星球大战》展现的世界具有多种多样、前后不一的政治内涵。这是理解这个世界具有的"神话"力量的关键：自由世界与邪恶帝国（Evil Empire）的对峙；民族－国家的退却——可以赋予这种退却以布坎南－勒庞的右翼内涵（Buchanan-Le Pen Rightist connotation）；公主、由精英绝地武士团的成员等身份高贵之人的征兆性矛盾——他们保卫"民主"共和国，抵抗邪恶帝国；最后，对"我们怎样成了坏人"这一问题的正确的关键洞识。恶贯满盈的帝国并非自古有之的，它是在我们这些"好人"与恶贯满盈的帝国的搏斗中诞生的，在我们这些"好人"与古已有之的敌人搏斗中诞生的。以今天的"反恐战争"为例，问题是这场战争会把美国变成怎样的国家。也就是说，政治神话并非具有某种确定的政治意义的叙事，而是空空如也的容器，容纳着众多前后不一甚至相互排斥的意义。问"但这种政治神话真正意味着什么？"是错误的，因为如此政治神话的"意义"，只是用来充当容纳众多意义的容器的。

《星球大战前传一：魅影危机》（*Star Wars I: The Phantom Menace*）已经提供引导我们进入这种魅力帮（*mêlée*）的重要线索。第一是年轻的阿纳金的"基督"特色。他母亲声称她是以圣灵感孕（immaculate conception）的方式怀上他的，他在比赛中大获全胜也与《宾虚》（*Ben Hur*）这个"基督故事"中的著名的战车比赛有异曲同工之妙。第二是下列事实——他被确定为有潜能"恢复力量平衡"之人。因为《星球大战》的意识形态世界是新世纪的异教世界，这样说是完全符合逻辑的：

1　由此说来，从政治的角度看，如果张艺谋的《英雄》——此片是中华人民共和国对好莱坞的回应——是《星球大战》的真正代替品呢？一个无名勇士（李连杰）卷入了刺杀秦国皇帝的复杂阴谋。秦国皇帝志在统一七个"战国"，成为中国的首个皇帝。然而，在实施阴谋的过程中，无名勇士意识到，尽管秦国皇帝是个残忍的暴君，但他正在追求一个伟大的爱国梦想——统一中国，于是他决定暗中破坏自己的阴谋活动，为把全中国统一在"一天之下"而牺牲自己和自己最亲密的朋友。我们可以想象以这种方式改写《星球大战》系列影片吗，在那里，皇帝成了伟大的银河系统一者，阿纳金则为了全球和平，为了使银河系统一在"一天之下"而牺牲他的朋友？

恶的核心形象应与基督一脉相承——在异教的世界里，基督事件（Event of Christ）乃终极丑闻（ultimate scandal）。

这把我们带到了《星球大战》系列影片最新的《西斯的复仇》（*Revenge of the Sith*）那里：为执着于这些新世纪主题付出的代价，是它低劣的叙事品质。这些主题是阿纳金逆变为黑武士这个过程——这是整个系列影片的关键时刻——缺乏恰当的悲剧肃穆（tragic grandeur）的终极原因。影片没有关注阿纳金的狂妄自大，没有把这种狂妄自大视为势不可挡的欲望——干预的欲望、行善的欲望、为他的心上人艾米达拉（Amidala）坚持到底的欲望、由此而来的堕入黑暗面（Dark Side）的欲望。影片只是把阿纳金描绘为优柔寡断的勇士，他迁就权力的诱惑，成为邪恶帝国的猎物，并逐渐走向邪恶。换言之，导演乔治·卢卡斯（George Lucas）缺乏真正的勇气，像他本人提议的那样，把下列两者并列起来：一是从共和国到帝国的嬗变，一是从阿纳金向黑武士达斯·维德的转变。阿纳金理应成为魔鬼，因为他过度依附自己的行为——看到邪恶无处不在，并与之一决雌雄。他不应该摇摆于善恶之间，而应该转向邪恶，因为他在依附于善时采取了错误的模式。例如，当共和国的议长帕尔帕廷（Palpatine）向阿纳金招认，他还有另外一个身份——邪恶的西斯尊主（Sith Master），并表明他有组建帝国的意向时，他利用了阿纳金的恐惧及其他弱点，利用了年轻绝地武士的自负和傲慢，把绝地武士说成是腐败和低效的团体，说成是阿纳金饱受痛苦的原因。

在影片即将结束时，阿纳金获悉帕德美（Padme）帮助欧比旺（Obi-wan）寻找他。这时，他无法控制自己可怜的激情，怒殴帕德美，以法力扼住她的咽喉，使她双脚离地，然后把她扔到墙上，使她头部受伤。[1] 后来在与欧比旺决战后，阿纳金恢复了意识。他问欧比旺，帕德美在哪里。帕尔帕庭（Palpatine）告诉他，是阿纳金自己杀死了她。阿纳金尖叫着，把法力转换为狂怒，墙体挡住了他的攻击，但他把医疗机器人打得左右摇摆，这样帕尔帕庭才使自己免受袭击……这两个场景是这部影

1　或许因为看到的电影版本不同，作者对这个细节的描述与译者看到的细节不同。译者看到的是，阿纳金用法力扼住帕德美的咽喉，然后一松手，她倒在地上。那里没有墙，没有使她撞墙，头部也没有受到重创。——译者注

片失败的缩影：无法控制的破坏性愤怒，完全相同地迸发了两次，第一次是针对帕德美的，第二次是因为第一次行为而生出的懊悔。阿纳金在这里似乎在两个立场摇摆：一种立场是"坏"的，是对帕德美暴跳如雷；一种立场是"好"的，是对她的懊悔和爱。正确的做派应该是表明，阿纳金对帕德美的过度的爱，阿纳金对帕德美的过度依附，使他走踏上了邪恶之路……

欧比旺与阿纳金的最终对决导致的结局是，阿纳金失去平衡，跌入了烈火熊熊的深坑。他在那里被可怕地烧焦，像被油炸过一样。在他气如游丝之时，帕尔帕庭的党羽救了他，把他送往医院。在那里，他还活着，只是已经失去四肢，丑陋不堪。他被浸入用于治疗的液体。帝国的医疗机器人治愈了他，把他变成了星球中的装甲恐怖斗士。我们都知道，他就是黑武士达斯·维德。到最后，由阿纳金变成的黑武士走出医院，步行在星际驱逐舰的舰桥的，加入他的新主人、银河系皇帝达斯·西迪厄斯（Darth Sidious）的行列。他们透过窗口，凝视着他们正在建造的终极武器——死亡之星（Death Star）。黑武士邪恶地喘息着。他现在是机器，不再是人。

在这里，两个时刻是至关重要的。在决战即将结束之时，欧比旺最后一次吁求阿纳金回到善的道路（path of Goodness）上来。阿纳金拒绝了。尽管他已经身负重伤，还是竭尽全力，试图反击。我不禁要把阿纳金的坚持，视为真正的伦理立场（ethical stance）。这种立场类似于莫扎特笔下唐璜坚守的那种伦理立场。到了最后关头，石头客（Stone Guest）要拯救唐璜，但被唐璜拒绝。在这两种情形下，在内容的层面上显现为对恶的选择（choice of Evil）之物，在形式的层面上显现为强调自己伦理一致性（ethical consistency）的行为。也就是说，阿纳金和唐璜都知道，从实用的自私自利的角度看，与邪恶一刀两断更为可取；他们全都死到临头，知道一味坚持选择邪恶，并无利益可图。尽管如此，以一种挑衅行为——这种行为不能不显现为异乎寻常的伦理行为，他们继续勇敢信守自己的选择。他们这样做是因为他们要坚持原则，而不是因为他们期盼获得物质利益或精神利益。

通过这种伦理一致性，通过他对生存选择（existential choice）的这种忠诚，作为一个主体的阿纳金出现了。他是《星球大战》系列影片中唯一真正的主体。我们应该在此赋予"主体"一词以严格的哲学身份（philosophical status）：主体与人截然相对，主体是处于人类内心深处的非人怪物（inhuman monstrosity）这一过度性内核（excessive core）。这也是达斯·维德不只是阿纳金的面具的原因。我们可以借用古老美好的阿尔都塞的公式说，阿纳金这个人被询唤成了主体达斯·维德。

这个新生主体性（newly born subjectivity）充当特权媒介是语音，即那个怪异的、一直都在回响的语音。在随后的几部影片中，这样的语音成了达斯·维德的标志。以这种语音，外部世界与内心世界奇异地重合在一起。他的语音通过机器增大，被人工放大；不过，正是出于这个原因，仿佛为了密切注意喘息的声音，内在生命直接回荡在这种语音中。它是幽灵般的语音，不是肉体器官发出的声音：它不是日常外在现实的一部分，而是"精神现实"这一实在界的直接表现。

《星球大战》之三《西斯的复仇》的失败是双重的。首先，按它自己的标准，它是失败的。它没有把阿纳金的变恶展现为他过度依附于善的产物。不过，这种想法——我们过度依附于善会导致恶——是司空见惯的智慧，是标准的警告——警惕说教狂热可能招致的危险。我们应该做的——这是这部影片的第二大失败，它真正错失的机遇——是把这整个格局（constellation）颠倒过来，把阿纳金-维德描述成好人，代表着善之"恶魔"根基的好人。也就是说，我们的伦理担当不就源于我们"过度"的关切和依附，不就依附于我们的下列行为——随时准备打破平庸生活的平衡，并为我们追随的事业甘愿拿一切做赌注？这也正是正常的基督教之爱的主旨：对所爱之人的过度关切，干扰了整体之平衡的"偏爱"担当。这也是这样说的原因：在《西斯的复仇》即将结束时，达斯·维德要他的儿子卢克（Luke）摘下达斯·维德的面具，这样儿子能够看到父亲的人的面孔，这时，展示一个人的面孔等于伦理退化，即向尼采所谓"人性，太人性"的那个维度的退化。在其最后时刻，达斯·维德使自己去主体化了，使自己变成了凡人：我们失去的是作为主体的维达，是挡在黑色金属面具后面的那个人（不要把面具与面具后面的人性面孔混为一谈），是以人工方式发出回响的那个主体。

如今，有神论者不再鄙视无神论者。相反，他们标准的修辞转向（rhetorical turns）之一就是强调，无神论者舍弃了抽象的"哲学家上帝"（God of philosophers），因而与形而上学的神学家相比，更接近于"真正"的上帝："必须摒弃哲学家上帝的无神论思想……或许是……更接近于神圣上帝……比［形而上学］愿意承认的，对神圣上帝更持开放态度。"[1] 即使在德里达的晚期著作中，我们也发现了这一转向的变体。他在对祈祷进行反思时指出，不仅无神论者在祈祷，而且现在似乎只有无神论者在真正祈祷……[2] 以这种修辞为背景，我们应该断言，拉康的下列陈述是绝对真实可信的：神学家是唯一真正的唯物主义者。

（6）道成肉身是喜剧

毫无疑问，把这个神性视差张力（divine parallax tension）推向极致的是克尔凯郭尔。神圣的视差张力密封在他"对伦理进行目的论悬置"（teleological suspension of the ethical）的想法中。[3] 在《非此即彼》第一卷题为"体现在现代悲剧中的古代悲剧母题"（The Ancient Tragical Motif as Reflected in the Modern）的一章中，克尔凯郭尔概述了他有关"现代安提戈涅将会怎样"的幻象。[4] 现在，冲突完全内在化了，我们不再需要克瑞翁。虽然安提戈涅敬仰和爱戴他的父亲俄狄浦斯，俄狄浦斯也是底比斯城公开的英雄和救星，但她知道有关他的真相（弑父娶母）。她面临的僵局是，她被阻止与他人分享这种可恶之知。她和亚伯拉罕一样，亚伯拉罕也不能与他人谈及那道神圣指令，即以他儿子献祭。她不能抱怨，不能与他人分享她的痛苦和悲伤。索福克勒斯笔下的安提戈涅可以有所作为（埋葬兄弟，积极接受自己的命运）。与此形成鲜明对

1　Martin Heidegger, *Identity and Difference* (London: Harper & Row, 1974), p. 72.

2　See Jacques Derrida, *Acts of Religion* (New York: Routledge, 2002).

3　这种悬置所表达的，我不禁要通过颠倒阿伦特的著名表述，称之为"善之平庸"（banality of the Good）。不妨回忆一下 9·11 事件时纽约消防队员被大加赞美的英勇行为：就他们的英勇行为而论，他们没有什么超常行为，"只是尽职尽责"而已。……这种平庸与正常的民主过程的"平庸"不同，它指杰出英勇行为之"平庸"，而不是寻常的政治生活的平缓流动。

4　Søren Kierkegaard, *Either/Or* (New York:Anchor Books, 1959), vol. 1, pp. 137–162.

比的是，现在的安提戈涅无能为力，她注定永远承受无情的苦难。她的
秘密，她具有破坏力的隐秘宝藏（*agalma*），构成了她无法承受的重负。
这重负最终使她走向死亡。这也是她走向宁静的不二法门。在其他情况
下，这样的宁静是通过使痛苦和悲伤符号化，通过与他人分享痛苦和悲
伤获得的。克尔凯郭尔的看法是，这种情形不再有悲剧性可言。与此类
似，亚伯拉罕也不再是悲剧性的形象。[1] 此外，只要克尔凯郭尔设想的
安提戈涅是典型的现代主义的安提戈涅，我们就应支持他的心理实验，
设想后现代主义的安提戈涅。当然要给这一后现代主义形象添加斯大林
主义的迂回曲折。与现代主义的安提戈涅不同，她应该在这样的位置发
现自己：依照克尔凯郭尔的说法，在那里，伦理本身会成为诱惑之物。
其中一个版本无疑是这样的：出于对父亲的无条件的爱，安提戈涅公开
断绝与父亲（或在不同的版本中，他的兄弟波吕尼克斯）的关系，对他
进行谴责，并指控他犯下了滔天的罪行。克尔凯郭尔的发现是，这样公
开的行为会使安提戈涅更为孤立，陷于绝对孤单之境：除了俄狄浦斯本
人——如果他还活着的话——没人知道她的背叛行为是至高无上的爱的
行为。……安提戈涅因此被彻底剥夺崇高之美。所有这些都将表明，下
列事实——对他父亲而言，她并非十足的背叛者，她这样做，只是出于
对他的爱——只是某种不易为人觉察的令人反感的抽搐，就像克洛岱尔
笔下的辛祺·库方丹的嘴唇的癔症式痉挛，那抽搐不再属于面孔。它是
鬼脸，其持久存在瓦解了面孔的统一性。

　　正是基于克尔凯郭尔思想的视差性质，我们在面对他的审美域（the
Aesthetic）、伦理域（the Ethical）和宗教域（the Religious）这个"三元
组"时应该记住，"非此即彼"的选择总是出现在"此"或"彼"之间。
真正的难题不是在审美层面与伦理层面之间做出选择，即在快乐与义务
之间做出选择，而是在伦理与对伦理的宗教悬置（religious suspension）

---

　　1 黑格尔凭直觉知道，去崇高化（desublimation）这一现代姿势暗中破坏了对生命的悲剧性感
悟。在《精神现象学》中，他对著名的法国谚语"仆人眼里无英雄"做了如下补充："不是因为英
雄不是英雄，而是因为仆人只是仆人。"也就是说，仆人看英雄，看到的只是他"人性，太人性"
的特征，看到的只是微小的缺陷、琐碎的激情等，看不到英雄的行动的历史维度。在现代性中，
这个仆人的透视已经普遍化，所有尊贵的高级姿势都被化约为低级的动机。

之间做出选择：在违背自己的快乐或利益的前提下履行义务，易如反掌；在违背自己的伦理立场（ethical substance）的前提下服从无条件的伦理-宗教天职（ethico-religious call），难于登天。辛祺面对的这个困境是作为现代性之宗教（religion of modernity）的基督教具有的极端悖论：和伊夫林·沃的《故园风雨后》中的朱莉娅一样，如果一个人继续忠于自己的无条件的义务，他就应该沉溺于似乎属于审美退化（aesthetic regression）、机会主义背叛之类的活动。在《非此即彼》中，克尔凯郭尔没有明确赋予于伦理以优先权，他只是以纯粹视差的方式面对两种选择，即审美域的选择和伦理域的选择，强调把它们割裂开来的"跳跃"（jump）的重要性，强调下列事实的重要性——它们之间缺乏任何调停。

宗教域绝对不是对审美域和伦理域的调停性"综合"。相反，它是对视差分裂的彻底肯定，即对有限（the Finite）与无限（the Infinite）之间的"悖论"、公约数的缺乏、无法克服的深渊的彻底肯定。也就是说，使得审美域和伦理域成为问题的，不是它们各自的实证性特征，而是它们各自的形式属性，即下列事实：在审美域和伦理域这两种情形下，主体想按连贯一致的生存模式过活，因而否认人类处境具有的彻底对抗性。这也是为什么朱莉娅在《故园风雨后》即将结束时做出的选择是真正伦理性选择的原因，尽管就其直接表象而言，这个选择是与伦理选择（婚姻）相悖的审美选择（短暂的爱情）。重要的是，她勇于面对和完全接受人类生存之悖论。这意味着她的行为涉及"信仰的飞跃"：无法保证，她向短暂爱情的撤退不是那种撤退，即从伦理域向审美域的撤退。同样，无法保证，亚伯拉罕做出杀死儿子以撒的决定，不是出于他个人的疯癫。[1] 我们从来都不能安安稳稳地居于宗教域内，怀疑是永远存在的，同样的行为，以某种永远无法消除的视差分裂视之，既可以是宗教性的，又可以

1　至关重要的是要注意，亚伯拉罕绝非胆小羞怯的唯唯诺诺之辈，而是不惧与上帝公开对峙之人：他大胆反对上帝制订的毁灭所多玛城居民的计划，他想说服上帝放过可能会与罪人一道被杀的正义之士，既然如此，为什么在他儿子命在旦夕之时，他对上帝俯首帖耳？追蹤"或然历史"（alternate history）——"如果……又会怎样？"——这个近期的时尚，提出下列假说会是一件趣事：如果亚伯拉罕拒绝上帝的要求，结果又会怎样？

是审美性的，因为把审美行为转化为宗教行为的"最小差异"永远都是不确定的，我们永远都无法锁定这种"最小差异"的确定属性。

不过，这种视差分裂本身也陷于视差之中：可以把它视为迫使我们遭受永恒焦虑之物，但也可以把它视天生具有喜剧性之物。这是克尔凯郭尔坚称基督教有其喜剧性的原因：道成肉身是最高级之物与最低级之物的荒谬重叠，是上帝这位宇宙的创造者与某个可怜之人的奇异重合，还有什么比这更有喜剧性？[1]以一部影片中的基本滑稽场景为例：在一阵乐鼓齐鸣宣告了国王即将进入皇家大厅后，目瞪口呆的观众看到的是，一个可怜的跛足小丑摇摇晃晃地走了上来……这就是道成肉身遵循的逻辑。[2]因此，对基督之死唯一恰当的评论是这样的："闹剧已经结束……"再说一遍，关键在于，在基督身上，把上帝与凡人分割开来的鸿沟，是纯粹的视差鸿沟：基督不是一身兼有两种实体的人，一种实体属于天神，一种实体属于凡人。或许这也是把诺斯替教与基督教区分开来的一种方式：诺斯替教存在的问题是，在建立它自己有关荣升为智慧（ascent toward Wisdom）的叙事时，它过于严肃，错失了宗教经验的幽默的一面。诺斯替教徒是不理解基督教笑话的基督徒。……顺便说一句，这是梅尔·吉布森（Mel Gibson）执导的《基督受难记》（*The Passion of the Christ*）归根结底是一部反基督教影片的原因：它全然缺乏这个喜剧性方面。

就像通常那样，在这里，克尔凯郭尔出人意料地接近于他正式的主要对手黑格尔。在黑格尔看来，从悲剧向喜剧过度，涉及对代表之局限（limits of representation）的克服。在悲剧中，具体演员代表他扮演的普

---

1 See *The Humor of Kierkegaard: An Anthology*, edited and introduced by Thomas C. Oden (Princeton: Princeton University Press, 2004).

2 希区柯克电影中的两个场景显然是遥相呼应的。在《蝴蝶梦》中，尚无名字的新的德文特太太为了给丈夫留下深刻印象，在出席一个盛大酒会之前，盛装装扮自己。但她的穿着与故去的丽贝卡的服饰一模一样。在《迷魂记》中，梅姬（Midge）为了刺激斯考蒂，临摹了卡洛塔·巴尔德斯（Carlotta Valdes）的肖像，但她本人架着一副眼镜的平庸面孔取代了卡洛塔的面孔。在这两种情形下，平庸的女性面孔都放错了地方。一个名为斯特雷尔尼科夫（Strelnikoff）的斯洛文尼亚朋克小组，曾在当地引发丑闻，引起天主教抗议。他们以类似的方式临摹了一幅著名的古典油画：在画上，圣母把婴儿时的基督放在自己膝上，但用一只老鼠的头代替了基督的头。我们不必为这个亵渎神明的行为震惊，而应从中看到真正的基督教喜剧逆转（comic reversal）。

遍人物；在喜剧中，他直接就是他扮演的人物。因此在喜剧中，代表之
分裂已经消除，这与基督的情形无异。与先前的异教之神截然不同，基
督并不"代表"某种普遍力量或普遍原则。比如在印度教中，克利须那
神（Krishna）、毗湿奴（Vishna，梵语是 Visnu）、湿婆（Shiva）等，全
都"代表"某种精神原则或力量，如爱、恨、理性。作为这个可悲之
人，基督直接就是上帝。不能说，除了是上帝，基督还是人。基督是
人，恰如他是上帝一样。也就是说，"你们看这个人！"是他神性的最
高标志。[1] 因此，彼拉多（Pontius Pilate）在把基督展示给愤怒的暴民时
说的那句"看这个人！"包含着客观的反讽（objective irony）：它的意
义并非"看这个饱受折磨的可怜生灵吧！难道你们没有看见一个脆弱之
人？难道你们对此没有一点同情？"相反，它的意思是："这就是上帝
自己！"[2]

　　不过在喜剧中，演员并不是以下列方式与他扮演的人物重合的：他
在舞台上扮演自己，一味展示"他本人的本来面目"。相反，在悲剧中
把演员与他的舞台形象分割开来的鸿沟，以恰当的黑格尔式的方式，转
化成了舞台形象本身：永远不能把喜剧演员完全等同于演员扮演的角
色，角色总是保持着从外部观察自己、"取笑自己"的能力。不妨回忆
一下《我爱露西》（I Love Lucy）中不朽的露西，她的标志性动作是：
一旦有什么事情令她吃惊，她就会微微地歪歪脖子，以吃惊的眼神直
视摄像机。这时，痴痴地望着观众的不是演员露西尔·鲍尔（Lucille
Ball），而是剧中人物自我疏离的态度，是屏幕上的角色"露西"的一部

1　"你们看这个人！"（ecce homo），是钉死耶稣的古罗马犹太总督彼拉多（Pontius Pilate）把
耶稣示众时说过的话。见《约翰福音》19：5。——译者注

2　因此，尽管我们同意尼采的看法——基督教的整个历史都是建立在对其原初（喜剧）姿势的
遗忘甚至压抑的基础上的，但我们还是要与众不同地确立这个姿势的方位。这个姿势并不位于开
端，并不位于起源，而位于开端和起源之后。并不像尼采所说的那样，"唯一真正的基督徒是基督
本人"；相反，据说使基督教"制度化"因而背叛了它的反制度的颠覆之核的，是饱受诟病的圣保
罗。他对基督之死的意义做了彻底的重新解读，因而清晰概括了基督之死的喜剧方面。也就是说，
对于"原初（圣保罗之前）的基督徒"来说，基督之死是使他们百思不得其解的创伤性冲击，是
仅有的创伤性事件。只是到了圣保罗那里，这个悲剧才被重新阐释为喜剧。随着后来基督教被转
化为国教，这个喜剧方面再次迷失，基督的道化肉身和死亡被阐释为与上帝与人类的交换－交易
的一部分，从而使人类负起不可言喻的债务——超我重负（"基督是如此的爱你们，为了你们，他
自愿献出生命，所以你们永远蒙恩于他……"）。

分。黑格尔的"调和"（reconciliation）也是如法炮制的：它不是对两个对立面的直接综合或调和，而是鸿沟或对抗的加倍（redoubling）。一旦那个把两个截然相对的时刻（opposed moments）分割开来的鸿沟被设定为其中一个时刻的固有之物，这两个截然相对的时刻就会得以"调和"。在基督教中，把上帝与人类分割开来鸿沟，并没有在作为上帝-人类（god-human）的基督形象中得以直接"扬弃"；相反，在基督被钉死在十字架上的至为紧张的时刻，在基督感到心灰意懒之时（"父亲，你为什么离弃我"），把上帝与人分割开来的鸿沟转移到了上帝身上，成了把基督与上帝-父亲（God-Father）分割开来的鸿沟；在这里，真正的辩证窍门（dialectical trick）在于，正是把我与上帝分割开来的那一特征，把我与上帝合为一体。

广而言之，我们应该永远记住，在黑格尔有关表象（appearance）与本质（essence）的辩证中，表象是非对称性的包容性术语（encompassing term）：本质与表象的差异是表象的天生固有之物，而不是本质的天生固有之物。当黑格尔说本质必须显现，显现多深本质就有多深时，他并不是说本质是自我调停的力量，它能在显现自身时使自己外在化，然后"扬弃"其异己性，把这一"扬弃"设定为它自身的自我运动（self-movement）时刻。相反，"本质显现"意味着，就本质与表象的对立而言，直接的"现实"（reality）处于表象一边：表象与现象的分裂意味着现实自身（"在那里"直接呈现给我们之物）显现为内在本质的表现（expression），意味着我们不再注重现实的"票面价值"，意味着我们怀疑在现实之内存在"我们的眼睛没有看到的东西"，也就是说，本质似乎寄身于现实之内的某处，本质是现实的隐秘内核。表象的意义的这种辩证转移（dialectical shift）至关重要：首先，直接现实（immediate reality）被化约为内在本质的"纯粹表象"；然后，本质被设定为这样的事物——作为现实隐秘内核的幽灵，它在现实中显现。

我们应该把这种逻辑坚持到底。当我们陷身于不一致的众多表象的互动时，真正的问题不是如何抵达实在界，而是更为激进的黑格尔式的问题：表象是如何从实在界的互动（interplay of the Real）中脱颖而出的？这种看法——实在界只是两种表象之间的切口，是不一致性之分裂——必须要由与此完全相反的看法来补充：表象是两种实在界之间的切口、分裂，或者说得更确切些，从这种分裂中出现的某种事物把实在界与它自身分割开来。不妨考虑一下康德所谓的自发性（spontaneity）的身份：在现象的层面（phenomenal level）上，我们是机械装置（mechanisms），是因果链的一部分；在本体的层面（noumenal level）上，我们还是傀儡，是无生命的机械装置；自由的唯一空间就是这两个层面的分裂，在那里，表象脱颖而出。

所以说，如果只是因为表象不能与其自身充分一致，这才有了"本质"，那么，这对上帝这一概念来说又意味着什么？是不是这样的，因为人类还不是充分的人类，这才有了上帝，就像因为特定（the Particular）不能与其自身充分一致，这才了自为的普遍（Universal-for-itself），所以，上帝就是人类自身中的（非）人类的过度？或者是这样的，因为上帝不能与其自身充分一致，因为在上帝身上还存在着某种非神圣之物，这才了有人类（谢林的解决之道）？尽管我们禁不住要把这两种立场当成唯物主义和唯心主义，并使之对立起来，但真正彻底的唯物主义方法应该选择第二种立场。依照黑格尔的说法，因为普遍（the Universal）还不是充分的普遍，这才有了特定（the Particular）；因为概念（Notion）不是充分的概念，因为概念不能与自身充分一致，这才有了晦涩的物质现实（material reality）。也就是说，我们不应预先假定特定客体的存在，然后断言它们如何与其自身不一致："原初事实"（primordial fact）就是绝对（the Absolute）与其自身的非重合，是从内部横穿自身的分裂，是原初太虚（primordial Void）自身的内部分离。

这又把我们带回到喜剧那里：在黑格尔看来，在喜剧中发生的事情是，普遍（the Universal）直接显现出来，它就这样展示出来，这与纯粹"抽象"的普遍（"abstract" universal）构成了鲜明对比。"抽象"的普遍是特定时刻之间的被动连接（共同特色）的"沉默"的普遍性。换言之，在喜剧中，普遍性直接采取行动。如何直接采取行动？喜剧并不依赖于通过使我们想到我们世俗生存的荒谬偶然性来瓦解我们的尊严，相反，喜剧直接肯定普遍性，直接肯定普遍性与人物/演员的单一性（singularity）的重合。也就是说，在喜剧中，当尊严具有的所有普遍特

色被嘲弄和颠覆时，实际上发生了什么？暗中破坏这些普遍特色的否定
性力量（negative force）是个人和主人公以其对所有高尚的普遍价值的
不敬显现出来的力量，这种否定性（negativity）是仅有的真正残留下来
的普遍力量（universal force）。这道理不同样适用于基督吗？所有牢固
的、实体性的普遍特色都被他不体面的行为（scandalous acts）瓦解，都
被他不体面的行为相对化，以至于唯一残留下来的普遍性就是以他本人
为化身的普遍性，就是以他的单一性（singularity）为化身的普遍性。被
基督瓦解的普遍性是"抽象"的实体性的普遍性，它是打着犹太律令的
幌子展示出来的，而"具体"的普遍性就是否定性，这种否定性瓦解了
抽象的普遍性。

　　普遍（the Universal）与单一（the Singular）的直接重叠，还为对
"物化"（refication）的标准批判设定了边界。看见拿破仑在 1807 年的
战役后骑马走在街上，黑格尔评论道，他仿佛看见了世界精神（World
Spirit）骑在马上。这一评论的基督性内涵（Christological implications）
是显而易见的：在基督的那种情形下发生的，是上帝这位我们全宇宙
的创造者，作为一个普普通通的人，走在街上。可以在不同层面上看到
道成肉身的这一秘密，甚至在父母对孩子的思辨性判断中看到这一秘
密："我们的爱情走在街上！"它代表着从"确定的反思"（determinate
reflection）向"反思的确定"（reflective determination）这一黑格尔式的
逆转。就像国王那种情况，他的臣民看他四处游荡，会说："我们的国
家走在街上。"在这一点上，马克思在《资本论》第一章的一个著名脚
注中对"反思的确定"的召唤，同样是不充分的：人们觉得，他们把某
人当国王对待，是因为他本身就是国王，而事实上，他是国王，只是
因为他们把他当成国王来对待。不过，至关重要的是，不能把社会关
系"物化"于某人当成简单的"恋物癖误解"（fetishist misperception）
驱而逐之；这样的驱而逐之所错过的，或许是可以称为"黑格尔式述
行"（Hegelian performative）之物：当然国王"本身"是可怜之人，当
然只有他的臣民把他国王对待时，他才是国王；不过，关键在于，促使
我们崇拜国王的"恋物癖错觉"（fetishist illusion）本身具有述行之维，
即国家的统一：以国王为化身的国家，只能在国王身上实现自己。正

是因为这个缘故，仅仅这样说是不够的：我们需要避免"恋物癖陷阱"（fetishist trap），我们需要把国王这个偶然之人与他代表的东西区别开来。国王代表的东西就是他这个人为化身的，正像那对夫妻之爱（至少在某种传统的视野之内）只以他们的后代为化身一样。而且看到崇高与荒谬到在上述情形下的极端接近，并不困难。"看，世界精神正在骑马前行！"在这惊呼中，有崇高性，但也有天然的喜剧性……[1]

对批判恋物癖的这一限制，对下列祷语的这一限制——被迷恋之物只是填充了结构空洞位置的偶然的平庸客体，具有至关重要的哲学后果和政治后果。恋物癖批判没有看到把大对体（big Other）与小异己（small other）连接起来的脐带。大对体是形式秩序，归根结底是空洞位置，小异己是荒谬的／过度的／排泄物一般的客体、抽搐，它们被排斥在大对体之外。就政治空间而论，这表明，关于权力的空洞位置，民主的传统主题是不充分的。为了暂时占据这一空洞位置，众多行动者展开了你死我活的斗争。就哲学而论，它表明，有关有限／偶然（finitude/contingency）的标准存有论是不充分的。这种标准存有论也是以绝对（the Absolute）之空洞位置对可能暂时占据这一空洞位置的任何因素的优先权为根基的。尽管这种有限的名称之一理应是"（符号性）阉割"，但有关有限／偶然的这一存有论没有看到的，正是阉割这一严格的精神分析概念的全部领域："阉割"不仅指某个因素与该因素占据的空洞位置之间的分裂，而且最主要指下列事实，这个空洞位置，这个没有任何"天然"因素前来占据的空洞位置，与四处游荡的、缺乏"正常"位置的过度性因素（excessive element）是密切相关的。这种过度性因素是

<hr />

[1] 这是喜剧的阳物方面（phallic aspect）：在作为能指的阳物中，相互对立的特色走到了一起。阳物同时是下列两种能指：一种是"纯粹"的能指，没有所指的能指，能指缺乏之能指（signifier of the lack of signifier），因为被剥夺了确定意义而代表意义的纯粹虚拟性（pure virtuality of meaning）的能指；一种是拉康从来没有停止强调的典型的想象性能指，最"不纯粹"的能指，不可化约地根植于某个过度器官（excessive organ）之物质意象（physical image）的能指，因其勃起形态（erectile shape）而突出、站立的能指，反抗躯体的地球引力的惰性的能指。在阳物概念中重合的终极对立面，当然是阳物的能力（potence）和阉割。阳物本身是阉割的能指，这个事实的一个结果是，我们应该赋予弗洛伊德著名的"阴茎嫉妒"（penis envy）以出人意料的迂回曲折："对阴茎嫉妒感受最深的，恰是那些拥有阴茎的人。"［Richard Boothby, *Freud as a Philosopher*（New York: Routledge, 2002），p. 292.］

严格意义上的"阉割客体",是处于大对体之外的四处飘荡的局部客体。用另一种方式说,从哲学的视角看,我们不能把这个空洞位置,这个不可能的普遍性(impossible Universality)之空洞位置,这个由偶然的特定(contingent particulars)来填充和"霸权化"(hegemonized)的位置,当成终极赐予(ultimate given)来接受;我们应该大胆冒险,进一步询问:这个空洞位置是如何透过这个活躯体的肌质(texture of the living body)中的切口出现的?

因此,喜剧处于羞耻(shame)的对立面:羞耻致力于保持面纱,喜剧依赖于揭开面纱这一姿势。更为重要的是,喜剧效果产生于下列时刻:在完成了揭开面纱的行为后,我们面对着被揭内容的荒诞无稽和毫无价值。与我们在面纱后面遇到可怕的原质(这原质太具创伤性,以至于我们无法直视)这一悲惨场面形成鲜明对比的是,最终的喜剧效果发生在下列时刻:揭开面具后,我们看到的面孔与遮拦这一面孔的面具毫无二致。这是马克思兄弟所谓的"这个人看上去像傻瓜,做起事来像傻瓜,但这你千万不要上当受骗,他真的是个傻瓜"具有喜剧效果的原因。当我们看到的不是隐藏起来的可怕秘密,而是和遮蔽它的面纱完全相同的事物时,两个因素的毫无差异使我们面对把一个因素与它自身分割开来的"纯粹"差异。这不就是神性(divinity)的终极定义吗?上帝也必须带着与他完全一致的面具。或许"上帝"就是对下列两者间至高无上的分裂(supreme split)的命名:一者是作为本体原质的绝对(Absolute as the noumenal Thing),一者是作为自身之表象的绝对(Absolute as the appearance of itself)。这样说因为,两者虽二实一,两者间的差异是纯粹形式性的。从这个确切的意义上说,"上帝"是对至高无上的矛盾(supreme contradiction)的命名:上帝这个绝对无法再现的彼岸,必须这样显现。

依据法国1968年五月风暴的一个奇闻轶事,那时巴黎出现了街头涂鸦:"上帝已死。尼采。"第二天,更多的涂鸦出现在它的下面:"尼采已死。上帝。"这个笑话的毛病出在哪里?为什么它会如此明显的反其道而行之?这个笑话的失败不仅在于,这个翻转的陈述(reversed statement)依赖于毫无内在真理可言的说教滥调,它还涉及翻转

（reversal）这个形式本身：使这个笑话成了糟糕笑话的，是这一翻转的纯粹对称，也就是说，第一个涂鸦的潜在主张（"上帝已死。由显然还活着的尼采签署"）被翻转成为这样的陈述，它暗示我们："尼采已死，但我依然活着。上帝。"有一个著名的南斯拉夫谜语－笑话："教皇和喇叭有什么不同？教皇来自罗马，喇叭来自锡皮。来自罗马的教皇和来自锡皮的喇叭有什么不同？来自锡皮的喇叭可以来自罗马，来自罗马的教皇不能来自锡皮。"同样，我们应该使巴黎街头涂鸦的笑话再加倍："'上帝已死'与'尼采已死'有什么不同？说'上帝已死'的是尼采，说'尼采已死'的是上帝。说'上帝已死'的尼采与说'尼采已死'的上帝有什么不同？说'上帝已死'的尼采还没死，说'尼采已死'的上帝已经死了。"对于喜剧效果而言，至关重要的不是在我们预料出现相同之处出现了差异，而是在我们预料出现差异之处出现了相同；[1]这是何以如同阿伦卡·祖潘奇克所言，[2]上述笑话的唯物主义（因而也是真正喜剧性）的版本本来会是这样的："上帝已死。而且事实上，我的感觉还是不太好……"这不就是基督在十字架上连声抱怨这一行为的喜剧版吗？基督在十字架上死去，不是为了摆脱尘世和重返天界；因为他是上帝，他必定死去。难怪尼采在其智力活动的最后岁月里在他的文本和书信上签署"基督"之名：对尼采"上帝已死"的真正喜剧性的补充是使尼采亲自添加下列语句——"而且事实上，我的感觉还是不太好……"

我们还可以从这里开始，提炼一套对有限哲学（philosophy of finitude）的批判。有限哲学如今大行其道。它的观念是，我们应该与大型形而上学建构（metaphysical constructs）背道而驰，把我们的有限（our finitude）作为我们的终极视域，接受下来。没有绝对的真理，我们力所能及的就是认可下列事实：我们生存具有偶然性，我们不可避免地被掷入某种情境，我们基本上缺乏任何绝对的基准点（point of

---

1 这是当什么和什么的差异被否认时，"什么和什么有什么不同？"的笑话最有效的原因。比如："玩具火车和女人乳房有什么不同？没有任何不同，本来都是给孩子用的，但用得最多的却是成年男人。"

2 我在这里广泛使用阿伦卡·祖潘奇克的"'Concrete Universal' and What Comedy Can Tell Us about It" (to appear in *Lacan: The Silent Partners*, ed. Slavoj Žižek (London and New York: Verso, 2005).

reference），我们的困境具有娱乐性（playfulness）……不过，这里冲击我们的第一件事情，就是有限哲学的全然严肃性，就是有限哲学那与期待中的娱乐性格格不入却又无孔不入的惆怅：有限哲学的终极语调，是视死如归地对抗我们命运的那种语调。难怪出类拔萃的有限哲学家（philosopher of finitude）海德格尔也是毫无幽默感的哲学家。[1] 不幸的是，还有一个拉康版的有限哲学：有人以悲怆的语调告诉我们，我们对充分原乐（full *jouissance*）的力争是徒劳的，我们应该放弃这种力争并接受"符号性阉割"。"符号性阉割"是对我们生存的终极约束。一旦我们进入符号秩序，全部原乐都必须经过符号性媒介（symbolic medium）的羞辱，每个可以到手的客体，都已经是对不可能-实在界的欲望客体（impossible-real object of desire）的置换之物，而不可能-实在界的欲望客体则是构成性的匮乏（constitutively lost）……我们可以说，克尔凯郭尔之所以过于依赖幽默，正是因为他坚持与绝对的关系，拒绝有限之限制（limitation to finitude）。

强调有限的重要性，把有限视为我们生存的终极视野，这样做遗失了什么？我们如何以唯物主义的方式，在不求助于精神超验性（spiritual transcendence）的前提下，断定有限就是我们生存的终极视野呢？严格说来，这个问题的答案就是小客体。小客体是"不死"——"未被阉割"——的残余，它固执于自己的淫荡的不朽。难怪瓦格纳笔下的人物都要不顾一切地死去：它们想摆脱这种淫荡的不朽补充物（obscene immortal supplement），而这种淫荡的补充物代表着以某个器官的形式出现的力比多，代表着最为激进的驱力，即死亡驱力。换言之，正确的弗洛伊德式悖论是，打破了我们的有限（our finitude）之限制的，正是死亡驱力。所以，巴迪欧在轻蔑地放弃有限哲学时，谈到了"实证的无穷大"（positive infinity），并以柏拉图的方式赞美一般生产力（generic productivity）的无穷大。这样的一般生产力是由对事件的忠诚（fidelity to an Event）开辟的。他在谈到这些问题时，没能站在弗洛伊德的立场

---

1 意味深长的是，海德格尔著作中唯一的笑话——即使不算笑话至少也是讽刺——是他有关拉康的相当恶俗的妙语：拉康是"本身就需要精神病医生的精神病医生"。此语出自他写给梅达特·鲍斯（Medard Boss）的书信。

上，看到死亡驱力的淫荡坚持（obscene insistence of the death drive），而死亡驱力就是"实证无穷大"的物质（唯物主义）支撑。

当然，根据有限哲学的标准看法，希腊悲剧，即对生命的悲剧体验，向我们表明，分裂、失利、战败、不圆满（non-closure），作为人类生存的终极视野，已被认可。基督教喜剧则依赖于确定性：超验的上帝确保了确保幸福的最终结局、对分裂的"扬弃"、把失败逆转为最后胜利。作为基督之爱的另一面，神威的过度（excess of divine rage）允许我们理解，这种标准的看法错失之物；只有以彻底丧失人类尊严为背景，以人类退化为背景，基督教的爱情喜剧才会发生。严格说来，人类退化瓦解了悲剧经验，因为只有在受害者保持最低限度的尊严时，才能把一种情形体验为"悲剧性"情形。这是把集中营里的穆斯林[1]或审判秀的受害者说成悲剧人物不仅大错特错，而且在伦理上淫荡不堪的原因。他们的处境实在过于糟糕，不配享有这个称号的殊荣。"喜剧"也代表着一个领域，当情形的恐怖超出了悲剧的界限时，这个领域就出现了。正是在这一点上，真正的基督之爱到来了：它不是对作为悲剧主人公的人的爱，而是对悲惨可怜的生灵的爱。男人或女人在遭受了武断的神威的迸发后，被化约成了这样的生灵。

（7）作为政治范畴的"奥德拉岱克"

不仅有限哲学家，而且那些追随列维纳斯"伦理转向"（ethical turn）的人，都没有看到"不死"的局部客体具有的这种淫荡无穷大（obscene infinity）。列维纳斯的局限不仅是欧洲中心主义者的局限。如此欧洲中心主义者依赖过于狭隘的"何谓人"的定义。这样的定义把非欧洲人视为"不充分的人"（not fully human），并把它悄然排除在外。

1　这里的"穆斯林"（Muselmann）不同于一般意义上的"穆斯林"（Muslim）。它在德语中被写成"der Muselmann"，有其特殊内涵。在阿甘本那里，"穆斯林"指纳粹集中营中的囚徒。"穆斯林"只有一个名字，其实体存在是不可证明，也无人证明的。他们放弃了同伴，也被同伴所弃。在他们的意识中，善与恶、高贵与卑微、智慧或愚蠢的区分已经没有意义。他们就是只有一个皮囊的行尸走肉。——译者注

列维纳斯没有纳入"人"之范畴的，是非人（inhuman）。非人这个维度躲避人与人的面对面的关系。这道理同样适用于阿多诺：尽管他很清楚，有关"人"的流行定义涉及暴力，因为这个定义暗中排斥"非人"（nonhuman）的整个维度，但他依然基本上把"非人"设想为"异化"了的人性的储存库。归根结底，在阿多诺看来，"非人"是我们必须与之战斗的野蛮力量。[1]他所错过的，正是这样的悖论：只有针对"非人"这个固若金汤之地，只有针对某种仍不透明的、抵抗把自己纳入有关何者是"人"的叙事性重构（narrative reconstitution）之物，有关"人"的任何规范性确定（normative determination）才是可能的。换言之，尽管阿多诺认识到，"做人"（being-human）是构成性的有限（constitutively finite），是非整体化的，把人设定为"绝对主体"（absolute subject）的努力会使人"去人化"，但他依然没有解释，对人的这种自我限制（self-limitation）是如何界定"成为人"的："成为人"只是人的限制（limitation of human）？或者，关于这一局限（正是这一局限构成了存在-人类），是否存在实证性的概念？

这个悖论还现身于"启蒙的辩证"（dialectic of Enlightenment）的内核之中：尽管阿多诺和霍克海默把20世纪的灾难与野蛮视为启蒙事业的固有之物，而不是先前的野蛮之残余导致的结果——完成"作为未竟之业的启蒙"所要消灭的正是这种野蛮，但他们坚持借助于启蒙来消除启蒙的这一额外后果。[2]如果大势已去的启蒙等于重归野蛮，这是否意味着，我们拥有的唯一的启蒙概念是这样的概念——它应该受到约束，并使人清楚其局限？或者，是否存在一个实证的、已经包含了这种局限的启蒙概念？对于阿多诺的批判大业存在的这种非一致性，有两个基本的回应：一个是哈贝马斯的，一个是拉康的。一个通过归纳实证性的规范参照系（normative frame of reference）打破僵局，一个对僵局／局限的"人性"予以再概念化，也就是说，重新提供"人"的定义。该

1　See Theodor W. Adorno, *Nachgelassene Schriften*, vol. 10, *Probleme der Moralphilosophie* (Frankfurt: Suhrkamp, 1996).

2　See Max Horkheimer and Theodor W. Adorno, *Dialektik der Aufklärung* (Frankfurt: Fischer Verlag, 1971).

定义在先前的普遍有效性（infinite universal）之上或之下，强调了局限本身："做人"是特定的有限之态度（attitude of finitude），是被动性之态度（attitude of passivity），是脆弱暴露之态度（attitude of vulnerable exposure）……基本的悖论是：我们当然应该把下列情形视为"非人"的情形并加以抨击——我们的意志被妨碍、阻挠、承受外部暴力的压迫，但我们不应该由此得出如此"显而易见"的结论——人性的实证定义就是意志的自主：还有一种被动的暴露，即被动地暴露在势不可挡的异己性（overwhelming Otherness）之下，这是"做人"的根基。那么，我们如何把下列两者区分开来：一是"恶劣"的非人性（inhumanity），即粉碎我们意志的暴力，一是被动性（passivity），正是它使人性成了人性？

阿多诺没能主题化（thematize）的，是康德的超验转向（transcendental turn）中的"非人"的已经变化了的身份；[1] 列维纳斯也没有注意到这个维度：[2] 在真正的辩证悖论（dialectical paradox）中，颂扬异己性（Otherness）的列维纳斯所忽略的，不是所有人的潜在同一性（Sameness），而是彻底的"非人"异己性，即被化约为非人性（inhumanity）的人类异己性，由集中营里的"活死人"的骇人形象所例证的异己性。正是因为这个缘故，我们可以说，尽管列维纳斯通常被视为努力表达犹太人大屠杀经历的哲学家，但说到他对人的生存权利的质疑，说到他对我无条件的非对称责任（asymmetrical responsibility）的强调，有一件事情是不言而喻的：这不是犹太人大屠杀的幸存者、真正体验过犹太人大屠杀的伦理深渊的人如何想和如何写的问题。这是那些在最小安全距离之外观察这场灾祸而深感内疚的人如何想的问题。

阿甘本把穆斯林设定为某种绝对的/不可能的（absolute/impossible）目击者：他是唯一充分目击集中营惨状的人，正是由于这个缘故，他不能为集中营惨状作证，仿佛他被自己目睹的集中营惨状这颗"黑太阳烧伤"。因此，可以把"真正"的目击界定为经过了以穆斯林为化身

1　对这一身份的更为详细的解说，参见本书第 1 章。

2　See Emmanuel Levinas, *Ethics and Infinity:Conversations with Philippe Nemo* (Pittsburgh: Duquesne University Press, 1985).

的、看不见的第三者（invisible Third）调停的目击：它从来都不只涉及我和我目击的事件；我与该事件的关系总是由充分目击了该事件并因此不再能报告该事件的人的调停。也就是说，只要列维纳斯在描述伦理号令（ethical call）时复制了意识形态询唤的基本坐标［他人脆弱面孔上发出了无限号令（infinite call），我以"我在这里！"回应，于是我成了伦理主体（ethical subject）］，我们可以说，穆斯林正是这样的人：他不再能够说出"我在这里！"而且在他们面前我不再能够说出"我在这里！"[1] 不妨回忆一下这样的宏大姿势——我们把自己等于典型的受害者："我们全都是萨拉热窝公民！"，等等。穆斯林面临的问题是，严格说来，这样的宏大姿势已经不再可能。哀婉动人地声称"我们全都是穆斯林！"是淫荡不堪的。……在这里，阿甘本还应该得到下列行为的补充：把同样的分裂转置于目击者这个对应物，转置于目击者证言的接收者，转置于大对体，大对体对我的证言的完全认可，允许我驱逐自己心中的魔鬼。我从来没有以精确对称的方式遇见能够充分证明我的目击真实无误的"真正"接收者：我的证言总是被无法证实我的证言的有限他者（finite others）接收。这样的结构不就是拉康在 20 世纪 50 年代之初提出的所谓的交流"图式 L"（Schema L）的结构吗？在"图式 L"中，"真正的交流"，即对角线 S–A，被代表想象性关系的对角线 a–a'穿越。[2] 在这里，S 代表穆斯林这个理想的–不可能的目击者（ideal-impossible witness），A 代表无法证实他的证言的、理想的–不可能的接受者，a 代表作为不完美的目击者的幸存者，a'代表接收这些幸存者的证言的不完美的接收者。因此，目击的悲剧在于，不仅理想的目击者（即亲自作证，报告其经历的穆斯林）是不可能的，而且没有理想的接收者。当我们知道我们的证言安全地存放在那里时，我们摆脱了自己心中的魔鬼——根本不存在大对体。

因此，穆斯林的形象既是处于零层面的生命，被完全化约为苟活

1　See Giorgio Agamben, *What Remains of Auschwitz:The Witness and the Archive* (Stanford: Stanford University Press, 2002).

2　见下列著作最后一章：*The Seminar of Jacques Lacan, Book II:The Ego in Freud's Theory and in the Technique of Psychoanalysis* (1954—1955) (New York: Norton, 1991).

的生命，又是纯粹过度（pure excess）的称谓，被剥夺了"正常"根基的过度的称谓。穆斯林的悖论不就表现在这里吗？这是穆斯林形象展现了列维纳斯的局限的原因：普里莫·莱维（Primo Levi）在描述穆斯林时，频繁使用形容词"无面孔的"（faceless），应该赋予这个术语以充分的列维纳斯分量。[1] 在面对穆斯林时，我们真的无法通过观察他的面孔，在他或她的脆弱不堪中识别出大对体的深渊。我们无法应对我们的责任发出无限号令（infinite call）。我们看到一面没有门窗、缺乏深度的墙。或许穆斯林是处于零度层面的邻居，我们不可能与他建立任何情感关系。不过，在这一点上，我们再次面临那个关键的进退两难之境：如果恰恰是在穆斯林"无面孔"的面孔的幌子下，我们遇到了大对体最纯粹和最激进的号令呢？如果面对穆斯林，我们意识到了自己对最具创伤性的大对体的责任呢？简言之，如果把列维纳斯的面孔与最严格的弗洛伊德–拉康意义上的"邻居"话题并置一处，把它们视为魔鬼一般的、无法穿越的原质［即邻居（Nebenmensch）］，把它们视为使我们癔症化和愤怒的原质呢？如果邻居既不代表我的想象性的替身/雷同物（double/*semblant*），也不代表纯粹符号性的抽象的"交流伙伴"（partner in communication），而代表处于他或她的实在界之维中的大对体呢？沿着这些思路，如果我们恢复列维纳斯的"面孔"的全部魔鬼性（monstrosity）呢？这时面孔不是耀眼显现的"人类面孔"（human face）的和谐整体，而是我们在撞见被奇异地扭曲的面孔时，在撞见被令人恶心的抽搐或鬼脸控制的面孔时，在撞见邻居"颜面失尽"的面孔时，猛然瞥见之物。不妨回忆一下来自通俗文化的个案：在卡斯顿·勒鲁（Gaston Leroux）的《歌剧魅影》（*The Phantom of the Opera*）中，"面孔"是女主人公在第一次看见没戴面具的魅影时瞥见的。作为对这一恐惧场景的回应，她立即不省人事，并跌倒在地……

这个解决之道本身是可以接受的，但它的问题在于，它破坏了列维纳斯试图在它之上建立的伦理大厦：这样魔鬼般的面孔是已经现身的实在界（Real embodied）具有的含混性，是极端的/不可能的点位

1　See Primo Levi, *If This Is a Man/The Truce* (London: Abacus, 1987).

（extreme/impossible point），在那里，对立面合而为一，大对体的脆弱赤裸（vulnerable nakedness）与纯粹之恶（pure Evil）重叠在一起。也就是说，我们应该在此全力关注"邻居"一词的确切含义。犹太-弗洛伊德意义上的"邻居"，作为魔鬼般的异己性之载体的邻居，这个真正非人的邻居（inhuman neighbor），就是我们在列维纳斯对大对体的面孔的体验中遇到的邻居吗？在犹太-弗洛伊德的非人邻居的核心地带，不是存在着一个魔鬼般的维度，一旦在列维纳斯的意义上领悟这个维度，它就已被最低限度地"绅士化"和驯服？如果列维纳斯的面孔是对主体性的这个魔鬼之维的另一种防御呢？如果把犹太律令理解为这种非人邻居的严格对应物呢？换言之，如果犹太律令的终极功能就是促使我们忘却邻居，不与邻居亲近，而是与邻居保持适当的距离，把犹太律令当成某种防御邻居魔鬼性（monstrosity of the neighbor）的防护墙呢？因此，邻居是终极的无躯体的器官，或者如同里尔克在《马尔特·劳里茨·布里格手记》（*Notebooks of Malte Laurids*）说的那样：

> 有一种生灵绝对无害；当它经过你的眼前，你很难注意它的存在；即使注意到了，也会瞬间把它忘掉。但是，一旦它以某种方式，于无形之中进入你的耳朵，它就会开始发展，开始孵化，情形就会变得一目了然：它已渗入你的大脑，并毁灭性地成长，就像从狗鼻子进入狗身体的肺炎球菌那样……这种生灵就是你的邻居。[1]

这里要抵制的诱惑就是对邻居进行伦理性的"绅士化"，就是把邻居-原质具有的彻底含混不清的魔鬼性化约成作为深渊点（abyssal point）的大对体。伦理责任的呼唤（call of ethical responsibility）就是从这个深渊点发出的。

这个话题扰乱了卡夫卡世界的核心。解读卡夫卡，需要在抽象化（abstraction）方面付出巨大努力——不是学习更多的东西（理解其作品所需要的恰当阐释视野），而是拆解已经学到的标准阐释参考

---

1 这段引文，我要感谢埃里克·桑特纳（Eric Santner）。

（interpretive references）。只有这样，我们才能向卡夫卡作品的野生力量
（raw force）敞开心扉。存在三种阐释框架（interpretive frames）：第一是
神学的，根据这种阐释，卡夫卡急切搜寻不在场的上帝；第二是社会-
批判的（socio-critical），根据这种阐释，卡夫卡展示了现代已被异化的
官僚机构这个噩梦般的世界；第三是精神分析的，根据这种阐释，卡夫
卡"尚未解决的俄狄浦斯情结"阻止他投身"正常"的性关系。所有这
些都必须抹去；为了让读者能够感受卡夫卡世界的野生力量，必须恢复
某种孩子气的纯真。其于这个原因，在卡夫卡那种情形下，第一种（纯
真）解读通常是最为恰当的解读，第二种解读想把读者赶进既定的阐释
框架，进而"扬弃"第一种解读。我们应该这样接近卡夫卡的一大关键
成就——"奥德拉岱克"（Odradek）：

　　　　有人说"奥德拉岱克"一词源于斯拉夫语，并试图以此为根基
　　对它做出解释。也有人相信它源于德语，只是受到了斯拉夫语影响
　　而已。这两种阐释的不确定性使人们公正地假定：它们均不准确，
　　此外它们均未为此词提供能为人理解的意义。

　　　　如果不存在一种名为"奥德拉岱克"的生灵，当然不会有谁从
　　事这样的研究。乍看之下，它俨然一个扁平的、星状的线轴，而且
　　它上面似乎真的缠着线；当然，这些线只是破旧的线头，形态不
　　一，颜色各异，缠在一起。但它不只是一个轴，因为从星的中间伸
　　出了一个小小的木制横梁，从另一个角度插进了另一个小木棒。一
　　边是这个小木棒，一边是星芒，它们仿佛两条腿，使整个东西站立
　　起来。

　　　　人们禁不住相信，这种生灵一度有某种人类可以理解的外形，
　　但现在只剩下了损毁的残余。不过似乎情形并非如此，至少没有任
　　何迹象表明如此，没有未完成或已破碎的外表表明如此。整个东西
　　看上去已经相当荒唐，但自成一体。不管怎样，不可能再进行更仔
　　细的审视，因为"奥德拉岱克"极其敏捷，无法控制。

　　　　它依次潜伏于阁楼、楼梯、大堂、门廊。常常连续数月不见踪
　　影，大概是搬到了别人家里。但它总是真诚地再回我们家里。有好

多次，你出门，他碰巧倚靠在你下面的楼梯扶手上，你想跟他说句话。当然，你不会对他提出很难的问题，他是那样的小巧，你禁不住像对待孩子那样对待他。"你叫什么名字啊？"你问。"奥德拉岱克，"他答。"你住哪儿啊？""没有固定住所，"他笑着回答。但这是唯一从没有肺的肚子里发出的笑声。它听上去更像落叶的瑟瑟声。通常会话就此结束。即使这样的回答，也不能总能听到。通常他会沉默良久，面如槁木。

　　我徒劳无益地问自己，它以后会怎么样？他会死吗？任何会死之物，在活着时，总有某种目标，总要做些事情，并为此而终。但这不适用于"奥德拉岱克"。那么，我是否应该假定，它会总是拖着线的末端滚下楼梯，一直滚到我孩子的脚下，滚到我孩子的孩子的脚下？他不会给任何人造成看得见的伤害。但想到他可能比我活得长久，我隐隐感到些痛苦。[1]

"奥德拉岱克"是客体，它超越生死（免于生生死死的循环），它永远不朽，它处于有限之外（因为它处于性差异之外），它处于时间之外，它没有展示以目标为取向的活动，它没有目的，它没有效用。它就是借助于某物现身的原乐。正如拉康在《讲座之二十：再来一次》（*Seminar XX: Encore*）中所言："原乐不为任何东西服务。"在卡夫卡的作品中，原质－原乐这个不朽（或者说得更确切些，不死）的过度，展现出不同的外形：第一是律令，它并不真的存在，却又不知何故地挥之不去，它使我们感到内疚，却又不知道因何内疚；第二是伤口，它既不彻底愈合，又不让我们一死了之；第三是官僚体制最"荒谬"的一面；最后但同等重要的是，它是像"奥德拉岱克"那样的局部客体。它们全都表现为对黑格尔的噩梦式的"恶劣无穷大"（bad infinity）的模仿：没有扬弃，没有恰当的解决之道，事情只是一味拖延下去……我们永远无法获得律令，皇帝的信件永远无法抵达目的地，伤口永远无法愈合，也不

1　Franz Kafka, "The Cares of a Family Man," in *The Complete Stories* (New York: Schocken Books, 1989).

能把人杀死。卡夫卡的原质要么是超越性的，永远不让我们抓到，如律令，如城堡；要么是荒谬客体，主体变成了这样的客体，而且永远无法摆脱，《变形记》中的格里高尔·萨姆沙就是如此，他变成了昆虫。关键在于，要把这两个特色放在一起解读：原乐是这样的事物，我们既永远无法获得，又永远无法摆脱。

卡夫卡的天才在于，他要把官僚机构这个本来绝不色情的实存物色情化了。在智利，在公民向官方证明自己的身份时，

> 值班职员会要求这个可怜的申请人提供下列证据：他已经出生，他不是罪犯，他已经纳费，他已经完成选民登记，他还活着，因为即使他为了证明自己没死而大发雷霆，也必须提交"生存证明"。问题到了这样的地步，政府自己创建了一个办公室，专门对付官僚体制。现在，如果公民被粗暴对待，他可以投诉，书面控告不称职的官员……当然要填写表格，盖章，然后复印三份。[1]

这是最疯狂的国家官僚机构。我们是否知道，在这个世俗年代，这是我们与神圣（devine）唯一真正的接触？比方说，当官僚告诉我，从法律上讲我并不存在时，还有什么比我们与最疯狂官僚机构的创伤性遭遇更"神圣"？只有通过这样的相遇，我们才能瞥见处于纯粹的尘世日常现实之外的另一种秩序。和上帝一样，官僚机构是无所不能、固若金汤、变化无常、无所不在、难得一见的。卡夫卡对官僚机构与神圣的深刻联系可谓了如指掌。鉴于存在着真正的淫荡性迂回曲折（obscene twist），在他的作品中，黑格尔的观点——国家是上帝在人间的存在形式——仿佛被"鸡奸"了。只有在这个意义上，卡夫卡的作品展示出在我们这个荒芜的世俗世界上对神圣的搜寻。或者说得更确切些，这些作品不仅搜寻神圣，而且在国家官僚机构中找到了它。

在特里·吉列姆（Terry Gilliam）的《巴西》（*Brazil*，又译《妙想天开》）中，有两个无法忘却的场景。它们完美地展示同官僚原乐

1　Isabel Allende, "The End of All Roads," *Financial Times*, November 15, 2003, W12.

（*bureaucratic jouissance*）的疯狂过度。这样的官僚原乐在自己的自动循环中获得永生。主人公的水管装置出现故障，他给官方维修服务中心留言，请求紧急帮助。罗伯特·德尼罗（Robert de Niro）进入了他的公寓。他是一个神话一般的神秘兮兮的罪犯。他从事的颠覆活动是，窃听紧急电话呼叫，然后直接找到客户，免费为其修复水管装置，因而对效率低下的国家维修服务中心的书面文件不屑一顾。的确，在陷于原乐的恶性循环的官僚机构中，终极犯罪就是直接完成自己的本职工作。如果国家维修服务中心真的完成了自己的本职工作，那也会在无意识力比多构造（unconscious libidinal economy）的层面上被视为不幸的副产品，因为它的大部分能量都用在了发明复杂的行政程序上，而这样的行政程序又为它设计更新的障碍，无限期地推迟完成自己的工作。我们在第二个场景中看到，在一个大型政府机关的直廊上，一群人永远在兜圈子。一伙行政人员跟在一个领导人（大牌官僚）后面，始终都在对他声嘶力竭，请他谈看法或拿主意，他则神经质一般地快速做出"有效"的答复："这个最迟明天完成！""看一下那份报告！""不，取消约会！"……当然，神经质一般的高速运转只是做戏而已，它掩盖了一道自我放纵、荒谬不堪的奇特景观——冒充、表演"高效行政"。为什么他们始终都在兜圈子？他们追逐的领导人显然并没有走在从开会到开会的路上。他一直在做的，就是毫无意义地围着走廊迅速走动。主人公不时碰到这群人。卡夫卡对上述问题的回答当然是，整个表演的目的就是吸引他的目光，整个表演都是给他看的。他们假装忙忙碌碌，不想被主人公打扰，但他们的全部活动都旨在激励主人公向这群人的领导人提出要求，然后这位领导人又会神经质般反驳："你不看看我现在有多忙！"或者偶尔做做与此相反的事情：跟主人公打招呼，仿佛已经等他很长时间，秘而不宣地等他提出请求。

在这里，潜伏在社会批判或社会讽刺这一误导性外表之下的，是制度之谜。确定自克尔凯郭尔至卡夫卡的思想路线的最佳方式，就是使之与自由神学（liberal theology）相对立。自由神学强调真挚的内在信仰，反对任何"纯粹外在"的社会宗教制度。克尔凯郭尔式的信徒是孤独的，这不仅是在个人茕茕孑立、形影相吊的意义上说的，而且是在他完全暴露在神圣原质（divine Thing）的创伤性冲击之下的意义上说的。
这是克尔凯郭尔在讨伐"基督王国"时攻击的不仅是作为国家制度的教
会，而且是教会的天生对应物——"内在信仰"——的原因。这种对
立所错过的，是制度本身具有的创伤性的"内在"冲击——力比多身份
（libidinal status）。在我用"你好吗？"与熟人打招呼时，我们全都一清
二楚，我并不真的对他表示关心。尽管如此，我的问候也不是简单的伪
善行为，因为与我的内心意图或信念相比，我的外在社会形式包含着更
多的真理。最为基本的"制度"就是意义的最低限度的物化，它允许我
说："与你想说什么没有关系，揆诸事实，你的言辞表达的就是这个意
思！"如果我们一条道走到黑，以这种方式想象圣灵呢？一旦宗教仪式
得以恰当的执行，圣灵就处于制度的纯粹表演性（pure performativity）
之中，这与宗教仪式的参加者的内在信仰无关。

再回到"奥德拉岱克"那里。在简要分析这个故事时，让-克洛
德·米尔纳（Jean-Claude Milner）首先使我们注意到"奥德拉岱克"的
奇特性。[1]他有双足，能说会笑……简言之，他展示出人类的所有特
性。不过，尽管属于人类，他与人类并不相同，清楚地显现为非人
（inhuman）。如此一来，他是俄狄浦斯的对立物。俄狄浦斯在科罗诺斯
（Colonus）感叹自己的命运，声称在最终获得了普通人的所有特征，却
又变成了非人（non-human）。与卡夫卡笔下一系列的其他主人公完全一
样，只有通过把自己变为昆虫、线轴等物而不再与人类相同，"奥德拉
岱克"才变成了人。[2]他其实是"普遍的单一"（universal singular）。通
过体现自己的非人的过度（inhuman excess），通过不与任何"人"相
像，他成了人的替身。与阿里斯托芬讲述的有关原始球体人的虚构故
事［见柏拉图的《会饮篇》（Symposium）］形成的对比，在这里至关重
要。在虚构故事中，原始球体人被分成了两部分，每一部分都在永远追
寻自己的补充对应物，以重新成为那个丧失已久的整体。尽管是"局部

1　Jean-Claude Milner, "Odradek, la bobine de scandale," in *Élucidation* 10 (Paris: Printemps, 2004), pp. 93-96.
2　"奥德拉岱克"是个线轴般的生灵，关于这个事实，我们怎能忘记弗洛伊德讲述的那个Fort-Da游戏中的线轴。See *Beyond the Pleasure Principle* (New York: Norton, 1990).

客体", "奥德拉岱克" 并不追寻任何补充性的部分, 他并不缺少什么。尤其是, 他不是球体性的。米尔纳在破解 "奥德拉岱克" 之谜时, 把它视为希腊语 "*dōdekaedron*" 的回文式构词。"*dōdekaedron*" 有十二张面孔, 每张面孔都呈五边形。柏拉图在《蒂迈欧篇》[*Timaeus*) (55c)] 中声称, 我们的宇宙就是 "*dōdekaedron*"。"奥德拉岱克" 被分成了两部分的回文式构词, 因而是 *dōdekaedron* 的一半。这样, "奥德拉岱克" 是拉康在《讲座之十一》及其种子论文《无意识的位置》("Positions de l' inconscient") 中提出的薄片 (*lamella*)。薄片是表现为器官的力比多。这里的器官是既属于非人又属于人的 "不死" 的器官, 是无躯体的器官, 是神话般的、前主体的、"不死" 的生命实体。或者说, 它是生命实体的残余, 躲避着符号的殖民 (*lamella*)。它是 "无头" 驱力的可怕颤动。它不受寻常死亡的制约, 不受父性权威的管制。它云游四方, 居无定所。因此, 处于卡夫卡故事之下的选择, 就是拉康的 "父亲或更糟" (*le père ou pire*)。作为父亲的替代物, "奥德拉岱克" 是 "更糟"。

尽管无法一眼把他们识别出来, 在 "奥德拉岱克" 与雷德利·斯科特 (Ridley Scott) 执导的影片《异形》中的 "异形" 之间, 存在着某种联系:

> 异形的生命形态是 (只是、仅是、单是) 生命, 是这样的生命: 虽然它想成为一个物种, 成为一种生灵, 一种自然存在, 但就其本质而论, 它还算不上一个具体的物种。它是肉体化的自然或崇高化的自然, 是自然域 (natural realm) 噩梦一般的化身。这样的自然域彻底屈从于双重化的达尔文式驱力——生存和繁殖, 也彻底为它耗尽。[1]

对生命 (Life) 的厌恶的就是对最纯粹的驱力的厌恶。注意到雷德利·斯科特颠倒了寻常的性蕴含 (sexual connotations), 甚是有趣: 生命 (Life) 被展示为天生的男性之物, 被展示为残酷的插入这种阳物的

---

1 Stephen Mulhall, *On Film* (London: Routledge, 2001), p. 19.

力量（phallic power）。它寄生于女性躯体，以女性躯体为自己繁殖的载体。"美女与野兽"在此表现为，女性主体因为厌恶不死的生命而惊骇不已。让－皮埃尔·热内（Jean-Pierre Jeunet）执导的《异形4：浴火重生》（*Alien Resurrection*）中有两个真正崇高的时刻。在第一个时刻，克隆成功的雷普利（Ripley）进入了展览着先前七个半途而废的克隆物的实验室。她在那里与其他版本的她自己相遇。这些版本是从存有论的角度看失败了的、有缺陷的版本，包括最失败的版本，也包括几乎成功的版本。几乎成功的版本有面孔，但四肢畸形，因而与异形原质（Alien Thing）的四肢相似。几乎成功的雷普利请求克隆成功的雷普利把她杀死。盛怒之下，克隆成功的雷普利纵火焚烧了整个实验室，彻底摧毁了这个恐怖的展览。然后出现了一个独特的场景，或许它是整个系列影片中最为独特的镜头。在那里，克隆成功的雷普利"被异形物种拉入怀抱，任它用翻滚的四肢和尾巴将其卷入，仿佛她被变化无形的、早些时候她试图烧死的生物体吞没"。[1] 因此，两个场景之间的联系是显而易见的：我们面对着同一枚硬币之两面。不过，对于魔鬼般的异形的迷恋，不应用来模糊《异形》系列影片的反资本主义强势：最终危及宇宙飞船上这个孤独群体的不是异形，而是地球上的匿名公司对这个群体的利用。该公司想开发另类生命形式。这里的关键不是打出简单肤浅的"隐喻意义"之牌，如指出吸血鬼般的怪物的"真正所指"是资本，等等；这里的关键是在转喻的层面上设想这种关系：资本是如何寄生于纯粹的生命驱力，如何盘剥纯粹的生命驱力的。纯粹生命是资本主义的一个范畴。如果像本雅明断言的那样，资本主义终究是一种宗教，[2] 那么，资本主义就是有关"不死"的、幽灵般的生命的淫荡宗教。这种宗教是以股票交易这种黑弥撒举行庆典的。

1 Ibid., p. 132.
2 See Walter Benjamin, "Capitalism as Religion," in *Selected Writings*, Volume 1 (Cambridge, MA: Harvard University Press, 1996), pp. 288−291.

（8）活得太久！

卓别林的绝对杰作之一《城市之光》中有一个颇堪回味的场景。列维纳斯等人曾经评论过这个场景。[1] 它直接触及了生命的淫荡过度（obscene excess）。流浪汉不慎吞下一个口哨，又连续打嗝，结果导致了喜剧效果。因为胃中空气的流动，他每次打嗝都类似于吹哨，因而从他体内传来奇怪的哨声。尴尬的流浪汉拼命掩盖这种声音，但又无计可施……难道这个场景没有展示最纯粹的羞耻？当我面对自己体内的过度（excess in my body）时，我感到羞耻。意味深长的是，在这个场景中，羞耻之源是声音：从我体内发出的幽灵般的声音，作为特立独行的"无躯体的器官"的声音，就处于我躯体的核心地带；尽管如此，我又无法控制，它仿佛某种寄生虫、外来的入侵者。简言之，这就是拉康所谓的语音-客体（voice-object），是小客体、隐秘宝藏（*agalma*）的具体化身之一，是"在我之内而非我"的东西。[2]

即使我们没有想到能够找到这个客体，也能与它不期而遇。如果有一部称得上文学斯大林主义（literary Stalinism）的绝对经典的小说的话，那它就是奥斯特洛夫斯基的《钢铁是怎样炼成的》。布尔什维克保尔·柯察金在20世纪20年代全力投入内战，然后投身于钢铁厂的建设，最终蜷缩在肮脏的破衣烂衫之中，四肢瘫痪，被化约成近乎非肉体性的存在。在这种情况下，他最后娶了一个名叫达雅的年轻女孩，使一切变得一目了然：他们没有性生活，只是相互陪伴而已，她的功用就是对他悉心照料。在这里，我们在某种程度上遇到了"幸福新人"这个斯大林主义神话的"真相"：一个为建设社会主义牺牲了一切的、脏兮兮的、非性化的残疾人。这种命运与奥斯特洛夫斯基的命运完全一致。奥斯特洛夫斯基在20世纪30年代中期，也就是在完成了这部小说之后，四肢瘫痪，双目失明。和奥斯特洛夫斯基一样，通过撰写自传性的小说，被

---

[1]　See Emmanuel Levinas, *On Escape* (Stanford: Stanford University Press, 2003), p. 65.

[2]　我在这里依赖的是琼·科普杰克（Joan Copjec）有关羞耻（shame）的开创性研究。See "May'68, the Emotional Month," in Žižek, ed., *Lacan: The Silent Partners*.

化约成活着的死人和木乃伊的保尔，最后重获新生。[1]在生命的最后两年，奥斯特洛夫斯基作为"传奇人物"住在黑海度假屋。度假屋所在的街道是以他的名字命名的。度假屋成了无数朝拜者的目的地，外国记者对它也有浓厚的兴趣。对自己的充满叛逆精神的肉体的如此约束，是以保尔眼中那个使他渐渐失明的弹片为化身的。这时，奥斯特洛夫斯基平铺直叙的风格突然化为一个复杂的隐喻：

> 章鱼有一只鼓鼓的、像猫头那么大的眼睛。眼睛四周呈暗红色，中间却呈绿色。它闪闪发亮，随着磷光颤动。……章鱼在移动。他看到，章鱼几乎就贴着他的眼睛。章鱼的触须在他身上慢慢移动，凉冰冰的，像荨麻一样扎人。章鱼伸出刺，俨然蚂蟥，叮在他的头上，同时痉挛性地蠕动着，吸他的血。他觉得，他的血被抽出了他的身体，注入了章鱼膨胀的肉体。[2]

依照拉康-德勒兹的说法，章鱼在这里代表着"无躯体的器官"，即入侵、制服我们的庸常生物躯体的局部客体。它并不是以其触须窒息和抑制工人的资本主义制度的隐喻。在两次世界大战期间，触须是标准的通俗隐喻。令人惊奇的是，它是绝对自我控制的"实证"隐喻：布尔什维克革命者必须对自己的躯体实施自我控制，对"病态"的、潜在堕落的、肉体性的欲望进行自我控制。章鱼是从我们内部控制我们的超我器官（superego organ）。当陷于绝望的保尔在评论自己的一生时，奥斯特洛夫斯基这样概括这一时刻的特征："这是他的'我'与政治局召开的一次会议，专门探讨他的躯体的叛逆行为。"证明下列事实——文学意识形态（literary ideology）永远不只是谎言——的另一个证据是：真理是通过置换（displacements）清楚表达出来的。我们不禁在此想起卡

1　我在这里依赖的是莉莉亚·卡加诺夫斯卡（Lilja Kaganovska）精湛的论文《斯大林的男人们：尼古拉·奥斯特洛夫斯基〈钢铁是怎样炼成的〉中的性别、性与躯体》（"Stalin's Men: Gender, Sexuality, and the Body in Nikolai Ostrovsky's *How the Steel Was Tempered*"）。论文为手稿，引用获得了作者的许可。

2　Nikolai Ostrovsky, *How the Steel Was Tempered* (Moscow: Progress Publishers, 1979), pp. 195–196.

夫卡的《乡村医生》：奥斯特洛夫斯基的章鱼，不就是卡夫卡笔下那个"不死"的伤口的别名吗？这个伤口一边寄生于我的躯体，一边阻止我死去。[1]

政治上，要把"无躯体的器官"这一概念与社团主义的躯体观对立起来。根据社团主义的躯体观，躯体是一个有机的整体。"主体从单个人那里脱颖而出"就是这样发生的：某个器官——即局部客体、主观的客体对应物（objectal correlative）——与人分道扬镳，其"灵魂"就是其躯体这一形式。关于"无躯体的器官"，第一个宏大故事不就是果戈理的小说《鼻子》吗？它讲述的是一个名叫柯瓦廖夫的圣彼得堡公务员的不幸遭遇。他的鼻子莫名其妙地消失了。鼻子后来重新出现在首都的大街上，成了一个级别更高的官员。在经历了一系列悲喜剧的迂回曲折后，在柯瓦廖夫放弃了重新找回自己鼻子的全部希望后，鼻子又令人难以理解地出现在柯瓦廖夫的脸上。果戈理用具有讽刺意味的自我指涉性的后记，结束了这个故事："比其他事情更怪异和更费解的事情是，作者怎么选择这样的题材……首先，这对故乡绝对没有好处；其次……其次，这对谁都没有好处。"[2]

不过，这还不是故事的全部。拉康对恋物癖客体（fetishist object）的概括是位于 -φ（即阉割）之上的小客体。小客体填补了阉割造成的分

1　难怪我们在伍瑟沃罗德·普多夫金（Vsevolod Pudovkin）的影片《逃兵》（*Deserter*，1933）的高潮一幕中发现了另一个卡夫卡式的特征。那里展示了斯大林主义审判秀的一个古怪位移（weird displacement）。主人公是德国无产者，现在在苏联大型冶金厂工作。他因其杰出的劳动而在全体工人面前受到表扬。他则以令人吃惊的公开忏悔来回应：不，他配不上这样的赞美，他来苏联工作，只是想逃避他在德国时的怯懦和背叛。当年在德国，警察袭击罢工工人，他却躲在家里，因为他相信了社会民主党的阴险宣传！闻听此言，公众——头脑简单的工人——感到迷惑不解，同时大笑和鼓掌。这个真正离奇的场景令我们想起卡夫卡《审判》中的那个场景。在那里，当约瑟夫·K 出庭时，公众也是在最出人意料和最不适当的时刻报之以笑声和掌声……这位工人后来返回德国，在自己应该在的地方展开斗争。这个场景之所以如此令人震惊，是因为它展示了斯大林审判的秘密幻象：出于个人的自由意志和罪恶感，在没有秘密警察的任何压力的前提下，叛徒公开忏悔了。

2　有小型但令人相当不快的外科手术干预。在只有局部麻醉的条件下，把眼睛从眼窝中取出，然后让它在躯体之外，至少是局部地回头凝视躯体，这样患者就能从外部，以"客观"的凝视审视自己。这样的经验就是我们的眼睛——作为没有躯体的器官、与我们的躯体分割开来的眼睛——的经验。我们可以把这种经验概括为无实体的神圣凝视（disembodied divine gaze）的经验，或概括为终极噩梦（ultimate nightmare）。

裂，同时又见证了这种分裂。正是由于这个缘故，拉康才认为羞耻是对
阉割的尊敬，是谨慎地遮蔽被阉割这一事实的心态。难怪女人要比男人
遮蔽得更多一些，她们要掩藏自己没有阴茎这一事实……无耻之所以为
无耻，在于公开展示自己的被阉割。羞耻之所以为羞耻，在于拼命地维
持这样的假象：尽管我知道有关阉割的真相，但还是让我们假装，阉割
从来都没有发生过……正是基于这个原因，当我看到我的残疾邻居"无
耻"地把他的残肢推到我的面前时，深感奇耻大辱的是我，而不是他。
当一个人在邻居面前暴露残肢时，他的真正目的不是向自己暴露，而是
向邻居暴露：他强迫邻居目击这一景观，激发邻居爱恨交加、摇摆不定
的排斥或迷恋之感，进而使邻居羞耻得无地自容。以与此完全相同的方
式，人会为自己的原属种族（ethnic origins）而羞耻，为自己具体身份
的特定"扭曲"而羞耻，为陷于自己被扔进的生命世界（他身陷其中并
难以摆脱）的坐标而羞耻。

　　卡夫卡《奥德拉岱克》中的父亲 / 叙述者的最后一句话（"但想到他
可能比我活得长久，我隐隐感到些痛苦"）是《审判》最后一句话（"仿
佛他死了，羞耻留了下来"）的回声。"奥德拉岱克"其实是那个家庭中
的父亲（故事的叙述者）的羞耻。"奥德拉岱克"是父亲的征候，是黏
着父亲原乐的"纽结"（knot）。不过这似乎使羞耻与阉割的关系复杂化
了：在拉康看来，这样的局部客体、薄片（lamella）、"不死"的无躯体
的器官，不正是逃避阉割的东西吗？拉康把薄片界定为"非性的客体"
（asexual object），界定为性化的残余（remainder of sexuation）。[1] 人要想
"虽生犹死"（dead while alive），就要被"死去"的符号秩序殖民；人要
想"虽死犹生"（alive while dead），就要赋予躲避符号殖民（symbolic
colonization）的生命实体（Life-Substance）——即薄片——以形体。因
此，我们在这里面对的是大对体与原乐的分裂，是抑制躯体的"死去"
的符号秩序与原乐这个非符号性生命实体的分裂。在弗洛伊德和拉康
那里，这两种观念并不处于我们的日常或标准的科学话语之中：在精神
分析中，两者均指真正的魔鬼之维——生命是薄片的骇人颤动，是非

1　See Jacques Lacan, "La position de l'inconscient," in *Écrits*.

主体的、"无头"的、"不死"的、永远处于庸常死亡之外的驱力的骇人颤动；死亡是符号秩序，是这样的结构——作为寄生虫，对活的实存物（living entity）进行殖民。在拉康那里，用以界定死亡驱力的，是这双重的分裂：不是生与死的简单对立，而是生命的分裂（生命被分裂为"正常"的生命和骇人的、"不死"的生命）和死亡的分裂（死亡被分裂为"庸常"的死亡和"不死"的机器）。因此，生与死的基本对立被寄生性的符号机器（语言是死去的实存物，但"表现得像拥有自身的生命一样"）来补充，由它的对应物即"活死人"（处于实在界之内、符号界之外的魔鬼般的生命实体）来补充。这种分裂运行于生死之域（domains of Life and Death）之内，构成了死亡驱力的空间。

本雅明在解读卡夫卡时全力关注"一长串人物，他们是畸形的原型，即驼背"。"在卡夫卡小说的形象中，最常见的形象莫过于把头深深埋在胸前的人了：法院官员的疲惫不堪，令旅馆看门人心烦的噪音，画廊里的游客必须面对的低矮天花板。"[1]至关重要的是记住，在乡下人与法律之门（Door of the law）的守护者相遇时，真正的驼背是守护者这个权威人物，不是乡下人。乡下人笔挺地站在那里。这一点是牧师在与约瑟夫·K争论时指出的。这场争论发生在《审判》中那个法律之门的寓言之后。牧师说得很清楚，俯首称臣的是守护者，他扮演着仆人的角色。因此，我们不应在此美化畸形的"生灵"，不应把他美化为这样的人物形象：他被边缘化了，被排除在全体人之外，成了与受害者为伍的客体。其实，生灵性的驼背（creaturely hunchback）是权力的仆人之原型。我们不要忘记谁才是地地道道的"生灵"：女人比男人更"生灵"，十字架上的基督是生灵，最后但同样重要的是，精神分析师是非人的生灵，而不是人的伙伴。精神分析师话语所下的赌注在于，人能够直接基于这种生灵性过度（creaturely excess），通过绕过主人能指来确立社会联系。不妨回忆一下拉康的"父亲或更糟"：如果精神分析师不是父亲般的人物，即父性符号权威（paternal symbolic authority）的人物，如果他的出场代表这一权威的悬置，致使这一权威悬置，那么，他的形象中不

---

[1] Walter Benjamin, *Illuminations* (New York: Schocken Books, 1989), p. 128.

也有"原始"——我不禁要说处于肛门期的——的父亲这个免于符号阉割的太一（the One）之类的东西吗？

我们应该这样处理基督教的圣餐礼（Eucharist）话题：我们在吃基督的躯体时究竟吃的是什么？我们吃的是局部客体，是不死的实体，它救赎我们，并确保我们超越死亡，确保我们还活在尘世之时，就已经分享到永恒的神圣生命。难道这不意味着，圣餐礼就像在恐怖片中侵入我们躯体的坚不可摧的永恒生命这个不死实体？难道我们没有通过圣餐礼被侵入我们躯体的异形鬼怪吓得魂飞魄散？[1] 德国 2003 年秋季发现了一件奇怪的食人案：一个伙计吃了自己的同伴。令人感到怪异的，恰是这个行为具有的严格的两相情愿的特性。这里没有寻常的秘密绑架和酷刑，杀人者在网上发布声明，征求愿意被杀吃掉之人，最后找到了一位自愿者。两人先是一起烹食了受害者的阴茎，然后受害者被杀死、切碎，被慢慢吃掉。如果还有什么圣餐之爱（Eucharistic love）这样的行为，这就是了……

当主体面对他身上尚且未被阉割之物时，面对着令人尴尬的、继续悬在外面的剩余-附加物（surplus-appendix）时，差耻就会将其淹没。父亲没能完成他的工作——强行实施"阉割"的律令。奥德拉岱克不就是父亲这一没有完成的行为的提醒者／残余物吗？或者，我们在此再次面对视差的悖论？也就是说，如果匮乏和剩余指的是同一种现象，匮乏和剩余只是对同一现象的两种透视呢？德勒兹在其"结构主义"的《逻辑科学》（*Logic of Sense*）中指出，一旦符号秩序出现，我们就要面对结构位置（structural place）与占据、填补这个位置的元素之间的最小差异：结构中那个有待元素来填补的位置，在逻辑上总是领先于元素。我们在此面对两个序列或两个层面：一个是"空洞"的形式结构，即能指；一个是填补结构中的空洞位置的系列元素，即所指。悖论之所以为悖论就在于，这两个系列从不重叠，我们总是遇到这样的实存物：就结构而言，它是空洞的、尚未被占据的位置；就元素而言，它是快速移

---

[1] 在古老的"癔症"概念——癔症乃子宫在腹内移动引起的疾病——中，子宫不是发挥着同样的作用吗？癔症不就是这样的疾病，在那里，主体之内的局部客体胡作非为，并开始四处走动？

动的、难以捉摸的客体，是没有位置的占据者。[1] 我们因此得到了拉康的幻象公式，因为主体的数元（matheme）是 $\mathcal{S}$，即结构中的空洞位置、被删去的能指；小客体当然则是过度客体（excessive object），即在结构中缺乏自身位置的客体。

因此，关键并不在于，元素多于结构中可用的位置，或者位置出现剩余，因为没有因素来填充这些位置。结构中的空洞位置会继续维持这样的幻象：会出现某个元素，来填充这个位置。缺乏位置的过度性元素（excessive element）会继续维持这样的幻象：还有迄今为止不为人知的位置，等待它去填充。关键在于，结构中的空洞位置与缺乏位置的、周游不定的元素是密切相关的：它们不是两种不同的实存物，而是同一个实存物的前后两面，也就是说，同一个实存物被铭刻到了一个莫比乌斯带的两个曲面上。最正式的"阉割"指的是，空洞位置优先于填充这个位置的偶然元素。可以据此解释癔症的基本结构，解释下列癔症问题的基本结构："为什么我是你说我是的那种人？为什么我处于符号秩序中的这个位置？"不过，与此密切相关的是下列事实：它与一个没有符号位置的客体绑在一起，即与一个逃避阉割的客体绑在一起。因此我们不应害怕得出下列终极悖论性的结论：阉割和否认阉割是同一枚硬币之两面；阉割必须由非阉割的残余（noncastrated remainder）来支撑，充分实现的阉割会使自己销声匿迹。或者说得更确切些，说薄片这个"不死"的客体并非阉割残余（remainder of castration），并不是等于说它是以某种方式逃过了阉割的打击而毫发无损的一小部分。它真的就是阉割切口（cut of castration）的产物，是由阉割切口导致的剩余。

阉割与征候的这种联系意味着，"不死"的局部客体已经铭刻在埃里克·桑特纳所谓"符指强调"（signifying stress）的躯体上：它是在躯体被符号秩序殖民时，给躯体造成的伤口、畸形／扭曲。正是因为这个缘故，从这一严格的意义上讲，动物不是"生灵"，它们没有与征候黏

1　See Gilles Deleuze, *The Logic of Sense* (New York: Columbia University Press, 1990), pp. 119-120.

在一起。[1] 不过，我们应该避免诱惑，把这一特征转译为传统哲学人类学的术语。根据传统哲学人类学的术语，动物沉浸于它周围的环境，动物的行为受先天本能的调控，而人则是不需直接本能支撑的、"无家可归"的动物。正是因为这个缘故，人需要主人把"第二天性"、符号规范和调控强加于他。关键差异在于，征候的"卑躬屈节"（cringe）不是这样的文化装置（cultural device），它注定要把新平衡强加于即将膨化为未驯服的过度（untamed excess）的、没有根基的人类，征候是"卑躬屈节"这种过度本身的称谓：通过把自己钉在/黏在"非人"的征候上，人类丧失了自己的本能性的动物坐标（animal coordinates）。这意味着，用来为人类下定义的物种差异（*differentia specifica*），不是人与动物的差异，或人与任何其他真实存在或想象出来的、诸如天神之类的物种的差异，而是人与非人的过度（inhuman excess）的差异。非人的过度是人的内在固有之物。

在本雅明看来，没有"神学"之维，革命就无法成功。这种"神学"之维不就是驱力的过度（excess of drive）之维吗？不就是驱力的"过多"（too-muchness）之维吗？换言之，我们的使命——真正的基督性使命——不就是改变我们被困于允许甚至恳请崇高化活动（activity of sublimation）的模态（modality）吗？

1　See Eric Santner, *On the Psychotheology of Everyday Life* (Chicago: University of Chicago Press, 2001).

插曲 1　凯特的选择，
或，亨利·詹姆斯的唯物主义

　　把亨利·詹姆斯称为描述历史的终极作家，称为描述历史对最隐秘经验领域产生了冲击力的终极作家，听上去或许令人吃惊。不过，这个真正的历史维度即使在语体的层面上也暴露无遗：詹姆斯的晚期语体的主要特色就是西摩·查特曼（Seymour Chatman）所谓的"心理名词化"（psychological nominalization），[1] 如把"约翰观察某物"（John observed X）改为"约翰的观察是某物"（John's observation was X），把"你还自豪得不够"（You are not proud enough）改为"你的骄傲功亏一篑"（Your pride falls short）。用以表达心理活动或心理经验的动词被名词化了。如此做法使抽象实存物亮相，而这在以前，是只有人类活动者（human actor）现身的。也就是说，在詹姆斯的小说中，人物角色（剧情人物）往往变成"抽象之锚定物"（anchors for abstractions）："詹姆斯世界中的思想和感知是实存物而不是行动，是事物而不是运动。"（22）。如此一来，心理抽象（psychological abstractions）自身具有了生命；它们不仅是詹姆斯文本的真正话题，而且甚至是相互作用的真正行动者（true agent）。在《鸽翼》中，意识（consciousness）能够"一声叹息"，印象可以变成"目击者"……结果，因为詹姆斯使用若干种省略形式，人类行动者往往变得泥牛入海无消息。这证明了他对省略形式的大量使用。与此相连的，是詹姆斯对形容词的厌恶。之所以如此，是因为形容词似乎对某种先前存在的实存物增加了限制。在避免使用形容词的诸种方法中，他喜欢的方法是以后面跟着"of"和名词的名词化形容词取代标准的形容词-名词的形式。在《鸽翼》中，我们看到的不是对凯特（Kate）和默顿（Merton）彼此相互需要的迷人展示（charming demonstration），

　　1　我在此依赖的是：Seymour Chatman, *The Later Style of Henry James* (Oxford: Basil Blackwell, 1972)。此后引文后面的括号里的数字，均指该书页码。

而是这种需要的"展示的迷人"（charm of the demonstration）。凯特表现出来的不是优雅的愉悦（graceful gaiety），而是"愉悦的优雅"（grace of gaiety）。她拥有的不是自由的幻象（free fancy），而是"幻象的自由"（freedom of fancy）。在所有这些个案中，品质（quality）变成了事物（thing）。

詹姆斯对指示词（deixis）的广泛运用，指向与此相同的方向。当它以查特曼所谓的"同位指示词"（appositive deixis）（63）这种极端形式表现出来时，尤其如此。在"同位指示词"中，代词首先出现，它预示着，位于同位语（apposition）之后的真正主体即使出现，如同《鸽翼》的第一句话表明的那样："她，凯特·克罗伊，在等待着父亲的到来……"（She waited, Kate Croy, for her father to come in . . .）一边是无名的"她"，一边是她的确定限定（determinate qualification），两者间的最小缝隙由此引入，表明每一种限定具有的特性都是迟疑不决和优柔寡断。指示词不只是先前引入的确定人物或事物的代用品，它还代表着无以名状的未知因素，代表着康德式的本体之物（noumenal Thing），而且我们不能忘记，"物"是詹姆斯宠爱的另一个词语。这样无以名状的未知因素躲避着它所有的限定。因为它与动词的名词化酷似，主体再次被化约为匿名的"抽象之锚定物"。主体不是具有属性或经历变化之物，而是某种空空如也的容器，是事物得以容身的空间。

马克思主义曾对思辨性－黑格尔式的意识形态倒置展开批判。在这种意识形态倒置中，抽象的谓词变成了过程的主体，而"真正的人"被化约成了它的次级谓词。对于通晓马克思这一批判的人来说，抵御下列诱惑是困难的：认定这些语体步骤（stylistic procedures）表明，詹姆斯已经堕入"资产阶级的意识形态物化"。这样说，尤其是因为，他在把重点从名词转向名词的属性时，没有依赖下列标准的"辩证"观：过程对陷于这个过程的事物具有优先性，"化成"（becoming）对"存在"（being）具有优先性。如果说有什么，那就是，詹姆斯是普鲁斯特的"柏格森主义"（Bergsonism）的真正对映体：他没有把化成之流（flux of Becoming）展现为固定的存在之真理（truth of fixed Beings），没有把化成之流展现为派生这些固定存在的过程，而是把动词和谓词变成了

"事物"。动词和谓词是化成之过程（process of becoming）的标记，是"事物发生了怎样的变化"的标记，是用来指定 / 限定这些事物的东西的标记。然而，在更深的、真正黑格尔式的、辩证的层面上，事情较此远为复杂：真正使主体非实体化的，真正把主体化约为形式性的空洞空间的，是詹姆斯的谓词和动词的名词化，是詹姆斯把谓词和动词变成了实体性的行动者（substantive agents）。这有点类似于如今的新达尔主义的主体性之理论（theories of subjectivity）：主体性是空间，在那里，模因（memes）为了生存和繁殖而浴血奋战。

对上面提及的意识形态抽象之物化（reification of an ideological abstraction），马克思主义曾经予以批判。只有马克思主义批判的典范个案是货币，我们就不应该对下列事实感到诧异——亨利·詹姆斯作品的终极话题是资本主义的现代化对伦理生活的影响问题：不确定（indeterminacy）和偶然性瓦解了对稳定的规范的古老依赖，稳定的规范规定我们如何采取行动，如何评价我们自己和他人的行动；不再存在能使我们找到自己的（伦理）道路的固定框架。不过，詹姆斯的伟大之处在于，尽管他完全接受现代性造成的这一中断，尽管他强调重返古老风俗的任何努力都虚假不实，但他同时避免了伦理相对主义和伦理历史主义，也就是说，避免规范和伦理价值的相对化，避免把规范和伦理价值说成是某种更为基本的、潜在的（经济、心理、政治）历史过程的表现形式。拒绝稳定的社会性－规范性的框架，绝对没有使我们回到自己的内心世界，没有把我们抛入我们的个人经验世界，而是使我们对他人的彻底依赖变得更加显而易见：

> 这种业已改变的不确定和偶然性之情形，可能本身就向我们表明，如果我要过自己的生活，赋予它意义，对它进行评估和判断，那么，业已改变的社会状态就具有更为直接的必要性。在这样业已改变的社会状态下，对他人的主张的体验已与先前不同，他人的主张意味着新的东西。在道德方面，关键问题可能并不在于以之对待他人的理性可辩解性（rational justifiability），而在于真正承认和实施对他人的依赖，没有这一点，任何辩解（对共同规范标准的任何

祈求）之过程都无法启动……这种不确定性（uncertainty）、怀疑和深远暧昧，意义的无解性（unresolvability）……使得下列行为成为可能，甚至使得下列行为成为需要：某种形式的依赖，甚至在可能的意识层面上的依赖，以及对如此依赖的某种实际认可。如此依赖现在构成了新的道德经验，构成了每个人对他人的权力主张和权力享受。如此依赖正是［詹姆斯的］兴趣之所在。[1]

这种转变当然是真正黑格尔式的。不确定性本身，固定的社会-伦理参照系的匮乏，绝对没有迫使我们一味屈从于道德相对主义，而是开辟了崭新的、"更高级"的伦理经验之领域、互为主体性（intersubjectivity）之领域、主体相互依赖之领域，以及这样的领域：不仅需要依赖他人，而且需要承认，他人的主张会对我产生伦理影响。因此，伦理学作为规范体系（system of norms）不只是事先给定的，它还是伦理性的"调停"运动的结果，是下列行为的结果——承认他人的主张对我具有合法性。也就是说，在从实体（Substance）向主体（Subject）的黑格尔式过渡中，实体（如社会的层面上的伦理实体，即支撑某种生活方式的风俗）并没有销声匿迹，只是它的身份已经改变：实体已经丧失其实体性特征，不再被体验为事先既定的坚实基础，而被体验为脆弱的符号性虚构，被体验为这样的事物：只有人认为它存在时，它才存在；或者，只有人把它与自己的伦理实体（ethical substance）联系起来时，它才存在。没有直接存在的"伦理实体"，唯一的"实际存在"的，就是人永不停息的活动和互动。只有这样的活动和互动，才使"伦理实体"有了生命。

有道是，要想发现某些事物，就必须在发现它之前，使之失去。难道这种真正的黑格尔式悖论没有概括詹姆斯对伦理立场的探寻？可以找到、概括这种伦理立场，但只有在使之丧失之后才能做这一点，只有在人们承认下列前提之后才能做到这一点：能在事先为我们的伦理判断提

---

1 Robert Pippin, *Henry James and Modern Moral Life* (Cambridge: Cambridge University Press, 2000), pp. 10-20.

供固定坐标的既定伦理实体，是根本不存在的；这样的伦理判断，只能来自我们的没有外部保证的伦理反思。这倒不是说，我们现在面对的是"黑格尔式"运动：首先自我异化（丧失），然后自我恢复（找到新立场）。与此相比，问题更为精确一些：正是"丧失"这种运动，正是伦理实体的丧失，为伦理性的调停运作开辟了空间，而只有这样的调停运作才能派生解决问题的方案。因此，丧失没有得以恢复，而是被充分确认为解放性之物，被充分确认为积极的开口（positive opening）。[1]

这意味着，詹姆斯小说的空间是彻底的世俗的、后宗教的空间。自相矛盾的是，这个维度在《卡萨玛西玛公主》（*The Princess Casamassima*）中是最模糊的。这部小说是被忽视的杰作，它直接处理社会-政治话题。[2] 它的局限是显而易见的：在处理 19 世纪 80 年代伦敦贫民窟中的革命无政府主义者这一话题时，詹姆斯从事的是某种智力测验，从事的是"某种纯粹的智力权力——掌握权力——的演练，以此预言它真的不知道的事物。"[3] 它与他的《贵妇肖像》和《鸽翼》等杰作的差异就在这里。他对《贵妇肖像》和《鸽翼》的题材了如指掌。在《卡萨玛西玛公主》中，詹姆斯根本无力勾勒革命政治的轮廓——他不了解这个爆炸性话题的内在肌质（inner texture）。正是因为这个缘故，为了掩盖这个事实，他精心描述伦敦贫民窟给人留下的印象，对难以言表的贫苦穷人充满了极大的同情。它在小说的人物方面的失败最为彻底：詹姆斯可以精湛地描绘单个的革命类型（individual revolutionary types），如普平（Poupin）、辛克尔（Schinkel）、穆内门特（Muniment）；被他彻底抛到九霄云外的，则是对集体革命运动的描述："他错误地假定整体等于部分之和，错误地假定，如果你描绘了全部激进分子，你就理解了

1　或许这正是詹姆斯激进不足之处：尽管他对贫民窟中无权无势的穷人做了颇有同情心的描绘，但他完全无法面对穷人对社会提出的伦理诉求，而正是这样的伦理诉求支撑着革命激进主义（revolutionary radicalism）。与此相反，黑格尔充分意识到了这个问题。他对乌合之众（Rabble/Pöbel）的轻视之语，不应使我们无视下列事实：他承认，乌合之众对社会采取侵略姿势和提出无条件的要求，是完全正当的，因为社会并不认为他们是伦理主体（ethical subjects），他们并不欠社会任何东西。

2　所用版本是：Henry James, *The Princess Casamassima* (Harmondsworth: Penguin, 1987).

3　Irving Howe, "The Political Vocation," in Henry James, ed. *Leon Edel* (Englewood Cliffs: Prentice-Hall, 1963), p. 157.

激进主义。"[1]

尽管如此，依然存在着一种根本性的、通常被忽略和误解的、要从《卡萨玛西玛公主》中获得的教益：与简单的改良主义解决之道相比，展现僵局全然的激进性更为适切。对这部小说的庸见是，它代表着詹姆斯极端保守的那一面。它发出的信息是审美保守主义（aesthetic conservatism）：伟大的文化丰碑和上流社会"文明"的生活方式，证明了数百万人受苦受难的正当性。今天，我们以更为恶化的方式面对这个问题：一边是有文化的自由民主的富裕社会，一边是生活在第三世界中的贫困不堪的数十亿人；对恐怖主义暴力的求助……不过，就其处理这个话题的方式而言，这部小说比它看上去远为激进和含混。第一个线索是由下列相当肤浅的事实提供的：在这部小说的描绘中，来自下层社会的革命性人物富有同情心，来自上流社会的革命性人物则显得虚荣和鄙俗。因此，詹姆斯远远没有赞同听天由命的保守态度："让我们尽己所能保护我们伟大的文化遗产，即使这样做要由无名芸芸众生遭受的苦难为之买单，也在所不惜。"代表这一遗产的所有人都是骗子，他们只是追逐空洞的仪式。他们施展巧计，为的是掩饰自己的鄙俗。因此僵局是真实的，没有唾手可得的解决之道。海辛斯·罗宾逊（Hyacinth Robinson）在小说结束时的自杀，标志着难以解开的二律背反：一边是一无所有之人的权利，一边是高雅文明，从中做出选择是不可能的。更为适切的是，海辛瑟斯无法将之聚在一起的，是视差的两个方面。这揭示了詹姆斯的特征，因为他有"能力看到问题的两个方面。海辛瑟斯走向毁灭，是因为他能看见问题的每个方面；他看得如此清楚，以至于他能采取的唯一的行动就是自我毁灭，这本身就是一个符号性陈述，对他来说是唯一的艺术品。"[2]

海辛斯与詹姆斯的关键差异在于，詹姆斯能够"解决"自己的问题：无力采取行动，从生活中退隐，把生活转化为艺术品。自相矛盾的是，这是海辛斯的下列行为——无法采取行动和谋杀上流社会人

1　Ibid., p. 166.
2　James, *The Princess Casmassima*, Derek Brewer's "Introduction," p. 17.

物——同时也是他缺乏创造性的原因："海辛斯对于毁灭的拒绝，也是在创造性方面的无能为力，反映了故事中更深的内在冲突。"[1] 因此，我们应该颠倒那个著名的老生常谈。根据这个老生常谈，破坏性的狂怒（destructive rage）是在创造性方面无能（creative impotence）的标志：每个纯正的创造性突破都始于破坏这个否定性姿势（negative gesture of destruction），始于了结往事这个否定性姿势。[2]

因此，视差分裂绝对不仅事关错综复杂的隐秘力比多投入，而且具有最大的政治重要性。我们应该在此想到贺宁·曼凯尔（Henning Mankell）小说的叙事结构。曼凯尔可能是最伟大的罪案小说作家，他描述的世界与詹姆斯描写的世界无法相提并论。曼凯尔最伟大的警察故事都发生在瑞典南部小镇伊斯塔德（Ystad），主人公是库尔特·沃兰德（Kurt Wallander）探长。这些故事遵循着同样的公式：开始时有个简短的序曲，发生在某个贫困的第三世界国家；然后小说转向伊斯塔德。如今的世界历史（World History）的大对体（the Other），即贫困的第三世界国家，已经铭刻到沃兰德小说（Wallander novels）的世界上。作为遥远的不在场的成因（Absent Cause），世界历史的大对体必须停留在背景上。在沃兰德小说序列的第二部《里加的狗》（The Dogs of Riga）中，曼凯尔违反自己了规矩，允许沃兰德直接介入了历史的大对体（the Other of History）。两个俄国人被谋杀了，他们的尸体在靠近伊斯塔德的海岸被发现。沃兰德在调查这个谋杀案期间前往拉脱维亚，并卷入了纷纷扰扰的今日宏大故事（big Story of the Day），即拉脱维亚的独立和苏联的解体。难怪这部小说一败涂地、矫揉造作和极度装腔作势。雪上加霜的是，沃兰德在那里找到了自己的临时情侣。她是拉脱维亚警方调查人员的遗孀，名为 Liepa Baiba，而 "liepa" 在斯拉夫语中意为 "漂亮"，于是我们得到了 "漂亮宝贝"（beautiful babe）。

不过，这个不在场的第三世界大对体（Third World Other）以另一种惊人的方式出现在曼凯尔的艺术世界和生活里："真实"的曼凯尔把

1　Ibid., p. 21.

2　或许我们能够由此出发提出一套完整的审美理论，就像列维-斯特劳斯那样。他在《忧郁的热带》（Tristes Tropiques）中把部面画绘视为解决社会僵局的一种努力。

他的时间分为伊斯塔德和马普托（莫桑比克首都）。他在马普托经营一个小型剧院，并为它写剧本，在那里做导演，演员则是当地人。他还写了几部非侦探小说，其故事都发生在今日莫桑比克令人绝望的生存条件之下。这使我们见识了曼凯尔的真正成就：在当今作家中，他是独一无二的视差艺术家（artist of the parallax view）。也就是说，两个视角——富裕的伊斯塔德的视角和马普托的视角——不可救药地"不同步"，这样就不存在使我们把一个视角转化为另一个视角的中性语言，更不能把一个视角设定为另一个视角的"真理"。在今日的环境下，我们最终能做的就是忠于这种分裂，记录这种分裂。面对着第三世界原汁原味的贫困、饥饿和暴力，仅仅关注第一世界的晚期资本主义异化和商品化、生态危机、新种族主义和不宽容等话题，不能不暴露其狗智性的一面。另一方面，认为与第三世界"真正"的永恒灾难相比，第一世界的问题都是微不足道的鸡毛蒜皮，这种看法也是虚假不实的——关注第三世界的"真正问题"是最终的逃避主义（escapism），是刻意回避自身社会存在的对抗（antagonisms）。弗雷德里克·詹姆逊简洁地描述了 20 世纪 80 年代以来西方左翼人士与东欧异议人士在对话时遭遇的僵局，以及他们之间共同语言的匮乏：

> 简单说来，东方希望谈论权力和压迫，西方希望谈论文化和商品化。在最初为话语规则展开的斗争中，真的没有公分母。到最后，我们得到的是不可避免的喜剧：每一方都用自己中意的语言嘟嘟囔囔、答非所问。[1]

这道理不同样适用于曼凯尔、他的作品及生活吗？他已经意识到，伊斯塔德和马普托没有公分母。他同时还意识到，这两个地方代表着同一个整体格局（total constellation）的两面。然后，他在这两个视角之间转换，想要从每个视角那里听到另一个视角的回声。正是因为坚持认为

1　Fredric Jameson, *The Seeds of Time* (New York: Columbia University Press, 1994), p. 89.——作者注。经核对发现，作者所注出处有误，*The Seeds of Time*（《时间的种子》）中没有这段话，但译者亦未查到此话的出处。

这一分裂具有无可挽回的特征，坚持认为两个视角之间不存在公分母，曼凯尔的作品才展示了对当今世界之整体性的洞察力。

让我们重新回到詹姆斯的《卡萨玛西玛公主》的终极僵局那里。或许我们应该在此引入性差异：海辛斯面临的僵局绝对没有暗示某种"女性"的优柔寡断和消极被动，它是下列行为的精确标志——他无力采取真正的女性行为。采取消极的女性姿势（negative feminine gesture），即在进行必要变更的前提下重复伊莎贝尔·阿切尔在《贵妇肖像》结束时的所作所为，是打破这一僵局、快刀斩乱麻的唯一方式。正是在《鸽翼》中，我们找到了这一姿势最终和最高的版本。但是，在什么地方找到的？这部小说提供了一个个案，在那里，正确地阐释场景或故事的唯一方式，就是以多种方式对场景或故事进行解读，重复性地解读，每一次解读都把注意力放在一个主要人物的视角上。《鸽翼》是有关道德审判的小说。但是，谁的审判？

不妨回忆一下德尔默·戴夫斯（Delmer Daves）执导的最伟大的后期西部片之一《决斗犹马镇》（3.10 to Yuma）。在这部影片中，关键一幕不是核心人物出演的（核心人物貌似处于伦理考验的焦点），而是由次要人物出演的（次要人物乃是诱惑之源）。《决斗犹马镇》讲述的故事是：一个农夫——由凡·赫夫林（Van Heflin）扮演——急需两百美元，以解救自己的家畜，使之免于因为干旱而死。他接受了一份工作，要把政府高额悬赏的一个强盗——由格伦·福特（Glenn Ford）扮演——从囚禁他的旅馆押送到火车上，火车则把他送往位于犹马镇的监狱。当然，我们在此看到的，是有关伦理考验的经典故事。纵观这部影片，接受伦理考验的似乎是农夫。他面临着诱惑，其面临诱惑的方式与更为著名的《正午》（High Noon）无异。当然，《正午》的"著名"是徒有其名的。所有那些答应帮助他的人，全都弃他而去，因为他们发现，旅馆已被誓死救出自己头目的匪帮团团包围。被囚的强盗则威逼与利诱兼施。不过，最后一个场景以回溯的方式彻底改变了我们对这部影片的观感：就在接近已经启动的火车时，农夫和强盗发现他们与匪帮近在咫尺，匪帮在等待适应的时机，打死农夫，救出头目。农夫似乎无计可施。在这个关键时刻，强盗突然转过头来对他说："相信我，让我们一起跳上火车！"简言之，真正经历伦理考验的是强盗，他显然是诱惑之物的代理。到最后，他为农夫的诚实所感动，要为他牺牲自己的自由……我们应该以同样的方式看待《鸽翼》。这个问题应该得到毫不含糊的解决。求助于所谓"犹豫不决"、"尚不确定"的人物性格之类的老生常谈，只是对虚弱思维（weak thinking）的宽恕。此外，丕平（Pippin）正确地指出，詹姆斯的成就完全在于，他把缺乏任何超验性的伦理实体（ethical Substance）视为现代性（modernity）具有的基本的决定性特征，同时又避免唾手可得的伦理相对主义（ethical relativism）的立场。

　　最明显的候选人是身患绝症的美国女继承人米莉（Milly）。可以把《鸽翼》解读为这样的故事：米莉在获知以她为针对目标的阴谋后，没有破坏这一阴谋，没有采取报复行动，而是长袖善舞地与之始终配合，从而找到了自主行为（autonomous act）的空间。当不必要的知晓（甚至是关于知晓的知晓）强加于人时，这部小说的决定性时刻来临了。这种知晓将会如何影响人们的行为？一旦米莉获知了邓舍尔（Densher）和凯特（Kate）的关系，获知了那个阴谋（邓舍尔向她示爱是那个阴谋的一部分），她会怎样做？一旦邓舍尔获知，米莉已经知道他和凯特的计谋，他又会如何应对？在这里，备受煎熬的是米莉：在获知这个阴谋后，她以牺牲的姿势作出回应，把她的财富留给了邓舍尔。这个彻头彻尾的利他主义姿势当然是操纵性的，而且操纵的深刻程度远远大于凯特的阴谋。米莉的目标是，通过把她的金钱留给邓舍尔，摧毁凯特和邓舍尔的关系。她直率地接受了自己的死亡，并把她的死亡表演为自生自灭的牺牲。这种牺牲，再加上那笔留给邓舍尔的金钱，应该能够使凯特和邓舍尔从此过上幸福的生活……这是摧毁他们的任何幸福前景的最佳方式。她把财富留给了他们，同时又使他们在伦理上不可能接受她的礼物。

　　我们全都知道基本的礼貌形式，即空洞的符号性姿势，意在被拒绝的姿势、提议。在约翰·欧文（John Irving）的《为欧文·米尼祈祷》（A Prayer for Owen Meany）中，少年欧文一不小心杀死了他最好的朋友、叙述者的母亲，并为此感到极度苦恼。为了表明他有多么难过，他小心谨慎地把他收集的棒球明星全套彩色照片交给了约翰。那是他最珍贵的财产。但是，约翰做事周全的继父丹（Dan）却告诉约翰，得体的行为

是把礼物退回。我们在这里得到的是最纯粹的符号性交换：做出意在被
拒绝的姿势。符号性交换的要义、"魔力"在于，尽管最终的结果与当
初毫无差异，这个行动的结果并不是零，双方都获得了明显的收益，签
订了团结协议（pact of solidarity）。这与我们日常习惯的一部分何其相似
乃尔？为了职务晋升，我与自己最亲近的朋友展开激烈的竞争，最后我
胜出了。对于我而言，得体的行为就是主动提议，把职务晋升的机会让
给他；对于他而言，得体的行为是就拒绝我的提议。这样做，或许能够
拯救我们的友谊……

米莉的提议与如此基本的礼貌姿势完全相反：尽管它也是意在被拒绝
的提议，但她的提议与空洞的符号性提议的不同之处在于，它把残酷的选
择强加于接受者。我把财产赠予你，以此作为至高无上的证据，证明我有
着圣徒般的善良。但是，如果你接受了的提议，你就会打上无法抹除的罪
恶污点，打上道德堕落的标记；如果你行为得体，拒绝这一提议，你也没
有任何正义可言——你的拒绝充当着回溯性的认可，即对你罪恶的认可。
所以无论凯特和邓舍尔怎么做，米莉的遗赠为他们提供的选择，都会使他
们感到内疚。如此一来，米莉的"伦理"牺牲是一个假动作：

> 通过以这种方式自愿死亡，米莉实际上是为了"保持梦想"而
> 死，为了维持幻象而死。该幻象一直支撑着她，使她成为欲望的主
> 体（desiring subject）。米莉之死因此令人想起弗洛伊德讲述的那个
> 梦，尽管两者是反向的。在那个梦中，父亲梦见孩子哭喊道，他
> （孩子）烧着了。于是父亲醒来，为的是继续做梦，即避开创伤性
> 的对抗，而创伤性的对抗是孩子通过哭喊表达出来的。与此相反，
> 米莉死去，避免醒来；她死了，为的是支撑欲望的幻象（desiring
> fantasy）。……因此，她的"癔症性"的解决之道，不过是坚定地支
> 撑那道阻止我们充分实现欲望的屏障而已。米莉之死是精确的拉康
> 意义上的伦理性死亡（ethical death），即与欲望保持一致的死亡。[1]

1　Sigi Jöttkandt,"Metaphor, Hysteria and the Ethics of Desire in *The Wings of the Dove*," 向亨利·詹
姆斯国际学术会议提交的论文 (Paris, 2002).

我同意西吉·乔特甘德（Sigi Jottkandt）的做法——把米莉的牺牲姿势描述为癔症性的解决之道，但我又不禁提出相反的伦理判断。乔特甘德依赖的，是经过简化的拉康的欲望伦理观——欲望是癔症式的。情形似乎是这样的：因为欲望首先要使自己得不到满足，要使自己停留在欲求的层面上，所以真正的伦理行为是持续地做梦、持续地延宕满足、持续地支撑欲望幻象（desiring fantasy）的行为……如果是穿越幻象呢？

解读这部小说的第二个视角是邓舍尔的视角。作为米莉的完美对应物，他落入了由她的牺牲性善良（sacrificial goodness）设定的陷阱：他无法接受幸福（金钱加上心爱的女人）。在这里，磨炼是对邓舍尔的磨炼：通过拒绝米莉的金钱，他展示了"道德的成长"（moral growth）……对不对？到最后，在詹姆斯那里，装满金钱的信封充当的是希区柯克式的客体：不是众所周知的麦格芬（MacGuffin），而是"肮脏"的希区柯克式客体，它在主体间流通，给它的持有人带来厄运。[1]邓舍尔烧毁了那封信，拒绝了米莉的礼物，但这样做并非伦理性的姿势。和米莉的牺牲一样，这样做只是假动作。凯特正确地指出，米莉活着时邓舍尔并不真的爱她，她死去后开始爱她，即使这也算是爱，那也是假爱。[2]

这把我们带到这部小说的真正伦理英雄凯特那里。我们既不应该把

---

[1] 当然，詹姆斯式的"麦格芬"是遗失的手稿（那包信件），叙事是围绕着它进行的。《阿斯本文件》（*Aspern Papers*）中的"阿斯本文件"，或《地毯上的图案》（"The Figure in the Carpet"）中臭名昭著的秘密，也是如此。在詹姆斯小说中流通的希区柯克式客体-斑点（object-stain）的最高范例，大概就是创作于1899年的微型小说《赝品》中"那种珍珠项链"：项链从叙事者死去的继母手上传到他表妹手上，然后传到他的手上，再后传到第三位女士手上，这种项链的真假也对家庭的荣誉构成了威胁：如果项链是真品，那继母必定有个秘密情人，项链就是这位秘密情人买给继母的。不出所料，我们在詹姆斯的小说中找到了第三个希区柯克式的客体，即创伤性的-不可理喻的原质（traumatic-impossible Thing），它有随时吞没主体的危险，《丛林野兽》（"Beast in the Jungle"）中的"丛林野兽"就是如此。终于完成了拉康的客体三元组，即由a、$ 和 Φ 构成的三元组。关于这个三元组，参见《关于希区柯克，你想知道的一切，不过恐怕要问拉康》（*Everything You Ever Wanted to Know about Hitchcock, but Were Afraid to Ask Lacan*）的引论，由齐泽克编选（London and New York:Verso, 1993）。

[2] 用更具政治性的术语说，邓舍尔是典型的"诚实"资产阶级知识分子，他以"合乎伦理"的怀疑和约束来掩饰自己的妥协态度。像他这种类型的人"同情"革命事业，但拒绝"为非作歹"。他们通常（也是理所当然地）在革命的中期被打倒。这个世界上所有的米莉们的希望——他们喜欢把自己的死亡展示为牺牲性的景观——都是在革命的初期得到满足的。

凯特视为冷酷的操纵者，也不应该把她视为社会环境的纯粹受害者。她的伦理性姿势表现在小说结束时的拒绝上（她离开了邓舍尔）。那是一个真正的克尔凯郭尔时刻。那时，伦理性姿势本身是一大诱惑：凯特把邓舍尔在"伦理"上对金钱的拒绝视为假动作而不屑一顾，她这样做是正确的；同样正确的是，她猜测，对于邓舍尔而言，即使涉及米莉，唯一真正的伦理行为就是接受她的礼物。她的伦理行为，即小说中唯一真正的伦理行为，是在当时的环境下拒绝嫁给邓舍尔。当时的环境是，邓舍尔接受了米莉幻象得以支撑的条件。凯特得到的是悖论：正是通过拒绝米莉的金钱，邓舍尔证明了他对米莉幻象的忠诚。

由亚历桑德罗·伊纳里图（Alejandro Iñárritu）执导、吉勒莫·亚瑞格（Guillermo Arriaga）编剧的电影《21 克》（21 *Grams*）在形式上展示了与詹姆斯的《鸽翼》的惊人相似。它的三个主要人物发现自己陷入了"两种死亡之间"：保罗（Paul）回光返照，他即将死去，因为他的移植心脏出现了排异反应；克里斯蒂娜（Cristina）是活死人，她为丈夫和两个儿子的意外死亡彻底打垮；杰克意外地导致了他们的死亡，有罪犯前科，但出狱后脱胎换骨，成了基督徒，因而找到了返回家庭生活的道路。和在《鸽翼》中一样，三个人各有其视角，整个故事可以透过他们各自的视角来解读；和在《鸽翼》中一样，故事的焦点是牺牲性的姿势——把不可避免的死亡当成自由的行为来出售。在影片结尾处，杰克进入了保罗和克里斯蒂娜居住的汽车旅馆房间，一怒之下请求他们杀死他。克里斯蒂娜满足了他的请求，开始用棍子打他，几乎把他打死。就在这个时候，一直都在眼睁睁地注视这一幕的保罗抓过枪来，结果了自己的性命：

> 他即将死去，因为他的心脏移植已告失败，所以如果他枪击自己，这种做法会变得如此强劲有力，以至于它会阻止爆发进一步的暴力。如果他向空中开枪，或许他们会停止片刻？我不知道。但是，如果他枪击自己，他知道，他的行动会具有强烈的自我牺牲色彩，克里斯蒂娜和杰克不会再有进一步的暴力……他要把克里斯蒂娜的注意力从杀死杰克这件事上引开，唯一的方法就是枪击自己。

我认为这种行为是爱的行为。[1]

因此，《21 克》使我们面对的阐释性困境与我们在解读《鸽翼》时遇到的阐释性困境完全相同。以自杀为表现形式的牺牲姿势，是真正的伦理行为吗？与《鸽翼》形成对照的是，这里的答案是肯定性的：当保罗枪击自己时，不存在对某人死亡的自恋式展示，不存在这样的操纵性策略——把某人的死亡当成一种礼物，以之破坏将来可能发生的事情。保罗发现自己身陷悖论性的窘境：改变形势的唯一方式，中止灾难性暴力的唯一方式，不是对其进行干预，而是把它引向自身，以自己为靶子。

回到詹姆斯笔下的凯特那里。只有通过细读小说的最后几页，才能见出她的行为的真实轮廓（true contours）。在这个场景之前，邓舍尔已经收到一个厚厚的信封，里面装满了金钱。信封是由米莉在纽约的律师寄来的。米莉把大部分财产留给了他。他把信封原封不动地寄给了凯特。最后一个场景是这样开始的，凯特进入了邓舍尔的房间，惹人注目地把信封放在桌子上。显然，她打开过那个信封。邓舍尔显露出对凯特的失望。凯特打开了信封，因而没有通过他的考验。他反对凡事与钱挂钩，向她发起挑战——让她在不谈金钱的前提下嫁给他，否则她就会失去他，而独享自由与金钱。他想避开与金钱有染的任何熟人。她相信他害怕了，同时她在暗示，尽管他在米莉死去之前并不爱她，但他现在爱她——他爱上了他对米莉的记忆。他提议立即娶她，"和好如初"，但她离开了，临走前说道："我们再也不会和好如初了。"这个快速的结束有几分类似于精神分析师在精神分析结束时进行的干预。它是突如其来的、出乎意料的结束，把边缘细节提升为意味深长的剪切（significant Cut）。

在近期的电影中，《日落之前》（Before Sunset）是展示如此出人意料结局的几部电影之一。倘若没有展示如此出人意料的结局，它就是一部相当平庸和矫饰的影片。伊桑·霍克（Ethan Hawke）和茱莉·德尔

1　Guillermo Arriaga, 21 *Grams* (London: Faber & Faber, 2003), pp. xiii-xiv.

佩（Julie Delpy）各自扮演的人物曾经在维也纳一夜风流，九年后在巴黎偶然相遇。他们只有很短的交谈时间，因为霍克现在是一位成功的作家，几个小时后要乘飞机匆匆离去。轻松的谈话逐渐变得沉重起来，因为他们慢慢地明白，他们都没有从上次相遇的创伤中恢复过来。在奔赴机场的路上，德尔佩邀请他来她的公寓小叙，把他的豪华轿车停在门外。他们喝着茶，话题再次变得轻松起来。他们谈论妮娜·西蒙（Nina Simone）的歌。德尔佩还戏仿西蒙的舞姿，并语含讥讽地评论道："这小子会错过班机的。"镜头切到了霍克那里，他面带微笑地点头道："我知道。"镜头切到了暗处：电影结束……[1]

同样，凯特在《鸽翼》结尾处的谈论只是漫不经心之语。尽管如此，它被战略性地置于小说结束之时，发挥着"缝合点"的作用，把小说的意义"缝合"在一起。小说最后几页甚为精彩，可能代表着詹姆斯的最高艺术成就。[2]这几页始于单刀直入，直接指出希区柯克式的客体：

> 她在进屋的那一刻就把一个长长的信封放在桌子上。信封塞得满满的，是他先前把它装在一个更大的信封里寄给她的。不过他没有看那信封，他相信他永远都不会去看它。此外，碰巧写有地址的一面朝上。所以他什么也没有"看到"，只是在她看来，她的言谈会使他去看，同时拒绝接近那个指明的客体。"它不是'我的'印章，我亲爱的；我的本意——我的便笺想表达的意思——是把它不当成我的东西寄给你。"

这里的客体显然具有"希区柯克式"的品质，是主体间力比多投入（intersubjective libidinal investment）的物化。注意那个关键语句："所以他什么也没有'看到'，只是在她看来，她的谈论使他去看，同时拒绝接近那个指明的客体。"这直接把客体当成了主体间张力（intersubjective

---

1 原来的台词是："宝贝，你会错过班机的（Baby, you are gonna miss that plane）。"不是："这小子会错过班机的（This boy is gonna miss his plane）。"——译者注
2 当然，这也是后面的阐释只是即兴初步尝试的原因，作者无意于假装自己所论完整无缺。

tension）的中转站。这样的客体从来不曾被占有：我们无法操纵它，倒是由它来决定我们是怎样的人；如果占有它，它会以无法控制的方式影响我们。注意詹姆斯典型的"不自然"的词序：不是标准的"她刚一进屋，就把一个长长的信封放在桌子上"，更不是"一进屋，她就把一个长长的信封放在桌子上"。[1] 为了制造原汁原味的希区柯克式悬疑，客体——力比多焦点——只是到了最后才被命名的，它的出现被延宕了。此外，首次快速阅读创造了语法性的混乱：人们往往把"她在进屋的那一刻就把一个长长的信封放在桌子上"读成"她〔从进屋的那一刻起〕就把桌子放进了长信封。"[2] 这导致了荒谬的伪超现实主义场景（quasi-surrealist scene）——凯特埋头于桌子上的长信封。只是在读完一段后，在意识到我们初次阅读的荒谬结果并重新阅读后，我们才获得了正确的意义。这种复杂化自有其典雅之处。其典雅之处表现在，它把它强调的重点从人（凯特）转向客体（信件）。不仅该客体是希区柯克式的，我们还可以轻而易举地把这段文字视觉化，使之成为希区柯克电影中的一个场景：先是目光的交换，然后摄影机慢慢接近客体，接近这个场景的焦点……

> "你的意思是说，那在一定程度上算是我的了？"
>
> "如果我们愿意的话，就算是他们的吧，算纽约那些好人的吧，算那些帮助我们建立联系的人吧。即使密封被拆了，也是如此。"过了一会儿，他补充说，"但我们可以把它原封不动地退给他们。"他提心吊胆地微笑着："再写一封绝对友好的信。"

因为客体-信件已被诅咒，如同在爱伦·坡的《被窃之信》中那样，

---

1 "她在进屋的那一刻就把一个长长的信封放在桌子上"的英文为："She had laid on the table from the moment of her coming in the long envelope." "她刚一进屋，就把一个长长的信封放在桌子上"的英文是："She had laid on the table the long envelope from the moment of her coming in." "一进屋，她就把一个长长的信封放在桌子上"的英文是："From the moment of her coming in, she had laid on the table the long envelope." 亨利·詹姆斯的小说风味极为特殊，《鸽翼》等重要作品均无中译本。——译者注

2 这句中译不确，因为原文语法错误，"创造了语法性的混乱"。请参见原文："She had laid on the table〔from the moment of her coming〕in the long envelope." ——译者注

所以第一反应就是通过拒绝充当它的接收者来避免持有它，并以此避免陷入信件的循环路径（circular path），从而置身于事外。

　　凯特拿起它，勇敢地眨着眼睛，就像勇敢的病人告诉正在检查病情的医生，他摸到了痛处。她立即明白，她已经做好准备。这个信号表明，她真是聪明透顶。她以这个信号展示了转瞬即逝可能性。干脆这样说吧，她聪明极了，无与伦比。"这就是你提议我们要做的事情？"

　　"这样做已经太迟，不切实际。现在，用那个我们知道的信号——！"

　　"可是你并不知道呀，"她小心翼翼地说道。

　　他没有留意她的话，继续说道："我想说，本来是可以做得很漂亮的。它再次被寄来，没人注意到标识，只有某人的保证，保证要做最审慎的考虑。从信封的状态看，证明这一点的证据——本来是可以真的令人满意的。"

　　她想了片刻。"你意思的是，信封的状态证明，它被人拒绝，并不是因为金额不足？"

　　她的幽默嬉戏又把他逗笑了。"好吧，就是那么回事吧。"

　　"所以，如果标识被人注意，对我而言，它就会糟蹋那份美丽？"

　　在这里，知晓（knowledge）具有的主体间身份（intersubjective status），即"标识被人注意"的主体间身份，是至关重要的：这里的知晓不只是知晓，而且是对大对体的知晓的知晓。不妨以伊迪丝·华顿（Edith Wharton）的《纯真年代》（The Age of Innocence）终篇时的乾坤大逆转为例。在那里，丈夫对奥兰斯卡伯爵夫人（Countess Olenska）怀有不正当的激情之爱，而且已有多年。在他妻子早逝后，他可以光明正大地爱伯爵夫人了。但在去见她的路上，他从儿子那里得知，他年轻的太太早就知道他的隐秘激情。这时，对他而言，他与伯爵夫人的联姻已经不再可能……这就是知晓之谜：对某种情形的整个精神构造（psychic economy）发生了剧变，但剧变并不发生于主人公直接获知某事（某个被长期压制的秘密）之时，而是发生于主人公获知某人也知道此事之时，只是主人公错误地以为某人不知道此事，而实际上某人只是假装不知道此事，以苦撑门面，这一切是如何可能的？丈夫在经历了长久的秘密恋情之后，突然间获知自己的妻子早就对此了如指掌，但只是出于礼貌，或者更糟的是，只是出于对他的爱，才刻意保持沉默，还有什么比这种情形更令人羞愧难当？以完全相同的方式，在邓舍尔获知米莉早对他跟凯特的阴谋一清二楚之后，既要与凯特结婚，又要接纳已经逝世的米莉的金钱，就变得不再可能……

　　　　"我曾经希望，你一收到这东西，就返还给我。我承认我是这么希望的。但这种希望令我失望。这使一切变样了。"
　　　　"可你没在信中表达这个希望啊。"
　　　　"我不想表达。我想让你自己领悟。哦，对了，如果这就是你想问我的，那我会说，我想看你怎样做。"
　　　　"你想看看有没有这样的可能——我弃美味而去？"
　　　　他现在依旧沉着。他慢慢地感受到轻松。这轻松来自空中某种他无以名状之物。"啊，我想用这么好的机会考验你。"
　　　　他的说辞深深地打击了她。这写在她的脸上。她盯着他说道："这是个好机会。我怀疑本来还有更好的机会。"
　　　　"机会越好，考验就越好！"
　　　　她以问题作出回应："你怎么知道我能够做什么？"
　　　　"亲爱的，我不知道！封签都撕了，我应该更早知道的。"
　　　　她醒悟了："我明白了。但我不应该更早地知道。你也不会知道我知道些什么。"

　　邓舍尔的虚伪考验（hypocritical test）就表现在这里：他把未开封的信转寄凯特，企盼她原封不动。在某种程度上，他希望最后得到某种无知之协定（pact of ignorance, ），以此黏合他们之间的关系：不仅拒绝接受礼物，甚至拒绝知道礼物是什么东西。我们在此遇到了真正的戏剧性的时刻，这时刻是展示詹姆斯想象力的关键部分（也是常常为人忽略的部分）。我们尤其在基耶斯洛夫斯基的《十诫》第四集中发现了这个时刻，在那里，女儿假装对父亲产生了炽热的乱伦欲望，并在这种欲望的掩护下"尊敬她父亲"。还是那个问题：有些事情，不知道，是不是更好？到最后，父亲和女儿一起烧掉了那封信（信上回答了"他是否是她的生身之父"的问题），因而认可了无知，把无知当成了他们关系的根基。无知不是谎言，而是志同道合地远离真相，是这样的态度——关于父亲的身份，"还是不知道为妙"。父亲的身份就包含在"陌生母亲的信件"中，女儿不认识母亲，因为母亲在生下她几天后就死了。在这里，为了维系日常生活的脆弱微妙的力比多平衡（libidinal balance），信件不应抵达目的地。与此形成对比的是，凯特打开了信封，这表明她拒绝"生活在谎言中"。

　　他的回答是："你急着修正我的无知，我特别请求你不要这样做的。是不是这样？我马上告诉你。"

　　她有些犹豫不决："你对这种更正的结果感到恐惧？难道你只能闭着眼睛做这件事？"

　　他等了短短的一瞬："你说我做这件事，哪件事？"

　　"为什么在世界上我能让你想到的，只有一件事。不是接受——她做过的事。在这种情形下，不是有些普通的名字吗？不拿那份遗产。"

　　他等了一会儿说道："有些事情，你忘了。我是让你跟我一起做的。"

　　她的好奇只是使她变得温和，没有使她变得软弱。

　　"我如何'与你一起'做这样的事情——什么都不做？"

　　"如何？一言以蔽之。"

　　"如何一言以蔽之？"

　　"同意我放弃。"

　　"如果我无法阻止你，我的同意毫无意义。"

　　"你完全可以阻止我。理解这一点吧。"他说。

她似乎面临着威胁。"你的意思是说，如果我不同意，你就不会放弃？"

"对。我什么也不做。"

"据我理解，那就是接受。"

邓舍尔一时语塞。"正式的事情，我一件也没做。"

"我想你的意思是说，你是不会碰那些钱的。"

"我是不会碰那些钱的。"

有个颇有分量的声音。他听到了那个声音。"在这种情形下，谁会碰它？"

"只要想碰它，只要能碰它，谁都会碰它的。"

她再次打住了：她可能说得太多了。她说话时，他开始认真起来："不通过你，我怎么去碰它？"

"你碰不到了。再也碰不到了。"他补充道，"就跟不通过你，我无法放弃它一样。"

"哦，再也碰不到了。"她解释道，"就我的力量而言，我一无所能。"

"我就是你的力量，"默顿·邓舍尔说道。

"你怎么会是我的力量？"

"我是你的力量，这一点，我向你展示过了，我一直都在向你展示。"他突然变得冷酷，不耐烦地问道，"我向你展示的时候，除了力量，还能展示什么？你肯定知道你是如何'拥有'我的，这样你就不需要装得像要放走我一样。"

"亲爱的，你真好，"她神经质地笑了，"这么抬举我！"

"我根本没有抬举你。我甚至没有给你机会，就像我几个月前说过的那样，我把那东西转寄给你，让你过目。不管怎么说，你的自由（liberty）丝毫没有受到损害。"

在这个段落中，凯特和邓舍尔的猫鼠之戏的赌注是十分明确的。该赌注涉及两种行为的微妙互动：一种是正式（明确的）符号行为，一种是含蓄的认可行为（act of consenting），即这样的认可行为——通过"正式的事情，我一件也没做"而同意。邓舍尔既不想让凯特接受米莉的遗产，也不想让凯特以宏大的符号性姿态拒绝这份遗产，而是被动地同意，不去碰那笔钱：与他一道，表面一套、背后一套地努力把回避、逃避作为伦理姿态推销出去，把拒绝选择作为·种选择推销出去。简言之，邓舍尔要欺骗大对体，要完成一个不为大对体注意的姿态。终极反讽当然表现在，邓舍尔的最后说过的话——"不管怎么说，你的自由丝毫没有受到损害"——为自由（freedom）的对立物提供了名称：凯特彻底改弦易辙，完全接受了他的"考验"这一坐标的役使。他把自己置于她的力量之内，这样，他完全支配了她：大对体眼中仿佛凯特的自由选择之物，应该能够遮拦由他强加于她的被迫选择具有的残酷性。

　　真的已经到了这个地步，他们向对方展示着自己苍白的面孔，不曾说出的、即将发生的冲突，从他们昏暗恐惧的眼睛中流露出来。有些事情甚至从他们的短暂沉默中喷发出来，这些事情就像恳求——恳求对方不要过于坦诚。不知何故，这些必要性就摆在他们面前，但先满足哪个必要性呢？"谢谢！"凯特说道，她要感谢他有关她的自由的言辞，但停了一会儿，没有采取什么行动。所有的讽刺在他们面前黯然失色，这至少也算是福气。在另一个缓慢的时刻中，他们的感觉变得清晰起来。

　　这产生了某种效果。就这样，他很快继续说话了。"你肯定有一种强烈的感觉，觉得我们一起忙活的，就是这件事情。"

　　她听到了这句话，但也只是把它当成了老生常谈。她忙于想她自己的看法。"她对你做了些什么，你对这事并不特别好奇，难道这不是绝对真实的吗？如果这是绝对真实的，那是极其有趣的。"

　　"我要对此正式起誓，你喜欢我这样做吗？"他问道。

　　"不喜欢，但我不明白。在我看来，以你占据的位置——！"

　　"啊，"他不禁打断了她，"关于我的位置，你都知道些什么？请原谅，"他立即补充道；"我的偏爱就是我说过的那个。"

　　可她瞬间有了个好奇的念头。"但那些事实不会登报吗？"

　　"'登报'？"——他畏缩了。

"我是说你不会在报纸上看到它们吗？"

"绝对不会！我知道怎么避免。"

这似乎解决了问题，但她很快有了另一个主张。"你想逃避一切？"

"一切。"

关于自身的主体立场，邓舍尔撒了一个弥天大谎。在这里，他一语道破了这个谎言。为了使自己逃避，他千方百计地使凯特接受考验。他做到了这一点。但究竟要逃避什么呢？米莉的遗产把他置于窘境，他要逃避这一窘境。没有通过伦理考验的，恰恰是邓舍尔本人。为什么这么说？

"难道你不需要更明确的感觉——你要我帮你放弃这笔遗产？"

"我的感觉已经足够明确了。我愿意相信，那笔钱的数目可不小。"

"你说对了！"她惊呼。

"如果她要给我留点什么念想的话，"他静静地继续说道，"那绝对不会是笔小钱。"

凯特停下来，不知道该说些什么。"那笔钱与她相称。她就是这样的人，你应该还记得，关于她，我们说过些什么。"

他犹豫了——仿佛千头万绪似的。但他记得他们说过的那个词。

"巨大？"

"巨大！"淡淡的微笑——很淡很淡的微笑——在她的脸上闪烁，但很快销声匿迹了。然后，预示着什么的泪水——不知道表达什么意思的泪水——从他的脸上淌过。他眼里充满泪水。但这使她继续说话。她说得很温柔。"我觉得，真实情况是，你害怕了。我是说，"她解释道，"你害怕一切真相。如果没有这笔钱，你爱上了她，那不是挺好吗？你害怕了——这真奇妙——害怕爱上她。"

"我从来没有爱过她，"邓舍尔说道。

　　她拿起它，但过了一会儿才去看它。"我现在相信，她活着时，你爱上了她。我相信，至少那时候你跟她在一起。但你变了——变了也没有什么不好——你最后见到她时，你变了；她为你而死，这样你可能会理解她。从那时起你变了。"说这话时，凯特慢慢站起来。"我现在也变了。她是为我们才这样做的。"邓舍尔站起来，面对着她，她继续说自己的想法。"我真愚蠢，想不到更好的称呼，那时我叫她鸽子。她展开翅膀，伸了过来，盖住我们。"

　　"盖住我们，"邓舍尔说道。

　　凯特道破了邓舍尔的背叛这一真相：他深感愧疚，拒绝从米莉的死亡中受益，这倒不是因为他不爱她，并因此不能接受她的礼物，而是因为他真的爱她。不是在她活着时爱她，而是在她死去的那个瞬间开始爱她。他爱上了她的姿势——她为他和凯特而死，爱上她的做派——她把自己不可避免的病故转换为牺牲的姿势。那为什么说这是背叛？因为这样的爱是假的，是弗洛伊德所谓的"道德受虐狂"（moral masochism）的一个个案。

　　"那是我给你的，"凯特庄严地说道，"那是我为你做的。"

　　他看着她，表情慢慢变得陌生起来。这份陌生瞬间吸干了他的泪水。"我可以这样理解吗？"

　　"你理解我真的同意了？"她庄严地摇着头，"不，在我看来，不能这样理解。没有那笔钱，你能娶我；有那笔钱，你不能娶我。如果我不同意，你就无法同意。"

　　"你要甩了我？"坦率地说，他对她很高的悟性表现出某种敬畏，"好吧，除了我，你什么也不会失去。我会把每一分钱都还给你。"

　　他立刻理解了，但这一次她丝毫都不吝惜微笑了。"正是这样，所以我必须做出选择。"

　　"你必须做出选择。"

现在，我们终于看到了这件事情的（伦理）顶点，看到了邓舍尔以之与凯特对抗的选择。这种选择不是："我在这里，一文不名；选择我，非放弃我！"而是："要么选我，要么选钱！"——你要么拥有米莉的金钱（失去我），或者拥有我（失去金钱）。也就是说，如果你不选择我，你就会得到金钱。不过，凯特拒绝这种选择，提出了自己的选择，比苏菲（Sophie）的选择更激进的选择："我要有钱的邓舍尔，不要没钱的邓舍尔。"这并不意味着她"真的想要钱"。她想要的，既不是"没钱的邓舍尔"，也不是没有邓舍尔的金钱。正是出于这个缘故，她是小说中唯一的伦理人物（ethical figure）：她选择失去邓舍尔和金钱。只有在无神论的视域内，这个选择才是可能的，它是真正的无神论伦理（ethical figure）的标志。

　　他觉得有些怪异，因为她就在他的房间里享受鱼水之欢。他以一种紧张——不是以前那种能令他喘息变得缓慢的那种紧张——等待着她行动。"只有一件事情能把你从我的选择中拯救出来。"

　　"从你的选择——选择向你投降——中拯救出来？"

　　"是的，"——她向桌子上的信封点点头——"你向我投降。"

　　"那是什么？"

　　"你要发誓：你不会爱上对她的记忆。"

　　"啊，对她的记忆！"

　　"啊"——她作了一个高傲的姿势——"不要说得跟你能够做到似的。我可以将心比心；你是那个它唯一有用的那个人。对她的记忆就是你的爱。你不想要别的。"

　　他静静等她说完，一动不动地望着她的面庞。然后说道：

　　"听着，我会在一个小时内娶你的。"

　　"像从前那样？"

　　"像从前那样。"

　　但她转身走向门口，摇头拒绝是最终的结局。"我们再也不能会像从前那样了！"

　　为什么再也不能像从前那样了？再说一遍，因为他们的共同知晓（shared knowledge）：他们可以假装什么事情也不曾发生，但是因为大对体已经对此一清二楚，所以他们"再也无法像从前那样"。

　　詹姆斯最后一部长篇小说《金碗》是《鸽翼》的真正对应物。它关注的是知晓（knowledge）的这一怪异身份。有一个老生常谈：要想透彻理解一部作品的全部复杂性，我们就必须反复阅读之，至少阅读两遍。如果说还有一部作品逃脱了这个老生常谈的魔掌，那就是《金碗》了：它只能阅读一遍。纵使反复阅读，我们也应信任我们对它的"混乱"的第一印象，反复阅读往往掩盖其裂缝。下面是小说的故事梗概：鳏居的巨富商贾亚当·韦尔韦（Adam Verver）来自一个名不见经传的美国城市。他和女儿玛姬（Maggie）长居欧洲，享受着那里的生活。他在那里大量收购艺术品，为将来回国创办美术馆做准备。他们有个生活在欧洲的美国朋友，名叫范尼（Fanny）。在范尼的极力撮合下，玛姬结识并嫁给了穷困潦倒的意大利贵族亚美利哥王子（Prince Amerigo）。玛姬邀请老同学、同样一贫如洗的夏洛特·斯坦特（Charlotte Stant）前来参加自己的婚礼。她不知道，夏洛特和亚美利哥一度相恋。夏洛特和亚美利哥对他们过去的恋情保持缄默。为了不伤害玛姬，还是保护他们的隐情？不得而知。举办婚礼的前一天，夏洛特与亚美利哥秘密约会，这样他们可以为玛姬购买一个礼物。夏洛特挑选了一个漂亮的金碗，但亚美利哥立即注意到，那个金碗有条裂缝。

　　结婚之后，夏洛特经常出入玛姬的家庭，引起了亚当的注意。玛姬鼓励父亲向夏洛特求婚，他们如愿以偿地结婚了。不过，即使在玛姬生了孩子之后，父亲与女儿依然形影不离。亚美利哥与夏洛特重返过去，屈从于旧日的情怀，并在夏洛特的鼓励下，重燃爱情火焰。在这里，金碗再次进入故事：玛姬意外地去了同一家店铺，买下了金碗，把它作为礼物，送给父亲。因为问心有愧，店主找到了玛姬，告诉她，金碗是有缺陷的——有一条裂缝。在玛姬的公寓里，店主看到了夏洛特和亚美利哥的照片。他告诉玛姬，夏洛特和亚美利哥曾经去过他的店铺。玛姬意识到了夏洛特和她丈夫之间的私情，但没有揭穿。相反，她千方百计控制事情的进展，使他们的关系按她设想的方式进行。她先把金碗的故事

告诉了范尼，范尼一怒之下，把金碗摔在地上，想毁灭这个见证了如此
虚情假意的东西。玛姬则告诫她，不要将此事告诉她父亲，以免他为此
烦恼。亚美利哥偷听到了玛姬向范尼讲述的金碗故事，并看到了破碎
的金碗，于是被迫面对玛姬：他向她保证，他只爱她，要跟她生活在一
起。后来，他向夏洛特撒谎，否认玛姬知道他们的私情。夏洛特怀疑玛
姬态度有变，就问她，她是否掌握对夏洛特不利的东西。在回答这个问
题时，玛姬径直以谎言相告，告诉她，自己对她毫无恶意，并热切地拥
抱了她。到了这个时候，她体验到了一种奇异的团结——与她那说谎的
丈夫的团结。

　　为了阻止保护性谎言网的壮大，玛姬和父亲做了一个典型的詹姆斯
式的对话。在这样的对话中，不言而喻的蕴含（unspoken implications）比
直来直去的陈述（direct statements）具有更大的分量。玛姬与父亲做了一
个无声协定：他把夏洛特带回美国，以拯救女儿的婚姻。尽管亚当迈出
了决定的一步，提议他和夏洛特离开玛姬，但他只是秘密配合她微妙的
操纵。夏洛特在获悉了这一决定后向玛姬撒谎说，这个决定是由她做出
的：她告诉玛姬，是她说服亚当离开欧洲的，因为玛姬反对他们的婚姻，
而玛姬反对他们的婚姻，是因为父亲与女儿依依不舍。为了不使朋友难
堪，玛姬做了自我牺牲，虚假地承认，夏洛特所言句句是实：她真的反
对父亲的婚姻，却没有能够阻止这场婚姻。于是故事以两对关系破裂的
夫妇收场：亚当回到美国，过着他眼中的地狱生活，再也没去看望女
儿；夏洛特彻底被毁，永远失去了情人。玛姬赢了：表象被拯救，尽管
四周是情感的荒漠……玛姬当然是华顿（Wharton）的《纯真年代》（*Age
of Innocence*）中那位纯真的太太，只是比她意志更为坚定而已：在她脆
弱、朴素、纯真、需要保护的外表之下，有钢铁般的意志在照料着她，
使她达到自己的目的。这是詹姆斯眼中的美国纯真，它与欧洲的颓废截
然相反：真正脆弱和过于朴素的，是欧洲的腐败（European corruption）；
美国式纯真是由冷酷的决心（ruthless determination）来维系的。

　　在《金碗》中，我们看到了四个主要人物，他们分两次构成了两对
人。此外还有范尼，她代表着的常识性智慧，代表着保护表象的"大
对体"。两对人是"正式"的和公开的（亚美利哥和玛姬、亚当和夏洛

特），两对人是"非正式"的，他们由真正的激情联为一体（亚美利哥和夏洛特、亚当和玛姬）。这个格局为这四人开辟了乌托邦式的前景：乱伦的一对和淫乱的一对快乐地生活在一起，认可了自己的法外之恋。为什么说这个解决之道是行不通的？这么说是因为那个金碗。小说标题中的金碗不是圣杯一样的符号，不是崇高、隐晦、不再完美的客体。相反，它还是希区柯克式的客体，是在众人中流通的一小片现实（a little piece of reality），是强烈的力比多投入（a little piece of reality）之焦点。对于某些读者来说，有裂缝的金碗是"恋人与其合法伴侣的关系"的象征：从表面看，两对人构成的世界是一颗罕见的完美水晶，浑然一体，漂亮地镀着美金，但在表面之下，是深深的裂缝。因此，有裂缝的金碗就是拉康所谓的被禁大对体（barred Other）之能指，是凝聚在它里面的虚假的主体间关系之化身。所以，我们不应该首先把它视隐喻，而要视为主体间关系中的行动者，视为主体间关系的行动者：对它的占有、毁灭，对于谁占有、毁灭它的知晓，等等，结构着力比多的景观（libidinal landscape）。

　　关于这一景观，要注意的第一件事情当然是，众所周知的詹姆斯式的省略程序（elliptical procedure），即对沉默的依赖等等，发挥到了登峰造极的地步。不过，如果这一谋略，这一不惜一切代价对文质彬彬的执著，这一声东击西、旁敲侧击的游戏（在这个游戏中，关键性决定通常只是打上了沉寂的标记），只是掩盖、牵制潜在的极端残暴，情形会怎样？有一个人代表着极端的体贴，竭尽全力地不去伤害任何人，随时准备奋不顾身地保护自己的女儿（他认为女儿很脆弱）。这个人就是亚当。难道亚当不是众所周知的美国"强盗贵族"（robber baron），一个类似于摩根或卡内基的人物，以极端残酷的形式，通过欺诈、贿赂、盘剥和谋杀大发横财？他之所以觉得有必要有所"回馈"，是因为他想掩盖黑暗的过去。更不必说，他对待他收集的艺术品的态度只是占有的态度，而不是真正领略其美。[1]

1　这也是莫申特-艾弗瑞（Merchant-Ivory）公司制作的电影《金碗》的巨大败笔之一：电影竭尽全力地使"强盗贵族"具有同情心。因为适合于我们这个政治正确时代，因为痴迷于"伤害大对体"（hurting the Other），体贴的行为比残酷的资本主义盘剥更有价值。

我们应该在此冒险更进一步，引入另一个典型的、曾在 20 世纪初年风靡一时的美国主题——女儿与有钱父亲的乱伦。其踪迹可以一直追溯至司各特·菲茨杰拉德（F. Scott Fitzgerald）的《夜色温柔》（*Tender Is the Night*）和罗曼·波兰斯基（Roman Polanski）的《唐人街》（*Chinatown*）的强盗贵族——父亲——在性的领域，拥有无法无天的权利，享受着他的宝贵女儿，并毁灭其人生。仿佛无边无际的性盘剥是广泛的、无情的经济盘剥的编码铭文（coded inscription）：他们是些"可以为所欲为的强人"。意味深长的是，伊迪丝·华顿（Edith Wharton）——如果还有谁是亨利·詹姆斯的女性对应物，肯定莫她莫属——的作品深深地打上了这个话题的标志：她有许多未曾付梓的文本，其中之一是短篇小说《比阿特丽斯·帕尔马托》（"Beatrice Palmato"），里面充斥着男女口交的细节，等等。[1]难道这没有隐秘地指涉《金碗》？ 如果父亲的保护性态度只是面具，它掩盖（并因此象征）残酷的资本主义盘剥和家庭强暴呢？ 如果终极保护者是强暴者呢？ 在《金碗》中，乱伦不曾"真的"发生；但是，我们仿佛在语言的乱伦般亲近（incestuous proximity of language）中感受到了乱伦的强烈情感：玛姬和亚当几乎是心灵感应般地（almost telepathically）交流着，根本不需要完整清晰表达自己的想法，彼此能够径直领悟对方的意图。

保护的终极行动者（ultimate agent）是亚当，他准备不惜一切代价保护女儿的纯真。不过，悖论在于，他这个父女乱伦激情（incestuous passion）的行动者，同时对女儿的纯真构成最大的威胁。乱伦既是终极的保护［儿童只要没有陷入社会流动（social circulation）的陷阱就会安全］，又是终极的威胁。所以这样说是绝对合乎逻辑的：亚当要做最大的牺牲，因为对亚当而言，最彻底的保护行为是撤除保护之盾，把自己从那个图景中抹除，让女儿进入真实的世界，面对真实世界的各种危险。

当有关金碗的真相浮出水面时，由保护性谎言组成的网络迅速扩大

1　关于这个故事，参见 Gloria C. Erlich, *The Sexual Education of Edith Wharton* (Berkeley: University of California Press, 1992).

了：四个人物全都陷于谎言之网，都在假装不知道他们知道的事情，以不伤害他人。两对情人假装对真相一无所知，以保护夏洛特和亚当；亚美利哥对夏洛特撒谎说，玛姬没有怀疑他们，以使她免生愧疚之感；亚当假装他对一切都无疑心，以使女儿避免面对残酷的现实；玛姬假装反对夏洛特的婚姻，以给她预留"荣誉退出"的机会，等等。那么，谁在保护谁，使之免遭何种伤害？谁在操纵谁？表面看来，夏洛特和亚美利哥操纵着亚当父女，以保持他们的婚外之情。但是，如果亚当和玛姬各自的婚姻只是烟幕弹，他们在它的掩护下继续保持其乱伦关系呢？在这里，店主是错误的，因为他对夏洛特说（那里夏洛特无法看到金碗上的裂缝，只是怀疑金碗有裂缝，因为其价格特别低廉）："如果你看不到裂缝，那不就等于它不存在，不就等于金碗完美如初吗？"把这句话应用于这部小说的力比多张力（libidinal tensions），显然意味着：如果你不知道婚外之情，就等于根本不存在婚外之情。但是，我们在此谈论的是何种婚外之情？是通奸还是乱伦？与乱伦相比，庸常的通奸又是算得了什么？如果他或她不知情，那就"完美如初"，这句话是针对谁而言的？所有的保护性谎言的毛病都出在这里：他或她是否知道，并不重要；重要的是，别人不知道他或她已经知道。如果没人知道他或她已经知道，他或她就可以假装自己不知道，并因此维持表象。归根结底，理应处于无知状态的是"大对体"，是社会表象秩序（order of social appearances）：如果大对体不知情，一切都会"完美如初"……

　　这部小说与《鸽翼》的类似是显而易见的，也常常被提及：在两个故事中，两个情人都决定使自己的私情处于隐秘状态，以不伤害纯真和富有的美国女继承人。不过，与凯特相比，夏洛特无疑与伦理无涉。她也没有没有利字当头、百般算计，她只是不去控制形势，任由自己的激情支配自己。那么，难道玛姬的操纵行为是伦理性的？难道他是《贵妇肖像》中伊莎贝尔·阿切尔（Isabel Archer）的新版本？难道她的行为重复了伊莎贝尔的决定——维持自己无爱的婚姻？在这里，伦理差异是难以克服的。其实玛姬做了伊莎贝尔有时被错误指责的行为：极力操纵，以维持社会表象。因此，罗伯特·丕平（Robert Pippin）所言甚是：

"《金碗》终结于"巨大的道德崩溃".[1]《金碗》的结局没有提供正确的解决之道，没有提供能够撕破谎言网络的行为，或者依照拉康的说法，没有提供揭穿下列事实的行为——大对体根本不存在。

玛姬的行为认可了虚假的未曾明言之伦理（false ethics of the unspoken）。我们在詹姆斯真正伟大的短篇小说《大前提条件》（"The Great Condition", 1899）中看到这种"未曾明言之伦理"的完美配置。在该短篇小说中，伯特伦（Bertram）爱上了达默雷尔太太（Mrs. Damerel），但又听说她以前丑闻不断，并为此心有不甘。他向她求婚，说他已经做好娶她的准备，但有一个前提条件：她要把自己的过去和盘托出。她接受了这个前提条件，但又提出了她自己的前提条件：结婚六个月后，她一定把真相告诉他。目瞪口呆的伯特伦知难而退，他的朋友亨利同样爱着达默雷尔太太，无条件地向她求婚，两人喜结连理。后来，伯特伦求见达默雷尔太太，告诉她，他研究了她的过去，发现她没有任何不可告人的秘密。达默雷尔太太承认，她的过去的确没有丑闻，但请求他不要将此事告诉亨利：亨利永远不会向她追问她的过去，并为此觉得颇有高贵气息，所以，一旦告诉亨利，就会剥夺他的高贵感……这种逻辑——拒绝披露全部真相，保守秘密并把秘密当成维持正直的手段——存在着深刻的矛盾：可把它解读为，它暗示了达默雷尔太太对于信任的坚守；但也可以把它解读为，达默雷尔太太以女性的秘密操纵他人，因为达默雷尔太太知道，不正当的神秘（illicit mystery）之影子，会强化女性对男性的吸引力。《鸽翼》中的凯特对"女性神秘"（feminine mystery）的这一逻辑一无所知，难怪某些被误导的女性主义者对凯特不屑一顾，认为她为男性的盘剥统治（exploitative domination）之逻辑所困，认为她的态度与米莉的地地道道的"女性"态度——心甘情愿的付出和自我牺牲的善良——完全相反。与这样的偏差认识不同，我们应该坚决主张，米莉只是满足男性幻象的人物。这样说，与拉康的一个关键命题完全一致。根据这一命题，满足男性幻象的是"女性受虐狂"（female masochism），而不是"女性天性"（feminine nature）或"女

1　Pippin, *Henry James and Modern Moral Life*, p. 77.

性特质"（femininity）之类的东西。

　　这也是凯特无法接受邓舍尔的"爱上对米莉的记忆"的原因：接受这一点，会意味着她接受"保守他或她的小小私密"之逻辑。以一个陈词滥调为例（和所有的陈词滥调一样，这个陈词滥调也包含着些许真理）——男人和女人对下列问题的回答并不一致："有两种类型的伴侣，一种类型与别人做爱，但在做爱时幻想着与你做爱，一种类型只与你做爱，但在做爱时幻想着跟别人做爱，这两种类型，你更喜欢哪一种？"多数男人更喜欢第二种类型，多数女人更喜欢第一种类型。同样，凯特已经准备忍受第一种类型的伴侣（邓舍尔可以与米莉同枕共眠，但在心里只应幻想着与凯特享受鱼水之欢……），她甚至督促邓舍尔这样做，从而拒绝第二种类型的伴侣（凯特和邓舍尔结为连理，同时邓舍尔幻想着与米莉共赴巫山云雨）。在凯特看来，她跟邓舍尔的婚姻必将如此。

　　小说的标题引用了《旧约》诗篇 55（55th Psalm）："但愿我有翅膀像鸽子，我就飞去得享安息。"可以以三种方式解读这一标题。第一个鸽子，即文本中明确提及的鸽子，当然是米莉本人，她振翼而飞并在死亡中得享安息。第二个鸽子是邓舍尔，他的欲望就是"逃避一切"。不过，真正的鸽子是在小说的最后一行中揭晓的：凯特在整个故事中都伸出自己的翅膀，以她的阴谋遮盖着米莉和邓舍尔，在能够任意处置邓舍尔和米莉的遗产时，她夺门而出。因为拒绝做出选择，她甩下两者，远走高飞了。

二 太阳视差：
难以承受的非我之轻[1]

1　原文为"the unbearable lightness of being no one"，语意颇为丰富，语气也颇迂回曲折。（1）人生很沉重，苦，令人无法承受，谓之"无法承受的生命之重"。（2）人生轻飘飘，更苦，更令人无法承受，谓之"无法承受的生命之轻"，国人又译"生命不可承受之轻"。由此可知，与吃得到的苦相比，吃不到的苦，更苦。（3）人生无论轻重，毕竟人还活着，还有"自我"，如果人生根本就没有"自我"，它的轻浮状态尤其令人不堪承受。德国哲学家、美因茨大学哲学系教授汤姆斯·梅青格（Thomas Metzinger）2003 年出版了《非我》（*Being No One*）。他认为世界根本不存在"自我"，只有意识经验中的现象自我（Phenomenal selves）。经验自我不是实体的存在，而是进行中的历程（process）。

3　难以承受的神圣狗屎之重

（1）被太阳烤焦

在布达佩斯的布达区的盖勒特山（Gellert Hill）顶部，有个纪念雕像，是用来纪念红军 1945 年解放布达佩斯的。巨大的女性雕像挥舞着一面伸展的旗帜。它通常被视为现实主义巴洛克劣作的典范个案，却是在 1943 年应法西斯主义独裁者霍赛将军（Admiral Horthy）之命制作的，目的在于纪念他在俄国前线与红军作战时阵亡的儿子。1945 年，苏联指挥官克里门特·伏罗希洛夫（Kliment Voroshilov）元帅看到了这个雕像，他觉得可以用它纪念该城市的解放……关于艺术作品的"信息"的开放性，难道这个趣闻没有包含丰富的个中消息？艺术作品的所谓意义的这一可塑性几乎是无穷无尽的：肖斯塔科维奇（Shostakovich）交响曲——第五交响曲和第七交响曲——的走向则与布达佩斯的解放纪念雕像完全相反：首演时，它们被大加赞扬，被视为斯大林主义的社会主义现实主义的完美例证；现在则被做了别样的阐释，被认为包含着隐秘的"异议信息"——嘲笑和颠覆苏联意识形态。第七交响曲第一乐章中的进行曲"à la Bolero"的机械节拍的渐进，通常被做这样的阐释——描述了德国军队对俄国的稳步进攻，现在则被做了这样的解读——描述了苏联呆板残忍的进程。

不过，随着现代艺术的到来，一切都已彻底改变。在传统形而上学的视域内，艺术是关于（美的）表象的，它包含着难以捉摸和朦胧含混的意义；科学则关心表象之下的现实（reality）。由于发生了奇异的逆转之势，如今的科学越来越多地关注自主化表象（autonomized appearances）之域，关注被剥尽了实体性支撑（substantial support）的现象性过程（phenomenal processes）。难怪，借助于对称性的反运动，现代艺术则越来越多地关注实在界原质（Real Thing）。现代艺术是"超越快乐原则"的艺术，这难道不是现代艺术最简洁的定义吗？我们应该享受传统艺术，我们期待着它产生审美快乐。这与现代艺术截然相反，因为现代艺术导致不快。根据定义，现代艺术使人痛苦。正是从这个意义上说，现代艺术是崇高的：只要涉及不可理喻的原质（impossible Things），它引起的就是痛中之快（pleasure-in-pain），它就会通过自身的失败产生效果。[1] 相形之下，美呀，和谐平衡（harmonious balance）呀，则似乎越来越多地进入了科学的王国：爱因斯坦的相对论这个现代科学的典范，因其单纯的优雅（simple elegance）而为人称赞。难怪布赖恩·格林（Brian Greene）有关弦理论的入门畅销书题为《优雅的宇宙》（*The Elegant Universe*）。

　　传统的柏拉图式参照系发生了逆转：科学处理现象、事件、表象，艺术则处理坚硬的实在界（hard Real）。这个"实在界原质"，为描绘"实在界原质"付出的努力，是艺术的真正"客体"。德里特里·肖斯塔科维奇（Dmitri Shostakovich）对他的强劲竞争对手谢尔盖·普罗科菲耶夫（Sergei Prokofiev）不屑一顾，因为后者拒绝认真对待历史恐怖（historical horrors），总是扮演"自作聪明之人"。只提一个至高的例证，普罗科菲耶夫第一部小提琴奏鸣曲（作品 80）明确展示了他大名鼎鼎或臭名远扬的"反讽"：

> 纵观它的四个乐章……我们可以感受到处于水面之下的强劲斗争逆流。不过，这斗争还不是作品对作品之外的某物的斗争，而是对作品尚未显现的某物的斗争，它竭尽全力地爆发，又时常发现，作品现存的、外部的形式和语言"阻塞"了它的浮现。"内部某物"的这一阻塞……与下列欲望受挫有关：通过宣泄性释放，进入某种至高无上的实证性的存在状态，在那里，意义（包括音乐的意义和超音乐的）是透明的、非反讽性的（un-ironizable）。一言以蔽之，进入精神的"纯粹"之域。[2]

1　那么，后现代艺术不是对快乐的回归吗？

2　Ronald Woodley, accompanying text to the recording by Martha Argerich and Gideon Kremer (Deutsche Grammophon 431 803−2).

正是在这里，普罗科菲耶夫为他的反讽立场付出了代价。这一过渡证明了他的艺术诚实（artistic integrity）：这一反讽立场远远绝不代表任何种类的徒劳的智力优越性（intellectual superiority），而只是普罗科菲耶夫一败涂地的不断努力——努力于使"来自内部空间之物"（即"内部某物"）外在化——的虚假光明面而已。他的某些作品（如流行的第一交响曲）表面上的"嬉戏"，只是以消极的方式揭示了下列事实：普罗科菲耶夫是终极的反莫扎特者，是某种贝多芬，其"巨大的努力"以灾难告终。如果说莫扎特是至高无上的音乐天才，如果说莫扎特或许在下列方面是最后一位作曲家——音乐原质（musical Thing）将自身转化为自发的音符流动，如果说在贝多芬的那里，其作品只是在与音乐材料进行了漫长的英勇斗争之后才具有确定的形态，那么，普罗科菲耶夫最杰出的作品则是这种斗争最终失败的纪念碑。[1]

如此说来，"来自内部空间之物"就是我内在的"天才"？就是"在我之内又超于我"（in me more than myself）之类的事物，即驱动我前行的非人格力量？[2] "天才"与我的"自我"（ego）——我的存在之核（core of my being）——的关系属于这样的领域：它与弗洛伊德所谓的无意识无关，甚至与主体性（subjectivity）这一严格哲学概念无关。这种关系的真正位置处于生命哲学（Lebensphilosophie）和荣格式的问题框架（Jungian problematic）之内：人的自我（ego）并不能涵盖我们全部主体性（subjectivity），只有出于或依靠我的"心灵实体"

---

1 在这里，肖斯塔科维奇比普罗科菲耶夫更传统。他作品中的典范性的"原质之爆发"（explosion of the Thing）无疑来自他的《第十交响曲》中的第二乐章，那是一个虽然简短却又活力四射的诙谐曲，其中冲劲十足的和弦通常被称为"斯大林肖像"，尽管我们会感到奇怪：何以如此？为什么不是过度活力（excessive vitality）的爆发？注意到下列一点甚是有趣：尽管在所有乐章中最为简短（历时仅仅超过4分钟，第一乐章历时23分钟，第三乐章和第四乐章各历时12分钟），第二乐章却是整部交响曲充满活力的焦点之所在，它的狂野旋律在其他乐章中回响和反射，其过度的能量蔓延至其他乐章，仿佛正是在这里，在第二乐章中，我们招致了"被太阳烤焦"的危险……

2 三个音乐天才，三个标志性人物，大致与绘画三杰列奥纳多-拉斐尔-米开朗琪罗遥相呼应。他们是巴赫-莫扎特-贝多芬。难道他们三位没有代表应对我心中的创伤-过度的原质的三种模式（此原质乃我的天才之源）？我们可以像工匠那样施展自己的才赋，解除任何神圣的使命，只是一味努力劳作（巴赫）；我们可以非常幸运，能以几乎天真无邪的自发性，把自己的天赋置入一泻千里的创造之流（莫扎特）；我们的才赋是某种心魔，它迫使艺术家在巨大的痛苦斗争中创造自己的作品，强迫其意志与反抗中的材料针锋相对（贝多芬）。

（psychic substance）——即更具荣格色彩而非真正弗洛伊德意义上的本我（id）——这个浩瀚的非人格场域（impersonal field）的背景，通过漫长的个性化过程（process of individuation），主体性才能浮现。也就是说，弗洛伊德的无意识与生命哲学的本我无关。职是之故，无意识之主体（subject of the unconscious）与自我无关。那么什么是无意识之主体？或者干脆说，什么是真正的主体？我们应该在此想到克尔凯郭尔的那个奇妙的短篇文本《论天才与使徒之异》（"On the Difference between Genius and Apostle"）。在那里，他把天才界定为能够表达、阐明"在他之内又超于他的事物"的人，能够表达、阐明自己的精神实体（spiritual substance）的人。天才与使徒形成了鲜明对比，使徒"就其自身而论"绝对无关紧要：使徒是某种人的形式功能，这种人倾其一生见证在他之外的、非人格的真理。他是上帝挑中的信徒：他并不具有使其胜任其角色的内在特质。拉康曾以外交官为例：外交官充当国家代表，他的特异性无关紧要；无论他怎么做，都会被解读为他所代表的国家发出的信息。如果他在大型外交会议上咳嗽了，那也会被解读为温柔的暗示——他的国家对会上正在热议的措施表示怀疑。拉康的悖论性结论是：弗洛伊德的"无意识之主体"，或拉康所谓的"能指的主体"（subject of the signifier），具有克尔凯郭尔笔下的使徒的结构——他是"非人格"的真理的目击者。

我们在癔症中遇到的，不正是"真理之躯"（body of truth）吗？在由癔症"转移"导致的生理征兆中，直接的有机躯体（organic body）被真理入侵、绑架，被转化为真理的载体，转化为这样的空间／外表——（无意识的）真理就铭刻在它上面。癔症是拉康所谓"正在说话的，是我这个真理"（c'est moi, la vérité, qui parle.）的终极个案。简言之，这里的结构即克尔凯郭尔的使徒的结构：因为躯体的直接现实无关紧要，因此躯体被取消／悬置，被当成真理的中介而被占据。我们不应该害怕把它与斯大林在列宁葬礼上的讲演联系起来："我们这些共产主义者与其他人不同。我们是用特殊材料制成的。"这个"特殊材料"正是被转化为真理之躯的躯体。布莱希特在著名的短诗《解决》（"The Solution"）——该诗写于1953年，发表于1956年——中嘲笑了那种不可一世：

> 6月17日发生了起义
> 作家联盟的书记
> 在斯大林大道散发传单
> 宣称人民
> 已经丧失政府的信任
> 但可以赢回信任
> 前提是加倍努力
> 在这种情形下
> 这样做是不是更容易一些
> 政府解散人民
> 然后再选一群人？[1]

不过，这首诗不仅在政治上是投机取巧的，不仅展示了他在《新德意志报》（*Neues Deutschland*）上发表的声援东德共产主义政体的信件的反面（说得残忍些，布莱希特想脚踏两只船，一边公开表达对政体的支持，一边暗中表示对工人的声援，这样一来，无论哪方胜出，他都立足于不败之地），而且从理论–政治的意义（theoretico-political sense）上讲也是错误的。我们应该勇敢地承认，"解散人民，然后再选一群人"，也就是说，把"油滑"的投机取巧的人民（惰性的"群盲"）转化为清醒意识到自己的历史使命的革命躯体（revolutionary body），把经验人（empirical people）的躯体转化为真理之驱，是革命政党的一项职责，甚至是根本职责。这可不容易，"解散人民，然后再选一群人"是最困难的事情。

于是我们有了两个对立物，我们应该把它们严格区分开来：一个是自我–本我（ego-id）之轴，一个是主体–真理（subject-Truth）之轴。自我是心灵力量和驱力这个蓄水池的表现形式和组织机构（organizing agency），主体与它毫无关系：从几乎官僚政治的意义（bureaucratic

---

[1] Bertolt Brecht, *Gedichte in einem Band* (Frankfurt: Suhrkamp, 1982), pp. 1009–1010.

sense）上说，主体是匿名真理（anonymous Truth）的公务员。在莎士比亚《暴风雨》的结尾处，普洛斯彼罗把他的天才——小鸟爱丽儿——放飞，独自站在那里（"现在我的魔法已经尽去，/我的力量都属于自己"），难道这时他没有不仅舍弃了他的天才，而且舍弃了他的自我？难道他没有进入不同的场域，进入真正的主体性之域？真正的主体是空洞的，是某种形式功能（formal function），是我在牺牲了我的自我（自我构成了我"这个人"的财富）之后留下的空白。从自我向主体的位移，从自我－本我之轴向主体－真理之轴的位移，与真正的伦理维度（ethical dimension）的出现，意义完全相同。一旦我变成了非人格真理的代理，一旦我把无穷无尽的工作——见证这一真理——当成自己的使命接受下来，我就从人变成了主体。[1]如此一来，我本身什么也不是：我的全部权威都来自真理。或者，如克尔凯郭尔在谈及基督时所言，说到内容，基督的实证性表述（positive statements）并不比学习神学的普通学生的表述更深刻，对把它们分割开来的深渊所做的解释是，一方是真理的终极使徒，另一方则不是。在这里，结构就是极端"武断"的：重要的是谁说的，而不是他说了什么。

看上去，这可能与我前面说过的观点抵触。我在前面说过，重要的是真理，而不是传播真理的主体。不过，这也是真理权威的悖论之所在：真理不是以真实命题的固有特性（inherent features of true propositions）为特征的，而是以下列纯粹的形式事实（formal fact）为特征的——这些命题来自真理所处的位置（position of Truth）。无论其固有属性如何，主体都是纯然的信使，是真理的使徒。这是事实。与此事实并行不悖，真理本身并不是表述具有的属性，而是表述变得真实可信之物。真理类似于现成艺术（ready-made art）：一旦占据了艺术作品的位置，小便器也是艺术作品。没有任何物质属性把杜尚的小便器与附近公共厕所里的小便器区分开来。

那么，只要还代表着作为机构的真理（Truth as agency），"来自内部空间之物"又为何物？来自华兹华斯《序曲》的一个著名段落——"偷

1　当然，在此参见阿兰·巴迪欧的真理观，是至关重要的。

来的船"（stolen boat）——为"来自内部空间之物"提供了精确坐标：

在夏日的夜晚，
我发现了拴在柳树上的一只小船，
停在岩石洞穴中间，那是它的家园。
我径直解开铁链，
健步上船，推它离岸。
这是鬼鬼祟祟的行为，
充斥着令人不安的快感。
小船的前行，
悄无声息，没有带来山的回声。
把它静静地甩在身后，甩在船的两边，
月光下的涟漪闪着光环，
最后融入小船熠熠发光的行踪。
但现在，就像那个划船的人，
为自己的技巧而骄傲，
抵达选定的地点，不偏不倚。
我固定了自己的视点，
望着崎岖山脊的顶点，
望着地平线的边缘。
在它高高的上方，
只有明星和灰色的天空。
不可忍受啊，
这个淘气的舢板。
我精力充沛地，
用船桨轻击静静的湖面。
当我扬起船桨，
天鹅般地掠过湖水的，
是我的小船。
直到此时，在地平线边缘的后面，

升起了崎岖陡峭、巨大幽暗的巨峰，
仿佛以它自己的巨大本能，
昂起头颅。
我划呀划，
它冷峻的面貌还在剧增，
静静地屹立在我与星空中间。
因此它似乎有自己的目的，
在我的后面大步流星，
像活物那样做有规则的运动。
我划着战栗的船桨，
匆匆穿过静静的水面，
重新回到柳树的隐蔽处。
在它的系泊处，我大喊一声，
然后穿过草甸，
以黯淡沉重的心境，
踏上回家路。
但看过那个奇观，
很多天，我的脑子都充斥着
灰暗和飘忽不定之感。
对生存的模式一无所知。
在我的思绪的上面，
悬挂着阴郁，
可以称它为孤寂，
或空空的遗迹。
没有留下熟悉的形状，
没有令人愉快的树的形象，
没有大海或天空的影子，
没有绿色原野的颜色。
但是已经死去的巨大有力的形式，
俨然活人一般，在白天，

缓慢地走过我的心灵，

成为我的噩梦。

很显然，在这个段落中"实际发生"的事情是，小男孩是视错觉
（optical illusion）的受害者：

> 当他划船离开洞穴，男孩将其凝视固定于山脊的顶端。在山脊
> 顶端的后面，最初似乎除了天空，一无所有。不过，随着他在湖面
> 上划得越来越远，在山脊的后面，一个遥远的山峰进入眼帘。他离
> 岸边越远（他的第一本能是快划——"我划呀划"），看到的山峰就
> 越大，因此似乎它的"面貌还在剧增"。对于男孩看到的东西，存
> 在着极其合理的解释。不过，他的想象把山峰转化成了"活物"，
> "在我的后面大步流星"。[1]

"来自内部空间之物"就是这样浮现出来的。幻象展示（fantasy-
staging）的全部成分都在这里——出现在"其实"只是视错觉中的本体
性"照彻"（shines through）。也就是说，弗洛伊德的"来自内部空间之
物"远非康德式物自体的简单后裔，而是它的对立物：表面上看上去属
于某种超越性力量——对"正常"的外部现实的超越——之物，恰恰是
这样场所，在这里，我的主体性被铭入现实。换言之，我在令人恐怖、
难以描述的原质的掩饰下得到的，是我的凝视的客体化，是我的凝视的
客体对应物（objectal correlate）。正如华兹华斯所言，原质是从对现实
的"冷静的着色"（sober colouring），它来自观察现实的眼睛：

> 围着斜阳聚集的浮云，
> 从眼睛中获得了冷静的着色，
> 观望着人类的死亡。[2]

---

1 Alan Gardiner, *The Poetry of William Wordsworth* (Harmondsworth: Penguin 1990), p. 84.

2 另见："……午夜风暴 / 在我面前变得更加黑暗。"

从原质即恶（Thing as Evil）这一角度看，我们或许应该回过头来审视著名的奥古斯丁的恶之观念（notion of Evil）。根据这种恶之观念，恶本身并不具有实证性实体或实证性力量，它是纯粹的善之缺席（absence of Good）：善本身也是恶之缺席，是对恶的原质（Evil Thing）的敬而远之。用超越性的术语说，善是恶的表象模式（mode of appearance），是"图式化"的恶。因此，善与恶之间的区别是视差性的。

我们可以在当代绘画中看到类似现象，看到极度深不可测的、几乎无法觉察的 je ne sais quoi（难以描绘和表达的东西），它可以用来说明巨大的变异。人们在描述格哈德·里希特（Gerhard Richter）的某些绘画的特征时总是说，他的某些绘画的特征在于，它们从（轻微变调/模糊的、真正的）照相写实主义突然变为纯粹抽象的着色，或者从纯然无客体的着色肌质（texture of stains）突然变为写实主义的再现，仿佛我们突然发现自己已经身处莫比乌斯带的另一面。里希特特别关注这样的神秘时刻，即画作脱胎于混沌的时刻，或者说，画作脱胎于对立的时刻（opposite moment）：清晰的镜像开始变得模糊，最终成了无意义的着色。这又把我们带回到拉康的小客体那里。小客体正是那个无法衡量的未知因素（imponderable X），它使得连贯一致的绘画再现（pictural representation）脱胎于着色肌质，如同《太空漫游》（Space Odyssey）中在 2001 年末出现的那个著名场景。在那里，紧张的、抽象的视觉运动这个超现实游戏（surreal play），变成了对幻象-空间的高度写实主义的再现（hyperrealist representation）。里希特在此颠倒了正常的关系：在他的画作中，照相写实主义作为人工的建构物冲击着我们，与此同时，在"抽象"的形式和着色的互动中，有着更多的"自然生活"（natural life）。仿佛混乱的、强烈的非再现性形态（nonrepresentative shapes）是现实最后的剩余。如此一来，一旦我们从它走向清晰可辨的再现，我们就进入了以太式的幻象-空间（aetheric fantasy-space），现实在那里无可逆转地丧失了。变化是纯粹视差性的：我们对被观察客体的态度的变化，远远大于客体本身的变化。

由于这个原因，里希特不只是后现代艺术家，相反，他的作品是某种元评论，即对现代主义与后现代主义的分裂所做的评论，是对从现代主义走向后现代主义所做的评论。或者换种说法，不妨考察两个作品，它们全都代表着视觉艺术中的现代主义突破的就职姿势（inaugural gesture）：一个是马塞尔·杜尚的现成艺术品——自行车，一个是卡济米尔·马列维奇的《白底黑方块》。这两个极端作品是以下列方式联系在一起的：它们令人想起黑格尔所谓的对立面的思辨性统一。里希特所做的不正是捕捉这两个极端的通道吗？在里希特那种情况下，不正是从照相写实主义向纯粹形式的最小区别的抽象（abstraction of the purely formal minimal distinction）过渡？[1]

现代艺术与古代史诗在这里相遇。把芬兰人的身份之核形诸文字的史诗《卡勒瓦拉》（*Kalevala*）是以所谓"卡勒瓦拉韵步"创作的：它最明显的特征就是不押韵、不分节，用的是四音步抑扬格，每句都有头韵，后面跟的是"回音"。这被称为对应（parallelism）：在当前行改述前一行，只是侧重和视角有所不同。不妨引用此诗开头的几句，采用的是 W. F. 柯比（W. F. Kirby）的翻译：

> 我的渴望逼着我，
> 我的智力催着我，
> 我得开始我的歌唱，
> 我得开始我的吟哦。
> 我要唱民族的歌曲，
> 我要唱人民的传说。
> 歌词流到我的嘴边，
> 立刻轻轻地坠落……
> 亲爱的朋友和兄弟，

---

1 我们在马列维奇的作品中遇到了类似的问题。他 1927 年去柏林时，把剩余的绘画（大约 70 幅）留在那里。回苏联后，他的作品中出现了"退化"——他再次开始以早期的风格作画，从印象主义几乎直抵社会主义现实主义。社会主义现实主义表现在他题为《红军成员莎诺夫斯基》（*Red Army Member Scharnowsky*）的、刻画模范工人的肖像画（1932 年）上，还表现在他晚年令人过目难忘的自画像上，那时他已经罹患癌症。这种"退化"意味着什么？它是某种斯特拉文斯基（Stravinsky）式的、自由地体现各种风格的姿势？谜团在于：这种"退化"真是只是退化，而与他的突破性进展之类的事件（Event）毫无关系？或者，它是这种突破性进展的展示（working-out），即严格意义上的事后忠诚（post-evental fidelity）？

所有最心爱的伴侣！

让我们一起歌唱，

把我们的心情畅叙，

我们终于在一起了，

从两个远隔的地区。

我们很难得会面，

我们很难得团聚，

在阴暗的北方的国家，

在寂寞的波赫亚。

让我们的手儿相牵，

让我们交叉着手指；

我们要欢乐地歌唱，

尽我们最大的努力，

我们的亲人倾听着，

倾听着我们的教导，

新生一代的青年们，

在我们身边围绕，

学习这神奇的字句，

记住这歌曲和传说……[1]

　　这个引论性诗篇的第二诗节和第三诗节提供了物质性表演（material staging），告诉我们《卡勒瓦拉》是如何在公众聚会上被朗诵的。这种

　　1　原文为："I am driven by my longing, /And my understanding urges, /That I should commence my singing, /And begin my recitation, /I will sing the people's legends, /And the ballads of the nation./To my mouth the words are flowing, /And the words are gently falling . . ./Dearest friend, and much-loved brother, /Best beloved of all companions, /Come and let us sing together, /Let us now begin our converse, /Since at length we meet together, /From two widely sundered regions, /Rarely can we meet together, /Rarely one can meet the other, /In these dismal Northern regions, /In the dreary land of Pohja./Let us clasp our hands together, /Let us interlock our fingers;/Let us sing a cheerful measure, /Let us use our best endeavors, /While our dear ones hearken to us, /And our loved ones are instructed, /While the young are standing round us, /Of the rising generation, /Let them learn the words of magic, /And recall our songs and legends. . . ." 译文采用的是：《卡勒瓦拉》，孙用译，人民文学出版社 1981 年版，第 1-3 页。——译者注

表演真的践行了文本的平行：两个歌手坐在长凳上，手拉着手，其中一个歌手唱一行（八音节），另一个歌手立即接过来，也唱一行，同样的是八音节，但用词不同。在诗意的恍惚中，他们有节奏地晃动着身体。难道这个怪异的表演没有呈现了最纯粹的视差，难道没有通过反复阐释两个视角，致力于环绕／领悟差异（Difference）这个深不可测的鸿沟？后来，我们在诗中读到："我可以说件事情吗？／我能获准问个问题吗？／你是怎样的人？／你是怎样的哥们？"[1] 这时，原质就是出现在"我可以说"和"我能获准问"之间的、出现在"怎样的人"和"怎样的哥们"之间的某物（X）。

如果真的有过描述最小差异（minimal difference）的作家，那他就是胡安·何塞·塞尔（Juan José Saer）。《无人·无物·绝不》（*Nadie nada nunca*，1980）是一部描绘纯粹视差的杰作。它的"行动"（action）已经降到最低限度，已经到了几乎不存在的地步：在阿根廷的一个沉闷的夏季，卡特·加雷（Cat Garay）的祖先一度兴旺但现在家道衰败，他和自己的情人伊莉莎（Elisa）试图保卫他们的马匹，使其免遭逍遥法外的杀马人的屠杀。他们处于紧张状态的爱情，他们在巴拉那河（Paraná river）河畔对杀手的搜寻，都发生在政治焦虑和政治瓦解的气氛之中。故事在进行着，但每个事件都要讲两遍，第一遍是以"客观"叙述者的声音讲述的，第二遍是以卡特的声音讲述的，同一短语通常一字不差地重复着。这不很像马列维奇的《白底黑方块》，即以叙事内容这一"空无"为背景，制造纯粹形式上的最小差异、缝隙？我们在此处理的不是两种特定内容之间的实体性差异（substantial difference），而是把客体与它自身割裂开来的"纯粹"差异。这种"纯粹"差异为下列点位（point）打上了标记：围绕着这个点位，阿根廷另一位杰出作家雅莉珍达·皮扎尼克（Alejandra Pizarnik）诗歌运转。她诗歌创作的登峰造极之作是诗集《戴安娜之树》（*Tree of Diana*，1962）。该诗集充分展示了她简洁的、几

---

1 原文为："Might I say something/Would I be allowed to ask/What kind of man you may be/What sort of fellow?"孙用的译文是："原谅我这样问你，／首先请你告诉我，／你的种族和你的家世，／是怎样的英雄的后裔？"见《卡勒瓦拉》，孙用译，人民文学出版社1981年版，第106页。——译者注

乎是禅诗一般的精确。来自其中的三首短诗就是如此：

> 俨然一首诗
> 埋进万物的沉寂里
> 你说话，以把我无视[1]
>
> 在离禁区遥远的地方
> 有面镜子，里面映出我们悲哀的反响[2]
>
> 这首惋惜、警戒之歌，藏在我的诗后：
> 这首歌曲拒绝了我，堵塞了我的声音。[3]

　　这三首短诗是以下列方式连通的：如果我们从收入她后期诗集《音乐地狱》（*El infierno musical / The Musical Hell*，1971）的一首诗——《迹象》（"Signs"）——中抽出一句，添加在达里，三首短诗间的联系就一目了然了。这句诗是"万物皆以沉寂做爱。"[4]

　　皮扎尼克大概是做减法的诗人，是描述最小差异的诗人。她描述的是空无（nothing）与某物（something）之间的差异，是沉寂与支离破碎的声音之间的差异。原初的事实不是等待由圣言（divine Word）打破的沉寂，而是噪音（Noise），是实在界的混乱絮语（confused murmur of the Real）。在实在界的混乱絮语中，形象（figure）和背景（background）尚无区别。因此第一个创造行为是创造沉寂：不是说沉寂被打破，而是说沉寂打破、打断实在界连绵不断的絮语，并开辟供言词（words）可以在那里说出来的空间。没有沉寂的背景，就没有真正的言语（speech）：如同海德格尔知道的那样，所有的言语（speech）都是对"沉寂之音"（sound of silence）的回应。要创造沉寂，要以花瓶创造自

1　Alejandra Pizarnik and Susan Bassnett, *Exchanging Lives* (Leeds: Peepal Tree, 2002), p. 20.
2　Ibid., p. 25.
3　Ibid., p. 26.
4　Ibid., p. 32.

身中空的方式环绕沉寂之位置，需要付出辛苦的劳作。死亡驱力和崇高化就是这样严格地关联起来的：死亡驱力首先要抹除实在界的絮语，并因而为崇高构型（sublime formations）开辟空间。说到诗，这种差异不是诗与诗之间的差异，而是诗（poem）与歌（song）之间的差异。当然，歌必须处于未唱（unsung）、未说（unspoken）的状态，因为它是沉寂之歌。

视觉维度由此而生。记住尼采的抱怨吧：难道必须捣烂他们的耳朵，他们才能学着用眼睛来聆听？（《查拉图斯特拉如是说》，序言第五节）。抱怨很难教会人们如何聆听，这种抱怨岂非模糊不清之论？它的意思是，很难学着用自己的眼睛聆听，或者，真正困难的只是真诚地聆听？换言之，如果踏着瓦格纳笔下的特里斯坦（Tristan）——他临死之时大声喊道："我看到了她［伊索德（Isolde）］的声音！"——的足迹，把"我们必须用眼睛聆听现代艺术"当成现代艺术的一个定义来接受，那这是否意味着，我们只能用眼睛来实现真正的聆听？即聆听沉寂，聆听由喋喋不休掩盖起来的沉寂的信息-原质（Message-Thing）？职是之故，如同爱德华·蒙克的《尖叫》暗示的那样，现代艺术不就是"沉寂之音"（sound of silence），即对这样的点位——言词在那里分崩离析——的视觉呈现？附带说一句，意识形态批判也是这样发挥作用的［我们应该坦白承认意识形态批判的柏拉图式起源（Platonic origins）］：它致力于捣烂我们的耳朵（意识形态诱人而虚伪的言语已经使耳朵进入催眠状态），只有这样我们才能开始［以理论（*theoria*）的模式］，用眼睛聆听。

回到皮扎尼克那里：为了避免虚假蒙昧主义（fake obscurantism），我们不应害怕将那四个片断"合乎逻辑"地解读为一个复杂论证的四个部分，为理解每个片断提供线索。所以，让我们先从最后一行——"万物皆以沉寂做爱"——开始：这当然并不意味着，某物（Something）和空无（Nothing）存在性关系，而是存在着失败——这种做爱是失败的。也就是说，沉寂之音，"埋进万物的沉寂里"的"沉寂"，不是对诗人言词的默默支持、保护和关爱，而是这样的声音：它说话，以"无视"诗人的存在。它是残忍邪恶的中性实存物（neutral entity），它"藏在我的诗后"发出"警戒"，"拒绝了我，堵塞了我的声音"。所以，当皮扎尼克把这首沉寂之歌称为"镜子，里面映出我们悲哀的反响"时，说它位于"离禁区遥远的地方"时，这再次使它成为难以接近的威胁性实存物（threatening entity）。依照康德的说法，沉寂之歌居于实在界这个骇人的本体领域，有关我的"客观"真理〔或者纯粹客体化的知识（objectifying knowledge）〕就铭刻在那里。

　　为了澄清这个关键点，且让我们回忆《黑客帝国》（The Matrix）中的一个奇妙场景。在那里，塞弗（Cipher）这个置身于现实之中的、背叛了叛军的叛徒和黑客帝国的特工，拔掉了侵入黑客帝国的虚拟现实的叛军与机器连接起来的插头，从而杀害了一个又一个的叛军。当叛军觉得自己完全沉浸于普通现实时，他们实际上身处"实在界之荒漠"，被固定在那张椅子上——他们只有坐在这张椅子上面才能连通黑客帝国。在他们显现为他们本来的样子时，塞弗能够直接在肉体上处置他们。这些枯坐在椅子上的生灵，仿佛在牙医诊所里被实施了麻醉一般，任由拷问者虐待。塞弗是通过电话与他们联系的，电话成了虚拟现实和"实在界之荒漠"的联系工具。这种情形的可怕之处在于，当叛军觉得自己就像在现实中自由地行走的正常人类时，他们知道，在"实在界之荒漠"的另类场景（Other Scene）中，简单地拔掉电缆的插头就能在让他们在虚拟和现实这两个世界中同时毙命。这种情形虽然类似于所有进入黑客帝国的人们面临的情形，但比他们的情形更糟糕，因为在这种情形中，人不仅清醒地意识到了自己面临的真实情形，而且清醒地意识到了邪恶的特工在现实中造成的威胁，这些特工意在立刻杀掉他们。仿佛主体与他们的情形这个实在界建立了不可能的直接联系（impossible direct link），而且这个实在界具有所有的威胁性维度（threatening dimensions）。这个另类场景就是位于"离禁区遥远的地方"的、"里面映出我们悲哀的反响"的镜子。

　　这当然把我们带回到柏拉图的洞穴那里：我们如何在与太阳这个终极实在界（ultimate Real）的直接对抗中保全性命，不被热量十足的太阳射线灼伤？在所有诗人中，关注这种对抗的危险并为之付出了最高代价——疯癫——的，是荷尔德林。我们身处这样的领域中，在那里，堕入疯癫具有清晰的政治内涵。我们应该在此向卢卡奇请教。以他那篇怪异而又重要的短论《荷尔德林的许佩里翁》（"Hölderlin's Hyperion"）为例。在那里，卢卡奇赞美黑格尔对拿破仑热月（Napoleonic Thermidor）的支持，反对荷尔德林对英勇的革命乌托邦的无限忠诚：

> 黑格尔屈从于后热月时代（post-Thermidorian epoch），屈从于资产阶级发展的革命时期的终结，还把自己的哲学严格建立在他对世界历史的这个新转折点的理解上。荷尔德林与这个后热月现实毫不妥协，他依旧忠诚于古老的革命理想——翻新"城邦"民主政治，并被现实击得粉碎。现实在他的理想中没有立足之地，即使在诗歌与思想的层面上也无立足之地。[1]

卢卡奇在这里提到了马克思主义的观念：英勇的法国革命时期是必不可少的充满热情的突破，随之而来的则是胆怯的市场关系阶段：法国革命真正的社会功能，就是为资产阶级经济的平庸统治创造条件，真正的英雄气概并不在于盲目地依附初期的革命热情，而在于看到——用黑格尔改述马丁·路德（Luther）的话说——"长在现在这个十字架上的玫瑰"（the rose in the cross of the present），也就是说，在于放弃美的灵魂（the Beautiful Soul）的立场，在于把现在视为实际自由（actual freedom）的唯一可能的领域来接受。因此，正是与社会现实的这种"妥协"，使黑格尔哲学迈出了至关重要的一步，使黑格尔在其《伦理体系》（System der Sittlichkeit）手稿中克服了原法西斯主义的"有机"共同体的观念，使他对资产阶级市场社会存在的对抗进行了辩证分析。原法西斯主义致力于重返前现代的"有机"共同体，这是真正的辩证性悖论（dialectical paradox）：法西斯主义的"封建社会主义"绝不仅仅是"反动"的，它还是某种妥协性的解决之道，是在资本主义的限制之下建立"社会主义"这一虚假努力。

显然，卢卡奇的分析具有深刻的讽喻意味：它写于托洛茨基提出

1　Georg Lukács, "Hölderlin's Hyperion," in *Goethe and His Age* (London: Allen & Unwin, 1968), p. 137.

"斯大林主义即十月革命的热月"这个观点的几个月之后。因此要把卢卡奇的文本解读为对托洛茨基的回应。它接受了托洛茨基对斯大林政体的描述——斯大林政体即"热月",但又为它提供了充满曲折的结局:我们不应该为乌托邦能量的损失而惋惜,而应该以英勇的听天由命的方式,把它的结果当成社会进步得以实现的唯一的现实空间来接受。……当然,在马克思看来,在革命的陶醉(revolutionary intoxication)之后出现的令人清醒的"日后"(day after),标志着"资本主义"革命大业的原始局限,标志着它对普遍自由的承诺的虚假不实:"真相"是,普遍人权是商业与私人财产的权利。如果我们读懂了卢卡奇对斯大林主义热月的认可,那它意味着(可能与他的本意相违):无产阶级革命的特征同样在于,下列两者间存在着间隙:一者是对自由所作的幻觉性、普遍性的断言,一者是随后在新型的统治与剥削关系中出现的觉醒。

　　荷尔德林的出发点与黑格尔如出一辙:我们如何克服传统有机统一体(的可能回归)与现代反思自由(modern reflective freedom)之间的分裂。他的答案是他所谓的"反常道路"(eccentric path),即对下列问题的洞视:两极之间永不停息的振荡,获得终极宁静(final peace)的不可能性和再三失败,都已经是事物本身;也就是说,这种永恒之路(eternal way)乃人之宿命。不过,荷尔德林最终没有迈出真正的黑格尔式的一步,使两极实现真正的思辨性统一。他的一则哲学短论的标题——《存在与判断》("Being and Judgment")——乃其局限的最佳缩影。在荷尔德林那里,存在是永远已经丧失但我们又永远渴望复得的前反思根基(prereflexive Ground)。但他没有做的,是得出这样的结论:这个预先假定存在的根基(presupposed Ground)早已是回溯性的设定之物,因此早已是纯粹差异(之称谓)。简言之,荷尔德林没有看到黑格尔所谓普遍性的真实本质:黑格尔所谓的普遍性是结构性僵局(structural deadlock)的存身场所,是绝境的存身场所,特定构成(particular formations)要致力摆脱的,就是这一绝境。正是由于这个缘故,在即将抵达1800年时,他明确在转向诗,把诗视为表达人的"反常道路"的最佳方式。这样,至少就他那种情况而言,转向诗是逃避,是无力于完成思想著作(work of thought)这一行为的索引。

《许佩里翁》的解决之道就是叙事：现实中无法调和之物，就通过对这种无法调和之物进行叙事性建构（narrative reconstruction），在事后调和。《刻伯龙神》——这部小说是由书信构成的——至为有趣和至关重要的特色在于，它的全部书信都是在"实际"事件发生之后写就的。把这种解决之道解读为黑格尔式的方案，是否适当？即是说，这样说是否适当：以与黑格尔的《精神现象学》明显类似的方式，荷尔德林在叙事看到了解决之道，而叙事回溯性地重建了下列两者间永恒振荡这一"反常道路"：一者是中心的丧失（loss of the Center），一者是在重获中心之直接性（immediacy of the Center）时遭遇的反复失败，而重获中心之直接性被视为成熟的过程、精神教育的过程？以这种方式解读，可以轻而易举地把荷尔德林后来的变化阐释为与主体性之形而上学（metaphysics of subjectivity）的永别，阐释为形而上学闭合（metaphysical closure）的打破，阐释为对由形而上学掩盖的不可化约的分裂的认可。埃里克·桑特纳论述荷尔德林的著作，采纳就是这样的解读模型。在桑特纳看来，荷尔德林后期著作的突破形成于这样的时刻：这种叙事性综合（narrative synthesis）和对张力的扬弃（*Aufhebung* of the tension），因为"冷静"地接受不可化约的众多（irreducible multitude）而受到威胁，甚至被放弃。如此不可化约的众多不再能够以全盘的叙事图式（narrative scheme）来调和。正如桑特纳所言，放弃无所不包的叙事框架（narrative frame），并没有导致放弃片断（fragments）之间的联系，反而导致了对互联性（interconnectedness）的新层面的发现，导致了对秘密联系（secret links）这一"并列"（paratactic）领域的发现，即单细胞生物的元素（monadic elements）的回声与反响这一"意合"领域的发现。我不禁要说，这个领域与柏拉图的阴性空间（chora）颇为相似。在柏拉图那里，阴性空间先于由理念组成的栅格（grid of Ideas）。[1]

我们应该在此引入三重结构而非二重结构：叙事程序（narrative procedure）既没有直接触及"天堂之火"（fire from heaven），没有欣喜

---

[1]　See Eric Santner, *Friedrich Hölderlin: Narrative Vigilance and the Poetic Imagination* (Piscataway: RutgersUniversity Press, 1986).

若狂地把自己抛进神圣原质（divine Thing）的致命福佑（lethal bliss），也没有直接触及冰冷日常生活的死一般的冷静（deadly sobriety），没有触及冰冷日常生活的无意义的多样性（meaningless multiplicity），只是触及这种多样性本身的调停而已。换言之，桑特纳把"叙事警觉"（narrative vigilance）置于"天堂之火"一边，只把"叙事警觉"视为对众多分散的、冷静的和冰冷的庸常生活所做的抵御，这时，把"叙事警觉"视为对欣喜若狂地溶解"天堂之火"的整个结构所做的抵御，视为保持生活的最简结构的尝试，岂不是更为恰当？归根结底，难道叙事不就是有关荷尔德林所谓"连续律"（law of succession）的叙事？不就是有关使神圣界的混沌深渊（chaotic abyss of the Sacred）无法靠近的父性符号秩序（the paternal symbolic order）的叙事？[1] 此外，处于同一面的太一性（Oneness）的并存，对处于同一面的太一性的体验，不全都与叙事性组织（narrative organization）截然相反吗？对太一性的欣喜若狂的体验不就是这样的事物——它只出现于我们步出叙事的格栅（grid of a narrative）并面对绝对特定的单一实存物（monadic entities）之时？

　　桑纳特发现荷尔德林从"叙事警觉"转向了"冷静"（sobriety），即从使一切屈从于有关诸神的西进运动（westward movement）并为新神降临奠定根基的叙事，转向制造日常生活的符号。荷尔德林的这一转向，可用黑格尔的下列转向做出完美解释：从本体神学（onto-theology），从包罗万象的形而上学叙事（metaphysical narrative），转向听之任之（*Gelassenheit*）这一后形而上学态度（postmetaphysical attitude），转向让一切在形而上学辩解的框架（frame of metaphysical justification）之外"自行其是"（letting things be）这一后形而上学态度，就像安哥拉

1　有一种解读看上去绝对像是对海德格尔解读的最彻底的反对。它对荷尔德林的崩溃所做俄狄浦斯式的解读，是由让·拉普朗什（Jean Laplanche）在 20 世纪 60 年代做出的。这种解读绝对令人心悦诚服。正如荷尔德林本人清晰指出的那样，他无法确定匮乏的方位，也就是说，他生活在存有性-存有论短路（ontic-ontological short circuit）这一持久状态之中。在那种状态下，对存有性失利（ontic failure）或存有性瑕疵（ontic imperfection）的体验——即使微不足道的体验——有可能迅速转化为存有论的灾难（ontological catastrophe），导致整个世界的土崩瓦解。我们不应该把这种解读视为心理化约主义的解释，视为存有性的解释，认为它错失了其存有论-历史的层面（ontologico-historical level），进而对之不屑一顾。相反，我们应该把不幸的"俄狄浦斯情结"提升至"存有论尊严"（dignity of ontology）的高度。

思·西勒辛思（Angelus Silesius）的玫瑰，花开花落"并不为了什么"（ohne Warum）。[1]然而，反讽是双重的。第一，桑特纳本人是在一部完全无视海德格尔的著作中确立这一转向的，撰写一部有关荷尔德林的著作而无视海德格尔的存在，这本身就是一个壮举。第二，在对荷尔德林做详细解读时，海德格尔本人同时无视荷尔德林诗歌的肌质的"海德格尔"的那一面——叙事一致性（narrative unity）的并列解体（paratactic disintegration），并将焦点精确置于下列宏大叙事之上——诸神的退隐和新神可能的降临。

如果我们把荷尔德林的转向解读为从欲望向驱力的转向呢？"警觉"是对局部客体的警觉。驱力围绕局部客体旋转。这样的解读具有精确的社会政治背景：我们应该透过资本主义的一个关键特色，即成堆垃圾的永久生产，来审视荷尔德林对日常生活记号的开放。生产新的和更新的客体这一永不停息的资本主义驱力的正面，是无用废物的日益堆积，是报废汽车、电脑等物的堆积如山，就像美国加利福尼亚的莫哈韦沙漠（Mojave desert）中的飞机"葬身处"那样。在那些日积月累地堆积起来的呆滞失效的"材料"中（这些"材料"无效的、惰性的出场无法不使我们深感震惊），我们可以觉察到处于静止状态的资本主义驱力。我们在此理应想到本雅明的非凡洞识：我们在观察腐烂的文化器物（cultural artifacts）时，与真正的史实性（historicity）撞了个满怀。

大卫·林奇于 2003 年 11 月前往波兰参加金蛙电影节[2]，同时在洛兹（Lodz）开办了展览，展出他的绘画和雕塑。这个真正的"后工业"城市令他如醉如痴：这是一个巨型工业中心，拥有波兰多数钢厂及其他破败不堪的工厂，拥有斑驳陆离、颜色灰暗的水泥住宅群，拥有被极度污染的空气和水源……大卫·林奇想在那里投资建造属于他自己的电影工作室，帮助把洛兹转化为兴旺的文化创意中心。彼得·威尔（Peter

---

1　为什么海德格尔只对荷尔德林的诗歌全神贯注？为什么海德格尔对荷尔德林的哲学随笔和小说《许佩里翁》（*Hyperion*）全然无视？有一个很好的理由：荷尔德林晚年的诗歌宣告了他在《许佩里翁》和 18 世纪 90 年代后期的哲学随笔中试图提出的解决之道的失败。

2　波兰金蛙电影节（Camerimage）是一个独特的节日，自诩为世界上唯一庆祝电影艺术的节日。电影节在罗兹市举行，那里是波兰电影产业和波兰第一个电影学院的所在地。——译者注

Weir）和罗兰·乔夫（Roland Joffe）也与这个方案有关联。林奇强调说，他"在波兰有强烈的宾至如归之感"。这里的波兰不是肖邦柔情蜜意的波兰，也不是团结工会的波兰，而是在生态已被破坏、废墟一片的波兰。这则消息再次肯定了林奇极其强烈的敏感性，正是由于这种敏感性，我们应该做好准备，忘记他的反动政治宣言，以及他对建立夸大狂般的巨型冥想中心（mega-center for meditation）这一新世纪方案（New Age project）的荒谬支持。第二世界的工业废墟实际上是特许的"事件性场所"（evental site），是征兆点（symptomal point），我们可以由此瓦解今日全球资本主义之整体性。我们应该热爱这个世界，甚至热爱它灰暗衰败的建筑及其满是硫黄的气味。所有这些都代表着历史，它要抹除前历史的第一世界与后历史的第三世界的差异。

实际上，哈德尔·拉克斯内斯（Halldor Laxness）的《世界之光》（World Light）[1] 是荷尔德林的《许佩里翁》在 21 世纪的配对物。它的主人公，当地一个寒酸的二流诗人，全然投身于艺术，同样"被太阳烧焦"。他冒死向冰天雪地的冰川太阳（Sun of the Glacier）这个北欧原质（Nordic Thing）进发，并最终结束了自己的性命，小说也就此作结。在"左翼荷尔德林"（Leftist Hölderlin）的传统中，小说聚焦于由两种原质引发的迷恋构成的张力：一种原质是诗意原质（poetic Thing），它以致命的拥抱而告终；一种原质是政治原质（political Thing），即日益增长的非正义感，它派生了对革命性迸发的需要。拉克斯内斯大半生是有担当的共产主义者，拥有这样的经历——富有诗意、充满神秘地从外部现实隐入"世界之夜"，并由此打上了深深的印记。使他的作品独树一帜的，是这两个过程的微妙的纽结：与卷入廉价巫师实验（spiritualist experiments）的有钱的盘剥者形成鲜明对比的是，这段富有诗意、充满神秘的经历源于可怜的物质贫困，那时主人公只是勉强苟且偷生，他的全部痛苦和饥饿，以及社交上的独孤和羞辱，促使他由现实隐入前存有

1　Halldor Laxness, *World Light* (New York: Vintage, 2002).

论幻觉性自由（preontological hallucinatory freedom）这一领域。[1]

拉克斯内斯著有两部重要小说，一部是《世界之光》，一部是他早期的杰作《独立之人》（*Independent People*）。两部小说的伟大之处在于，它们全都抵抗住了诱惑，没有掩盖这两个维度存在的分裂。拉克斯内斯避免了两个陷阱：一个是两个维度的标准对立，即"梦幻诗人与革命分子"的对立；一个它们的乌托邦式统一，即"列宁与达达主义者"的统一。这两个维度从来无法相交，但张力中还是存在着深刻的团结（deep solidarity），即两个为一组的真正爱情关系。简言之，这是另一个视差个案：两个因素永远无法相交，恰恰因为它们只是处于两个不同空间中的同一个因素。这种视差张力（parallax tension）是那个原民主的"拉康式"论点之真相。该论点始于下列两者间颇成问题的同源关系：一者是有关彻底获得解放的、自我透明的社会（Society）的理想，一者是母性原质（maternal Thing）之充分性。还是那个老故事，即努力建立完美社会的革命者如何要重返乱伦的母性原质这一安全地带的老故事。从这个非法的短路出发，很容易看到下列两者间的并行不悖：一者是拉康所谓的符号性律令，它禁止直接进入原质；一者是克洛德·勒福尔（Claude Lefort）的"民主干预"（democratic invention），在那里，权力（Power）的核心位置也是空洞的。在这两种情形下，原质是被禁的，

1　一边是政治担当，一边是对乱伦原质（incestuous Thing）的迷恋，两者构成的张力，是卢奇诺·维斯孔蒂（Luchino Visconti）的独特电影作品的特征。他的乱伦原质有其自身的政治分量，一如处于衰亡中的旧统治阶级的颓废原乐（decadent *jouissance*）。这种致命的迷恋有两个最高范例，其一是平淡无奇的《魂断威尼斯》（*Death in Venice*），其二是鲜为人知却更为优秀的早期黑白片杰作《北斗星》（*Vaghe stelle dell'Orsa*），一室内电影的璀璨之作。两部电影均涉及违禁的、在死亡中终结的"私人"激情（在《魂断威尼斯》中是作曲家对漂亮男孩的激情之爱，在《北斗星》中是兄妹间的乱伦激情），两部电影还是围绕着一部音乐作品建构起来的，也是由这部音乐作品维持的。该音乐作品代表着激情最为澎湃的晚期浪漫主义。在《魂断威尼斯》中，它是来自奥地利音乐家马勒（Mahler）的第五交响曲的慢板乐曲；在《北斗星》中，它是塞扎尔·弗兰克（César Franck）的 B 小调《序曲：圣歌和离家出走》（*Prélude, choral et fugue*）。不过，与拉克斯内斯（Laxness）不同，一边是艺术家的左翼政治担当（维斯孔蒂至死都是意大利共产党党员），一边是他对衰亡中的统治阶级的颓废原乐、痛中之快的迷恋，两者构成的二元性在此充当着被阐明（enunciated）和阐明（enunciation）的简单分裂。仿佛维斯孔蒂以过分规矩、极端拘谨的革命分子的最高模式，公开谴责他私下里大肆享受、为之痴迷之物。如此一来，在自身衰亡的景观中，对于废止旧统治阶级统治的必要性的公开认可"变成并充当"着工具，以之为自己提供颓废的痛中之快。

它的位置是空洞的，而且潜伏着同样的危险，即直接触及原质——力比多乱伦（libidinal incest）、政治极权主义（political totalitarianism）——的危险……

这是与原质发生关联的两种方式。针对这两种方式的外在的同源关系和并行不悖，我们应该转入它们的转喻性紧密关系（metonymic enchainment）：真正的问题并不在于力比多乱伦与政治极权主义的并行不悖；真正的问题在于，在何种条件下，政治进程必须动员这样的力比多构造（libidinal economy），即欣喜若狂地与原质关联起来（"原质－事业是通过我们见效的"）。在这里，至关重要的还是要牢记这两个层面的非同时代性（noncontemporaneity）：正如德国之所以能在 18 世纪后期创造与法国大革命对应的哲学革命，恰恰是因为德国没有发生政治革命一样，政治本身获得了这样的特色——欣喜若狂地与原质直接关联，恰恰发生在这样的时候——如此关联并没有发生在个人的－神秘的层面（individual-mystical level）上。反之亦然，正如在红衣主教黎塞留（Cardinal Richelieu）的外交政策执行人、邪恶的约瑟夫神父（Père Joseph）的那种情形所表明的那样，与原质的个人的－神秘的密切关联，与最残忍的政治操纵和政治算计是完全兼容的。

拉克斯内斯后期（着笔于 1968 年）的杰作《冰川之下》（Under the Glacier），为这个话题——即接近以冰川为化身的原质——提供了不同的迂回曲折。任何目睹了位于冰岛东南部的瓦特纳冰川[1]的人，都无法逃避这样的印象——他正在接近原质：由于表面积雪的逐渐融化，年代久远的棕白色陈冰的巨大肋骨裸露在外，俨然符合圣经比例（biblical proportions）的原始动物的尸体。一位来自冰岛首都雷克雅维克（Reykjavik）的年轻牧师，名为"恩比"（Embi），被派往冰川下的小镇，核实有关在当地教区出现怪异事件的报告：那里出现了颇为另类的社区（alternative community），它无视传统的基督教规则，创造了无拘无束的、非制度化的精神性这一乌托邦空间，那是"一个畸形的、着魔

1　瓦特纳冰川（Vatnajöull），冰岛和欧洲最大冰川，世界第三大冰川，位于冰岛东南部的霍恩城附近。冰川面积 8300 平方公里，仅次于南极冰川和格陵兰冰川。——译者注

的、具有另类常态性（alternative normality）的王国"[1]。该小说的英文本有一篇颇富同情心的引论，是由苏珊·桑塔格（Susan Sontag）在去世前的几天内完成的。即使如此，我们也应拒绝这样的想法：《冰川之下》退化到了新世纪的新异教主义（New Age neopaganism）的境地。乔恩牧师（pastor Jon）不再履行牧师的职责，选择去做技工，因而放弃了自己的权威，但他其实上想接近更大的权威，神秘的、宇宙的、银河的权威。因此难怪在这个另类王国中，一位仁慈的女家长（Matriarch）是不可或缺的。她叫额（Ua），

> 自称 52 岁，这使她的岁数比那个年轻的牧师、记者恩比年长一倍。她指出，他们的年龄差异，与圣特蕾莎和十字若望[2]初次相遇时的年龄差异如出一辙。其实呢，她是个永生的变形人，是以女性为外形的永恒。额曾是乔恩牧师的妻子（尽管她是罗马天主教徒）、布宜诺斯艾利斯妓院的鸨母、修女，此外拥有数不胜数的身份。各大语言都她似乎全都会说。她不停地编织着什么：她解释说，她为秘鲁渔民编织手套。或许最为奇特的是，她死了，通过魔法变成了鱼，被保存在冰川之下，直到几天之前，乔恩牧师才使她死而复生，她正要变成恩比的情人。[3]

（2）拣起你的洞来！

在荷尔德林和拉克斯内斯著作中，以柏拉图的方式提及太阳，不应该使我们上当受骗：过于接近太阳会瓦解柏拉图的存有论（ontology）的坐标。说到柏拉图，我们今日应该于何处立足？柏拉图的洞穴寓言（《理想国》514a–520a）的基本脉络是这样的。设想某些囚徒自幼即被

1　Susan Sontag, "Journey to the Centre of the Novel," *The Guardian*, March 5, 2005.

2　圣特蕾莎（Teresa of Ávila），杰出的西班牙神秘主义者、罗马天主教圣人、加尔默罗会修女、反宗教改革作家，通过默祷过沉思生活的神学家。十字若望（San Juan de la Cruz, 1542—1591），天主教改革的主要人物，西班牙神秘主义者，加尔默罗会修士和神父，与阿维拉的圣德肋撒一同创立了跣足加尔默罗会。——译者注

3　Susan Sontag, "Journey to the Centre of the Novel," *The Guardian*, March 5, 2005.

铁链锁住，关在暗无天日的洞穴之中：他们不仅四肢因为被锁而无法动弹，而且脑袋也是如此，这样一来，他们就只能面壁而坐。囚徒的身后是烈焰，而且在烈焰与囚徒之间，还有凸起的小道，沿着小道，有人举着各种动植物的外形。这些外形的影子投到墙上，引起了囚徒的注意。此外，当举着动物或植物外形的人说话时，声音会因墙而形成回声，这让囚徒相信，声音是那些影子发出的。于是囚徒开始参与在我们看来属于游戏的活动：在这些影子出现时，他们给这些影子命名。不过，这是他们知道的唯一现实，尽管他们看到的只是动植物外形的影子。假设囚徒获得了自由，被迫站起并转身。烈焰会使他失明，来来往往的外形会显得不如这些外形的影子真实。同样，如果他被拉出洞穴，沐浴在阳光中，他会失明，看不到任何东西。起先，他能看到影子之类的较暗的外形；稍后，他才能看到越来越亮的物体。他最后能看到的物体是太阳。他会在适当的时候，学着把太阳视为他所看到的一切的肇因。一旦获此启蒙，已获自由的囚徒无疑想重返洞穴，解救仍旧被囚的伙伴。不过，问题在于，这些伙伴并不想获得解救：重返洞穴需要已获自由的囚徒的眼睛重新适应，在一段时间内，他在识别墙上的形体这个荒谬的过程中会处于劣势。这会使他那些依旧被囚的伙伴对任何试图解救他们的人杀气腾腾、凶相毕露。

　　寓言一向如此。柏拉图的叙事具有的文字肌质（literal texture）可能溢出对它后来所做的阐释，所以我们不断被迫做出选择：我们如何就其字面意义来看待其文字肌质？要被阐释的特性有哪些？哪些是纯粹的想象细节？例如，举着动植物外形的那些木偶操纵者就是政治操纵者吗？如果答案是肯定的，那柏拉图也提出了隐含的意识形态操纵理论（theory of ideological manipulation）？或者，我们这些洞穴都在直接迷惑自己？不过，还有更为深层的问题，这问题用黑格尔的术语可以得到最佳的表达。当然，我们可以从下列朴素的想法开始：人是透过有限／扭曲的视角感知现实的，因此人在自己的想象中建构虚假偶像，并误把虚假偶像当成实际事物。这种朴素想法的问题在于，它为我们保留了外在的中立观察者的位置，这样的中立观察者立足于安全之地，把真正现实与对现实所做的扭曲的错误认知加以对比。我们在此遗忘的是，我们全都是洞穴中人。如此一来，我这些完全沉浸于洞穴景观的人，如何能够踩着自己的肩膀，获得对真正现实的洞视？难道情形是这样的，我们在影子的领域内寻找小小的非一致性，这种非一致性为我们提供线索，让我们知道，我们以为是现实的东西，其实只是人工制造出来的景观，就像《黑客帝国》中的某个场景那样，在那里，一只猫两次越过门槛，使人注意到了黑客帝国运作中存在的小故障？无论情形如何，我们这些洞穴人都必须努力工作，以便在洞穴之外获得某种有关"真正现实"的观念。从这个意义上说，我们世界的真正实体，我们对世界的预设（presupposition），都是已经被设定好的（always-already posited），它是长期蒸馏、提取的结果，是从一连串欺骗我们的影子中蒸馏、提取的结果。

不过，或许我们应该冒险探索不同的进径，把柏拉图的寓言（parable）解读为列维－斯特劳斯意义上的神话（myth）。如此一来，我们就不能通过直接的阐释，而只能通过确定柏拉图寓言在一系列变体中的位置，寻求其意义。也就是说，通过把它与同一故事中的其他变体进行比较，寻求其意义。其实，可以把所谓"后现代主义"的基本框架设想为由柏拉图寓言的三种倒置模式（modes of inversion）构成的网络。首先，存在着核心光源（太阳）之意义的倒置：如果这个核心是某种黑太阳（Black Sun），是某种骇人的、畸形的邪恶原质（Evil Thing），并因此无法维持，情形会怎样？其次，如果我们沿着彼得·斯洛特迪克（Peter Sloterdijk）有关球体（Spheres）的思路，倒置洞穴的意义，情形会怎样？它寒冷多风，裸露在地球表面，因为环境险恶，无人能够生存其中，于是大家做出决定，要挖一个洞穴，以之为住处／家园／球体（shelter/home/sphere）。就这样，洞穴似乎是建立家园，建立安全的、被隔离开来的居住地的首个模型。建立自己的洞穴，可以使我们有别于禽兽，是走向文明的首个行为……最后，还有标准的后现代变体：真正的神话恰恰是这样的想法，即，在影子剧院（theater of shadows）之外存在着某种"真正现实"或居于中心的太阳，在影子剧院之外，只有种种不同的影子剧院，及其无穷无尽的互动。为这个故事增加的真正的拉康式扭曲会是这样的：对于身处洞穴的我们而言，外在的实在界（the

Real）只能是影子的影子，只能是不同模型之间的分裂，不同影子领域（domains of shadows）之间的分裂。真的，不仅实体性现实（substantial reality）在表象的互动（interplay of appearances）中销声匿迹，而且在这个过程中发生的事情恰恰是，表象的不可化约性［即不能把表象化约为对它的实体性支撑（substantial support）］，表象的"自治"（相对于对它的实体性支撑而言），派生了它自身的原质（Thing of its own），即真正的"实在界原质"（real Thing）。

　　汤姆斯·梅青格（Thomas Metzinger）在其《非我》（Being No One）中提出了更深一层的脑科学变体[1]：柏拉图是对的，但这样说有个附带条件，即洞穴中根本没有人，没有观测主体（observing subject）。相反，洞穴把自己——它的整个机械装置（entire machinery）——投射到屏幕上：影子剧院就是作为洞穴的自我再现（self-representation）运作的，就是作为洞穴的自我模型（self-model）运作的。换言之，观测主体也是影子，再现机制（mechanism of representation）导致的结果是，"自我"（Self）代表着人类生物体（human organism）体验自己、向自己显现自己的方式，在自我表象（self-appearance）的面纱后面，根本没有人，没有实体性现实：

> 　　幻觉是无法抵御的。每张面孔后面都有一个自我。我们在闪闪发光的眼睛中看到了意识的信号（signal of consciousness），想象着在这个颅骨穹窿体下面，存在着某种空灵的空间（etheral space），它被变化中的情感模式和思想模式照亮，充满了意图。一种本质。但是，就在我们注视的时候，我们在面孔后面的空间里发现了什么？
>
> 　　残酷的事实是，那里除了物质实体（material substance），一无所有：血肉、骨头和脑髓。……你俯视打开的头颅，观看大脑的脉动，观看外科大夫拖一拖、刺一刺，你就会心悦诚服：除了血肉、骨头和脑髓，一无所有。那里没有人。[2]

1　See Thomas Metzinger, *Being No One:The Self-Model Theory of Subjectivity* (Cambridge, MA: MIT Press, 2004).

2　Paul Broks, *Into the Silent Land:Travels in Neuropsychology* (London:Atlantic Books, 2003), p. 17.

难道这不是那个终极视差：一边是这种的经历——与某人相遇，一边是在打开的头颅"后面一无所有"，这二者间的绝对分裂？情形似乎是这样的，借助于对人类心灵的这种认知主义自然化（cognitivist naturalization），被弗洛伊德描述为对人类的连续羞辱（progressive humiliations of man）的过程，在现代科学中达到了其顶点。

（3）哥白尼、达尔文、弗洛伊德……还有很多别的人

有关对人的三次连续羞辱的故事，有关三个"自恋疾病"（narcissistic illnesses）的故事，即"哥白尼–达尔文–弗洛伊德"的三级跳，比它初看上去的样子更为复杂。要注意的第一件事情是，最新的科学突破似乎添加了完整系列的更大"羞辱"，并使前三次羞辱变得更加激进了。如此一来，正如彼得·斯洛特迪克清晰指出的那样，与如今的"脑科学"相比，精神分析似乎属于传统的"人本主义"领域，它有可能遭受最新的羞辱。证据不就是精神分析对脑科学最新进展的主导性反应吗？它们为精神分析所做的辩护，通常只被解读为下列标准的哲学–超越姿势（philosophico-transcendental gesture）的另一个变体——指出实证科学如何从来都不能涵盖和解说意义视域（horizon of meaning），而精神分析正是在意义视域内运作的……不过，这一意象导致了某些并发症。

第一个并发症：从现代性（modernity）之初，羞辱、"自恋疾病"似乎派生了一种优越感。自相矛盾的是，这种优越感是建立在这样的意识上的：我们的生存有其悲惨的一面。[1]帕斯卡尔曾以无法仿效的方式指出，在无限的宇宙中，人是纯粹无关紧要的尘埃，但人知道自己的微不足道，这一点关系重大。如此伟大性（greatness）之观念，不仅不与悲惨截然相反，而且是被意识到的悲惨，因此是典型的现代观念。

第二个并发症涉及这种知晓的精确身份：它不仅是对我们自身的

---

1 这使我们想到了葛优在电影中塑造的一些人物形象（如《玩主》中的杨重），这些形象有一个共同的特征：我傻；我知道我傻；所以我并不傻；我比那些自以为聪明的人还要聪明。这种"傻"中透露着一种优越感。所以"装傻"甚至成为一种时尚。——译者注

浮华空虚的知晓，而且是对它的内在积极面的知晓，是对技术性才干（technological savoir-faire）的知晓。知晓就是力量[1]。与对人的"羞辱"密切相关的，是人类进入现代后通过技术支配自然的急剧增长。这种才干意味着，原则（principle）与其应用（application）之间的差异已经坍塌：原则直接就是其应用，这正如在维特根斯坦看来，一个单词的意义就是它的使用（use）。维特根斯坦的规则观（notion of rule）的一个主要方面就是，规则即规则的应用：倘若不能正确应用规则，你就没有"拥有"该规则。例如，我们怎能确切知道单词的意义指的就是现实中的客体和过程？这个哲学（伪）问题本身毫无意义，因为短语的意义在于，它指的是短语使用者的生活世界（life-world），也与短语使用者的生活世界关联在一起。这道理同样适用于爱情。之所以发生下列情形，原因也在这里。一位女士勉为其难地向情人启齿道："如果性是我们爱情关系的前提条件，那我可以忍受，尽管我不想那样做。"她在暗示，她的情人把鱼水之欢视为他们爱情关系一部分，这是敲诈。她这时意在表明，她并不爱他。因为按照原则即其应用的逻辑，性并不是爱情的粗俗表现和应用，它是爱情的定义的一部分，是"实践"爱情（即真正的做爱）的一部分。

　　这些特征合在一起，为我们提供了现代主体性哲学（philosophy of subjectivity）具有的基本悖论，即下列两者的珠联璧合：一者是对经验之人的羞辱，一者是对超验主体的提升。笛卡儿断言我知（cogito）是哲学的起点，同时又把包括生命在内的所有现实化约为广延的实体（res extensa），归入遵守机械律的物质领域。正是从这个意义上说，有关现代主体性的思想不是"人本主义"。从一开始它就是"反人本主义"的。人本主义是文艺复兴的特征，文艺复兴对人类大加赞美，把人类视为万物之灵，认为人类处于创造物链条（chain of created beings）的顶端。只有当人类丧失了自己的特权地位，只有当人类被化约为一种现实因素时，真正的现代性才应运而生。与这种特权的丧失相关的，是如此主体

1　"knowledge is power"，通常译为"知识就是力量"。齐泽克强调的是，"知晓就是力量"，"知道就是力量"。

的出现：主体是纯粹的非物质性空白（immaterial void），而不是现实的实体性部分（substantial part of reality）。康德的崇高本身也是建立在这种分裂上的：崇高是对人（作为自然一部分）的虚弱无力的体验，人的虚弱无力是他在面对自然力量的强大展示时暴露出来的，但自然力量又以消极方式唤起了他作为本体伦理实体（noumenal ethical subject）具有的伟大性。这是达尔文的发现令人不堪忍受之处：令人不堪忍受的，不是脱胎于自然进化的人，而是这种进化的品格——混乱无序、没有目的、对任何"心灵与世界的合拍"的嘲弄：

> 拉马克在自然中看到的大多是合理性和真实性，达尔文则尽情享受自然的怪癖和怪异，甚至有时享受它的愚蠢。他寻找的是边缘、失常，以支持他有关自然选择的看法。……我们可以说，自然乐于积累矛盾，以便颠覆如下理论的根基——外部世界与内部世界在此之前一片和谐。我们在此获得了达尔文主义的精华。没有特殊的创造，没有完美的适应，没有心灵与世界的既定协调。正是这种不和谐激发了达尔文的幻象。[1]

另一个要注意的悖论是现代科学与某种神学传统的密切联系。科学话语的悖论在于，它并不只是不需要"空洞"主人能指的知识世界。主人能指的这种必要性也非建立在下列基本事实之上：科学话语依旧根植于我们的生活世界（life-world），因此不得不依赖日常语言，以日常语言为自己最终的元语言。也就是说，对科学话语的虚幻感知在于，认为它是纯粹描述事实性（facticity）的话语，悖论就寓于赤裸裸的事实性（bare facticity）与激进的意志论（radical voluntarism）的重合。事实性可以作为无意义之物，作为"历来如此"之物来维持，但前提是，它必须由自行其是的神圣意志（divine will）秘密地维持。笛卡儿之所以是现代科学的奠基人，原因就在这里：正是因为他使诸如 2+2=4 之类最基本的数学事实取决于自行其是的神圣意志，他才成了现代科学的奠基人。之所以

---

1 Jeremy Campbell, *The Liar's Tale* (New York: Norton, 2001), p. 27.

2+2=4，是因为上帝使然，在这个算式后面，没有任何隐秘、晦涩的理性链（chain of reasons）。即使在数学中，如此无条件的意志论在数学的公理性品格（axiomatic character）中也是一览无余的：人们开始时都要武断设定一系列公理，随后的一切都要由此而出，赖此为生。

不过，这些并发症都是有关现代性（modernity）的标准叙事的一部分。其实，打破现代科学的公认形象的是下列事实：与表面看上去相比，20世纪的"羞辱"远为含混，而且回溯性地揭示了古典羞辱自身具有的含混性。也就是说，从第一个方面看，马克思、尼采和弗洛伊德享有共同的"去崇高化"的怀疑诠释学（hermeneutics of suspicion）：一种"更高"的能量（意识形态和政治、道德、无意识）被撕下了假面具，暴露了其影子－剧院（shadow-theater）的本质。如此影子－剧院实际上是由处于另一个"更低"阶段的力量（经济过程、无意识欲望的冲突）的冲突来支配的。如今，情形更加不堪。在认知主义中，人类的思维被视为对计算机运作的模仿，如此一来，下列两者间的分裂即将消灭：一者是对意义的体验（experience of meaning）的理解，对世界之开放性（openness of a world）的体验的理解，一者是机器的"默默"运行。在新达尔文主义（neo-Darwinism）中，人被视为纯粹的器械，或者人类的文化活动被视为扩散"模因"（memes）的工具。

然而，我不禁要说，如果说19世纪的"去神秘化"已把高贵的表象化约为"低级"的现实（马克思－尼采－弗洛伊德），那么20世纪则通过复原（奇异的、前所未闻的）表象施加了另一种压力。这始于胡塞尔的现象学（它是20世纪哲学第一个真正的事件），始于现象学对"化约"的态度。如此化约的态度旨在"按其本身的样子"观察处于自治状态的现象，不把现象视为某种潜在的"真正实体"（real entities）的属性/表现/效果。由此开辟的路线引向了诸如柏格森、德勒兹和维特根斯特之类与众不同的人物，引向了量子物理学之类的理论，这些人物和理论全都关注与真正实存物（"事物"）不同的化成（becoming）这个纯粹的流动－事件（flux-event）具有的自治性。

简言之，从实体性现实（substantial Reality）转向不同形式的事件（Event），不就是现代科学的一个决定性特征吗？量子物理学没有把某

些原生因素（primordial elements）设定为终极现实，而是把某种成串的
"震动"（vibrations），即只能描述为去实体化的过程（desubstantialized
processes）的实存物，设定为终极现实。认知主义和系统论关注"新兴
属性"（emerging properties）的秘密，"新兴属性"指的也是纯粹过程性
的自我组织。等等。难怪海德格尔、德勒兹和巴迪欧这三位当代哲学家
确立了有关事件（Event）的三种思想：在海德格尔那里，事件是对存
在之配置（configuration of Being）的划时代披露；在德勒兹那里，事件
是去实体化的、纯粹的意义之化成（becoming of Sense）；在巴迪欧那
里，提到事件就是为真理-过程（Truth-process）奠定根基。对这三位哲
学家而言，事件是无法化约为实证现实（positive reality）意义上的存在
秩序（order of being）的，是无法化约为物质性的前提条件的。在海德
格尔看来，事件就是最终的思想视域，试图思考事件"后面"隐藏着什
么，试图使派生事件的过程成为探讨的主题，都是毫无意义之举——如
此企图等于对存有论视域（ontological horizon）进行存有性解释（ontic
account）；对德勒兹而言，不能把新艺术形式（黑色电影、意大利新现
实主义等）的出现化约为它的历史环境，或依据历史环境对这些新艺术
形式做出说明；对巴迪欧而言，真理-事件（Truth-Event）与存在秩序
（order of Being）即实证现实大相径庭。

　　尽管在这三种情形下，事件都代表着与历史主义（historicism）抗
衡的真正史实性（historicity），但三位哲学家之间差异当然也是至
关重要的。在海德格尔看来，事件与存有过程（ontic processes）无
关，它指的是对存在（Being）所做的崭新的、划时代的披露这一"事
件"，指的是新"世界"的出现。新"世界"乃意义的视域，所有实存
物（entities）都现身于意义的视域之内。德勒兹是一位活力论者，认定
与存在秩序（order of Being）相比，事件具有绝对的内在性（absolute
immanence），并把事件设想为繁衍生命差异（differences of Life）的
"一即全部"（One-All）。与此相反，巴迪欧维持事件与存在秩序（order
of being）的彻底"二元论"。我们应该在这里，在这个地带，锁定唯
心主义与唯物主义的斗争：唯心主义设定理想的事件，而且事件不能
依据其物质性的前提条件来界说；唯物主义的赌注则在于，我们可以

走到事件的"后面"，探索下列问题的答案——事件是如何从存在秩序（order of Being）的间隙中脱颖而出的。第一个承担这一重任的是谢林。他在《世界时代》（*Weltalter*）的札记中勾勒出"逻各斯史前史"（prehistory of Logos）这一黑暗领域，勾勒出必须发生在前存有论的原现实（preontological protoreality）中的事物这一黑暗领域，只有这样，逻各斯的开放性才能发生，时间性（temporality）才会形成。说到海德格尔，我们应该冒险走到事件之后，命名 / 勾勒切口（cut）这个骇人的发作 / 收缩，这会使得任何存有论披露（ontological disclosure）成为可能。[1]海德格尔的问题在于，不仅如约翰·卡普托（John Caputo）论证的那样[2]，他对与存有论本质（ontological essence）不同的*存有性痛苦*（ontic pain）不屑一顾，而且他对实在界——即"符号性阉割"（symbolic castration）——这个真正的（前）存有论痛苦不屑一顾。

与海德格尔形成对比的是，德勒兹和巴迪欧摆出了同样的悖论性哲学姿势：作为唯物主义者，为"非物质性"的事件秩序（order of Event）的自治性进行辩解。作为唯物主义者，而且为了成为彻底的唯物主义者，巴迪欧特别关注唯心主义的惯用语句：人类这种动物（human animal）如何可能放弃自己的动物性，使自己的生命造福于超越性真理（transcendent Truth）？从以快乐为本的生命到献身某项事业的主体，这种"变质"是如何可能的？换言之，自由行为（free act）是如何可能的？我们如何可能打破、摆脱实证现实（positive reality）的因果联系，设想由此开始的行为，设想本身即已打破、摆脱实证现实的因果联系的行为？简言之，巴迪欧在唯物主义的框架内重复了唯心主义的反化约主义这一基本姿势；艺术不仅是提供感官娱乐的高级程序，而且是真理的媒介（medium of Truth）；等等。传统上，针对下列假象——这个姿势是以精神分析为目标的（难道"崇高化"这一概念的要义不就在于，所谓"高级"的人类活动不过是用于实现"低级"目标的迂回的、"崇高"的

1　在这一点上，斯洛特迪克所言甚是，尽管我们可能不同意他特定版本的解释：空隙（Clearance）是如何创造出来的？必须用这个问题的答案补充海德格尔。See Peter Sloterdijk, *Nicht gerettet. Versuche nach Heidegger* (Frankfurt: Suhrkamp, 2001).

2　See John Caputo, *Demythologizing Heidegger* (Bloomington: Indiana University Press, 1993).

方式），这其实是精神分析的丰功伟绩：它主张，无法以进化论的术语解说性征（sexuality），解说人类这种动物特有的性驱力。[1] 这使巴迪欧摆出如此姿势的风险一目了然了：为了使唯物主义真正征服唯心主义，仅仅在"化约主义"方法方面大获成功，仅仅表明，不知何故，心灵、意识等能在唯物主义的进化论－实证主义框架（evolutionary-positivist frame of materialism）内得以解说，是不够的。相反，唯物主义的主张应该更加有力：只有唯物主义能够精确地解释心灵、意识等现象；只有唯心主义才是"庸俗"的，只有唯心主义才总是早已"物化"（reifies）了这些现象。

当巴迪欧强调事件这一实在界（the Real of an Event）具有不可判定性（undecidability）时，他的立场与标准的解构主义的不可判断定性之观念有天壤之别。在巴迪欧看来，不可判定性意味着，对于事件而言，不存在中性的"客观"标准：事件只向那些在事件的呐喊中识别出事件的人显现，或者如巴迪欧所言，事件是自我关联的，它使自身——使对它的命名——跻身于它的支持者之中。[2] 虽然这意味着我们不得不对

1　我们理应这样理解从生物本能向驱力的转移：本能只是动物生命物理学（physics of animal life）的一部分，驱力（死亡驱力）则引入了形而上学之维。我们在马克思那里找到了类似的隐含区分，即对工人阶级和无产阶级的区分："工人阶级"是经验性的社会范畴，可以用社会学知识处理之；"无产阶级"则是革命真理（revolutionary Truth）的主体－代理。沿着同样的思路，拉康宣称驱力是伦理范畴。

2　参见 Alain Badiou, *L'être et l'événement* (Paris: Editions du Seuil, 1989). 巴迪欧指明了真理－事件（Truth-Event）可能出现的四个领域。在那里，主体作为真理－程序（truth-procedure）的"操作者"（operators）现身的。这四个领域是：科学、艺术、政治和爱。前三个真理－程序（科学、艺术和政治）没有遵循真－善－美的传统逻辑（真之科学、美之艺术与善之政治）？那第四个程序——爱——呢？难道它没有在这个系列中独树一帜，莫名其妙地成了更根本和更普遍的因素？因此，存在的不是简单的四个真理－程序，而是三个加一个真理－程序。这个事实或许没有得到巴迪欧足够的重视，尽管在说到性差异时，他注意到，女性往往通过爱情歪曲全部其他的真理－程序。这第四个程序不仅包括爱情的奇迹，而且包括精神分析、神学和哲学（哲学乃爱智）。如此说来，爱不就是巴迪欧所谓的"亚细亚生产方式"——他把无法置入其他三种模式的全部真理－程序统统抛进了这个类别？这第四个程序还充当着某种潜在的形式原则或所有程序的母体。这可以用来解释，何以尽管巴迪欧拒绝赋予宗教以真理－程序的身份，他还是宣称，圣保罗是第一个部署真理－事件的形式母体的人。此外，爱与其他三个真理－程序的另一个关键差异岂不在于，其他程序试图对难以名状之物予以强制，但在"真正的爱"中，我们认可／接受了可爱的大对体；我们认可／接受了可能的大对体，是因为在他或她身上存在着难以名状的未知元素（unnameable X）。换言之，"爱"指爱之者对被爱者身上理应处于难以名状状态的事物的尊重——"对于无法言说之物，我们理应保持沉默"，或许是爱发出的基本处方。

事件做出判定，但不能说，如此归根结底毫无根据的判定乃标准意义的
"不可判定"。相反，这异乎寻常地类似于黑格尔的辩证过程（dialectical
process）。如同黑格尔在《精神现象学》引论中所言，在辩证过程中，
"意识的形象"（figure of consciousness）并不是根据外在的真理标准来判
断的，而是以绝对内在的方式，透过它自己与它自身的例证／展示之间
的鸿沟来判断的。因此，事件是严格的拉康意义上的"并非全部"：它
是永远都不可能充分验证的，因为它是无穷的／无限的——因为对它而
言不存在外在的限制。要在这里得出的结论是，正是出于同样的缘故，
黑格尔的"整体性"（totality）也是"并非全部"。换句（巴迪欧的）话
说，事件只是对存在秩序（order of Being）的铭刻，是存在秩序上的切
口／破裂。由于这个切口／破裂，存在（Being）永远不可能构成始终如
一、前后一致的全部（All）。当然，作为一个唯物主义者，巴迪欧意识
到，这里潜伏着资本主义的危险：

> 我们必须指出，就事件涉及的材料而论，事件并非奇迹。我的
> 意思是，构成了事件的事物，永远是从形势中提取出来的，总是回
> 过头来与单一多样性（singular multiplicity）关联起来，与它的状态
> 关联起来，与连接事件的语言等关联起来。事实上，为了避免倒向
> 蒙昧主义的无中生有的创生理论（theory of creation），我们必须看
> 到，事件只是既有形势（given situation）的一部分，只是存在的碎
> 片（fragment of being）。[1]

不过，我们应该在这里比巴迪欧更进一步：把自身铭刻于存在秩
序（order of Being）的存在彼岸（Beyond of Being），并不存在；除了
存在秩序，什么也不存在。不妨回想一下爱因斯坦的广义相对论的核
心存有论悖论（central ontological paradox）。在那里，物质不使空间
弯曲，物质是空间弯曲的结果：事件并不通过将自己铭刻于存在空间
（space of Being）而使存在空间弯曲，相反，事件只是存在空间的弯曲。

---

1 Alain Badiou, *Theoretical Writings* (London: Continuum, forthcoming).

"存在的一切"（all there is）是非自我一致（non-self-coincidence）的裂缝，是存在（Being）的裂缝，也就是说，是存在秩序的存有论非闭合（ontological nonclosure）。[1] 维系视差分裂的"最小差异"是这样的差异：因为它的缘故，在中立观察者看来只是普通现实一部分的、属于"同一"系列的现实事件，在积极介入者的眼中则是铭刻——将忠诚（fidelity）铭刻于事件。例如，"同一"事件，即发生在圣彼得堡街上的战斗，在中立的历史学家看来，只是俄国历史上一波三折的暴力事件而已，但对置身其间的革命者而言，则是十月革命这个划时代事件的一部分。这意味着，从拉康的视角看，视差分裂观和"最小差异"观遵循的逻辑是并非全部之逻辑（logic of the non-All）。[2]

大卫·查尔默斯（David Chalmers）曾经提出，必须在崭新、额外、根本（即原生、不可化约）的自然力量——诸如重力或电磁，类似于初级（自我）知觉或知晓——中寻找意识之根基[3]。这时，难道他没有因此提供新证据，以证明唯心主义与庸俗唯物主义不谋而合吗？难道他没有恰巧漏掉（自我）知晓的纯粹理想性吗？在这里，应该启动的是严格的海德格尔意义上的有限这一话题（topic of finitude）：如果我们要在存有论上已经充分实现的现实领域中设想意识，那它就只能显现为额外的实证时刻（positive moment）。但是，如果把意识与人类的有限性，与人类的存有论未完成性（ontological incompleteness）联系起来呢？如果把意识与它原初的脱节、被抛入和暴露于势不可挡的格局（overwhelming constellation）呢？

---

1 这也是我们理应提出下列关键问题的原因：是否存在"无事件的存在"（Being without an Event），即处于事件之外的存在？或者每个存在秩序（order of Being）都是对奠基性事件（founding Event）的否认-抹除，都是"变态"的"我很清楚，但是……"都是把事件化约为因果性的存在秩序，把事件重新刻进因果性的存在秩序？

2 巴迪欧对拉康的反论 [由布鲁诺·波斯蒂尔斯（Bruno Boostels）等人归纳] 是：真正重要的不是事件本身，不同与实在界的相遇，而是其结果，是其铭刻，是脱胎于事件的新话语所具有的一致性。我不禁要以此反论反驳巴迪欧本人。也就是说，针对他的"反抗性"立场——提倡在无再现状态（state of representation）的前提下实现纯粹呈现（pure presence）的不可能实现的目标，我不禁要说，我们应该鼓足勇气"接管"和采纳权力，不再只是死死抓住对抗立场（oppositional stance）具有的安全性不放。如果不准备这样做，那我们就会继续依赖国家权力，并通过反抗国家权力来界定我们的立场。

3 See David Chalmers, *The Conscious Mind* (Oxford: Oxford University Press, 1996).

正是在这里，为了详细说明唯物主义的意义，我们应该应用拉康的性化公式：下列两种主张之间存在着根本性差异。一种主张是"一切皆物质"。该主张依赖于构成性例外。以列宁为例，他在《唯物主义与经验批判主义》中陷入了主体的阐明立场（position of enunciation），而主体以头脑"反映"物质。另一种主张是"不存在非物质之物"（there is nothing which is not matter），它以其另一面，即"并非全部皆物质"（not-All is matter）的一面，开辟了说明物质现象的空间。这意味着，真正彻底的唯物主义当然是非化约主义的（nonreductionist）：绝非主张"一切皆物质"，而是赋予"非物质"现象以特定的实证性非存在（positive nonbeing）。

查尔默斯在反对对意识做化约性解释（reductive explanation）时写道："即使我们知道宇宙物理的任何终级细节，包括所有领域的构型、因果、进化，包括时空流形（spatiotemporal manifold）中的粒子，这些信息也不会使我们把意识经验的存在视为理所当然之理。"[1] 这时，他犯了经典的康德式错误：无论在认识论上还是在存有论上，这样的总知识都是荒谬绝伦的。在马克思主义中，庸俗决定论观念的这一面是由布哈林界说的。他写道：如果掌握了全部物质现实，我们就能够准确预言革命的到来。这种推理路线，即把意识视为对物质总体（physical totality）的过度、剩余，是误导性的，因为它必然导致无意义的夸大其辞：一旦我们想想现实整体（Whole of reality），意识（和主体性）就不再有容身之所。这里有两个选项：要么主体性是错觉，要么现实本身是"并非全部"（not-All）——这不仅是在认识论上说的。[2]

1　Ibid., p. 101.

2　沿着同样的思路可知，使得索尔·克里普克（Saul Kripke）反对古典同一性理论（identity theory）的做派极其有趣和极具挑衅性的，是下列强硬主张：为了反驳主体经验与客观大脑进程的同一性，只要能够设想脱离了物质性神经对应物（material neuronal correlative）的主观经验（如痛苦），就足够了。关于克里普克对古典同一性理论的反对，见 Saul Kripke, "Identity and Necessity," in Identity and Individuation, ed. Milton K. Munitz（New York: New York University Press, 1971）。在更为一般的意义上，注意到下列一点至关重要：整个反同一性的论证追寻的都是笛卡儿的足迹，即求助于夸张的想象力。在笛卡儿那里，设想下想情景是完全可能的：脱离了肉体，我的心灵照样存在。更现代的版本是：不妨设想，即使我知道某人大脑进程中发生的一切，但我依然不知道他的主观经验是什么。

说到德勒兹，有关卡通的存有论（ontology of cartoons）不就是严格的德勒兹意义上的纯粹化生（pure becoming）的存有论吗？卡通发生于绝对可塑性（radical plasticity）这一世界里，在那里，实存物被剥夺了所有的实体，被化约成了纯粹的外观：实存物真的没有深度，在其皮肤之下一无所有，没有肉，没有骨，没有鲜血，这是它们的行为和反应俨然气球的原因。它们可以腾空而起。用针一扎，它们就会像爆裂的气球一样漏气和收缩，等等。不妨设想这样的噩梦般幻象吧：一不小心造成了永不停息的细流。在《爱丽斯梦游仙境》中，爱丽斯一旦哭泣，她的泪水就会慢慢淹没整个房间。弗洛伊德在《梦的解析》中描述过这样的场景：一个小孩在街边撒尿，尿水先是变成河流，继而变成海洋，还有一艘大船从上面驶过。更接近我们的日常经验的是，当我们目睹一场倾盆大雨时，我们当中有谁没有产生"非理性"恐惧，害怕这场大雨永不停息？在这样的焦虑时刻发生的是，化成之流（flow of becoming）获得了自主性，丧失了它在实体现实（substantial reality）中的停泊处。

在威廉·卡麦隆·曼锡斯（William Cameron Menzies）1951 年执导的电影《上风》（*The Whip Hand*）中，一场大雨把正在靠近加拿大边境的明尼苏达州北部地区度假的一位渔夫淋成了落汤鸡。他投奔到当地小镇，寻求帮助，治疗因为跌到岩石上而导致的脑外伤。镇民只是敷衍地表示友善，此外再无援手。只有一个例外，那是一位性情开朗和性格滑稽的客栈老板，由演技精湛的雷蒙德·伯尔（Raymond Burr）扮演。镇民的言谈彼此一直相互矛盾。横跨湖上的旅馆似乎有些稀奇古怪的举动。医生夜间曾经造访旅馆，但又不愿提及此事。果不其然，军队已经占领这个小镇，把它变成了细菌战的研究中心……这部相当可笑的霍华德·休斯（Howard Hughes）电影的有趣之处在于，要把它解读为对下列标准论点的反射性倒置（reflexive inversion）：20 世纪 50 年代早期的"外星人入侵"公式（意外陷身于某个美国小镇的普通美国人渐渐发现小镇已被外星人控制）是"占领"的寓言。在这里，寓言又被重新译回它的"真实意义"，并且带有可以轻易预知的结果：阴谋者无法摆脱"外星人"氛围的追击。这是不能把隐喻的意义化约为其"真实"指示物的原因：仅仅指出隐喻指示的现实是不够的；一旦完成了隐喻替换

（metaphorical substitution），这种现实就会永远被隐喻内容（metaphorical content）这个幽灵般的实在界纠缠不休。

英格玛·伯格曼不太著名的电影《镜子》（*The Mirror*）涉及一个科学家和导演兼演员的邂逅。科学家是实证主义的理性主义者，他执着地相信，所有现象都可以做理性的解释。导演兼演员则是处于社会边缘的小型流动剧团的导演兼演员，其任务就是创造神奇的、有时令人恐惧的幻觉。在一个风雨交加之夜，他们发生了关键性的对抗。演员展示了一个噩梦般的景观——阴魂不散的影子，这令那位理性主义者发生了短暂的精神崩溃。尽管理性主义者后来重新镇静下来，他已经充分意识到，他已被打败，他已经屈从于廉价魔术带来的恐怖。《镜子》传达的信息并非廉价的蒙昧主义：伯格曼是 20 世纪最伟大的唯物主义者之一，不仅在电影导演中如此，在所有人中也是如此。他简洁却又迷人告诉我们，知道了下列一点，会获得解放性力量：我们死后，绝对没有任何东西在期待我们，绝对没有"更深"的精神之域。《镜子》的真正赌注，涉及拉康紧步弗洛伊德后尘称为幻觉之实在界（Real of illusions）的东西。尽管如此，《镜子》的核心对抗中还是存在着幼稚过时之物。何以如此？因为当代科学不再以下列活动为目标：把骗人的表象简单而直接地化约为粗糙的物质现实。相反，当代科学的核心话题是"幻觉"本身以及幻觉性表象（illusory appearance）所具有的悖论性的伪自治（pseudo-autonomy）和功效。[1]

（4）走向新的表象科学

更为重要的是，对现象自治（autonomy of phenomena）的这种洞识，使我们能以新的方式处理经典的"去神秘化者"（demystifiers）。我们在马克思那里找到的，不仅是把意识形态"化约"为经济基础，以

1　在量子物理学中，事情变得更加复杂了，因为量子物理学有关量子振荡"塌缩"的核心概念展示了一个奇怪的过程，该过程与现实表象的诞生几乎完全相反。根据这个过程，现实表象的诞生，即我们普通现实的诞生，物质客体这个意义明确的现实的诞生，来自量子振荡的纯粹进程性（pure processionality）。

及在经济基础内把交换"化约"为生产，而且是"商品恋物癖"这种暧昧且神秘的现象。"商品恋物癖"指"原意识形态"（proto-ideology），它是"经济基础"这一现实所固有的。弗洛伊德在幻象的悖论性身份方面，实现了与马克思极其类似的突破：幻象这一概念的存有性悖论（ontological paradox）——甚至幻象这一概念的存有性丑闻——之所以为悖论和丑闻，就在于幻象推翻了"主观"与"客观"的标准对立：根据定义，就"不依赖于主体的感知而存在"这一朴素的意义而言，幻象当然不是"客观"的；不过，就可以化约为主体的有意识地体验过的直觉（consciously experienced intuitions）这一意义而言，它也不是"主观"的。如同丹尼特（Dennett）在反对感质（qualia）——直接、即时的感觉——这一概念时所做的尖锐评论，幻象属于"客观性主观（objectively subjective）这个怪异范畴，即事物实际上以客观的方式向你显示的样子，尽管在你看来根本不是那个样子"。比如，我们说某人故意向犹太人示好，但他又怀着深刻的排犹偏见，而且他在意识的层面上不知道自己还有排犹偏见。这岂不等于说，只要这些偏见没有映出犹太人真实的样子，而只是映出犹太人在他眼中的样子，他就不知道犹太人的真实样子？或以不同的方式描述同样的悖论，基本幻象构成了（我们靠近的）现实（"允许我们通过现实靠近的一切，都深深根植于幻象"）[1]，然后，出于同样的原因，幻象的直接呈现或实现不能不导致灾难性的结果："主体在幻象中极其强烈地渴望的东西一旦呈现在他面前，他依旧会仓皇逃窜。"[2] 常言道，噩梦乃变为现实之梦。

说到商品恋物癖，马克思本人使用的术语是"客观上必要的表象"。有两种不同的表象，一种是事物真实地向我们显现的样子（the way things really appears to us），一种是事物好像向我们显现的样子（the way they appear to appear to us）。两种表象的这种差异与弗洛伊德那个著名笑话的结构是紧密相连的：一位犹太人责备他的朋友，"为什么你告诉我说，你要去克拉科夫（Cracow），不去伦贝格（Lemberg），却真的去了

1　Jacques Lacan, *Encore* (New York: Norton, 1998), p. 95.
2　Sigmund Freud, *Dora: An Analysis of a Case of Hysteria* (New York: Macmillan, 1963), p. 101.

克拉科夫？"比如，在商品恋物癖的情形下，一旦我把货币仅仅视为社会关系的纽结，不把货币视为任何种类的神奇物体，而只在实践中把它当视为物神（fetish），那么，发生恋物癖的场所就是我的实际社会实践，我就可能被人责备："为什么你说货币只是社会关系的纽结，而货币真的只是社会关系的纽结？"

关于清晰说明原初幻象（original fantasy）的"原始谎言"（primordial lie），让·普拉朗什写道："'伪质子'（*proton pseudos*）一词旨在表达与主观谎言（subjective lie）不同的事物；它描述的是从主观（the subjective）向基础（the founding）——我们甚至可以说向超验（the transcendental）——的某种过渡。在任何情形下，它是已经刻入事实的客观谎言（objective lie）。"[1] 这不同也是马克思所谓商品恋物癖的身份吗？商品恋物癖不仅是主观幻觉，而且是"客观"幻觉，是已经刻入事实（社会现实）的幻觉。我们不妨仔细阅读《资本论》第一章著名的起始句："初看上去，商品似乎是相当琐碎之物，很容易为人理解。对它的分析表明，其实它是相当诡异之物，充满了形而上学的微妙和神学的精密。"[2] 柄谷行人[3] 把这个段落与马克思的批判的出发点，即1843年有关"对宗教的批判是所有批判的前提"[4] 的著名段落联系起来，他的做法是对的。借助于它，圆圈才能在某种程度上画圆。也就是说，在对经济过程这一现实生活展开批判的最底部，我们再次遇到了已经刻入社会现实本身的神学之维（theological dimension）。柄谷行人在此提及的是弗洛伊德的驱力（*Trieb*）——它与众多人类欲望截然相反——概念：资本主义根植于某种准神学的、非人格的"驱力"这一实在界，即繁殖和扩

---

1 Jean Laplanche, *Vie et mort en psychanalyse* (Paris: Flammarion, 1989), p. 58.

2 Karl Marx, *Capital*, Volume 1 (New York: International Publishers, 1967), p. 163.——作者注。此语并非《资本论》第一章的起始句，而是第一章第四节的起始句。这段话的原文是："A commodity appears, at first sight, a very trivial thing, and easily understood. Its analysis shows that it is, in reality, a very queer thing, abounding in metaphysical subtleties and theological niceties." 参见中文版："最初一看，商品好像是一种简单而平凡的东西。对商品的分析表明，它却是一种很古怪的东西，充满形而上学的微妙和神学的怪诞。"见马克思：《资本论》（第一卷·上），中央编译局译，人民出版社1975年版，第88页。——译者注

3 See Kojin Karatani, *Transcritique: On Kant and Marx* (Cambridge, MA: MIT Press, 2003).

4 Karl Marx, "A Contribution to the Critique of Hegel's Philosophy of Law: Introduction," in *Collected Works*, vol. 3 (New York: International Publishers, 1970), p. 175.

大利润、膨胀和积聚利润的驱动力量。[1]

这也是详细说明拉康有关主体的构成性"去中心"（decenterment）这一段论断的意义的一种方式。这一论断的要义并不在于，我的主观经验受制于客观的无意识机制（objective unconscious mechanisms）。相对于我的自我体验（self-experience）而言，客观的无意识机制是"去中心"的，因而也不受我的控制。这一点是唯物主义者所宣称的。相反，这一论断的要义在于，它是更加令人不安之物：我被剥夺了自己最隐秘的"主观"体验，被剥夺了事物"真实向我显现"（really seem to me）的样子，被剥夺了基本幻象，而基本幻象构成和担保着我的存在之核（core of my being），因为我从来都无法在意识的层面上体验它，把它呈现出来……根据标准的看法，构成了主体性的那个维度是现象性的（自我）体验的维度：只有当我能对自己说"无论何种机制支配着我的行为、感知和思想，谁都不能剥夺我的所见和所感"时，我才是主体。例如，我爱上了某人，一位生物化学家告诉我说，我的全部强烈情感都是我体内的生物化学过程的结果。这时，我可以通过紧紧抓住表象不放来对他作出回应："你说的一切可能都是真的，不过，什么也不能夺走我现在正在体验的强烈激情。……"然而，拉康的看法是，精神分析师恰恰就是那个从主体那里夺走其激情的人。也就是说，精神分析师的终极目的就是剥夺主体的基本幻象，而主体的基本幻象控制着他的（自我体验）的世界。

只有当主体无法触及自己的现象性（自我）体验——他的"基本幻象"——时，只有当主体的现象性（自我）体验"最初受到压抑"时，弗洛伊德的"无意识主体"才会浮出水面。最激进的无意识是无法触及的现象，它不是调控我的现象性体验的客观机制。依据某个老生常谈，一旦实存物展示出"内在生命"的迹象，也就是说，一旦实存物展示出幽灵般的自我体验的迹象，而且这种自我体验无法化约为外部行为，我们就正在面对主体。与这个老生常谈不同，我们应该说，真正的人类主体性（human subjectivity）的特征是，两者间存在着分裂：

1　资本主义的神学之核与韦伯有关新教伦理与资本主义崛起的观点毫无关系，因为它指的是资本主义机制的"神学"特性。这一点得到了本雅明的强调。见 Walter Benjamin, "Capitalism as Religion," *Selected Writings*, vol. 1 (Cambridge, MA: Harvard University Press, 1996), pp. 288–291.

最基本的幻象是主体无法触及的；正是这种不可触及使得主体"空空如也"（empty）。于是我们获得了一种关系，它全盘颠覆了下列主体观——主体可以直接进行自我体验，可以体验自己的"内在状态"。这种关系就是下列两者间的"不可能"的关系：其一是空洞的、非现象性的主体，其二是主体依旧无法触及的现象。大卫·查尔默斯在反对现象性的、心理学的心灵概念［心灵即意识性知晓（conscious awareness）、体验和心灵实际上的所作所为］时，引用了弗洛伊德的无意识一词，把无意识视为与现象性心灵（phenomenal mind）不相干的心理学心灵（psychological mind）的典型案例：弗洛伊德描述的无意识的运作（work of the Unconscious），是由精神因果关系（mental causality）和行为控制组成的复杂网络，该网络出现在"其他场景"上，未曾被人体验。[1] 然而，果真如此？从前所未有的意义上说，无意识幻象的身份不就是现象性的？难道这不正是弗洛伊德的无意识的终极悖论：它指的是事物向我们"真实显现"（really appear）的样子，超越了其意识性的表象（conscious appearance）？ 弗洛伊德的去中心（decenterment）远远没有被后来的脑科学的去中心取而代之，因而比它更加令人不安和更为激进，而脑科学的去中心依然停留在简单自然化（simple naturalization）的范围之内。弗洛伊德的去中心开辟了全新的领域，即怪异的"非主体性现象"（asubjective phenomena）之域，没有主体的表象（表象不向主体显现）之域：只是在这里，主体"才不再是自家房子里的主人"，即不再是他的（自我）表象这座房子里的主人。

"硬"科学在 20 世纪的发展派生了同样的悖论：在量子物理学中，粒子的表象（对粒子的感知）决定着它的现实。通过波函数塌缩（collapse of the wave function）从"量子涨落"（quantum fluctuation）中脱颖而出的"硬现实"正是观测的产物，也就是说，是意识干预（intervention of consciousness）的产物。意识并非潜在性、多重选项的领域，意识不与坚硬的单一现实（hard singular reality）针锋相对。先于对其感知的现实是流动-多重-开放的，意识性感知（conscious

---

1　See Chalmers, *The Conscious Mind*, p. 231.

perception）把 这 个 幽 灵 般 的 前 存 有 论 的 多 重 性（preontological multiplicity）化约为一个在存有论上充分构成的现实（ontologically fully constituted reality）。这使我们看到了量子物理学设想下列两者关系的方式：一为粒子，一为粒子间的互动。在最初时刻，仿佛首先（至少从存有论的角度看）出现的是粒子，它们以波、振荡等方式相互作用。然后，在第二时刻，我们被迫实施视角的彻底转变：原初的存有论的事实是波（轨迹、振荡），粒子只是不同的波的交叉点。

结果，量子物理学迫使我们面对实在界与最激进的现实之间存在的鸿沟：我们从中得到的是公式这个数学化的实在界（mathematized Real of formulas），我们无法把它转化为存有论上连贯一致的现实（ontologically consistent reality），或者依照康德的说法，它依然是无法"图式化"（schematized）的纯粹概念，我们无法把它们转化/转变成经验客体（objects of experience）。就这样，在经历了 20 世纪 20 年代的危机后，量子物理学实际上已经解决了它的存有论阐释（ontological interpretation）的危机：其解决危机的方式就是放弃提供如此阐释的努力——量子物理学是最彻底的科学形式化（scientific formalization），即没有阐释的形式化。由此看来，这样说有什么不准确吗：量子物理学涉及对康德超验存有论（Kantian transcendental ontology）的逆转？[1] 在康德那里，我们可以接近普通的经验现实（experiential reality），一旦我们要把我们的超验范畴运用于本体性的实在界（noumenal Real），我们就会陷入矛盾；在量子物理学中，可以用连贯一致的理论加以把握和表述的，正是本体性的实在界，一旦我们要把这种理论转化为用以描述我们对现象性现实的体验的术语，我们就会陷入荒谬的矛盾（时间向后运行，同一个物体同时出现在两个地方，某个实存物既是粒子又是波）。不过，我们可以说，只有当我们试图把量子过程（quantum processes）这个实在界转化为我们的经验现实时，这些矛盾才会出现。就其本身而论，这种现实一如从前，属于我们耳熟能详的、连贯一致的领域。

1　我把这个发现归于亚德里安·约翰斯东（Adrian Johnston）。

不仅表象是现实的固有之物。我们此外得到的，是表象本身的分裂，即一种前所未有的模式，它标明"事物真实地向我们显现的样子"，而"事物真实地向我们显现的样子"既与事物的现实又与事物（直接）向我们显现的表象针锋相对。从表象与现实的分裂转向表象本身固有的分裂，即"真实"表象和"虚假"表象的分裂，与表象的正面密切相关，与现实本身固有的分裂密切相关。如果说，因为现实本身存在固有的、（逻辑上）优先的分裂，所以才有了表象（不同于现实的表象），那么是否可以说，归根结底，"现实"本身不过是表象的（自我）分裂而已？不过，如何把这一惯用语句与《罗生门》陈旧乏味的主题区别开来？《罗生门》的主题是：对于现实的主观透视，存在着不可化约的多样性，无法（即不能排除任何一种立场）确立由这众多透视以扭曲的方式再现出来的唯一真相。除了提及这部影片（以及据之改编成电影的短篇小说），还有什么更好的方式澄清这一点？这部影片——黑泽明的《罗生门》——的标题已被提升为概念（notion）。

根据某个传说，正是通过《罗生门》，通过它 20 世纪 50 年代初在欧洲的成功，西方公众在这部影片中发现了"东方精神"。这个传说鲜为人知的一面是，这部电影在日本属于败笔之作。在日本，人们觉得它过于"西方化"了。很容易理解为什么会这样。四个目击者-参与者复述同一个悲惨事件（在一个偏僻的森林里，一个恶名远扬的土匪强奸了武士漂亮的太太并杀害了武士），根据西方的电影图像写实主义（realism of the cinematic image），结果只能是，我们得到了四个不同的主观透视。其实，把所谓的"东方精神"与西方态度区分开来的恰恰在于，含混性和不可判定性没有"主观化"：我们不应把四种复述化约为对同一个不可触及的现实所做的不同的"主观透视"，相反，它们属于这种"现实"本身。"事物本身"的存有论的含混性-脆弱性（ontological ambiguity-fragility）是难以通过电影媒介的写实主义来表达的。这意味着，地地道道的《罗生门》与伪尼采式的透视主义风马牛不相及，与下列观念毫无关系：并不存在客观真理，只存在不可化约的、众多的、在主观上已被扭曲的、偏向一方叙事。

关于《罗生门》，要做的第一件事情就是避免跌入形式主义的陷阱。

我不禁要说，不应从这个事物的特殊性（女性向男性权威发起挑战、女性欲望的迸发）中提取这部影片形式－存有论主题（formal-ontological thesis），即从对同一事件的众多叙事中获取真相的不可能性。要把四个目击者的报告视为同一个神话（神话是列维－斯特劳斯意义上神话）的四个版本，视为由四个变体组成的完整矩阵：在第一个（土匪）的版本中，他先是强奸了武士的妻子，然后在诚实的决斗中杀死了武士；在第二个（未死的妻子）的版本中，在强奸的过程中，她感受到了一股激情，那就是土匪有力的性爱，因此最后她告诉土匪，她无法与两个知道她的耻辱的男人羞愧地生存下去，其中一人必须死去，这才有了那场决斗；在第三个（由死去的丈夫的鬼魂讲述的）版中，土匪释放了他，他出于羞愧而刺死了自己；在最后的（由隐蔽在附近树丛中目睹了整个事件的樵夫讲述）版本中，土匪在强奸了武士的妻子后割断了捆绑武士的绳索，但武士狂暴地拒绝了妻子，把她视为丢脸的淫妇，极度愤怒的妻子对两个男人大发雷霆，指责他们懦弱，挑逗他们为她决一死战。四个版本的前后相续并不是中立的，它们无论如何都不处于同一个层面：在它们行进的过程中，男性权威逐步变弱，女性欲望则得以强化。所以当我们垂青于最后的（樵夫的）报告时，要义并不在于它把"真正发生"过的事件如实告诉了我们。其要义在于，有一种内在结构把这四个版本连接起来，在该结构之内，它是创伤点（traumatic point）。与它相比，要把其他三个版本视为防御（defense）、防御－构成（defense-formations）。

这部影片的"正式"信息已经足够清晰：起初，僧侣在为倒叙提供框架的交谈中指出，这个事件提供的教益，比当时弥漫在社会中的饥饿、战争和混乱更加恐怖。这种恐怖源于何处？源于社会联结（social link）的解体：那里没有人们赖以为生的"大对体"，没有确保信任和维持义务的基本符号契约（basic symbolic pact）。因此，这部影片并不致力于有关"在众多叙事之后是否存在终极的、清晰的现实"的存有论游戏（ontological games），相反，它关切的是，将社会构架（social fabric）凝为一体的基本符号契约的解体，会导致怎样的社会－伦理后果。然而，这个故事——从不同视角重新讲述的事件——告诉了我们更多的东西：它确定了对大对体的威胁之所在，这种威胁是动摇男性契约（male pact），搅乱了女性及女性欲望中的男性视境（male vision）的终极原因。正如尼采所言：因为具有非一致性（inconsistency），因为在众多面纱之下缺乏终极基准点（ultimate point of reference），真理是阴性的。

（5）对祛魅的抗拒

我们如今遇到了对主体性的一系列看法。可以把它们粗略地分为三个对立。有三个主要"反人本主义"或/和"反主体主义"立场，也有三个对主体性的肯定，两者相伴而生。三个"反人本主义"或/和"反主体主义"的立场是：认知主义－生物主义的化约主义（cognitivist-biologist reductionism），把主体性的自我体验视为纯粹"用户错觉"（user illusion），进而将其摒弃；海德格尔式的主体，认为不能把人的本质（essence of man）化约为主体性，人还有更为原始的维度；解构主义对主体的"去中心化"，认为主体脱胎于前主体的文本过程（presubjective textual processes）。对主体性的肯定包括：自纳格尔（Nagel）至查尔默斯（Chalmers）的认知主义者，认为经验具有不可化约/无法解释的特性；通过批判（自我）意识的反射模型（reflexive model）对（自我）意识所做的标准的超验－哲学辩护（的复活）：认为存在着先于自我认知（self-recognition）的自我熟悉（self-acquaintance）这一维度，这是迪特尔·亨利希（Dieter Henrich）及其学派的看法；由拉康重构的弗洛伊德式主体：非实体性的我思（nonsubstantial cogito）乃无意识之主体。

发生在这个空间之内的、无法将其视为纯粹误解的结果而将其消解的悖论性短路，是认知主义的海德格尔派（cognitivist Heideggerians）——休伯特·德莱弗斯（Hubert Dreyfus）和奥格·豪格兰德（Auge Haugeland）——的悖论性短路。也就是说，从海德格尔的角度看，认知主义心理学（cognitivist psychology）是"危险"的极端，是对人的本质的遗忘的极端：人的心灵被化约为科学探索和科学操纵的特定客体，哲学由此"变成了有关人的经验科学（empirical science），变成了有关一切能够变成人类技术的经验性客体（experiential object）

的经验科学。"¹ 尽管如此，还是有些认知主义者为了解决自身研究遭遇的僵局而转向海德格尔，因而颇具讽刺意味地确证了海德格尔最喜欢的引言，即来自荷尔德林的引言："哪里有危险／拯救力量就会应声而来。"²

脑科学与精神分析的关系永远无法在共同的概念域（conceptual field）内，通过两种研究的直接互补建立起来。相反，我们应该将一种研究推向极致，远离另一种研究。例如，建立最为纯粹的脑科学逻辑。这时，我们遇到了分裂，它为另一种研究开辟天地。脑科学今日取得的成就似乎已经实现弗洛伊德设想的、用以取代精神分析的科学的前景：一旦搞清了痛苦、欢乐、创伤、压抑等生物学机制，我们就不再需要精神分析，因为我们不再在阐释的层面上进行干预，我们能够调节导致病态精神现象的生物学过程。到目前为止，精神分析师以两种方式应对这种挑战：

● 它们求助于寻常的哲学－超验姿势（philosophico-transcendental gesture），指出实证科学从来都不能涵盖和说明意义视域（horizon of meaning），而实证科学就是在意义视域内运转的，说什么"即使脑科学真正成功地使征兆全盘客体化了，概括了征兆的生物神经元的等价物（bioneuronal equivalent），患者依然要对这种客体性采纳主体立场……"。即使雅克－阿兰·米勒，也在公开露面时，常常采取这个步骤：即便科学使我们的思想完全客体化了，即使科学达到了这个的目标——把精神过程转

---

1 Martin Heidegger, *Basic Writings* (New York: Routledge, 1978), p. 376.
2 迪特尔·亨利希－曼弗雷德·弗兰克学派（Dieter Henrich-Manfred Frank school）存在的悖论与众不同：尽管他们试图拯救康德的超验遗产和批判认知主义，他们的论证模式已是"分析性"的——只有抽象的推理，不涉及该问题的历史维度。抽象的推理在下列论证中得到了极佳的展示：自我反思（self-reflection），即在他人那里对主体的识别，是以自我熟悉（self-acquaintance）为前提的。或者，抽象的推理在亨里希（Henrich）对黑格尔的直接性（immediacy）概念的模糊性所做的经典分析中得到了极佳的展示。难怪他们的身份已经处于中间状态：对心灵分析哲学（analytic philosophy of mind）所做的某些概述包含了有关他们的一章，这一章通常题为"自我意识的新概念"（New Conceptions of Self-consciousness）。这正是销声匿迹的黑格尔遗产之所在：黑格尔声称，就概念（notion）这个概念的全部意义和维度而言（我们如何为之论争，它是如何出现的，它的过去如何），概念的历史方面是这个概念本身的一部分。

化成神经元对应物，主体依然要把这个事实主体化，呈现它，通过整合使之融入他或她的意义世界。符号性整合的这一过度，这个发现"在我们看来意味着什么，对我们意味着什么"，是科学无能为力的。……不过，这种自我满足的回答实在过于唐突了：如果脑科学真的以主体性的方式被采纳，脑科学的成功会瓦解我们作为意义主体（subjects of meaning）所具有的身份。批评脑科学的人常在两个极端摇摆不定，自欺显然于兹生焉。一般说来，他们把下列两者结合起来：一是快速的"超验"答案，说什么先验科学（science *a priori*）无法使我们对客体性的主体态度客体化；二是对大脑所做的科学解释的特定失利的斥责——和庆幸。只有以"脑科学有可能取得成功"为背景，这种特定的斥责和庆幸才有意义。

　　沿着这些路线，可以说，标准的新康德派对那些质疑自由意志在人类中是否存在的认知主义者的指责，实际上是指责他们犯了"范畴错误"：通过不合理的运作，他们把采取某个行动的理性（动机）的规范性层面化约为行为的实证原因，即这个行为是否适用于物理现实的肌质（texture of physical reality），而这个行为就是这一物理现实的一部分。我在婚礼上说"我愿意"，可以把这个行为描述为完全融入物质（神经元、生物学等）现实的因果肌质（causal texture），但这无法解释我说"我愿意"的原因。人身上存在着规范性之维（追求真善美，为了行动而行动，不把自己的行为视为求生策略的组成部分），规范性之维是在这样的层面上运作的：从存有论的角度看，该层面与事实性现实（factual reality）不同。而且无法把规范性之维化约为这样的层面。这种回应不得脑科学研究的要领：他们断言，一般说来，我们所有的选择都可以根据神经元过程（neuronal processes）来解释；他们在做此断言之时，提供了如下主张：如果上述断言不虚，我们的自由实际上已被瓦解，我们的自由被化约成了幻觉性的生活经验，这样的生活经验对真正掌管一切的生物学过程做了错误认知。换言之，他们并不否

认下列两者的分裂：其一是维持我们对自由的主观体验的规范
性层面，其二是作为生物学机制的我们。但他们声称，这一分
裂是现实与对现实所做的幻觉性主观体验的分裂。[1]

据报道，2002 年 5 月，纽约大学的科学家把能接收信号的
电脑芯片直接植入老鼠的大脑。如此一来，可以借助转向装置
控制老鼠，比如决定它奔跑的方向，就像控制遥控玩具车那样。
一个活生生的动物，该动物有关如何运动的"自发"决定，第
一次被外部机器接管。当然，这里的巨大哲学问题是：这个不
幸的老鼠如何"体验"它已经由外部来控制的运动？它会继续
把自己的运动"体验"为自发之物？也就是说，它的运动已被
操纵，它却对此浑然不知？或者，它已经觉得"什么地方出了
毛病"，知道另一种力量（即外部力量）决定着它的运动？与
此相比，更为重要的是，把如此推论应用于在人类身上执行的
身份实验（identical experiment）。这样做尽管存在伦理问题，但
在技术上讲，不应该比老鼠那种情形复杂多少。在老鼠那种情形
下，我们可以争辩说，不应把"体验"这个人类范畴应用于老
鼠，但在人类那种情形下，我们可以提出同样的问题。被操纵的
人类会不会继续把自己的运动"体验"为自发的运动？他的运动
已被操控，他会对此依然全然不知？或者他会意识到"什么地方
出了毛病"，知道另一种力量（即外部力量）决定着它的运动？
确定说来，这种"外部力量"是如何显现的？是作为"我体内"
的某物，即作为不可阻挡的内部驱力显现的，还是作为简单的外
部强制显现的？如果主体的自发行为已被从外部操控，但主体对
此依然全然不知，这时我们是否能够继续假装，如此做派不会对
我们关于自由意志的看法产生丝毫影响？

● 精神分析死死抓住精神分析与脑科学的并行不悖与结构性类似

---

[1] 当然，面对这个认知主张的实际后果（"这是否意味着希特勒不为他犯下的罪行承担罪责，
他不应该因此受到惩罚？"），他们中的多数人（丘奇兰夫妇等人属于值得尊敬的例外）重复了他
们新版本的新康德派退缩（neo-Kantian retreat）。他们宣称，在我们的日常生活中，作为负责任的
行动者，我们理应尊敬自己的自我体验，继续惩罚罪犯。

不放。"你看，我们是正确的：不存在与压抑相对应的神经元
过程。"在这个最后的立场中，存在着的不只是"如果你不能
打败他们，就加入他们的行列"这一绝望策略的踪迹：认知主
义被期待着为精神分析提供科学上的合法性。

　　难道我们没有在此再次遇到有关破水壶的著名论点[1]（彼此相互排
斥的论点的清单）吗？首先，就事实而论，认知主义是错误的。其次，
即使就事实而论认知主义精确无误，它也受其科学视域的限制。第三，
认知主义确证了精神分析在很久以前对人类心灵运作的预期。这两种研
究以其各自的过度——前者的过度是其抽象的傲慢（abstract arrogance），
后者的过度是其卑微的谦逊（subservient modesty）——相互补充。作为
对脑科学发起的挑战的回应，它们是不充分的：对于这一挑战唯一的正
确回应是以另一种实在界面对脑科学的神经元实在界（neuronal Real），
而不是简单地把弗洛伊德式雷同物（Freudian semblant）置于神经元实
在界之内。换言之，要使精神分析继续生存下去并保持其关键身份，我
们必须在脑科学之内为它寻找立足之地，从其固有的沉默和不可能性
开始。从丹尼特（Dennett）到达马西奥（Damasio），[2]有关意识的出现
的各种不同版本全都"卡"在同一个悖论上。这悖论即有关某种自我推
进的机制（self-propelling mechanism）的悖论，有关自我关联的封闭路
线（closed loop of self-relating）的悖论。这悖论构成了意识：它们全都
找到了这个悖论，试图尽可能精确地描述它，尽管如此，似乎还是错
过了对它的真正概括，并因此迷失于模糊的隐喻和彻底的非一致性之
中。本书第四章的赌注——即它要努力证实的假说——是，这个错过的
概念——即认知主义界说（cognitivist accounts）的不在场成因（absent
Cause）——恰恰是德国唯心主义所谓的自我关联的否定性和弗洛伊德

　　1　齐泽克常常提到这个"论点"："When accused by a friend that you returned him a borrowed kettle broken, your reply is: (1) I never borrowed a kettle from you; (2) I returned it to you unbroken; (3) the kettle was already broken when I got it from you." "当你的朋友指责你，说你归还了一个打破了的壶时，你的回答是：（1）我从未跟你借过壶；（2）我把壶归还你时壶没破；（3）从你那里借壶时壶已是破壶。"
　　2　本书第4章做了更为翔实的分析，可参见之。

所谓的"死亡驱力"。

然而，我们从认知科学（cognitive sciences）那里获得的第一个印象是，关于意识的出现，存在着众多互不相容的说法——意识存身于何处？令人吃惊的是，"在哪儿都行"，各种可能的答案共存。有人以进化主义的观点应对这个问题，认为这个问题毫无意义，因而对之不屑一顾；有人宣布这是一个难以解决之谜，并提议说，意识毫无（进化）功能可言，它只是一个副产品——不是核心现象，只是附带现象。令我们诧异的是，进化主义或认知主义的解说似乎总是为一个僵局所绊倒：在我们建成能够解决任何复杂问题的人工智能机器后，问题突然出现了：但是，如果它能精确作业，就像机器那样，像盲目的操作实存物（operating entity）那样，那它在作业时又需要什么（自我）知晓？所以，越是证明意识是边缘性、非必要和非功能性的，它就越是变得高深莫测。在这里，意识本身才是除不尽的余数这个实在界。

一般说来，可以把这种众多（multitude）化约为四种主要立场：

1. 激进／化约的唯物主义，代表人物是帕特丽夏·丘奇兰（Patricia Churchland）和保罗·丘奇兰（Paul Churchland）夫妇。他们认为，根本不存在感质，根本不存在"意识"，这些东西都是作为某种"自然化"的认知错误存在的。这种立场的反直觉之美在于，它导致了主观主义现象主义（subjectivist phenomenalism）。根据主观主义现象主义，我们只知现象，不能绝对断定现象之外有任何事物存在。其实，不存在的正是纯粹的现象性（pure phenomenality）！

2. 反唯物主义，代表人物是大卫·查尔默斯（David Chalmers）：不能依据其他的自然过程（natural processes）来说明意识–知晓；必须把意识–知晓设想为重力或磁力那样原始的自然之维。

3. "认知终结"（cognitive closure）的立场，代表人物是科林·麦吉恩（Colin McGinn）和史蒂文·平克（Steven Pinker）。它断定意识有其固有的不可知性：尽管意识脱胎于物质现实，它必定是不可知的。

4. 非化约的唯物主义，代表人物是丹尼尔·丹尼特（Daniel Dennett）：意识是存在的，但它是自然过程的结果，而且具有清晰的进化功能。

　　这四种立场显然构成了格雷马斯式的符号矩阵：主要的对立是2与4的对立，即唯心主义与唯物主义的对立；1与3为唯物主义或唯心主义提供了认知上的扭曲。也就是说，2和4相信，对从科学上对意识做出解释是可能的：存在着某个事物（"意识"）以及对它的解释，或者依据无意识的自然进程对之做出解释（唯物主义），或者把它视为它自身的不可化约之维（唯心主义）。不过，对于1来说，对意识所做的科学解释导致了这样的结果：要被解释的事物根本就不存在，这是认识上的错误，与古老的燃素说[1]无异。3颠覆了这一立场：这里销声匿迹的不是物体，而是解释（尽管唯物主义正确无误，它无法对意识做出先验的解释）。

　　或许应该以巴迪欧的方式表述意识问题：如果思想之出现（emergence of thought）乃最终的事件呢？难道那个僵尸问题——如何把行为与人无异的僵尸与具有内在生命的"真人"区分开来——没有直接表明意识之出现的不可识别性吗？根本不存在使人们把僵尸与"真人"区分开来的"客观"标准，也就是说，这种差异只能从内部，从意识主体（conscious subject）的立场来领会。依照克尔凯郭尔的说法，这里的问题是把握"化成之心"（mind-in-becoming）：不是与肉体现实（bodily reality）截然相反的、已经形成的心灵，而是"为了肉体"而存在心灵，也就是说肉体与心灵的断裂这个消失中的调停者（vanishing mediator）。

　　标准的哲学观察是，我们应该把下列两者区分开来：一者是知道一种现象，一者是承认、认可这种现象，把它视为存在着的现象。我们并

　　1　燃素学说（notion of phlogiston）是化学家在300年前对燃烧的解释。在他们看来，火是物质实体，由无数细小而活泼的微粒构成。这种微粒既能同其他元素结合而形成化合物，也能以游离方式，独立地存在。如果游离的微粒聚集在一起，就会形成火焰；如果游离的微粒弥散于大气之中，就会给人以热的感觉。这种元素就是"燃素"。——译者注

不"真的知道"我们四周的人是否拥有心灵，是否只是编程之后盲目行动的机器人。不过，这种观察没有抓住要领：如果我想"真的知道"我的对话者是否拥有心灵，真正的主体间性（intersubjectivity）就会消失；他会丧失其主体身份，并变成（对我而言）透明的机器。换言之，不被他人识破，乃是主体性（subjectivity）事关生死的重要特征，乃是我们在把"心灵"强加于我们的对话者时所要表达的意思：只要我对此琢磨不透，你才"真的拥有心灵"。或许尽管如此，我们还是应该重建那个古老而美好的黑格尔-马克思主义的话题——我内心深处的主体经验的彻底主体间性。使得僵尸假说大错特错的是，如果别人都是僵尸（更确切地说，如果我把别人视为僵尸），我就无法把自己视为拥有全然的现象意识（phenomenal consciousness）之人。

我们在某个时刻引入了一致性与相似性的悖论性辩证。马克斯兄弟的一系列笑话（"难怪你长得那么像张三，你就是张三嘛！""这个伙计长得像个傻瓜，说话做事也像个傻瓜，但你千万不要上当受骗——他真的是个傻瓜！"）最佳例证了这个时刻。在这个时刻，克隆的神秘可怕之处变得昭然若揭。我们不妨以那个著名的个案为例：一个为父母宠爱的独生子死了，父母决定通过克隆使他再世：这个结果是怪异的，还有什么比这个更加一清二楚？克隆出来的孩子具有死去孩子的所有特性，但正是这种相似性使两者之间的差异变得更加清晰：尽管他长得与死去的孩子，但他不是那个死去的孩子，因此他是残酷的玩笑，吓人的赝品，而不是已经死去的儿子，而是亵渎神明的副本，他的出场无法不让我们想起马克斯兄弟有关《歌剧院之夜》（*Night at the Opera*）的那个老笑话："你的一切都让我想起你，想到你的眼睛，你的耳朵，你的嘴巴，你的嘴唇，你的四肢……想到你的一切，就是没想到你本人！"[1]

这些认知主义的僵局验证了下列事实：如今的科学打破了有关我

---

1 那为了制造生理器官所做的克隆呢？即，"养殖"某人，只是为了使用他的器官呢？这个程序在伦理上的畸形是不证自明的：人被化约成了他的器官的载体。此外，一边是"自然"的真品，一边是对此真品的克隆，两者相提并论，残酷地迫使我们面对下列选择：要我们不承认克隆人是真正的人，而只把克隆人视为没有灵魂的活的机器（因为如同基督教所言，他不是"自然受孕"的）；要么我们承认克隆人是真正的人，那么说一千道一万，真品和对真品的克隆并无根本差异（毫无差异），那为什么不把真品当作器官来使用？

们日常生命世界里的"现实"概念的基本预设。存在着三种主要的态度，我们可以以之对待这一突破。第一种态度是完全坚持彻底的自然主义：勇敢地追寻以科学方式"对现实进行去魅"所遵循的逻辑，无论付出怎样的代价，即便打碎调节我们经验视域的基本坐标也在所不惜。在脑科学中，帕特丽夏·丘奇兰和保罗·丘奇兰夫妇几乎完全采纳了这种态度。第二种态度致力于某种新世纪的"综合"，即对科学的真理与前现代的意义世界的综合。它声称，新的科学结果本身（如量子物理学），迫使我们放弃唯物主义，走向某种（诺斯替式或东方式的）的精神性。这个版本的标准主题是："20世纪的核心事件是物质的倾覆。在技术、经济学和国家政治学方面，以物质资源为形式的财富在价值和意义上逐步下降。无论在什么地方，心灵的力量都占尽优势，战胜了事物的残暴力量。"[1] 这种推理路线代表着最糟糕的意识形态：把真正的科学问题（量子物理学中波与振动的作用等等）重新刻入"心灵对残忍之物"（mind versus brute things）这一意识形态领域，由此造成的混乱，乃是现代物理学中轰动一时的"物质消失"所导致的悖论性结果："非物质"的过程本身如何丧失了其精神品质，如何成为了自然科学的合法话题。第三种态度是新康德派国家哲学采取的态度，它在今天的范例则是哈贝马斯。这是一道相当悲哀的景观：哈贝马斯试图控制生物遗传学（biogenetics）的爆炸性结果，限制生物遗传学的哲学后果。他的全部努力都暴露了他的恐惧：某些事物真的即将发生，"人类"的新维度真的即将形成，有关人类尊严和自治的陈旧形象无法保全。在这里，这些过度的反应具有征兆性的意义，就像斯洛特迪克有关生物遗传学和海德格尔的埃尔毛演讲（Elmau speech）那样[2]，它在下列（相当理性的）建议中听到了纳粹优生学的回声：生物遗传学迫使我们明确表达新的伦理原则。对待科学进步的这种态度意味着某种"对（不可抵抗的）诱惑的诱惑"：要抵抗的诱惑恰恰是这样一种伪伦理的态度——把科学探索描述为会使我们"走得太远"的诱惑。"走得太远"即进入（生物遗传操

---

1 George Glider, quoted in John L. Casti, *Would-Be Worlds* (New York: John Wiley & Sons, 1997), p. 215.

2 See Peter Sloterdijk, *Regeln für den Menschenpark* (Frankfurt: Suhrkamp, 1999).

纵等）禁区，这会危及人之为人的内核。

关于生物遗传学，最新的伦理"危机"实际上已经导致了对所谓"国家哲学"的需要（人们完全有理由称之为"国家哲学"）：一方面，该哲学宽恕科学研究和技术进程；另一方面，该哲学对之进行控制，避免在社会－符号方面产生强大的冲击力，即阻止它对现存的神学－伦理学格局构成威胁。难怪那些最接近于满足这些标准的人都是新康德派：康德本人关心的问题是，在充分顾及牛顿科学时，如何确保存在使科学无法染指的伦理责任空间；正如康德本人所言，他限制知识的范围，以便为信仰和道德创造空间。如今的国家哲学家不是面临同样的使命吗？他们不正在致力于通过不同版本的超验反思（transcendental reflection），把科学约束在它预行确定的意义视域之内，并因此把科学对伦理－宗教之域（ethico-religious sphere）造成的后果视为"非法"而大加抨击？

注意到下列一点是有趣的：尽管斯洛特迪克是哈贝马斯派暴力攻击的目标，他提供的解决之道，即把科学的真理与陈旧的意义世界进行"人本主义"的综合，虽然比哈贝马斯的"国家哲学"更为精致和更可疑（这颇具讽刺意味），最终还是由一条几乎无形的路线把它哈贝马斯的"国家哲学"分割开来（说得更确切些，它似乎坚守介乎哈贝马斯的妥协和新世纪蒙昧主义综合之间的暧昧状态）。依据斯洛特迪克，"人本主义"总是涉及这样的和解，总是介乎新与旧之间的桥梁：当科学的结果瓦解了陈旧的意义宇宙时，我们应该设法将其融入意义宇宙，或者隐喻性地扩大意义宇宙，这样它就能够"涵盖"新的科学命题。一旦无法完成这一调停任务，我们就会陷入残酷的两难之境：要么完全拒绝科学的结果，要么彻底丧失意义的领域。现在，我们正在面临同样的挑战："数学家不得不成为诗人，控制论学者不得不成为宗教哲学家，医生不得不成为作曲家，信息工作者不得不成萨满教巫师。"[1]然而，难道这个解决之道不是蒙昧主义的解决之道吗？蒙昧主义是在这样的意义说——试图同时驾驭意义和真理。

---

1 Sloterdijk, *Nicht gerettet*, p. 365.

……上帝和宗教的最简洁的定义在于下列观念：真理和意义乃同一事物。上帝之死，乃是把真理和意义视为同一事物的观念之死。"历史的意义"具有两重意义："方向"（orientation），历史要走向某个地方；然后历史具有了意义，历史是人类经由无产者等获得解放的历史。其实，整个共产主义时代都是存在下列信念的时代——做出正当的政治决定是可能的，我们那时为历史的意义所驱使。……可以说，两个事件与结果之间存在着关联，我们应该注意到，去制造主要属于局部地带的真实结果（truthful effects）——不论是精神分析的真实结果还是科学的真实结果——总是局部真理之结果（effect of local truth）。……如今我们可能把同时驾驭意义和真理之意图，称为"蒙昧主义"。[1]

在这里，巴迪欧正确地强调意义与真理的割裂，也就是强调真理的非阐释学身份（nonhermeneutic status）——真理乃是把宗教唯心主义与唯物主义分割开来的最小差异。这也是弗洛伊德与荣格的差异：荣格依然停留在意义的视域之内，弗洛伊德的阐释则旨在阐明不再立足于意义的真理。巴迪欧同样正确地概括了我们如今面对的最终选项。如今，在意义与真理之间使用连词已经不再可能，这种非可能性已经强加于我们：我们要么认可"后现代"的立场，完全放弃真理之维，把自己限制在多重意义的互动（interplay of multiple meanings）之中，要么积极致力于识别处于意义之外的真理之维，简言之，识别作为实在界的真理之维。

与这种错误联系在一起的，还有对下列"后现代"观念的过快接纳：在今日的政治中，我们只能置身于"局部"真理之内，因为不立足于全球意义[2]，就不再能够概括无所不包的真理。使得这个结论大成问题的，是资本主义的全球化。何谓资本主义全球化？资本主义是消除了意义的全球性的第一个社会经济秩序：它在意义的层面上不是全球性的

1　"A Conversation with Alain Badiou," *lacanian ink* 23 (New York, 2004), pp. 100–101.

2　"全球意义"（global meaning）亦译"整体意义"。因与下文的"全球化"有关，这里译为"全球意义"。——译者注

（不存在全球性的"资本主义世界观"，不存在真正的"资本主义文明"，全球化的基本教益恰恰在于，从基督教到印度教和佛教，资本主义能使自身适应所有的文明）；只能在"没有意义的真理"这一层面上，把这一全球之维概括为全球市场机制这一"实在界"。结果，只要资本主义已经导致了意义与真理的破裂，它就可能在两个层面上完全对立：或者在意义的层面上（这是对下列做派的保守回应——把资本主义重新框入某种社会性的意义领域，把它的自我推进运动限制在共享"价值"的系统之内，而这样的共享"价值"能够巩固"共同体"，使之成为"有机的统一"）；或者通过对资本主义的"没有意义的真理"这一实在界提出质疑（马克思基本上是这样做的）。当然，如今居于主导地位的宗教策略是极力把科学实在界（scientific Real）限制在意义的领域之内：正是作为对科学实在界的回应，宗教才找到了自身新的"存在原因"：

> 宗教——甚至宗教辛迪加（syndicate of religions）——在形成的过程中远远没有被科学抹除，反而每天都在昂首阔步。拉康说过，普世教会主义（ecumenism）是给那些精神贫乏之人而设的。在这些问题上，世俗权威和全部宗教权威有着神奇的一致。这表现在，他们告诉自己，他们应该在某个地方达成一致，以便使共鸣变得同样神奇，甚至说，世俗最终也是宗教，与其他宗教无异。我们看到这了一点，因为事实上已经一清二楚，科学话语部分地与死亡驱力联系在一起。宗教根植于这样的立场：无条件地为生存辩护，为人类的生命辩护，使自己成为生命的守护者，使生命成为绝对。这延伸到了对人性的保护。……如此做派，是通过意义，也就是说，通过设置障碍——对克隆和利用人体细胞设置障碍——把未来赋予宗教，把科学纳入温和的进程之中。在宗教致力于以意义淹没实在界时，我们看到了神奇的努力，看到宗教崭新的青春活力。[1]

　　所以在已故的教皇约翰-保罗二世把基督教的"生命文化"与现代

1　Jacques-Alain Miller, "Religion, Psychoanalysis," *lacanian ink* 23 (NewYork, 2004), pp. 18–19.

的"死亡文化"对立起来时，他只是以夸张的方式利用了对待堕胎的不同态度而已。即要在更为字面化的意义上，也要在更为普遍化的意义上理解他的表述：不仅要明白，教会拥有"福音"、拥有对我们的未来的信任，拥有确保生命意义的希望，而且要把下列两者关联起来：一者是"生命文化"与"死亡文化"的对立，一者是生命与死亡驱力在弗洛伊德那里的对立。"生命"代表着"快乐原则"之规则，代表着快乐的平衡稳定性（homeostatic stability），使之免受过度原乐（excessive *jouissance*）的沉重冲击。所以，颇具讽刺意味的是，教皇保罗二世的赌注不仅押到了不与世俗快乐作对的宗教精神性（religious spirituality）上，而且这种精神性能为完整的、令人满足的快乐生命提供框架。与此相反，"死亡"代表着"超越快乐原则"之域，代表着所有的过度（实在界通过这些过度扰乱生命平衡），从过度的性原乐（sexual *jouissance*）到引发了人造怪物的科学实在界，均属此列……米勒的简明扼要的诊断，终结于对海德格尔所做的令人惊异的释义，他把精神分析师定义为"实在界之牧羊人"（shepherd of the Real）。不过，此举并未解决某些关键问题。科学代表的死亡驱力，科学在自身活动中激活的死亡驱力，同时不就是淫荡生命之过度（excess of obscene life），不就是作为实在界的生命（life as real）之过度，不就是被免除了意义，也处于意义之外的生命之过度？我们在卡夫卡的"奥德拉岱克"以及电影《异形》中的"异形"身上发现的，不就是这种生命？我们不应忘记，死亡驱力是弗洛伊德为持续超越死亡的不朽（immortality）、快乐、强制（compulsion）所起的名字。我们还不应该忘记，不朽也是科学暗中承诺的。因此，我们还应该维护生命与意义的割裂，这割裂类似于真理与意义的割裂——生命和意义无论如何都不会完全重叠。[1]

1　此外，我们不应在此同样牢记真理与知识的关键差异吗？从某个标准的视角看，"真理"不就是知识与意义相结合的代名词？倘若如此，真正的唯物主义使命首先不是把知识与意义分离开来，而是阐明这样的可能性——张扬处于意义之外的真理的维度。

（6）上帝四处游荡之时

现在，关于宗教的关键问题是：事实上，能把所有的宗教体验和宗教践行限制在真理与意义的结合这一维度吗？难道犹太教没有以其创伤性律令的强制实施，隐约预示处于意义之外的真理之维（这也是犹太教是任何诺斯替蒙昧主义之死敌的原因）？而且，在不同的层面上，这道理不同样适用于圣保罗本人？

如此探究思路的最佳出发点是这样的：在那里，宗教面对着创伤，面对着消解了真理与意义之联系的震惊，面对着因为极具创伤性而无法融入意义宇宙的真理。每位神学家迟早都会面临如何调和下列两者的难题：一者是上帝的存在，一者是大屠杀的事实，或类似的过度之恶。我们如何调和下列两者：一者是全能至善的上帝，一者是几百万无辜者（诸如在毒气室被杀死的孩子）遭受的骇人苦难？令人吃惊（或并不令人吃惊）的是，神学的解决之道构成了以黑格尔三元组为核心的古怪的前后相续。

首先，有些人想使神圣的最高权威（divine sovereignty）毫发无损，因而不得不让上帝承担大屠杀的全部责任。他们最初提出了（1）"拘泥于法律条文"的"罪与罚"的理论，认为大屠杀是对人类（或犹太人）往昔罪孽的惩罚。他们继而提出了（2）"说教意味浓厚"的性格教育理论，认为要沿着约伯记（story of Job）的路线，把大屠杀理解为对我们是否信仰上帝的彻底检验，如果我们经历磨难幸存下来，我们的性格就会坚如磐石……；他们最终求助于某种"无限审判"，认为在大屠杀与大屠杀的意义这两者间的全部公约数土崩瓦解之后，"无限审判"会反败为胜。于是有了（3）"神圣的秘密"（divine mystery）的理论，认为诸如大屠杀之类的事实证明，神圣意志（divine will）是莫测高深的万丈深渊。黑格尔有个有关双重秘密（redoubled mystery）的格言：对我们而言，上帝是个秘密；这秘密对上帝而言，也是秘密。依照这一格言，这一"无限审判"的真理只能用来否定上帝的至上权威和无所不能。所以，下一个三元组是由这样一些人提出的，他们无法把大屠杀与上帝的全能调和起来（他怎会允许大屠杀这样的事情发生？），因而选择了某种神圣的限制（divine limitation）之形式：（1）首先，上帝是有限的，至少是受限的，并不全能和无所不包：他发现自己被自己的创造物具有的密集惯性所压垮。（2）然后，这种限制被反射到上帝身上，把限制视为他的自由选择的行为：上帝是自己限制自己的，他自愿地约束自己的力量，以便为人类的自由留出空间，所以要为世界上的罪恶承担全部责任的，正是我们人类。一言以蔽之，诸如大屠杀之类的现象，是我们因为获得了自由这个神圣礼物而必须付出的代价。（3）最后，自己限制自己被外在化了，两个时刻被设置为自治性时刻：上帝被围困，世界上活跃着恶魔之恶（demoniac Evil）这样的一股反作用力或原则（双重解决之道）。不过，只是在这里，我们才遇到了恶之起源这一问题的核心。

恶的标准的形而上学-宗教观是加倍（doubling），是保持距离，是摒弃对大对体、我们的起源和目标的指涉，是抛弃原初的神圣太一（divine One），置身于自我指涉的以自我为本位的循环（self-referential egotistical loop），因而把全球性的平衡（global balance）与太一-整体的和谐（harmony of the One-All）割裂开来。对此，毫不费力的、过于漂亮的后现代解决之道是反驳下列观念——脱离这个自作自受的僵局的出路在于放弃有关我们避开的原初太一（primordial One）的预设，接受下列看法——我们的原初状态是发现我们身陷复杂的情境，置身于众多的外在因素，只有有关原初太一（original One）的神学-形而上学预设迫使我们把异形（alien）视为我们自身异化的产物。[1] 从这个角度看，恶并非原初太一的加倍，不是对原初太一的背弃，而是把无所不包的太一强加于原初的分散（primordial dispersal）。不过，如果思想的真正任务是设想太一的自我分裂，把太一视为它自身内部的分裂，认定太一涉及内在的断裂，情形又会如何？

因此，可以借用恶之起源来说明诺斯替教与一神教的分裂。诺斯替教把善与恶的原初二元性归于上帝（我们身陷其中的物质世界是邪恶、愚蠢之神的创造物，赋予我们希望的是善良之神，它使我们有关另一种现实、我们真正家园的诺言保持活力），一神论则通过把恶之起源归于

---

1 See Sloterdijk, *Nicht gerettet*, p. 99.

我们的自由，保存了上帝的一致性、单一性（恶要么是有限的，是物质现实之随性，要么是故意背离上帝这一精神行为）。认为诺斯替教信奉的上帝二元性只是我们对上帝业已改变的态度的"反射性决断"，进而把诺斯替教与一神教视为一体，是轻而易举之事：被我们视为两个上帝的东西，其实只是我们我们自身天性内部的分裂，是我们与上帝结成的关系的分裂。不过，真正的使命是把善恶分裂的源头归诸上帝，同时停留在一神论的领域之内。这也是德国神秘主义者——雅各布·博梅（Jakob Böme）——和后来遵循其逻辑的哲学家们——谢林、黑格尔——试图完成的使命。换言之，这个使命是把人类的造成了善恶分裂的"外在反思"重新转换成唯一神（One God）本身。

不妨设想这样令人尴尬的情景：某个权威人物发现自己无力完成他向臣民承诺的某个善行，尽管他想完成这个善行。在这样的困境中，要想维持自己无所不能的表象，唯一的方式就是佯装他并不真的想这样做。他之所以不想这样做，要么是因为臣民不配享受善行，要么是因为他并不像大家想象的那么善良，他有其邪恶的一面。因此，做出"恶"的样子可以隐瞒绝望的策略，维持某人无所不能的表象。这道理不同样适用于上帝本人吗？

回到大屠杀的话题吧。这把我们带到了远远超过前两种立场（至高无上的上帝、有限的上帝）的第三种立场（受苦受难的上帝）上：上帝不是这样的上帝，因为根据定义他在幕后操纵一切，他就是最终总能获胜的常胜将军，尽管"他行事的方式神秘"；上帝并不是这样的上帝，因为根据定义他总是对的，他就分发冷酷的正义（cold justice）；上帝是这样的上帝，和十字架上受难的基督一样，他极其痛苦，承受着苦难的重负，与悲惨的人类休戚与共。[1] 说这番话的是谢林："上帝是一条生命（life），而不止是一个存在（being）。但所有的生命都有其宿命，都忍受着苦难和变化……没有'像人类一样受苦受难的上帝'这一概念……所

---

[1]　欲知对这三种立场所做的简明描述，见 Franklin Sherman, "Speaking of God after Auschwitz," in *A Holocaust Reader*, ed. Michael L. Morgan (Oxford: Oxford University Press, 2001).

有的历史都依旧令人困惑不解。"[1] 何以如此？因为上帝的受苦受难暗示我们，他卷入了历史，为历史左右，他不只是在天上操纵一切的、超越性的主人。上帝的受苦受难意味着，人类的历史不只是影子，而是发生真实斗争的场所。绝对（Absolute）本身也卷入了斗争，它的命运已经注定。这是迪特里希·潘霍华（Dietrich Bonhoeffer）下列深刻洞视的哲学背景：在大屠杀之后，"现在只有受苦受难的上帝能够帮助我们。"[2] 这是对海德格尔所谓"只有上帝还能拯救我们"的真正补充。[3] 海德格尔是在临终接受采访时说这句话的。职是之故，我们应该严格地从字面上理解下列表述："六百万人难以言表的苦难也是上帝的苦难之音。"[4] 这种苦难对"正常"人类尺度（human measure）的超越，使它变得神圣起来。

这个悖论已由哈贝马斯做了简洁的概括："只能消除实体（eliminate the substance）的世俗语言一度曾经想摆脱恼怒。一旦罪孽（sin）变成罪恶（culpability），一旦对神示的背叛变成对人间法律的违犯，某些东西就已经失去。"[5] 这是对大屠杀或古拉格之类的现象所做世俗-人道主义反应被视为不充分的原因：要想停留在这类现象的层面上，还需要某种更强烈的东西，需要某种与宇宙反常（cosmic perversion）或宇宙灾难等古老宗教话题类似的东西，在这样的宇宙反常或宇宙灾难中，世界"脱臼"了。一旦我们面对大屠杀之类的现象，唯一恰当的反应就是提出那个令人迷茫的问题："为什么苍天不变黑？"这是阿诺·梅厄（Arno Mayor）专论大屠杀的一部著作的标题。这是大屠杀的神学意味之悖论：尽管大屠杀通常视为对神学的终极挑战（如果存在上帝，如果上帝是善良的，他怎么会允许出现这样的惨状？），但也只有神学能够提供框架，使我们以某种方式进入这场灾难的领域——上帝的惨败对于上帝来

1　F. W. J. Schelling, "Philosophical Investigations into the Essence of Human Freedom," in *Philosophy of German Idealism*, ed. Ernst Behler (New York: Continuum, 1988), p. 274.

2　引自 Morgan, ed., *A Holocaust Reader*, p. 237.

3　See Martin Heidegger, "Only a God Can Save Us," in *The Heidegger Controversy*, ed. Richard Wolin (Cambridge, MA: MIT Press, 1993).

4　David Tracy, "Religious Values after the Holocaust," in Morgan, ed., *A Holocaust Reader*, p. 237.

5　Jürgen Habermas, *The Future of Human Nature* (Cambridge: Polity Press, 2003), p. 110.

说也是惨败。

谨记本雅明的《历史哲学论纲》的第二论："过去随身携带着时间的索引（temporal index），它凭之获得救赎。过去的人和今天的人有一个秘密协议。"[1] 面对大屠杀，还能断定存在这种"微弱的救世主力量"吗？大屠杀如何预示即将来到的救赎？大屠杀受害者遭受的苦难，难道不是某种绝对的支出，而且这样的支出永远无法获得回溯性说明、救赎，永远无法成为有意义的支出？正是在这一点上，上帝的苦难介入了：这告诉我们，对原汁原味的苦难的任何扬弃均已失败。这里回响着的，不是犹太传统，而是新教的基本教益：自由／自治是无法直接获得的；一边是人与上帝的主人－奴隶交换关系，一边是对人类自由的完全肯定，两者之间，必须有绝对耻辱（absolute humiliation）这样一个中介阶段来干预，在这个阶段，人被化约为纯粹的客体，为深不可测的神的喜怒无常（divine caprice）所左右。

难道基督教的三个主要版本没有构成另一个黑格尔式的三元组？在正教、天主教和新教的前后相续中，每个新名词都是分支，都是从先前的统一体分裂出来的。普通－特殊－单一这个三元组，可由三个典型的奠基性人物（约翰、彼得、保罗）和三个种族（斯拉夫、拉丁和德意志）来标示。在东正教中，我们看到的是经文与信众（corpus of believers）的实质性统一，这是允许信徒阐释经文的原因，经文在信徒中延续和存活着，经文并不作为高高在上的标准和楷模，处于活的历史之外，宗教生活的实体就是基督教共同体本身。天主教代表着彻底的异化。它是在奠基性经文和信众之间进行调停的实体，教会这个宗教团体重新获得了完的自治。最高权威在教会，这是教会有权阐释经文的原因；经文要在做弥撒时用拉丁文这种普通信徒不懂的语言来宣读，普通信徒不经牧师引文而直接阅读经文，甚至被视为一种罪孽。最后，对于新教而言，唯一的权威是经文本身，赌注压在了每个信徒与福音（Word of God）的直接接触上，而福音是在经文中传递的；于是调停者（特殊）消失了，变得无足轻重了，这使信徒能够采取"普遍的单一"这一

---

1 In Walter Benjamin, *Illuminations* (New York: Schocken Books, 1969), p. 254.

立场，使个人能够绕过特殊机构（particular Institution）的调停，直接与神的普遍性（divine Universality）接触。[1] 不过，这种和解只有在使异化发挥到极致之后才有可能：与天主教的上帝观（上帝对人类充满了关怀和慈爱，我们可以与之交流，甚至可以与之谈判）形成对比的是，新教始于这样的上帝观，他被剥夺了与人类共有的"公约数"，他是令人费解的彼岸，以绝对偶然的方式分配恩惠。[2] 约翰尼·卡什（Johnny Cash）在辞世之前录制的最后一首歌曲是《有个人四处游荡》（"The Man Comes Around"），它对包含在美国南部浸信会基督教（Southern Baptist Christianity）中的焦虑做了典范性的阐发，我们可以从中看到这样的踪迹，即对上帝的绝对的、任性的权威的全盘接受。

> 有个人四处游荡，记下人家姓名
> 谁获自由，谁受责备，由他决定
> 人人待遇各不相同，一道金梯从天而降
> 那时候，那个人会在附近游荡
>
> 啜饮之间，你臂上的汗毛会在恐惧中竖立
> 或者你会喝完最后一杯美酒，细细品尝
> 或者在义冢地里销声匿迹
> 那时候，那个人会在附近游荡

1　这三种基督态度还涉及上帝在世界现身的三种不同模式。我们首先从被创造的宇宙开始，它直接反映了造物主的荣耀：我们世界的全部财富和美丽都见证了神圣的创造性力量，创造物如果没有堕落，自然会把目光投向造物主。……天主教转向了"不能立即看清的图案"（figure in the carpet）这个更为微妙的逻辑：造物主并不直接现身世界；必须详细辨识造物主的踪迹，因为它总是逃避最初的肤浅一瞥——上帝就像希区柯克式的电影制作者，或完成画作之后隐身画外的画家，只能通过画作边缘上几乎难以识别的签名暗示其作者身份。最后，新教断定上帝已经彻底离开了他所创造的世界，离开了这个运转起来如同盲目机器的灰色世界。在这里，只要在上帝直接干预时（上帝的干预扰乱了事物的正常进程），我们才能辨识上帝的现身。

2　对于那些了解黑格尔的人来说，锁定这个过度因素（excessive element）易如反掌。在《逻辑学》的结尾，黑格尔提出了一个朴素的问题：辩证过程中的时刻应该算是几个？三个还是四个？他的回答是，既可以算作三个，也可以算作四个：中间的时刻，即否定性时刻，通过加倍，成了直接否定（direct negation）和自我关联的绝对否定性（absolute negativity），后者又直接变成了对肯定性综合（positive synthesis）的回归。

听小号，听笛声，亿万天使在歌唱

众人踏着巨大定音鼓声，缓缓前行

人声呼唤，人声呐喊

有人出生，有人临终

阿尔法和欧米伽王国降临

旋风在荆棘林中悲鸣

处女们正在修剪自己的灯芯

你要螳臂当车，这实在太难

直至世界末日，不说你好，没有再见。

然后老母鸡呼唤小鸡回家

智者屈服于荆棘，拜倒在他的脚下

他们将抛掷金冠

那时候，那个人会在附近游荡

不义者，且让他继续不义

正义者，且让他继续正义

污秽者，且让他继续污秽

　　这首歌唱的是世界末日，那时上帝会现身并做最后的审判，这个事件被描述为纯粹的、武断的恐怖事件。最高存在几乎是作为恶之化身，作为某种政治告密者出现的，是作为这样的人出现的：他"记下人家姓名"，他"四处游荡"，通过决定谁被拯救和谁被放弃而引发恐慌。如果有什么区别的话，卡什的描述令我们想到那个著名场景：人们排成长队，等待残酷的审判，告密者把某些人挑出来，让他们接受拷问：没有怜悯，没有对罪孽的宽恕，没有欢呼；我们全都扮演着自己固定的角色：正义者依旧正义，污秽者依旧污秽。更糟糕的是，在这个神的公告中，我们不是以正义的方式被审判；我们从外面得知——仿佛获得了任意的裁决——我们是正义之士还是罪人，我们被拯救还是被判有罪。这个裁决与我们内在的品质毫无关系。[1] 而且，神的无情虐待这一黑暗的过度（dark excess），即对虽然严厉却依然公正的上帝形象的过度，乃基督之爱（Christian love）对犹太律令（Jewish Law）之过度的必然否定、黑暗面。把犹太律令悬置起来的爱，必然伴之以同样把犹太律令悬置起来的武断残忍。

拉康曾在以《精神分析的伦理》为题的讲座中声称："至高无上的善是原质（das Ding）。"[2] 这时，把至善等同于邪恶的原质，这种做法，只有在涉及视差转移时才能得以真正理解。同一件事物，在一定距离外观看，似乎就是至善；但如果我们过于接近它，它就会变成令人反感的恶。这也是把下列两者对立起来是错误的原因：一者是基督教的爱之上帝，一者是犹太教的残酷正义（cruel justice）之上帝。过度的残酷是基督教之爱的必不可少的另一面。而且过度的残酷与基督之爱的关系，构成了一个视差：一者是爱之上帝，一者是过度的、武断的残酷，悲惨王国的君主（lo'mperador del doloroso regno），两者之间并不存在"实质性"差异。那是同一个上帝，只是因为我们视差转移的缘故，他才在不同的场合显现为不同的样子。[3]

马丁·路德曾经直言不讳地说道，就身份而论，人就是大便：人像神的大便，是从上帝的肛门里脱落出来的。我们当然可以追问，究竟是怎样的深刻危机使马丁·路德走向了他的新神学。他已经身陷暴力性的、使人气馁的超我循环（superego cycle）：他越是奋发有为，越是不停地忏悔，越是惩罚和折磨自己，越是天天行善，就越是感到自己罪孽深重。这使他确信，善行总是刻意而为的，总是肮脏和自私的：他们没有取悦上帝，而是激怒上帝，自招天谴。拯救来自信仰：只有我们的信仰，我们对作为救世主的耶稣的信仰，才允许我们打破超我的僵局

1　顺便说一句，《出埃及记》4: 24-26 中有一个创伤性事件。在那里，真的"有个人四处游荡"：上帝扮演成肤色黝黑的陌生人的样子，亲自来到摩西的帐篷中，攻击他（"耶和华遇到他，想要杀他"）；然后摩西被他的妻子西坡拉救下。她把他们儿子的包皮割下，求得了上帝的宽恕。

2　Jacques Lacan, *The Ethics of Psychoanalysis* (London: Routledge, 1992), p. 70.

3　《古兰经》中有一个著名的段落，谈论的是恶魔如何蛊惑先知心灵的："在你之前我所派遣的使者和先知，没有一个不是这样的：当他愿望的时候，恶魔对他的愿望，有一种建议，但真主破除恶魔的建议，然后，真主使自己的迹象成为坚确的。"——作者注。译文引自《古兰经》，马坚译，中国社会科学出版社 1996 年版，第 251 页。"派遣"、"坚确"均为原有。

（superego impasse）。[1] 不过，我们无法把从"肛门"的角度界定人的做法化约为超我压力的结果（促使马丁·路德自卑的正是这一超我压力）。还有更多的因素在发挥作用：只有在"人有其排泄物身份"这个新教的逻辑之内，才能概括道化肉身（Incarnation）的真正意义。在正教中，基督最终丧失了其特殊地位：对他的理想化，把他提升为高贵的楷模，反而把他简化成了一个完美的形象，一个被人仿效的形象（所有人都应该力争成为上帝）。与其说效法基督（*imitatio Christi*）是天主教的准则，不如说它是正教的准则。在天主教中，居于主导地位的逻辑是符号交换（symbolic exchange）的逻辑：天主教神学家在"基督如何为我们的罪孽付出代价"等问题上，爱做冗长的、经院化的裁决论争（juridical arguments）。难怪马丁·路德反对这一逻辑导致的最可鄙的产物，反对把救赎化约为可以从教会那里购买的东西。最后，新教把这种关系设置为实在界，把基督视为这样的上帝：他以自己的道化肉身的行为，径直把自己等同于自己的大便，等同于粪便实在界（excremental Real），而人就是这样的粪便实在界。只有这个层面上，我们才能领会基督教真正的神圣之爱（divine love）这一概念，把基督教真正的神圣之爱理解为对悲惨的粪便实存物（excremental entity）——即所谓"人"——的爱。

（7）去崇高的后意识形态客体

把人等同于排泄物是新教革命的关键因素。这种做法为两种趋向的形成铺平了道路。只是到了今日，在我们晚期现代性（late modernity）中，这两种趋向的冲击力才被充分感知。首先是对人类的彻底的科技自然化（scientific-technological naturalization），这是可以一目了然的：实际上，可以把神的大便视为另一种自然革命的现象。其次，享受（enjoyment）被提升成了主要的伦理-政治范畴，这种倾向不太明显，但也许导致了更为严重的后果：神的大便已被剥夺"高级"天职，

1　路德痴迷于肛门的身体机能，饱受（心理状态的）便秘之苦。难怪他把人界定为上帝的排泄之物，界定为神圣的狗屎。

最终被化约为在下列两者之间摇摆不定的机器：一者是恒定的快乐平衡（homeostatic balance of pleasure），一者是由某种过度原乐（excessive *jouissance*）导致的致命吸引力，过度原乐可能会破坏这种体内平衡状态。

去享乐，这是超我的指令。这一超我指令如今存在的问题是，与以前的意识形态询唤模式截然不同，它没有开辟真正的"世界"。它只涉及暧昧的难以名状（obscure Unnameable）。在这个意义上，也只在这个意义上，我们实际上生活在"后意识形态的宇宙"中：我们今天面对的，是直接"去崇高化"的原乐呼唤（call of *jouissance*），它不再需要用恰当的意识形态叙事掩盖。[1] 说得更精确些，这种"无世界性"（worldlessness）何在？正如拉康在《讲座之二十：再来一个》（*Seminar XX: Encore*）中指出的那样，原乐涉及的逻辑极其类似于用以证明上帝存在的存有论证据。在这种证据的古典版本中，我意识到自己是有限之物，是有限的存在，这种意识催生了无限之物、完美存在（perfect being）的概念，而且因为这种存在是完美的，它的概念就包含了它的存在；同样，有些原乐是我们可以获得的，我们把这样的原乐体验为有限的、固定的、局部的、"被阉割"的，这直接催生了圆满的、完成的、无限的原乐的概念，如此原乐的存在必然是由主体预设的，而主体又把原乐归诸其他主体，归诸他或她的"想必享乐的主体"（subject supposed to enjoy）。[2]

当然，我们在此的第一个反应是，这种绝对原乐（absolute *jouissance*）只是神话，它从未真正存在过，它的状态是纯粹差异性的：它只作为否定的参照系存在，以它为参照系，任何实际存在的、被人体验的原乐都是不合格的——"这就是所谓的快乐？不过如此而已！"不过，脑研究最近取得的进展开辟了另一片研究天地：我们能够设想（不

---

1 今日公共空间存在的悖论在于，成为公众人物（public person）的方式是公开自己的私人生活（嗜好、桃色事件、古怪品味）。电视访谈节目乃其典范。

2 一者是父性权威，一者是向父性权威展示的女性形象，关于他们，我们应该怎说些什么？在这种关系中，被阉割的是男性——他的被阉割是他成为权威的积极条件，是他为成为权威付出的代价；女性则未被阉割，而且职是之故，女性虚弱无能，被化约成了客体。

再仅仅设想）这样的情形：痛苦（或快乐）不再通过感官知觉产生，而是通过刺激恰当的神经中心（借助于药物或电脉冲）产生。在这种情形下，主体将要体验的是"纯粹"的痛苦，即痛苦"本身"、痛苦之实在界（Real of pain），或者用严格的康德式术语讲，是非图式化的痛苦（nonschematized pain），即并不根植于对现实的体验的痛苦，而对现实的体验是由超越性范畴构成的。[1]

在这里，为了正确把握发生的一切，我们必须通过拉康所谓的"大对体的原乐"（*la jouissance de l'Autre*）绕道而行。这种神秘的原乐是什么？不妨设想（某个真实的病例），一对情侣通过言语表达相互刺激，彼此倾诉内心深处的性幻象，以至于没有肉体接触，也能达到地地道道的性高潮。这时性高潮是"纯粹聊天"的结果。不难猜想如此过度亲密导致的结果：在如此彻底的相互袒露之后，他们将无法维持其情侣关系，因为说的太多，或者说，因为说出的言词——即大对体——过于直接地被原乐所淹没。两人会为彼此的存在而尴尬，他们会渐渐各奔东西，开始避免见面。这是真正的过度，不是真正的变态狂欢：没有"把你内心深处的幻象付诸实施，而不是只是谈论幻象"，严格说来，这只是谈论幻象，允许幻象侵入大对体的媒介，以至于人们真正能够"以言词做爱"。这时，语言与原乐之间基本的、构成性的屏障轰然倒塌。以这种标准来衡量，最为极端的"真正狂欢"只是可怜的代用品。

阿德里安·莱恩（Adrian Lyne）执导的《不忠》（*Unfaithful*），是女性大对体原乐（*jouissance de l'Autre*）遵循的逻辑的完美例证。已婚的戴安·琳恩（Diane Lane）和年轻的法国人是一对情侣。他们在这个法国人的公寓里热情拥抱后，镜头直接切换到了黛安坐城铁回家的路上。她独自坐在那里，追忆着刚刚发生的一切。她的回忆是通过对尴尬的微笑、泪水、怀疑的姿势的奇妙展示进行的。她的回忆被支离破碎的闪

---

1 斯洛文尼亚 1991 年获得独立。在它独立的前几个月里，旧南斯拉夫货币不再使用，新斯洛文尼亚货币尚未流通。于是，为了填补空隙，当局发行了临时货币，单位从 1 到 5000 不等，但没有名称。纸币上由斯洛文尼亚国家银行签署，数字指定其价值，却没有名称，没有"第纳尔"之类的东西。因此，我们只有纯粹的单位，没有任何康德意义上的图式化，没有指定它们是那个单位的什么东西：例如，一本书的价格是 350，350 什么呢？什么也没有，只是 350 个单位而已……奇怪之处在于，无人对此空白发表品头论足。

回（做爱）打断。所以，我们只是以"先将来时"的形式，以回忆的方式，看到了性行为。在大对体原乐中，直接的性原乐被"扬弃"了，两种原乐如魔法般地重叠起来。我们由此获得的教益是，"真正"的原乐既不表现于性行为本身，也不表现于因为期待即将到来的快乐而兴奋不已，而表现于对性行为的忧伤回忆。留下的难解之谜是：是否可以设想这样一种性行为，参与者在"真枪实弹地做爱"时就已经采取了供将来追忆"真枪实弹地做爱"时的想象性姿势，也是从将来回忆这场性行为的角度享受此刻的欢愉的？此外，我们是否可以说，这个令人忧伤的"先将来时立场"（position of *futur antérieur*）是女性的，而因为期待即将到来的快乐而兴奋不已则是男性的？不妨回忆一下伯格曼的《假面》（*Persona*）中那个著名的场景：毕比·安德森（Bibi Andersson）在讲述她曾经参与的海滩狂欢和激情性爱的故事。我们没有看到闪回画面。尽管如此，这个场景是整个电影史上最色情的场景之一。它的刺激之处在于她讲述这个故事的方式。这种寓于言辞的刺激是女性的原乐（*jouissance féminine.*）……

　　在安妮·芳婷（Anne Fontaine）1999 年执导的电影《娜塔丽》（*Nathalie*）中，芬妮·阿尔丹（Fanny Ardant）和杰拉尔·德帕迪约（Gérard Depardieu）分别扮演凯瑟琳（Catherine）和伯纳德（Bernard），一对结婚已久的夫妇。凯瑟琳偶然听到一个电话留言，由此怀疑伯纳德有外遇。对此，伯纳德耸耸肩，不以为意地说："谈论这个太老套了。"但凯瑟琳深感不安，不顾一切地寻找伯纳德有外遇的原因和细节。作为一个妇科医生，她利用临床大夫的身份，雇了由艾曼纽·琵雅（Emmanuelle Béart）扮演的妓女玛莲妮（Marlène），让她化名"娜塔丽"，引诱伯纳德，然后把他们的风流韵事详细说与她听。电影自始至终都从凯瑟琳的视角讲述，只有一个例外：玛莲妮在一家咖啡馆第一次接近伯纳德时向他借火点烟。电影没有向我们展示玛莲妮与伯纳德的互动，只是将焦点置于凯瑟琳和她的心理状态上。在了解了越来越多的充满激情的性行为细节后，她越来越烦躁不安。渐渐地，一切都变得明显起来：凯瑟琳和玛莲妮相互吸引，这倒并非仅仅因为玛莲妮只是凯瑟琳挑来执行那个特殊使命的人。凯瑟琳很快开始找借口避开伯纳德，而伯纳德则大惑不解，何以他太太变得如此冷淡，而不是与此相反。尽管玛莲妮似乎更为冷淡和"专业"，她对凯瑟琳的依恋却更为深沉。

然后真的发生了（并不真正）出乎意料的事情：凯瑟琳让玛莲妮和伯纳德在她面前会面（在咖啡馆同时与他们两人约会），感到惊讶的伯纳德甚至没有认出玛莲妮，玛莲妮则在惊慌中转身逃离。后来，她对凯瑟琳承认，她向伯纳德示爱，但被伯纳德拒绝，有关他们幽会的所有报告都是她编造的……为什么要编造？仅仅是为了钱？也就是说，玛莲妮仅仅猜测和伪造了凯瑟琳想要的东西？电影暗示我们，两位女位之间存在着更深的联系：不是凯瑟琳和伯纳德的关系，也不是玛莲妮与伯纳德的关系；事实上，对于电影的核心关系——凯瑟琳和玛莲妮的关系——而言，伯纳德只是一带而过的人物。不过，这里要避开的陷阱是，把这两位女性之间的亲密关系理解为（含蓄的）同性恋关系。至关重要的是，她们分享的叙事是有关异性恋的。同样重要的是，她们分享的是叙事。其中没有"挫折"，没有以牺牲的姿势以下列行为的放弃——"如胶似漆"地实现她们的关系，她们的对话也不是前戏，以不断推迟获得充分的满足。所有有关同性恋潜文本（lesbian subtext）的臆测，所有有关把男人排除在外的女性结合，等等，都是多余的，都只会分散我们的注意力，使我们无法领悟下列事实发挥的至关重要的作用：两位女性在"纯粹语言"的层面上实现了她们的联系，他们的原乐是彻头彻尾的大对体原乐。

正是大对体原乐的这一维度受到了"纯粹"原乐的威胁。这样的短路不正是使用药物创造享乐体验这一行为最基本和最令人不安的特色吗？药物所承诺的，是纯粹自闭症般的原乐，是没有通过（符号秩序）大对体获得的原乐。这种原乐不是由幻影般的再现（fantasmatic representations）导致的，而通过直接刺激我们的神经快乐中心（neuronal pleasure centers）形成的。正是在这种精确的意义上，药物涉及符号性阉割的中止，而符号性阉割最基本的意义在于，原乐只能通过符号性再现（symbolic representation）这一媒介或通过符号性再现的调停才能获得。原乐这个残酷的实在界是想象行为具有的无限可塑性的一面，它不再受制于现实规则（rules of reality）。意味深长的是，药物体验包含着这两个极端：一方面是本体性（非图式化）的原乐，它绕过了再现，另一方面是幻象化之疯狂扩散（wild proliferation of fantasizing）。想想那则众所周知的传闻吧：服药之后，你可以想象你从来都觉得你无法想象的场景，想象形状、颜色、味道等等的新维度……

我们中的某些人还会记得十几年前的电子宠物现象。电子宠物是虚拟宠物，人只能通过一个微小电子玩具的屏幕与之互动，与它交换信号。大众传播媒介告诉我们，2005 年三月，电子宠物终于成熟了：现实生活中的女友要求对方付出时间、精力和开支，有些人对此感到厌烦。香港一家名为"人造生命"（Artificial Life）的软件公司面向这些人士推出了名为"薇薇安"（Vivienne）的虚拟女友。该产品由电脑化的语音、视频和文字组成，意在成为推销新型的、高科技的第三代（或 3G）移动电话的诱饵。[1] 薇薇安喜欢被人带到影院和酒吧，喜欢有人为她奉上虚拟鲜花和巧克力，但她从不宽衣解带，除了飞吻什么也不做。不过，有些公司对更加活泼甚至更为色情的薇薇安版本兴趣盎然，它们已经开始接触"人造生命"。薇薇安计划 2005 年春末在西欧上市，可能在2005 年底登陆美国的若干城市，并可能很快由专为女性服务的虚拟男友加盟。此外，还会有专为男同性恋服务的虚拟男友和专为女同性恋服务的虚拟女友。"人造生命"公司强调薇薇安不是现实女友的替代品，而是结交现实女友之前的练习物，不是吗？就前一种情况而论，薇薇安俨然我们人际接触发展（development of our interhuman contacts）中合乎逻辑的下一步：我们抱怨，我们与"真人"的关系越来越多地由屏幕来调停，既然这样，何不径直彻底放弃有血有肉的真人？令人惊异的是，这使我们想到最早由阿兰·图灵（Alan Turing）提出的人类智力测验：如果人与机器长久交谈后仍然无法确定他的对谈者究竟是人还是机器，那么机器也就具备了人类的智力。

当然，薇薇安利用了"机器中的幽灵"（ghost in the machine）具有的幻影结构。每次我不得不使用机场或车站的自动咖啡机时，对"机器

1　See Keith Bradsher, "Sad, Lonely? For a Good Time, Call Vivienne," *New York Times*, February 24, 2005. 感谢杰夫·马丁内克（Jeff Martinek），他让我注意到了这则消息。

中的幽灵"都有亲身体验：我无法摆脱那个疯狂的念头，总是觉得有个侏儒隐藏在机器里面，一旦顾客按下按钮并投币，自动咖啡机就会迅速倒出咖啡，并把杯子推到适当的位置……薇薇安的功效——尽管用户完全知道"她并不真的存在"——使我们想到拉康在谈及"根本不存在性关系"时所要表达的意思：不仅自慰是与假想性伴侣的交媾（人以假想的与性伴侣的性行为激发自己，自行满足性欲），而且以与此完全对称的方式，"真实性行为"也具有与假想性伴侣交媾的自慰的结构。实际上，我把有血有肉的性伴侣当成了激发我的幻象的自慰道具。换言之，对于那些依恋"与真人进行真实交流"的人来说，薇薇安这个概念具有强烈的创伤性；使薇薇安这个概念具有创伤性的，并非与有血有肉的真人的联系被切断了，而是我们被迫意识到，性总是"虚拟性"的，也已经是"虚拟性"的，有血有肉的真人被当成了自慰的道具，以满足我们内心深处的幻象。

性互动的彻底虚拟化，与"真人"的一刀两断，是否涉及原乐实在界（Real of jouissance）？这里的关键还是由黑格尔的"无限判断"提供的。在"无限判断"中，两极重叠在一起："对实在界的激情"（passion for the Real）和"对外表的激情"（passion for semblance）乃同一现象之两面。也就是说，在性的彻底虚拟化中被排除出去的"真人伴侣"这一现实，在实在界中猛然回归了，成了体验极端快乐／痛苦这一实在界的动力。

因此，我们应该学着领悟生物技术在近期取得的突破所提供的教益。2003年，日本电信公司推出了第一部能使用户聆听自己大脑呼唤的手机，其方式是通过骨骼传导声音。该手机装备了"声波扬声器"，它通过从颅骨传送到内耳耳蜗的震荡传输声音，而不再以声音撞击外耳膜的寻常方式传输声音。因此，在嘈杂情形下改善听力的关键，是用新型电话听筒塞住耳朵，以防止外部的噪音淹没骨骼传导的声音。我们在此遇到了拉康对现实与实在界的区分：我们在自己内在现实中听到的幽灵般的声音，尽管在外在现实是毫无立足之地，却是最为纯粹的实在界。

百尺竿头，更进一步。2003年，在美国杜克大学神经工程学中心，大脑被植入物体的猴子接受培训，学着以意念控制机械臂：一系列包含细小电线的电极植入了两个猴子的大脑；猴子只要操纵机械臂的控制杆即获得奖赏（吸吮果汁），电脑则记录猴子大脑此时发出的信号。后来控制杆与机械臂之间的联结被切断，处于另一个房间的机器臂则直接受到猴子大脑发出的信号控制（信号是从大脑植入物发出的）。猴子最终不再使用控制杆，仿佛它们知道自己的大脑正在控制机械臂。杜克大学的研究者现在继续研究类似的植入物在人类中的应用：据报道，在2004年夏天，他们已经成功地暂时将电极植入志愿者的大脑；在志愿者玩视频游戏时，电极会记录他们大脑发出的信号——科学家训练电脑，让电脑识别与控制杆移动相应的大脑活动。这个过程，即以电极"窃听"大脑的数字裂纹（电脑用0和1编码，神经细胞则以要么全有要么全无的电脉冲为我们的念头编码）并把信号传递给能够解读大脑代码的电脑然后运用信号控制大脑的过程，有一个正式名称——脑机介面（brain-machine interface）。更广阔的前景不仅包括更复杂的任务（比如把电极植入大脑的语言中心，然后以无线的形式把内在语音传递给机器，这样我们可以"直接"言说，不必发声和写字），而且包括把大脑信号传送到几千英里之外的机器，因此对机器进行遥控指挥。把电极植入站在附近的某人的听力中心（hearing centers），进而把信号传送给他，这样一来，他就能够以"心灵感应"的方式聆听我内心的语音。倘若如此，情形会怎样？[1] 奥威尔的"思想控制"概念会获得更为字面化的意义。

因此，即使史蒂芬·霍金（Stephen Hawking）众所周知的小拇指也会变得不再必不可少。那是他的心灵与外部现实的唯一联结。他身体瘫痪，那是他唯一能够移动的部分。我可以用我的心灵直接移动物体。也就是说，被用作遥控器的正是大脑。依照德国唯心主义的说法，这就是康德所谓的"智性直观"（intellektuelle Anschauung），即对心灵与现实之裂口的缝合。它以因果方式直接影响现实的心理过程。这种能力被康德仅仅归诸上帝的无限心灵，现在却人人都有可能得到。也就是说，我们全都可能丧失我们之有限（our finitude）具有的一个基本特色。我们从康德和弗洛伊德那里获知，有限具有的这个裂缝同时又是我们的创造力之源［"纯粹意念"和对现实的因果干预（causal intervention）使我们

1　See Carl Zimmer's report, "The Ultimate Remote Control," in *Newsweek*, June 14, 2004, p. 73.

能够检验我们心中的假设是否属实，并且如卡尔·波普尔所言，最终让
这些假设死去而不是我们自己死去]。职是之故，心灵与现实的直接短
路意味着将出现彻底的关闭（radical closure）。

在题为"精神分析的伦理"讲座上，拉康提到了"天启点"（point
of the apocalypse）[1]，即原乐实在界对符号界的令人难以忍受的浸透，符
号界完全沉浸于铺天盖地的原乐之中。他以海德格尔的方式问道："在
我们置身其间的世界上……我们可曾越界？"[2] 这时，他暗指的是下列
事实："符号界的死亡这种可能性，已经变为铁定的现实。"[3] 拉康提到
了今日原子大屠杀的威胁。我们可以提供其他版本的符号界死亡，其中
最主要的版本是人类心灵的彻底的科学自然化。[4]

可以用尼采的术语提出同样的观点：什么才是尼采所谓的"对同一
事物的永恒回归"？它究竟代表着事实性的重复（factual repetition），即
对过去的重复（这是由过去的意志决定的），还是本雅明式的重复，即
在过去事件中丧失之物的回归－重新实现（return-reactualization），是在
过去事件中丧失之物的虚拟过剩（virtual excess）的回归－重新实现，是
在过去事件中丧失之物的救赎潜能（redemptive potential）的回归－重新
实现？有充分的理由把"对同一事物的永恒回归"解读为认可事实性重
复这一勇敢的姿势：不妨回忆一下，尼采曾经郑重指出，面对我生活中
的每个事件，即使最痛苦的事件，都应该鼓起勇气，愉快地作出决定，
让它永恒回归。如果我们以这种方式解读永恒回归，那阿甘本的对大屠
杀的召唤（他把大屠杀视为抵抗永恒回归的最终看法）就保持了其全部
分量：谁来决定永恒回归？不过，如果我们就把"对同一事物的永恒回
归"视为过去的现实之重复？只要"对同一事物的永恒回归"依赖太原

---

1 Lacan, *The Ethics of Psychoanalysis*, p. 207.

2 Ibid., p. 231.

3 Lorenzo Chiesa, "Imaginary, Symbolic and Real Otherness: The Lacanian Subject and His
Vicissitudes," thesis, University of Warwick, Department of Philosophy, 2004, p. 233.

4 关于我们日常生活的数字化，最乏味的左翼咒语是："在迷恋数字化、赛博空间时，我们应
该牢记，所有这些都只涉及少数发达人士——超过半数的人们从来没有打过电话，他们的问题不
是数字化，而是食物、健康和其他活命之物……"使这种论点变得可疑的是，它是由比尔·盖茨
（Bill Gates）等人提出的。与这些人本主义的陈词滥调相反，我们应该牢记赛博朋克（cyberpunk）
给我们提供的教益：数字化、虚拟现实、生物遗传学等，完全可以与贫民窟的贫困共生共存。

始的"过去"概念，依赖把过去化约为"已然发生之物"这个单一维度的现实（即抹除了过去具有的虚拟维度），我们就可以把"对同一事物的永恒回归"视为过去的现实之重复。如果我们把"对同一事物的永恒回归"解读为对过去之虚拟性（past virtuality）的救赎性重复呢？在这种情形下，应用于大屠杀这一噩梦，尼采所谓的"对同一事物的永恒回归"恰恰意味着，我们应该实现在大屠杀这一现实中丧失了的潜能，不实现这一潜能会为再次发生大屠杀开辟空间。

不过，"对同一事物的永恒回归"还有另一个问题。依照尼采的说法，我们生活的数字虚拟化，我们的身份从硬件向软件的转换，我们从有限的凡人向"永不死去"、万寿无疆的虚拟实存物的转变，从一种物质支撑（material support）向另一种物质支撑的迁徙，一言以蔽之，从人类向后人类（posthuman）的过渡，究竟意味着什么？这种后人类是某个版本的永恒回归吗？数字化的后人类主体是尼采所谓"超人"的一个版本（历史的实现）？或者，后人类的这个数字版是尼采所谓末人的一个版本？如果这表明超人和末人没有差异呢？如果这表明尼采思想存在局限呢？换言之，永恒的回归是否根植于人类之有限（因为只有从有限这一视角看，虚拟与现实的鸿沟才会持续存在）？或者它代表着我们与有限一刀两断？

就在主体性如今以无根、迁徙、游牧、混血等特性闻名于世时，数字化没有为这种迁徙提供终极视域，为从硬件向软件的致命迁移提供终极视域？数字化切断了使心灵依附于固定物质化身（material embodiment）——单个人的大脑——的联结，把心灵的全部内容都下载到电脑中。这是因为，心灵有可能变成软件，而这样的软件又能从一种物质化身无限地转向另一个物质化身，并因此获得某种"不死的特性"（undeadness）。灵魂转世，即灵魂的迁徙，于是变成了技术问题。这里观念是这样的："我们进入了一个与我们人类的过去存在巨大差异的政体，它与我们人类过去的差异，一如我们人类与低级动物的差异。"[1] 把

1　Vernor Vinge, quoted in Bill McKibben, *Enough: Staying Human in an Engineered Age* (New York: Henry Holt, 2004), p. 102.

你自己上传到电脑上，你就能够"想变成什么就变成什么。你想大就大，想小就小；你能轻如鸿毛，你能穿墙透壁。"[1] 用既美好又古老的弗洛伊德式术语说，我们因此可以摆脱用来界定现实（界定我们对现实的体验）的最小阻力，进入快乐原则一统天下的疆域，而不需要对现实原则让步。或者如大卫·皮尔斯（David Pearce）在其题名极为恰切的著作《享乐主义的命令》（*The Hedonistic Imperative*）中所言："纳米技术和遗传工程将把厌恶经验（aversive experience）从生命世界中消除。在未来一千年左右的时间内，令人蒙受痛苦的生物基板（biological substrates）将被彻底根除"，因为我们"将使地球上的每个有知觉的生物获得支配快乐的神经化学精密工程。"[2]（注意这段文字的佛教色彩！）当然，因为有关"做人"（being-human）的定义之一便是处理粪便这个难题，所以这种新型后人类同样会确保粪便的销声匿迹：

> 超人肯定比普通人清洁。在未来，我们的管道设施（包括解冻的和新生的）将会变得更加卫生和适宜。志愿者将只消费零残留的食物，多余的水分将通过毛孔全部蒸发。或许被改良的器官偶尔也会排出少量干燥整洁的残留物。[3]

接下来的是我们的"窍孔"具有的令人困惑的功能：众多用途的嘴巴岂不是"令人尴尬和原始"？"与我们相比，外星人会觉得下列情形最不寻常：我们竟然拥有一个把呼吸、摄取、品尝、咀嚼、撕咬等要求结合起来的器官，我们还可以偶尔用它打斗、帮助穿针引线、大喊大叫、吹口哨、演讲和扮鬼脸。"[4] 更不必提亲吻、舔东西、吸吮了。在这里，终极目标难道不是把最高级（授精）与最低级（排尿）令人尴尬地重叠起来的阴茎吗？

1　J.Storrs Hall, quoted in *Enough*, p. 102.

2　Quoted in *Enough*, pp. 102-103.

3　Robert Ettinger, quoted in *Enough*, p. 110.

4　Ibid.

（8）危险？什么危险？

如今，借助于对人类身体特性和精神特性的生物基因操纵这一前景，由海德格尔精心阐释的、已经刻入现代技术的"危险"概念早已成为通用货币。海德格尔强调，真正的危险并非人类身体的自我毁灭，并非"基因干预将出现致命错误"这一威胁；真正的危险恰恰在于：什么错误也不会发生，基本操纵将会平稳进行。在这一点上，圆圈将以某种方式画圆，界定了"做人"（being-human）之基本特征的特定开放性（specific openness）即将废除。也就是说，海德格尔所谓的危险（*Gefahr*）不正是这样的危险：通过把人、"此在"化约为另一种科学客体，存有性（the ontic）即将"吞没"本体性（the ontological）？难道我们没有在此再次遇到有关"对不可能之物的恐惧"（fearing the impossible）的概括：令我们恐惧的是，不可能发生的事情（因为无法把存有论之维化约为存有之维）最终必将发生？……从福山和哈贝马斯到麦吉本，文化批评家用更为常见的术语表达了同样的观点。令他们担忧的是，最新的科技发展已经具备使人类能够重新设计和重新界定自己的潜能，因而终将影响我们的"做人"（being-human）。比尔·麦吉本（Bill McKibben）著作的标题《够了》（*Enough*）极佳地表达了我们听到的呼叫。

人类作为集体性主体（collective subject）必须设定限度，并自由地决定不再沿着这一方向取得更大"进展"。麦吉本致力于从经验上详细说明这一限度：躯体的基因疗法依然是"足够点"（enough point）的这一方面，我们可以使用这个疗法，又不背弃我们早已熟知的世界，因为我们只是干预以古老"自然"的形式形成的身体；种系操纵（germline manipulations）则属于另一回事，属于超越意义的世界。[1]一旦我们在人出生前操纵其精神和肉体特征，那我们就已经跨越了门槛，拥有了成熟的规划，把人变成了产品，阻止他作为负责任的行动者体验自身（负责任的行动者必须努力关注自己的意志，教育自己，构成自己），因此在

---

1 McKibben, *Enough*, p. 127.

成就方面获得了满足感。如此之人不再与作为负责任的行动者的自己关
联起来……

这种推理是双重不足的。首先，正如海德格尔会指出的那样，人
类通过"做人"而得以幸存，不取决于人类做出的存有性决定（ontic
decision）。即使我们试图以这种方式限定允许的限度，真正灾难早已发
生：我们已经把自己体验为原则上可以操纵之物，我们只是自由地放弃
了对这种潜能的全面部署。但至关重要之处在于：不仅我们的意义世界
会随着生物基因计划（biogenetic planning）的到来而销声匿迹，也就是
说，不仅我们对数字乐园所做的乌托邦描述是错误的，因为这些描述暗
示我们意义将会持续存在，而且对技术上自我操纵的"无意义"世界所
做的与之相反的、消极的描述，同样是视角谬误（perspective fallacy）
的牺牲品，同样是在依据现在的不恰当的标准衡量未来。也就是说，只
有用传统的"何谓有意义的世界"的观念来衡量，或者说，只有在传统
的"何谓有意义的世界"的观念的视域之内，技术上自我操纵的未来似
乎才"丧失了意义"。谁知道这个"后人类"世界本身最终将以何种面
貌呈现出来？如果根本不存在单一和简单的答案，如果当代趋势（数字
化、生物基因自我操纵）使自己暴露在众多可能的符号化之下，情形将
会怎样？存在两种乌托邦。一种是变态的梦想：从硬件到软件，主体性
可以在不同化身之间自由流动。一种是反乌托邦，即这样的噩梦：人类
自愿把自己转化为程序化存在（programmed beings）。如果这两种乌托
邦只是同一个意识形态幻象的正面和反面呢？如果只有这一技术前景才
能使我们彻底面对我们的有限（our finitude）之最激进的维度呢？

如今我们可以买到这样的笔记本电脑，它的键盘能够人工模仿老式
打字机对手指产生的阻力，还能发出老式打字机的字母击打纸张的声
音。对于最近对伪具体性（pseudo-concreteness）的需求而言，这是多
么好的例证呀。如今，不仅社会关系而且技术都越来越不透明（谁能以
视觉形象的形式想象电脑内部的运作？），因此产生了重新创造人工具体
性（artificial concreteness）的迫切需要，以便使人与自己复杂的环境关
联起来，与有意义的生命世界关联起来。在电脑编程中，这一步是由苹
果公司完成的：它实现了图标（icons）的伪具体性。居伊·德博（Guy

Debord）有关"社会景观"的老公式也因此获得了新的扭曲：形象创造出来，为的是填充把新人工世界与旧生命世界割裂开来的鸿沟，也就是说，为的是"驯化"这个新世界。

在整个 20 世纪，标志性的艺术是电影艺术。电影艺术被界定为这样一个场所，在那里，下列两者存在着不可化约的张力：一者是摄影机的机械被动性，一者是导演的意志的强行实施。导演是通过展示已经拍摄的场景，以及随后在剪辑过程中（重新）组合这些场景来实施自己的意志的。无论怎样操纵场景，总是存在着不可化约的被动性之因素，存在着"不得不真正发生"之因素。正是因为这样的缘故，如同朗西埃正确观察的那样，与故事片相比，我们所谓的"纪录片"并不缺乏——甚至具有更强的——"虚构性"。随着数字化在近期的到来，这种张力似乎正在经历天翻地覆之变。比如，在《角斗士》中，在竞技场上观赏角斗的公众可以以数字形式生成和增加。在《星球大战》最后一幕及其他科幻电影中，某些人物完全是由数字创造出来的。更不必说这样的（现实主义）前景：通过数字化，使死去的明星复活，这样我们很快就能观看由玛丽莲·梦露或亨弗莱·鲍嘉主演的新电影了。这时，某些事情已经发生沧海桑田之变。电影材料丧失了它的被动性，丧失了它最低限度的实在界，变成了纯粹的可塑性媒介（plastic medium）。在这种媒介中，我们可以信马由缰地施展自己的创新能力。[1]

"神经神学家"（Neurotheologians）可以识别伴随着强烈宗教体验相伴的大脑过程。例如，当主体把自己体验为整个宇宙（cosmic All）的永恒和无限的一部分时，当主体觉得自己摆脱了其自我（Self）的限制时，他大脑中那个区域，即专门处理空间、时间信息以及他身体在空间中所处方位信息的区域，就会"变得漆黑一片"。在阻止感觉输入时（这通常发生在强烈的苦思冥想之时），大脑别无选择，只能认为自我已经与所有人、所有物连续而密切地交织在一起。视觉也是这样的：视觉与颞

1　或许在不远的未来，数字技术能使伪造真正虚假的性场景成为可能：改变真人的实际视频镜头，以便使此人表演的性行为与"真正"的色情镜头无法区分。不过，真正的欺骗会是这样的：把他或她的实际性行为投入市场，同时指望人人相信，他们正在观赏经过数字处理的假货——说真话依旧是最有效的撒谎形式。

叶中脑电活动的异常爆发（"颞叶性癫痫"）遥相呼应。这里要提出的反论是：当然，我们体验到的一切是作为神经活动存在的，但这绝对没有解决那个因果关系问题。我们吃苹果时因其味道纯正而感到满足，我们还把这种满足体验为神经活动，但这绝对没有影响下列事实：苹果真的就在那里，它引发了我们的活动。同样，表面看来，我们完全无法确定，究竟是我们大脑发射的电波创造了上帝（我们对上帝的体验），还是上帝使我们的大脑发射了电波……但到了现在，因果关系问题难道没有轻易解决吗？如果我们（做试验的医生）直接干预大脑的适当部分，引发大脑活动，而且在我们引发活动期间，主体"体验到了神圣之维"，难道这还没有提供决定性的答案？

接下来的问题是：对这一切了如指掌的主体如何使自己的宗教经验主体化？就"宗教"一词具有的恰当的狂喜这一意义而言，他会继续把这种体验视为"宗教"体验吗？极端的解决之道是由美国一个宗教派别提供的。该教派声称，上帝始终都在注视我们，他也注意到他的信徒缺乏真正的宗教体验，于是让这些信徒找到了能够激发这种体验的毒品……进一步的实验表明，一旦能够直接刺激自己神经快乐中心，人们并没有为了获得过度的快乐而卷入盲目的强迫驱动。只有在做出下列判断——基于自己的日常行为，他们"理应获得"快乐——之后，他们才会为自己提供这份快乐。不过，对以"常态"形式提供的快乐，我们中很多人的做法与此不是如出一辙吗？这一切表明，人们体验直接制造出来的快乐，这并没有使他们的符号世界土崩瓦解，反而使这些快乐平稳地融入符号世界，甚至依赖这些快乐强化他们对神圣意义的体验。不过，问题是：如此融合涉及哪些拒斥？我真的接受下列一点：握在我手中的工业制造药片能使我与上帝联系起来？

与"真正"的脑过程相比，意识是"现象性"的。但真正的（黑格尔式）问题就在这里。问题并不是如何从现象性经验（phenomenal experience）走向现实，而是现象性经验如何、何以从"盲目"/无言的现实中脱颖而出/爆破开来。现实中必定存在着"并非全部"、缝隙、洞穴，要由现象性经验填充之。当电脑彼此通讯时，这个缝隙，这个"现象性"层面将会发生什么？我们如何向自己再现这种通讯？当然，当两个证券交易代理让他们的电脑达成交易时，严格说来，机器并没有通讯，它们只是交换信号而已，而信号需要在各自的终端获得意义。当电脑互动时，根本不存在"介面"。因此通信会被化约为纯粹的预设。凭直觉，这很难接受。以《黑客帝国》之三《矩阵革命》的最后一幕为例。在那里，达成交易的一对情侣［阴性的神谕（Oracle）和阳性的建筑师（Architect）］的会面发生在矩阵这个虚拟现实之中。如何如此？他们都是电脑程序，而虚拟介面（virtual interface）在那里只是为人的凝视（human gaze）而设置，电脑本身并不通过屏幕这个虚拟的想象物来通讯，它们直接交换数字字节……那么，这个场景是为了何人的凝视才展示出来的？

在通信技术发展中，最初打算当作手段来使用的东西，突然间变成了"事物本身"。电脑最初用于桌面打印系统，是被当成更高效的印刷工具使用的，也就是说，"真正的事物"依然是最终的打印产品；然后人们开始把电脑中的虚拟文本视为已经存在的"事物本身"，后来它才被打印于纸质，或根本就不打印出来。如果"会思维"的电脑也这样，情形会怎样？生产"会思维"的电脑，意在以之为推进人类思维的手段，但是到了一定程度，它们会成为"事物本身"吗？使用它们的人类会被化约为审美的补充物（aesthetic supplement），就像数字时代里打印出来的书籍？

由认知主义引发的彻底的自我客体化的前景，无法不令人感到焦虑。何以如此？我们不妨在此追随拉康的足迹。拉康颠倒了弗洛伊德有关焦虑的两个论点。弗洛伊德的两个论点是：（1）与恐惧不同，焦虑没有客体，恐惧则聚集于确定的客体；（2）对某种丧失的威胁（threat of a loss）的体验，如阉割、断奶，引发了焦虑。拉康把这两个论点颠倒了过来，或者说，拉康试图证明，弗洛伊德不知不觉地把这两个论点颠倒了过来：恐惧使自己的客体变得模糊不清，焦虑则有明确的客体——小客体；焦虑并不起自这一客体丧失之时，而是起于我们过于接近这一客体之时。这道理同样适用于焦虑与（自由）行为的关系。初看上去，焦虑源于下列时刻：我们被彻底地决定、客体化，被迫承认不存在自由，我们只是拥有神经系统的木偶，只是自欺欺人的僵尸。不过，在更为激进的层面上，焦虑起于下列时刻：我们被迫面对我们的自由。在康德那里也是如此：一旦能够识别我们某个行为的病理成因（pathological cause），我们就会从自由的焦虑（anxiety of freedom）中解脱出来。或者，如同克尔凯郭尔会说的那样，真正的恐怖是我们发现自己长生不老，我们肩负更高的义务和责任——成为纯粹的自然机制有多么轻松……结果，认知主义的自我客体化引发了焦虑，因为尽管依据被阐明的内容（enunciated content），它使我们"客体化"了，从隐含的阐明立场（position of enunciation）看，它产生的效果与此相反：它使我们面对我们自由的深渊，同时使我们面对意识之形成（emergence of consciousness）具有的彻底偶然性：

> 意识是我们大脑的产物，大脑又是进化的产物。但人类大脑的出现纯属意外，是一系列随机获得（random acquisitions）导致的结果。……只是在大脑形成之后，意识才受到了自然选择的激励。[1]

这意味着，人的大脑并不"鉴于"其未来的用途，并不因为它对于某种特定的生物功能必不可少，才发育起来的。它是在某个进程中突然爆发的。在那个进程中，"某些特征的重新组合随机地导致了完全无法预见的结果"[2]。这里似乎存在着更为微妙的辩证推理。也就是说，乍看之下，下列两者之间似乎并无太大的差异：一者是这种"扩展适应"（ex-aptation）观，一种是标准的、"坚硬"的达尔文观念。丹尼特曾经以赞许的口吻提及尼采的一种想法：自然俨然心灵手巧之人（*bricoleur*），它重新运用原本为了某个特定功能进化而来的器官，以达到其他目的。因此"坚硬"的达尔文派会充分意识到，进化的适应（evolutionary adaptation）只是运用——选自——多种变种，而这些变种的出现纯属侥幸，没有任何目的可言。不过，把"坚硬"的达尔文派与斯蒂芬·杰·古尔德（Stephen Jay Gould）之类的辩证派区分开来的差异

1 Nicholas Humphrey, *A History of the Mind* (New York: Simon & Schuster, 1992), p. 171.
2 Ian Taterstall, *Becoming Human* (New York: Harvest Press, 1998), p. 170.

有两个。首先，真正的辩证方法是结构性的：新（the New）不是作为一个因素出现的，而是作为一个结构出现的。新秩序、新和谐以纯然侥幸的方式，完全出乎意料地从混沌中脱颖而出。尽管我们能够（回溯性地）探明漫长的妊娠期，但只有最后一个因素触发了从混沌向新秩序的迅速转变。"坚硬"的达尔文派并不依据这样的结构"整体性"高谈阔论。第二个差异：无法依据"适应"说明这种新秩序的形成。不仅意义明确的终结在此不见踪迹（适应什么？），我们还无法预设意义明确的代理（什么的适应？）。恶性循环在此无法避免：我们无法依据适应策略解释某个生物体的出现。如果某个生物体只是为了生存才去适应，那它必须首先存在。某种生物体为了生存而进化，但无法为了生存而形成。这样说是没有意义的：我活着，为的是使自己去适应。一言以蔽之，新近出现的秩序"创造"（"设置"）了它的环境，它在与其异己（its other）关联起来时，与自身关联在一起：

> 无论发生于何时何地，意识的进化均不属于渐进的过程。某些哲学家拒绝承认大自然中存在着巨大的非连续性，认为意识是缓慢地、逐渐地形成的，是从"低级"意识动物向其他"高级"意识动物进化而来的，等等。……其实，除非回溯回路（retroaction loops）抵达反射活动这一层面，意识是无法出现的，而且反馈回路（feedback loops）的一个特性是"要么全有，要么全无"（all or nothing）：要么反射活动受到了重要的生命周期的支撑，要么反射活动甫一问世即告死去。……越过了那道门槛，意识完全出乎意料地出现了，仿佛越过那道门槛，我们会从睡梦中醒来。[1]

那么为什么新（the New）会出现？归根结底，只有两个连贯一致的解释：要么是（公开或隐秘的）目的论，要么是瓦雷拉（Varela）所谓的"阴性存有论"（feminine ontology）：

---

1 Humphrey, *A History of the Mind*, p. 268.

因为在所有的可能性中，要实现的只有一种可能性。它是这种情形的结果。它完全有可能无法实现。世界上有一种极其偶然的维度，它与"温柔的进化"（gentle evolution）或"河流"（drifting）之观念相通。仿佛有关世界的存有论是十分阴性的，它是放任的存有论（ontology of permissivity），是可能性之存有论（ontology of possibility）。只要它是可能的，它就是可能的。我不需要以理想的最优化（ideal optimality）寻求辩解。在此期间，生命尝试了这种可能，生命就是拼接（*bricolage*）。[1]

"阴性存有论"这一观念决不依赖于含糊不清的隐喻，它完美契合于拉康"并非全部"的逻辑之坐标，既不多也不少，既不大也不小。

1　Francisco Varela, "Le cerveau n'est pas un ordinateur," interview with H. Kempf, *La Recherche* 308 (Paris, 1998), p. 112. ）

4　自由之回环

（1）"设定预设"

　　卡通世界遵循着两个截然相反的规则。这两个规则均与我们日常现实的逻辑背道而驰。第一，一只猫走进悬崖的上空，两脚高高离地，却并不落下。只有当它向下俯视并意识到自己的脚下并无坚实的大地时，才会跌落。第二，某人目睹了一桩违背自己利益的行为（如某人开着一辆偷来的汽车招摇过市）；他亲切地发出微笑，甚至向经过的人招手示意，只是在很久之后才意识到，那人开走的汽车本是他的。只有到了这个时候，微笑才顿时变成愕然……这两种截然相反的插科打诨所共有的，是时间上的延迟：只有当身体意识到自己双脚悬空时，才会坠落；那人过迟地意识到，他面前发生的一切与他密切相关……不过，"知晓"在这两种情形中发挥的作用是相反的：第一种情形类似于量子物理学中的情形，因为注意到它、对它进行注册、意识到它，是事件得以实现的前提条件；在第二种情形下，"知晓"来得太迟，只是在事情已然发生之后，它才到来——它并不发生在主体的背后，而是发生于众目睽睽之下。主体清晰地目睹了他面前发生的一切（某人开着他的汽车扬长而去），却又没有意识到这究竟意味着什么，这会对他产生怎样的影响，他是如何置身其中的。只有当我们看到这一幕时，喜剧效果才会形成。尽管这两个程序看上去千奇百怪，甚至荒诞不经，但现实的情形就是以这两种程序进行的。

　　某个政治制度陷入深重危机，却能苟延残喘，这仅仅是因为它没有注意到自己已经死去。难道不是这样吗？到了某个时刻，那些当权者（如同我们通常说的那样）"对自己的信心丧失殆尽"，不再相信自己，承认游戏已经结束。这个时刻是至关重要的。一边是意识到"游戏已经结束"，一边是实际丧失权力，两者间总是存在时间差距。当权者可以延长自己对权力的绝望掌控；战斗可以继续下去，伴之以成河的鲜血与遍地的尸体，即使游戏已经结束。同样的权力结构解体的政治过程还为第二个过程提供了案例，在那里，意识与事物的实际状态发生了错位：当权者没有意识到，他们的时间已经结束，他们正在观赏的过程正是他们自己的葬礼，所以他们微笑和招手，就像那个白痴，向着偷走他的汽车的窃贼示意……

　　这两个截然相反的程序可以结合于某个单一过程：某个灾难性事件发生了，受到影响的行动者却对此浑然不知，依然像平常那样照旧生活下去；只有当该行动者注意 / 觉察到事件的状态时，灾难才会实现，才会释放最大力量。[1]这不就是本杰明·利贝特（Benjamin Libet）著名实验（下文会详加说明）为我们提供的终极教益吗？[2]意识本身被剥夺了任何实质性的作用，只是用来注册某个并不依赖于它的过程。当然，如果"客观"过程要实现自己，这一注册是至关重要的。

　　在斯皮尔伯格执导的影片《少数派报告》[3]的结尾处，有一个时刻展示了仿佛真正的伦理行为。汤姆·克鲁斯扮演的约翰·安德顿（John Anderton）最终面对了据说六年前奸杀了其幼子的凶手；[4]就在即将射杀这个凶手之时（依三个"先知"之见，他命中注定要射杀该凶手），他戛然而止，阻止自己按自己的心意行事。难道他没有因此肯定利贝特的"黑格尔式"洞察力：基本的自由行为，自由意志的展示，就是说不，就是阻止执行某个决定？在其最基本的层面上，自由不是随心

　　1　昆汀·塔伦蒂诺（Quentin Tarantino）的《杀死比尔》（Kill Bill）第二部把这种时间结构推向极致，推向死亡之境：在乌玛·瑟曼（Uma Thurman）扮演的角色与她父亲（"比尔"）对抗时，她对着他的心脏区域就是一阵猛击，杀死了他。这阵猛击并没有令他立即死去——有那么一两分钟，比尔可以走动，感觉跟正常人似的。不过，过了这个延宕期，他突然一命归西。当然，这一幕的尖锐之处在于，比尔意识到了他所处的困境：他是活死人，在某种程度上已经死去，尽管他继续正常地走动，把最后一杯酒一饮而尽………——作者注。作者对电影细节的描述常常失实，比如"把最后一杯酒一饮而尽"就是子虚乌有之事。——译者注
　　2　See Benjamin Libet, "Do We Have Free Will?," *Journal of Consciousness Studies* 1 (1999): 47–57.
　　3　根据菲利普·狄克（Philip K. Dick）的同名短篇小说改编。
　　4　把《少数派报告》与斯皮尔伯格先前（失败的）《人工智能》联系起来会非常有趣。在《人工智能》中，主人公也面对着儿子的死去。此外，沉浸在水中的、沉溺于纯粹的驱力媒介（medium of drive）的、"有先见之明"的认知媒介阿加莎（Agatha）不是被化约成了某种活死人？她从水中逃走，不是意味着她意识到了自己的主体性？

所欲、为所欲为的自由（也就是说，不是一味按自己的意向行事，要摆脱任何外在的强加限制），而是去做你本不愿意做的事情，挫败冲力的"自发"实现。这是自由与弗洛伊德式"死亡驱力"的联系。"死亡驱力"还是暗中破坏某人追求快乐的意向的驱力。难道弗洛伊德不正是职是之故，才痴迷于米开朗琪罗的摩西雕像？在弗洛伊德的解读中，这个雕像描述的是这样的时刻：就在充满愤怒并打算打碎刻有十诫的石碑时，摩西鼓起力量，在执行自己的意志时阻止了自己的行为。所以，当丹尼尔·韦格纳（Daniel Wegner）[1]以康德的方式宣称"自愿行为是某人在被请求做某事时能够做的事情"时，其蕴含恰恰在于，我们遵守了某个命令，而这个命令与我们的自发意向背道而驰。在这里，巴迪欧是错的：基本的伦理姿势是否定性的姿势，是阻止自己的直接意向的姿势。

这种自由行为基本改变了整个情形的坐标：安德顿打破了未来/过去的可能性之封闭。真正新生事物的出现回溯性地改变了过去——改变的当然不是实际的过去（我们没有生活在科幻小说中），而是过去的可能性，或者说得更正规些，改变的是有关过去的模态命题（modal propositions）的真假值。这种观念由亨利·柏格森首创。在《道德与宗教的两个来源》（"The Two Sources of Morality and Religion"）中，柏格森描述了他在1914年8月4日（法国和德国当天正式宣战）生出的怪异感："尽管我心狂乱，尽管战争爆发，甚至是一场必胜的战争，但我依然觉得，这是一场灾难，我感受到了威廉·詹姆斯说过的东西，一种羡慕之感，对从抽象到具体的推进的羡慕之感：谁会想到，现实中发生这么可怕的事件，却没人乱作一团？"[2]在这里，有关"之前"和"之后"的断裂的模态至关重要：战争爆发之前，在柏格森看来，"它既是或然的（probable），又是不可能的（impossible）：一个复杂和矛盾的概念，一直持续到底"；[3]战争爆发之后，刹那间，它成了现实的和可能的，而悖论之为悖论，就在于或然性（probability）的回溯性显现：

1　Daniel Wegner, *The Illusion of Conscious Will* (Cambridge, MA: MIT Press, 2002).

2　Henri Bergson, *Oeuvres* (Paris: PUF, 1991), pp. 1110-1111.

3　Ibid.

> 我从不假称，我们可以把现实嵌入过去，因此在时间上逆向操作。不过，毫无疑问，我们可以把可能性嵌入过去，或者说，在任何时刻，可能性（the possible）把自己插入过去。只要不可预测的新现实创造了自己，新现实的形象就会在无限的过去折射自己：这种新现实会发现自己一直都是可能的；不过，只是在它实际出现的那个精确时刻，它才开始变成它一直可能变成的样子，所以我才说，一旦这种现实性出现，它的可能性（并不先于其现实性）就会先于它而存在。[1]

这样的经验表明，日常的、"历史"的时间观有其局限：在时间的每个瞬间，都有众多的可能性等待着实现；只要其中的一种可能性得以实现，其他的可能性就会烟消云散。这样的历史时间代理（agent of historical time）的最高个案，是莱布尼茨笔下的上帝。上帝创造了最可能的世界：在创造世界之前，他心中装着各种可能的世界，他要做出决定，从多种选项中选出最佳的那一个。在这里，可能性先于选择：选择是在可能性中做出选择。在线性历史进化的视域内，这样的选择观/行动观是不可思议的：它回溯性地向自身的可能性开放。[2]这正是安德顿以其消极行为所做的事情：他打破了决定论这个封闭圈（决定论使他先发制人的逮捕合法化），引入了存有论开放（ontological openness）的时刻。[3]它不仅"改变未来"；它通过改变过去（即柏格森所谓的把新可能性插入过去）而改变未来。

参加了目前"自由对脑科学"论争的聪明人均已注意到，不应该像某些哲学家通常所做的那样，把这个问题化约为下列两难之境："究竟（决定论的）自然因果链环环相扣，还是因果链存在裂缝，因而为自由行为留下了空间？"这些哲学家认为，一旦我们"证明"（一般通过含

---

1 Ibid., p. 1340.

2 对此一困境的更细致的分析，见 "Appendix", in Slavoj Žižek, *The Puppet and the Dwarf* (Cambridge, MA: MIT Press, 2003).

3 我对《少数派报告》的这一引用归功于布宜诺斯艾利斯的胡安·豪尔赫·米歇尔·法里纳（Juan Jorge Michel Farina）。

糊地提及量子物理学来证明）自然中存在真正的不确定性 / 偶然性，自由就是可能的，自由的空间"在存有论上就获得了保证"。与这种推理背道而驰，丹尼尔·丹尼特指出，我们可以轻易设想这样的宇宙，在那里，真正的机会（genuine chance）拥有一席之地，自由却难以立足：即使我做某事或不做某事的决定（如现在停止写作）没有被前述的因果网络完全覆盖，只要"自由行为"仅指纯粹的机械偶然性（如掷钱币猜正反面的赌博）提示我沿着一个方向或另一个方向做出决定，这样的决定就不是"自由行为"。[1]"自由"并非只是决定论的因果必然性的对立物：如同康德知道的那样，它指特定的因果关系模式（mode of causality），指行动者的自我决定。关于自由，其实存在着康德式的二律背反：如果某个行为完全被先前的原因决定，那它当然不是自由的；不过，如果某个行为依赖于暂时切断了整个因果链的纯粹偶然性，它也不是自由的。解决这个二律背反的不二法门，是引入第二层面的反射因果关系（reflexive causality）：我被原因决定（无论这原因是直接的、残忍的自然原因还是动机之类的原因），自由的空间并非第一层面的因果链中的神奇裂缝，而是我的能力——我能够回溯性地选择 / 决定何种原因将决定我的行为。就其最基本的层面而言，"伦理"代表着承担这种责任的勇气。

　　在现代文学史上，有人例证了伦理上的失败。此人就是泰德·休斯（Ted Hughes）。真正的另类女性，被两个阵营所忽视的休斯-普拉斯传奇（Hughes-Plath saga）的焦点，是阿西娅·威韦尔（Assia Wevill）。那是一位黑发犹太美女，大屠杀的幸存者，泰德的情人，泰德因她舍弃了西尔维亚（Sylvia）。这俨然抛弃原配，娶了阁楼上的疯女人。但她当初是如何变疯的？ 1969 年，她像西尔维亚那样自杀身亡（用毒气窒息自己），但她在自杀的同时还杀死了她与泰德的女儿舒拉（Shura）。为什么？是什么驱使她如法炮制？这是泰德真正的伦理背叛，而非西尔维亚的伦理背叛。在这里，他的《生日书简》（*Birthday Letters*）以其虚假的神话虚构，变成了伦理上令人恶心的文本，把罪责归咎于控制我们人生

1　Daniel C. Dennett, *Freedom Evolves* (Harmondsworth: Penguin, 2003).

的命运散发出的黑暗力量，把阿西娅说成黑暗的狐狸精："你是黑暗的
力量。你是毁灭了西尔维亚的黑暗的破坏力量。"[1]精神分析的无意识观
恰恰是这种本能性、非理性的、我们通常把责任归咎于它的命运的对立
物。不妨回忆一下奥斯卡·王尔德的《真诚最重要》（*The Importance of
Being Ernest*）中的语句："失去父亲或母亲可以被视为不幸；同时失去
父母看上去像是粗心大意。"这语句不同样适用于泰德·休斯？"因为
自杀而失去一位妻子可能被视为不幸；失去两位妻子看上去像是粗心大
意……"休斯的版本是《危险关系》（*Les liaisons dangereuses*）中法尔曼
（Valmont）所谓"这不是我的过错"的冗长变体：这不是我的过错，这都
是命啊。如他所言，责任是"虚构之物，只在作为道德家的律师的世界
里有效"。[2]关于女神、命运和占星术等，他的全部胡言乱语在伦理上都一
钱不值；性差异在这里也被赋予了内涵：她是歇斯底里、爱管闲事、真
实可信和自我毁灭的；他是想入非非的，是把责任归咎于大对体的。[3]

　　依照康德的说法，正如我们已经看到的那样，我被原因决定，但我
（能够）回溯性地决定，由哪个原因来决定我：我们这些主体被动地接
受病态客体和动机的影响；但以反射的方式，我们拥有最低限度的力量
（minimal power）去接受或拒绝以这种方式被影响。也就是说，我们回
溯性地决定允许影响我们的原因，或者，至少决定允许影响我们的这种
线性决定模式。所以，"自由"本质上是回溯性的：在其最基本的层面
上，它不只是自由的行为，如此行为来无影去无踪，开启新的因果链；
自由还是回溯性的行为，它认定哪种必然性之联系/序列将决定我。在
这里，我们应该给斯宾诺莎添加黑格尔式的扭曲：自由不只是"被认
可/已获知的必然性"，而且是被认可/被接纳的必然性，是通过这种
认可来构成/实现的必然性。因此，结果对其原因的超额（excess of the
effect over its causes）还意味着，从回溯的角度看，结果是它的原因的原

1　引自 Elaine Feinstein, *Ted Hughes* (London:Weidenfeld & Nicolson, 2001), p. 166.
2　引自同上 , p. 234.
3　或许我们应该冒险追随这一短路，以制造予以人启迪的震颤效果：以"爸爸"开头，以
她那个时代［康妮·法蓝西斯（Connie Francis）等］的前摇滚风格，把西尔维娅·普拉特
（Sylvia Plath）最著名的诗歌录制成通俗歌曲，包括"昂贵"的、媚俗的管弦乐编曲（kitschy
orchestration）。

因（cause of its cause）——这种时间回环（temporal loop）是最低限度的生命结构（minimal structure of life）。在现实的层面上，只有互动的躯体；作为非物质性事件（immaterial event），"真正的生命"出现在最低的"理想"层面上。作为不断变化的物质构成（material components）的"同一"（same），这样的非物质性事件为活的躯体提供了一致之形式。

进化认知主义（evolutionary cognitivism）存在的基本问题——理想生命模型的突现（emergence ideal life-pattern）存在的基本问题——恰是混沌与秩序、多元与太一、部分与整体之关系这个古老的形而上学之谜。我们如何能够获得"免费的秩序"（order for free）？也就是说，秩序如何能够脱胎于最初的无序？我们如何能够对大于部分之和的整体做出解释？具有独特的自我同一性（self-identity）的太一，如何能够脱胎于其多元成分的互动？从林恩·马古利斯（Lynn Margulis）到弗朗西斯科·瓦雷拉（Francisco Varela），一系列当代研究者都断定，真正的问题并不是，生物体与其环境是如何互动或连接的？真正的问题与此截然相反：具有独特的自我同一性的生物体是如何脱胎于其环境的？细胞是如何构成把内部与外部隔离开来的膜（membrane）的？因此，真正的问题不是生物体如何适应其环境。真正的问题是，怎么会是这样的：存在着某物，某个独特的实存物，它最初必须使自己去适应？正是在这里，在这个至关重要之处，如今生物学家的语言开始相当离奇地类似于黑格尔的语言。例如，当瓦雷拉解释他的自我创生（autopoiesis）概念时，他几乎逐字逐句地重复了黑格尔的生命观——生命是合乎目的论的、自我组织的实存物。他的核心概念，即回环（loop）和靴祥[1]，令人想起黑格尔的"设置预设"（*Setzung der Voraussetzungen*）：

　　自我创生试图界定"突现"（emergence）的独特性。"突现"制造了基本的细胞形态的生命。它是细胞层面所特有的。存在着循环过程或网络过程，这样的过程导致了悖论：自我组织的生化反应网络制造了分子，分子做奇特和独特的事情：分子创造了边界，创

1　靴祥（bootstrap），原指缝在靴子后跟上缘、穿靴时便于往上提的圈形吊带。——译者注

造了膜，而膜又制约着创造了膜成分的网络。这是一个逻辑靴袢（logical bootstrap），这是回环：网络制造了实存物，实存物创造了边界，连界制约着制造了边界的网络。这个靴袢正是细胞的独一无二之处。靴袢完成后，自我区分的实存物（self-distinguishing entity）才会存在。这个实存物制造了它自身的边界。它不需要外在的行动者注意它，不需要外在的行动者说什么"我在这"。它主动地进行自我区分（self-distinction）。它把自己从化学与物理这碗汤（soup of chemistry and physics）中拖出来。[1]

因此要得出的结论是，要对把"内部"与"外部"区分开来（正是这种区分促成了活的生物体）的"突现"做出说明，不二法门就是设置某种自我反射的逆转（self-reflexive reversal）。依照黑格尔的说法，凭借这种逆转，作为整体的生物体之太一，回溯性地把它自身的一套原因（即它从中脱颖而出的多重过程）"设置"为自己结果，"设置"为它支配和调节的东西。以这种方式，而且仅这种方式，生物体不再受外部条件限制，而是基本上进行自我限制。再说一遍，正如黑格尔会说的那样，当（实存物受其环境的）外部限制变成了自我限制时，生命出现了。[2]这使我们重返有关无限（infinity）的问题：在黑格尔看来，真正的无限并不代表不受限制的膨胀，而是代表自我限制（自我决定）。这与"被他者决定"形成了鲜明的对比。正是在这个意义上，生命（即使像活细胞那样最基本的生命）是真正无限（true infinity）之基本形态，因为它已经涉及最低限度的回环。凭借这一回环，过程不再受限于它的环境这个外部因素，它自身能够（多元）决定这种决定采取何种模式，并因此"设置其预设"。一旦细胞膜开始充当自我边界，无限就获得了它

1　Francisco Varela, "The Emergent Self," in John Brockman, ed., *The Third Culture* (New York: Simon & Schuster, 1996), p. 212.

2　一者是无能（被干扰的性生活），一者失败婚姻中的社会-符号问题，两者的相互缠绕，不正是黑格尔的所谓的设置（positing）与预设（presuppositions）相互缠绕的完美例证吗？我们可以说，日益增长的冲突和张力反映了性伴侣的性机能不全（"他们打架是因为他们不能获得性的满足"），但我们还可以说，性机能不全是性伴侣之间的社会-符号张力的结果和征兆，这些张力"设置了它们的预设"——它们表达的失败的性生活。

最初的实际存在。所以，当黑格尔把矿物质纳入"生命"范畴时，把矿物视为最低级的生物体形态时，难道他没有预示林恩·马古利斯的发现？林恩·马古利斯强调存在着先于植物和动物生命的生物形态。更进一步的关键事实是，我们因此获得了最低限度的理想性。一种特性出现了，它是纯粹虚拟性和关系性的，没有实质性的一致性：

> 我的自我感（sense of self）存在着，因为它为我提供了我与世界交接的介面。我是用来互动的"我"，但我的"我"本质上并不存在，因为我们无法在任何地方确定它的方位……一种由潜在网络制造出来的、突然显现的特性，是固有的条件，它允许系统（固有的条件就存在于该系统之内）在那个层面上交接，即与同类的其他自我或身份交接。你永远不能说，"这个特性就在这里；它就在这个构成成分之中。"至于自我创生，你不能说生命——得以自我制造所需的前提条件（condition of being self-produced）——就在这个分子中，在 DNA 中，在分子膜中，或在蛋白质中。生命处于配置之中，处于动态模式之中，它使自己化身为突然出现的特性。[1]

我们在此遇到了用来界定自我（Self）概念的、最低限度的"理想主义"：自我恰是没有任何实体性密度的实存物，没有硬核（硬核确保它具有一致性）的实存物。如果我们穿透生物体的皮肤，一层一层地深入地观察下去，我们永远不会看到某个核心性的控制因素，永远不会看到它的自我，即在幕后神秘操纵器官的自我。因此说，自我具有的一致性是纯粹虚拟的；仿佛它有从外部（Outside）观看时它才会在介面-屏幕上显现出来的内部（Inside）。一旦我们穿透介面，致力于把握"实体性"的自我，把它视为某种"自在之物"，它就会像我们指缝间的沙子一样消失。所以，宣称"真的没有自我"的唯物主义化约主义者（materialist reductionists）是对的，但他们没有抓住问题的关键。在物质现实（包括"内在体验"这一心理现实）的层面上，真的没有自我：自

1　Varela, "The Emergent Self," pp. 215-216.

我并非生物体的"内核",而是介面－效果(surface-effect)。在某种意义上,人的"真正"自我起着电脑屏幕的作用:屏幕"之后"没有别的,只有"无我"的神经机器网络。因此,我们在要真正的字面意义上理解黑格尔的论点——"主体不是实体":一边是肉体－物质的过程,一边是纯粹"枯燥"的表象,在这两者构成的对立中,主体是进入自我反思的表象;只有当它向自己显现自己时,它才能够存在。在表象后面寻求主体性之"真正内核"之所以是错误的,原因就在这里。在它后面没有别的,只有没有意义和没有"深度"的自然机制。

海德格尔曾经强调,纯正的此在(Dasein)自由在作出决定,它践行纯正的自由。与那些单纯追求"单一"(one)的人相比,他的自由观涉及下列两者的同样的悖论性重叠:一者是做出自由的选择/决定,一者是接受命定的必然性。从尼采到瓦格纳,我们在新教神学中遇到过这个重叠(最高的自由是自由地接受、践行自己的命运,接受、践行必定发生的事情)。在纯正的决定中获得自由的,其实不是此在,而是命运——"命运的力量获得了自由"。简言之,使我的决定变得自由的,首先不是我自由地做了选择,而是我的决定使命运的力量获得了解放……在此觉察到与黑格尔的"设置预置"观的联系不是合理的吗?不过,这种联系具有根本性的含混性:主体真的径直接纳了之前的必然性,或他的决定是"述行性"的,因为它回溯性地设置了被接纳的必然性?"自由的行为是如何可能的?自由是否存在因果关系?"这个问题与下列问题无异:表象如何展示它自身的因果关系?

2001年度的达尔文最愚蠢行为奖授予了一位已经死去的女性。她居住在罗马尼亚乡下,在为她出殡时复活。她爬出棺材,明白了眼前发生的一切,在恐怖中盲目跑开,结果在附近的路上迎头撞上一辆卡车,当场死去……这不就是我们所谓命运的终极例证?在其最激进的层面上,自由的问题就是如何打破命运封闭圈的问题。答案当然在于,它能够被打破,并不因为"它并不真的那么封闭",并不因为它的纹理(texture)存在裂缝。相反,它能够被打破,是因为它是高度封闭的。也就是说,它能够被打破,是因为主体要打破它的努力已经事先被囊括在它自身之内。也就是说,我们努力肯定自己的自由并逃避命运,但这种努力本身正是命运得以实现的工具。因此，逃避命运的不二法门就是放弃努力，接受不可阻挡的命运。俄狄浦斯杀父娶母的命运正是通过他父母逃避此一命运的努力实现的。如果不逃避命运，命运就无法实现自己。不妨回忆一下由毛姆复述的有关"相约萨马拉"（appointment in Samarra）的一则轶事：在巴格达繁忙市场奔忙的一个仆人邂逅了死神，被他的目光吓得魂不附体，于是匆忙跑回家去，请求主人给他一匹马，这样他可以狂奔而去，晚上即可抵达萨马拉，死神无法在那里找到他。善良的主人不仅把马给了仆人，而且前往市场，寻找死神，责备他不该恐吓自己忠诚的仆人。死神回答说："但我没想吓唬你的仆人。我只是大吃一惊。他在这里做什么？我与他今晚在萨马拉有约……"

如果这则故事传达的信息并非"我们的死亡无法避免"，"你越是想挣脱它，它就会抓得越紧"，而是与此完全相反，即"接受不可避免的命运，你就会挣脱它的魔掌"，情形会怎样？"接受不可避免的命运，你就会挣脱它的魔掌"，具体说来，如何才能做到？在此提供了有益的暗示的，还是《少数派报告》：它的标题指三个"先知"对未来的预见存在不一致。我们获知，有时候，他们三位中的一位对未来有不同的预见。而且，只要三个"先知"是"大对体"的直接媒介，他们的不一致就不只是主观性的，不只是对未来的错误认知，而是"大对体"的非一致性的直接表现，是"大对体"内固有裂缝的直接表现。菲利普·狄克（Philip K. Dick）对下列问题提供了更加醒目的解释：何以"三个先知的一致同意是虽然符合预期却又很少实现的现象"？

> 更为常见的是，得到了两个先知协作完成的多数派报告，外加一个来自第三突变者（mutant）的、有些轻微变化的少数派报告。变化通过涉及时间和地点。这可以由有关多重未来（multiple-futures）的理论做出解释。如果只有一个时间路径（time-path），那事先获得的信息就一钱不值，因为即使掌握了这种信息，也没有改变未来的可能。[1]

---

[1] Philip K. Dick, *Minority Report* (London: Gollancz, 2002), p. 20.

故事的主人公安德顿是如何被控未来谋杀（future murder）的？对这个问题的最终说明更为精确：这依赖符号性之时间性（temporality of symbolization）。也就是说，三个先知（唐娜、杰里和麦克）中的任何一位都在不同瞬间做出了自己的报告，报告他们对未来的洞识。在这期间发生的事情是，未来的凶手（安德顿）获知了第一份报告，并因此改变了自己的未来计划：另一个先知在自己的报告中考虑到了这一"知晓"，也就是说，他已把第一份报告及其后果视为事实写入了自己的报告。首先，对杰里的"少数派报告"的说明是这样的：

> "杰里报告"的预见是错位的。因为预见具有不稳定的性质，他正在检查与他的同事稍有不同的时区。在他看来，有关安德顿将犯谋杀罪的报告是即将与此外的一切一起整合的事件。那个主张——以及安德顿的反应——也是数据。
>
> 显然，"杰里报告"取代了多数派报告。在获知自己即将犯谋杀罪后，安德顿会改变心意，不去杀人。对谋杀的预演取消了谋杀；只是被获知之后，才有了预防。新的时间路径已经创造出来。[1]

我们在安德最终做出的说明中获知，根本没有多数派报告——我们全部拥有的是三个少数派报告：

> 是的，麦克在三人中是最后一位。因为知道了第一份报告，我决定不再杀害卡普兰。这导致了第二份报告。但面对这份报告，我又重拾杀人的旧念……就像第二份报告使第一份报告失效一样，第三份报告使第二份报告失效。[2]

但是，为什么用以解读先知预见的电脑当初制造了"多数派报告"，

1　Ibid., pp. 23-24.
2　Ibid., p. 42.

并依据三位先知中的两位认定安德顿将杀害卡普兰这一事实，认定安德顿因为未来谋杀而理应被捕？

> 三份报告，各不相同。三个先知，特立独行。但三人中的两人对一点表示赞同。如果听之任之，我会杀死卡普兰。这创造了有关多数派报告的幻觉。事实上，它是彻头彻尾的幻觉。"唐娜"和"麦克"预演了同一事件，但他们是在全然不同的时间路径上预演的，是在全然不同的情形下发生的。"唐娜报告"和"杰里报告"，即所谓的少派数报告和半份多数派报告，是错误的。在三份报告中，"麦克报告"是正确的，因为在他的报告之后再无报告使之失效。[1]

所以，"多重未来"不是某个彻底不确定性导致的产物，不是已经刻入现实构造（fabric of reality）的"存有论开放"（ontological openness）导致的产物。一旦行动者的未来行为被预知，且行动者已经知晓自己的未来行为，存有论的"餐叉"，未来现实的另类路径就会被创造出来。也就是说，其来源是知晓的自我指涉（self-referentiality of knowledge）。[2]

（2）认知主义者黑格尔？

在新兴脑科学中，我们于何处寻找黑格尔式主题的踪迹？对人类智力的研究分三种：其一是数字式的，以电脑为模型；其二是神经生物学的；其三是进化论的。这三种研究构成了某种黑格尔式的三元组。在以人类心灵为计算（数据处理）机器的模型中，我们得到的是纯粹形

1　Ibid.

2　我们应该在此顾及拉康所谓的"大对体"（big Other）的彻底含混性：它既指符号性"实体"（以"理性的诡计"之模式在背后操纵的决定性秩序，"想必知道的主体"），又指纯粹的表象［大对体"应该对它一无所知"，在大对体看来，表象应该维持，这样一来，无知之福（blessed ignorance）就不会被打破，大对体是"想必不知道的主体"］。

式化的符号机器。真正的生物学大脑研究将焦点置于"肉块"上，置于对人类智力的直接物质支撑上，置于"思想置身其中"的器官上。最后，进化论研究分析人类智力的起源，把人类智力视为生命世界里人类与其环境的复杂的社会生物互动的过程。令人惊奇的是，最大"化约主义"的脑科学研究却是最辩证的脑科学研究，它强调大脑的无限可塑性。这是凯瑟琳·马拉布（Catherine Malabou）在对脑科学做了挑战性的黑格尔式解读后提出的看法。[1] 她一开始就把马克思有关历史的著名格言应用于人的大脑：人制造了自己的大脑，却对此一无所知。她心中想到的东西在科学结果方面相当精确且有充分的根据：人的大脑具有彻底的可塑性。这种可塑性以三种模式展示出来：发展的可塑性、调制（modulation）的可塑性和修复的可塑性。我们的大脑是历史的产物，它是在与环境的互动中，通过人的实践发展起来的。这种发展并不是由基因预先规定的，基因所做的与此正相反：基因影响大脑的结构，大脑具有可塑性，这样一来，如果大脑的某些部分被频繁使用，那它们就会更为发达；一旦它们失效，大脑的其他部分就会发挥它们曾经发挥的功能，等等。我们在此面对的不仅是分化，而且是跨越分化（trans-differentiation），"改变差异"。学习和记忆在强化或中止突解联系（synaptic links）方面发挥着关键作用：神经细胞"记住"了它们的刺激，积极地结构它们，等等。庸俗唯物主义和唯心主义同心协力，共同反对这种可塑性：唯心主义要证明，大脑只是物质，是必须从外部激活的中继机器，而不是活动的场所；唯物主义要维持它的机械唯物主义现实观。这可以用来解释，何以那个奇怪的信念尽管已在经验上被驳斥却依然屹立不倒：与其他器官不同，大脑并不成长或再生；它的细胞只是渐渐死去。这种观点忽视了下列事实：我们的心灵不仅反映世界，还是与世界进行转换性交换（transformative exchange）一部分，它"反映"着转化的可能性，通过可能的"方案"审视世界，而且这种转化还是自我转化，这种交易还把大脑改为心灵的生物学"场所"。

不过，只有在我们接受了这种洞识之后，我们才能面对下列关键问

---

1 Catherine Malabou, *Que faire de notre cerveau?* (Paris: Bayard, 2004).

题：何种可塑性？在这里，马拉布把脑科学中的大脑模型与有关社会的主流意识形态模型相提并论。[1] 如今的认知主义与"后现代"资本主义交相辉映。例如，丹尼特倡导从笛卡儿式的自我观（自我即精神生命的中央控制机构）转向在竞争性的多重行动者之间展开的自我创生互动（autopoietic interaction），难道没有与下列转移遥相呼应——从中央官僚控制与计划转向联结主义（connectionism），转向众多的局部代理（"自我"作为自发的"突然出现的属性"就脱胎于众多的局部代理）？因此，不仅我们的大脑已被社会化，社会也在大脑中被自然化。[2] 这是马拉布下列做法正确无误的原因。她强调，有必要解决那个关键问题："如何确保有关大脑运作方式的形象不与资本主义的精神直接而简单地不谋而合？"或者，用有关可塑性的术语说：我们以此仅指这样的能力——无限地调节，以适应我们的环境预先给定的需要与条件（我们在这种情形下得到了无限适应的"变化无常的自我"）？或者，我们指的是胜任"消极性"（negativity）的自我，是能够抵抗和颠覆其环境压力的自我，是能够逃脱"自我维护"的自我（"自我维护"的理想就是维护自己的体内平衡）？

在当代脑科学家中，具体确立"原我"（proto-Self）概念的是达马西奥。在达马西奥那里，"原我"是调节我们躯体体内平衡的行动者，也就是弗洛伊德所谓的"性欲自我"（Lust-Ich），是发挥自我组织功能的、在稳定和再生的限度内维护身体正常运作的行动者。不过，这还不是真正的"心智"（mental）之域：紧随"原我"其后的是自我知晓（self-awareness）的突出、单一之"我"（I）的突现，以及"自传式自我"（autobiographical Self）的突现。"自传式自我"是对"我是怎样的人"的叙事历史的组织。[3]

在这里，单一自我（singular Self）和叙事（narrative）之间存在的

1　这样的相提并论历史悠久：众所周知的事实是，通过把马尔萨斯的经济观点移置于大自然，达尔文本人提出了进化的选择观（notion of evolutionary selection）。

2　Malabou, *Que faire de notre cerveau?*, p. 88.

3　Antonio Damasio, *The Feeling of What Happens: Body, Emotion and the Making of Consciousness* (London:Vintage, 2000). 见其第 5 章和第 6 章。

真正的辩证张力至关重要：单一自我代表着爆发性的、破坏性的自我指涉的否定性（self-referential negativity），代表着从直接现实退隐，因而代表着有机的体内平衡的暴力破裂；而"自传"（autobiography）则指新型的、在文化上创造出来的、作为我们的"第二天性"强加于自身的体内平衡。可以以两种方式设想这种干扰。或者把它视为扰乱我们体内平衡的外部事件的入侵，在这种情形下，生物体永远都在下列两者间寻找均衡：一者是对某个常量（或"自传式自我"）的维护，一者是使这个常量暴露在事件、偶然性相遇、大对体性（otherness）之下。我们通过威胁体内平衡的外部冲击"知道"了自己，我们有意图的行动说到底就是努力把这种干扰囊括在新的体内平衡之内。这是系统理论（system theory）具有的基本问题：生物体和系统如何通过整合外部干扰维持其平衡的运作（balanced functioning）？第二种方式是在自我的核心地带锁定干扰之源。黑格尔很早前在描述这种双重运动时就提出过这一观点。双重运动的第一个运动是向"世界之夜"进行彻底的自我退隐，向纯粹主体性（pure subjectivity）这个深渊进行彻底的自我退隐；第二个运动是新秩序通过命名之能力（capacity of naming）而崛起：符号秩序及其体内平衡是业已丧失的自然体内平衡（natural homeostasis）的人类替代物。自由的自我（free Self）不仅整合干扰，还创造干扰，摧毁任何既定的形式和淤滞。这是弗洛伊德称之为"死亡驱力"的零层面"心智"：自我遇到的终极创伤性原质（traumatic Thing）就是自我本身。

不过，要这里提出的基本的黑格尔式观点是，我们无法把这两个极端简单对立起来，在两者间设置外部的互动。我们的生命在下列两者之间振荡：其一是扰乱既定平衡的否定性（外在的否定性或内在的否定性）之猛烈迸发，其二是新的体内平衡秩序的强加，新的体内平衡秩序能够稳定我们的情形。仅有体内平衡和冲击（创伤性相遇）之间的标准"辩证"，是不够的。从真正的黑格尔式的视角看，我们应该使这种对立自我关联起来：终极冲击是体内平衡秩序自身的暴力强加，是划定内部与外部之间的界限。

我们要表明两个关键点。首先，自我组构（self-constitution）不只是适应在生物上或文化上已经确定的形式：人只是通过抵抗既定的形式——黑格尔所谓的"教化"（*Bildung*）——来"构成"自己的。第二，"心智"在神经元（neuronal）内通过某种"存有论爆炸"（ontological explosion）而爆发：[1]仅仅谈论神经元与心智的并行不悖，仅仅谈论心智如何以神经元为根基，仅仅谈论每个心智过程如何必须拥有自身的神经元对应物（neuronal counterpart），等等，是不够的；真正的问题是"转喻性"问题：心智的突现 / 爆发是如何在神经元的层面上发生的？依照黑格尔的说法，我们必须把这两者的一致（"心智即神经元"）视为揭示了彻底的（自我）矛盾的"无限判断"：说"心智即神经元"不等于说"可以把心智化约为神经元过程"，而是说"心智是从神经元僵局（neuronal deadlock）中爆发出来的"。这种"自发的黑格尔主义"在约翰·泰勒（John Taylor）的意识模型中找到最清晰的表述。在约翰·泰勒那里，意识是一种关系性现象（relational phenomenon）。对我们大脑皮层区域中的活动所做的详细研究，完全支持这种看法。[2]在泰勒看来，意识内容（conscious content）是通过"以过去填充现在"形成的：

> 意识涉及记忆的结构或对过去的再现。过去具有情节记忆（episodic）的、自传性的、语义性的、预先处理的和情结性的特征。这些结构是用来为输入（input）提供意识性内容的。它们为输入提供意识性内容的方式是把那种经验赋予与过去有关的意义。因此，意识源于下列两者的混合：其一是记录下来的过去经验，其二是即将进行的现在行为；因此这个过程是动态性的。[3]

结果，意识是严格的关系性现象：它来自不同的脑行动之间的互动，来自现在的输入（present input）和对过去相关经验的存储记忆之间的互动；正是这种关系性（relationality），把"表面上的非实体性"

1　Damasio, *The Feeling of What Happens*, p. 147.

2　可以把泰勒看作"非畅销"的神经科学之例证，看作耐心劳作之例证。耐心劳作志在精确地概括新的认知，而不在提出挑战性的世界观陈述。

3　John G.Taylor, *The Race for Consciousness* (Cambridge, MA: MIT Press, 2001), p. 37. 此后引文后面的括号里的数字，均指该书页码。

（seeming insubstantiality）（122）赋予了心智：

> 对输入的如此填充，为作为结果的整体神经活动（resulting total neural activity）提供了非实体性之感（sense of insubstantiality）。……输入触发了大量相关的活动。触发过程把当初的输入提升为类似于自我支撑的、全新的竞技场之类的东西。仿佛溜冰者把自己发射到了冰面上，然后轻松地滑行起来，这与他先前穿着冰鞋走向冰面上的笨拙大不相同。当初笨手笨脚地走路，只是预加工，只是死守着引发了它的输入。只是在抵达冰面时，即意识出现时，才有了一定程度的自治，才能提升神经活动，使它运动起来仿佛与黏性大地的摩擦中解放出来。我认为神经活动的如此触发——发射到冰面——是感质、避讳（ineffability）、透明（transparency）、内在性（intrinsicality）等的基础。（123）

每次新的知觉输入（sensorial input）都触发"工作记忆"（working memory）这种活动，然后开始填补其空隙；在这个预处理模块（preprocessing module）中，对输入所做的众多不同阐释被以并行的方式（paralle way）激活："竞争存在于神经活动间的既定工作记忆中，而神经活动代表着对此前一秒钟内的输入所做的不同阐释。"（249）这场局部竞争的赢家可以进入意识，也就是说，它作为意识的"内容"出现："大量机械装置必须隐入幕后，意识才能全然呈现。"（157）一边是预处理调停工作（preprocessing work of mediation）具有的复杂性，一边是结果表面上的"简单性"，两者间的分裂导致了感质的"直接性"和"粗糙性"：

> 这无法从系统内部深入探测。一旦急促的、不可逆转的处理步骤涉及意识的最终突现，这个特色就会出现。大量的来来回回发生于输入大脑的过程中，然后借助于与全部种类的最后活动（final activity）融为一体的神经活动闭合环路，现象性知晓（phenomenal awareness）出现了。然而进入意识的最后步骤似乎是短促、急促和

最后的。突出是以某种方式出现的，重返这种方式或在这种方式之上徘徊，似乎是不可能的。（275）

复杂的预处理活动的这种崩溃，使之堕入结果显而易见的直接性。导致这种崩溃的神经条件（物质支撑）是"在局部大脑皮层区域内发生的活动泡沫的形成，而这种形成是循环出现的神经活动反馈（feedback of neural activity）的结果"：

> 一旦神经元被输入激活，它就会把活动反馈给自身及邻居，这样就能使邻居处于活跃状态。泡沫是由小输入（small input）触发的，所以对那个输入而言，泡沫发挥着放大器的作用。从神经元到它附近的邻居，要使它们持续运转，刺激性反馈是不可或缺的；要阻止泡沫铺开，阻止泡沫在整个大脑皮层消散，就必须具有较大范围的抑制。（276）

这使我们看到了问题的关键。问题的关键只能以准黑格尔式的术语表述。感觉认知主义者（perceptive cognitivists）通常都是这样做的。意识是作为现在（输入）与过去（工作记忆）的独特短路导致的结果出现的：与标准的事后性（après-coup）不同［在事后性中，现在的经历（working-through）回溯性地构成了过去记忆踪迹的意义］，正是通过绕道于过去，我们现在的体验才能构成。现在与过去的这种互动必须抵达自我关联点（point of self-relating）。在自我关联点上，过去和现实不仅互动，彼此相互关联，而且更加密切地相互渗透：在与过去相关联时，现在的体验与它自身关联了起来，变成了它现在的样子。正是在这里，"泡沫"以及"美丽滑冰"的隐喻开始发挥作用：一旦自我关联发生短路，神经活动"就不再像奴隶一样依附于制造了它的输入，而是在溜冰场上滑翔，做出神奇的旋转，从先前束缚它的锁链下解放出来。借助于在大脑皮层较上层的泡沫活动，这个过程摆脱了输入"。（345）一旦出现了向神经自我关联（neural self-relating）的"自治"的神奇一跃，也就是说，一旦神经活动开始"滑翔，仿佛不再受坚实大地的控制"

（335），门槛就已被跨越。依照黑格尔的说法，仿佛它要回溯性地设置它自身的预设。正是这种短路派生了感质特有的"直接性"效果：在感质中，由神经调停（neural mediations）构成的复杂动态网络，在直接感知具有的简单直接性中被"扬弃"。我们直接体验具有的"粗糙"特性是复杂的调停努力的结果；它的惰性是由它的对立物——在空气中自由滑翔的"自由思想"之轻盈——来维持的。

这也是（用康德的话）说"没有自我意识就没有意识"的原因：不仅"我"（I）是作为现在与我的过去的自我关联的互动出现的，而且我们的"自我"（Self）也是通过自我关联来逃避"坚实大地的控制"的基本形式。如此说来，它是所有其他形式的基础：可以说，感知／知晓之行动者的自我关联创造（开辟）了这样的场景，"意识的内容"可以在那里显现；它提供了这一内容的普遍形式，提供了舞台，在这个舞台上，预处理调停工作能够堕入它的产物具有的直接的、"粗糙"的既定性（givenness）。以某种方式，我的"去中心"（decenterment）变成了机器装置，而这样的机器装置使得直接的、"粗糙"的自我知晓成为可能。自我关联这个魔术之为魔术，就在于这种方式。"去中心"指我的直接的自我出场（self-presence）的不可能性，指德里达会称之为"神经延异"（neural différance）的必然性，指通过过去记忆踪迹进行最低限度的绕道的必然性。

我们应该在此把主体与客体区分开来。神经的自我关联指这样的奇妙时刻：神经活动不再围绕触发了它的输入进行，而是派生自己的"客体"。"客体"成了焦点，神经活动围绕着它进行。因此，新的准客体（quasi-object）与神经的自我关联一同出现，该客体是悖论性的、非实体性的客体，只为这种关联赋予形体。它是神经"吸引子"（attractor）。可以把"吸引子网络"（attractor nets）的最终状态视为"吸引原来的活动，使之变成与自己类似的活动"（79）。这个吸引子与拉康的小客体如出一辙：就像一个磁场，它是活动的焦点，神经活动围绕着它进行，但它本身是全然非实体性的，因为它是被回应它、处置它的过程创造、设置、派生出来的。这就像那个有关应征士兵的老笑话。应征士兵为了逃避军役，自称精神错乱。他的"征兆"是强迫性地检视他能看到的每份文件，大叫："这个不是！"军队精神病医师对他进行检查时，他的做法与过去无异，于是精神病医师最后决定出具文件，证明他不适合服军役。应征士兵拿到文件，仔细检视，大叫："这个才是！"在这里，寻找派生了寻找的对象……

如果自我关联在这里指不存在先于活动的"主体"，那主体与非实体性的"客体"（即吸引子）的差异何在？牢记下列一点至关重要：这种差异是纯粹拓扑学的。"主体"和"客体"不是在同一个层面上互动的两种实存物，而是处于莫比乌斯带的对立面上的同一个某物（X）。依照黑格尔-克尔凯郭尔的说法，"主体"和"客体"指同一个某物（X）。以"存在"（being）的模式设想，它就是客体；以"化成"（becoming）的模式设想，它就是主体。以结果具有的自我指涉（直接）的模式设想，它就是客体；以生成过程的动态模式设想，它就是主体。小客体是悖论性的客体，它直接"就是"主体。

脑科学就是这样为自由开辟空间的：绝非反对基因编程（genetic programming），违背基因编程，自由空间本身就是"被编程"的。例如，我们现在知道，如果不被母性语音（maternal voice）刺激，专门负责语言的神经元就会萎缩：基因为不可预测的主体间的互动奠基了根基。

（3）虚假的不透明

关于人文学科与认知主义论争的终极目标，标准的说法是"填补鸿沟"，即填补自然与文化之间的鸿沟，填补下列两者间的鸿沟：其一是"盲目"的生物（化学、神经……）过程；其二是对知晓（awareness）与知觉（sense）的体验。然而，如果这是错误的使命呢？如果实际问题不是填补鸿沟，而是恰当地概括、设想鸿沟呢？正是在这里，而不是在别的什么地方，对鸿沟的概括就是问题的解决之道。为什么？因为误解把意识与"粗糙自然"分隔开来的鸿沟，正是意识的天性：自我乃其自身的显现，因为它是无法把自己设想为模型的模型，因此只有在它不把自己设想为模型时，它才存在。或者引用汤姆斯·梅青格的简

单概括来说："心灵哲学（philosophy of mind）中所谓的'现象性自我'
（phenomenal self）和在科学语境或民族心理语境下被简单提及的'自
我'（self），是在现象上透明的自我模型（phenomenally transparent self-
model）之内容。"[1] 梅青格对"透明"的概括相当简洁："对于任何现象
状态（phenomenal state）而言，现象透明的程度与早期处理阶段的注意
力可用性（attentional availability）的内省程度恰成反比。"（165）因此，
自相矛盾的是，透明是"黑暗的一种特殊形式"（169）：我们无法看清
某物，因为它是透明的，因为我们看穿了它。梅青格的基本论点是，这
样的透明在两个层面上构成了我们的意识。首先，一般而言，我们"没
有把我们周围的现实体验为再现过程的内容，也没有把它的构成成分
再现为现实的另一个外在层面的……内在占位符。我们只是把它体验
为我们生活在其中的世界"（169）。这道理同样适用于我们的意识自我
（conscious Self），适用于我们的自我知晓具有的直接性，它是在我们中
的再现，因此也同样依赖这样的错觉，依赖现象上合法的短路——把实
际上的纯粹现象、由我们的生物体组成的模型视为"事物本身"："我们
并不把我们的自我意识之内容体验为再现过程（representational process）
之内容，我们并不它们体验为某种在因果上活跃的内在占位符，而只把
它们体验为此时此刻生活在世界上的我们自己。"（331）

　　"透明"的基本机制显然来自黑格尔-马克思批判恋物癖错觉的传
统：行动者自身的"反射性决断"被错误地感知为被感知客体的属性。
梅青格所做的就是把这种错觉遵循的逻辑推向极致，把它运用于感知的
行动者（perceiving agent）：客体-构成（object-formation）遵循的逻辑，
被应用到了主体身上；把我们的现象性体验（错误地）感知为直接指涉
"明明摆在那里的客体"，这一行为遵循的逻辑，被应用到了主体身上。
我本人并不"真的存在"，我只是作为相应的恋物癖错觉之结果而出现。
就感知主体（自我）自身的生成机制（generative mechanism）而言，从
来都不存在对自身完全"不透明"的主体（自我）。任何这样的认知是

1　Thomas Metzinger, *Being No One:The Self-Model Theory of Subjectivity* (Cambridge, MA: MIT Press, 2004), p. 331. 此后引文后面的括号里的数字，均指该书页码。

有限的，它已被嵌入全然透明的语境："认知性的自我指涉（cognitive self-reference）总是发生在透明的、前概念的自我建模（preconceptual self-modeling）这一背景上。"（333）所以，尽管只有当主体意识到把表象与现实分隔开来的鸿沟，意识到其现象性体验之内容并非"事物本身"，而是纯粹的再现，且可能是错觉，但"对于自我建模更高级别的认知形态而言，自我建模的透明过程才是可能性之必要条件（necessary condition of possibility）（338）。

正是这个意义上，梅青格谈到了人类心灵的"自动认知闭合"（autoepistemic closure）："意识性体验严格地限制我们知晓自己的可能性。主观体验不是在追寻自知（self-knowledge）这个古老的哲学理想时建立起来的。"（175）这种"闭合"没有什么神秘可言，可以把它清晰地解释为进化的优势：它使系统关注其行为的结果，而不迷失于对导致了这种结果的步骤的内省式探索（introspective exploration）。这道理同样适用于自我这个特定的客体："透明的自我建模之现象是作为可行的进化策略确立的，因为它构成了可靠的途径，获得与系统有关的信息，而不使系统卷入更高级别的自我建模的无穷无尽的内部循环。"（338）梅青格的结果是清晰和彻底的：

> 现象自我（phenomenal selfhood）是由自我再现系统（self-representing system）中的自动认知闭合促成的；它是信息的匮乏。对"做某个人"（being someone）的前反射的、前注意的体验（preattentive experience），是由本身透明的、此刻活跃的自我模型之内容促成的。……世界上根本不存在自我之类的东西。在存有论吝啬（ontological parsimony）这个一般原则下，假定存在着自我，是没有必要或不合理的，因为作为理论实存物（theoretical entities），它们无法发挥不可或缺的解释功能。存在着的只是介入现象性自我建模这个透明过程的信息处理系统。（337）

我们只是通过现象性自我模型向自己显现自己：我的现象直接性（phenomenal immediacy）"并非指涉的直接性"（578），也就是说，当我把自己"直接"体验为自我时，根据定义，我正在进行从认知的角度看不合法的短路（epistemically illegitimate short circuit），错误地把再现性现象（representational phenomenon）当成了"现实"。正如拉康所言，关于自我（ego），每个认知都是误认，因为自我是客体，即我们的自我模型，我们在我们的自我体验的透明中认同它："我是那个！"或者再次用梅青格的话说："就其现象性特性（phenomenal property）而言，自我（selfhood）是再现性建构物（representational construct）；仅就其透明性而言，它真的是现象性特性。为了达到全部的科学目的和哲学目的，作为理论性实存物的自我这个概念可以安全地消除。"（563）

在《历史哲学论纲》的第一论中，本雅明提到了著名的弈棋机。它由巴朗·冯·开普伦（Baron von Kempelen）于1769年发明的，约翰·内波穆克·梅尔泽尔（Johann Nepomuk Maelzel）后来对它予以改进。一个平淡无奇的机械哲人坐在一个被围起来的橱柜里。橱柜的门与抽屉被依次打开，以便让观众"亲眼目睹"，知道里面除了机器一无所有。棋摆在橱柜上面。哲人开始与人类对手对弈，通常大获全胜。埃德加·爱伦·坡曾对这一个案做过精辟分析。据他猜测，橱柜里藏着一个小矮人，一个棋手，在与对手对弈。一个由镜子组织的系统创造这样的错觉，那里只有机器，没有别的。爱伦·坡从错误的笛卡儿式前提得出了正确的结论：盲目的机器无法做出理性的推理，理性的推理是以精神（Spirit）为前提的。与爱伦·坡相反，支持人工智能观念的认知主义者把这个弈棋机当成了隐喻，以之说明我们的大脑是如何运作的。我们其实就像那个哲人木偶，推理工作是由"非人"的神经自动机（neuronal automata）完成的，而我们的大脑就是由神经自动机构成的。……本雅明提到了同样的自动机，以解释历史唯物主义与神学的关系：历史唯物主义（马克思主义）这个木偶之所以总能大获全胜，原因只有一个：有个木偶隐藏在历史唯物主义的橱柜里面，它代表着神学（救赎这个弥赛亚主题）。当然，问题是：如果我们认定根本没有隐藏起来的木偶，只有盲目的自动机，会出现什么情况？

某些具有新世纪色彩的认知主义者在"宾格我"（Me）与"主格我"（I, ego）的对立中为"天才"保留一席之地。"宾格我"是"主格我"的"实体"，它代表着全部的内容财富（wealth of content），正是这样的内容财富使我成了一个人。[1]倡导"宾格我"的人提出的最有说服力的论点，涉及这样的时刻：我们"自发地行动"，不做有意识的规划却又具有极度的精确性，展示出巨大数量的推理，就像勇于出脚而不需思考的足球运动员，他的出脚总是涉及极其复杂和极其敏捷的战略决策。难道这些现象没有证明，在我之内存在着这样的东西，它超过了我的有意识的反思之"我"，存在着一种能动力量，它知晓的更多，尽管他的知晓是以直觉、自发的方式进行的？我们把这样的活动体验为下列两者的悖论性重叠：一者是纯粹自发性的自由，一者是被动的"情不自禁"，我自己任由我的内在之我（inner Me）驱使。难道事实不就是如此？不过，从严格的认知主义立场看，从主格我（I）走向宾格我（Me），这一步问题重重：在勉强承认根本没有（意识性）意志的自由后（没有自由是因为在我们"自由"地决定采取某个步骤的刹那间之前，我们神经网络中的电流发生了变化，这清晰表明，这个决定其实早已经做出），为了拯救自由，我们还是不禁要置换从"主格我"到"宾格我"的自由行动者。借助于过于简单的新世纪解决之道，新的实存物出现了。它就是作为精神行动者（psychic agent）的"宾格我"。它在严格的认知主义框架内绝对没有立足之地。新世纪的解决之道已经放弃认知主义后果（cognitivist consequences）具有的激进性：认知主义立场迫使我们做出的全部预设是，我们的意识性决定（conscious decisions）是由神经生物学的非主体（neurophysiological asubjective）的客观过程预先决定的。另一个"更深层"的宾格我是完全没有根据的步骤，它最终把精神实体（psychic substance）投进了"盲目"的神经生物学。认知主义的战栗（frisson）不就在于它的下列激进观念——意识其实是"用户错觉"，在它后面（就像在电脑屏幕后面）只有盲目的非主体性神经过程，所以绝对没有这样的理论需要——设置某种精神性全部实存物（psychic global Entity），设置"在我之内又超乎我"的东西，并把这种东西视为

1　当然，若做更缜密的分析，我们应该引入进一步区分：一者是作为主格我（I）的形象的"自我"（Self），一者是作为主格我（I）的不可代表的实体（unrepresentable substance）的"宾格我"（Me）。

我的行为的真正代理？自相矛盾的是，我们正是作为弗洛伊德派，才应该拒绝"宾格我"的概念，才不把"宾格我"视为自我（ego）的实体性背景。

关于"认知闭合"（cognitive closure）这一话题，解决之道似乎在于把经验闭合（experiential closure）与真正的认知闭合严格区分开来。在我们"活生生"的自我体验中，我们必定把自己（错误地）感知为能够自由地采取行动的主体，这样说是一回事。提出下列强烈主张是另外一回事：对我们而言，从认知上讲，了解我们心灵的生物-神经功能不可能的。第一种情形类似于，即使我们已经从天文学那里获知太阳远远大于地球，但我们依旧把太阳感知为一个小球，这绝对不会妨碍我们的知晓（这可以用来说明这种何以存在误导性的感知）。在第二种情形下（具有真正的哲学旨趣的当然是这种情形），这样的知晓被认为是不可企及的。不过，扰乱这个简单解决之道的，是我们的现象性的自我体验（phenomenal selfexperience）具有的例外身份：不仅这种体验是我们的知晓的不可化约的终极视域，而且我们的自我也只是作为一种现象存在的。在自我的自我表象（self-appearance）之下，根本没有自我的"真正实体"（类似于"真实"的太阳，它与太阳显现给我们的样子——天上的黄球——完全相反），自我"是"它向自身的显现（appearing-to-itself）。

我们在此遇到的还是那个老悖论：某个实存物只有在不为人知时才会存在。这是对经典的唯我主义公式"存在就是被感知"的奇异逆转。在这里，某物只有在不被感知-体验为它时才会存在。这也是理解拉康"自我即征兆"（ego as symptom）这一论点的法门吗？弗洛伊德式的征兆与标准医学意义上的征兆不同，它也是这样的事物：只有在某物的因果关系不为人所知时，只有在它真的以无知的形式体现出来时，它才会存在。在这里，梅青格与柯林·麦克基因（Colin McGinn）截然相反，[1]他在理论性自知（theoretical self-knowledge）原则上不可获得的意义上设置对自我的认知闭合：他的"自动认知闭合"是严格现象性的，是体

---

[1] See Colin McGinn, *The Mysterious Flame* (New York: Basic Books, 1999).

验的必不可少的错觉，而不是对我们知晓的先验限制。我们可以在认知上知道有关主体性的现象性自我模型理论，但我们无法"真正相信"这种理论。在这里，我们回到了恋物癖的否认上，回到了"我很清楚，但是……"上：

> 你无法相信它。……原则上，SMT 是你无法心悦诚服的理论。……这个事实是我们谈论意识这个"难解之谜"——甚至"神奇秘密"——时实际要表达的意思的真实本质和最深内核。……如果当前的故事是真实的，那在这个故事中，它就不可能在直觉上是真实的。(627)

与马克思的商品恋物癖理论极其类似的是，理论知晓无法消除实践中的恋物癖。尽管如此，在思考无法思考之物（thinking the unthinkable）这一理论努力之外，是否还存在着亲历它、把它亲历为"非我"（being no one）的可能性？梅青格认可的一个预告是佛教启蒙（Buddhist enlightenment）。在佛教启蒙中，自我在体验方面直接认可了他的不存在（non-being），也就是说，把他自己视为"被模拟的自我"（simulated self），视为一个再现性虚构（representational fiction）。这种情形［现象性之梦（representational fiction）在这种情形下变得清晰起来］"直接对应着一个经典哲学观念——至少 2500 年前在亚洲完美确立的哲学观念，即佛教的'启蒙'观。"(566) 这样的被启蒙的知晓（enlightened awareness）不再是自我知晓：我不再把自己体验为我的思想的代理；"我"的知晓是对非我系统（self-less system）的直接知晓，因此它是一种非我之知（self-less knowledge）。

梅青格对有关人类心灵的三个标准隐喻的重新解读和激进化，极为清晰地展示了他的立场。三个标准隐喻是：柏拉图的洞穴隐喻、再现主义的隐喻、总飞行模拟器（total flight simulator）的隐喻。关于柏拉图的洞穴，如同我们已经看到的那样，梅青格认可它的基本前提：我们错把现象性的"影子剧院"（我们对现实的直接体验）当成了现实；我们以必然"自动"的方式为这个错觉所约束，我们应该努力获得真正的自我知晓。他在一点上与众不同：根本不存在这样的自我，他被捆绑在洞穴的深处，因此能够离开洞穴，去寻找太阳的真正光芒：

> 存在着外部知觉客体的低维度现象性影子（low-dimensional phenomenal shadows）。这些影子在洞穴人大脑的神经用户表层（neural user surface）上跳跃着。说得很对。当然也存在着现象性的自我影子（phenomenal self-shadow）。但是，低维度的影子是由什么投射出来的？……它不是洞穴人的影子，而是作为一个整体的洞穴的影子。……洞穴中不存在真正的主体，不存在把自己与其他事物混淆起来的侏儒。正是作为整体的洞穴，在觉醒和做梦的若干阶段，断断续续地把自己的影子投射到了它众多的内部墙壁上。洞穴影子就在那里。洞穴是空的。（550）

这把我们带到了第二个隐喻即再现主义的隐喻上。我们的现象性经验是对世界所做的动态的、多维度的图绘，但这种图绘自有其扭曲之处："就像人类使用的仅有的几幅外部地图，它还有个小红箭头。……现象性自我（phenomenal self）就是你有关现实的意识性地图中的红箭头。"（551）梅青格指的是城市、机场或购物中心的地图，在那里，小红箭头标指观察者在所绘空间中所处的位置（"您的位置！"）：

> 心智的自我模型（mental self-models）是小红箭头，它帮助现象性的地理学家（phenomenal geographer）在她自己有关现实的心智地图上扬帆远行。……地铁地图上的小红箭头与我们神经现象学的穴居人（neurophenomenological troglodyte）大脑中的小红箭头的最大差异在于，外部的箭头是不透明的。它只是对某物的再现，总是某物的占位符。这一点总是显而易见的。……然而，洞穴人大脑中的意识性自我模型（conscious self-model）在很大程度上是透明的：……现象性自我不仅以充分发展的前反射体现（full-blown prereflexive embodiment）为特征，而且以对定位（being situated）所做的广泛的、无所不包的主观体验为特征。（552）

这个"红箭头"当然就是拉康所谓的为其他能指再现主体的能指；我们对地图的全然沉浸，把我们带到了第三个隐喻，即总飞行模拟器的隐喻：

> 大脑与飞行模拟器的区别并不在于它是由飞行学员驾驶的，飞行学员断断续续地"进入"它。……总飞行模拟器是自我建模的飞机，它总是在没有飞行员的情形下起飞，并在自己的内部飞行模拟器内制造有关自己的复杂内部形象。该形象是透明的。作为整体的系统却没有获得下列信息：它是在内部产生的形象。……和神经现象学的洞穴人一样，"飞行员"从一开始就置身于虚拟现实，他甚至没有机会去发现这个事实。(557)

但这个版本的洞穴论证（洞穴把自己的影子投向洞穴的墙壁并制造和模拟观察者）中存在着恶性循环：洞穴能够模拟观察者的实体性身份／内容，却无法模拟观察者的功能，因为在这种情形下，我们会看到一个观察自己的虚构，就像马格利特（René Magritte）以手画手，被画的手又回过头来画那只画手的手。换言之，虽然观察者在对自我知晓的体验中直接认同的是虚构，是没有实证性存有论身份（positive ontological status）之物，但他的观察行为是实证的存有论事实（positive ontological fact）。

在对笛卡儿的"我确信我存在着"（I am certain that I exist）一语所做的详尽分析中（398—403），梅青格引入了一个区分。该区分非常接近拉康对"阐明的主体"与"被阐明的主体"的区分。在梅青格看来，至关重要的是"我确信我存在着"一语中的两个"我"具有的不同身份：第二个"我"仅指透明的自我模型的内容——拉康的"被阐明的主体"，即作为客体的自我（ego）；第一个"我"代表着产生（生成）这种想法的思想者的不透明成分（opaque component）——拉康的"阐明的主体"。笛卡儿的混乱之处在于，直接体验自身的、自我透明的思想实体（thinking substance）是由下列行为造成的——不合理地把两个"我"等同起来。其实，第二个"我"已被嵌入第一个"我"。不透明的成分"已经嵌入透明的自我模型这个持续活跃的背景之中"（401）。换言之，尽管第二个"我"——产生这种想法的未知因素——无疑指某物，指生成这种想法的某个系统，"我们依然不清楚，这个系统是否其实就是自我"（405）。在这里，康德不是说得更清楚吗？他强调主体彻底的非实体性特征，并把主体的本体基础（noumenal substratum）界定为"思想着的我或他或它"。这实际上在暗示我们，对于某人自身的本体性质（noumenal nature）的浑然不知，是会思维的主体性（thinking subjectivity）得以存在的实证性条件。

注意到下列一点是至关重要的：梅青格的这种不精确（用拉康的话，他没能把"阐明的主体"与"被阐明的主体"区分开来）与他其他的不精确密切相关，与他没能把生成系统（generating system）的"外在"的不透明与意义的"内在"的不透明区分开来。就社会认知（认可）而言，这种区分极为直接地强加于自己。正如拉康强调的那样，对我而言，根据定义，大对体即深渊，它是"不透明"的，也就是说，我总是知道，我所体验到的是具有欺骗性的现象性外表：

> 你"毕竟"是我的太太，关于那事你都知道些什么？你"实际上"是我的主人，你那么肯定这一点吗？"毕竟"，"实际上"，创造了这些单词的创始价值的，是在信息表达中的东西，以及在伪称（pretense）中显示的东西。创造了那些单词的创始价值的，是作为绝对大对体（absolute Other）的他者（the other）。绝对，是说大对体已被认可，但不为人所知。同样，构成了伪称的，归根结底在于你不知道它是不是伪称。本质上，正是处于他者的他异性（alterity of the other）中的这种不为人知的因素，在某个层面上——它就是在这个层面上向他者发话的——构成了言语关系（speech relation）的特征。[1]

只有当我们面对这样的不透明的大对体时，才会出现"识别"这

---

1 Jacques Lacan, *Le séminaire, livre III: Les psychoses* (Paris: Éditions du Seuil, 1981), p. 48.

一话题（topic of recognition）：有了充分的认知（cognition），识别就没有意义。不过，大对体的这种不可渗透性，并非大对体的想象性误认（imaginary misrecognition）的对立面。它不是对下列过程的反射性洞视（reflexive insight），该过程生成了我们眼中的自我。在这里，梅青格没能把两种不同的不透明模式（modes of opacity）区分开来：一种是生成性媒介（generative medium）——即维持着对意义的体验的生物物理学的大脑过程——的不透明；一种是现象性体验固有的不透明，某个面具或记号的不透明性，这样的面具或记号承诺，在面具或记号后面隐藏着某种东西。当某人戴上面具时，把面具后面隐藏的秘密强加于自己的，不是"后面真正隐藏"的东西，不是人的面孔的物质现实，而是另一个不透明的、具有威胁性的维度。当我们窥视某人的眼睛时，同样的事情发生了：我们正在体验的大对体的不透明的深渊，不是这个人的神经现实（neuronal reality）。不妨回想一下本书第三章引用过的保罗·布洛克斯（Paul Broks）的那段话："每张面孔后面都有一个自我。我们在闪闪发光的眼睛中看到了意识的信号（signal of consciousness），想象着在这个颅骨穿窿体下面，存在着某种空灵的空间（etheral space），它被变化中的情感模式和思想模式照亮，充满了意图。"从认知主义的角度看，"深度"这个表象是错觉。不过，梅青格没说的是，这种错觉并不直接是有关透明性的错觉，而是有关不透明的错觉：如果说，在有关透明性的错觉中，我们误认了支撑着直接赋予我们之物的生成性过程，那么，在有关不透明的错觉中，我们错误地臆测根本不存在的"深度"。这两种错觉并不对称：第二个错觉，即有关不透明的错觉，是真正符号性的，因为它是反射性的、自我关联的错觉（self-related illusion），是错觉的错觉，是这样的错觉——引诱我们，使我们认为，我们直接看到的只是虚幻的表面，在它下面隐藏着某种不透明的深度。梅青格的两种不精确之间的联系是清晰的：第二种不透明，即现象性经验固有的不透明，在其最激进的层面上，就是"阐明的主体"的不透明。

　　与这两种不同类型的不透明相关的，是两种不同类型的透明性：对（语言）意义的体验的一个前提条件是，（语言）媒介理应透明。一旦我们意识到单词声音的淫荡的物质在场（obscene material presence），这种透明性就会坍塌。为了体验意义，我们必须"看穿"单词。不过，这种透明性与生成过程（生成过程的产物令生成过程本身黯然失色）的"恋物癖"透明性不是一回事。根据定义，意义是无法穿透的，它派生了自身的新的不透明。想想个人电脑早期发展中发生的巨大转型，即所谓的苹果革命吧。那是从编程向模拟环境的转型，从"知道规则"（knowing the rules）向"沉浸"于数字空间的转型。今天，我们把赛博空间体验为新型透明的人工生活世界，它的图标（icons）模仿我们的日常现实。根据定义，这种新环境是无法控制的，它展示了其自身的不透明，我们永远无法征服它，我们把它视为更大宇宙的碎片。因此，我们对它的正确态度不是编程性的征服（programmatic mastery），而是拼接，是即兴创作，是找到某种方式，以穿越它不可穿越的密度（impenetrable density）。这里的诡计在于，这种不透明并不代表"真正"的超越性，并不代表对虚拟环境的真正生成过程的知晓。它是错觉，是最为纯粹的错觉，是有关支撑我们的破碎环境（fragmented environs）的无尽世界的错觉，如同在电脑上撰写一个长文本时，我们会自动地把我们看到的文字视为一个连续文本的碎片。该连续文本存在于屏幕后的某个地方，还会"向下滚动"……

梅青格以乐观的口吻作结：根本不存在自我，这个事实提供了新的知晓可能性（possibility of awareness）。一旦我们宣称根本不存在自我，不存在我们对"做自我"（being Selves）的体验，我们就把我们自己与我们的现象性自我模型"混为一谈"了。这个概括还是误导性的，因为它暗示我们，存在着某种事物，它是其他事物的错觉。下面是该书最后的文字：

> 根本不存在这样的人，意识自我可以成为他的错觉。根本不存在这样的人，他把自己与任何其他事物混为一谈。一旦抓住了基本观点……新的维度就会打开。至少在原则上，我们能够从自己的生物学历史中醒来。我们能够长大，界定自己的目标，变得自主。我们能够反驳大自然，把自己的自我交谈（self-conversation）提升至新层面。（634）

令人吃惊的是，在对人类主体性进行化约的自然主义化约主义（naturalistic reductionism）的鼎盛时期，我们遇到了成熟的、自治的××这一启蒙主题成功的回归。"××"者何？肯定不是自我。不过，这种成功是祸福兼备之物。尽管梅青格认为人工主体性（artificial subjectivity）是可能的，特别是在杂交生物机器人学（hybrid bio-robotics）方面，以及在"经验的而非哲学"（620）的问题方面，人工主体性是可能的，但他又强调，人工主体性在伦理上是可疑的："我们完全不清楚，生物意识形式（biological form of consciousness）——只要它是由我们星球上的进化带来的——是不是可欲的体验形式（form of experience），它本身是不是真的善莫大焉。"（620）这种可疑的特征涉及意识性的痛苦与苦难（conscious pain and suffering）：进化"创造了前所未闻的、苦难和混乱的巨大海洋。随着小数量的单个的意识性主体（conscious subjects）及其现象性状态空间（phenomenal state spaces）的维度的持续增加，这个海洋也在加深。"（621）预料新的人工生成的知晓形式（forms of awareness）会导致新的、"更深"的苦难形式，是合乎情理的。……我们应该注意（或如梅青格会说的那样，"请注意"[1]），这个伦理性观点并非梅青格的一己之见，而是他的理论框架本身具有的连贯一致的蕴涵：一旦我们认可了人类主体性之全盘自然化，对于痛苦和苦难的逃避就只能显现为最终的伦理基准点。

（4）情绪在撒谎，或，达马西奥错在哪里

梅青格的众多复杂阐述有一条共同的主线，那就是对下对两者构成的视差的洞视：一者是对意义的"内在"体验，一者是对平淡无奇、毫无意义的生物体（即维持着我们的体验的这团肉）的"外在"审视：

1　梅青格的写作有一个无法不令人吃惊的个人怪癖：在说明或量化一个陈述时，他的每一句话都强制性地以"请注意……"开始，全书几乎每个页面都是如此。附带说一句，与达马西奥更加装腔作势的怪癖相比，梅青格的怪癖更讨人喜欢。达马西奥为了更加诱人地包装有关我们大脑功能的"灰色"论点，喜欢引用高雅文化和艺术中的例证。例如，他这样引入对听力机制（mechanism of hearing）的解释："两三天之前，一个顶尖级的葡萄牙钢琴家来我的公寓拜访我并演奏了巴赫的几个精彩片断……"

主体绝对无法从"内部"意识到他自己的神经元。只能从"外部",客观地知道这些神经元。根本没有观看大脑、感知神经元和神经胶质的内在眼睛(inner eye)。从主体的角度看,而不是从外部观察者的角度看,大脑是"透明"的。[1]

在整个科学思想史上,从相对论到哥德尔的不完备性定理,再到基因学和环境生物学,内生审视(endogenic view)与外生审视(exogenic view)的对立,系统"内部的存在"与"外部的存在"的对立,从来都没有中断过。[2] 爱因斯坦的突破性进展可用他提出的那个问题来概括:如果你坐在一束光上,而不是看着它在你面前一闪而过,情况会怎样?我们不要忘了,哥德尔的不完备性定理声称,在任何连贯一致的逻辑系统内,可以运用这个系统的规则做出无法证明或无法反驳的陈述。如果我们外部审视这个系统,它可能是不完备的。然而,尽管我们的主体性体验(它意在成为的某物,意在"占据"它的视点,意在从内部体验它)似乎提供了终极例证,但它还是涉及奇异的复杂化:在这里,"内部"在某种程度上就是"外部"。也就是说,根据定义,我们直接的、内在的、意识性的(自我)体验是一个过程,它发生于表面,发生于表象的层面,当我们试图用神经生物学的术语说明它时,我们要站在外部的视角上建构一个能够派生这一体验的神经过程。想象对打开的颅骨的审视吧:在看到人脑这团生肉时,我们无法不感到震惊:"就是这个?就是这团肉派生了我的思想?"模拟(simulation)与模型(model)的差异在这里至关重要。模拟旨在通过不同的生成机制摹仿(复制)外部结果,而模型则旨在把握现象的内在结构,把握现象的"内在运作",与结果(即与"事物是如何直接显现出来的")毫无相似之处。不过,说到人类,模拟是被双重化了:我们可以建造一个会模拟人类的机器人(在外部的观察者看来,它的行为俨然人类,会交谈等),也可以建造一个其"内在体验"模拟人类的"内在体验"的机器人(它有意识、情绪

---

1 Todd Feinberg, quoted in Metzinger, *Being No One*, p. 177.
2 See John L. Casti, *Would-Be Worlds* (New York: John Wiley & Sons, 1997), pp. 183–187.

等等）。

要由此得出的结论，早已由弗朗西斯科·瓦雷拉得出：意识（知晓）
不是内部的问题，而是内部与外部的"介面"问题，是内部与外部的表
面接触（surface-contact）问题。[1]其实，正是内部与外部这种令人费解
的关系瓦解了笛卡儿的标准主体观（笛卡儿认为主体是会思考的实体）。
它清楚地说明，主体恰恰不是实体。这种反笛卡儿的转向是如何与其他
认知主义者对笛卡儿式主体的严厉拒绝联系起来的，是如何与安东尼
奥·达马西奥（Antonio Damasio）对笛卡儿式主体的严厉拒绝联系起来
的？令人惊诧的是，达马西奥的批判是沿着相反的方向进行的：如果有
什么区别的话，那区别在于，他甚至更加强调主体的"实体"性质，强
调主体已经深深嵌入躯体的生物学现实。

笛卡儿认为，意识是纯粹的、无利害关系的反思活动，只是后来才
为情绪玷污。情绪是我们心灵的下列咒语付出的代价：心灵在经验上
根植于生物学躯体，它破坏了我们思想的清晰性。与这种意识观不同，
达马西奥断定，在情绪与意识之间存在着构成性的必然联系：[2]意识是
"情绪性反应"。反应？对什么的反应？就其最基本的意义而言，意识是
对生物体体内平衡的骚乱的知晓，而骚乱是与外部（或内部）客体的相
遇引起的，如此相遇实乃意识得以出现的"时机"（171）。之所以说意
识天生是"情绪性"的，原因就在这里：它推动生物体对骚乱做出偏向
性的、"有利害关系"的反应。……即使对德国唯心主义一知半解的人
也会感到震惊，因为此论与费希特的见解颇为雷同。在费希特看来，超
越性的我（transcendental I）、（自我）意识都是作为对不可化约的外部
Anstoss 的反应出现的。*Anstoss* 是个德语单词，具有极其恰切的双重意

---

[1]　从"内部"向"外部"，这一视差转移与此相反的转移并不对称。在与此相反的转移中，我
们经历了惊心动魄的体验：某个客体突然之间、出人意料地有了主体光临（presence of a subject）的
迹象，并开始说话［《科学怪人》（*Frankenstein*）、《来电惊魂》（*When a Stranger Calls*）等］。在第一
种情形下，我们从主观性的移情走向去主体化的客体（"快看，面孔之后并无自我，只有怦怦跳动
的大脑这团肉"）。第二种情形则堪比著名的科幻小说场景，在那里，我们本以为是死物的东西，却
是活的（"看，它是活的！这团肉正在思考！"）。这时，我们并不只是沿着原路返回。相反，那个
物体依然是物体，依然是抵抗主体化和主观性移情的外来物。作为不可理喻的–人性的客体，它
"人化"了自己，并开始说话。说话的物体依然是怪物，是不应该开口说话的某物。

[2]　Damasio, *The Feeling of What Happens*. 此后引文后面的括号里的数字，均指该书页码。

义：其一是把人绊倒的"障碍"，其二是煽动（instigation）。这是在费希特看来主体不是实体的原因。（意识之）主体不是这样的生物体：它的体内平衡先于任何骚乱，只是在骚乱再现后它才努力恢复自己的体内平衡。主体正是通过生物体的体内平衡的骚乱出现的，它"正是"应对骚乱这种活动本身。

正如我们已经看到的那样，达马西奥区分了三种不同的自我（174－175）。首先是非意识性的原我（non-conscious Proto-Self）。它虽然是非意识的，却依旧是纯粹有机的－神经的（purely organic-neural）。它是诸个神经模型（neural patterns）的互相连接和连贯集合（coherent collection）。它时时刻刻都代表着生物体的内在状态，代表着神经的"图谱"（map）。生物体据此"图谱"构成自己，以调节和维持自己的体内平衡。生物体的体内平衡连续不断地被入侵客体打乱。非意识性的原我之后是意识性的核心自我（conscious Core Self）。它是"第二序列的非言语解释，无论何时，只要某个客体修正原我，它就会出现"（174）。因此，零层面的意识形态是达马西奥所谓的"核心意识"，是"把你想象和感觉为卷入了下列过程的人——你知道你自己的体验，也知道他人的存在"（127）。诸如大卫·查尔默斯（David Chalmers）之类的哲学家把这视为需要解释的"硬"问题："意识性之你（conscious you）的第一根基是一种感觉，这种感觉出现于下列时刻——把非意识性的原我再现于被修正的过程中。被修正是在某个解释中进行的，该解释确立了修正的原因。"（172）这种"厚"意识不可化约的死亡意识（consciousness of death）：我们可以像丹尼特那样玩那个乏味的游戏——"意识是虚拟程序，在某种意义上长生不死，能从一个硬件转移到另一个硬件，从而幸免于难"，但"厚"意识"绝对是我的"。难怪如今我们能在围绕着"厚意识"（thick consciousness）进行的认知主义之争中听到存有论证据（ontological proof）的回声：不具有任何认知功能／因果功能的、无法用进化论术语解释的、纯粹被动的自我知晓，与无法用概念性术语（康德认为"存在"不是谓词）说明的纯粹存在过剩（pure excess of being）、纯粹"如何存在"（*Dass-sein*）不是一模一样吗？这岂不类似于黑格尔在《精神现象学》中提出的第一个意识形象（figure of consciousness）——"感知确定性"（sensual certainty）？黑格尔只有预先假设结构已经是概念性的，才能开启辩证运动。[1]

　　最后，"核心自我"是由"自传式自我"补足的，它依赖于"对过去和可预测未来的单个体验的众多实例的隐性记忆（implicit memories）"（174）。"核心意识"（Core consciousness）是"自传式自我"的基础和条件：后者是由一套虚拟记忆和规划组成的，它只能在核心自我的现存知晓中实现自己。核心自我爆发于"敏捷的、第二序列的、非言语的说明讲述故事之时，生物体那时陷入了下列行为而无力自拔：它在忙着再现其他事物，其实却在再现它自身业已改变的状态。但令人惊讶的事实是，捕捉者（catcher）这个可知的实存物（knowable entity）是在有关捕捉过程的叙事中刚刚创造出来的。"（170）这也是一个基本的费希特式主题：我不是发出行动的行动者，而是在行动之外没有任何实体性一致性（substantial identity）的行动者。我"就是"我的行动，我与自己的活动完全一致。我知道自己，但这个"自己"与知道这个过程（the very process of knowing）完全重叠在一起：我知道自己就是知道这一行为本身（I knows itself as knowing）。或者说，只要生物体对于入侵的反应构成了最低限度的叙事（生物体的体内平衡因为与客体相遇而被扰乱；生物体受它影响，并发生变化，对它做出反应，以维持或恢复自己的体内平衡），主体／意识是讲故事的人。说起来有些自相矛盾，主体／意识是通过讲述故事出现的，而且只有在讲述故事时才会存在：

　　　　包含在核心意识之形象（images of core consciousness）中的故事，不是由某个聪明的侏儒讲述的。故事也不是由作为一个自我的你（you as a self）讲述的，因为核心的你（core you）只是在讲述故事时，才在故事中诞生的。在原初故事被讲述时，且只有在原初故

　　1　"厚意识"炸开的是某个鸿沟。这样的鸿沟在失认症（agnosia）中清晰可辨。在失认症中，患者在生理上能够感知所有的形式、颜色等，但什么也"看"不见。也就是说，他无法识别感知到的客体。在实在界的层面上，他的感知机制运转正常，但他无法使自己的感知输入（perceptive input）主体化。自相矛盾的是，他的感知（perceptions）——或说感觉（sensations）——依然是客观性的。因此，我们应该设置"客观"感觉与"主观"感知的彻底断裂。两者间存在着存有论鸿沟。感觉并非基本元素，对客体的感知不是由它构成的。

事被讲述时，作为心智存在（mental being）的你才会存在；只要原初的故事还在被讲述，作为心智存在的你就会存在。只要音乐还在持续，你就是那音乐。（191）

叙述者通过他讲述的故事而自我生成，这是如何发生的？达马西奥的出发点是，作为一个单元（as a unit），生物体被不断图绘在生物体的大脑中；当生物体遇到某个客体，被客体影响时，这个客体也被图绘在大脑中；生物体和客体以神经模式（in neural patterns）图绘于第一序列的图谱（first-order maps）：

> 在大脑构成客体的形象——诸如面孔、曲调、牙痛、对事件的记忆——时，在客体的形象影响生物体的状态时，另一个层面的大脑结构就会对正在不同大脑区域发生的事件做出迅速的、非言语的说明。不同大脑区域的激活是客体-生物体互动的结果。

与客体有关的图谱引起了与生物体有关的图谱的变化，而且这些变化可以在另一个图谱（第二序列的图谱）中再现。因此，第二序列的图谱取代了客体与生物体的关系。只有在第二序列的神经图谱中才能捕获客体与生物体的因果关系。第二个序列的图绘（second-order mapping）导致了最低限度的自我反射性（self-reflexivity）：我不仅知道，而且我感觉我知道（正在"知道"的，是我）；我不仅感知客体，而且我知道我在感知客体；我不仅行动，而且我感觉我在行动。我不仅与客体发生关联（互动），我还与这种关联（互动）本身发生关联（互动）。之所以说意识不仅是意识，而且是自我意识，原因就在这里。当我知道某事时，我同时还知道（"感觉"）我知道某事，因为超出这种知晓，我什么都不是。我是对我自己的知晓。

主体的悖论——主体即"在有关捕捉过程的叙事中创造出来的捕捉者"——是由几乎与它完全对称的对立物来补足的：不仅（1）主体是作为探寻它（主体）的结果出现的，它就是它自身的过程，而不是实体；而且与此同时，（2）主体的知晓是问题出现之前的答案，是在探寻答案之前的答案——拉康会说，主体是"对实在界的答案"。"必须先有答案，……生物体必须首先建构某种类似于答案的知晓。生物体必须能够创造出未被请求创造的原初知晓（primordial knowledge），以便能够建立知晓这个过程（process of knowing）。"（189）

就第一种情况而论，两个方面只能看起来是互相排斥的。首先，我们得到的是搜寻过程（process of searching）。搜寻过程生成了它正在搜寻的客体。也就是说，就像闵希豪森男爵拔着自己的头发把自己拉出沼泽一样，在没有实质性外在支持的情况下，这个过程改变了其恶性循环的状况。然后在没有做任何探寻的情况下，我们得到了某个突兀的结果、答案、赐予之物、突现之物。不过，这两个悖论之间的联系是至关重要的：如果我只活在我正讲述/体验的故事中，如果除此之外我没有任何实体性的一致性/内容，那么，当我体验自己时，故事总是早已存在着的，故事之前没有对探寻做出概括的主体，故事——构成了核心自我的原初叙事——是"在对它进行探寻之前出现的解释"：

> 谁做的？谁知道？一旦答案先期抵达，自我感（sense of self）就会形成，现在对我们这些被赋予丰富知识和自传式自我的生灵而言……的确像是问题被提出来了，但自我是知道的知道者（knower who knows）……没有问题被提出。关于这种情况，不需审问核心自我，核心自我不做任何解释。知道（knowing）是以免费的形式慷慨提供的。（191-192）

因此要把两种错觉放在一起思考，把它们视为同一枚硬币的正面和反面。第一个错觉是，主体正在寻找某物，而某物早已出现并在那里，等待被发现。它是这样的错觉，我是先于叙事而存在的行动者-叙事者（"必须先有人讲述故事，故事无法讲述自己，说故事讲述自己，与下列有关画家的故事如出一辙，纯粹是废话：画家画了一幅杰作，然后走了进去，从此泥牛入海无消息"）。第二个错觉是，知晓（knowledge）是对先前所提问题的回答。我们在这里应对的是已被"双重铭刻"（doubly inscribed）的、悖论性的单个实存物，它同时既是剩余又是匮乏。这个悖论，德勒兹很久之前就在《感官的逻辑》(*Logic of Sense*) 中做过描绘：符号秩序一旦出现，我们就会遇到这样的实存物，它同时既是空洞的、被占据的位置（从结构的角度看），又是没有立足之地的、过度的占有者（从元素的角度看）。[1]

这种被扭曲的结构为我们提供了一条线索，让我们知道达马西奥的意识观念有何不妥。达马西奥认为，意识依赖于记录了两种实存物（生物体和客体）的因果关系的第二序列的图绘。两种实体的互动被第一序列的图绘所记录。显然，这种过于简单的复杂化 (all-too-simple complication) 无法完成生成图绘行动者 (agent of mapping) 的使命，无法完成这样的使命——促成对图绘行动者的知晓 (awareness)。如果第二个序列的图绘记录第一个序列的图绘，那我们所能得到的只是两个层面的图绘之图绘 (mapping of mapping)，而不是把自身囊括于被图绘过程 (mapped process) 的图绘过程 (process of mapping)。要达到这个目的（使行动者囊括于它激活的过程），必须形成某种自我关联，使两个层面的再现（图绘）形成某种短路。拉康的能指公式（"能指是为其他能指再现主体的能指"），令人想起的恰恰是这样自我关联的两个层面的图绘：再现主体的能指是第二序列的"反射性"能指，它在第一序列的能指系列 (series of signifiers) 中充当着主体的替身。在达马西奥的解释中，这种反射性 (reflexivity) 是被否定的黑格尔式时刻。且让我用一个病态笑话澄清这一点：一个住在床位众多的大病房里的病人向医生抱怨，其他病人不断制造噪音，大声叫喊，令他发狂。医生回答说，病人这个样子，他实在无计可施。你不能不让他们表达绝望之情，因为他们全都知道，他们余日不多。那个病人继续说："那为什么不为快死的人设置特殊病房？"医生平静地回答说："这就是为他们设置的特殊病房呀……"为什么对黑格尔略有所知的人都能在这个病态笑话中嗅出一股"黑格尔式"的味道？因为笑话最后出现了扭曲，在那里，那个病人的主体立场被瓦解了：他本想与那群人保持距离，结果发现自己已是其中

---

[1] 对此悖论的详细说明，见本书第一章中的"康德式视差"。

的一员。[1]

我们由此还可以明白，何以达马西奥对自我的两面（一面是持续变化的意识之流，另一面是我们的主体性这个永恒的稳定之核）这个古老之谜的解决之道没有击中目标：表面上变化的自我与表面上不变的自我尽管密切相关，却不是一个实存物，而是两个实存物（217）。第一个实存物是核心自我，第二个实存物是自传式自我。不过，被作为言说的存在（speaking beings）的我们体验或预设为我们的主体性这个空洞核心（empty core of our subjectivity）的东西，却没有立足之地。我是什么？我既不是我的躯体（我拥有躯体，我从来都不直接"是"我的躯体，尽管梅洛·庞蒂匆忙做出的微妙的现象学描述试图令我信服，我就是我的躯体），也不是构成了我的符号一致性的自传叙事的稳定之核。"我是"之物，是空洞自我（empty Self）这个纯粹的太一（pure One），它在自传叙事的持续变化的整个过程中始终不变，永为太一（One）。这个太一是由语言促成的：它既不是核心自我，也不是自传式自我，而是当核心自我转换成语言时，核心自我通过质变（transubstantiated）或非实体化（desubstantialized）变成的东西。这是康德在把"人"（person）与超越性统觉之纯粹主体（pure subject of transcendental apperception）区别开来时心中所系之物。在康德那里，"人"是自传性内容之财

1　我在这里讨论的是黑格尔，所以不禁立即把这个笑话视为一个三元组（triad）的首项。因为这个笑话的基本扭曲在于，它囊括了一系列明显的例外（向医生诉苦的患者本人已经朝不保夕），所以对它的"否定"会是其最终的扭曲与上述笑话截然相反的笑话。它会涉及的是排除，也就是说，涉及对太一的提取（extraction of the One），涉及"把太一设置为例外"这一行为。最近在波斯尼亚风行的一个笑话就是如此。在笑话中，法姐（Fata）——妇孺皆知的波斯尼亚普通主妇——向医生诉苦，说她的丈夫穆约（Muyo）天天晚上都与她做爱，一做就是几个小时。这样，尽管他们的卧室一片漆黑，她还是睡眠不足。他总是无休无止，一再扑到她的身上。善良的医生建议她使用冲击疗法（shock therapy）：在床边放一盏明灯，这样一来，如果她真的感到厌倦，可以突然用灯照穆约的脸，如此冲击肯定能够平息他那过度的激情……当天晚上，腾云驾雾几个小时后，法姐照方抓药，但看到的却是穆约的同事海叟（Haso）。她吃惊地问道："你在这里干什么？我的丈夫穆约呢？"困窘的海叟回答道："我最后一次见他时，他正站在门口收钱，那里排着长队……"第三项会是"无限判断"的某种笑话对应物（joke-correlative），是作为至高矛盾的同义反复（tautology as supreme contradiction），如同那则逸事表明的那样：某人向医生诉苦，说他常常听到与他不在一起的人的声音。医生答道："真的？我想寻找这种幻听的意义，请你向我描述一下，你平常是在什么具体环境中听到与你不在一起的人的声音？""啊，在多数情况下，这种事情发生在我打电话的时候……"

富（wealth of autobiographical content），它为我的自我提供了实体性内容；超越性统觉之纯粹主体只是空洞的自我关联点（empty point of self-relating）。

达马西奥基本的"阿尔都塞式"论点是，"在各自的情感出现之前，不存在核心的感觉状态，表现（情绪）先于感觉"（283）。我不禁要把这种先于感觉的情绪与空洞的纯粹主体（$\mathcal{S}$）联系起来：情绪已是主体的情绪，但这发生在主体化之前，发生在情绪被转化为对感觉的主观体验之前。$\mathcal{S}$因而是情绪（情绪先于感觉）的主观对应物（subjective correlative）：正是通过感觉，我不再被限制在生命－体内平衡（life-homeostasis）的框架内。也就是说，它的运行不再受限于生命－调节（life-regulation）之生物机器。达马西奥写道：

> 意识的力量来自它在下列两者间建立起来的实际联系：一者是单个生命调节（individual life regulation）之生物机器，一者是思想之生物机器。这种联系是创造个人关切（individual concern）的根基。个人关切贯穿于思想加工（thought processing）的所有方面，聚集于所有旨在解决问题的活动，并为后来的解决之道提供灵感。（304）

达马西奥说这番话时没有考虑到主体性之真正空洞的核心（$\mathcal{S}$）。只要推翻了调节生命的体内平衡的框架，主体性之真正空洞的核心就与弗洛伊德所谓的死亡驱力不谋而合。因此，下列两者间形成的等值链（chain of equivalences）会强加于己：一者是"空洞"的我思（笛卡儿式主体、康德的超验主体），自我关联的否定性（self-relating negativity）这一黑格尔式话题；一者是死亡驱力这一弗洛伊德式话题。这种"纯粹"的主体被剥夺了情绪？事情还不是这么简单：它并不直接沉浸于生命体验（life-experience），由此带来的不是新的情绪（emotion）或感觉（feeling），而是新的情感（affects）：焦虑和恐惧。焦虑是与太虚（Void）对抗的对应物，而太虚构成了主体的核心；恐惧是对最为纯粹、"永不死去”的生命的厌恶之情的体验。[1]

在《突触的自我》（*Synaptic Self*）中，约瑟夫·雷杜克斯（Joseph LeDoux）面对着同一问题。该书最后提出了大脑运作的七原则。其中的第六原则是："情绪状态垄断大脑资源。"当危险的外部刺激攻击生物体时，立即产生的情绪性回应。

> 通过神经连接向大脑皮层的感觉区域发送直接的反馈，激励这些区域关注危险的刺激世界的那些方面。反馈还会抵达从事思维和外显记忆构成（explicit memory formation）的其他大脑皮层区域，激励它们围绕着当前的情形提供某些想法（think certain thoughts），构成某些记忆。[2]

另外，其他的情绪回应当然会被抑制：吓得魂不附体之时，你不会想到"食色性也"。这样的单一关注绝对没有充当阻挡"均衡"的理性思维的障碍，反而为我们的认知和行为提供了动力：一旦处于情绪压力之下，我们的认知和行为就会提速，我们会调用自己的全部资源。结果，当我们说情绪"渲染"（colors）我们的思维和行为时，要在拉克劳的"霸权"（hegemony）的意义来理解（虽然不无缺点）：它是赋予整体以特定风味的专项特性（specific feature）。专项特性来自随着语言出现而出现的、人的认知能力与情绪／动机能力的不平衡：

> 语言既需要额外的认知能力，也使新的认知能力成为可能。要促成这些变化，需要空间和连接。空间问题已经……通过推动某些事物在现有大脑皮层空间中四处移动而解决。但是连接问题只是部分地得到了解决。解决的那部分，即与大脑皮层加工网络的连接，

---

[1]　情感通常被视为阻止我们进入现实的障碍，被视为污损、扭曲我们对现实的感知的东西。与此形成鲜明对比的是，拉康把焦虑视为引导我们接近实在界、确保我们进入实在界的唯一情感。不过，在这种类型的情感中，焦虑是唯一的吗？热忱（enthusiasm）呢？或许可用热忱概括巴迪欧对拉康的全部抗争。在巴迪欧看来，（忠诚于事件的）热忱也是一信号，它表明我们已经进入了实在界。

[2]　Joseph LeDoux, *Synaptic Self* (London: Macmillan, 2002), p. 320.

使得强化人科动物大脑（hominid brain）的认知能力成为可能。但是没有获得充分解决的那部分，是认知系统与心智三部曲（mental trilogy）其他部分——情绪系统和动机系统——的连接。[1]

　　沿着这些思路可知，认定"做人"（being-human）的特异性以认知能力和情绪能力的分裂为根基，甚是有趣。因为如此说来，一旦情绪与认知能力并驾齐驱，人类就不再是人类，而是被剥夺了人类情绪的冷酷怪物。我们在此应该用更为结构性的方法补充雷杜克斯的见解：不仅我们的情绪落后于我们的认知能力（因为它停留在了原始动物的层面上），而且这种分裂本身就充当着"情绪性"的事实，催生了人类特有的新情绪，如焦虑（与单纯的恐惧截然相反），如人间之爱和忧郁之情。事情是这样的吗：因为对情绪和感觉的原阿尔都塞式区分（Specifically "human" emotions）存在根本性的弱点（或者说根本性的含混），雷杜克斯（以及雷杜克斯依赖的达马西奥）没有看到这个特性？这种区分具有清晰的帕斯卡尔式扭曲（Pascalian twist）。何以达马西奥在广泛批判"笛卡儿"的失误时[2]，没有援引笛卡儿的主要批评者帕斯卡尔的话，还是一个不解之谜。这种区分具有的帕斯卡尔式扭曲是：身体的情绪并不展示内在的感觉，相反，身体的情绪派生内在的感觉。不过，这里还是错过了某种东西，使我们不知道，下列两种情绪是分裂的：一种情绪是生物-有机的身体性姿势（biological-organic bodily gestures）；一种情绪是习得的符号性姿势（learned symbolic gestures），它服从规则，帕斯卡尔所谓的下跪和祈祷就是如此。只有人类这种动物的情绪丧失了其生物本能的根基，"人类"特有的情绪（如焦虑）才会出现。而且这种"丧失"是由作为人类"第二天性"的、经由符号调节的情绪补足的。

　　只有在谈及情绪的身份时，才能最为清晰地辨识把脑科学的无意识与弗洛伊德的无意识分割开来的鸿沟。在达马西奥看来，无意识是情绪性的：情绪展示了生物体的"自发"反应，生物体之所以进行产生"自

1　Ibid., p. 323.
2　See Antonio Damasio, *Descartes' Error: Emotion, Reason, and the Human Brain* (New York: Quill, 1995).

发"反应，是因为它遇到了扰乱生物体体内平衡的客体。如此说来，即使人类在认知的层面上不知道它对客体的真实态度，人类的情绪回应还是暴露了其态度。标准的例证是种族主义：我可能由衷地相信犹太人与其他人无异，但我在遇到犹太人时，连我自己都不知道的是，我的身体性姿势展示了一种情绪性反应，这种情绪性反应证明，我的立场在无意识层面上是排犹的立场。"无意识"在这里是情绪肌质（emotional texture）的无法穿透的深厚背景，这与弗洛伊德的"无意识"形成了鲜明对比。当拉康展开弗洛伊德的论点——"焦虑是一种不撒谎的情感"（焦虑因此证明它与实在界颇为接近）——时，他要表达的意思是，焦虑属于例外：其他的情绪全都撒谎，它们大体上都撒谎。弗洛伊德在《梦的解析》中提到了一个梦。在梦中，一个女性简单地重复了前一天的经历：在强烈悲哀的气氛中为一位心爱的朋友举行葬礼。弗洛伊德对此梦的解释是，在葬礼上，做梦人与一个男人再次相逢。若干年前，她强烈地爱过这个男人，至今对他还充满性欲。关键不仅在于，此梦的意义要在与其整体性无关的某些细节中寻找（注重细节的解析与整体性的阐释学解析相对）；与之伴随的、被体验为强烈悲哀的感觉被用作面具、防护屏，其功能就是隐藏在遇到可爱之人时生出的欢喜，它与无意识风马牛不相及。

情感的这种欺骗性在音乐最为明显。伴随着浪漫主义的兴起，音乐的存有论身份发生了根本性的变化：音乐不再被化约为以言语表达出来的信息的纯粹伴奏，它开始包含／传达自己的信息，而且这种信息比以词语表达出来的信息"更为深刻"。第一个清晰阐明音乐这一表现潜能的是卢梭。他声称，音乐不应该单纯地模仿言词的情感特性，它应该被赋予"为自己说话"的权利。与骗人的言词不同，在音乐中，依照拉康的说法，真相（truth）现身说法。正如叔本华所言，音乐直接展现／表现了本体性的意志（noumenal Will），而言语依然受到限制，停留在现象再现（phenomenal representation）的层面。音乐是实体，它描绘主体的真正内心世界，而主体的真正内心世界则是黑格尔所谓的"世界之夜"，是激进否定性（radical negativity）这一深渊。随着从启蒙运动的理性逻各斯主体（subject of rational Logos）向浪漫主义的"世界之夜"主体的转移, 也就是说, 随着主体内核的隐喻从昼 (Day) 向夜 (Night) 的转移, 音乐成了超越言词的真正信息的载体。我们在此遇到了不可思议之事: 音乐不再是外在超验 (external transcendence), 而是伴随着康德的超验转向 (transcendental turn) 出现的、处于主体内心世界的夜之过度 (excess of the Night), 即不死之物的维度 (dimension of the Undead), 是汤姆林森 (Tomlinson) 所谓 "为康德式主体打上了标记的内在冥间 (internal otherworldliness)"。[1] 音乐表达的不再是 "灵魂的语义" (semantics of the soul), 而是超越语言意义的、潜在的、"本体性"的原乐之流 (flux of *jouissance*)。这种本体之维完全不同于康德之前的超验性神圣真理 (divine Truth): 构成了主体之核的正是难以企及的过度 (inaccessible excess)。

不过, 如果看得更仔细些就会发现, 我们无法逃避下列结论: 就像叔本华赞美的那样, 音乐能真正 "热情洋溢" 地渲染情绪, 唯其如此, 它才不仅能够撒谎 (事实上也在撒谎), 而且就其自身的形式身份 (formal status) 而论, 撒谎乃其根本之道。我们不妨以这样的音乐作品为最高例证, 它直接渲染了主体对 "世界之夜" 的过度享乐的沉浸。它就是瓦格纳的《特里斯坦与伊索尔德》。在《特里斯坦与伊索尔德》中, 音乐似乎表达了词语无力表达之物: 一对身陷柔情蜜意的恋人不可救药地被引向激情的满足, 引向 "至高的欣喜" ——心醉神迷的自我毁灭。然而, 这就是这部歌剧的形而上学 "真理", 就是它真正妙不可言的信息? 如果是这样, 那为什么这种行为——不可救药地滑向自我毁灭的深渊——再三被普通日常生活片断 (通常荒谬) 的入侵打断? 且以终曲这个最为明显的个案为例: 就在布朗盖纳 (Brangäne) 抵达之前, 音乐本来可以直接进入终曲《基督变容》(*Transfiguration*), 两个情人缠绵不已, 为什么这时相当荒唐地驶来了第二艘船只? 它的到来以几乎滑稽的方式加快了缓慢的行动步伐。在仅仅几分钟内发生的事情, 竟然多于在先前整个场景内发生的事情 [梅洛特 (Melot) 和库维纳尔 (Kurwenal) 在战斗中双双死去, 等等]。这类似于威尔第 (Verdi) 的《游吟诗人》

---

1 Gary Tomlinson, *Metaphysical Song* (Princeton: Princeton University Press, 1999), p. 94.

（*Il Trovatore*）。在《游吟诗人》中，一个完整系列的事件发生在最后两分钟之内。这只是瓦格纳的戏剧性弱点？我们应该在此牢记，这种突然加速的行动并非仅仅充当暂时的延宕，阻止它转向虽然缓慢却又不可阻挡的、极度兴奋的自我灭绝。这种加速的行动有其内在的必然性，它必须作为简短的"现实入侵"（intrusion of reality）出现，允许特里斯坦展示伊索尔德（Isolde）最终的自我毁灭行为。[1]倘若没有现实的出人意料的入侵，特里斯坦极度痛苦——因为他无法死去——就会无限地拖延下去。"真理"不仅在于向自我毁灭的充满激情的转移——这是这部歌剧的基本情感，而且在于荒谬的叙事性事故／入侵（narrative accidents/intrusions）——它打断了这种转移。再说一遍，重要的形而上学情感（big metaphysical affect）也表现在这里。

达马西奥把"体内平衡一词"[2]当成生物体的基本自我调节的最佳简写来使用，并以弗洛伊德的术语"快乐原则"来描述生物体的核心构成。在那里，痛苦和快乐本身并非活动的目标，而是表明生物体的体内平衡受到了威胁或获得了支撑：快乐和痛苦的行为和情绪"总是以这种方式或那种方式，或直接或间接地以调节生命过程和促进生存为目标"（35）。随之而来的重要问题是：我们如何由此走向弗洛伊德所谓的"超越快乐原则"？要达到这个目的，快乐和痛苦岂不是必须使自己摆脱充当信号的这种工具性功能，并以自身为目标？在这里，痛苦扮演的角色比快乐扮演的角色更基本（more elementary）：痛苦与快乐摆脱了其工具性，获得了"自治"，其"自治"的公式就是在痛苦中发现快乐。不是以正常的活命主义的方式（survivalist way）回应痛苦，而是紧紧抓住痛苦不放，从中获得满足。达马西奥坚称情绪和感觉之间是分裂的。如果只有通过情绪的去工具化才会形成情绪和感觉的分裂，情形会怎样？如果原初的、零层面的感觉并非从痛苦这种情绪简单地"转向"痛苦这种感觉，而是把快乐的感觉寓于痛苦的情绪（或把痛苦的情绪寓于快乐的

---

1   我在此接受对《特里斯坦与伊索尔德》所做的这样一种解读。根据这种解读，伊索尔德的到来与死去都是处于垂死状态的特里斯坦的幻觉。See Mladen Dolar and Slavoj Žižek, *Opera's Second Death* (New York: Routledge, 2001).

2   Antonio Damasio, *Looking for Spinoza* (London: Heinemann, 2003), p. 30.

感觉），情绪会怎样？达马西奥的研究方法的局限最为明显地表现在他下列企图上——他要把种族主义情绪的迸发解释为情绪反应的误用。就其最初的运作（original functioning）而言，这种解释绝对是恰当的：

> 引起种族偏见和文化偏见的反应，在某种程度上是以社会情绪的自动展开为根基的。从进化论的角度看，社会情绪旨在从他人那里发现差异（因为差异可能意味着风险或危险），并促成撤退或发起进攻。这种反应在部落社会中或许能够如愿以偿，但在我们社会里已经不再适用，更不必说恰如其分了。我们能够明智地应对下列事实：我们的大脑依然携带着某种装置，该装置做出的反应与它于若干世纪前在完全不同的语境下做出的反应无异。但我们可以学着漠视这样的反应，同时说服他人做同样的事情。（40）

这种解释存在的问题在于，种族主义者对与其不同的大对体的"厌恶"包含两种主要构成方式，它没有对这两种方式做出解释。两种方式，一种是这种厌恶的起源方式（其机制是复活）——它是作为先前受到"抵制"的创伤经验的替身出现的。例如，在痛恨种族大对体（racial Other）时，我们积极"发泄"（act out）或掩盖我们的社会无能（social impotence）、我们在社会"认知图绘"（cognitive mapping）方面的缺乏。另一种方式是，我们在对族群大对体（ethnic Other）的出现做出种族主义的情绪反应时，厌恶显然与其他形式的变态快乐、迷恋和羡慕融合在一起的。

为了解释这两种并发症，我们应该牢记精神分析提供的基本的反达尔文主义的教益（拉康反复强调这一教益）——人类对自己环境的彻底的、根本的不适应（dis-adaptation）、坏适应（mal-adaptation）。在其最激进的层面上，"做人"之所以为"做人"，就在于不再一头扎进自己的环境，就在于服从某种自动机制，而自动机制漠视对适应的要求（demands of adaptation）。归根结底，这相当于"死亡驱力"。精神分析不是"决定主义的"（"无意识的进程决定我的所作所为"）：作为自我破坏的结构（self-sabotaging structure），"死亡驱力"代表着摆脱了功利主义-活命主义态度的、最低限度的自由和行为。"死亡驱力"要表达的意思是，生物体不再完全由其环境来决定，生物体通过"爆炸／内爆"（explodes/implodes）进入了自治行为的循环（cycle of autonomous behavior）。这是至关重要的分裂，是功利主义与康德观念的分裂：功利主义对自由做了彻底的"存有性"否认（环境决定了我的行为，谁控制了环境谁就控制了我），康德派（我们不要忘了，还有萨德派）肯定道德律令、怪异念头的无条件自治。但在这两种情况下，存在链（chain of being）都出现了破裂。

（5）黑格尔、马克思、丹尼特

从认知主义的角度拒绝笛卡儿的我思的，还有第三派，也是影响更大的一派。它就是丹尼尔·丹尼特对所谓"笛卡儿剧院"（Cartesian Theater）的大加讨伐。"笛卡儿剧院"是这样一种想法：人心中有专门负责感知和决策的"中心点"，那里对所有到来的信息进行汇集和鉴别，然后把它们转化为行动的指令。人类心灵是没有中心的"群魔乱舞"（pandemonium）。第一个提出这个想法的不是别人，而是列夫·托尔斯泰。这是现代观念史上一个绝妙的讽刺。人们通常认为，托尔斯泰远不及陀思妥耶夫斯基有趣。他是一个无可救药和早已过时的现实主义者。与陀思妥耶夫斯的存在主义苦闷相比，托尔斯泰在现代性（modernity）中基本毫无位置。不过，彻底恢复托尔斯泰的名誉，恢复他独特的艺术理论、人的理论的声誉，这样的时代或许已经到来。在托尔斯泰的艺术理论、人的理论中，我们听到了斯宾诺莎"仿效情感"（*imitatio afecti*）和道金斯（Dawkins）的模因的回声。"人是大脑已被感染的人科动物，人是数百万文化共生体（cultural symbionts）的宿主，这些共生体的主要促成者是被称为语言的共生体体系（symbiont systems）。"[1] 丹尼特的这段话不是纯粹托尔斯泰式的吗？托尔斯泰人类学的基本范畴是感染：人类主体是被动、空洞的中介，它已被饱含情感的文化模因感染。这

---

1 Dennett, *Freedom Evolves*, p. 173.

样的文化模因就是感染性细菌，从一个人传播给另一个人。托尔斯泰
始终如一：他没有把真正的精神自治（spiritual autonomy）与情感感染
（affective infections）的这种传播对立起来，他没有提出这样夸张的视
境——通过消除感染性细菌，以教育为手段，使人成为成熟的、自治的
伦理主体。唯一的斗争是好感染和坏感染之间的斗争：天主教本身也是
感染，尽管是好的感染。最终的讽刺在于，基督徒托尔斯泰比道金斯更
有逻辑，也更彻底：道金斯强调模因是"心灵的病毒"，是对人类能量
进行"殖民"的寄生性实存物，它把人类能力当成繁殖自身的手段，但
他又坚称模因不只是病毒：

> 好的和有用的程序之所以传播，是因为人们看重它们，推荐它
> 们和传递它们。电脑病毒之所以传播，只是因为它们摇身一变，成
> 了加密的指令（"传播我"）。和所有的模因一样，科学观念要屈从于
> 选择。表面看来，它是病毒之类的东西。但对科学观念进行仔细审
> 察的选择之力（selective forces）不是任意或任性的。……好的观念
> 通过科学共同体快速传播，它甚至可能类似于对麻疹传染病所做的
> 描述。但是，如果你考察潜在的原因，你会发现，它们是好的观念，
> 达到了苛刻的科学方法的标准。在信仰传播的历史上，你只能找到
> 传染病，而且是因果关系的传染病（causal epidemiology）。……对于
> 科学信念而言，传染病是后来才有的，它描述这样的历史——它自
> 己是如何被认可的。对于宗教信仰而言，传染病是根本肇因。[1]

丹尼特相当正确地以他寻常的尖刻风格和批判性评注，对这段话做
出了回应：

> 在你考察科学模因传播的原因时，道金斯向我们保证，"你
> 会发现，它们都是好模因。"从它自身的角度看，这种标准的、

---

1 Richard Dawkins, "Viruses of the Mind," in *Dennett and His Critics*, ed. Bo Dahlbom (Oxford: Blackwell, 1993), p. 26.

官方的科学立场是无可否认的；但对毛拉和修女——还有罗蒂（Rorty）——来说，这是循环论证[1]。罗蒂会问道金斯："你是如何证明这些'品性'是好品性的？你注意到，有人评价这些模因并传承它们——但如果丹尼特所言不虚，那么人……在很大程度上是模因创造出来的……某些模因真是机灵，它们倾巢出动，创造对它们有利的模因评价者！如此说来，你藉之赐福科学的阿基米德支点安在？"[2]

从黑格尔的角度看，丹尼特的关键成就在于，他展示了我们是如何真正"看到"概念和判断的。例如，当我看到"一个摆满了椅子的房间"时，我并不对它们进行快速扫描；相反，我只是随便看了两眼，然后就得出了结论——所有的椅子都是红色的。我是直接看到这个结果的。丹尼特的看法甚至比康德有关"现实的超验性构造"（transcendental constitution of reality）的看法还激进：不仅视觉输入（visual input）要通过超越性范畴来"仲裁"（perlaborated），而且我们看到的内容——包括我们所见之物的直接物理属性——也是在此之前的判断的结果。我们还应该这样理解丹尼特对经典现象学有关唯物主义化约主义研究（reproach to materialist reductionism）的充满反讽意味的激进回应："感质是什么，对于甜、渴等所做的独特直接的体验？"——根本没有感质。这意味着，不存在与现实的直接接触，不存在对现实的直接体验。与现实的直接接触，对现实的直接体验，都是在第二场合由我们的心灵详细说明的。被我们当成"现实"来体验的东西，早已是这种详细说明的结果。

丹尼特对感质概念进行批判。他此举造成的主要结果是使我们认识到，感质具有的直接性是被调停过的，是支离破碎的知觉、连接、判断的拼接。根本没有对缝隙的"填充"，因为在构成光滑连续的知觉时，根本没有用来填充的缝隙。在这里，丹尼特面对着被反射的显

1　循环论证（question-begging），是把有待证实的关键性假设当作已经证实的论据的逻辑谬论。——译者注

2　Daniel C. Dennett, "Back from the Drawing Board," in *Dennett and His Critics*, pp. 204–205.

现（reflected appearances）的问题，面对着某种事情如何"似乎即将显现"（appears to appear）的问题。"感质"指直接体验/显现之错觉，如果没有感质，那就意味着下列两者是不同的：一者事物显示给我们的样子（appear to us），一者是事物似乎显现出来的样子（seem to appear）。仿佛我们直接体验到了感质，但实际上，这种直接性是回溯性地建构起来的。丹尼特要抹除这第二个层面的"显现之显现"（appearance of appearance），只保留我们心中实际上正在经历之事的零碎拼贴：一方面，存在感知、联想等碎片，另一方面存在神经过程这个盲目的实在界，没有任何东西介乎两者之间。[1]

依照"欧陆"哲学的说法，丹尼特正在描述的恰是现象学与辩证法无法克服的对立。两者的分裂可在语言套语（clichés）的符号性"异化"上得到最佳说明：对现象学而言，语言套语这样的"死隐喻"总是先前直接生活体验的"沉淀"或"骨化"。当我说"见到你很高兴！"时，我当然并不真的高兴，那只是一种礼貌的谈话形式。不过，在现象学看来，这样的礼貌形式必定以过去原初的经验为根基，那时，这种谈话形式必定出于"真心实意"。令现象学感到不可思议的是，某些事情是直接作为"套语"出现的，从来都没有真正严肃地表达过什么"真心实意"。恩格斯在解读摩尔根的著作时犯了类似的错误。恩格斯的解读与夏威夷部落的所谓"伙婚"（punalua）家庭有关：两个部落彼此关联，以便一个部落的所有兄弟娶另一个部落的所有姊妹，反之亦然。如今这两个部落实行专偶制（monogamy），一个部落的全部男人把另一个部落的全部女人一律称为"妻子"。追随着摩尔根的足迹，恩格斯把这个事实阐释为过去"伙婚"家庭的语言踪迹-残余。[2] 他当然错了：人类学证明，从来都没有出现过"伙婚"这样的家庭生活组织，以"妻子"描述另一个部落的所有女人，从一开始就是"隐喻"。

---

1 当然，问题仍然存在：对感质的幻觉（illusion of qualia）是构成性的幻觉（constitutive illusion）吗？或者，它可以"不学而知"吗？另外，幻觉——弗洛伊德的"客观"表象意义上的幻觉——发挥的作用呢？

2 See Friedrich Engels, *The Origin of the Family, Private Property, and the State, in the Light of the Researches of Lewis H.Morgan* (Moscow: International Publishers, 1972).

在这里，恩格斯成了"现象学常识"的受害者。依据"现象学常识"，零层面的语言必须被直接嵌入具体的生活世界格局。在那里，陈述直指其社会语境。"死"套语是异化这种次级现象（secondary phenomenon），是形式脱离内容而逐渐自动化的次级现象。对于真正的辩证而言，情形正好相反，形式优先于内容：第一个能指是空洞的，是零层面的能指，是纯粹的"形式"，是空洞诺言——意义即将到来；只是在第二个场合，内容才逐渐填补这个过程的框架。所以说，尽管根据标准的辩证法概念，辩证过程从直接的统一经过异化走向最终的综合，但这个说法适用于现象学，不适用于辩证法。真正的辩证过程始于异化，它"设置"的第一个姿势就是异化这一姿势。

这种异化为理解黑格尔的著名公式"古埃及人的秘密，对古埃及人来说也是秘密"提供了关键。在面对某个"原始"文化的神秘的宗教仪式时，我的体验是，那是一个无法破解的秘密（"要是我掌握了足够的信息，能揭穿这个仪式的神秘意义就好了！"）。不过，如果这个仪式的"意义"对于参加这个仪式的人来说也是秘密呢？如果意义的原初形式就是这样的异化意义呢（"它肯定有意义，尽管我不知道那是什么意义"）？如果令人沮丧的无意义这个抵抗之核（resistant core of frustrating non-sense）能把单纯的意义（mere meaning）——简单地在外延上指涉某个陈述或某个实践——转化成更深层的感觉（deeper Sense）呢？对透明意义的这一过度（excess）还能以相反的形式——与某人的言语的意义保持反讽的距离——显现出来。

我们不仅始于对生活世界经验的真正表达。这种表达被当权者再次占用（以便维护其特定的利益），被强加于其臣民（以便使之成为社会机器中的温顺齿轮）。与此相反的过程更为有趣，在那里，原本由殖民者强加于其臣民的意识形态大厦，突然被其臣民接管，成了表达他们的"真正"怨气的手段。以早期殖民统治时期的墨西哥的瓜达卢佩圣母像（Virgen de Guadalupe）这个经典个案为例：随着她的出现，基督教（直至那时它是西班牙殖民者强行实施的意识形态）被土著居民占用，成了一种手段，土著居民以之使自己糟糕的困境符号化。沿着同样的思路，丹尼特引用了林肯的名言："你可以一时愚弄所有人，也可以永远愚弄某些人，但不能永远愚弄所有人。"然后他把注意力引向这个名言在逻辑上的含混性：它是说有些人总在被愚弄，或在任何情况下，有些人注定被愚弄？丹尼特的看法[1]是，这样问是错误的："林肯究竟要表达什么意思？"或许林肯本人也没有意识到这一含混性。他只是想妙语连珠，但语句"将自己强加于他"，因为"它很好听"。我们在此有个范例，它可以表明，一旦主体有了模糊的示意意图（intention-to-signify），并像——我们通常说的那样——"寻求恰当的表述"，其影响就会兵分两路，且路路畅通：不仅最佳的表述在众多的竞争者中胜出，而且某些表述还会将自己强加于人，或多或少地明显改变示意意图……这不就是拉康以"能指的功效"（efficiency of the signifier）所要表达的意思吗？

我们可以在不同的社会生活层面上发现同样的逻辑。我们可以在马克思所谓的"资本控制下（生产力的）形式吸纳"[2]中发现这一逻辑。在资本主义发展的初期阶段，在资本主义关系下，前资本主义（工匠）的生产方式在形式上被吸纳（如织工先前直接在市场上销售自己的产品，后来由资本家提供报酬和原料）。有了这种形式吸纳（material subsumption），也就是说，只能在资本主义工厂组织内运作的、新的生产方式（大型机器等等）才得以确立。换言之，有了形式吸纳，

> 生产模式本身至此还是没有变化。从技术的角度看，劳动过程一如从前，但有一个附带条件——它现在从属于资本。然而在生产过程内……出现了两大进展：（1）确立了霸权和从属的经济关系，因为劳动力是由资本家消费的，自然也受资本家的监督和指导；

---

1 Daniel C. Dennett, *Consciousness Explained* (Boston: Little, Brown, 1991), p. 244.

2 中文本将"吸纳"（subsumption）译为"从属"，把"形式吸纳"（formal subsumption）译为"形式上的从属"，把"真实吸纳"（real subsumption）译为"实际上的吸纳"。见《马克思恩格斯全集》（第48卷），中央编译局译，人民出版社1979年版，第3页。——译者注

（2）劳动力变得更为连续，更为强烈。[1]

随后有了资本统治下对劳动的真实吸纳，借助它，

一个完整（和不断重复）的革命发生在生产模式中，发生在工人的生产能力中，发生在工人与资本家的关系中。借助于资本统治下对劳动的真实吸纳，劳动过程中的所有变化……现在都成了现实。……作为自成一格的生产模式，资本主义生产现在得以确立，并促成了新的物质生产模式。[2]

简言之，我们已经从一种组织原则（organizing principle）走向另一种组织原则。前一种组织原则通过剥削和从属与半自治世界（semi-autonomous worlds）遵循的逻辑实现了嫁接，后一种组织原则则主动结构了有关生产、交换和流通的物质现实。与庸俗-进化的马克思主义庸见不同（据此庸见，先有生产力的革命，然后才有生产关系的变化），只是在发生了形式吸纳之后，生产力才发生了适应资本主义过程的实质性变化。至于机器的发展，我们还应牢记，在自动装置和其他机器得以爆发性发展的第一个纪元（17世纪），自动装置是作为无用的玩意和玩具建造的（如路易十四花园中的活动机械雕像），目的在于吸引主人的目光，进而取悦主人；只是到了后来，进入18世纪后，这种知识才被用来建造用以生产的机器（蒸汽机和织布机）。

---

1 Karl Marx, *Capital*, Volume 1 (Harmondsworth: Penguin, 1990), p. 1026.——作者注。原文是："there is no change as yet in the mode of production itself. Technologically speaking, the labour process goes on as before, with the proviso that it is now subordinated to capital.Within the production process, however . . . two developments emerge: (1) an economic relationship of supremacy and subordination, since the consumption of labour-power by the capitalist is naturally supervised and directed by him; (2) labour becomes far more continuous and intensive." 参见中文版："在这里，生产方式本身还没有发生什么差别。从工艺上看，劳动过程完全同以前一样，只不过现在是作为从属于资本的劳动过程罢了。但是，象以前曾经阐述过的一样，在生产过程本身中，（1）发展着统治和从属的经济关系，因为劳动能力是由资本家消费的，从而是受资本家监督和管理的；（2）发展着劳动的巨大连续性与强度……" 见《马克思恩格斯全集》（第49卷），中央编译局译，人民出版社1982年版，第86页。——译者注

2 Ibid., p. 1035.

黑格尔在《精神现象学》中阐释安提戈涅时，把这样空洞的、纯粹形式的姿势设置为符号化最基本的形式：符号化的第一个行为事关丧葬，即埋葬之礼仪。借助于这个行为，死亡这个不受我们控制的、"盲目"的自然过程的终极个案被当成文化过程来接管、重复。一言以蔽之，这是符号性政权（symbolic regime）统治下的"形式吸纳"。现实没有丝毫变化，所发生的不过是，把空洞形式追加给不可避免的自然进程。这道理同样适用于概念的建构：某些人在做科学解释时，只是把"科学术语"追加给有待解释的过程。比如，处于死亡驱力支配下的人会破罐子破摔，那么何谓死亡驱力？死亡驱力是对自我破坏行为的称谓。或用近期医疗实践的一个例证来说明：患者如果不想长期住院，会被确诊为"住院症"（hospitalitis），它的意思是患者不想长期住院。在黑格尔嘲笑这种科学解释时，真正的反讽被轻易错过了。黑格尔的意思是，这样空洞的命名行为只能是第一步，它开辟了空间，以便后来以新内容来填充之。

然而，形式的这种优先权没有与黑格尔的另一个基本模型——"精神的默默编织"（silent weaving of the Spirit）——形成鲜明对比吗？在"精神的默默编织"中，形式变化是这样的终极行为——注意到已经发生的事情。某些卡通人物，他们悬在空中，只有在俯视自己脚下并注意到自己悬在空中时，才会直线跌落。和他们一样，我们只需要提醒已经死去形式（dead form），它已经死去，然后它才会土崩瓦解。还是在《精神现象学》中，黑格尔引用了狄德罗的《拉摩的侄儿》中有关"默默地、不停地把精神编进其实体的简单内在性中"[1]的一段话：

> 它彻底渗透到了高贵的部分，并很快完全拥有了无意识的偶像的全部重要器官和四肢；然后"在一个不错的早晨，它用肘部轻轻推推自己的同伴，结果砰的一声，偶像碎了一地"。如果精神生命的

1　这句话颇为费解。原文是"silent, ceaseless weaving of the Spirit in the simple inwardness of its substance"。流行的中文本将其译为"隐瞒着自己的行动的精神，在它自己的实体的简单内在中所进行的这种不声不响的活动"。见黑格尔：《精神现象学》下卷，贺麟、王玖兴译，商务印书馆1981年版，第85页。——译者注

每个器官都已被感染，那个"不错的早晨"的中午会毫无血色。[1]

不过，这不是黑格尔的定论。他继续指出，这种"对自己隐瞒自己的行动的精神，只是纯粹洞识的实现的一个方面"：同时，作为意识性的行为，这种精神"必须把它的契机赋予确定的、明显的存在，必须当场显现为纯粹的骚动和与其反题进行的暴力斗争"。[2]

在向"新"（the New）过渡时，充满激情的斗争仍在继续。一旦与之对抗的力量注意到，它自己发起的对抗已经融入对手的逻辑，这种斗争就会戛然而止。比如，持反对立场的反启蒙运动主张暗中依赖于启蒙运动的意识形态前提。从罗伯特·菲尔默（Robert Filmer）对约翰·洛克的大加讨伐，到如今的电视福音传道人，大抵都是如此。电视福音传道人传播信息的方式瓦解了他们传播的信息。他们在传道时展示出的特征与他们猛烈批评的自由派对手具有的特征（从自恋的自我放纵到商业化的媒体景观）如出一辙。因此，我们还要如此解读那两个明显对立的特征（一个特征是形式的优先权，另一个是"精神的默默编织"）："精神的默默编织"并不涉及内容，只涉及形式。再说一遍，在电视福音传道人那种情形下，这种"默默的编织"在其自身的形式层面上瓦解了传道人传播的信息。也就是说，他传播信息的方式颠覆了他传播的内容。

1　G. W. F. Hegel, *Phenomenology of Spirit* (Oxford: Oxford University Press, 1977), p. 332.——作者注。这段文字的原文是："it infiltrates the noble parts through and through and soon has taken complete possession of all the vitals and members of the unconscious idol; then "one fine morning it gives its comrade a shove with the elbow, and bang! crash! the idol lies on the floor." On "one fine morning" whose noon is bloodless if the infection has penetrated to every organ of spiritual life." 参见中文版："……精神，悄悄地把高贵的部分到处渗透，随后彻底地把全无意识的神像的一切内脏和一切肢体都掌握起来，'在一个晴朗的早晨它用肘臂把它的同伴轻轻一推，于是唏哩！哗啦！神像垮在地上了'。——在一个晴朗的早晨，连当天中午都不见血迹了，因为病的感染把精神生活的一切器官都已渗透。"见黑格尔：《精神现象学》下卷，贺麟、王玖兴译，商务印书馆1981年版，第84—85页。——译者注

2　Ibid.——作者注。原文为："Spirit concealing its action from itself, is only one side of the realization of pure insight", Spirit "must give its moments a definite manifest existence and must appear on the scene as a sheer uproar and a violent struggle with its anti-thesis." 参见中文版："隐瞒着自己的行动的精神，……只是纯粹识见的实现的一个方面。……必须在特定的有目共睹的实际存在中把它的各个环节摊列出来，必须表现为两军对垒下的一种战鼓喧天兵戎相见的暴力斗争。"见黑格尔：《精神现象学》下卷，贺麟、王玖兴译，商务印书馆1981年版，第85页。——译者注

（6）从物理到设计？

不过，丹尼特的解释存在一系列问题。问题之一是，我们应该注意，丹尼特主张有限、偶然和作为拼接的进化（evolution as bricolage），等等，所以他不得不引入原柏拉图因素（proto-Platonic element）：以博尔赫斯的巴别图书馆（Library of Babel）概念为根基，提出孟德尔图书馆（Library of Mendel）概念，即容纳所有可能的基因组合的逻辑空间。进化就发生于下列两者间的空隙：其一是由所有可能的组合构成的巨大、同步、"永恒"的逻辑矩阵，其二是由可行的组合（feasible combinations）构成的、随时销声匿迹的经验空间——这个空间实际上是可即又可及的。[1] 所以，我们得到的是下列两者间的古老分裂：其一是永恒的逻辑组合（logical *combinatoire*），其二是我们陷身期间的特定的、偶然的情境。[2]

问题之二涉及丹尼特从"物理"转向"设计"（36-40）时所依赖的二元存有论（dualistic ontology）。二元存有论的两个基本现实层面是决定论的物理层面和"更高"的设计层面。他亲自提供了清晰简洁的例证，即双维度的像素网格（grid of pixels）。每个像素都可以开和关（满或空、黑或白），都有八个邻居，四个处于四边，四个处于对角线的位置。这个"普遍"在每秒钟内都会依下列规则发生变化：对网格内的每个细胞而言，看一看八个邻居中，有几个邻居是开着的；如果答案是三个，那么细胞在下个瞬间是开着的，不论它当前的状态如何；在所有其他情形下，细胞在下个瞬间都是关着的。随着一连串瞬间的前后相续，什么也没有"移动"，单个细胞只是以全然决定论的方式发生和进行着。不过，就在我们退一步思考较大的模型时，令人惊讶的事情发生了。我们发现，某些形式（处于垂直打开或水平打开状态的三个像素）的举止

---

1 Dennett, *Freedom Evolves*, pp. 109-122. 此后引文后面的括号里的数字，均指该书页码。

2 丹尼特发现，在进行无止境的论证时需要"会话阻止者"（conversation-stoppers）。因为我们的情形是有限和受限的，无止境的论证永远不会终结，总有其他方面要考虑，等等。这种需要不就是对拉康所谓"主人能指"（丹尼特提到了"魔法词"或"假教条"）的需要吗？这种需要即对下列之物的需要：以（最终任意的和不完美的）决定之行为，斩断由无止境的赞成和反对织成的戈尔迪之结（Gordian knot）。

俨然"闪光装置"，它从水平位置向垂直位置前后翻动。某些形式（如由四个像素构成的四方形）始终保持不变。还有些形式（如某些由五像素组成的配置），其举止俨然"滑翔机"，它像变形虫一样游过平面。不过，如果后一种配置侵占了前一种配置，会发生什么？我们会得到"食者"（即吞没其他形式的形式）、"小河豚火车"，某些形式会消失，等等。于是另一个存有论层面（ontological level）出现了。该存有论层面尽管立足于物理现实（physical reality），却遵循自身的规则：

> 物理的层面上没有运动，只有开和关，而且仅有的单一存在物（像素）是由其固定不变的空间位置来界定的。……在设计的层面上，我们突然看到了持久物体（persisting objects）的运动；它是同一个滑翔机（尽管一代又一代不同的像素都是由它组成的），只是在向东南移动……，随着它的运动，它的形状也在改变；滑翔机一旦被食者吃掉，世界上就会少一个滑翔机。……虽然单个原子（像素）一闪一灭，一开一关，没有任何积聚变化的可能，其历史也不能影响后来的历史，但大型建筑（persisting objects）会遭受损害，其结构会被修正，物质上会有得有失，这在未来会产生影响。（40）

这种二元论令人想到现代哲学史上其他类似的二元论。维特根斯坦在《逻辑哲学论》中把下列两者对立起来：一者是事物（客体），一者是在这些事物（客体）身上发生过的事情，即那些事例（*was der Fall ist*）。德勒兹把下列两者对立起来：一者是存在（being），一者是化成之流（flux of becoming）。亚历克修斯·迈农（Alexius Meinong）把下列两者对立起来：一者是客观现实，一者是与不同意向态度（intentional attitudes）相呼应的客体，即迫切需要之物（*desiderata*）等等。设想类似的例证易如反掌。如电子宣传板上的流动信息。在电子板上，信息似乎是跑步穿过的，同一个字母或同一个单词似乎从左向右移动，尽管就物理现实而言，那只是固定的点光源在明明灭灭。众所周知的沙漠风暴也是如此。在沙漠风暴期间，"同一"形状的沙丘在"移动"——形状似乎在移动，其实只是单个沙粒在很短的时间内改变了自身的位置而已。因此，我们所能做的，就是研究预示这些大型配置在设计层面上的行为的规则，而不需对物理层面做出计算：如何结构滑翔机，才能让它不被另一个滑翔机"吞食"，等等。一旦我们以更为复杂的方式开发游戏，下列行为形式（forms of behavior）出现了——某些滑翔机似乎在"逃避"被吞没或被歼灭的命运，等等：

> 在谈及这些最小的逃避者时仿佛它们"知道"一切，这种做法涉及了太多的诗情画意。……但对于追踪那些已经注入它们的设计作品（design work）而言，这是一种有效的方式。……谈论配置时仿佛配置"知道"或"相信"什么，"想要"达到某种目的，以此丰富设计的立场（design stance），这种做法是把简单的设计立场上升为我所谓的意向立场（intentional stance）。……这准许我们在更高的抽象层面上谈论它们，并忽略下列细节：它们是如何存储自己"相信"的信息的，它们是如何基于自己"相信"和"想要"之物"想出"要采取的行动的。我们只是假定，无论它们怎么做，它们都是在理性地做——鉴于有所渴望，它们从自己获得的信息中得出了下一步如何做的结论。对于更高层面的设计者而言，这使生活变得喜人的简单（blessedly easier），就像我们大家把自己的朋友和邻居（以及敌人）概念化为意向系统（intentional systems）会使我们的生活变得简单一样。（45）

这种"仿佛"方法的模型当然是达尔文所谓的进化。在进化过程中，从生物体的行为看，"仿佛"它们都在为生存而斗争，"仿佛"它们都在特意选择和发展最佳器官和生存策略，尽管"就其自身而论"，这个过程是纯机械的和无知觉的。"模因"概念不是同样暗示了严格的丹尼特意义上的意向立场吗？当我们谈论模因为了自身繁殖而利用我们时，我们对文化所做的解释不是真正基准面的（ground-level）自然主义的解释，而是我们在以"仿佛"这一意向性态度（attitude of intentionality）观察文化的发展时得到的解释。如此说来，"意向立场"不是发挥着某种康德式的"调节观念"（regulative idea）的作用吗？难

道它没有暗示，我们并没有以现实本来的样子直接描述现实，而是以
"仿佛"的模式描述现实，给现实注入了永远无法完全证明的目的论？
难怪达马西奥直接求助于恋物癖式否认——我们很清楚，但是……

> 在芸芸众生获得任何类似于创造性智能（creative intelligence）
> 之物前，甚至在它们拥有大脑前，仿佛自然已经做出决定——生命
> 既是非常宝贵的，又是岌岌可危的。我们很清楚，自然不是有意那
> 样做的，它不像艺术家和工程师那样做出决定，但这种形象让人一
> 看就明白是什么意思。[1]

达尔文主义是反目的论的思想（anti-teleological thought），所以那
个难解之谜一直无法破解：达尔文主义者为了使人理解其观点，离不开
他们反对的那种意识形态形象，何以至此？在这里，我们其实正在应
对"想必之知"（supposed knowledge），应对拉康所谓的"想必知道的主
体"。但是，达尔文主义的异乎寻常之处在于，它为下列问题提供了明
确的解释：有目的的行为是如何脱胎于无知觉的机械过程的？在丹尼特
那里，这个维度被忽视了。而且这一忽视必然导致讽刺性的结果。丹尼
特指出，只要加快缓慢的自然进程［"一路走来，还有很多逃避和预防，
但这些逃避和预防都进行得太慢，所以我们无法欣赏其美妙，除非我们
在想象中以人工方式为其加速"（51）］，我们就能觉察自然过程固有的
"意向立场"[2]，比如逃避危险。他在指出这一点时，对与众所周知的天
主教反堕胎影片《无声的尖叫》（*The Silent Scream*）中曾经求助的操纵
毫无二致的操纵大加赞美。在影片中，胎儿在堕胎手术中被切除和拖
出。通过以快进的模式重述事件，影片给人留了这样的印象：胎儿的行
为是有目的的，他在绝望地躲避手术刀……

丹尼特二元存有论的问题是：它真的是"一路走来"，直达目的

1　Damasio, *Looking for Spinoza*, p. 30.
2　在哲学中，"意向立场"（intentional stance）一词是在两种不同意义上使用的：（1）有意做某
事，即有目的的活动；（2）我们的心理活动之态度（attitude of our mind's activity），它指向某种
客观内容，是胡塞尔所谓的 Meinong。这两种意义是如何关联起来的？

地？元素的彻底决定论的行为（totally deterministic behavior of elements）之层面真的是零层面？量子物理学为我们提供的教益呢？依据量子物理学，在坚实的物质现实下面存在着量子波（quantum waves）的层面，决定论在那里不起作用。或者，有关动机的"目的论"因果关系（我做某事是因为我要达到某个目的）只是偶发现象，只是某个过程的心智翻译（mental translation），而且这样的心智翻译能在自然决定论的纯物理层面上得以全面的描述？或者，这样的"目的论"因果关系本身就有力量，能够填补直接的物理因果关系中存在的缝隙？

丹尼特认为，意识只是"大脑名流"（cerebral celebrity），因为它把自己视为核心观念之观念，并把这一点强加于人，同时还战胜了群魔乱舞的其他观念。丹尼特的这个想法涉及两个问题：（1）名流是在哪个阶段出现的？（2）意识真的与重要性（importance）密切相关，与把自己强加于人的能力密切相关？如何看待下列事实：某些动物（或许）意识到了自己的能力，而电脑（或人脑）可以执行复杂的操作而无须意识自己能力？即使接受了他的观点，我们还是无法避免这样的印象：丹尼特的《对意识的解释》（*Consciousness Explained*）须臾离不开一个基本的花招。他在不提意识的前提下认定，对于一系列的心智能力和身体能力（physical capacities）而论，进化论是必不可少的。然后他突然得出结论："没有意识，这些能力真的能够运作？"他的论证的预期理由[1]无法不使我们惊讶：没有意识，这些能力当然无法运作，但问题恰恰在于，他本人从进化论的角度审视这些能力的出现，而从来没有提及意识……[2]

"心智内容成为意识，不是通过进入大脑中的某个特殊密室，不是通过把自己转化成某个特许的神秘媒介，而是通过赢得比赛，战胜其他心智内容，取得控制行为的支配权，并因此产生持久的功效——或者如同我们所言（当然是误导之言），心智内容成为意识，是通过'进入记

1　预期理由（*petitio principii*）是一种逻辑错误，它把未经证明的判断作为证明的论据来使用。——译者注

2　欲知丹尼特对"笛卡儿剧院"的批判，见 Slavoj Žižek, "The Cartesian Theater versus the Cartesian cogito," in *Cogito and the Unconscious* (SIC, vol. 2), Durham: Duke University Press, 1999.

忆'实现的。"（254）但是，如何看待这样的无意识内容（unconscious contents）——它能控制我们的行为，因此与意识性的动机（conscious motivations）相比，它能发挥更强大的作用？如何看待弗洛伊德的下列论点——意识和记忆基本上是对抗性的（我们记住了自己没有意识到的事情）？

丹尼特假想出来的稻草人对手"康拉德"（Conrad）问道，赢得比赛是如何使内容成为意识性的内容的？也就是说，从定性的角度看，能否"成为意识性的内容"究竟取决于什么？丹尼特的回答是："这个问题表明存在着深深的困惑，因为它预先假定，你是什么并不取决于你自己，而取决于别的什么东西，取决于大脑与肉体的行为（brain-and-body activity）之外的某种笛卡儿式的会思考的实体。康拉德，你之为你的东西，正是对全部竞争性活动的这种组织，而竞争是你的身体发展起来的众多能力的竞争。"（254）不过，他由此避开了真正的问题：这些活动竞争的目标是什么？地点、品质或过程？丹尼特的主要观点是，心智劳作（mental work）不可化约地分布于空间和时间之中。不存在协调所有活动的核心地点或核心阶段，不存在协调所有活动的自我之核（core of the Self）："笛卡儿剧院，即处于大脑中央的假想出来的地点，为了意识，'所有的活动都在那里集合'。不存在这样的位置。……笛卡儿剧中假想出来的侏儒所完成的全部工作，必定分布于时间和大脑空间中。"（123）

沿着这一思路，丹尼特对利贝特的著名实验做了精致的批判：[1] 如果我们预先假定，存在着意识的单一核心位置，它感知所有数据并发号施令，那么生理过程似乎就会"先于"意识性的决定。不过要从利贝特那里学习另外一课：阻塞功能（function of blocking）乃意识的基本功能。这种否定的功能可以在两个主要层面上发现：第一，在"理论理性"（theoretical reason）的层面上，意识的力量来自它表面上的弱点：来自它的局限，来自它的抽象化之力（power of abstraction），来自对（潜意识）的感知数据的疏忽。从这个意义说，被我们感知为最直接的

1　See Benjamin Libet, "Unconscious Cerebral Initiative and the Role of Conscious Will in Voluntary Action," *The Behavioral and Brain Sciences* 8 (1985): 529–539; Libet, "Do We Have Free Will?", *Journal of Consciousness Studies* 1 (1999): 47–57.

感性现实（sensual reality）之物，早已是复杂的加工和判断之结果，早已是把感性信号（sensual signals）与期待矩阵（matrix of expectations）结合起来这一行为导致的假设。第二，在"实用理性"（practical reason）的层面上，意识虽然绝对不能激起自发行为，却能"自由"地阻碍自发行为的实现：它可以否决自发形成的倾向，对它说不。黑格尔的作用就表现在这里：只有通过这种丧失，通过对直接体验之成熟（fullness of immediate experience）的延宕，意识才是可能的。"直接意识"（direct consciousness）会是某种幽闭性恐怖（claustrophobic horror），就像被活埋，没有喘息的空间。只有通过这种延宕／局限，"世界"才向我们敞开：没有它，我们会被数以百万的数据彻底窒息，因为我们四周没有足够的空间供我们喘息。[1]

（7）无意识的自由行为

对于丹尼特的（自我）意识模型而言，这一切究竟意味着什么？丹尼特认为，（自我）意识是并行网络（parallel networks）的群魔乱舞，这些网络的互动并不受任何核心控制者的支配。如今占主导地位的庸见是，由互动中的行动者（interacting agents）构成的微观世界自发地导致了全球模型（global pattern）。全球模型为互动设置语境，而不直接化身为任何特定的行动者［即主体的"真正自我"（true Self）］。认知科学家反复强调，我们的心灵并不拥有自上而下地运行的、以线性方式执行设计（executing designs）的核心控制结构（centralized control structure），

---

1 人类的感知装置（perceptive apparatus）的特征在于，下列两者间存在着巨大鸿沟：一者是它记录的海量潜意识数据（subliminal data）——每秒数百万计的字节；一者是意识能够处理的有限数据——每秒七字节。意识基本上是个过滤装置，它把复杂的、未加工的实在界化约为有限系列的特性。在这里，语言的作用至关重要：语言本身是"抽象"的机器，它把复杂的、感知到的真实实存物转化为由其符号指称的单个特性。所以，我们不应该把语言视为有限的媒介而嗤之以鼻，而应赞美这种无限的抽象之力，赞美它能大幅度地降低实在界的复杂性的抽象之力，而这正是思想的前提条件。"少即是多"（less is more）的范例是由下列事实提供的：在第二次世界大战中，色盲的人非常有用，因为他们能一眼看穿伪装，发现隐藏在防护罩后面的坦克或枪炮。这证明，防护罩是在颜色的层面上运作的，它复制那些与周围环境顺利融合起来的颜色，而不是在形状的层面上运作的。

而是由下而上地全力合作的众多行动者的拼接，也就是说，这些行动者的组织是狡猾、投机、强健、自动适应和灵活多变的。不过，我们如何从这里得到（自我）意识？也就是说，（自我）意识并非这样的模式——它"自发"地来自众多行动者的互动。恰恰相反，（自我）意识是某种否定：就其原始维度而言，它是对这种自发模式或组织中的某种故障（malfunctioning）、骚乱（perturbation）的体验。（自我）意识是意识的"浓密时刻"（thick moment），是对下列事实的知晓和意识——我现在活着呢。[1] 它起初是被动的。有一种观念认为，自我知晓（self-awareness）源于主体主动与其环境建立的联系，因而是我们达到某个确定目的这一活动的构成性时刻。与此形成鲜明对比的是，我最初所"知晓"的是，我并不能控制什么，我的设计已经失败，事情正与我擦肩而过。正是由于这个缘故，只能以自上而下的方式执行其程序的、"并不思考"的电脑，不是对它自身的意识（conscious of itself）。

因此，我不禁要在此运用辩证的逆转（dialectical reversal）。辩证的逆转即把认识上的障碍（epistemological obstacle）转化为积极的存有论条件（positive ontological condition）。如果"意识之谜"（enigma of consciousness）——意识令人费解的特性——本身就包含着破解此谜的答案，情形会怎样？如果我们全部要做的事情就是把使（作为我们的研究对象的）意识变得"令人费解"的缺口（gap）转化为意识本身，情形会怎样？不要忘了，在康德看来，直接进入本体之域（noumenal domain）会使我们丧失构成了超验自由（transcendental freedom）之核心的"自发性"，会把我们变成死气沉沉的自动机，或依照今天的说法，变成电脑，变成"会思考的机器"。不过，这个结论真的不可避免？只有当我们误认了决定我们行为的原因时，我们才是自由的？把（自我）意识等同于误认，等同于认识上的障碍，这种做法的错误在于，它暗中（重新）引入了标准的、前现代的、"宇宙论"的现实观。依据这种现实观，现实是积极的存在秩序（positive order of being）。在这样一个

1　See Nicholas Humphrey, "The Thick Moment," in John Brockman, ed., *The Third Culture* (New York:Touchstone, 1996).

充分构成的、积极的"存在链"（chain of being）中，主体当然没有立足之地，因此只能把主体性之维（dimension of subjectivity）设想为这样的事物——它与对积极的存在秩序的误认互相依赖。结果，行之有效地说明（自我）意识的身份的不二法门，就是维持"现实"本身的存有论的非完整性（ontological incompleteness）。只有在现实的核心地带存在存有论缺口（ontological gap），存在裂缝，也就是说，存在创伤性过度（traumatic excess），存在着无法融入现实的外来物，"现实"才会存在。这使我们想到"世界之夜"的概念：在把积极的现实秩序（positive order of reality）短暂地悬置起来时，我们面对着存有论的缺口，由于存有论的缺口的缘故，"现实"从来都不是完整的、自我封闭的积极存在秩序。这是精神病一般地退出现实，是绝对的自我收缩（absolute self-contraction）。只有对这种退出现实、自我收缩的体验，才能对超验自由这个玄妙的"事实"做出解释，才能对这样的（自我）意识做出解释：它其实是"自发的"，其自发性并非误认某个"客观"过程之结果。

　　这我们带回到丹尼特那里。罗伯特·凯恩（Robert Kane）曾为自由意志辩护[1]，丹尼特则对此做了精确的批判。在做此批判时，丹尼特向我们表明，要提供自由决定／自由选择之时刻（moment of free decision/choice）的确切时空方位，这样的企图是注定失败的。不过，我们在此应该做的，是把这种论证转化为由物理现实和设计层面（design level）构成的二元存有论的用语。丹尼特对凯恩的批判相当于宣称，如果我们限制自己有关物理现实的看法，那我们对"自我"的寻找，对处于其他元素（这些元素直接"就是"自我）旁边的物质元素、物质过程或物质特性的寻找，就会徒劳无功。"自我"只存在于丹尼特所谓的"设计"层面，只是作为"理想"的实存物而存在。这道理同样适用于丹尼特对"原始哺乳动物"这个荒谬悖论的尖刻召唤：每个哺乳动物都有一个哺乳动物来做它的妈妈，因此不可能存在哺乳动物，因为第一个哺乳动物无法有一个哺乳动物来做它的妈妈。自由行为也是如此。凯恩曾经争辩道，如果要我们为自己的行为负责，那就必须存在着"倒退阻止者"

---

1 See Robert Kane, *Free Will* (Oxford: Blackwell, 2001).

（regress-stopper），一个承载着我们的决定的奠基性的自由行为。这时，他跌入了同样的陷阱："要想避免出现无限的倒退，就必须在行动者的生命史（life history）的某个时刻出现行动；对于这样的行动而言，行动者的主导动机和意志（行动者的行动以这样的动机和意志为根基）并非早已单向设置好的。"[1]

凯恩本人在这里引用了马丁·路德的名言。路德在提出反对教皇的观点并由此引发新教的突破时声称，他只能这样做，别无他法："我就站在这里，我无法不站在这里。"[2] 那么，路德的这种行为是自由的还是不自由的？只有他较早时做出的重要选择（他的挑衅姿势以选择为根基）使他能够摆脱这些选择，从而做这些选择之外的事情时，路德的行为才是自由的行为。但我们在过去中寻找这样的节点，寻找魔法般地打断了因果链（倘若没有打断因果链，它就会决定我们的行为）的、开创性的自由行为，注定是徒劳的：

> 在遥远的过去发生的事件的确不能"由我说了算"，但我现在做出的是走还是留的选择由我说了算，因为这个选择的"父母"——在最近的过去发生的事件，诸如我最近做出的选择——要由我说了算（因为这些事件的"父母"要由我说了算），诸如此类，而不听命于无限（infinity）。这些事件离现在还不够遥远，无法使我的自我（my self）在空间和时间中做足够的延展，所以必定存在着一个我，我的决定由它说了算![3]

再说一遍，这种论证只能证明，"奠基性"的自由行为是无法在物理现实的层面上，在其他的经验决策（empirical decisions）中找到的。我们不妨回到路德那里。要把他大张旗鼓的反教皇论点算作自由行为，不必预设某些先前的"纯粹自由"行为，不必预设以"我现在还可以不

1　Quoted in Dennett, *Freedom Evolves*, p. 127.
2　"我就站在这里，我无法不站在这里"的原文是："Here I stand. I can do no other." 还可译为"这是我的立场，我别无选择。"——译者注
3　Quoted in Dennett, *Freedom Evolves*, p. 135.

这么做"的模型"真正"被体验的行为。要把他的论点算作自由行为，只要这样说（做出自由选择的）主体要为下列格局负责就可以了：在这个格局内，他的具体行为在他看来是不可避免的，符合"我现在无法不这样做"的模式。

在这里，伯纳德·威廉姆斯或许不乏裨益。他把必须（must）和应该（ought）区分开来，而应该和必须与实在界和符号界相关：驱力之实在界的指令是无法逃避的（拉康之所以说驱力的身份是伦理性的，原因就在这里）；作为符号理想的应该，卷入了欲望的辩证（你不应该做某件事情，但正这个禁令催生做这件事情的欲望）。一旦你"必须"做某件事情，这就意味着你别无选择，必须去做这件事情，即使这样做很可怕，也在所不惜。在瓦格纳的《女武神》（*Die Walküre*）中，沃坦（Wotan）被弗里卡（Fricka）逼入绝境，"必须"（"不得不"）允许杀死齐格蒙特（Siegmund），尽管他的心在为他滴血；他"必须"（"不得不"）惩罚他最爱的孩子、他内心深处奋斗的化身布伦希尔特（Brünnhilde）。附带说一句，这同样适用于《特里斯坦与伊索尔德》（*Tristan und Isolde*）。该剧在罗伊特（Bayreuth）的上演是缪勒（Müller）最终取得的伟大戏剧成就：他们必须、不得不沉溺于自己的激情，即使这样做与他们的"应该"背道而驰，与他们的社会责任南辕北辙。当然，重点在于，即使我"不得不"做某件事情，我也无法获得赦免，必须为此承担全部责任。

这个概念与康德的"整合命题"（incorporation thesis）的类似是一望便知的。与我们"自由地选择"决定我们行为的因果联系一样，在元层面（metalevel）上，我们如此"自由地选择"伦理必然性（ethical necessity）：我们把伦理必然性产生的压力体验为无条件地接受之物，我们只有接受，除此之外我们别无选择。难怪在此不能不进一步引证康德原始的、非时间性的、超验的行为（act）概念。借助于这一概念，我们选择自己的"永恒性格"（eternal character），选择我们伦理身份（ethical identity）的基本面貌。这个概念与弗洛伊德的概念"无意识决定"（unconscious decision）的联系也是显而易见的。绝对开端（absolute beginning）从来都不始于现在，也就是说，绝对开端的身份即纯粹预

设的身份，即某种总是早已发生之事的身份。[1]换言之，它是被动决定
（passive decision）之悖论，是被动地接受决定（assuming the Decision）
之悖论。正是这样的悖论支撑着我们的存在，使我们的存在成为至高无
上的自由行为的存在。这个悖论是最高的自由选择之悖论。自由选择之
为自由选择，就在于它承认，自由选择是被选择出来的。

　　在《告别列维纳斯》（Adieu à Emmanuel Lévinas）中，德里达试图
把决定与其通常的形而上学谓词（自治、意识、活动、主权……）分
离开来，并把决定视为"在我内部的他人的决定"："从结构上看，被
动的决定，事件的前提条件，总是在我内部的另一个人的决定，总是使
决定成为他人的决定。在我内部的绝对他者（absolutely other），作为绝
对的他者（other as the absolute），在我的内部决定我的他者。"[2]用精神
分析的术语讲，这种选择是"基础性幻象"之选择，是基本框架/矩阵
之选择，正是这样的框架/矩阵，为主体的整意义世界提供了坐标：尽
管我从来都从来都外在于它，尽管这个幻象总是早已出现在那里，我
总是早已被抛到它的里面，我必须把自己预设为这样的人——我设置
了它。依照丹尼特的说法，尽管这个行为从来都没在时空现实（spatio-
temporal reality）发生，它依然在"设计"的层面上大显身手。所以，在
某种程度上，丹尼特是对的：根本不存在经验性的、奠基性的自由行
为，但在复杂和渐进的过程中，主体——原本没有那么"自由"和"负
责"的主体——突然回溯性地意识到，他早已在"负责"了。这里的悖
论与那个著名的沙粒悖论如出一辙：把分散的沙粒集中起来就会构成沙
丘，但我们永远无法挑出一粒沙子，说它"扭转了乾坤"。我们所能做
的，就是指着一粒沙子说："到了某个时刻，至少在添加这粒沙子之前，
众多沙子已经构成了沙丘……"我应该给丹尼特添加的就是"只是"
（only）——黑格尔所谓的"预设的设置"（positing of presuppositions）
的全部分量都来自这个"只是"：这种"回溯性"（retroactivity）使得预
设"原始哺乳动物"成为必要：尽管在物理现实中根本不存在"第一

1　对此概念更仔细的展开，见本书第一章结尾处。
2　Jacques Derrida, *Adieu a Emmanuel Levinas* (Paris: Galilée, 1997), p. 87.

个"哺乳动物，但我们不得不在"设计"的层面上说到它。因此不需要设置一个充满魔力的"向下"的因果关系，"高级"理想（丹尼特所谓的"设计"）之能力开始因果性地决定"低级"的机械过程，打破机械过程的因果链：自由之因果关系是纯粹反射性-传递性的（reflexive-transitive），它是决定哪一种因果关系将决定我们的因果关系。

康德的自我意识多于我对自己的心理状态的破碎和多变的知晓，少于对"我自己是怎样之人"（what I am myself）的直接洞识，对我的实体性身份（substantial identity）的直接洞识。它是合乎逻辑的虚构，是非实体性的基准点。要想代表有态度、欲望和做判断的"事物"，我们就必须把它加上。依照丹尼特的说法：在康德看来，自我意识不仅没有因为缺乏笛卡儿剧院而寸步难行，相反，它是作为空洞的逻辑功能出现的。它之所以作为空洞的逻辑功能出现，是因为根本不存在笛卡儿剧院，根本不存在主体直接的、现象性的自我熟悉（self-acquaintance）。只要不存在直接的自我熟悉（Selbst-Vertrautheit），只要主体无法直接进入自己（accessible to himself），主体就是作为 $\mathcal{S}$ 的主体，因为正如康德所言，就我的本体之维（noumenal dimension）而言，作为"会思考的事物"（Thing which thinks）的我永远都不知道我是怎样的人。因此我不禁要复原标准的曼弗雷德·弗兰克（Manfred Frank）的姿势。在从他人身上认出"自己"的过程中，反思失败了，主体身份的自我反思性奠基（self-reflective grounding）失败了，于是从这失败中得出结论说，先前必定存在着直接的自我熟悉。如果首先就是失败呢？如果"主体"只是由反思的失败开辟的空隙、空白呢？如果实证性的自我熟悉的所有数据（all the figures）都只是用来填充这个原始空白的、众多的、第二性的"填充物"呢？每次在某个形象（image）或某个符指特性（signifying trait）中识别主体，简言之，每次在每个认同（idenfication）中识别主体，都已经背叛了主体的内核；每次喜洋洋地大喊"那就是我！"都已经包含了"那不是我！"的种子。不过，如果主体之为主体绝不在于某种实体性的、无法进入反思性复原（reflective recuperation）的身份之核（kernel of identity）呢？如果不同于实体的主体正是在认同失败（failure of identification）之时出现的呢？

　　这里的关键是，我们应该在字面意义上理解拉康的"能指的主体"一词：当然，能够保证我的统一（unity of the I）的实体性所指内容是根本不存在的；在这个层面上，主体是众多而分散的，等等。只有通过自我指涉性的符号行为（self-referential symbolic act），我的统一才能得以保证。也就是说，"我"是纯粹的述行性实存物（performative entity），我是那个说"我"的人。这就是费希特探寻的主体"自我设置"（self-positing）之秘密。当然，当我说"我"时，我并没有创造任何新的内容，我只是以"我"指称自己，指称那个说"我"的人。然而，这种自我指称（self-designation）导致－－"设置"－－了某物（X），它不是说"我"的那个真实血肉之躯，而是－－正好是和仅仅是－－自我指涉性指称（self-referential designation）这个纯粹的空白，即拉康所谓的"阐明的主体"。"我"并不直接是我的躯体，甚至不是我心理活动的内容；我是那个某物（X），它把所有这些特性（features）当成它的属性（properties）。因此，拉康式的主体是"能指的主体"。但这不是在这样的意义上说的：可以把它化约为符指链上的某个能指［"我"并不直接是"能指我"（signifier I），因为倘若如此，能写"我"的电脑或其他机器就都会成为主体］。这是在更为严密的意义上说的：当我说"我"时，当我把"我自己"指称为"我"时，这个符指化行为（act of signifying）把某种东西添加给了被指称的"真实的血肉实存物"（real flesh-and-blood entity），包括其心智状态、欲望、态度等内容，而主体就是借助于自我指涉性指称添加给被指称内容的某物（X）。因此，这样说是误导性的："我"的统一是"纯粹的虚构"，在它下面有着众多不一致的心智过程。关键在于，这种虚构催生了"实在界中的功效"（effects in the Real）。也就是说，对于一系列的"真实"行为而言，它是必不可少的预设。

　　意味深长的是，丹尼特在对自我意识的进化性突现（evolutionary emergence）进行扼要的说明时，基本上依赖的是米德（G. H. Mead）的下列著名解释：自我是如何来自社会互动的，如何来自想象"其他主体如何看我"这一行为的，如何来自把其他人的观点"内在化"的；就我的"良知"而论，我以"沉默的内在言语"，想象性地演示可能的责备——其他人可能会表达对我行为的反对，等等。不过，在这里，我们应该再次调用主体与人（person）的差异：迪特尔·亨利希相当合理地指出，自我反思即内在化的社会互动，这种辩证只能用来解释我的自我或"个人特质"（personhood），解释构成了我的"自我形象"——我的想象性、符号性认同——的那些特性，不能解释作为*S*的主体的出现。

再说一遍，康德的自我意识是纯粹的逻辑功能，它只意味着，我的意识的任何内容都已经经过最低限度的调停／反思。当我欲求某物（X）时，我从来不说"我就那样，我禁不住想要那个东西，这是我天性的一部分"，因为我总是想去欲求某物（desire to desire X），也就是说，我反思性地接受了我对某物（X）的欲求。只有在我把激励自己行动的全部理由"设置"为理由，或把它们当成理由来接受时，这些理由才会发挥其因果之力（causal power）。出乎意料的是，这已经让我们接近精神分析的问题框架（psychoanalytic problematic）。也就是说，我们会想，"隐式反思性"（implicit reflexivity）仅限于意识活动，因此它是我们的无意识行为所缺乏的东西。当我无意识地行动时，从我的举止看，仿佛我听命于盲目的强制，仿佛我屈从于伪自然的因果关系（pseudo-natural causality）。然而在拉康看来，"隐式反思性"不仅"也"可以在无意识中发现，而且就其最激进的层面而言，它就是无意识性的。以癔症主体的典型态度为例。癔症主体抱怨他被盘剥、操纵，他为别人做牺牲，他被化约成了交易对象。拉康对此的回应是，环境的被动牺牲品的主体立场（subjective position）从来都不是从外面径直强加于主体的，它必须至少最低限度地得到他的认可。当然，主体并不知道他已经主动参与了对他的迫害，而这正是主体的无意识体验——他把自己无意识地体验为环境的纯粹被动的牺牲品——的"无意识"真相。我们现在明白了，拉康是在何种精神分析的语境中提出那个似乎荒诞不经的论题的。依据这一论题，笛卡儿的我思（或康德的自我意识）正是无意识之主体（subject of the unconscious）。在拉康看来，"无意识之主体"，那个要被归入弗洛伊德的无意识的主体，正是这个空洞的自我关联点，而不是塞满了一大堆力比多力量（libidinal forces）和幻象的主体。

一者是自我意识，严密意义上的自我意识（其严密意义来自德国唯心主义），一者是无意识之主体。两者间的悖论性的一致，在自康德至谢林的彻底之恶（radical Evil）的问题框架中变得清晰起来。我们是如何让恶人为其恶行负责的（尽管我们知道，喜欢作恶乃此人"天性"的一部分，也就是说，他无法不"顺乎其天性"，以绝对的必要性完成其恶行）？面对这个难解之谜，康德和谢林假定存在着原始选择这个非现象性、超验性、非时间的原始行为（a nonphenomenal transcendental, atemporal act of primordial choice），借助于这一行为，人人都在自己的时间性躯体存在（temporal bodily existence）之前选择了自己的不变性情。[1]在我们的时间性的、现象性的存在（temporal phenomenal existence）之内，这种选择行为被体验为强加于己的必然性。这意味着，就其现象性的自我知晓而言，主体没有意识到支撑其性格（其伦理"天性"）的自由选择。也就是说，这个行为是彻底无意识的（该结论由谢林明确得出）。在这里，我们再次遇到了作为纯粹反思性（pure reflectivity）之空白的主体，作为某物（X）的主体。我们可以把某物（X）归入——归入是主体的自由决定——就我们的现象性的自我知晓而言被我们体验为自己固有的或被强加的天性的一部分的事物。因此，要得出的结论还是，自我意识本身是彻底无意识性的。[2]

（8）诱惑的语言，语言的诱惑

那么，自由的这一回溯性循环（retroactive loop）是如何出现的？难道是出于纯粹的偶然，就像瓦雷拉所说的那样，"因为在所有这些可能性中，存在着出现的可能"，所以才出现的？或者，我们是否可以冒险对这一回溯性循环的史前史做更为精确的进化论解释？某些认知主义者提出了一个解决方案，该方案令人不可思议地想到了拉康有关性与语言

---

[1] 对于"人的性格的非时间选择"（atemporal choice of one's character）这一概念的详细解释，见下书第1章：Slavoj Žižek, *The Indivisible Remainder* (London and New York: Verso, 1996).

[2] 费希特被迫接受这个悖论并承认，自我意识的原初的、绝对的自我设置行为（act of self-positing）是人类的意识无法企及的。

的话题。杰弗里·米勒（Geoffrey Miller）[1]等人认为，人类智力的惊人爆发的终极动力不是直接的生存问题（以及生存问题的难兄难弟：争夺食物、防御敌人、在劳动过程中通力合作等），而是更为间接的、表现在性选择（sexual choice）上的竞争，即说服配偶选我做其性伴侣的努力。使我在性竞争中占上风的那些特性，并不直接是证明我比他人优越的那些特征，而是这些特征的指标——所谓的"适当性指示符"（fitness indicators）：

> 适当性指示符是这样的品性，它进化的特定目的是突出动物的适当性。……其功能与狩猎、工具制造不同，与通过促进生存和繁殖而直接致力于适当性的社会交往不同。相反，适当性指示符发挥的功能是元功能（meta-function）。适当性指示符处于其他的适应（adaptations）之上，张扬其美德。……它们处于象征主义和战略交易的记号空间（semiotic space）之内，而不属于工厂生产（factory production）的粗糙世界。（103-105）

这里出现的第一个问题当然是：既然适当性指示符是标志，为什么动物不能通过制造使自己显得比自己的实际样子更强壮的标记来作弊？未来的伴侣如何才能发现真相？答案就是所谓的"累赘原理"（handicap principle）：

> 累赘原理认为，惊人的浪费是求偶必不可少的特性。如果当初不是必须浪费如此之多的精力去长那个大尾巴，作为一个物种孔雀就会今非昔比。但是作为单个的雄性和雌性，它们有无法抗拒的诱因，要倾尽全力地去长最大的尾巴，或千方百计地挑选长着最大尾巴的性伴侣。本质上，炫耀性浪费是在广告中发现真相的唯一保证。

---

1 See Geoffrey Miller, *The Mating Mind: How Sexual Choice Shaped the Evolution of Human Nature* (London: Vintage, 2001). 此后引文后面的括号里的数字，均指该书页码。

人类的诱惑也是如此。一个女孩从情人那里得到一枚大钻戒，这不仅表明情人家境殷实，而且证明要想买得起这枚钻戒，他必须腰缠万贯。……难怪米勒要不可抗拒地表达他以时髦的反生产主义术语（antiproductivist terms）指出的变化："我认为生物学中存在着某种营销革命。生存如生产，求偶如营销。生物体如产品，异性性偏好如消费者偏好。"（174）而且在米勒看来，人类特有的心智能力（mental abilities）首先是心理上的适当性指示符：

> 正是在这里，我们看到了令人费解的能力，如创造性智力和复杂的语言能力。这些能力揭示了巨大的个人差异。我们看到了这些高得出奇的遗传能力，以及对时间、精力和努力的荒谬浪费。……如果我们把人的大脑视为一套在性方面挑选出来的适当性指示符，那它高昂的成本绝非偶然。适当性指示符是全部意义之所在。为大脑付出的成本，使它成为优秀的适当性指示符。性选择使我们的大脑即使没有被浪费，也成了可以浪费之物：性选择把小巧的、高效的、猿一般的大脑转化成了巨大的、高耗能的累赘，促成了谈话、音乐和艺术之类的奢侈行为。

因此，我们应该颠倒那个标准的看法。据此看法，审美维度或符号维度是对某个产品的实用价值（utility-value）的第二性补充。恰恰相反，实用价值才是某个无用之物的"第二性利润"（secondary profit）。无用之物的生产耗费了大量精力，目的在于使它充当适当性指示符。即使像史前石斧这样的基本工具，"也是被雄性当作性炫耀（sexual displays）创造出来的"，因为它们在形式上极度和昂贵的完美（对称等等）没有任何使用价值（use-value）：

> 于是我们得到一个物体，乍看之下，它颇像实用的生存工具，但在一些重要方面已做修正，目的在于使它充当昂贵的适当性指示符。……石斧可能是我们祖先制造的第一个艺术品，是在做出性选择时青睐艺术能力的最佳例证。石斧把本能与学识、力量和技能、

鲜血与火石、性与生存、艺术和手艺、熟悉与神秘熔为一炉。我们甚至可以把全部记载下来的艺术史视为石斧的注释，它盛行的时间比记载下来的艺术史长一百倍。（291）

所以提出下列相当庸常的观点是不够的：非功能的"审美"炫耀总是对工具的基本功能效用（functional utility）的补充。恰恰相反，人造物的非功能的"审美"炫耀是第一位的，其潜在效用是第二位的。也就是说，其潜在效用具有副产品的身份，寄生于基本功能之上。当然，这里的典范个案是语言。语言因其对无用修辞（useless rhetoric）的过度炫耀，成了出类拔萃的、心智上的适当性指示符：

> 人类语言是人类在求偶时用以传达任何其他类型信息的唯一信号系统。它依然是一个适当性目标，但又不限于此。……语言进化既是为了交流有用的信息，也是为了展示了我们的适当性。在众多语言研究者和哲学家看来，这个想法很可耻。他们以无私的交流为规范，我们自私的幻象或许有时违背这一规范。但在生物学家看来，张扬适当性是规范，语言是这一规范的特殊形态。在我们这个星球的进化史上，我们是唯一发现了适当性指示符体系和性饰品（sexual ornaments）体系的物种。该系统恰巧还能以传心术的效率、大鼻子情圣的炫耀[1]和山鲁佐德的快乐[2]，从一个脑袋向另一个脑袋传递意念。（388-391）

然而，米勒没有顾及两性关系中发生的根本性变化，而这种变化构成了人类这种动物的特征：在动物王国中，必须具备吸引异性的特征和举办复杂仪式（唱歌跳舞）的，通常是雄性；在人类这个物种中，女性

---

[1]　大鼻子情圣的炫耀（Cyrano's panache）中的"大鼻子情圣"指西哈诺·德·贝热拉克（Cyrano de Bergerac, 1619 ~ 1655）。据说此人在决斗时能创作或背诵诗篇，且能在杀死对手的同时完成诗作，可与曹植的"七步成诗"媲美。据说他还曾代人写情书，创作科幻小说。他在法国妇孺皆知，曾八次被搬上银幕，成为"有情人"朝拜的圣人。——译者注

[2]　山鲁佐德（Scheherezade）是《天方夜谭》中的波斯王之妻。据说她每晚都给国王讲有趣的故事，一共讲了一千零一夜，从而避免了杀身之祸。——译者注

被期待以撩人的方式着装和行动，以引起男性的注意。这种颠倒源于何处？米勒当然注意到了这一差异［"从生物学的角度看，尼日利亚的沃达贝部落（Woodabe）的行为是完全正常的，在那里男性炫耀，女性选择。美国小姐竞选比赛是不正常的"（277）］，但没有做出任何解释。

当然，如果我们做更缜密的审视，标准的求偶互动更为复杂一些，涉及某种劳动分工。如果说，在动物那种情形下，雄性炫耀其适当性，雌性做出选择，那么在人类这种情形下，女性炫耀自身，以吸引男性的目光，然后男性开始主动进行诱惑，女性对之或认可或拒绝。在动物那种情形下始终如一的诱惑功能被一分为二：女性被动炫耀美之属性，男性则主动进行诱惑的实践（谈话、唱歌……）。

或许这一变化的关键要到另一种变化中去寻找：只有在人类这里，原本充当工具或指示符的东西被提升成了目的。例如，在艺术中，属性的炫耀变成了本身令人心旷神怡的活动。史蒂文·平克（Steven Pinker）在沿着这样的思路讨论艺术时，对这一"误用"做了基本概括：

> 适当性的日益增加是一项成就。通过赋予我们快乐的感觉，心灵的某些部分记录了这一成就。其他部分则使以因果知识（knowledge of cause and effect）达到目的。把这些部分放在一起，你会得到了这样一个心灵——它起而应对从生物学的角度看毫无意义的挑战：设法找到大脑的快感区，提供小小的快乐震颤，而无须下列不便——从严酷的世界里寻求适当性的增添。[1]

难怪平克有关这个短路的首个例证是身陷致命享受之恶性循环的老鼠："把一个电极植入老鼠的前脑内侧束，然后把它与一个杠杆相连，老鼠则能碰到这个杠杆。老鼠会猛烈地按压杠杆，直至精疲力竭，倒地不起，同时完全放弃了吃、喝和交媾的机会。"[2] 简言之，可怜的老鼠，脑袋真的被人干了（got her brain fucked out）。毒品就是这样发挥作

1　Steven Pinker, *How the Mind Works* (Harmondsworth: Penguin, 1998), p. 524.
2　Ibid.

用的。它直接影响我们的大脑。我们在此得到的是"纯粹"的春药，而不是刺激我们感觉的手段，否则我们会把感觉视为为我们的大脑提供快乐的工具。它直接刺激我们大脑的快感中心。下一个更具调停性的步骤（more mediated step）是"通过感觉"进入快感区，"一旦快感区处于造就了过去几代人的适当性的环境中，感觉就会刺激快感区。"[1]一旦动物在其环境中识别出曾经增加其生存机遇（获得食物、逃避危险等）的模式，这种"识别"就会被打上快乐体验的标志，就会伴随着快乐体验。现在，生物体为了获得快乐，直接制造这种模式。这个矩阵（matrix）可对饮食、性快乐甚至艺术做出解释：审美体验的根基是对（对称、清晰等）感觉模式的识别，而感觉模式原本是使我们能在环境中确认自己的方位的。

当然，这里的不解之谜是：这种短路是如何发生的？快乐体验原本以增加生存机遇为目标，是目标取向（goal-oriented）的纯然副产品，其功能是告诉我们"目的已经达到"，现在却成了目的本身，这是如何发生的？在这里，范例当然是性（sexuality）：性快乐原本只是用来表明，生殖的目的已经达到，现在却成了目的本身。如此一来，人类这种动物花费了大量时间追求性快乐，面面俱到地进行计划之余，甚至通过避孕直接阻挠原本目的的实现。把性贬为动物交媾的，正是天主教的下列态度——只有以生殖为目标，才可以有性行为。

米勒为我们提供的真正弗洛伊德式的终极教益是，人类的符号能力的爆发不仅扩大了性的隐喻范围（本身与性完全无关的活动可以"性化"，一切都可以"色欲化"并开始"意指那个"），而且更重要的是，这种爆发使性本身性化了（sexualizes sexuality itself）。人类之性有其特定的品质，这表现在，它与直接的、愚蠢至极的交媾现实（包括事关的交配仪式）无关。只有当动物般的交媾陷入了驱力的自我指涉的恶性循环时，只有当动物般的交媾再三反复还是无法触及不可理喻的原质时，我们才能得到我们所谓的性，性活动本身才能被性化。换言之，性可以溢出，并充当任何一种（其他）人类活动的形而上学的内容。这个事实

1　Ibid.

并不是它自身强大的标志，相反，是无能、失利、内在阻塞（inherent blockage）的标志。

　　或许我们应该从这里回到适当性指示符：人类的独特性不就在于，这些指示符——我们在应对这些指示符时获得的乐趣——本身变成了目的？如此一来，归根结底，生物的生存本身不是被化约了纯粹的手段，化约成了发展"更高能力"的根基？

插曲 2　社会链接中的小客体，或，排排犹太主义的僵局

　　当我们转到现代性的另一面时，当我们从资本主义的动力机制（capitalist dynamics）转向现代国家权力时，小客体的遭遇如何？让－克洛德·米尔纳曾经试图对此做出详细说明。他的出发点[1]是，民主政治是以多数派与全部的短路为根基的：赢家通吃，获得全部权力，即使获胜的多数派在数以百万计的选票中只是多了区区几百张，也是如此。2000 年美国大选时，佛罗里达的情况就是这样的："多数派算作全部。"斯大林主义的圣经《联共（布）党史简明教程》中有个独一无二的悖论，它这样描述 20 世纪 20 年代末党代表大会投票的结果："借助于绝大多数，代表们全体一致通过了中央委员会提出的决议。"[2]如果投票是"全体一致"的，那少数派都去了哪里？把多数派等同于全体，这种做法没有暴露什么变态的"极权"扭曲，反而构成了民主政治。

　　少数派"等于不存在"，少数派的这种悖论性身份能够使我们发现，究竟是在何种意义上说民主政治中的民众（demos）"在全部与并非全部（nonall/*pastout*）之间摇摆不定"的？　"或者有限全部（limited Alls）之语言遇到了无限之数字（figure of the unlimited），或者无限之语言遇到了有限之数字。"[3]也就是说，结构含混性（structural ambiguity）已经刻入"民众"一词：它要么指一个无限集合的"并非全部"，要么是人民之太一（the One of the People）。在前一种情形下，人人皆被囊括其中，没有例外，它只是一个非一致性的众多（inconsistent multitude）；在后一种情形下，它要明确划定敌我之间的界限。大体上，非此即彼，哪一

---

1 See Jean-Claude Milner, *Les penchants criminels de l'Europe démocratique* (Paris: Éditions Verdier, 2003).

2　类似的语句还有："党以压倒多数一致否决了这个联盟的纲领。"《联共（布）党史简明教程》，人民出版社 1975 年版，第 314 页。——译者注

3　Jean-Claude Milner, *Les penchants criminels de l'Europe démocratique* (Paris: Éditions Verdier, 2003), p. 42.

种占优势，可以借此界定美国民主与欧洲民主的对立："在美国的民主政治中，多数派是存在的，但它一言不发（沉默的多数派），一旦开口说话，它就会成为特定形式的少数派。"[1] 在欧洲，民主传统指"太——人民"（the One of the People）的统治。不过，面对今天的问题，米尔纳由此得出了一个优雅的结论：在经济、文化、意识形态上，美国作为一个社会，以"并非全部"为主；与美国形成鲜明对比的是，在欧洲，现在越来越明显的趋势是，在欧洲统一的过程中，它把自己塑造成无限的"政治（并非）全部"［political （non-）All］。在欧洲统一的过程中，人人都有立足之地，不论地域或文化如何，即使你来自塞浦路斯和土耳其也是如此。不过，如此统一欧洲的形成有一个前提——逐步抹去全部制造分裂的历史传统和合法化。结果，统一的欧洲是以抹除历史和历史记忆为根基的。[2]

否定犹太人大屠杀，在道德上把第二次世界大战的受害者均等化（俄国人和英国人曾被德国人轰炸，但德国人同样被盟军轰炸；战后被

1　Ibid., p. 141.

2　米尔纳引用了 20 世纪 90 年代初的"后南斯拉夫战争"（post-Yugoslav war），以之为这种抹除的"特别具有启示意义的例证"（Ibid., p. 66）：为了说明这场冲突，正如米尔纳以刻薄口吻谈及的那样，我们必须回到"罗马条约以前"的历史时刻，回到第二次世界大战，回到凡尔赛和约，回到维也纳会议，等等。由于对历史的这种入侵深感困惑，欧洲必须举手向美国求助……我们在此得到的是能够证明米尔纳本人无知的一个"特别具有启示意义的例证"：提及历史，提及"再次爆发的古代激情，再次爆发的尚未做出的说明"，是西欧在理解后南斯拉夫危机时常用的老生常谈之一。所有的媒介和政客都在无休无止地重复下列陈词滥调：为了理解前南斯拉夫正在发生的一切，我们必须知道几百年以来的历史。西欧绝对没有拒绝面对巴尔干半岛的"历史重量"（weight of history）。相反，这些历史幽灵被用作意识形态的屏障。它们被重新创造出来，目的在于使欧洲避免面对后南斯拉夫危机的现实政治风险。——作者注。（1）"罗马条约"（Treaties of Rome），正式名称为"建立欧洲经济共同体条约"（Treaty establishing the European Economic Community, TEEC）。1957 年 3 月 25 日由比利时、法国、意大利、卢森堡、荷兰及西德签署通过，于 1958 年 1 月 1 日生效，欧洲经济共同体（EEC）得以此建立。（2）"凡尔赛和约（le Traité de Versailles），又译"凡尔赛条约"，全称《协约国和参战各国对德和约》，是第一次世界大战后，战胜国（协约国）对战败国（同盟国）的和约。协约国和同盟国于 1918 年 11 月 11 日宣布停火，经过巴黎和会长达 6 个月的谈判后，于 1919 年 6 月 28 日在巴黎的凡尔赛宫签署条约，标志着第一次世界大战正式结束。得到国际联盟的承认后，于 1920 年 1 月 20 日正式生效。（3）"维也纳会议"是从 1814 年 9 月 18 日到 1815 年 6 月 9 日由欧洲列强在奥地利维也纳召开的外交会议。会议是由奥地利政治家克莱门斯·文策尔·冯·梅特涅（Klemens Wenzel von Metternich）提议和组织的，其目的在于重划拿破仑战败后的欧洲政治地图。会议的主要目的是：恢复拿破仑战争时期被推翻的各国旧王朝及欧洲封建秩序，防止法国东山再起，战胜国重新分割欧洲的领土和领地。——译者注。

俄国人清算的纳粹合作者的命运堪比纳粹大屠杀的受害者的命运，等等），诸如此类近期出现的现象，都是上述趋势的必然产物：所有特定的边界都可能被抹除，以便成全抽象的苦难和受害。米尔纳自始至终想说的是，欧洲在倡导无远弗届的开放和多元文化的宽容时再次需要"犹太人"的形象，把它当成走向无限统一的障碍；不过，如今的排犹主义不再是原来的种族排犹主义；其焦点已从作为种族群体的犹太人转向以色列国："在 21 世纪的欧洲规划中，以色列国现在占据的位置恰好是'犹太人'这个名字于 1939—1945 年激烈交锋前在欧洲占据的位置。"[1]这样，如今的排犹主义可以把自己展示为排排犹太主义[2]，它全神贯注于团结大屠杀的受害者。对它的责备只是，在我们这个所有的边界都在逐渐消除，所有的传统都在销声匿迹的时代，犹太人却要建立他们自己边界清晰的民族-国家。

所以说，"并非全部"之悖论为现代排犹主义的变迁提供了坐标：在近代早期的排犹主义中（费希特的名字可以作为例证），犹太人因其固守自己的边界、坚守自己特定的生活方式、拒绝将其身份融入现代世俗公民身份这一没有边界的领域而遭公开抨击。随着 19 世纪末沙文帝国主义的到来，排犹主义的逻辑来了个一百八十度的大转弯。这时，犹太人被视为四海为家之人，被视为没有边界、茕茕孑立的存在。他们就像癌细胞，要削除每个特定的、边界清晰的共同体的身份。不过，现在，随着走向后民族-国家全球化（后民族-国家全球化的政治表现是没有边界的帝国），犹太人再次扮演坚守边界、坚守特定的身份的角色。他们越来越多地被视为统一（不仅欧洲的统一，而且欧洲与阿拉伯世界的统一）的障碍。

因此，米尔纳要在欧洲的意识形态想象（ideological imaginary）中锁定"犹太人"一词的位置。他认为，这一概念阻止统一与和平，欧洲要想统一就必须根除之。这是犹太人总是需要"解决"的"问题"的原因。希特勒只是这一传统中最激进的人物而已。难怪现在欧盟在公然

1　Ibid., p. 97.

2　"排排犹太主义"的原文是"anti-anti-semitism"：先有"排犹主义"（anti-semitism），然后是对它的排斥，即"排排犹太主义"（anti-anti-semitism）。——译者注

充满偏见地批评以色列时变得越来越排犹：欧洲这一概念受到了排犹
主义的玷污，这是何以犹太人的首要职责是"摆脱欧洲"——不是通过
忽略欧洲（只有美国有条件忽视欧洲），而是通过把欧洲的启蒙和民主
的阴暗面暴露在光天化日之下……那何以犹太人荣升为欧洲统一的障
碍？犹太人代表着什么？米尔纳对此问题的答案是激进的：远远多于由
传统界定的生存形式，远远多于对民族-国家的顽固依附——阳性／阴
性／父母／孩子的四合一（Fourfold/*quadruplicite* of masculine/feminine/
parents/children），作为符号性通道的代代交换（exchange of generations
as a symbolic passage）的四合一（符号性通道是由律法维持的）。[1] 现在
正在进行的，是对边界进行后现代的克服。这一活动的终极视域不再是
基督教的视域，而是新异教——新世纪——克服性差异的梦想。它把克
服性差异视为索引：我们与单个身体的联系的索引，通过克隆而获得永
生的索引，把我们从硬件转化为软件、从人类转化为后人类、虚拟实存
物（可以从一个临时化身转移到另一个临时化身）的索引。米尔纳著作
的最后几句话是这样的：

> 如果现代性是由"相信可以无条件地实现梦想"来界定的，那
> 我们的未来就得了全面的概括。它引入了理论上和实践上的绝对排
> 犹主义。沿用拉康的言外之意说，新宗教的根基应该这样设置：排
> 犹主义必将成为未来人类的天然宗教。[2]

　　"犹太人"的形象因而得以提升，成了真正的存有论边界
（ontological limit）的索引：它代表着人类的有限（human finitude），代
表着符号传统、语言、父性律令（paternal Law），而且用米尔纳对排犹
主义所做的"拉康式"解释说，它已经刻入欧洲的身份。"欧洲"代表
着基督再临这一希腊和基督教的梦想，代表着超越律令、不为任何障碍
和禁令阻止的充分原乐（full *jouissance*）。现代性是由一种渴望——超越

1　Jean-Claude Milner, *Les penchants criminels de l'Europe démocratique* (Paris: Éditions Verdier, 2003), p. 119.

2　Ibid., p. 126.

律令的渴望——推动的，是由自我调节的、透明的社会躯体驱使的。这一传说的最后装置——如今后现代的新异教诺斯替教——把现实视为可以任意塑造之物，这使我们人类能把自己转化为可以迁移之物，漂浮在众多现实之间，仅由无限的爱（infinite Love）来维系。与这一传统相反，犹太人以彻底的反千禧年方式，坚守他们对于律令的忠诚；他们强调人类不可逾越的有限，并因此强调对于最小量的"异化"的需要。这是他们被所有专心于"最终解决方案"的人视为障碍的原因⋯⋯

只要犹太人坚持无法逾超的律令视域（horizon of the Law），反对基督教以爱扬弃律令，他们就是人类条件的不可化约的有限（irreducible finitude of the human condition）之化身。他们不仅是充分实现乱伦原乐（incestuous *jouissance*）的障碍，而且是障碍"本身"，是妨碍之原则（principle of impediment），是永远无法整合的、令人烦心的过度（perturbing excess）。于是犹太人被提升，成了小客体——弗朗索瓦·勒尼奥（François Regnault）专论犹太人的小册子的标题就是"我们的小客体"（*notre objet a*）[1]，成了我们西方人的欲望的客体–成因，成了有效地维持欲望的障碍，而且一旦失去了它，我们的欲望就会冰消雪融。他们是我们的欲望客体。这不是在"我们欲望这一客体"这一意义上说的，而是在严格的拉康意义上说的：它维持着我们的欲望，是阻止充分自我呈现（full self-presence）或充分原乐（full *jouissance*）的形而上学障碍；只有将其排除，才能为充分原质的到来铺平道路；因为不被禁止的原乐在结构上是不可能的，所以它会以日益强化的力量归来，成为幽灵般的威胁，要消灭更多的犹太人。

可以在一个完整系列的、互相连接的层面上说明米尔纳版的排犹主义的弱点。首先，我们在超越律令之后找到的，真的只有"充分原乐"这一梦想，以至于拉康看上去像是父性律令的终极卫士？拉康晚期著作的基本洞识不正在于，阻止实现充分原乐的内在障碍已在驱力中运转，而驱力又在律令之外大显身手？内在障碍（驱力因之涉及弯曲空间，即陷入了以其客体为核心的反复运动）还不是"符号性阉割"。相

1　See François Regnault, *Notre objet a* (Lagrasse:Verdier, 2003).

反，在拉康的晚期著作中，禁令［绝对没有代表创伤性切口（traumatic cut）］进入，正是为了平息局势，使我们摆脱已经刻入驱力之运行（functioning of a drive）的、固有的不可能性。第二个问题：难道欧洲现代性的关键来源之一不是世俗化的犹太教这一传统？难道对"超越律令的充分原乐"的终极概括不是在斯宾诺莎那里，在他第三个也是最高的知的层面（level of knowing）上发现的？现代"整体"政治革命，难道这一观念不是如同本雅明等人阐明的那样的，根植于犹太人对救世主的信念（Jewish Messianism）？走向无限（走向无限需要以犹太人为障碍），这种趋势是以犹太教为根基的。第三个问题涉及米尔纳的政治前提："以色列国的诞生证明，胜利与正义可以齐头并进。"[1] 这一陈述所遗忘的，是以色列国的立国方式。从欧洲的角度看，以色列国实现了旨在解决犹太人问题（摆脱犹太人）的"最终解决方案"，而这个方案是由纳粹提出的。把克劳塞维茨的话反过来说[2]，难道以色列不是以其他（即政治）手段与犹太人开战的延续？难道这不是以色列国自身的"非正义之污点"（stain of injustice）？

1937 年 9 月 26 日，对排犹主义的历史感兴趣的人都应该记住这个日子。这一天，阿道夫·艾希曼（Adolf Eichmann）及其助手在柏林登上火车，前往巴基斯坦访问。莱因哈德·海德里希（Reinhard Heydrich）允许艾希曼接受犹太复国主义秘密组织哈加纳（Hagana）资深会员费韦尔·珀尔克斯（Feivel Polkes）的邀请，前往特拉维夫，讨论德国与犹太组织如何协调动作，推动犹太人向巴基斯坦移民的问题。德国人和犹太复国主义者想让尽可能多的犹太人迁往巴基斯坦：德国人让他们离开西欧，犹太复国主义者想让巴基斯坦的犹太人的数量尽快超过阿拉伯人。（访问失败了，因为出现了暴力骚乱，英国人封锁了通往巴基斯坦的通道；但艾希曼和珀尔克斯还是于几天后在开罗见面，讨论了德国与犹太

---

1 Milner, *Les penchants criminels de l'Europe démocratique*, p. 74.
2 "把克劳塞维茨的话反过来说"的原文是"to turn Clausewitz around"，此语殊为难解。克劳塞维茨在《战争论》中强调进攻就是最好的防守。如果把这话翻过来，防守也是最好的进攻。同样，按一般人的理解，以色列国的建立是犹太人获得和平的开端，但也是替纳粹继续向犹太人开战。

复国主义协调行动的问题。)[1] 难道这个怪异事件不是说明下列问题的至高案例：纳粹和激进的犹太复国主义者拥有共同的兴趣，目的在于某种"种族清洗"，即彻底改变种族群体在居住人口中的比例？今天成了小客体的，成了以色列人和阿拉伯人的交叉点的，成了和平的障碍的，不正是巴基斯坦人这些"阿拉伯人中的犹太人"吗？

关于新保守派，还有一个虽然平淡无奇却又高深莫测的重要事实，还有一个必须提出的问题：何以新保守派不是排犹主义者？也就是说，从他们的意识形态坐标来判断，他们理应是排犹主义者。对此问题的连贯一致的回答只能是：之所以如此，是因为今天的犹太复国主义（以以色列主导的政治为化身）早已是"排犹主义"，也就是说，它依赖于排犹主义的意识形态图绘（ideological mapping）。想想报纸上发表的典型的亚西尔·阿拉法特（Yassir Arafat）漫画吧：圆脸膛，大鼻子，厚嘴唇，矮小、粗壮、笨拙的身体……看起来很熟悉吧？难怪这么熟悉：从20世纪30年代开始，这就是给堕落的犹太人勾勒出来的陈旧、陈腐的画像。这是对下列事实的再次确认：犹太复国主义是一种排犹主义。因此，宗教原教旨主义的新保守派支持以色列，不仅因为根据他们的世界末日观，决战将发生在以色列国再次出现之后——还有更深层的原因。[2] 我们应该坚定反对犹太复国主义者的，是真正犹太人的四海为家的精神。这可在弗洛伊德的一次演讲中发现。弗洛伊德七十诞辰时曾在圣约之子会维也纳分会（Vienna Branch of B'ni Brith）发表演讲，阐明他对国家认同的感伤体验（pathetic experience of national identification）的基本不信任："无论何时，一旦我觉得自己倾情于国家热情（national enthusiasm），我就把它当作有害和错误的事情而极力克制……"为了避免误解，他的怀疑还包括犹太人的身份。1932 年，弗洛伊德在致阿诺德·茨威格的信中做了极具先见之明的观察："被误导的虔诚把一段希律一世之墙（Herodian wall）变成了国家文物，因而伤害了当地人的情感。对于这份虔诚，我丝毫都不赞同。"

1　See Heinz Höhne, *The Order of the Death's Head:The Story of Hitler's SS* (Harmondsworth: Penguin, 2000), pp. 336–337.

2　这是犹太新保守主义者和老派排犹主义者共同憎恶法兰克福学派的原因。

　　米尔纳所做的分析存在一个重要缺陷，那就是它对排犹主义崛起过程中的市场经济和货币未做任何分析。这令人大感意外。如何看待这样的"犹太人"形象，社会对抗在他身上被物化了？如何看待这样的"犹太人"形象，他们代表着交换领域中的金融（"非生产"）资本和利润，因而一旦我们摆脱了寄生性的犹太入侵者，我们就不仅能够避开已经刻入生产过程的剥削，同时还能维持劳动和资本之间的和谐关系这一神话？这也是拉康的"并非全部"逻辑的用武之地。意味深长的是，尽管米尔纳指出"一切都是政治"的命题属于"并非全部"之域，但他还是只在"非一致/无边界的全部"（inconsistent/unlimited All）的幌子下，而不是在横穿整个社会躯体的对抗（"阶级斗争"）的旗帜下，展示"并非全部"的社会之维。犹太人的排犹主义形象使我们模糊了构成性的社会对抗（constitutive social antagonism）的"并非全部"，把社会对抗转化成了下列两者的冲突：一者是社会全部（social All），即法人的社会观（corporate notion of society）；一者是社会的外部限制（external Limit），即把失衡与退化带入社会的犹太入侵者。

　　这允许我们重新阐明米尔纳眼中的"犹太人"。在他眼中，犹太人是欧洲统一的障碍。如果对排犹主义逻辑的坚守远远不是"并非全部欧洲"（non-All Europe）必不可少的一面，而是"把欧洲视为无限的全部，但需要一个构成性的例外"这一倾向的显现呢？因此，应该为这样的"并非全部的欧洲"而战：它作为一种真正新颖的政治形式，借助于"统一"的僵局，慢慢地形成。如此"并非全部的欧洲"不再需要以"犹太人"为其边界-障碍，不再需要以"犹太人"为其构成性的例外。如果这样的欧洲是由例外构成的欧洲呢？如果构成欧洲的每个单元都是例外呢？简言之，如果这就是"犹太人问题的解决"呢——我们全都变成"犹太人"，变成小客体，变成例外？难道情形不是这样的吗：在"后现代"的全球帝国，迄今属于"犹太人例外"的东西，越来越多地变成了通则？在这种情形下，一个特定的种族群体充分参与全球经济，同时又在米尔纳的四合一的层面上，即凭借其世代相传的、奠基性的文化神话和礼仪，维持其身份。只要米尔纳不能把握新兴的全球性的"并非全部帝国"的实际运作，他就会错过这个关键之处。在这个"并非全部帝国"中，所有特定的身份都不会被"溶化"，都不会飞流直下，而是得以维持。帝国在众多特定的（种族、宗教、性别、生活方式等）身份的基础上茁壮成长，而这些身份构成了统一的资本领域的结构性对应面（structural obverse）。

这是被米尔纳忽视的最大反讽：他没能注意到他有关犹太人例外的命题——作为例外的犹太人反抗现代的普遍性——的彻底含混性。当米尔纳认为犹太人坚守家族传统的四合一，反对以现代性之并非全部（non-All of modernity）消解这一传统时，他在重复那个标准的排犹主义的套语。据此套语，犹太人总是处于斗争的前沿，努力争取全部身份的普遍融合、彻底混合、完全溶化，努力争取游动的、多元的、变化的主体性的普遍融合、彻底混合、完全溶化，但有一个例外，那就是他们自己的种族身份。犹太知识分子对普遍主义意识形态的热烈求助，与下列隐含的理解难分难解：犹太人的特定主义必得豁免，仿佛如果犹太人与同样坚守自己的种族身份之人一起生活，犹太人的身份就会荡然无存；仿佛在某种视差转移中，只有在他人的身份变得糊涂时，他们的身份的轮廓才会变得清晰。因此，美国与以色列国的结盟是两种对立原则的奇怪共栖：如果说作为种族国家的以色列国典型地代表着四合一（传统），那美国则代表着"社会之并非全部"（non-All of society），代表着全部固定传统联结的解体。在这方面，美国远远超过了欧洲。实际上，以色列国充当美国这个大客体（US big A）的小客体，充当着这样一种传统的外隐之核（ex-timate core）——该传统堪为美国这个混乱的并非全部（chaotic non-All of the USA）的神奇基准点。

尽管看上去很激进，米尔纳的观念完全符合弥漫于欧洲公共空间的、有关巴以冲突的两个套语之一。在一个极端，穆斯林继续充当欧洲的构成性大对体（constitutive Other）。如今意识形态的-政治的斗争（ideologico-political struggle）的主要对立，是宽容的、多元文化的、自由的欧洲与宗教激进主义的对立。从这个角度看，排犹主义与反犹太复国主义的区别是假的，对以色列政治的任何批判都是排犹主义的面具和新的表象形式。欧洲在中东倡导和平，团结巴勒斯坦人，这被视为以其他手段继续推行排犹主义……在另一个极端，有这样一些人，在他们看来，占领约旦河西岸只是欧洲殖民主义的最新案例，对大屠杀的招魂已经成了彻头彻尾的政治工具，其目的在于使这种殖民扩张合法化。同样的伦理的-政治的标准应该适用于所有国家和地区，以色列自然也不例外。从这个角度看，我们必须对下列事实进行批判性分析——阿拉伯穆斯林继续充当着欧洲的构成性大对体。这样的分析理应"解构"宗教激进主义的威胁……

　　真正的谜一般的特性是，这两种针锋相对的观点是如何能够（借助于某种视差分裂）在我们的公共空间中和平共处的？同时做出下列断言是可能的：排犹主义依然无孔不入，即使在排犹主义的"后现代"版本中也是如此；穆斯林继续扮演文化的-种族的大对体这一形象。在这种对立中，真理何在？绝对不在任何种类的中间地带，绝对不能回避两个极端。相反，我们应该断定两个极端都包含着真理，同时把两个极端中的一个极端视为与之相反的另外一个极端的征兆。由犹太人组成民族-国家，难道这个想法不意味着犹太教的终结？难怪纳粹支持这个计划！犹太人才代表"四合一"，目的只是在没有民族-国家的情形下维持其身份。理论上和伦理上唯一连贯一致的立场，就是拒绝这一选择，并看到两个危险："想批判排犹主义或批判犹太复国主义政治？请便！"——两个极端绝对没有把与自己对立的极端排除出去，相反，它们由一个秘密的联结联系在一起。例如，在大部分当代左翼中，在下列做法中，的确存在着排犹主义：把以色列国在被占领领土上的所作所为直接等同于纳粹大屠杀，等同于下列没有说出的推理："犹太人正在对别人做当年别人对他们做的一切，所以他们已经不再拥有抱怨大屠杀的权利。"犹太人越是鼓吹普遍的"熔炉"，就越是坚守自己的种族身份，这样的犹太人身上的确存在悖论。在许多犹太复国主义者中，还存在一种令人遗憾的趋势——把浩劫（shoah）转化为大屠杀，转化为确保犹太人特殊身份的祭祀。这里的典范性人物是埃利·威塞尔[1]。他认为，就宗教

1　埃利·威塞尔（Elie Wiesel，1928～），作家、教师、政治家，1986年度诺贝尔和平奖得主和大屠杀幸存者。著书57种，其中最具名的是《夜》，记录了他被监禁于数个集中营的经历。曾把伊拉克前总统萨达姆·侯赛因比作纳粹，并督促美国前总统布什采取行动，入侵伊拉克。——译者注

意味而言，大屠杀无异于在西奈山上获得上帝的启示[1]。对大屠杀进行"去神圣化"或"去神秘化"，是一种狡猾的排犹主义。在这种形态的话语中，大屠杀实际上成了独一无二的 *agalma*，即秘密宝藏，成了犹太人的小客体。他们已经准备放弃一切，但大屠杀不在此列……最近一位犹太尼康派攻击我，说我是变相的排犹主义者。我问我们共同的朋友，何以他做出如此极端的反应。朋友的回答是："你应该理解这伙计，他不想让犹太人失去大屠杀，那是他们生命的焦点……"

　　难怪雅克-阿兰·米勒在此与米尔纳并驾齐驱。两人甚至最近合著了一个小册子，反对居于主导地位的评价步骤（procedure of evaluation）。该书标志着他们最终完全融入了议会式的、自由的民主空间。米勒最近写道，参与城市辩论是精神分析学家的义务，特别是在涉及心理健康之时。在对话和制定决策的过程中（如此决策既能为政治家和行政人员接受，又能决定精神分析实践的未来），精神分析学家应该渴望成为公认的谈话伙伴。"评价操作（evaluation operation）使一种存在摆脱他或她的独特的存在状态，成为他之中的存在……他同意做比较，他可与他人比较，他进入了统计状态（statistical state）……但在精神分析中，我们爱慕独一无二，我们不做比较……我们接纳每个主体，仿佛这是第一次接纳，仿佛它是不可比较的。"[2] 精神分析学家应对主体，每个主体都是唯一的：不能把主体化约为普遍的诊断，或一系列的征兆或问题。对经验方法和问责的需要，意在败坏边缘疗法或那些承诺手到病除的疗法。但这不就是保险公司要求的东西吗？保险公司要求在八个疗程之后看到结果。精神分析学家要随时待命，要为自己在缓解当代人的不满和苦难时的所作所为承担责任。他们需要迅捷和高效，但又不放弃原则——挑战是从私人语言、在办公室这一隐秘之地和在专业同行间说过的话，走向公共语言和公开辩论。[3] 在"参与城市辩论"时，米勒详细说明了这一点：

　1　"在西奈山上获得上帝的启示"（the revelation at Sinai），指《旧约》中上帝在以色列人面前显形并在西奈山做出誓约的情形。参见《旧约》第 19 章至第 24 章。——译者注

　2　Jacques-Alain Miller and Jean-Claude Miller, *Voulez-vous êtreévalué?* (Paris: Grasset, 2004), p. 9.

　3　我在这里使用的是玛丽亚·克里斯蒂娜·阿吉雷（Maria Cristina Aguirre）的报告。该报告可在互联网上获得：www.amp-nls.org/lacaniancompass.1.pdf。

很难……找到合理的措施，提醒公众注意问题，但最重要的是，最重要的是，不去制造恐慌……今天的精神分析师、精神分析学家应该能够向国家，向国家的代表，传送……他们掌握的一定数量的知识，这些知识真的能够照料周期性爆发的恐慌浪潮。[1]

这一思路的理论背景在米勒致法国国民议会议员贝尔纳·阿夸耶（Bernard Accoyer）的公开信中解释得一清二楚。贝尔纳·阿夸耶专门负责重新立法，以确定精神分析学家的地位。

事实上，对精神分析学家的倾听实践（listening practices）的要求，在过去十年间一路飙升，从未停止。儿童咨询成倍增长。人们期待着精神分析学家取代祖先，确保价值观念和连续性代代相续。精神分析学家的聆听之耳，不论是否合格，都是"风险社会"必不可少的富有同情心的垫子（compassionate cushion）：被迫给予抽象和匿名的制度以信任，这辩证地导致了对个性化关注的需求："我有自己的精神分析学家"，"我有自己的辅导师"……一切都在表明，心理健康是为未来投入的政治赌注。去传统化、方向的迷失、认同的混乱、欲望的非人化、社区中的暴力、青年人的自杀、精神病患者的"向行动过渡"（精神病患者"向行动过渡"是因为对他们监控不足，对他们监控不足是因为短缺状态，对此短缺状态，精神病学只能忍耐）：纳伊的"人肉炸弹"、楠泰尔的屠杀、对总统和巴黎市长的攻击。[2]不幸的是，与美国相比，所有这些只是开始。……但这也是战略纽结（strategic knot）。精神分析不只是精神分析：它构成或重构社会联系，而社会联系正在经历或许自工业革命以来史无

1　2003 年 10 月 31 日，让－皮埃尔·埃尔卡巴什（Jean-Pierre Elkabbach）在欧洲一台主持广播节目时通过电话采访了雅克－阿兰·米勒和贝尔纳·阿夸耶。引文见采访文字记录稿。可从互联网上获得：www.lacan.com。对这次干预的更为详细的解读，参见下列著作的附录一：Slavoj Žižek, *Iraq:The Borrowed Kettle* (London and New York:Verso, 2004).
2　纳伊（Neuilly）是法国巴黎西北部的郊区，楠泰尔（Nanterre）是法国巴黎西郊的工业区。——译者注

前例的重建期。[1]

　　这些反思包含的智慧痛苦不能不打动我们：首先是标准的、波普社会学的老生常谈（pop-sociological platitudes），这些老生常谈是有关今日非人化的"风险社会"，及其匿名、抽象、不透明、支配个人的制度的。其次是精神病医师发挥的伪个性化作用——提供"富有同情心的垫子"，即（重新）构成社会联系，或者不如说，（重新）构成社会联系的外貌，因为正如米勒自己的描述所表明的那样，个人生活继续由匿名的、不透明的制度支配。对此我们无计可施，它是我们晚期现代性（late modernity）的宿命。听上去是不是有些耳熟？

　　在布莱希特充满学识的戏剧《措施》（*The Measure Taken*）中，纤夫遭受的苦难令年轻的人道主义同志深感震惊。他们赤足走在锋利的石头上，双脚受伤。于是他取来一些平坦的石头，与纤夫们并肩前行，把石头铺在他们要走的路上，防止他们双脚受伤。这赢得了雇佣这些纤夫的富商们的掌声。他们赞许地说道："好！你们看，这才是真正的同情！我们就应该这样帮助那些受苦受难的纤夫！"难道米勒没有提议，让精神分析学家发挥同样的作用——把柔软的垫子铺在患者的下面，防止他们受苦受难？当然，追问是否可以采取措施去改变那些匿名、不透明的制度的无可争辩的统治，是无人禁止的，只是无人追问而已，只是这"不成问题"而已。在米勒自己的描述中，精神分析学家成了从今日"认同的混乱"中大赚其钱的人：这场危机越是严重，他们的生意就越多！隐藏在法国精神分析学家大规模抗议行动后面的，正是这个，而不是任何社会-批判之维（socio-critical dimension）。他们向国家提出的要求是："为什么你不让我们从这场危机中大赚一笔？"

　　拉康认为，精神分析是对认同的颠覆。从这个角度看，我们正在获得这样的精神分析师：他们从事心理维修服务，提供虚假的认

1　Jacques-Alain Miller, *Letter to Bernard Accoyer and to Enlightened Opinion* (Paris: Atelier de psychanalyse appliquée, 2003), p. 23.

同……这是一个典型，告诉我们不应该去做什么；这是一个范例，它要我们预先向我们正在抗击的敌人割地赔款。精神分析师应该参与城市辩论？为什么要参与城市辩论？为了成为"在对话和制定决策的过程中（如此决策既能为政治家和行政人员接受，又能决定精神分析实践的未来）……成为公认的谈话伙伴"？精神分析师"要为自己在缓解当代人的不满和苦难时的所作所为承担责任"？真的？成为理论坐标，供人们在这样的坐标内规划自己的立场？最枯燥的古代圣经解释学都坚持认为，人人独一无二，不应把任何人转化为统计单元，不能把任何人化约为笼而统之的芸芸众生……曾几何时，每个批判型的知识分子（critical intellectual）都知道，对主体的独特性的坚守，只是"量化"的另一面而已，独特性和"量化"是同一枚（意识形态）硬币之两面，这样的时光哪儿去了？我们不仅应该接受使命，与政治家和行政人员合作，以缓解当代人的不满和苦难，而且要追问，这样的主观不满是如何由社会秩序派生的，这样的主观不满又是如何破坏社会秩序的顺利运行的？文明内的主观不满（subjective discontent in civilization）如何成了与文明一体化的不满？就在拉康派的代表人物决定干预公开的政治辩论之时，拉康式的取向（Lacanian orientation）却丧失了其社会政治批判的锋芒，这个事实包含着残酷的反讽意味。与之相比，拉康的陈旧、傲慢的"精英主义"又是多么具有颠覆性！在某些情形下，精神分析师的义务不是参与辩论。一旦参与了辩论，即使假装着很有批判性，也意味着接受了统治阶级在阐明问题时使用的坐标。

因此米尔纳的失败使我们想到了真正的资本主义动力机制。这在他的著作中被忽略了。且让我们结合迈克尔·哈特（Michael Hardt）和安东尼奥·内格里（Antonio Negri）的《帝国》与《民众》（Multitude）来探索这一点。在德勒兹的政治学中，该书可以称为终极演练（ultimate exercises）。使这两本书变得如此清新悦目的，是下列事实：它们都提到了也充当着目前反资本主义抵抗（anticapitalist resistance）这一全球运动的理论反思。我不禁要说，它们几乎已经嵌入这一全球运动。我们可以在其字里行间感受到美国西雅图、意大利热那亚和墨西哥萨帕塔主义者[1]的味道和声音。所以它们的局限同时也是现实运动的局限。

作为一种行为，哈特和内格里的基本步骤在意识形态上绝对不是中立的。而且顺便说一句，这一基本步骤让自己哲学范式——德勒兹——感到完全陌生。哈特和内格里的基本步骤是把"民主"当成——指定为——当今全部解放运动的公分母。"如今有如此之多的解放斗争和解放运动，它们横跨世界，处于地方、地区和全球等层面。贯穿这些运动的通用货币是对民主的渴望。"[2]民主绝不代表乌托邦梦想，它是"我们今日恼人的问题的答案……是我们摆脱永恒的冲突与战争的唯一出路"（xviii）。不仅民主（民主乃其解决方案的终极目标）已经刻入目前的对抗，而且民众如今在资本主义核心地带的崛起"首次使民主成为可能"（340）。迄今为止，民主受到了太一（the One）这种形式的制约，受到了至高无上的国家权力的制约。只有当"民众最终能够统治自己时"（340），"绝对民主"——"人人都来统治，人人都受统治，没有限定符的民主，没有如果或但是的民主"（237）——才是可能的。

在马克思看来，高度组织起来的公司资本主义早已是"资本主义内部的社会主义"（资本主义的某种社会化，不在场的所有者变得越来越多余）。我们只要去除有名无实的称谓，就会得到社会主义。不过，在哈特和内格里看来，马克思的局限在于，由于历史的缘故，他受限于中央集权的、以等级制形式组织起来的机械自动化工业劳动。之所以他对"一般智力"（general intellect）的视境就是对中央计划机构的视境，原因就在这里。只有到了今日，随着"非物质劳动"开始发挥霸权作用，革命性的逆转"在客观上才是可能的"。非物质劳动处于下列两极之间：一极是知识的、符号性的劳动，即观念、符码、文本、程序、形象的生产，是作家、程序员等人的劳动；一极是情感性劳动（affective labor），它们处理的是我们的身体情感（physical affects），是从医生到护

1　萨帕塔主义者（Zapatistas），指墨西哥著名革命家艾米里亚诺·萨帕塔（Emiliano Zapata）的追随者。他们大多是土生土长的印第安人，自认为在为自己的权利而战，在反抗五百年来的西班牙帝国主义。他们自 1994 年起开展武装斗争，现已逐步放弃武力。他们发动的革命被认为是第一个后现代主义革命。——译者注

2　Michael Hardt and Antonio Negri, *Multitude* (New York: Penguin Press, 2004), p. xvi. 此后引文后面的括号里的数字，均指该书页码。

婴员再到乘务员的劳动。如今，非物质劳动是"霸权性"的。"霸权性"一词的意义与马克思做出下列宣告时的意义是完全一致的：在 19 世纪的资本主义中，作为确定整体基调的特定颜色，大型工业生产是霸权性的——不是通过以量取胜，而是通过发挥关键性、象征性的结构性作用（structural role）雄踞"霸权"地位的。"民众生产的不仅是商品或服务，最重要的是，民众还促成合作、交流、生活形式和社会关系。"（339）因此出现了广阔的领域，出现了"共同"（common）：共享的知识、合作与交流形式等等，它们不再受限于私有财产形式。这没有对民主构成致命的威胁（就像保守的文化批评家要我们相信的那样），反而为"绝对民主"提供了独一无二的机遇。为什么会这样？

在非物质生产中，产品不再是物质客体，而是新的社会（人际）关系。简言之，非物质生产直接就是生物政治（biopolitical），是社会生活的生产。马克思强调物质生产也是该物质生产置身其间的社会关系的（再）生产。不过，在如今的资本主义中，社会关系的生产是生产的直接目的 / 目标："这样的新型劳动形式……为经济的自我管理提供了新的可能性，因为对生产来说必不可少的合作机制已经蕴含在劳动之中。"（336）哈特和内格里的赌注是，这种直接社会化的非物质生产不仅逐步使所有者变得多余（一旦生产直接就是社会性的、正式的，就是其自身的内容，谁还需要所有者？），生产者还调控社会空间的管理，因为社会关系（即政治）就是他们劳动的原料。经济生产直接变成了政治生产，变成了对社会自身的生产。因此，通往"绝对民主"的道路已经打开，通往生产者（如此生产者直接管理自己的社会关系而无须绕道于民主代议制度）的道路已经打开。

这一视境引发了一个完整系列的问题。[1] 不过，更切题的是另一个临界点。它涉及哈特和内格里对形式的疏忽。形式是就这一术语严格的辩证意义而言的。哈特和内格里继续摇摆于下列两者之间：一者是他们对全球资本主义的"去地域化"力量的痴迷，一者是民众在反抗资本主

1　我在下列著作第 2 部分第 3 章中提出了这些问题：*Organs without Bodies* (New York: Routledge, 2003).

义权力这个太一（the One of capitalist power）时使用的斗争说辞。金融资本，因其脱离物质劳动现实的疯狂投机而成为传统左翼人士的标准厌弃物，现在却被誉为孕育着未来的萌芽，被誉为资本主义最具活力和最具流动性的方面。如今资本主义的组织形式——决策的去中心化、彻底的流动性和灵活性、众多行动者的互动——被视为通往即将来临的民众统治的康庄大道。仿佛在"后现代"资本主义中，已经万事俱备，只欠纯粹的形式转化行动，或者依照黑格尔的说法，只欠从自在（In-itself）转向自为（For-itself），就像黑格尔在谈及启蒙与信仰的斗争时所做的那样。那时，他对"精神默默的、不停的编织"做了描述。

　　这里甚至出现了与认知主义的人类心灵（human psyche）新观念的并列：以同样的方式，脑科学告诉我们，大脑中没有核心自我（central Self），我们的决策脱胎于纷繁复杂的局部行动者（local agents）的互动，我们的精神生命是"自我创生"的过程，没有任何核心化机构强加于它。顺便说一句，这个模型显然基于如今的"去中心化"的资本主义。所以，由民众组成和统治的新社会必将类似于如今的认知主义自我观——自我即处于互动中的行动者的群魔乱舞，没有核心性、决定性的自我来掌控一切……不过，尽管哈特和内格里把如今的资本主义视为民众激增的主要场所，他们继续依赖太一的说辞（rhetoric of the One）、至高权力的说辞，以之反对民众。使这两个方面结为一体的方式是显而易见的：资本主义派生了民众，但又把他们包含在资本主义的形式之内，因而有可能随时放出资本主义无力控制的魔鬼。尽管如此，这里要问的问题是，哈特和内格里是否犯了类似于马克思曾经犯过的错误：民众自己统治自己，这样纯粹民众观（notion of the pure multitude）难道不是终极的资本主义幻象，即一旦消除了内在障碍，资本主义的自我革新的永恒运动就会自由地爆发？换言之，资本主义的形式（占有剩余价值的形式）难道不是自我推进的生产运动的必要形式、形式框架/条件？

　　结果，当哈特和内格里再三强调"这是一部哲学著作"和反复警告读者"切勿期待我们的著作能够回答'做什么'的问题，或提出具体的行动纲领"（xvi）时，这个约束并不像它看上去那么中立，因为它暴露了根本性的理论瑕疵。在描述了反抗帝国的众多形式后，民众最终得到的是预示大决裂的救世主式注释（Messianic note），是决定之时刻（moment of Decision）。那时，民众运动必将随着新世界的突然降临发生质的变化："在经历了漫长的暴力与矛盾、帝国生物权力（imperial biopower）的腐化、生物政治民众（biopolitical multitudes）的无限辛劳后，到了某一时刻，惊人的积怨和改革的提议必将被强大的事件、彻底的叛乱要求所转化。"（358）不过，在这个时刻，就在我们期待对这个决裂做最低限度的理论决断（theoretical determination）时，我们要做的还是遁入哲学："然而，像本书这样的哲学著作不是我们回答下列问题的地方——革命的政治决策是否即将发生？"（357）在这里，哈特和内格里逃得比兔子还快：我们当然不能要求他们依据经验，详细地描述决策（Decision），描述向全球化"绝对民主"的过渡，向自己统治自己的民众的过渡。但是，如果对伪具体的、未来主义的预测的合理拒绝掩盖着内在的、概念性的僵局／不可能性呢？也就是说，我们期待也应该期待的，是对这种质的飞跃的概念结构（notional structure）做出描述，是对从一种民众向另一种民众——从抵抗至高权力这个太一的民众向自己直接统治自己的民众——过渡的概念结构做出描述。把这一过渡的概念结构置于黑暗之中，仅由模糊不清的类比和来自反抗运动的实例来阐明，无法不激起令人焦虑的怀疑：这种自我透明的、人人施诸人人和人人受诸人人的直接统治，这种民主政治，必将与其对立物合而为一。[1]

　　哈特和内格里正确提出了古典左翼的、革命性的"夺权"观的问题：这种夺权策略认可权力结构的形式模型，只想以一个权力载体（"我们"）取决另一个权力载体（"他们"）。正如列宁在《国家与革命》中清晰表明的那样，真正的革命目标不是"夺权"，而是破坏、瓦解国家权力机器。"后现代"左翼号召放弃"夺权"计划，这是这一号召的

1　这也是哈特和内格里提及巴赫金的狂欢概念——狂欢是民众抗议运动的模型——的原因。他们认为，民众抗议运动的狂欢性不仅表现在形式和气氛上（戏剧表演、大声叫喊、唱幽默歌曲），而且表现在它松散的组织上（208-211）。这种看法有严重问题：难道晚期资本主义的社会现实不是早已充满了狂欢色彩？此外，难道"狂欢"不还是权力的淫荡阴暗面——从团伙强奸到大众私刑——的称谓？我们不要忘了，巴赫金是在论述拉伯雷的著作中确立狂欢这一概念的。此书写于20世纪30年代，是对大清洗这一狂欢行为的直接回应。

含混之处：难道他们在暗示我们，我们应该忽视现存的权力结构，或者干脆说，我们要把自己局限于这样的行动——通过在国家权力网络之外建构另类空间，来抵抗现存的权力结构（墨西哥的萨帕塔主义战略）？或者，难道他们在暗示我们，我们应该废除国家，从根本上动摇国家，如此一来国家权力就会径直崩溃、内爆？在第二种情形下，有关民众自己直接统治自己的诗意公式是不适当的。

哈特和内格里构成了三元组中的一元，其他两元分别是埃内斯托·拉克劳和吉奥乔·阿甘本。拉克劳和阿甘本的终极差异涉及权力在结构上的非一致性。虽然他们都认为权力具有非一致性，但对这种非一致性的态度截然相反。阿甘本关注的焦点——法律权力（法治）与暴力的恶性循环——是由下列乌托邦式的救世主期望（Messianic hope）维持的：以本雅明式的"神圣暴力"行动，彻底打破这一循环，走出这一循环，这是完全可能的。他在《未来的共同体》（*The Coming Community*）中曾经提及圣托马斯对那个神学难题的回答：未受洗礼的儿童在死去时对罪孽和上帝一无所知，他们将魂归何处？他们不曾犯下任何过错，所以对他们的惩罚。

> 不可能是意在使人痛苦的惩罚，就像地狱里的惩罚那样。对他们的惩罚只能是剥夺，即让他们永远不知道上帝是怎么回事。与受诅咒之人截然不同，住在地狱边境里的人不会因为不知道上帝是怎么回事而感到痛苦：……他们不知道他们被剥夺了至善。……因此最大的惩罚——不知道上帝是怎么回事——变成了一种天然的乐趣：虽然他们无可救药地迷失了方向，但他们依然故我，不因神的遗弃而痛苦。[1]

在阿甘本看来，他们的命运是救赎的模型：他们"把内疚与正义的世界留在身后：撒在他们身上的光芒是在审判走向末日（*novissima dies*

---

[1]　Giorgio Agamben, *The Coming Community* (Minneapolis: University of Minnesota Press, 1993), pp. 5-6.——作者注。"地狱边境"（limbo），据说是供耶稣降生之前去世之人和未受洗礼的儿童死后栖身之地。——译者注

of judgment）后出现的、无法抗拒的黎明之光。但在末日后出现在大地上的生命只是人的生命"。[1]（在这里，我不禁想到瓦格纳的歌剧《诸神的黄昏》结束后仍然站在台上的人群，他们默默地目睹了诸神的自我毁灭——如果诸神都很开心呢？）如果在细节上稍作修改，这道理同样适用于哈特和内格里。在他们看来，反抗权力就是在为奇迹般跃入"绝对民主"奠定基础。在"绝对民主"中，民众直接自己统治自己。那时张力会消除，自由会永恒地自我扩散。黑格尔曾经把抽象的否定（abstract negation）与确定的否定（determinate negation）区分开来。这个陈旧的区分可以使阿甘本与哈特、内格里的差异得到极佳的展示：尽管哈特和内格里比阿甘本具有更强的反黑格尔色彩，但他们的革命性飞跃依旧是"确定的否定"，即对下列行为的否定——释放在全球资本主义中积聚起来的潜能。而全球资本主义已经是某种"自在的共产主义"（Communism-in-itself）。与他们截然不同，阿甘本——有些自相矛盾的是，尽管他憎恶阿多诺——在阿多诺、霍克海默和马尔库塞的晚期著作中勾勒了某种更类似于对完全大对体（ganz Andere）的乌托邦式渴望的东西，更类似于向未经调停的大对体（nonmediated Otherness）的救赎性飞跃的东西。

与此相反，拉克劳和穆菲为爱德华·伯恩斯坦的老牌修正主义格言"目标无关紧要，运动才是一切"提供了新版本：真正的危险，要抵抗的诱惑，是有关"彻底切割"（radical cut）的概念。有了"彻底切割"，基本的社会对抗就会冰消雪融，自我透明的、未曾异化的新纪元就会到来。在拉克劳和穆菲看来，这样的概念不仅否认政治域本身，否认对抗的空间和霸权的争夺，而且否认人类生存条件的基本的存有论界限（ontological finitude）。之所以任何实现这一飞跃的企图都必将以极权主义灾难告终，原因就在这里。这意味着，要阐明和践行持久的、具体的政治方案，唯一的出路就是承认存在着全球性的、先验的僵局。只有以不可化约的全球性僵局为背景，我们才能解决具体的问题。当然，这决不意味着政治行动者（political agents）应该把自己的行动限制在解决具

1　Ibid., pp. 6-7.

体问题的范围内，放弃普遍性这一话题。在拉克劳和穆菲看来，普遍性既是不可能的，又是不可少的。也就是说，没有直接的、"真正"的普遍性，普遍性都是早已沉湎于霸权斗争的普遍性，是已被某种具体内容霸权化的空洞形式，是有待某种具体内容填充的空洞形式。在某个具体时刻，到了某个紧要关头，这样的具体内容就会充当普遍性的替身。[1]

不过，这两种途径真的像它们看上去那样针锋相对吗？一方面，难道拉劳和穆菲的大厦难道没有暗示它自己的乌托邦临界点（utopian point）吗？到了这个临界点，政治斗争将不会产生"本质主义"的残余，各方完全承认：他们付出的努力，社会对抗具有的不可给化约的品格，都是绝对偶然的。另一方面，阿甘本的立场同样也有不为人知的优势：因为借助于如今的生物政治，政治斗争的空间已经封闭，任何民主性－解放性的运动均无意义，所以我们只能沾沾自喜地等待"神圣暴力"的神奇爆发。至于哈特和内格里，他们使我们重获马克思主义的自信："历史在我们一边"，历史发展已经派生共产主义未来这种形式（the form of the Communist future）。

如果有什么区别的话，哈特和内格里的问题在于，他们有些过于马克思主义，接受了马克思主义潜在的历史进步图式。和马克思一样，他们赞美资本主义的"去地域化"的革命潜能；和马克思一样，他们把矛盾锁定在资本主义之内，锁定在下列两者之间：一者是这一潜能，一者是资本的形式，即私有财产对剩余价值的占有。简言之，他们恢复了马克思主义有关生产力和生产关系的张力的观念：资本主义已经派生"未来新生活形式的萌芽"，它连续不断地制造"平民"，如此一来，在革命的爆发中，这种新的生活形式会从旧社会形式中解放出来。不过，正是作为马克思主义者，为了保持我们对马克思著作的忠诚，我们应该指出其中的错误。一方面，马克思知道，在自我提升生产能力方面，资本主义释放出惊人的伟力。他心醉神迷地描述道，在资本主义中，"一切均告烟消云散"，资本主义是整个人类历史上最大的革

1　See Ernesto Laclau and Chantal Mouffe, *Hegemony and Socialist Strategy* (London and New York: Verso, 1985).

命者。另一方面，他还清楚地知道，资本主义的动力机制是由它内在的障碍或对抗推动的，资本主义的终极局限，资本主义自我推动的生产能力的终极局限，是资本本身。也就是说，资本主义的不断发展，资本主义物质条件的革命化，资本主义生产能力无条件的螺旋式上升，最终只是拼命地前行，以逃避在它自身之内使之虚弱的内在矛盾……根本性错误在于，他从上述洞见中得出结论说，更高级的新社会秩序是可能的，这样的秩序是可能的：它不仅能够维持而且能够提升至更高的层面，有效地全面释放生产能力的潜能，推进生产能力的螺旋式自我上升。在资本主义中，因为存在内在障碍（"矛盾"），生产能力再三为破坏性的社会经济危机所阻碍。简言之，用经典的德里达术语说，马克思所忽视的是这一内在障碍／对抗——它既是生产力得以全面展开的"不可能性之条件"（condition of impossibility），又是其"可能性之条件"（condition of possibility）：如果我们消除了这一障碍，消除了资本主义的内在矛盾，如果我们使完全释放出来的、推动生产能力上升的驱动力与其障碍完全脱钩，我们就会丧失这个既由资本主义派生又为资本主义阻碍的生产能力——如果我们消除障碍，被这一障碍所阻挡的潜能就会烟消云散。这是拉康对马克思的基本责备，它关注的焦点是剩余价值与剩余享受的模糊重叠。[1]

　　当然，无论如何，所有这些都迫使我们放弃寻找政治性的"事件性场所"（eventaI sites），即在我们的全球社会中积聚了革命性潜能的地方。一个世纪前，维尔弗雷多·帕累托（Vilfredo Pareto）首先描述了社会生活中（不限于社会生活）所谓的80/20规则：80%的土地为20%的人拥有，80%的利润是由20%的雇员创造的，80%的决策是在20%的时间内做出的，80%的网络链接指向少于20%的网页，80%的豌豆是由20%的豆荚生产出来的……正如某些社会分析家（social analysts）和经济学家暗示的那样，如今经济生产能力的爆发使我们面对这一规则的终极个案：即将到来的全球经济要进入这样一种状态——只有20%的劳

　　1　对此更加详细的分析，见下列著作第3章和第4章：Slavoj Žižek, *The Fragile Absolute* (London and New York:Verso, 1999).

动力能做所有必要的工作，80% 的人口基本上不相干和没有用，是潜在的失业者。

这种 80/20 规则是从所谓的"无标尺网络"（scale-free networks）中推断出来的。在"无标尺网络"中，先有拥有最大数量链接的最小数量的节点，后有拥有小数量链接的大数量的节点。例如，在任何人群中，小数量的人认识大数量的其他人（即拥有与大数量的其他人的链接），多数人只认识很小数量的人——社会网络自发地构成"节点"，即拥有大数量链接的人。在这样的无标尺网络中，竞争还在继续：虽然总体布局不变，顶端节点（top nodes）的身份始终在变，后来之人取代先前的赢家。不过，某些网络会越过临界阈值（critical threshold）。而一旦越过临界阈值，竞争会瓦解，赢家要通吃：一个节点攫取全部链接，其他节点一无所有。微软基本就是这样的，它是一个享有特权的节点：它攫取了所有节点，也就是说，要想与他人联络，我们必须与它建立联系。当然，最大的结构性问题是：网络易于超越阈值，而且一旦超越阈值，竞争就会瓦解，赢家就会通吃，这样的阈值是如何界定的？[1]

假如如今的"后工业"社会只需越来越少的工人复制自身（据某些人的统计是 20% 的劳动力），那么真正过剩的不是工人，而是资本。但是，对于如今的"普遍个人"（universal individual）来说，对于那些其命运代表着如今世界的非正义的人来说，无业只是众多候选项之一。如今的巴勒斯坦是真正的潜在性事件之场所。之所以如此，是因为所有用以解决"中东危机"的标准的、"实用"的方案均反复失败，因此以乌托邦方式发明一个新空间，是唯一"现实"的选择。此外，巴勒斯坦人因其悖论性地位——他们是终极受害者（犹太人）的受害者——而成为优秀的候选人。这当然使他们陷入极端困难的处境：一旦他们发起反抗，他们的反抗会立即被视为排犹主义的延伸，被视为对纳粹"最终解决方案"的秘密声援，而痛遭谴责。的确，如果像拉康派犹太复国主义（Lacanian Zionists）喜欢宣称的那样，犹太人是夹在众多国家之中的小客体，是西方历史上恼人的过剩（troubling excess），我们如何能够不受

1　见下列著作第 6 章和第 8 章：Albert-Laszlo Barabasi, *Linked* (New York: Plume, 2003).

惩罚地反抗他们？想成为小客体的小客体，可能吗？我们应该拒绝的正是这种伦理敲诈（ethical blackmail）。

　　然而，这个系列中有个享有特权的场所：如果新兴无产阶级的立场就是新兴大都市贫民窟的居住者的立场呢？贫民窟在过去数十年间的迅速增长，尤其在第三世界大都市——从墨西哥城和拉美其他国家的首都到非洲（拉各斯、乍得），再到印度、中国、菲律宾、印度尼西亚——的增长，或许是我们这个时代至关重要的地缘政治事件。[1] 拉各斯（Lagos）的情形颇为直观。那里有个由 7000 万人组成的棚户区走廊，在地域上从阿比让（Abidjan）一直延至伊巴丹（Ibadan）。拉各斯是它最大的节点。根据官方资料，在拉各斯州的 3.5777 平方公里的土地上，大约三分之二的面积可以归入棚户区或贫民窟。甚至没人知道它确切的人口数目——官方说 600 万，但多数专家估计 1000 万。因为全球城市人口在不远的将来会超过农村人口（鉴于第三世界人口普查的不精确，城市人口或许早已超过农村人口），因为贫民窟居民将构成城市人口中的多数，我们现在面对的绝对不是边缘性的现象。我们正在目睹不为国家控制的人口的急剧增长，他们生活在几乎无法无天的状况下，急需要最低限度的自治。这些人口虽然由边缘化的劳动者、多余的公务员、先前的农民构成，却不是累赘的剩余：他们会以多种方式融入全球经济，其中很多人成为非正式的工薪族或个体企业家，缺乏充分的健康保障或社会保障。（这些人口兴起的主因是第三世界被纳入全球经济，从第一世界国家进口廉价食物，也摧毁了当地的农业。）他们是"发展"、"现代化"和"世界市场"之类口号的真正"征兆"：不是不幸的偶然，而是全球资本主义的内在逻辑的必然产物。[2]

　　难怪贫民窟中处于霸权地位的意识形态形式是五旬节基督教

1　见迈克·戴维斯（Mike Davis）的精彩报告《布满贫民窟的星球：都市革命与非正式的无产者》（"Planet of Slums: Urban Revolution and the Informal Proletariat"），*New Left Review* 26 (March/April 2004).

2　那么，马克思曾把某些人称为"流氓无产者"，称为所有阶级的退化的"垃圾"。这些人一旦被政治化，通常会支持原法西斯主义和法西斯主义政权（在马克思的时代，如此政权即拿破仑三世的政权）。难道贫民窟居民不应归入这一范畴吗？更为缜密的分析应该关注下列问题：在全球资本主义（尤其是大规模迁徙）条件下，这些"流氓"因素的作用发生了怎样的结构性变化？

（Pentecostal Christianity）。五句节基督教把具有超凡魅力的、以奇迹和奇观为取向的原教旨主义与诸如社区厨房和照料老幼之类的社会工程混合起来。我们当然应该抵御无法轻易抵御的诱惑，去美化和理想化贫民窟居民，把他们说成是新的革命阶级。尽管如此，依照巴迪欧的说法，我们还是应该把贫民窟视为今日社会中为数不多的正宗"事件性场所"之一。贫民窟居民是下列之人的真正集合：他们是"非部分的部分"，是被排斥在公民福利之外的社会"额外"因素；他们背井离乡，尤依无靠，实际上"要失去的只有锁链"。令人吃惊的是，贫民窟居民的许多特色与马克思主义对无产阶级革命主体所做的陈旧而准确的描述不谋而合：他们是"自由"的，就"自由"一词的双重意义（摆脱了所有实质性的束缚、居住在不受国家治安管辖的自由空间）而言，他们甚至比古典无产阶级更自由；他们是大型集合体，他们被强制性地抛在一起，被"抛"进了这样的情境——他们不得不发明某种模式的"共在"（being-together），同时还被剥夺了传统生活方式的任何支撑，被剥夺了世代传承的宗教生活形式或种族生活形式的任何支撑。

当然，贫民窟居民与经典马克思主义的工人阶级之间存在着至关重要的区别：后者是严格依据经济"剥削"一词来界定的（经济剥削即占有剩余价值，而剩余价值是由"把自己的劳动力当作商品在市场上出售"这种情形导致的），而贫民窟居民的决定性特征是社会政治性的（sociopolitical）；这还涉及他们能否带着自己现有的（多数）权利融入法定的市民空间的问题。用带有几分简单化的术语说，成了神圣人[1]的是贫民窟居民，而不是难民。神圣人是全球资本主义大规模制造出来

---

[1]　神圣人，原文为"Homo Sacer"。"Homo Sacer"系拉丁文，来自罗马法，意为"神圣的人"（the sacred man）。根据罗马法，"神圣的人"已被剥夺生命权利，人人皆可得而诛之，但不可在宗教仪式中用作牺牲品献祭。古罗马宗教中的"神圣"（sacer）一词的意义与基督教不同。在罗马早期宗教中，"神圣"指与普通社会分离开来的人或物。人一旦被"神圣"，就会丧失所有的民事权利，也不能参与宗教活动，因为会亵渎宗教活动的圣洁。普通人被"神圣"，一跃成为"神圣的人"，通常是因为没有遵守自己发出的誓言。某人向神发誓，信誓旦旦，"天打五雷轰"之类，但又阳奉阴违，不遵守誓言，结果必定是，他已成为神的囊中之物（这是神对他的报复），不再属于人的一员，也不能用于祭祀其他神祇。"Homo Sacer"一语甚为偏僻，已成死语，但阿甘本在其《神圣的人：至高的权力与赤裸的生命》（Homo Sacer: Sovereign Power and Bare Life）中将其发扬光大。他把"神圣的人"称为"赤裸的生命"。——译者注

434　二　太阳视差：难以承受的非我之轻

的"活死人"。贫民窟居民是对难民的否定。贫民窟居民是难民，但有自己的社区，强权并不想以集中营的形式控制他们。在集中营里，用刘别谦（Ernst Lubitsch）的电影《你逃我也逃》（*To Be or Not to Be*）中那个令人难忘的双关语说，当权者做的是"集中"，难民们做的是"营"。贫民窟居民被推进了无人控制的空间。与福柯的规训微观实践（micro-practices of discipline）形成对比的是，贫民窟居民是这样的人：当权者已经放弃对他们实施控制和规训的权利，发现让他们生活在贫民窟这个阴阳不分的魔界（twilight zone）中更为恰当。[1]

　　当然，我们在"真正存在的贫民窟"中找到的，是各种简易模式的社会生活的混合体，从宗教"原教旨主义"团体（此类团体由充满超凡魅力的领袖凝为一体）和犯罪团体，直至新"社会主义"团结（new "socialist" solidarity）的种子，无不囊括其中。贫民窟居民是另一个新近出现的阶级——"符号阶级"（symbolic class）——的反阶级（counterclass）。包括经理、记者、公关人员、学者、艺术家等人在内的"符号阶级"也已失去根基，也把自己视为"直接的普遍"（directly universal）。一位纽约学者与一位斯洛文尼亚学者具有的共同性，远远多于他与住在纽约哈莱姆区的某个黑人的共同性，尽管他们仅有半英里的距离。这是阶级斗争的新轴线吗？或者说，这是"符号阶级"固有的分裂，这样我们就能把赌注压在贫民窟居民和符号阶级的"进步"部分的联合上？我们应该寻找的，是证明社会意识新形式（new forms of social awareness）必将从贫民窟集合体中涌现的标志。这些标志将是未来的种子。

1　马克思的"无产阶级立场"（proletarian position）的精确定义是：在发生某种短路时出现的非实体性的主体性（substanceless subjectivity）。短路指的是：不仅生产者在市场上交换自己的产品，而且生产者被迫在市场上直接出售自己的劳动力，而不是自己的劳动产品。正是在这里，通过这种倍化 / 反射性的异化（redoubled/reflected alienation），剩余客体（surplus-object）出现了：剩余价值正是空洞主体（emptied subject）的对应物，是$的客体性配对物（objectal counterpart）。这种倍化的异化（redoubled alienation）不仅意味着"社会关系表现为物与物的关系"，就像在每个市场经济中显现的那样，而且主体性之核（core of subjectivity）被设置为物的等价物。在这里，我们应该更加缜密地审视普遍化本身存在的悖论：只有当劳动力作为商品在市场上出售时，市场经济才具有普遍性。也就是说，只要多数生产者还在出售自己的产品，就不可能存在普遍的市场经济。

三　月球视差：
走向减法政治

5 从剩余价值到剩余权力

（1）存有性的漂泊，存有论的真理

海德格尔荒唐地依恋其"地方之根"（local roots），依恋其"何以我必须留在乡间"这一主题。对此幸灾乐祸，实在易如反掌。如果我把海德格尔的依恋视为某种能使他应对其思想的创伤性的激进性（traumatic radicality）的防卫策略呢？也就是说，如果我们在海德格尔的依恋中看到的是可与克尔凯郭尔的策略——他每天晚上都去剧院——相媲美的策略呢？始终如一地忍受极端的思想努力（effort of thought）是不可能的，我们不得不找个舒适的地方逃避之。[1]

海德格尔可说是 20 世纪的哲学家（正如黑格尔是 19 世纪的哲学家那样）：从鲁道夫·卡尔纳普开始，此后的哲学家都必须通过与海德格尔划清界限，与他保持批判性距离，来界定自己。多数哲学家并不只是简单地把他拒之门外，相反，他们与他保持爱恨交加的关系，承认他的突破，但又宣称他没能始终实践自己的突破，因为他陷入了某种形而上学的预设。例如，在马克思主义者看来，海德格尔在《存在与时间》中正确地实现了从拒绝承担责任的、单纯观察世界的主体向总是已被抛入世界、总是介入世界的主体的转变。但是，他不能把主体置于主体的社会实践的历史整体性（historical totality of their social practice）之内。稍作变通，这结论还适用于列维纳斯、德里达、罗蒂和维特根斯坦派［德雷福斯（Dreyfus）］，甚至适用于巴迪欧。

海德格尔最大的单个成就是对有限做了充分说明，把有限视为"做人"（being-human）的积极构成成分（positive constituent）。就这样，他

1　布莱希特和海德格尔是德国 20 世纪艺术界和思想界的关键人物，但性情迥然不同，何以二人共享一个特征——极端不快？这是离奇的巧合，还是暗示了某种必然性？

实现了康德式的哲学革命，明确表明有限是超越性维度（transcendental dimension）的关键。人总是走在通向自己的路上，总是化成（becoming）、受阻、被抛入某种情境，最初是"被动"的、接纳的、服从的，暴露在势不可挡的原质（Thing）之下。只有处于这种有限之内，实存物对我们来说才是"可以理解"的，才能构成世界的一部分，才能被囊括于意义的视域（horizon of meaning）之内。简言之，只有这样，我们才能把实存物当作某种事物，它们才能显现为某种事物，它们才能显现得令人一目了然。依照康德的说法，正是由于这一有限，"智性直观"（intellectual intuition）才是不可能的，人才能在把下列两者割裂开来的裂缝中把握事物：一者是事物的单纯此在，一者是它们显现时遵循的模式，它们的显现"本身"。一句话，每个知性（understanding）都是把联系偶然地"投射"到裂缝上，而不是直接的领悟。因此，超越性的"可能性之条件"（condition of possibility）是不可能性之条件（condition of impossibility）的正面：人无法凭直觉认知现实，这种不可能性，这种失利，这种"不达目的"，构成了世界的开放性，构成了对世界的视域的开放性。

　　成为上帝（Being-God）不仅意味着全能，同时还意味着幽闭恐惧症一般的闭合（claustrophobic closure）。不仅如此。上帝概念是某种透视错觉的结果，是只能出现在我们的有限（our finitude）这个视域之内的、不可能的闭合点（impossible point of closure）的"投射"。上帝"本身"并不存在，它只是显现出来的表象，但在人类的意义世界内占有一席之地。换言之，我们应该颠覆笛卡儿及其证明上帝存在的存有论证据：无限只能出现在有限的视域内，它是有限的一个范畴。其实，海德格尔在断言有限是我们的存在的无法逾越的视域（unsurpassable horizon of our existence）时所要达到的目的，可以通过与笛卡儿的对比得到最佳的说明。下面是笛卡儿的《方法谈》第3章开始时的著名论断。在这里，他概括了"临时性道德规则"的必要性和内容。"临时性道德规则"是他在忙于寻找绝对的新根基时采用的。

　　　　在开始重建我们正在居住的房子之前，仅仅把它拆掉、准备材料和寻找施工人员，是不够的……同样必要的是，我们还要备有其他房子，以便在施工期间，我们可以宽敞地住在里面。这样，即使理性迫使我停止作出判断，我在采取行动时也不会优柔寡断；从今以后，我可以不受阻止地生活在最大可能的幸运之中。为了达到这些目的，我制订了临时性道德规则。它由三四个准则构成。盼你熟知它们。

第一个准则是遵守我们国家的法律和习俗，坚守我们的信仰。承蒙天恩，我自幼在这种信仰中接受教育，在其他事情上依据最稳健的意见调整自己的行为。……

第二个准则是，在采取行动时，要尽最大可能，保持坚定和果断。一旦采纳某种意见，即使它至为可疑，也要坚定不移，仿佛它毫无问题一样。在这方面，要以旅行者为榜样。他们在森林中迷路后，不应该东突西窜、左右游荡，也不要停在一个地方，而应该尽可能朝着一个方向持续直行，不为任何微不足道的理由改变方向，尽管那或许是个独一无二的机会，当初能够决定你做怎样的选择。[1]

难道前两个准则没在海德格尔的"有限存有论"（ontology of finitude）的两个基本前提中听到自己的回声？它的一个基本前提是这样的观念：我们被抛进了偶然却又无法逾越的历史视域；它的另一个基本前提是与第一个前提相伴而来的观念：存在着深不可测的决定（abyssal decision），我们应该无条件地忠于这一决定，尽管它无法完全以理性为根基。它就是被批评者通常当成海德格尔的"非理性的形式主义的决断主义"而加以拒绝的东西："你做了怎样的决定并不重要，真正重要的是无条件的决定（unconditional decision）这种形式，是你对你做出的选择的忠诚，是你把自己的选择当成完全由你做出的选择来接受。"换言之，难道我们不能说，在我们完全接受并始终思考下列事实——并不存在超越性的绝对知识，我们信守的每个道德都是"临时性"的——时，

1　René Descartes, *Discourse on Method* (South Bend: University of Notre Dame Press, 1994), pp. 38–39.

我们在海德格尔那里看到了自己的影子？难道海德格尔的历史存在阐释学（hermeneutics of historical being）不是某种"临时性存在之存有论"（ontology of provisory existence）？之所以有限之话题与失利之话题难解难分地联系在一起，原因就在这里。或许真正的现代性（modernity）的终极定义涉及失利之身份（status of failure）：当失利不再被视为成功的对立物时，我们才能进入现代性，因为成功之所以为成功，仅仅在于它英勇地接受了失利的全部维度，把失利当成"任何人的失利"而"重复"之。所以，彼得·斯洛特迪克正确地做出了这样的观察："那些在这里面寻找海德格尔的现代性的人，只要记得下列现实就可以了：在海德格尔看来，起决定性作用的东西首先把自己显现为被接受的失利。"[1]

当海德格尔在其晚期著作中反复强调，那些停留在存有论真理（ontological truth）中的人必定在存有性的层面（ontic level）上犯错时，难道他没有因此承认，在存有论与存有性之间存在着不可化约的视差分裂吗？与此相应，海德格尔式的巨大政治诱惑不就是忘记这一视差分裂，强行实施本来适用于存有论真理（ontological truth）的存有性秩序（ontic order）？他在 1936 年的谢林讲稿中写道：

> 其实很显然，为了其国家及其人民的政治构成（political formation），这两个人在欧洲开启了［对虚无主义的］反运动。墨索里尼和希特勒本质上都是由尼采决定的，只是决定的方式不同，而且尼采思想的真正形而上学之域在这个过程中没有发挥直接的影响。[2]

这段文字存在的真正问题并不在于它表面上存在问题的地方（并不在于海德格尔对希特勒和墨索里尼过于温和的批判，这暗示了对他们的基本肯定的态度）。真正问题是下列问题：暴露在"尼采思想的真正形而上学之域"下的政治会呈现何种面目？这样的政治具有丝

1　Peter Sloterdijk, *Nicht gerettet. Versuche nach Heidegger* (Frankfurt: Suhrkamp, 2001), p. 41.

2　Martin Heidegger, *Schelling's Treatise on the Essence of Human Freedom* (Athens: Ohio University Press, 1985), pp. 40–41.

毫的可行性吗？同样，海德格尔早期著作的过错（直至 1934 年，最直接地显现在他的就职演说中）在于，他相信，拥有意识到自身的存有论根基（ontological foundation）的科学——学术机器（academic machinery）——是完全可能的，在这个层面上采取行动是完全可能的。这是海德格尔复兴大学计划要达到的目标。依据他的复兴大学计划，哲学会直接指导具体的科学。1934 年后，海德格尔承认，这个分裂是不可能化约的："科学不会思考。"这绝非科学的局限，而是它们的长处，是它们如此富有成效的原因。

海德格尔的修辞倒装（rhetorical inversion）——"X 的本质就是本质本身的 X 化"（the essence of X is the X-ing of the essence itself）——的终极版本，可在他二战期间有关荷尔德林的赞美诗《伊斯特河》（"Ister"）的讲稿（1944）中找到。他在斯大林格勒战败后，针对战败做了评论。在评论中，他表面上反对纳粹的"粗俗"宣传，认为"胜利的本质是本质本身的胜利"。如此一来，真正重要的不是"存有性"的军事胜利，而是德国人民面对和忍耐处于存在的本质（essence of Being）核心地带的"斗争"的力量和能力，德国人民面对和忍耐隐藏和非隐藏之间的对抗的力量和能力。……巴里巴尔在谈及费希特时确证了这一立场的含混性：[1] 这是否意味着，为了真正地（"存有论地"）获胜，我们必须"存有性"地失败？或者，只有存有论的坚定（ontological resoluteness），才能赋予我们真正的力量，使我们维持存有性的战争（ontic warfare）？沿着同样的思路，我们还可以生成"海德格尔式"的陈述：战争的本质与经验性的战争（empirical warfare）无关，相反，它涉及本质本身的交战——赫拉克利特的 *polemos*（交战），涉及存在的本质（Essence of Being）的不和、内讧。但是，海德格尔会认可同样涉及人的本质（human essence）的同一倒装吗？"人的本质与作为存有性存在（ontic being）的人无关；相反，人的本质是本质本身的'人化'（humaning）；存在的本质（Essence of Being）本身需要作为此在

1　See Étienne Balibar, "La violence: idéalité et cruauté," in *La crainte des masses* (Paris: Éditions Galilée, 1997).

（Being-There）的容身场所的人，需要作为此在的现身场所（site of its Disclosure）的人。"在涉及诸如浩劫（shoah）之类的现象时，他是否还能接受"受难的本质就是本质本身的受难"？[1]

　　为海德格尔做的一个标准的海德格尔式辩护是宣称，他在其晚期著作中确立的思想只会使我们在现代主体性的权力意志（will to power of modern subjectivity）中把握纳粹恐怖行动的根源。海德格尔向我们表明，对纳粹主义的人本主义拒绝不够强大，是因为纳粹主义不是别的，而是支撑人本主义伦理的主体性之哲学（philosophy of subjectivity）导致的极端结果。……这个步骤，在修辞上是异乎寻常的大胆（那些为了人本主义的价值观而甘冒生命的危险与法西斯主义作战的人，在更深层次的意义上，与纳粹主义的恐怖行径休戚相关，因此比活跃的纳粹分子海德格尔更加罪孽深重），在表述上模棱两可，甚是可疑。如果海德格尔能使我们深刻洞悉纳粹主义的根源，为什么他自己却不能抵御纳粹主义的诱惑？对此问题的标准答案是：因为他"就在那儿"，因为他体验到了现代主体性的极致，所以他能揭示真相。这是否意味着，为了洞悉现代主体性之真相，我们必须对纳粹（或类似极端现象）进行亲身体验？《存在与时间》的毛病出在什么地方？什么地方出现了致命的转折？大家的普遍看法是，焦点在于从个人命运向共同命运的过渡：

　　　　但是，如果作为在世中在（being-in-the-world）的致命的此在（fateful Dasein）本质上存在于与他者同在（being-with-Others），那么它的历史际遇（historical happening）就是共同历史的际遇（co-historical happening），就是使它成为共同命运的决定性因素。我们

　　1　是什么使得戏仿海德格尔变得如此容易？难道不是因为在他有关思想与思想对象的艰苦斗争、直接标明思想的问题（matter of thought）的非可能性、依赖于诗性暗示的必要性、被动地将自己暴露于存在之词（Word of Being）、识别存在之词包含的朦胧信息的说辞中存在着某种假模假样的东西？仿佛海德格尔很清楚他要说什么，并能以直接、明确的语句来表述。但是，出于纯粹修辞上的考虑，他以不能不以显得滑稽可笑的模糊说辞，把自己要说的东西包裹起来。附带说一句，正是由于这个原因，听上去像是戏仿他的，通常是他自己。他有关斯大林格勒战役失败的评论（前面引用过）就是如此："胜利的本质与存有性的军事胜利无关；胜利的本质是本质的胜利。"还有一个更滑稽的例子，是一个目击者告诉我的：1962年，海德格尔拜访了勒内·夏尔（René Char）位于普罗旺斯的小别墅，那里的家具做工粗糙，他却说道："一个诗意栖居之人……"

就是这样指称共同体、人民的历史际遇的。天命不是众多个人命运的集合，彼此同在（being-with-one-another）也不是数个主体的共同发生。在我们在同一个世界中的彼此同在中，在我们对明确可能性的确信中，我们的命运早已被提前引导。只有在交流和斗争中，天命的力量才被释放。此在在其"一代人"中的致命天命，此在与其"一代人"共有的致命天命，开始弥补此在的充分的、真正的历史际遇。[1]

紧接着是那个著名的段落。它讲述的是，在此在的"被抛进世界的存在"（being-thrown-into-the-world）——"被抛进世界的存在"以具体的过去与此在分庭抗礼——中，此在如何能够选择（过去）的英雄，并在共同接受的命运中重复英雄的行为……

正如米格尔·德·贝斯特古（Miguel de Beistegui）已经指出的那样，这个段落涉及一个完整系列的位置变化。依据海德格尔的严格的现象学分析（phenomenological analysis），这样做是不合法的。[2] 这个段落是以下列两者的类似为基础的：一者是个人的向死的存在（being-toward-death），它以绝对的孤独，坚定地接受人的最深处的（非）可能性（只有我才能为自己而死）；一者是展示出同样态度的共同体。但是，如果

1　Martin Heidegger, *Being and Time* (New York: Harper & Row, 1962), p. 436.——作者注。这段文字殊难理解。原文为："But if fateful Dasein, as being-in-the-world, exists essentially in being-with-Others, its historical happening is a co-historical happening and is determinative for it as communal fate. This is how we designate the historical happening of a community, of a people. Destiny is not something that puts itself together out of individual fates, any more than being-with-one-another can be conceived as the occurring together of several subjects. Our fates have already been guided in advance, in our being-with-one-another in the same world and in our resoluteness for definite possibilities. Only in communication and in struggle does the power of destiny become free. Dasein's fateful destiny in and with its "generation" goes to make up the full, proper historical happening of Dasein." 参见中文版："但若命运使然的此在作为在世的存在本质上与他人存在中生存，那么它的历事就是一种共同的历事并且被规定为天命。我们用天命来标识共同体的历事、民族的历事。天命并非由诸多个别的命运凑成，正如相互共在不能被理解为许多主体的共同出现一样。在同一个世界中相互共在，在对某些确定的可能性的决心中相互共在，在这些情况下，诸命运事先已经是受到引导的。在传达中，在斗争中，天命的力量才解放出来。此在在它的'同代人'中并与它的'同代人'一道有其具有命运性质的天命；这一天命构成了此在的完整的本真历事。"见海德格尔：《存在与时间》，陈嘉映、王庆节译，三联书店1987年版，第452页。——译者注

2　Miguel de Beistegui, *Heidegger and the Political* (London: Routledge, 1998), pp. 17–19.

"真正"的死亡为我独有，无法与人共享，两者的类似如何可能？共同体是在什么意义上展示出同样态度的——在面对死亡时坚定地接受某个人的命运？如何设想共同体的死亡？只是整个共同体冒着以暴力自我毁灭的危险，与其他共同体对抗？从个人此在（individual Dasein）的角度看，这样的死亡与海德格尔先前描述的向死的存在大相径庭：我们现在面对的，是共同体牢牢黏在一起的牺牲性死亡（sacrificial death）。在《艺术作品的起源》（"The Origin of the Work of Art"）一文中，海德格尔列出了真理之全身心投入工作的诸种模式（mode of putting-into-work of the truth）。这些模式，除了思想、诗歌、立国（state-founding），还有"本质性的牺牲"（essential sacrifice）。我们应该把"本质性牺牲"这个条目与他这个时期有关荷尔德林的讲座中的某个段落放在一起解读。在那个段落中，他把这种"牺牲"明确说成是"前线士兵间的同志情谊"："它最为深刻也是唯一的成因是，接近作为牺牲的死亡，使每个人走向这样的灭亡（annulment），这成了无条件地从属于他人的源泉。"[1] 一边是作为牺牲的死亡，一边是《存在与时间》中的向死的存在（在死亡中，我被重新抛回自己，就我的独一无二的特性而言，异常孤独），两者间的张力是无法否认的。

正如贝斯特古指出的那样，海德格尔的社会生活研究是由"家政"经济——"封闭"的"家庭"经济——这一概念的非主题化统治（unthematized dominance）决定的。海德格尔在谈论技术时，系统地忽视了整个现代"政治"经济领域，尽管现代技术不仅在经验上而且在其概念上均根植于导致剩余价值的市场动力机制。推动现代生产力滚滚向前的潜在原理不是技术性的，而是经济性的：迫使资本主义处于永恒自我革命的疯狂动力机制之下的，是市场和剩余价值这一商品原理。结果，没有马克思所谓的"政治经济批判[2]"，就不可能真正把握现代性之动力机制。对于"被异化"的政治经济的无知，绝对不是政治上的纯

1　Martin Heidegger, *Gesamtausgabe*, vol. 39, *Hölderlins Hymnem, Germanien und "Der Rhein"* (Frankfurt: Klostermann, 1980), pp. 72–73.
2　"政治经济批判"（critique of political economy），通常译为"政治经济学批判"。其实与"学"没有关系，它是对"政治经济"本身的批判。——译者注

真：正如贝斯特古指出的那样，海德格尔与法西斯主义共享了这种无知。法西斯主义的终极梦想恰恰是，使现代技术和工业"家庭化"，使现代技术和工业重新纳入有机的国家-共同体的新"家庭经济"这一框架。希腊城邦这个公共空间（共同体成员在这个空间内会集，一起讨论和决定公共事务）的出现，早已是如此"位置变化"的产物，早已是被化约为包罗万象的大型秩序的元素之一的家庭（*oikos*）的产物。如果海德格尔忽视了下列事实呢？历史的反讽在于，海德格尔在关注对共同命运的真正接受时，恰恰忽视了下列问题：匿名的市场力量（anonymous market forces）是如何被体验为新版本的古代命运（ancient Fate）的？正如马克思和黑格尔反复宣称的那样，在现代性中，命运越来越像是令人费解和反复无常的社会经济过程（socioeconomic process）。人的活动的共同结果，作为一种外来的命运（foreign Fate），与人对抗。

那么，想象《存在与时间》而不顾这个致命的转折，是合法的吗？依旧是"个人主义"的，依旧把集体体验贬为非纯正的体验，把集体体验贬为命运，只允许把个人坚定的向死的存在视为纯正的行为（authentic act），是这样的《存在与时间》吗？或者，是这样的存在与时间：或多或少地沿着本雅明或某某人的思路（本雅明也把革命说成对过去的纯正重复），标举一种与众不同的、更加"进步"的"纯正集体存在"（authentic collective existence）？在1937—1938年，海德格尔写道：

> 保守之物依旧停滞于历史的编纂，只有革命之物获得了历史的深度。在这里，革命并不意味着纯粹的颠覆和破坏，而是习惯的剧变和对习惯的重建。只有这样，开端才能得以调整。因为原创性（the original）属于开端（beginning），开端的调整永远都不是对先前之物的拙劣模仿，它是彻底的异类，然而又是不变的自身。[1]

就其本身而言，这不是沿着本雅明的思路对革命所做的极其中肯的

---

[1]　Martin Heidegger, *Gesamtausgabe*, vol. 45, *Grundprobleme der Philosophie* (Frankfurt: Klostermann, 1980), p. 41.

描述吗？那么，我们是否应该对革命的集合体（revolutionary collective）或圣保罗式的信徒集合体（collective of believers）做出同样中肯的描述，并把它们视为纯正共同体的模式？这样的纯正共同体既是海德格尔早期著作的模型，也是本雅明的模型。难道这样的集合体不正在逃避封闭家庭与机械且匿名的常人（das Man）、共同体与社会的二分体（dyad）吗？屈从于重写一部"优秀"的《存在与时间》的诱惑，实在易如反掌。但应该抵制这一诱惑。

从个人此在的纯正决定（它以接受自己的向死的存在为根基）向共同的决定（它以接受自己的天命为根基，见《存在与时间》第 74 节）的过渡，并不像初看上去那样率性而为，因为它是对一个精确的必要性的响应：正如海德格尔亲自指出的那样，坚定（resoluteness）是纯粹的形式概念，它不是指你做什么，而是指你如何做。他精练地补充道，纯正的存在可能性（的内容）"并不得自死亡"[1]。那它得自何处？正是在这里，海德格尔提到了共同的传统（communal tradition）：纯正的存在可能性得自共同的遗产（communal heritage），而此在的存在（Dasein's existence）就身陷于其中。换言之，正是为了逃避对"决定主义的形式主义"（decisionistic formalism）的标准批评，海德格尔不得不从个人转向公共。

（2）听之任之？不，谢谢！

1928—1936（甚至 1938）年，是海德格尔思想发展的一个神秘阶段。这个阶段的有趣之处在于，它模糊了下列两者间的"正式"分界线：一者是第一阶段的"决断主义"，即勇敢地接受自己的命运；一者是第二阶段是"被动的接受性"（passive receptiveness），即谦卑地聆听仿佛天命的存在之音（destinal voice of being）。即使在写于 1936—1938 年间的《哲学论稿：来自事件》（Beiträge zur Philosophie. Vom Ereignis）中，也是如此。该书本是用来标记第二阶段的首次圆满的概括的。在该书

---

1   Heidegger, *Being and Time*, p. 383.

中，海德格尔征兆性地使用了颇为怪异且自相矛盾的新造词 "*Wille zum Ereignis*"，即事件意志或占用意志（will-to-event/appropriation），把两种理应相互排斥的事物扯在一起：一种是意志，它是现代主体性的基本特征；一种是听之任之（*Gelassenheit*）的态度，是"开放性"，它表明我们已经抛弃主体性的自作主张（subjective self-assertion）这种强加的暴力。我们不应该把这些概括贬为"下列两者的混合的证明：其一是有关精神的激进形而上学，其二是有关此在的存在（being of Da-sein）的存有论"[1]。我们应该把这些概括视为征兆性的"扭曲点"，视为两种截然相反的话语的"不可能"的交叉，而这两种话语又有深刻的同谋关系。海德格尔这个转型时期的关键文本是《形而上学引论》（*Introduction to Metaphysics*）。他在该书中写道：

> 但是开放坚定性的本质在于人类的此在为了澄清存在而展示出来的去蔽，而绝不在于为"活动"保留力量和能量。……但与存在的关系是听之任之。这种想法——所有意志均应以听之任之为根基——是对常识的冒犯。[2]

一边是积极的坚定（active resoluteness），是极端的意志之力，一

---

1 Theodor Kiesel, "Heidegger's Philosophical Geopolitics," in *A Companion to Heidegger's Introduction to Metaphysics*, ed. Richard Polt and Gregory Fried (New Haven:Yale University Press, 2003), p. 231.

2 Martin Heidegger, *Introduction to Metaphysics* (New Haven:Yale University Press, 2000), p. 16.——作者注。此段文字殊为难解。本书作者引用的文字是："But the essence of open resoluteness lies in the unconcealedness of human Dasein for the clearing of being and by no means in the reserving of strength or energy for 'activity.' ...But the relation to being is letting.That all willing should be grounded in letting is a thought that is offensive to common sense." 经查，这段文学与作者声称援引的英文版略有差异。英文版的文字是："But the essence of open resoluteness <*Ent-schlossenheit*> lies in the de-concealment <*Ent-borgenheit*> of human Dasein for the clearing of Being and by no means in an accumulation of energy for 'activity.' ...But the relation to Being is letting. That all willing should be grounded in letting strikes the understanding as strange." 参见中文版："这里将愿的本质追溯到敞开的决断，但决断的本质却并不在于积蓄'表演'的能量，而在于人的此在为着在的澄明而去蔽（Ent-borgenheit）。……然而，与在关联就是'让'。所有的愿都植基于让，而理智对此却一无所知。"见海德格尔：《形而上学导论》，熊伟、王庆节译，商务印书馆 1996 年版，第 22 页。——译者注

边是对存在之词（word of being）的被动适应，海德格尔把这两者的重叠命名为精神（spirit）。德里达正确地提出了"精神"这一能指发挥的特殊作用：它是海德格尔文本中尚未解构的残余，代表着对海德格尔的"形而上学的毁灭"的未曾思索（Unthought）。[1] 对立两极的这种重叠的至高例证，不就是一边鼓吹彻底的自我牺牲和被动，一边使极端自律的武士伦理合法化的禅宗佛教吗？[2]

附带说一句，这也是我们不应该无视——但我们又常常无视——海德格尔对《安提戈涅》所做的解读的原因。在《形而上学引论》中，海德格尔认为，《安提戈涅》已然打上了现代的主体性形而上学（modern metaphysics of subjectivity）的标志。极其怪异的强力行事者（force-doer）在以暴力与存在的刀枪不入的阴暗（impenetrable darkness of being）进行对抗时，强行恢复秩序和实施清洗，强力推行新法律，或为新法律奠定基础。他强力推行新法律或为新法律奠定基础的方式，是把自己排除在法治之外，是借助于履行法律必需的暴力。他的英勇斗争注定以失败告终。如此一来，真正的伟大（true greatness）永远涉及悲惨的失败。[3] 不应该把人的伟大（人"不知道寻常意义上的仁慈和调和，不知以成功和声望赢得缓和和抚慰，不知以认可缓和和抚慰来赢得缓和和抚慰"[4]）与这种听之任之的态度对立起来，与"释放"存在对立起来。作为极其怪异的强力行事者的人的英勇语气，充斥在海德格尔诗情画意般的回忆中。这支配着海德格尔对《安提戈涅》的（再）解读。海德格尔的（再）解读发生于1942年，发生于他以荷尔德林的赞美诗《伊斯

1　See Jacques Derrida, *Of Spirit: Heidegger and the Question* (Chicago: University of Chicago Press, 1991).

2　See Brian A.Victoria, *Zen at War* (New York:Weatherhilt, 1998).

3　海德格尔在《形而上学引论》（*Introduction to Metaphysics*）中认为，人的本质在于与存在之全部（All of beings）进行暴力对抗，尽管这种对抗注定失败，却在失败中展示了其英勇的伟大。这时，难道他不是要做《白鲸》（*Moby Dick*）中的船长亚哈（Ahab）做过的事情吗？对于亚哈来说，白鲸代表着存在之全部的无法抵抗的暴力。

4　Heidegger, *Introduction to Metaphysics*, p. 125.——作者注。参见中文版："强力行事者不讲善意与慰问（通常意义的），不提成就与效果以及确认之来进行被逮捕与安慰。"见海德格尔：《形而上学导论》，熊伟、王庆节译，商务印书馆1996年版，第164页。——译者注

特河》为题举办讲座之时。[1] 我们绝对不是先看到一个海德格尔，再看到另一个海德格尔的。前一个海德格尔断定，人的本质表现在，他要以暴力把规划好的秩序强加于极其强大的存在之全部（All of being），与极其强大的存在之全部进行英勇却又必败无疑的搏斗。后一个海德格尔认为，人在本质上是存在之真理（truth of being）的卑微占位符，是存在之展开（being's disclosure）的媒介，是存在之展开的"在这"（here）。如果两个海德格尔有什么区别的话，处于第一个海德格尔的"后期"阶段的海德格尔（1935 年）比第二个海德格尔（1938 年后）更可取。[2] 听之任之的立场维持着存有性介入（ontic engagements）的最大暴力。

在解读 DK 版的赫拉克利特残篇 53 有关战争乃"万物之父和万物之王"的段落时，海德格尔开始把 polemos 与 agon 对立起来。前者指真正的战争、交战，后者指竞争性的努力。在 agon 中，两个友好的对手进行竞争。与此不同，在 polemos 中，"事情甚是严峻"，"对手不是伙伴，而是敌人。"于是他继续详细说明谁是敌人（我们应该记住，这些文字写于 1933—1934 年间，那时媒体充斥着明确指明谁是敌人的文本，海德格尔那时也在政治上介入了这一纷争）：

> 任何人，只要给某个人群的存在（being of a people）和该人群的成员带来致命的威胁，就是敌人。敌人不必是外在的，外在的敌人甚至并不总是更危险的。也可能这样的——仿佛不存在敌人似的。在这种情形下，寻找敌人，把敌人暴露在光天化日之下，甚至先去制造敌人，是根本性的需求。这样才能接受反对敌人的立场，这样存在才不会丧失其锋芒。敌人可以把自己安置在人群的存在的

---

1 欲知诸如此类的解读，见 Clare Pearson Geiman, "Heidegger's Antigones," in *A Companion to Heidegger's Introduction to Metaphysics*.

2 一边是无限流动性之驱力（drive to infinite mobility），它揭示了我们的主观态度；一边是"欧洲道教"（Euro-Taoist）的听之任之、放弃控制、放任自流，是接受我们不可化约的有限，接受下列事实——我们被抛入了这个世界。当彼得·斯洛特迪克把这两者对立起来时，他似乎没有看到一个根本性的悖论：如今资本主义动员的自发意识形态早已是"欧洲道教"（Euro-Taoism）这一自发意识形态。它玩弄内在距离（inner distance）的把戏，知道这只是说来说去都没有什么意义的表象。在我们不断的流动性中，如今越来越不可思议的，是激进介入（radical engagement）这一概念本身。

最深的根部，可以使自己反对这个人群的本质，并以行动反抗之。
在这种情形下，斗争会更严厉、冷酷和困难，因为这种斗争只最低
限度地存在于对敌人的抗击之中。追捕敌人，使敌人自我暴露，摆
脱对敌人的幻想，始终都准备着攻击敌人，以广阔的展望，以彻底
歼灭敌人为目标，培养和强化永恒的意愿，并准备发起攻击，这通
常更困难，也会持续更长的时间。[1]

一切均可在此得以解释。甚至那个有关敌人的精确隐喻——敌人
"把自己安置在人群的存在的最深的根部"——也是如此。简言之，敌人

1　Martin Heidegger, *Sein und Wahrheit* (1933/34), *Gesamtausgabe*, vols. 36/37 (Frankfurt: Klostermann, 2001), pp. 90-91. 我们应该在此与拉克劳的对偶范畴"激动 / 对抗"（agonism/ antagonism）建立联系：海德格尔反对民主，因为民主的基本前提是把对抗调换成了激动。事实上，事关利益妥协、对话、协调、协议的政治，在海德格尔那里没有容身之地，但这种政治标志着事物的"正常"运行："想在海德格尔那里寻找政治理论的人，只能找到紧急状态（emergency state）具有的诗情画意。"（Sloterdijk, *Nicht gerettet*, p. 58）——作者注。作者引用的那段文字是作者亲自操刀，从德文译成英文的，如下："Enemy is the one and anyone from whom an essential threat to the being [Dasein] of a people [Volk] and its individuals emanates. The enemy doesn't have to be external, and the external enemy is not the most dangerous by a long way. It can also look as if there is no enemy out there. In this case, the fundamental need is to find the enemy, to bring him out into the light or even first to create him, so that we can thereby assume a stance against the enemy and avoid the obtuseness of our being. The enemy can install himself in the innermost root of the being of a people, oppose himself to the latter's proper essence, and act against it. In such a case, the struggle is all the more severe and hard and difficult, since this struggle consists only minimally in striking against the enemy; often it is much more difficult and long-lasting to track down the enemy as such, to bring him to disclose himself as such, to get rid of the illusions about him, to remain ready to attack him, to cultivate and increase the constant readiness and to prepare the attack in a broad prospect with the goal of his complete annihilation [mit dem Ziel der völigen Vernichtung]." 最新的英文译本更为明确和清晰，它把这段文字译为："An enemy is each and every person who poses an essential threat to the Dasein of the people and its individual members. The enemy does not have to be external, and the external enemy is not even always the more dangerous one. And it can seem as if there were no enemy. Then it is a fundamental requirement to find the enemy, to expose the enemy to the light, or even first to make the enemy, so that this standing against the enemy may happen and so that Dasein may not lose its edge. The enemy can have attached itself to the innermost roots of the Dasein of a people and can set itself against this people's own essence and act against it. The struggle is all the fiercer and harder and tougher, for the least of it consists in coming to blows with one another; it is often far more difficult and wearisome to catch sight of the enemy as such, to bring the enemy into the open, to harbor no illusions about the enemy, to keep oneself ready for attack, to cultivate and intensify a constant readiness and to prepare the attack looking far ahead with the goal of total annihilation. See Martin Heidegger, *Being and Truth*, trans. by Gregory Fried and Richard Polt (Bloomington: Indiana University Press, 2010), p. 73.——译者注

寄生在人群身上。这里的问题似乎是：一边是对好勇斗狠的张扬（这是海德格尔在 20 世纪 30 年代中期的典型用语），一边是海德格尔在第二次世界大战后的主导性语气，即听之任之的语气，谦卑地从属于存在之音（voice of Being）、聆听存在之音的语气，我们如何把这两者结合起来，如何把它们放一起解读？依据标准版本的解释，这种转移标志着海德格尔已经退出政治的介入，并对政治的介入深感失望。与这种解释相反，我们应该坚信，这两个特色是严格相互依存的，它们是同一枚硬币之两面。使得海德格尔倡导"歼灭"敌人的正是下列事实：他害怕把斗争说成是原初性和构成性的，他使斗争从属于把对立力量汇聚起来的、无所不包的太一（One）。在解读格奥尔格·特拉克尔的作品时，他不是以同样的方式对待性的差异？[1] 这与犹太教如出一辙：心平气和的爱之上帝（God of Love）不是睚眦必报的耶和华的对立物，而是他的另一副面孔。

要把海德格尔的这部晚年之作与尼采的著作对立起来。尼采赞美战争和残酷斗争，认为它们是通往人之伟大（greatness of man）的不二法门。还有什么比这种赞美与听之任之更加水火不相容？不过，正如某些反应敏捷的读者已经注意到的那样，这些"穷兵黩武"的指令（数量如此之多，名气如此之大，——援引，实属多余）多伴之以连绵不断的"和平主义"陈述。其中最为著名的，莫过于对单方面"折断利箭"（breaking the sword）的呼吁。这是对行动的真切呼吁：

> 因为战争和胜利而声名显赫的民族，因为军事秩序和军事情报的极度发达而声名显赫的民族，习惯于为了这些东西而做出最大牺牲的民族，大声说出自己的自由意志"我们要折断利剑"，并打碎整个军事机构，使军事机构降低到最低限度。只有到了这时，伟大的日子或许才会到来。在装备最为完备时解除自己的武装，且不是一时的冲动，才是获得真正和平的途径。真正的和平必须永远依靠平和的心境。所谓的"以军备维持的武装和平"，就像如今在各个

1　See Martin Heidegger, "Language in the Poem," in *On the Way to Language* (New York: Harper & Row, 1982), pp. 170-171.

国家存在的那样，是缺乏平和心境的表现。我们既不信任自己，也不信任邻居。一半出于仇恨，一半出于恐惧，我们无法放下武器。宁愿死去，也不仇恨和恐惧，宁愿死两次，也不愿被人仇恨和令人恐惧——终有一天，这也会成为每个联邦的金科玉律。[1]

这种文字在 1883 年的一则注释中达至顶峰："要左右他人？要把我喜爱的类型强加于人？好恶心呀！难道我的运气不正来自对众多他人的凝视？"[2] 关键并不在于"克服"这种"矛盾"，不在于通过阐释使这种"矛盾"烟消云散。如果我们把它视为尼采的伦理-政治的二律背反（ethico-political antinomy）呢？在同一个文本（即《超越善恶》）中，尼采似乎拥护两种截然相反的认识论立场。[3] 一种是下列真理观：真理是不堪忍受的实在界原质（Real Thing），它很危险，甚至致命，就像直接注视柏拉图笔下的太阳一样。倘若如此，问题来了：如果不加稀释和不予篡改，人能忍受多少真理？另一种是下列"后现代"观念：表象比愚蠢的现实更有价值，而且归根结底，根本没有最后的现实（last Reality），只有众多表象的相互作用，而人之伟大就表现在，他首先考虑辉煌的审美表象，然后考虑灰色的现实。所以，依照阿兰·巴迪欧的说法，一方是对实在界的激情，一方是对表象的激情。我们如何把这两种截然相反的立场放在一起解读？究竟是尼采缺乏一致性，在两种相互排斥的观点之间摇摆不定，还是存在着"第三条道路"？也就是说，如果这两个截然相反的选项（对实在界的激情和对外表的激情）揭示了尼采的挣扎，揭示了他的失败（明确表达"正确"的立场）呢？

回到来自列维-斯特劳斯的那个例子（见第本书第 1 章）。这一立场何在？现在应该一目了然了：并非一切都只是表象的相互作用，还存在着实在界。但这个实在界并非难以接近的原质，而是阻止我们接近原质、对抗之"石"的鸿沟，而对抗之"石"以偏斜的视角（partial

---

1　Friedrich Nietzsche, *Sämtliche Werke: Kristische Studienausgabe,* vol. 2 (Berlin: Walter de Gruyter, 1980), p. 679.

2　Ibid., 1: 529.

3　我在此采用的是 Alenka Zupancic, *The Shortest Shadow* (Cambridge, MA: MIT Press, 2004).

perspective）扭曲了我们对感知客体（perceived object）的审视。再说一遍，真理并非事物的"真实状态"，并非在没有视角扭曲（perspectival distortion）的情形下对客体进行的"直接"审视，而是引发视角扭曲的对抗这一实在界（very Real of the antagonism）。真理并非超越视角扭曲后"事物真正呈现出来的面目"，而是把一个视角与另一个视角割裂开来的鸿沟，是使这两个视角绝对不可通约的鸿沟（在这种情形下鸿沟就是社会对抗）。"作为不可能的实在界"（Real as impossible）是在审视客体时不可能获得"中立"的非视角性审视（nonperspectival view）的原因。存在着真理，并非一切都是相对的。但这一真理是视角扭曲之真理（truth of the perspectival distortion），而不是被偏斜的审视（偏斜的审视来自片面的透视）扭曲的真理。

　　解决伦理-政治的二律背反的方案与此完全相同：两个截然相反的选项［通过斗争和战斗来赞美穷兵黩武的增长精神（spirit of growth）；自愿接受的解除武装，放弃支配他人的需要，从而获得和平的远景］的确揭示了尼采的斗争，揭示了他的失败（他没能清晰说明"正确"的立场）。当然，这种立场是要与不可通约的自我（incommensurability itself）和平相处的立场。不过，什么不可通约？对此问题，自己加诸自己的答案似乎是"东方"式的，即真正的听之任之。我们应该保持积极的心态，积极介入世界；只不过在介入世界时要保持内在的距离而不是完全依附于它，在介入的整个过程中都使我们的存在之核（core of our being）毫发无伤。这一切，全是有关整体（the Whole）如何通过其组成部分的持续的灵活多变而与自身和平相处的神秘垃圾。以这种态度，武士的表现不再像是人的表现，他已经彻底去主体化（desubjectivized），或者正如铃木大拙所言："杀人者真的不是他，而是剑。他不想伤害任何人，但敌人来了，敌人使自己成了牺牲品。仿佛剑在自动履行自己的正义之责，即仁慈之责（function of mercy）。"[1] 那么，下列两者的区别何在？一者是这种"武士禅"（warrior Zen）对暴力的合法化，一者是从耶稣基督到切格瓦拉的漫长西方传统，它也把暴力美化为"爱之作"，如同切

1　引自 Victoria, *Zen at War*, p. 110.

格瓦拉日记中的名言所表明的那样：

> 让我冒着显得荒唐可笑的危险说吧，真正的革命者是由爱这种强烈的感情引导的。一个纯正的革命者，却没有这种品质，这是无法想象的。对于领导者而言，或许这是最大的戏剧性之一。他必须把慷慨激昂的精神与冷静的心灵结合起来，做出痛苦的决定而绝不退缩半步。[1]

《路加福音》记录了耶稣基督的"可耻"言论："人到我这里来，若不恨自己的父母、妻子、儿女、弟兄、姊妹，甚至自己的性命，就不能做我的门徒。"（14:26）[2] 这与切格瓦拉的下列名言可谓英雄所见略同："你可能不得不狠下心来，但你不能丧失柔情。你可能不得不把鲜花剪断，但终不能阻止春天的到来。"[3]

所以，如果说列宁的革命暴力行为是严格的克尔凯郭尔的意义上的"爱之作"，那么它与"武士禅"的区别何在？合乎逻辑的答案只有一个：不能说，与日本的军事侵略截然不同，革命暴力"真的"旨在建立非暴力的和谐；相反，真正的革命解放被直接等同于暴力——它就是暴力本身（即舍弃、确立差异、划分界线等暴力姿势），是发挥解放作用的暴力。自由不是和谐与平衡的中立状态，而是打破这种平衡的暴力行为。必须把佛教（其实还有印度教）的包罗万象的慈悲与基督教的褊狭、暴力之爱对立起来。佛教的立场归根结底是冷漠，是抑制所有的努力建立差异的激情。基督教的爱是残暴的激情，它是用来引入差异的，用来引入存在秩序中的鸿沟的，是以牺牲某些客体为代价赋予另外一些客体以特权，提高另外一些客体的地位的。这也是解决尼采的二律背反的方案。它与"东方"二律背反的差异，可用拉康对"被阐明的主体"

1　引自 Jon Lee Anderson, *Che Guevara: A Revolutionary Life* (New York: Grove, 1997), pp. 636–637.

2　流行的"和合本"把这句译为："人到我这里来，若不爱我胜过爱自己的父母、妻子、儿女、弟兄、姊妹，和自己的性命，就不能作我的门徒。"

3　引自 Peter McLaren, *Che Guevara, Paulo Freire, and the Pedagogy of Revolution* (Oxford: Rowman & Littlefield, 2000), p. 27.

和"阐明的主体"的区分来说明：如果说在"东方"的解决方案中，我的介入丝毫没有损害阐明立场——我的行为源于这一立场——的内在宁静，那么真正的尼采式解放方案则放弃了追求"内在宁静"的任何努力——只要我完全认可了处于我的存在的核心地带的这一鸿沟、张力，我就不再必须介入"外部"暴力，介入对他人的侵略。

注意到下列一点甚是有趣：海德格尔在《形而上学引论》中阐释DK 版的赫拉克利特残篇 53（"冲突是万物之父、万物之王。它使某些人成为神，使某些人成为人，使某人成为奴隶，使某些人成为自由人"）时，与那些指责他没有顾及古希腊生活的"残忍"一面（奴隶制等）的人相反，公开指出"等级和强势"是直接以存在的呈现（disclosure of being）为根基的，因而为社会统治关系（social relations of domination）提供了直接的存有论根基：

> 如果有人现在还时不时地过于急切地倾情于希腊的城邦，那么他们不应抑制它的这个方面，否则城邦这个概念很容易成为无毒无害和多愁善感的概念。等级越高，力量越大。因此，作为聚集起来的和谐（gathered harmony），存有、逻各斯不是任何人都能以同样的代价获得的，而是隐匿的。这与下列和谐——它永远只是均衡化，只是消除张力，只是一刀切——截然相反。[1]

海德格尔曾经提及德国 20 世纪三四十年代的军事化和战争努力。从中可以见出三种显然不同的态度。第一种态度是对打着保卫祖国的

---

1 Heidegger, *Introduction to Metaphysics*, p. 102.——作者注。这段文字理解起来颇为不易。原文是："If people today from time to time are going to busy themselves rather too eagerly with the polis of the Greeks, they should not suppress this side of it; otherwise the concept of the polis easily becomes innocuous and sentimental. What is higher in rank is what is stronger. Thus Being, logos, as the gathered harmony, is not easily available for everyone at the same price, but is concealed, as opposed to that harmony which is always a mere equalizing, the elimination of tension, leveling." 参见中文版："当我们已难免今天还热心于向希腊人的城邦取经的时候，我们却不要把此方面略而不谈，否则这个城邦概念就容易变成无关紧要与感情冲动的了。恰如其地位的作为是更强有力的作为。所以这个在，这个逻各斯，作为集中起来的协调，是不容易的，而且不是对每个人都同样恰如其分可以获致的，而是并且只是调整消除紧张情况的平整状态的那种协调相对立而隐蔽着……"见海德格尔：《形而上学导论》，熊伟、王庆节译，商务印书馆 1996 年版，第 134 页。——译者注

旗号进行的军事侵略的直接认可。[1] 第二种态度是同情的中立性：全盘军事动员是现代主体性之极端虚无主义（radical nihilism of modern subjectivity）的表现形式，但对形而上学的克服并没有走向对传统生活方式的怀旧式坚守，这也是海德格尔无法隐瞒他迷恋技术效率的原因。他说："从资产阶级文化和精神的角度看，人们可能希望把军队的彻底'汽车化'完全看作无限量的技术化和物质主义的表现形式。其实，这是形而上学的行为。"[2] 难怪当德国军队在 1940 年春天入侵挪威时，海德格尔的评论表明，他对我们今天所谓的"嵌入式报道"（embedded reporting）做了某种形而上学的辩护：

> 今天，就在空降着陆部队展开大胆军事行动之时，一架拍摄伞兵部队跳伞的飞机也身在其中。这与追求轰动效应或好奇毫无关系。有关这些活动的意识和视境在几天后的传播，本身就是全球活动的一个因素和军备的一个要素。这样的"拍摄报道"是一个形而上学的步骤，不能由日常的再现（everyday representation）来判断。[3]

这也是休伯特·德莱弗斯的下列想法不恰当的原因：要为即将来临的转向（Kehre）和新神灵的到来铺平道路，就要参与实践，参与能充当反抗全盘技术动员的场所的实践：

> 海德格尔探索了某种能使我们反抗后现代技术实践的聚集（gathering）。……他在《艺术作品的起源》中探索了文化聚集（cultural gathering），确立了共同的、有意义的差异，因此把整个文化统一了起来。他从文化聚集转向了局部聚集（local gathering）。局

1　在列举现代英雄时，海德格尔把利奥·施拉格特（Leo Schlageter）置于荷尔德林、尼采、梵·高的那一系列。利奥·施拉格特是一位民族主义者，因其恐怖主义行为，在莱茵兰被法国占领军处死。海德格尔的这种做法，岂不类似于著名的"自由、平等与边沁"？把施拉格特添加进去，这种荒唐的做法使得整个系列都成了问题。

2　Heidegger, *Gesamtausgabe*, vol. 48, p. 333.

3　Ibid., pp. 94–95. 我们在此遇到了海德格尔"日常生活阐释学"（hermeneutics of everyday life）的一个例证：他常常引用政治宣言、对话式措辞（conversational turn of phrase）、技术上的突破，把它们解读为我们的历史−形而上学困境的索引。

部聚集确立了局部世界（local world）。这样的局部世界是围绕着日常事物形成的。日常事物既把事物自身又把那些参与事关事物运用的典型活动的人，暂时纳入自身。海德格尔把这个事件称为事物的事物化（thing thinging），称为把事物和人纳入自身并占有之这种实践的趋势。……关于关注如此局部聚集的事物，海德格尔所举的例证是葡萄酒壶和古老石桥。这类事物聚集了黑森林[1]农民的实践……一旦家常便饭动用了家庭成员的烹饪技巧和社交技巧，并使父亲、母亲、丈夫、妻子、孩子、家庭温暖、良好心境和忠贞不贰得以最大限度——或如同海德格尔会说的那样，得以"最大本己"（ownmost）——的出现，家常便饭便成了局部事物。[2]

站在严格的海德格尔的立场上看，如此实践能够充当——通常也在充当——抵抗的对立物，充当事先被包括在技术动员的平稳运行中的某种事物（类似于能使你的工作更加高效的冥思静坐课程）。这也是只有充分地介入技术动员才能获得救赎的原因。最后，第三种态度就是听之任之，就是不再介入，退出"公共"流通，为诸神可能的降临默默地奠定基础。因此，海德格尔对国家社会主义的"内在伟大"的蹩脚提及（海德格尔在第二次世界大战后添加的一个插入语中明确指出，"内在伟大"在于现代人与技术的相遇），可以也应该严格依据下列三种意义来解读：

1. 就《存在与时间》而言，纳粹计划已为技术提供了真正的形而上学的回应：它以勇敢地接受自己的命运这一纯正的行为，消解了现代社会的"常人"（das Man）。也就是说，它假定技术就是形而上学的变革（metaphysical challenge），就是计划，因此从内部渐渐破坏了它的虚无主义，它的"常人"之维。

2. 海德格尔生前接受采访时说过（采访稿在他死后发表），相对于当今技术的本质而言，他不相信民主政治是最恰当的政治形

---

1 黑森林（Black Forest），指德国西南部的山林地区。

2 See Hubert L. Dreyfus, "Highway Bridges and Feasts," available online at <http://www.focusing. org/apm_papers/dreyfus.html>.

式。应该沿着这一思路解读纳粹主义：与自由民主制（liberal democracy）相比，纳粹的全盘动员更适合于技术的本质。

3. 就其本质而言，纳粹主义是最具破坏性的、恶魔一般的现代虚无主义。

从（1）向（2）的转移至关重要。这是海德格尔极力掩饰的转移。他掩饰的是下列事实：他先是认为，纳粹主义早已是对"常人"的技术虚无主义（technological nihilism）的回应。在《形而上学引论》中，海德格尔曾经对被意识形态家（ideologists）背叛的"纳粹运动的内在伟大"做过著名的评论。那时，他掩盖了他对这种"伟大"的理解的一次转移。在大约 1935 年之前，他一直认为纳粹的确回答了下列问题：如何彻底接受现代技术、劳动和动员，同时又把它们囊括于这样"纯正"的政治行为——人们选择自己的命运，并按照决定行事，等等？这样，我们拥有的是技术，而不是纯洁的传统主义，但又把技术与根源（roots）、人民、纯正的决定（authentic decision）结合起来，而不把技术与"常人"结合起来。这与俄国版本和美国版本恰成对比：它们以其各自的方式，或者在自由个人主义（liberal individualism）中，或者在大众动员中，背叛了这种纯正的维度。1935 年之后，他不再对纳粹主义做这种"超越性"的遮盖，同时又把纳粹主义视为能使现代人与技术对抗的最激进的版本，而大加赞赏。[1]1944 年，海德格尔写道："在多数'研究报告'中，希腊人显现为纯粹的国家社会主义者。因为过于热诚，这些学者似乎没有意识到，这样的'结果'丝毫无益于国家社会主义及其历

---

[1]　要把海德格尔在二战之后对纳粹主义的沉默视为他对"纳粹革命"这一伪事件的忠诚。注意到下列一点甚是有趣：二战之后，海德格尔只有一次接近于公开的政治介入。那是在 1949 年，阿根廷总统胡安·贝隆（Juan Péron）邀请他参加于当年 3 月 30 日至 4 月 9 日在阿根廷门多萨市召开的哲学代表大会。前往参加会议的有伽达默尔、路德维希·朗格格雷伯（Ludwig Landgrebe）、卡尔·洛维特（Karl Löwith）、欧根·芬克（Eugen Fink）和尼古拉·阿巴尼亚诺（Nicola Abbagnano）。更不必说，卡尔·雅斯贝尔斯、贝内德托·克罗齐、让·伊波利特、路德维希·克拉格斯（Ludwig Klages）、尼古拉·哈特曼（Nicolai Hartmann）和加布里埃尔·马赛尔（Gabriel Marcel）在会议上宣读了论文。这个大事件是由贝隆亲自组织的，目的在于为他"既非资本主义又非共产主义"版本的"有机社区"（organized community）提供哲学根基。贝隆是如此渴望海德格尔与会，要派专机把他从德国的黑森林接到阿根廷。不过，自 1949 年以来，法国占领军禁止海德

史独特性，国家社会主义不需要这些'结果'。"[1]以同样的含混性，它剥夺了国家社会主义作为古希腊的继承者的合法性，但同时又暗示了国家社会主义的伟大。

还是如同贝斯特古指出的那样，[2]问题与其说是在面对大屠杀时"海德格尔保持沉默"，不如说是下列事实：他没有把沉默坚持到底，曾经两度打破沉默，使得沉默不再算是沉默。他两度把大屠杀化约为大型的、普通的历史趋势的例证。他在1946年致赫伯特·马尔库塞的信中断言，目前被赶出东欧的德国人的遭遇与纳粹主义统治下的犹太人的遭遇如出一辙，唯一的区别就是，我们现在对德国人的遭遇一清二楚，德国人当年却不知道纳粹对犹太人都做了些什么。在写于1950年的论文《框架》（"Das Gestell"）中，他把"集中营中的尸体制造业"与机械化农业、氢弹制造相提并论，把它们视为共同的技术性"配框"（enframing）这一立场的展示。纳粹把犹太人化约为"劳动力"，化约技术上一次性使用的材料，可以无情地使用，残酷地处置。（不能以与此完全相同的方式设想大屠杀：站在资源的全盘动员的经济或技术立场上看，大屠杀显然是"非理性"的——工业和军事代表始终都在向纳粹党卫军表示抗议，认为大屠杀是对宝贵的人力、经济和军事等资源的巨大浪费，毁灭了数以百万计的劳动力成员，这些成员本来是可以行之有效地使用的！）总之，对于海德格尔的一般化概括和隐含例外，我们应该格外小心谨慎：在他把纳粹主义的"内在伟大"解释为现代人抗拒技术的本质（essence of technology）时，我们应该记住，他从来没有把同样的"内在伟大"归诸美国资本主义和苏联共产主义。

最近在斯洛文尼亚和克罗地亚，顶尖级的滑雪冠军及其教练争先恐

格尔参加任何公开的学术活动。为此，阿根廷外交官向法国高层国家工作人员（外交部部长罗伯特·舒曼）求情，才清除了障碍。尽管海德格尔最后拒绝与会，但向大会发送了温馨的致辞。他是出于完全不相关的原因拒绝与会的：阿根廷以逃亡纳粹分子的避风港闻名天下，他害怕访问这个国家，会使他最终被判定为纳粹同情者，从而名誉扫地。海德格尔一直对贝隆主义（Peronism）兴趣盎然，直至20世纪60年代，不断向来自拉丁美洲的临时来访者询问有关阿根廷的消息。见下列著作中的一份报告：Guillermo David, *Astrada. La filosofía argentina* (Buenos Aires: Ediciones El cielo por asalto, 2004).

1　Martin Heidegger, *Hölderlin's Hymn "The Ister"* (Bloomington: Indiana University Press, 1992), p. 98.
2　See Beistegui, *Heidegger and the Political*, pp. 154–156.

后地对希特勒进行最强烈的认可：希特勒当然是个坏人，要为几百万人的死亡承担罪责，但他绝对"够胆"，他以钢铁意志追求自己想要获得的东西，不达目的誓不罢休……[1] 对这种即使表面上"平淡无奇"的观点也不要让步，是至关重要的：不，希特勒在改变事物的现状时并不真的"够胆"；他并没有真的采取任何行动，他的全部行动基本上都是反行动（reactions），也就是说，他采取行动的目的是使一切照旧。如果我们真想指定一个真正勇敢的行为，一个必须真正"够胆"去尝试本不可能之物的行为，一个可怕的行为，一个引起难以理喻的痛苦的行为，那就是斯大林在 20 世纪 20 年代末在苏联实施的集体化。

我们在此应该追寻巴迪欧的足迹。[2] 他断言，斯大林主义与十月革命这一真理-事件存在着内在的关联，而法西斯主义则是伪事件，是打着纯正性（authenticity）的幌子的谎言。巴迪欧在这里提到了 désastre 和 désêtre（半死不活）的区别：前者对真理-事件所做的斯大林主义的"存有论化"，而且通过这种"存有论化"，真事-事件成了存在的实证结构（positive structure of being）；后者是所谓"法西斯主义革命"这一伪事件的法西斯主义的仿效 / 表演。巴迪欧认为，"即使灾难也比半死不活强"（mieux vaut un désastre qu'un désêtre），因为 désastre（灾难）无论如何与真理-事件保持内在关联，尽管其结果是灾难性的，而 désêtre（半死不活）只是仿效真理-事件，把真理-事件视为丧失了实体（substance）的审美奇观。在法西斯主义的统治下，即使在纳粹德国，倘若没有卷入反对派的政治活动，当然，倘若没有犹太血统，苟延残喘还是可能的，维持"正常"的日常生活的表象还是可能的。但在 20 世纪 30 年代末的苏联，人人惶惶不可终日，人人都可能意想不到地被揭发、逮捕，作为卖国贼被处决。换言之，纳粹主义的"非理性"被"浓缩"在排犹主义中，"浓缩"在下列信念中——犹太人在搞阴谋诡计。斯大林主义的"非理性"遍及整个社会躯体。不断地清洗，不仅对于清除该政权自身根源的踪迹来说是必要的，而且作为某种"被压抑物的回

1　此事始于一年前。当时克罗地亚滑雪冠军伊维卡·科斯特里奇（Ivica Kostelic）在大赛前夜被问到，是否做好了准备。他顺口答道："和 1941 年 6 月 21 日的德国一样，正在预热坦克，入侵俄国！"

2　See Alain Badiou, L'éthique (Paris: Hatier, 1993).

归"，作为处于该政权核心地带的彻底否定性（radical negativity）的提示，也是必要的。

尼基塔·米哈尔科夫（Nikita Mikhalkov）的电影《烈日灼人》（*Burned by the Sun*，1994）完美地证明了这一点。这部电影讲述了科托夫上校被逮前最后一天的生活。科托夫上将是权贵阶层的高级成员，是在革命中涌现出来的著名英雄，他称心如意地娶了一位年轻美貌的太太。1936 年夏，他与年轻美貌的太太和女儿一道来乡间别墅享受田园诗般的周日。科托夫的太太以前的情人迪米特里不邀自至，前来拜访他们。最初是愉快的聚会——玩游戏、唱歌、重燃旧时的记忆，后来却变成了噩梦。就在迪米特里与科托夫的太太调情，用故事和音乐令他女儿陶醉时，科托夫很快意识到，迪米特里是苏联人民内务委员会的特工，他来这里，是要在当天晚上以叛徒之名将他下狱。……在这里，至关重要的是迪米特里暴力入侵的彻底的任意性和无意义，它打破了田园诗般的夏日的宁静。要把这种田园生活解读为新秩序的象征。在新秩序下，权贵阶层已经使自己的统治稳如泰山。这样一来，以其创伤性的任意性——或用黑格尔的话说，以"抽象否定性"——破坏田园生活的特工的干预证明，这种田园生活存在着基本的虚假性，新秩序的建立是以背叛革命为根基的。

希拉·菲茨帕特里克（Sheila Fitzpatrick）认为，20 世纪 20 年代末的集体化和快速工业化是十月革命内在动力机制的一部分。这样一来，真正的革命序列（revolutionary sequence）只有在 1937 年终结。只有在为了阻止盖提（Getty）和瑙莫夫（Naumov）所谓"党的彻底自杀"[1]而中断大清洗时，只有当党的权贵阶层稳稳当当地把自己变成了"新阶级"时，真正的"热月"才会出现。而且实际上，苏联社会的躯体只是在 1928—1933 年的时期才真正经历了彻底的转型：在 1917—1921 年间那个艰难困苦又热情澎湃的年代里，整个社会处于紧急状态，新经济政策标志着倒退，苏联国家权力的巩固使社会躯体的肌质（texture of the

---

[1] See J. Arch Getty's and Oleg V. Naumov's outstanding *The Road to Terror: Stalin and the Self-Destruction of the Bolsheviks,* 1932—39 (New Haven: Yale University Press, 1999).

social body）——绝大多数农民、工匠、知识分子等等——基本完好无损。只有 1928 年的冲击力（thrust）才直接地以改变社会躯体的构成为目标，才要使作为个体业主阶级的农民彻底破产，才要以新知识阶层取代旧知识阶层（教师、医生、科学家、工程师和技术员）。正如希拉·菲茨帕特里克栩栩如生地指出的那样：如果一个 1914 年离开莫斯科的侨民 1924 年故地重游，他会发现这个城市一如既往，还是那一排排的商店、办公室、剧院，在多数情形下，还是那些人在掌权；但是，如果他在 1934 年（即十年后）重返莫斯科，他会发现这个城市已经面目全非，社会生活的整个肌质已经今非昔比。[1]关于 1929 年后的岁月，关于大推进（great push forward）的岁月，要把握的难题是，在难以识别的行为中，我们能够看到残酷却又真诚和热情的意志，即推动社会躯体进行整体性革命巨变，以创造新的国家、知识阶层、法律制度等的意志。

（3）走向斯大林主义音乐片理论

作为斯大林主义的曲折结局的完美隐喻，斯洛文尼亚老牌共产主义革命者约瑟·尤兰契奇（Joze Jurancic）的命运引人注目。[2]1943 年，当意大利宣布有条件投降时，尤兰契奇是由一群南斯拉夫囚犯组成的反抗军的首领。这些囚犯当时关押在亚得里亚海拉布岛（Rab）上的集中营里。在他的领导下，2000 个饥饿的囚犯一举解除了 2200 名意大利士兵的武装。战后，他被逮捕和监禁于附近的裸岛。1953 年，他被动员与其他囚犯一道建造一个纪念碑，以纪念 1943 年拉布岛起义十周年。长话短说，作为囚犯，尤兰契奇建造了用以纪念他本人、纪念他领导的反抗军的纪念碑。……如果"诗性非正义"（而不是"诗性正义"）还有什么意义的话，那这就是它的意义：这个革命者的命运不正是当时全体人民的命运吗？不就是数以百万计的人的命运吗？他们先是在革命中英勇地推翻了旧政权，然后又被新的统治奴役，被迫建造纪念碑，以纪念他

1　Sheila Fitzpatrick, *The Russian Revolution* (Oxford: Oxford University Press, 1994), p. 148.
2　我把这个引用归功于卢布尔雅那大学哲学教师博日达尔·杰泽尼克（Bozidar Jezernik）。

们自己的革命历史。尤兰契奇这个革命者其实就是一个"普遍的单一"。他虽是个人，但他的命运却代表着所有人的命运。

使得这个革命者的立场不止具有悲剧性的，是某种令人费解的、第二层面的、"反射性"的背叛：你先为事业牺牲了一切，然后你被这个事业（的载体）遗弃，你发现自己陷入某种真空，没有任何东西——没有认同点（point of identification）——可凭依。[1] 在某些人如今的立场中，不是有着类似的东西？ 15 年前，就在美国毫无保留地支持萨达姆·侯赛因与伊朗作战时，这些人把大家的注意力引向萨达姆对大规模杀伤性武器的使用及其他恐怖行径，但美国的国家机器却对此置之不理。这些人现在不得不聆听这样的咒语——"萨达姆是个残忍的罪犯和独裁者"，他反对美国。断言萨达姆是个战犯，这一断言的问题并不在于它的假的。这一断言的问题在于，如果美国当局不为萨达姆的掌权负责，它就无权做出这一断言。令人惊讶的迟来的发现——萨达姆是个残忍的独裁者——听上去类似于斯大林的令人惊奇的发现：在 20 世纪 30 年代后期，犯下了滔天恐怖罪行的苏联人民内务委员会的首领叶佐夫对成千上万无辜的死亡负责……

因此，在共产主义解体后获得独立的、新的民族-国家，有一个自我创造的过程。这个过程遵循的逻辑，是被马克思描述为生产力的形式吸纳优先于物质吸纳的逻辑。马克思认为，在资本主义崛起时，在资本的支配下，生产力的形式吸纳优先于物质吸纳。社会首先在形式上被归入民族-国家，然后它的意识形态内容才得以详细阐明（即编造传统，以便奠定该民族-国家的根基）。[2] 即使完全意识到了斯大林主义存在问题，我们还是认为，民主德国情结是可以接受的："再见列宁"被容忍，"再见希特勒"则不被容忍。为什么会这样？或者再举一个例子：在当今德国，市场上充斥着大量 CD，里面收录的是民主德国老牌的革命歌曲和党歌，从"斯大林·朋友·同志"（"Stalin, Freund, Genosse"）到"党永远正确"（"Die Partei hat immer Recht"），应有尽有，但我们找不到一

---

1 我们在此再次找到了第一章第二节"康德式视差"中建立的"挫败"主题。
2 我把这一点归功于鲍里斯·巴登（Boris Buden），萨格勒布/伦敦/柏林。

张收录纳粹党歌的 CD……

斯大林主义依旧把自己视为启蒙传统的一部分。在该传统内，任何理性的人，无论有多么卑污，都能接近真理。这是他要在主观上为自己的罪行承担责任的原因。这与纳粹截然不同。对纳粹而言，犹太人之罪是他们的生物构成（biological constitution）这一直接事实。不需要证明他们有罪。他们有罪，只是因为他们是犹太人。为什么会这样？

关键是由居无定所的"永恒犹太人"（eternal Jew）于浪漫主义时期在西方意识形态想象（ideological imaginary）中的突然崛起提供的。也就是说，正是在那个时候，在现实生活中，随着资本主义的爆发，原来被归诸犹太人的特征被扩展至整个社会，因为商品交易占据了霸权地位。因此，正是在犹太人被剥夺了特定属性时（有了这些特性，就可以把他们与非犹太人轻易区别开来），正是在通过正式解放犹太人（即把所有"正常"基督教公民享有的权利赋予犹太人）而在政治层面上"解决"了"犹太人问题"时，对他们的"诅咒"却刻进了他们的存在（being）。他们不再是荒诞的守财奴和放高利贷者，而是永恒诅咒的魔鬼英雄，为不明确的、难以描述的罪恶所困，被迫四处流浪，渴望在死亡时获得救赎。所以正是在特定的犹太人形象销声匿迹之时，绝对的犹太人（absolute Jew）脱颖而出了。这种转型表明，排犹主义已经从神学转向种族：诅咒他们，其实是诅咒他们的种族。他们有罪，不是因为他们的所作所为（盘剥基督徒、杀害他们的孩子、强暴他们的女人，或者说到底，背叛和谋害了基督），而是因为他们是何种人。还有必要再补充说，这一转型为大屠杀奠定了基础，为从肉体上毁灭犹太人（把从肉体上毁灭犹太人视为解决犹太人"问题"的唯一适当的最终方案）奠定了基础？只要还能通过一系列属性来识别犹太人，那目标就是改变他们，使他们变成基督徒。但是，从犹太性（Jewishness）刻入他们的存在的那个时候起，只有灭绝才能解决"犹太人问题"了。[1]

1　当然，下列观点中存在着一个弥天大谎：现代排犹主义只是资本主义的副产品，所以作为受害者，犹太人无论如何都不应成为享受特权，我们应该聚集于如何反抗资本主义。然而，尽管大屠杀是独一无二的过度（unique excess），它也只能发生在这个背景上——排犹主义的犹太人形象发生了变化。

　　是尼采而不是别人，建议进行正确的唯物主义干预。这种干预注定"穿越［排犹］幻象"。在《超越善恶》第251节，他提议把德意志民族与犹太民族混合起来，以"培育能够统治欧洲的新的等级制度"。如此混合将把德国人的"发布和服从命令"的才能与犹太人的"赚钱和忍耐"的天赋融为一体。[1] 这个解决方案的新奇之处在于，它把两种先验地不兼容的幻象拼在了一起。这两种幻象无法在同一个符号空间中会合，就像几年前英国播放的一则啤酒广告那样。广告的第一部分展示的，是那个著名的童话趣闻：一个女孩走在河边，看了一个青蛙，轻轻把它放在了自己的膝盖上，吻它，当然，丑陋的青蛙摇身一变，成了一个漂亮的小伙。不过，故事尚未结束：小伙贪婪地瞥了一眼女孩，把她拉向自己的怀抱，吻她，结果她变成了一瓶啤酒，被那个小伙得意扬扬地握在手中……我们要么得到一个呵护青蛙的女孩，要么得到一个握着啤酒的小伙，却永远无法得到漂亮女孩和小伙的"自然"结合。为什么？因为如果能够"自然"结合，这对"理想情侣"的幻象支撑物就会是"怀抱着啤酒的青蛙"这个矛盾形象（inconsistent figure）。这开辟了这样的可能性：通过过分认同幻象，即通过在同一空间内同时接受众多矛盾的幻象因素（fantasmatic elements），破坏了幻象对我们的控制。也就是说，每个主体都陷入了自己的主观幻象化（subjective fantasizing）：在女孩的幻象中，青蛙不是青蛙，而是年轻的小伙；在小伙的幻象中，女孩不是女孩，而是一瓶啤酒。在现代艺术与现代写作中，与幻象相对的不是客观现实，而是"客观上主观的"（objectively subjective）的潜在幻象，是两个主体永远不能接受的潜在幻象。它遵循的路线是马格利特式的绘画遵循的路线：画的是一支青蛙抱着一瓶啤酒，标题是"男人和女人"或"理想的情侣"。尼采"建议"的不正是这个吗？他的配方——把德国人和犹太人融为一体——不就是"怀抱一瓶啤酒的青蛙"吗？

　　之所以20世纪最大的战争（第二次世界大战）是斯大林主义的共产主义者与资本主义的民主政体联手抗击法西斯主义的战争，原因就在

1　Friedrich Nietzsche, *Beyond Good and Evil* (Oxford: Oxford University Press, 1998), para. 251.

这里。之所以我们在纳粹主义中没能找到可与持不同政见的"人道主义"共产主义者相媲美的人物，没能找到甘冒牺牲身家性命的危险反抗被他们视为苏联及其帝国中的"官僚畸形"（bureaucratic deformation）之物的人物，原因也在这里。在纳粹德国，没有倡导"带有人性面孔的纳粹主义"的人物。而共产主义开辟了一定的空间，开辟了乌托邦式期望（utopian expectations）这一空间。且不说别的，这一空间能使我们权衡真正存在的社会主义（really existing Socialism）的成败得失。通常为异议人士所忽略的是，他们在批评与谴责日常的恐怖行径与悲剧不幸时得以立足的空间，恰恰是由共产主义的突破（Communist breakthrough）维持的空间，是由共产主义的努力——逃避资本的逻辑的这一努力——维持的空间。简言之，当哈维尔之类的异议人士为了纯正的人类团结（authentic human solidarity）谴责现存的政权时，他们是站在——在多数情况下是不知不觉地站在——由共产主义开辟的空间中发话的。这是一旦"真正存在的资本主义"没有满足他们的高度期望时，他们往往大失所望的原因。或许，当哈维尔的实际替身瓦茨拉夫·克劳斯（Václav Klaus）把哈维尔称为"社会主义者"时，他是对的。

关于拿破仑，马克思曾经写道，拿破仑战争是革命行动的某种输出，因为随着热月的到来，革命的冲动受到压制。要为它提供一个出气孔，唯一出路就是把它推向外部，使它走向反对其他国家的战争。20世纪20年代末的集体化不是同样的转向姿势？在列宁那里，俄国革命被明确视为泛欧革命的第一步，被视为这样的过程——只有通过全欧革命性的爆发它才能幸免于难和实现自身。当十月革命依旧形单影只和仅限于一国之时，能量必须以推力的形式向内释放。……我们应该沿着这个方向认可托洛茨基分子对斯大林的主义的标准命名——斯大林主义乃十月革命的拿破仑热月。"拿破仑"时刻正是这样的企图：在1920年内战结束时，以军事手段输出革命。但随着红军在波兰的败北，这一企图以失败告终。事实上，布尔什维克的潜在的拿破仑正是米哈伊尔·图哈切夫斯基（Mikhail Tukhachevsky）。

当代政治的扭曲结局以实例证明了某种黑格尔式的辩证定律："自然"地表达了一个政治集团之取向的基本历史使命，只有通过与之对抗的政治集团，才能实现。十年前在阿根廷，实施货币紧缩政策和私有化这一国际货币基金组织议程的，是基于民粹主义平台当选的梅内姆总统，而且他的做法远比他的倡导市场导向的"自由主义"对手更为彻底。在 1960 年的法国，通过使阿尔及利亚充分独立而破解了难题的，是保守派戴高乐，而不是社会主义者。建立了美国与中国外交关系的，是保守派尼克松。与埃及达成了戴维营协议的，是"鹰派"贝京。或者不妨进一步深返阿根廷的历史。在 19 世纪三四十年代，也就是"野蛮"的联邦主义者（乡下养牛户的代表）与"文明"的统一论者（有志于建立强势中央国家的布宜诺斯艾利斯商人等）的斗争如日中天之时，建立了中央集权的政府制度的，是主张联邦主义的民粹主义独裁者胡安·曼努埃尔·罗萨斯（Juan Manuel Rosas），而且他建立的中央集权的政府制度是如此的强势，统一论者是做梦都不敢想的。

在电影《伊凡雷帝》（*Ivan the Terrible*）中，爱森斯坦描绘了斯大林主义"热月"的力比多机制。在电影的第二部分中，唯一的彩色部分（也就是倒数第二盘拷贝）仅限于大厅的场景。在那里，"正常"的权力关系被颠覆，沙皇宣告某个白痴为新沙皇，他则成了这个白痴新沙皇的奴隶。伊凡大帝把帝国的全部勋章都授予低能儿弗拉基米尔，然后谦卑地匍匐在他的面前，吻他的手。大厅这个场景始于特辖军（伊凡大帝的私人军队）的淫荡合唱和舞蹈，它以完全"非现实"的方式表现出来：好莱坞与日本戏剧不可思议地把混合起来，使之成了这样的音乐演奏曲——其中的言词讲述的，是稀奇古怪的故事（他们对砍断伊凡大帝敌人脖子的斧子大加赞美）。歌曲首先描述一群长矛重骑兵享受奢华大餐的场景："从中间……手手相传……传来了金色酒杯。"然后合唱队带着愉快而紧张的期待发出请求："快点。快点。然后呢？拜托，请多告诉我们些什么！"独唱的沙皇骑兵身子前倾，吹着口哨，大声回答道："用斧子猛砍！"我们这时处于淫荡之地，音乐的享受与政治的清算迎头相遇。鉴于这部影片拍摄于 1944 年，难道这没有肯定大清洗的狂欢品格吗？我们在《伊凡雷帝》的第三部分遇到了类似的夜间狂欢（这一部分没有拍摄，参见剧本）。在那里，亵渎神明的淫荡显而易见：伊凡大帝和他的沙皇骑兵在其正常的服装外套上了修道士长袍，把他们的夜间酒宴衍化成了黑弥撒（black Mass）这一宗教仪式。这是爱森斯坦的真正伟大之处：他发现并描绘了政治能量在身份上的转移，即从"列宁主义"向"斯大林主义"的转移。

斯大林主义最卓越的文类是什么？不是英勇的战争叙事诗、历史叙事诗，不是革命叙事诗，而是音乐片，是所谓的"集体农庄音乐片"这个独一无二的文类。这个文类繁荣于 20 世纪 30 年代中期至 50 年代初期，它最耀眼的明星是柳波芙·奥尔洛娃（Liubov Orlova）。她是金吉·罗杰斯（Ginger Rogers）在社会主义国家的对应物。代表性的影片包括：《快乐的孩子们》（*The Merry Children*）——又名《牧羊人柯思亚》（*The Shepherd Kostja*）、《伏尔加，伏尔加》（*Volga, Volga*）——斯大林最喜爱的影片、《库班河地区哥萨克人》（*The Cossacks of the Kuban District*）——这个文类的绝唱。在这些影片中，卖国贼是不存在的，生活基本上也是欢快的："坏蛋"只是投机取巧之人或懒惰、轻浮的色情骗子，而且到头来，他们全都接受了再教育，愉快地认可自己的社会地位。在这个和谐的宇宙中，即使动物——猪、牛和鸡——也与人类一起翩翩起舞。

正是在这里，与好莱坞的依存共生终于形成：不仅这些影片是制造苏维埃版的好莱坞产品的努力的一部分，令人吃惊的是，这些影片的影响还能从相反的方向感知。不仅金刚坐在纽约帝国大厦顶部的那个传奇镜头是苏维埃宫殿建设方案——巨大的列宁塑像位于宫殿的顶部——的直接回响，好莱坞 1942 年还亲自制作了自己的集体农庄音乐片《北极星》（*The North Star*）。它是直接支持斯大林主义的三部影片之一，当然也是战时宣传的一部分。我们在这里看到的集体农庄生活肯定没有辜负它的苏维埃模型：它由莉莉安·海尔曼（Lillian Hellman）编剧，由艾拉·格什温（Ira Gershwin）填词，由亚伦·科普兰（Aaron Copland）作曲。这部奇特的电影岂不证明了斯大林主义电影与好莱坞的内在同谋？

1935 年制作的迪士尼经典影片《布鲁托的审判日》（*Plutos Judgment Day*）以嘲笑的口吻讲述了布鲁托的审判秀。那时布鲁托依偎在炉火旁边，安然入睡，却做了一个噩梦，梦到自己被带到了猫的法庭，被认定为人民公敌，被一系列的证人指控犯了反猫科动物的罪行，然后被判死刑——当众烧死。当然，就在熊熊烈火焚身之时，它从梦中惊醒：梦中烈火燃烧的场景融合了真正的事实——炉火越来越接近它的尾巴。使得这个噩梦如此有趣的是，不仅是它显而易见的政治指涉，而且更多的是这部卡通片展示审判秀的方式：它以音乐演奏曲的形式展示审判，同时还包括对流行歌曲——直至吉尔伯特（Gilbert）与萨利文（Sullivan）的《日本天皇》（*The Mikado*）中的"学校的三小女佣"（Three Little Maids from School）——的一系列具有反讽意味的指涉。早在爱森斯坦拍摄那部影片的十年之前，音乐片与政治审判秀之间的联系就已经建立起来了。

（4）生物政治视差

如此说来，我们现在身居何处？第一个自我显现出来的洞识是，与法西斯主义和斯大林主义相反，我们的晚期资本主义的基本特征则是史无前例的放纵。如今保守的文化批判的一个标准惯用话题是，在我们这个放纵的年代，儿童缺乏坚实的边界（limit）、禁令，这使他们沮丧，驱使他们从一个过度走向另一个过度。由某个符号权威设定的坚实边界，不仅可以确保心灵的安宁，而且可以确保心理的满足——心理的满足是由违反禁令、逾越边界带来的。……今日接受精神分析之人的反应与弗洛伊德报告的反应不是截然相反吗？"不管我梦中的这个女人是谁，我可以肯定地说，这与我母亲毫无关系！"不过，这个惯用话题所遗漏的，是一个真正的悖论，它在这里发挥作用：不是因为没有设置边界我们才感到沮丧，而是缺乏明确的限制（limitation）使我们面对边界（the Limit）本身，面对阻止我们获得心理满足的内在障碍；因此，明确的限制的真正功能是维持这样的错觉：我们通过逾越边界而再也不受边界的限制。

从欲望向要求（demand）的转移，刻画了今日主体性的特征：要求、坚持某个要求，是欲望的对立物，欲望则繁荣于要求的缝隙，繁荣于要求之内的某物，而不是繁荣于要求自身。比如，孩子对于食物的要求，可能是在表达对爱的欲望，所以有时妈妈只要给孩子一个温暖的拥抱，就能满足孩子的要求。此外，欲望涉及律令（Law）和对律令的逾越，欲望的置身之地（place of desire）是由律令维持的；要求则被送往处于律令之外的、无所不能的大对体（omnipotent Other outside Law），这是满足要求会窒息欲望的原因（在宠坏的孩子那里常常出现这种情形）。这也是财政补偿的逻辑的虚假不实之所在，它逾越了正当的委屈（justified grievance），进入了对赔偿的要求（demand for restitution）。

这种向后俄狄浦斯格局（post-Oedipal constellation）的转移，还可以在政治领袖的主导形象中看到。如果说奥利弗·斯通（Oliver Stone）还拍过什么电影杰作的话，那就是《尼克松》了。这部电影远远超越了自由主义者标准的尼克松恐惧症。斯通的独出心裁之处在于，他把尼克松描绘为最后一位真正的俄狄浦斯式的政治家，描述为这样的政治家：他最终落难，不得不为自己并不完全知晓的行为承担罪责。我们应该在此记住，如果依据分配给教育、健康、社会福利等的国民总收入的百分比来衡量"左翼主义"，那么尼克松在所有的美国总统中是最左的左翼，连卡特都不得不开启废除福利国家的过程。此外，依据反共人士的观点，尼克松犯下了滔天大罪——承认了中华人民共和国。与尼克松截然不同，里根实际上是第一个"后俄狄浦斯"总统，他游走于不同的符号空间，无视罪恶及符号债务（symbolic debt）之维。

不幸的是，某些拉康派为了维持保守的议程才提到这一转移：他们以保守的文化批评模式，指责要求之逻辑（logic of demand），赞成通过再次强加某种禁令重返或再造欲望——"回来吧，俄狄浦斯，一切都已被宽恕！"不过，尽管这是真的，坚持要求（insisting on demand）恰恰是背叛欲望之模式，一旦禁令丧失了其强制性，就再也没有回头路可走。相反，我们应该关注的，是作为一种驱力（drive）的要求。也就是说，人们需要的，是不再被传送给大对体的要求。欲望和要求都依赖于大对体——或者是完整的（无所不能）的要求之大对体（Other of demand），或者是"被阉割"的律令大对体（Other of the Law）。因此，要做的就是完全接受大对体的不存在，甚至已经死去的大对体的不存在（正如拉康所言：上帝没有死去，他总是已经死去之物，而且这种死亡正是宗教的基础。）

在这些对重新俄狄浦斯化的绝望呼吁中，存在着巨大的反讽：精神分析一度被视为反抗"性压迫"的工具，令我们想到我们必须为自己的文化付出的创伤性代价（traumatic price），现在主张重返这种文化……我们的意识形态困境（ideological predicament）中存在着构造性的变化（tectonic changes），精神分析的既成体制以三种方法回应这种变化，而上述呼吁则是这三种方式之一。[1]

1. 通过闭着眼睛否认（这种否认类似于极少数依旧"正统"的马克思主义者的否认），继续假装一切如故，一切都发生真正的变化：由弗洛伊德归纳的无意识的基本结构与构成依旧占据统治地位，变化只是表面上的，所以应该抵制这样的诱惑，即对"新范式"的时髦呼吁。

2. 虽然承认出现了向"后俄狄浦斯社会"的转移，但又把这种转移视为危险的发展，视为我们基本的伦理-符号坐标（ethico-symbolic coordinates）的丧失；结果，它主张重返父性律令（paternal Law）的符号权威，并把重返父性律令的符号权威视为阻止我们滑向自闭症式的封闭（autistic closure）和暴力的全球性混乱的不二法门。

3. 拼命"与时俱进"，因而获得了新的合法性：或者通过寻找这样的证据——新的神经科学已经证实它的假说——获得新的合法性，或者针对我们的"后现代"的"新焦虑"——如以"病态的自恋"为焦点——重新界定其治疗作用（therapeutic role）来获得新的合法性。

这三种方式中，哪一种是正确的？当然是第四种：与这三种相反，它断定，只是到了今日，我们才在自己的日常生活中遭遇了精神分析绕之盘旋的基本力比多僵局（libidinal deadlock）。那么，再问一遍，

1　我在此采用的是 "La passe. Conférence de Jacques-Alain Miller," IV Congrés de l'AMP-2004, Comandatuba-Bahia, Brazil.

我们现在身居何处？今日的意识形态-政治格局（ideologico-political constellation）有两个特征，其一是生物政治控制与管理的崛起，其二是对骚扰的过度自恋的恐惧。可以轻而易举地证明，这两个特征其实是同一枚硬币之两面：一方面，专心于"自我实现"的自恋人格的发展导致了日益增长的自我控制（慢跑、关注安全的性行为和有益于健康的食物等），也就是说，主体把自己视为生物政治的客体；另一方面，国家生物政治（state biopolitics）的公开目标是个人的幸福，是个人的愉快的生活，是革除可能阻止自我实现的创伤性冲击（traumatic shocks）——如同女星弗兰西丝卡·安妮丝（Francesca Annis）曾经说过的那样，"幸福是在五十年代从美国输入的商品"。

　　然而，这种双面孔的生物政治的统治逻辑本身只是作为居于霸权地位的现代性话语（discourse of modernity）的大学话语（University discourse）的两个方面之一。[1] 这种话语——社会联系——呈现为两种形式的存在。在这种存在中，内在的张力（"矛盾"）外在化了：被外在化为生物政治的统治逻辑（社会理论打着不同的幌子将其概念化了：作为官僚政治的"极权主义"，作为技术、工具理性、生物政治的统治，作为"被管制的世界"……）；被外在化为某种制度的资本主义母体（capitalist matrix），这种制度的动力来自对过度（"剩余价值"）的不间断地生产和占有，也就是说，这种制度通过不断的自我革命来再生产自身。资本主义不只是一个普普通通的历史阶段。在某种程度上，曾经风靡一时如今却被完全遗忘的弗朗西斯·福山（Francis Fukuyama）是对的：全球资本主义是"历史的终结"。某种过度，在以往的历史中一直遭受压抑，一直视为局部的反常（local perversion）、有限的偏差（limited deviation），但在资本主义中，在以小钱生大钱的投机活动中，在只能通过使其自身的生存条件不断革命才能幸免于难的制度中，却被提升为社会生活的原则。也就是说，在这种制度下，事物只有作为对自

1　欲知对大学话语的详细分析，见 Appendix II in Slavoj Žižek, *Iraq:The Borrowed Kettle* (London and New York:Verso, 2004).

身的过度，只有不断超越对自身的"常态"约束，才能幸存下来。[1]

严格说来，这两个方面是如何彼此关联起来的？我们不应屈从于诱惑，把资本主义化约为对技术统治的更为基本的存有论态度这种纯粹表象形式；这两个层面只要是同一枚硬币之两面，那么，归根结底，它们就是水火不相容的：不存在这样的元语言，它能使我们把统治的逻辑逆转为资本主义的"通过过度而再生产"（reproduction-through-excess），或者把资本主义的"通过过度而再生产"转化为统治的逻辑。因此，关键问题涉及两种过度的关系：一种是"经济"过度或"经济"剩余，它已经融入资本主义机器，成了驱使资本主义永远自我革命的力量；一种是权力的"政治"过度，它是权力的践行必固有的，是再现（representation）对再现物（the represented）的构成性过度。

（5）四种话语的史实性

我们应该在这里留意已经刻入拉康的四话语矩阵的史实性，即现代欧洲发展的史实性。[2]主人话语并不代表前现代的主人，而是代表绝对君主制。绝对君主制乃现代性的第一个形象，它有效地瓦解了由封建关系和相互依赖构成的独特网络，把忠诚转化成了奉承，等等。"太阳王"路易十四以其"朕即国家"的名言，成了出类拔萃的主人。癔症话语和大学话语展示了主人的游移不定的直接统治所导致的两个结果：其一是官僚体制实施的专家统治，它在当代生物政治中达到顶峰，结果把群体化约了一批批的神圣人，即海德格尔所谓的"配框"，阿多诺所谓的"被管制的世界"，福柯所谓的"规训与惩罚"；其二是癔症资本主义主体性（hysterical capitalist subjectivity）的爆发，它通过永恒的自我革命，通过把过度（excess）整合为社会联系的"正常"运作而再生产自身（真正的"永恒革命"已是资本主义本身）。因此，拉康有关四种话语

---

1 欲知对资本主义的这一过度要素（excess constitutive）的详细分析，见下列著作第 8 章和第 9 章：Slavoj Žižek, *Revolution at the Gates* (London and New York: 2001).

2 拉康在下列著作中图示了四种话语构成的矩阵：*Le séminaire, Livre XVII: L'envers de la psychanalyse* (Paris: Editions du Seuil, 1973), pp. 92–95.

的公式使我们把现代性的两副面孔［全盘管制和资本主义的－个人主义的动力机制（capitalist-individualist dynamics）］当成了瓦解主人话语的两种方式：或者是对主人形象的功效的怀疑，即埃里克·桑特纳所谓的"授权危机"（crisis of investiture）[1]，它可以由专家的直接统治来补足，而专家的统治是由他们的知识合法化的；或者是怀疑之过度（excess of doubt）、永恒质疑之过度，它可以直接融入社会再生产，成为社会再生产最深处的驱动力。最后，精神分析师话语代表着革命性－解放性的主体性（revolutionary-emancipatory subjectivity）的出现，它解决了大学话语与癔症话语的分裂：在精神分析师话语中，革命性的行动者站在知识的立场上向主体发话，而知识的立场占据了真理的位置——它立足于主体的格局（subject's constellation）的"征兆扭曲"（symptomal torsion），进行干预。其目标就是孤立、摆脱主人能指，而主人能指结构着主体的意识形态性－政治性无意识。

不是吗？雅克－阿兰·米勒[2]曾经暗示，主人话语如今不再是精神分析话语的"对立面"。相反，我们的"文明"本身（它占霸权地位的符号矩阵）倒是与精神分析话语的公式一拍即合：如今社会联系的"行动者"（agent）是小客体，是剩余享受，是已经渗入我们话语的、命令我们享受享受的超我指令。这一指令对 S（即分裂的主体）发话。使这样的主体运作起来，其目的是不辜负这一指令。如果真有超我指令的话，那它就是著名的东方智慧："坐而思之，不如起而行之！"这种社会联系的"真理"是 S_2，即以不同幌子打掩护的科学的－专家的知识，其目标就是派生出 S_1，即主体的自制（self-mastery），也就是说，使得主体能够通过自助手册等"应对"由号召享受（call to enjoyment）带来的压力。……尽管这种想法具有刺激性，它还是提出了一系列的问题。如果这是真的，在"文明"的话语性运作（discursive functioning）中，在精神分析性的社会联系（psychoanalytic social link）的话语性运作中，是否存在差异，存在的差异表现在哪些方面？在这里，米勒求助于相当可

1　See Eric Santner, *My Own Private Germany* (Princeton: Princeton University Press, 1996).

2　See "La passe. Conférence de Jacques-Alain Miller."

疑的解决方案：在我们的"文明"中，四个术语是分离、孤立的，每个术语都是靠自身运作的，只有在精神分析中它们才结成了内在的联系："在文明中，四个术语中的每个术语依然是分离的，……只有在精神分析中，在纯粹的精神分析中，这些因素才编进了话语。"[1]

然而，难道不是这样吗：精神分析治疗的基本运作并非综合，并非使因素彼此联系起来，而是解析、分离社会联系中似乎属于整体的东西？这条道路与米勒的道路背道而驰，它是由阿甘本指明的。在《例外状态》(*The State of Exception*)[2] 的最后几页文字中，阿甘本设想了两种乌托邦式的选择，以解决下列问题：如何打破律令（the Law）与暴力的恶性循环，如何摆脱由暴力维持的律令之治（rule of Law）？两种乌托邦式的选择，一种是本雅明式的视境——与律令无关的"纯粹"革命暴力，另一种与律令有关，但不考虑律令的暴力实施。这正是犹太学者在对律令进行无尽的（重新）阐释时所做的事情。阿甘本的立论始于下列正确的洞识：今天的使命不是综合，而是分离、区分，不是使律令与暴力结为一体（如此一来，真理就会获得强权，强权的实施会被彻底合法化），而是把它们彻底分离开来，解开把它们联为一体的纽结。尽管阿甘本授予这一公式以反黑格尔式的扭曲，但对黑格尔所做的更加正确的解读表明，这样的分离姿势正是黑格尔的"综合"实际上所做的事情：在"综合"时，不是在"高级综合"中对对立面进行调和，而是设置它们的差异"本身"。圣保罗的例子可以帮助我们澄清黑格尔式的"调和"遵循的这一逻辑：对"生"与"死"、基督中的生命（life in Christ）与罪孽中的生命（life in sin）所设置的彻底分裂，不需要进一步的"综合"；它本身就是律令与罪孽这一"绝对矛盾"的解决方案，就是律令与罪孽的相互蕴含（mutual implication）这一恶性循环的解决方案。换言之，一旦做出区分，一旦主体知道在律令与违反律令这个恶性循环之

---

1 关于米勒近期涉足于文化政治领域，我们无法不注意到一个奇怪的事实：这些涉足危险地接近于由美国作家践行的流行心理学杂志。这些作家喜欢谈论"现代人的焦虑"等话题。这里有一种诗性正义：仿佛米勒虽然倾向于激烈反对美国知识生活的原始主义，却受到了美国流行理论化（pop-theorizing）的最坏方面的影响。

2 See Giorgio Agamben, *The State of Exception* (Stanford: Stanford University Press, 2004).

外还存在着其他维度，战争即已大获全胜。

　　不过，这种视境不依然是比我们的梦想走得还远的、我们的晚期资本主义现实的一个实例吗？我们不是在我们的社会现实中已经遇到了被阿甘本视为乌托邦视境（utopian vision）的东西？黑格尔式的教益不就在于，我们生活的总体反射化－调停化（global reflexivization-mediatization）导致了它自身的残忍直接性（brutal immediacy）？艾蒂安·巴里巴尔的下列看法极佳地捕获了这种残忍直接性：过度的、非功能性的残忍（nonfunctional cruelty）乃当代生活的特征，它代表如此残忍的形象，从"原教旨主义"种族大屠杀、宗教大屠杀到我们特大都市中的青少年和无家可归者的"麻木不仁"的暴力大迸发，无处不在。我不禁把这种暴力称为"原我邪恶"（Id-Evil）。它不是基于功利主义原因或意识形态原因的暴力。外国人偷走了我们的工作，代表着对我们西方价值观念的威胁，所有这些谈话都不应该使我们上当受骗：仔细审视，不难发现，这种谈话提供的只是相当肤浅的、第二性的合理化。我们从光头党那里最终获得的答案是，痛打外国人会使他们感觉良好，看见外国人会令他们心烦意乱……我们在这里遇到的，的确就是原我邪恶，即这样的邪恶：它是由自我（Ego）与原乐的关系中的最基本的不平衡刺激起来的，也是由这种不平衡结构起来的；它是由快乐和处于快乐核心地带的原乐之外来物（foreign body of *jouissance*）这两者间存在的张力刺激起来的，也是由这种张力结构起来的。因此，原我－邪恶展示的是最基本的"短路"，即主体与主体最初丧失的欲望的客体－成因这两者间的"短路"。"他者"（犹太人、日本人、非洲人、土耳其人）令我们"深感不安"的是，他们似乎与客体保持着特殊关系：或者占有客体－财富，从我们这里攫取客体－财富（这是我们没有客体－财富的原因），或者对我们对客体的拥有构成了威胁。

　　我们在此应该提出的，是黑格尔的"无限判断"，它断言暴力直接性（violent immediacy）的"无用"和"过度"的迸发存在着思辨性同一。这种暴力直接性展示的，只是借助于社会的总体反射化（global reflexivization of society），对大对体性（Otherness）的纯粹、赤裸——"未崇高化"——的仇恨。或许这种巧合的终极例证是精神分析阐释的命运。如今，无意识的构成（从梦到癔症征兆）肯定已经丧失其纯真性，已经被彻底反射化（reflexivized）。典型的、受过教育的接受精神分析者的"自由联想"，绝大部分是由下列企图构成的：企图为他们的失调提供精神分析的解释。所以这样说是相当合理的：我们不仅拥有对征兆所做的荣格式、克莱因式、拉康式的阐释，而且拥有荣格式、克莱因式、拉康式的征兆。也就是说，这些征兆的现实还涉及对某种精神分析理论的隐秘指涉。阐释的这种总体反射化（一切都成了阐释，无意识阐释自身）导致的不幸结果是，精神分析师的阐释本身已经丧失其述行性的"符号功效"，它没有触及征兆，使征兆依然处于其愚蠢的原乐（idiotic *jouissance*）的直接性之中。

　　精神分析治疗中发生的事情与新纳粹光头党的反应极其相似。当被迫袒露施暴的原因时，新纳粹光头党突然开始像社会工作者、社会学家和社会心理学家那样侃侃而谈，引经据典地说起日益减少的社会流动性、日甚一日的不安全感、父性权威的解体、他年幼时母爱的匮乏——实践与其固有的意识形态合法化的统一，分解成了原始的暴力及其无能为力的、无效的阐释。阐释的这种无能为力是风险社会理论家所欢呼的普遍化反射性（universalized reflexivity）必不可少的一面：仿佛只有从最低限度的"前反射"的、逃避其控制的实体性支持那里汲取力量，只有依赖于最低限度的"前反射"的、逃避其控制的实体性支持，我们的反射力量（reflexive power）才能壮大起来。如此一来，我们的反射力量的普遍化，是以牺牲其低效率为代价才得以实现的，也就是说，我们的反射力量的普遍化是通过"非理性"暴力这个残忍实在界（brute Real）的悖论性再度出现而实现的。对于"非理性"暴力这个残忍的实在界，反射性阐释（reflexive interpretation）是无法渗透和无法感知的。

　　如今的社会理论越是宣告自然的终结、传统的终结，越是宣告"风险社会"的兴起，对"自然"的隐秘指涉就越是遍布我们的日常话语。即使在没有谈论"历史的终结"，我们也会释放某种信息。这时我们释放出来的信息，不正是我们在宣布自己即将进入"后意识形态"的实用主义时代时释放出来的信息吗？宣布我们即将进入"后意识形态"的实用主义时代，是宣告我们即将进入后政治秩序（postpolitical order）的另一种方式。在后政治秩序中，只有种族冲突／文化冲突才是合法的冲突。非常典型的是，在如今的批判话语和政治话语中，"工人"一词已经销声匿迹，"移民"（外籍工人[1]：在法国的阿尔及利亚人、在德国的土耳其人、在美国的墨西哥人）已经取而代之，已经将其抹去。就这样，"工人被剥削"，这个经典问题被转化成了多元文化问题，即"宽容他者"的问题。相信多元文化主义的自由主义者在保护移民的种族权利方面的过度投入，显然是从"被压制"的阶级之维获取能量的。尽管弗朗西斯·福山有关"历史的终结"的看法很快声名扫地了，我们依然默默地假定：不知怎么搞的，自由民主的资本主义全球秩序是被最终找到的"自然"的社会政体；我们依旧暗中把第三世界国家中发生的冲突视为自然灾害的亚种类，视为准天然的暴力激情的迸发，或者视为以狂热地认同自己的种族起源为基础的冲突。这里所谓的"种族"如果不是自然的代号，还能是什么？关键在于，这个无孔不入的再自然化（renaturalization）正是我们日常生活的总体反射化的对应物。

随着新的意识形态野蛮（ideological barbarism）的兴起，类似的过程出现在知识生活之中。为此，法兰克福学派的出现可谓适逢其时。就在马克思主义的社会经济革命的失败已经变得明显之时，结论出现了：失败是由低估西方基督教精神基础的深度所致。于是，对颠覆活动的强调从政治经济斗争转向了"文化革命"，转向了这样的耐心的知识工作和文化工作——瓦解国家自豪感、家庭、宗教和精神担当。为国家而牺牲，这种精神被视为涉及"权威人格"，并因此将其摒弃。对婚姻的忠诚，其实只是表达了病态的性压抑。按照本雅明有关"任何一部文明的文献，同时也是野蛮的文献"的格言，西方文化的最高成就会遭到猛烈的抨击，因为它隐藏了种族主义和种族灭绝的实践……

在学术上，这种新野蛮的主要支持者是凯文·麦克唐纳（Kevin MacDonald）。他在《批判之文化》（*The Culture of Critique*）提出，在

---

[1] 这里的"外籍工人"（immigrant workers），我们现在一般译为"外籍劳工"，可见"工人"一词在我们这里也已经销声匿迹。

20 世纪，犹太人领导的某些知识运动已经从根本上改变了欧洲社会，摧毁了西方人的自信。无论有意还是无意，策划这些运动的目的，就是推进犹太人的利益，尽管这些运动呈现给非犹太人的面目是普遍性的，甚至是乌托邦式的。[1] 犹太人在推进自己的利益时使用的最一致的方式之一，就是推销多元性和多样性，但只是对他人主张多元性和多元化。自 19 世纪以来，犹太人领导的运动一直都在试图损害非犹太社会的传统根基，包括爱国主义、种族忠诚、基督教的道德基础、社会同质性和性约束。麦克唐纳用了几个页码谈论《权威人格》（*The Authoritarian Personality*, 1950）。那是由阿多诺协调的集体项目的结晶。在麦克唐纳看来，这个项目的目的就是使群体隶属（group affiliation）听上去都像是精神失调的标志：从爱国主义到宗教，再到家庭忠诚和种族忠诚，一切都被视为危险、残损的"权威人格"的标志，并因此被取缔。因为对不同的群体做出区分是不合理的，所以全部的群体忠诚——甚至紧密的家庭纽带——都属于"偏见"之列。在这里，麦克唐纳以赞许的口吻引用了克里斯托弗·拉什（Christopher Lasch）的观点：《权威人格》得出的结论是，"只有使美国人接受相当于集体性精神疗法之类的东西，也就是说，只要把美国人当成疯人院里的疯子，才能根除"上述偏见。构成了犹太人身份之核心的，正是对群体的忠诚、对传统的尊敬和对差异的知觉。但到了非犹太人那里，这些却被霍克海默和阿多诺描述为精神疾病。这两位作者采用的，是最终成为苏联在处置异议人士时最喜欢的策略：无论是谁，只要政治观点与他们不同，就是精神错乱。

在那些犹太人知识分子看来，排犹主义也是精神疾病的标志：基督教的自我否定，特别是对性的压抑，引发了对犹太人的仇恨。法兰克福学派热心于精神分析，而依据他们热心的精神分析，"对父亲的俄狄浦斯式的爱恨交加，幼儿时形成的肛门-虐待关系（anal-sadistic relations），是排犹分子接受的无法摆脱的遗产。"除了嘲弄爱国主义和种族身份，法

---

1 Kevin B. MacDonald, *The Culture of Critique: An Evolutionary Analysis of Jewish Involvement in Twentieth-Century Intellectual and Political Movements* (Westport: Praeger, 1998). 此后未指明的引论全都出自本书。

兰克福学派还美化滥交和放荡不羁的贫困（Bohemian poverty）："毫无疑问，20 世纪 60 年代在很大程度上大获成功的反文化革命（countercultural revolution）的众多核心态度，都在《权威人格》中找到表现形式，包括对反叛父母这一行为的理想化，对低投入的性关系的理想化，对向上的社会流动（upward social mobility）、社会地位、家族自豪、基督教和爱国主义的蔑视。"尽管来得比较迟，"法国人兼犹太人、解构主义者雅克·德里达"在写下下列文字时，遵循的是完全相同的传统：

> 隐藏在解构之后的想法，就是以强大的移民政策解构强大民族−国家的运转，解构民族主义的花言巧语，解构有关空间的政治（politics of place），解构有关故土和母语的形而上学。……想法就是解除……身份的炸弹，民族−国家确立身份，应该就是以之抵御陌生人、犹太人、阿拉伯人和移民……[1]

正如麦克唐纳所言："就其最抽象的层面而言，一个根本性的议程就是感化祖籍欧洲的美国人，使他们把对他们在人口上和文化上的黯然失色的关切视为非理性的举动，视为精神病理学的迹象。"这个方案已经成功：无论什么人，只要反对排斥白种人，就统统被视为精神错乱的"煽动仇恨者"；无论何时何地，只要白种人奋起保卫自己的群体利益，就会被描述为这样的人——他们在心理上存在不足。当然，只有犹太人被悄然排除在外。"种族中心论是精神病理学的一种形式，这种意识形态是由这样一个团体宣布的：在很长的历史时期内，在世界上所有的文化中，它大概是最具种族中心色彩的团体。"我们在此不应抱有任何幻想：依据伟大启蒙传统之标准，我们实际上正在应对这样的人物，对他

1　不妨把这一思路推向荒谬的极致：斯洛文尼亚一位著名的天主教知识分子、前文化部长、前斯洛文尼亚驻法国大使，最近在谈及德里达时写道："唯一的武器就是反叛和破坏，如同最近逝世的先知雅克·德里达告诉我们的那样。看见一个窗户，扔一块砖头出去。看见一个建筑，那肯定是我的。看见一座大厦，本·拉登该来这里。看见任何种类的制度、法律、联系，都应该看到造假，看到大街的'法律'或地下的'法律'。"See Andrej Capuder, "Vino in most," *Demokracija* 9, no. 50 (Ljubljana, December 9, 2004), p. 9; 作者亲译。附带说一句，"看见一座大厦，本·拉登该来这里"，听上去不像是弗洛伊德的"它去哪儿，我就跟到哪儿"（*wo es war soll ich werden*）的新政治化的版本吗？

们的最佳命名是古老、正统的马克思主义所谓的"资产阶级非理性主义者"（bourgeois irrationalists），即理性（Reason）的自我毁灭。唯一要牢记在心的就是，这种新野蛮是严格的后现代现象，是高度反射性的自我讽刺态度（highly reflexive self-ironical attitude）的另一面。难怪在阅读麦克唐纳这类人的著作时，我们通常无法确定，我们究竟是在阅读讽刺性的作品，还是在阅读"严肃庄重"的论证。

谈及阿甘本的解开律令与暴力之结的乌托邦视境，这意味着，在我们的后政治社会中，这个结早已解开。一方面，我们遇到了全球化的阐释（globalized interpretation），全球化就是因其无能为力而付出的代价，就是因其无法实施自身、无法在实在界中产生效果（generate effects in the Real）而付出的代价。另一方面，我们遇到了暴力这一原生实在界（raw Real）的爆发，对暴力的阐释无法左右它的爆发。一边是这样的主张：在今日的霸权格局（hegemonic constellation）中，社会联系中的诸因素已被割裂，因此要用精神分析把它们汇拢起来（米勒）。一边是等待解开的律令与暴力之结，即将实施的割裂（阿甘本）。面对此情此景，解决问题的方案安在？如果被割裂的两方不对称呢？如果"非理性"暴力的迸发这一实在界是由符号界的全球化（globalization of the Symbolic）引发的，所以符号界与以光头党的形象为缩影的原生实在界之间的分裂是假分裂呢？

小客体是在何时充当超我指令（命令我们去享受）的？在它占据主人能指的位置时，也就是说，如同拉康在其《讲座之十一》（*Seminar XI*）的最后几页文字中所概括的那样，在 S₁ 和小客体形成短路之时。[1]要想打破超我指令的恶性循环，要完成的关键一步是把 S₁ 和小客体割裂开来。因此，寻求不同的方式，从小客体的不同的运作方法（*modus operandi*）下手，岂不更加有效？在精神分析中，如此小客体不再充当超我指令的代理，如同它在变态之话语（discourse of perversion）中

---

[1] See Jacques Lacan, *The Four Fundamental Concepts of Psycho-Analysis* (New York: Norton, 1979).

所做的那样。[1]我们应该这样解读米勒有关精神分析师话语（Analyst's discourse）与今日文明之话语（discourse of today's civilization）的身份的主张。我们应该把米勒的主张解读为一种暗示——今日文明之话语（社会联系）即变态之话语。也就是说，拉康有关精神分析师话语的公式的较高层面与他的变态公式（a–$\mathcal{S}$）完全相同。这个事实打开了这样的可能性——把有关精神分析师话语的整个公式解读为有关变态的社会联系的公式。它的代理，那个受虐狂变态者（典型的变态者），占据了他者欲望的客体-工具的位置。这样一来，通过服侍他的（女性）受害者，他把她设置为癔症化/被割裂的主体。她"不知道她想要什么"[2]，变态者却代她知道。也就是说，他假装站在知晓他者的欲望这一立场上发话，这使他能够服侍他者。最终，这种社会联系的产物就是主人能指，即以变态受虐狂（pervert masochist）服侍的主人——女性施虐狂（dominatrix）——的角色被提升的癔症主体。

　　与癔症患者不同，变态狂很清楚，在大对体面前，他是怎样的人。知晓支撑着他的下列身份：他是他的大对体（即被分割的主体）的原乐的客体。出于这个原因，有关变态者之话语的公式与精神分析师话语的公式完全相同：拉康把变态界定为被倒置的幻象（inverted fantasy），也就是说，他有关变态的公式是"a–$\mathcal{S}$"，这恰恰是精神分析师话语的较高层面。一边是有关变态的社会联系，一边是有关精神分析的社会联系，两者间的差异是以小客体的根本含混性为根基的。在拉康那里，小客体既代表着想象性、幻象性的诱惑/屏幕，又代表着这一诱惑正在遮蔽的东西，代表着隐藏在这一诱惑之后的太虚（Void），而如此太

　　1　当我们在字面上理解"一磅肉"（虽合法却不合理的要求）这个代表着"在我之内又超乎我"的某物的局部客体时，变态行为就会发生。帕特丽夏·海史密斯（Patricia Highsmith）一个短篇小说中的故事就是如此。有一位父亲，他女儿的求婚者请求这位父亲允许他摸一下这位父亲的女儿的手，于是父亲用刀割下女儿的手，包起来，送给了求婚者。面对吃惊的求婚者，他说道："你想要她的全部，不只想要她的手？那你为什么不早说？"这就好像我们把感人的陈述"我的心属于你"解读成了潜在的心脏捐献者的声明……

　　2　女性频繁地抱怨，对于她们而言，要对两种命令或她们行为的两个场面（家庭与劳作、情人与母亲）做出调和，有多难，而男人只需专注于一件事情。如果这种抱歉不仅涉及社会学事实，而且见证了女性主体立场在下列两者发生的更为激进的"存有论"分裂呢？一者是拉康所谓的阳物秩序（phallic order），一者是大对体的匮乏之能指（signifier of the lack of the Other）。

虚又驱使主体面对自己欲望的真相。处于"真相"——"真相"又处于"代理"之下的横线的下面——位置上的知晓，当然指精神分析师的假定之知。它同时表明，在此获得的知晓必定不是有关科学适当性（scientific adequacy）的中立的"客观"知晓[1]，而是关注主体的主观立场（subjective position）之真相的知晓。

再说一遍，不要忘记拉康那个离谱的说法：即使醋意大发的丈夫有关他太太的断言（她太太到处红杏出墙）完全正确，他的嫉妒依然是病态的。沿着同样的思路，我们可以说，即使纳粹有关犹太人的断言是真的（他们盘剥德国人，他们诱奸德国女孩……），他们的排犹主义无论在过去还是在将来都是病态的，因为它压抑了纳粹为了维持其意识形态立场而需要排犹主义的真实原因。所以，在排犹主义那种情形下，关于犹太人"真正如何"的知晓是伪造的、无关的，处于真相位置上的唯一知晓，就是有关纳粹需要以犹太人的形象维持其意识形态大厦的知晓。正是在这个意义上，精神分析师话语"制造"的正是主人能指，是患者的知晓的"突然转向"，是将患者的知晓置于真相层面的剩余因素（surplus-element）：主人能指制造出来后，即使在知晓的层面上什么也没有改变，"同一"知晓开始以不同的模式发挥作用。主人能指是无意识的征候（unconscious *sinthome*），是享受之密码（cipher of enjoyment），主体不知不觉地屈从于它。[2]

传统上，人们期待精神分析允许患者克服障碍，获得"正常"的性享受。不过，今天，从对性能力的直接享受到对专业成就或精神觉醒的享受，不同版本的超我指令——"享受！"——从四面八方对我们狂轰滥炸。这时，我们应该转到更为激进的层面：如今，精神分析是允许你

1　这里的"知晓"的原文是"knowledge"。在英文中，"knowledge"既有"知晓"之义，又有"知识"之义，一词而两义，且随意转换。这是中文做不到的。

2　这里不能遗漏的关键之处是，拉康晚年把精神分析师的主体立场等同于小客体的主体立场。这代表着一种彻底的自我批判行为：早些时候，在20世纪50年代，拉康并没有把精神分析师视为小客体，而是把他们视为大对体（匿名的符号秩序）的替身。在这个层面上，精神分析师的功能就是挫败主体的想象性误认，使主体接受自己在符号交换循环（circuit of symbolic exchange）中所处的位置。这个位置实际上决定主体的符号身份，而又不为其所知。不过，后来，精神分析师恰恰代表着大对体的终极非一致性和失败，代表着符号秩序的无能为力——无法确保主体的符号身份。

不去享受（这与"不允许去享受"截然相反）的唯一话语。从这个有利位置回头望去，传统有关享受的禁令是由与之相反的隐含禁令维持的，这已经变得一目了然。

不再需要由超我指令维持的欲望就是拉康所谓的"精神分析师的欲望"。它出现于真正的精神分析之前。从苏格拉底到黑格尔，拉康从不同的历史人物中找到了它。它回答了一个关键问题，而且它被最佳地封装于精神分析的排佛精神（anti-Buddhist spirit）之中：欲望只是错觉？在对人类欲望的空虚有了充分洞悉之后，还有可能维持欲望吗？或者，在那个激进点（radical point）上，它是宁静的智慧（serene Wisdom）与忧郁的放弃（melancholic resignation）之间的唯一的选择？

精神分析师与患者的联系不仅是言词，而且是货币——患者必须付出令其肉痛的价钱。因此，两者的联系不仅是符号性的，不仅处于能指的层面，而且是实在界的，处于客体的层面。这一点至关重要，尤其是在今日。精神分析师是当代的守财奴吗？既是又不是。揭示精神分析与资本主义的联系的最佳例证，或许是 19 世纪小说中的一个伟大文学形象，即犹太放债人，一个影子人物。社会上的大人物全都向他借债，恳求他，并把他们肮脏的秘密和激情向他和盘托出（想想巴尔扎克《人间喜剧》中的高布塞克就可以了）。犹太放债人是看破红尘的智者，对人类付出的全部心血的毫无价值了如指掌。他避开公众的目光，没有任何可见的力量，但又是隐秘的主人，在幕后操纵着社会生活的方方面面。这个人物极其麻木不仁，丧失了全部的怜悯之心，更不会将心比心。与教堂里接受教徒忏悔的神父和年迈机智的财产受托人相比，他更接近精神分析师。福柯《性史》的主题是，"精神分析诞生于［基督教的］忏悔精神"。与此相反，我们可以断言，"精神分析诞生于节俭精神"。精神分析师与守财奴相去不远。在拉康看来，把事情做绝的，违背了所有道德限制的，成了欲望的典范形象的，与其说是不顾死活的罪犯，不如说是守财奴。要想发现欲望的秘密，我们不应关注恋爱中人或杀人凶手，他们是自己激情的奴隶，为了爱情或杀人无所不用其极，而应关注守财奴对其财宝的态度，对收藏其财产的神秘之地的态度。当然，秘密就在于，在守财奴的形象中，过度与匮乏、力量与无力、贪婪的囤积与对客体的提升重叠在一起——他把客体提升至被禁接触／不可触及的原质（prohibited/untouchable），人们对它只能服服帖帖，却不能充分享受。了解守财奴这一秘密的关键，是由基本的变态之悖论（paradox of perversion）提供的。拉康向我们表明，只要资本家话语（capitalist discourse）伪装计算／积聚原乐，[1] 它就是变态之缩影。这时，他证明，根据变态者的表现判断，仿佛人可以积聚零或积聚匮乏，仿佛零加零再加零……结果就会多于零。

与这个困境相连的更大困境是集体的困境。拉康引入"精神分析师的欲望"一词的目的，在于瓦解下列观念：精神分析治疗的顶点是对实在界的深渊（abyss of the Real）的深刻洞识，是"穿越幻象"；洞识了实在界的深渊和"穿越幻象"后，噩梦醒来，我们不得不重返清醒的社会现实，认可自己寻常的社会角色。精神分析并非只在珍贵的开始时刻（initiatic moments）为人分享的洞识。拉康的目的是确立这样的可能性：建立精神分析集体，识别精神分析师之间的可能的社会联系的轮廓。这是他在有关四种话语的图式中谈论精神分析师话语的原因。在那里，他认为精神分析师话语是主人话语的"反面"。这里的风险很高：每个社群都以某个主人形象为根基（弗洛伊德的版本，表现于《图腾与禁忌》），还是以主人形象的衍生物为根基，以知识的形象（figure of Knowledge）为根基（现代资本主义的版本）？是否还存在着不同的联系？[2] 当然，从弗洛伊德到拉康的晚期著作及其法国精神分析学派，在整个精神分析史上，这一斗争的结果是令人沮丧的败北。尽管如此，战斗还是值得进行的。这是拉康的真正的列宁主义时刻。不妨回想一下，在其晚期著述中，他是如何与其学派的组织问题展开无休无止的搏斗的。精神分析的集体当然是一种紧急状态（emergency state）的集体，是处于紧急状态下的集体。圣保罗曾把弥赛亚的紧急状态（Messianic

---

1　Jacques Lacan: *Le séminaire, livre XX: Encore* (Paris: Éditions du Seuil, 1973), pp. 92–95.

2　正如杰奎琳·罗斯（Jacqueline Rose）简明扼要地指出的那样："[弗洛伊德] 将杀戮置于群体依附（group adherence）的核心地带。……要成为一个群体的成员就是成为犯罪的伙伴。"——Jacqueline Rose, "In Our Present-Day White Christian Culture," *London Review of Books*, July 8, 2004, p. 17). 所以，问题在于，成为犯罪中的伙伴是组成一个集合体的唯一方式？

state of emergency）界定为这样的状态，在该状态下，时间已经接近终点，我们只有剩余的时间，我们因此被迫中止我们对尘世联系的全部承诺（"即使拥有某物，也像是我们并不拥有它们一样"等）。这道理不同样适用于患者？在做精神分析时，患者不同样必须中止其社会联系？

关于拉康的政治理论，洛伦佐·基耶萨[1]提出了一个关键问题：一边是公开律令，一边是对公开律令的幻象支撑，两者之间构成了张力，如果某个社会舍弃了这一张力，我们是否应该坚守对它的革命梦想？或者，这种张力是不可化约的？如果它是不可化约的，我们如何避开下列听天由命的保守结论：每个革命的剧变都必然以新版本的、通过其淫荡的内在僭越（inherent transgression）再生产自身的积极秩序（positive order）告终？历史为我们提供的教益似乎肯定了这一故态复萌的不可避免性。只是在两三个场合下，政权才试图缓解这种张力，这主要发生于斯巴达式的国家，它代表着某种社会组织模型的独一无二的纯粹实现。社会等级的三层金字塔由三种人组成：一种人是处于统治地位的武士平等人（warrior homoi），一种人是处于武士平等人之下的工匠和商人，一种人是大量处于最底层的黑劳士（helots），他们只是奴隶，只有体力劳动被人盘剥。这个金字塔极其清晰地压缩了农奴制、资本主义和平等的共产主义这三个阶段的历史演替。在某种程度上，斯巴达同时处于这三个阶段：最底层阶级的封建主义，中间阶级的资本主义，统治阶级的共产主义。

在这里，细究起来，统治者深陷其中的伦理-意识形态困境（ethico-ideological predicament）特别有趣。尽管享受绝对权力，他们却不得不永远生活在紧急状态之下，永远与其臣民处于交战状态。不仅如此，仿佛他们的地位也是淫荡的和非法的。例如，故意不给参加军训的青少年提供足够的食物，这样他们就必须偷窃，一旦被抓，必将遭受严厉的惩罚。遭受惩罚，不是因为偷窃，而是因为被抓。如此一来，他们被迫学

---

1 See Lorenzo Chiesa, "Imaginary, Symbolic and Real Otherness: The Lacanian Subject and His Vicissitudes," thesis, University of Warwick, Department of Philosophy, 2004.

习秘密窃取的艺术。或者，说到婚姻，已婚士兵必须与其同伴一道，继
续住在军营里。他只能在夜间悄悄与妻子相会，仿佛在行苟且之事。表
明这种扭曲逻辑的最可怕的例子，是对年轻受训者的严峻考验：为了获
得进入男性化社会（masculine society）的许可，他们必须悄悄杀死一位
毫无戒心的黑劳士。在统治阶级中，这种犯罪与法律是合二为一的。难
道这没有以稀奇古怪的扭曲，变态地实现黑格尔有关理性国家（rational
state）三个阶层的观念吗？这三个阶层是："实质性"的农民，他们生活
在直接习俗（immediate mores）的世界里；充满活力的工匠和实业家，
他们被其自我本位的个人利益所统治；国家官僚机构，它是普遍阶级
（universal class）。平等人这个"普遍阶级"的普遍性在自己否定自己，
它与自身构成了直接的冲突：他们并不居于宁静的普遍性中，而是居于
永恒的不安和紧急状态中。我们发现了这样的悖论模型——权威把自己
看作其他极端"极权"政体中的非法淫荡性（illegal obscenity）。这样
的政权，最著名的还是柬埔寨的红色高棉政权（1975—1979）。在那里，
探究国家权力的结构被视为犯罪：以匿名的方式，领导人被称为"一号
兄弟"（当然非波尔布特莫属）、"二号兄弟"，等等。

　　要从这一极端获得教益是，在这一极端，有关权力本身的"真相"
终于水落石出：权力是对社会躯体的淫荡过度（obscene excess）。也就
是说，把下列两者对立起来是错误的：一者是对权力的化约，即把权力
化约为淫荡的过度；一者是"纯粹"的权力，它可以发挥功用，而无须
淫荡的支撑（obscene support）。关键在于，试图设立"纯粹"的权力，
此举必然回到它的对立面，回到这样的权力——它不得不把自身与淫荡
的过度关联起来。而且在不同的层面上，我们在西方民主社会中遇到了
同样的悖论。在那里，主人形象的消失远远没有废除统治。主人形象
的消失是由被否认的控制和统治（disavowed control and domination）这
一史无前例的形式维持的。我们是否应该像基耶萨提议的那样，严肃
地看待拉康的下列主张（而不把它仅仅视为愤世嫉俗的智慧）——精神
分析师话语为新主人的现身铺平了道路？我们是否应该勇敢地承认下
列需要——从"穿越幻象"这一消极姿态转向新秩序（New Order）的
构成，包括新主人及其淫荡的超我阴暗面？难道拉康本人没在其最后的

讲座中，以其"走向新能指"的主题，指向这个方向？尽管如此，问题依旧：从结构上看，这个新主人与先前被推翻的旧主人的差异何在？对新主人的幻象支撑与对旧主人的幻象支撑的差异何在？如果不存在结构性差异，那我们就又回到有关政治革命的那个听天由命的保守智慧上来了：政治革命是天体圆周运动这个天文学意义上的革命，它总是把我们带回起点。

　　在这里，基耶萨同样触及巴迪欧和米勒的理论大厦的神经中枢。我们已经知道，米勒强调，如今的霸权话语不再是主人话语，而是精神分析师话语。精神分析师话语以小客体——"去享受"的超我指令——占据了代理的位置。那么，精神分析师的工作又表现于何处？他求助于并排独自运作的四种话语因素之间存在的可疑差异（如同在统治性的社会秩序中那样），并把这四种话语因素汇集起来，使之形成某种结构（这只发生在精神分析中）。不过，如果这种诊断（假设它准确无误的话）强迫我们得出更为激进和更加意想不到的结论呢？米勒本人也再三指出，无意识具有主人话语的结构（S_1，它的代表，即主人能指，即主体的意义空间的无意识性的"缝合点"）。那么，在这样的格局中（严格的弗洛伊德意义上的无意识在此格局中正在销声匿迹），如果精神分析师的使命不再是瓦解主人能指的掌控，而是构想／提出／设置新的主人能指呢？难道我们不应该（至少可以）这样解读拉康的"走向新能指"，即把它解读为这样的呼吁——抵消任何连贯一致的世界（consistent World）在晚期资本主义的疯狂的符号动力机制（symbolic dynamics）中的解体，提出能为我们对意义的体验（our experience of meaning）提供一致性的新"缝合点"、新主人能指？这不极其类似于巴迪欧在被迫考虑今日资本主义的"去地域化"的动力机制后身陷其中的困境吗？巴迪欧把解放性政治（emancipatory politics）的使命界定为从代议制状态（state of representation）的构成性过度（零因素）的角度瓦解代议制状态，并注意到，对每个代议制状态的永恒瓦解都已是资本主义动力机制的核心特色［之所以如此，资本主义才是真正的"无世界性的"（worldless）］。在此之后，他突然发现了新的使命，即构成新的世界、提出新的能指。新的能指将允许对我们的情形进行新的命名。

只是到了这里，我们才遇到了真正的问题，即社会政治转型的问题。社会政治转型会使下列行为成为必要：重建由公开律令与对公开律令的淫荡补充构成的整个关系领域。换言之，实现彻底的社会转型，又不涉及乌托邦–极权主义（utopian-totalitarian）的"社会域的完整丰满与透明"这个无聊的稻草人，其前景如何？何以每个旨在推进彻底社会革命的方案都会自动跌入这样的陷阱——意在实现"完全透明"（total transparency）这个不可能的梦想？或者，继续借助于有关天国的比喻，难道不能偶尔地发生这样的事情：按行星革命（planetary revolution）的循环路径形成某种转移，即实现这样的突破——重新界定其坐标和建立新平衡，或建立测量平衡的新尺度？

（6）作为一个政治范畴的原乐

埃斯特万·埃切维里亚（Esteban Echeverría）的《屠宰场》（*El matadero*）写于 1840 年，作者在世时未曾发表。它是阿根廷文学的奠基之作，是对胡安·曼努埃尔·罗萨斯（Juan Manuel Rosas）的独裁政权的猛烈讨伐。或许它对淫荡原乐做了最具启发性的揭示，而淫荡原乐则是自由主义政治想象的幻象偏见（fantasmatic bias）的根基。[1]这个故事只有 30 个页码的长度，却拿出大半篇幅描述布宜诺斯艾利斯一家大型屠宰场的气氛，以及那里发生的事件。对于生活在那里的穷人（绝大多数是黑人），对他们的野蛮习惯（以残忍的方式虐杀动物，以粗俗的方式处置自己的战利品，为了争夺被屠宰的公牛的内脏在泥潭中大打出手），对他们讲述的残酷笑话，等等，小说都极其明确地表示蔑视和憎恶。这种存在主义的憎恶（existential disgust）走得如此之远，以至于对屠宰场的污泥浊水所做的"现实主义"描述走向了极端，变成了它的超现实主义的对立物。比如，某个儿童的首级突然掉进污泥，他的躯干则

1　See Esteban Echeverría, *El matadero (The Slaughterhouse)*, bilingual edition, edited and translated by Angel Flores (New York: Las Americas Publishing Co., 1959).

依靠在畜栏的围杆上，鲜血从无数的毛孔喷涌而出。屠宰场里的工人都是支持罗萨斯的堡垒，是罗萨斯的玉米棒子党（*mazorca*）的核心成员。玉米棒子党是由下层社会组成的半公开的私人军队，专门用于恐吓他的对手。小说后段讲述了一个年轻气盛的"一神论者"的故事。他是一位上流社会的绅士，穿戴考究，反对罗萨斯。在他经过屠宰场时，野蛮的屠宰场工人抓住了他，象征性地污辱他，扒掉了他的服装。这位绅士不甘忍受，发起愤怒的反击，并因此而死去。他的死亡再次与超现实主义的暗示联系起来：这位无畏的一神论者愤怒满腔，俨然成熟的水果，砰然爆裂……在这里，暴政的视境（vision of tyranny）不仅是残忍警察的境界和强加于社会的意识形态力量的视境。这个故事传达的关键信息，是下列两者间的隐秘联系：一者是暴君；一者是社会最底层的流氓无产者，在污泥中摸爬滚打的社会渣滓。因此，典型的"暴政的受害者"不是虽然贫困却受人尊敬、风度翩翩、穿戴整齐、文质彬彬、自尊自爱的绅士。自由主义与底层阶级的"暴民统治"显然被对立了起来。《屠宰场》出人意料的成就在于，它揭示了"仇视暴政"这一行为的幻象背景：对汗水、痛苦和血腥生活的厌恶。敏感的自由主义者所渴望的是，只是脱去咖啡因的革命，只是不散发臭味的革命。就法国革命而论，他们想要没有 1793 年的 1789 年。

如今，对淫荡原乐的意识形态操纵已经进入新阶段：我们的政治越来越多地直接成了原乐政治（politics of *jouissance*），越来越多地涉及乞求、控制、调节原乐的方式。自由 / 宽容的西方与宗教激进主义的整个对立，不是已经浓缩为下列两者间的对立：一者是女人在性自由方面享有的权利，包括自由地展示 / 暴露自己、招惹男人的自由；一者是男人对这种威胁的极力根除，或至少是对这种威胁的极力控制？不妨回想一下塔利班发布的一道禁令——禁止女人穿金属高跟鞋。仿佛即使女人把自己遮得严严实实，高跟鞋的叮当作响依然会激起他们的性欲。当然，双方均在意识形态 / 道德方面使自己的立场神秘化了：在自由主义的西方看来，挑衅性地暴露自己、刺激男人欲望的权利，乃是自由地处置、随意地享受自己躯体的权利，并因此得以合法化；在伊斯兰看来，控制女人之性，乃是保护女人的尊严，以使之免于这样的威胁——被化约为男人性盘剥的客体。[1] 所以，当法国禁止女孩戴头巾去学校时，我们可以说，以这种方式，女孩由此得以控制自己的身体，但我们还可以说，对于批评这一现象的那些人而言，真正的创伤点（traumatic point）在于，还有些女孩没有参与这样的游戏——以自己的身体达到性诱惑的目的，以自己的身体进行社会流通／交易。不管怎样，所有其他问题都与这个问题相关：同性恋婚姻和同性恋情侣领养子女的权利；离婚；堕胎……

　　在美国某些"激进"的圈子里，有关"重新考虑"恋尸狂（即渴望与尸体发生性关系的人）的权利的提议流传开来。为什么要剥夺恋尸狂的权利？想法是这样概括的：有人签署文件，以示同意，万一猝死，他们允许将自己的器官用于医疗的目的，既然如此，我们也应该允许他们签署文件，让他们把自己的尸体献给恋尸狂，供其玩弄……这个提议岂不是对下列问题的完美说明：政治正确的姿势（PC stance）是如何实现克尔凯郭尔"只有死去的邻居才是好邻居"的洞识的？对于试图避免骚扰他人的"宽容"主体而言，死去的邻居（尸体）是理想的性伴侣，因为根据定义，尸体无法被骚扰，同时，死尸无法享受，这样一来，对于玩弄尸体的主体而言，过度享受这个令人不安的威胁也被排除在外……因此，两种截然相反的态度共享着一个极端的规训方式（disciplinary approach），它们在不同的场向指向不同的方向："原教旨主义者"事无巨细地调控女人的自我展示，以防止性挑衅；政治正确的女权主义自由主义者则对自己的行为实施并不那么严厉的、以限制不同形式的骚扰为目的的调控。

　　不过，我们应该添加一个限制条件。我们今天拥有的，与其说是原乐政治，不如说是对原乐的调控（管理）。严格说来，对原乐的调控（管理）是后政治性的。原乐本身是永无止境的，是难以命名之物的模糊过度（obscure excess），而任务就是调控这种过度。生物政治统

1　在反以色列的态度中，这一立场的反讽性扭曲是不能忽略的：一方面，在阿拉伯通俗媒体中，反对以色列国的主要论点之一，证明以色列国的变态性的决定性"证据"，是女人竟然也能服兵役；另一方面，不要忘了对女性人体炸弹的公开赞扬。20 年前，女性在巴勒斯坦解放组织中的作用更为明显。这是巴勒斯坦解放组织去世俗化的迹象。

治的最清晰的标志，是对"压力"话题的痴迷：如何避开有压力的局势，如何"对付"压力。"压力"是我们对生活的过度之维（excessive dimension）的称谓，是对必须加以控制的"过多"的称谓。正是由于这个缘故，今天已与从前大异，把精神分析与精神疗法分割开来的鸿沟开始消失：要想改善疗效，把行为-认知疗法（behavioral-cognitivist therapies）和化学治疗——药品——结合起来，会提供更快和更有效的帮助。

不过，我们如何把下列两种过度明确区分开来？其一是法西斯主义景观（Fascist spectacle）之过度，法西斯主义激情之过度，它与"常态"的资产阶级生活有关，或者说，在今天，它与"常态"的资本主义再生产有关，与资本主义的不断的自我革命有关；其二是生活本身（Life itself）之过度。[1] 把构成性的存有论过度（constitutive ontological excess）与淫荡的过度补充（obscene excess supplement）区别开来的方式，或许是借助于并非全部之逻辑。也就说，这样做涉及过度与预设的"常态性"的关系：淫荡过度是例外之过度，例外支撑着"常态性"；彻底的存有论过度是"纯粹"的过度，而不是相对于任何事物而言的过度，它是悖论，因为它是过度"本身"，它本身就是过度性的，它没有任何预设的常态性。

超我的享受命令（imperative to enjoy）因此充当着康德的"你能够，因为你必须"的逆反之物。它依赖的就是"你必须，因为你能够"。也就是说，如今"不被压抑"的享乐主义（我们面对的永恒刺激，对我们下达的命令——享受到底并探索各种模式的原乐）的超我方面在于，被允许的原乐必然变成强制性的原乐。不过，问题是，资本主义的享受指令（injunction to enjoy）真的旨在乞求具有极端性的原乐，或者归根结底，我们要应对某种普遍化的快乐原则，一生致力于获得快乐？换言之，那些指令不就是要我们玩得开心，获得自我实现和自我满足吗？不就是要我们避免过度的原乐，寻求某种体内平衡？问题在于，尽管直接

---

1 这种二元性反映在"不死"（undead）的暧昧身份上：不死既是驱力过度（excess of drive）的称谓，又是残忍的伪过度的称谓。它掩盖了下列事实："我们并不真的活着。"

和明确的指令是要求维持体内平衡的快乐原则一统天下，但这一指令的实际功能却是打破这些限制，向着过度的享乐奋进。

在这里，我们禁不住把下列两者对立起来：一者是"68后"的左翼原乐驱力（drive to *jouissance*），它驱使原乐抵达性快乐形式的极致，以消解所有的社会联系，允许我在绝对原乐（absolute *jouissance*）的唯我主义中发现高潮；一者是承诺提供原乐的商品化产品的完成。前者还代表着彻底的、甚至"纯正"的主体立场，后者则意味着失败，意味着对市场力量的投降。不过，这一对立真的如此泾渭分明？把市场上提供的原乐斥为"假货"，认为它只是提供了没有任何实体的空洞包装－承诺（package-promise），岂不是过于轻而易举了？处于我们的快乐的中心地带的洞穴、太虚，不就是每个原乐的结构？此外，始终轰炸我们的商品所提供的享乐刺激（provocations to enjoy），难道没有把我们准确推向自闭－自淫的"非社会"原乐？这种原乐的最高个案就是药物成瘾。药物难道不是用来获得最彻底的、自闭性的原乐体验和某个典型商品的手段？

通过药物或其他诱导精神恍惚的手段推动纯粹的自闭性原乐（autistic *jouissance*）滚滚向前的驱力，出现于某个精确的政治时刻，即1968年的解放性续发事件（emancipatory sequence）耗尽了其潜力之时。在这个紧要关头（20世纪70年代中期），留下的唯一选项就是直接的、残酷的"向行动过渡"，走向实在界。它采取了三种主要形式：寻求极端形式的性原乐；左翼政治恐怖主义（德国的红军旅、意大利的红色旅等），它下的赌注是，在一个大众完全沉浸于资本主义的意识形态梦乡的时代，标准的意识形态批判不再有效，所以，只有求助于直接暴力——直接行动（*l'action directe*）——这一原生实在界，才能使大众惊醒；最后，转向内在体验这一实在界，即东方神秘主义。这三者的共同之处在于，它们全都从具体的社会政治干预，遁入了与实在界的直接接触。

弗洛伊德曾对下列问题进行"朴素"的反思：艺术家是如何在社会语境中表现令人尴尬、甚至令人恶心的隐秘幻象的？以社会认可的形式把它包装起来？使之"崇高化"，即以美的艺术形式提供快乐，并以之为诱饵，引诱我们接受隐秘幻象的令人反感的、过度的快乐？在如今这个放荡不羁的年代，表演和其他艺术家面临着这样的压力——以全然未曾崇高化的赤裸，展示最隐秘的私人幻象。在这个年代，弗洛伊德的上述反思获得新的相关性。如此"出格"的艺术使我们直接面对最唯我主义的原乐，面对自淫性的阳物原乐（phallic *jouissance*）。如此原乐虽不属于个人主义的范畴，却精确地概括了个人的特征——只要这些个人陷入了"人群"而无力自拔：弗洛伊德所谓的"人群"恰恰不是特征鲜明的公共网络（communal network），而是唯我主义个人的集合。正如俗话所言，人当然是人群中的孤儿。因此，这里的悖论在于，人群本质上是一种反社会现象。

我们应该欣赏意识形态原教旨主义与自由享乐主义的严格对称：它们全都将焦点集中于实在界。两者的差异在于：自由享乐主义把原乐这个超符号的实在界提升为自己的事业（原乐强迫它采取狗智的态度，把语言这个符号媒介化约为纯粹第二性的、无关痛痒的雷同物，化约为操纵或引诱的工具，唯一的"真材实料"就是原乐），"原教旨主义"促成符号界与实在界的短路，也就是说，在原教旨主义那里，某种符号片段（如宗教经典，就基督教原教旨主义而言就是《圣经》）被设置为实在界［宗教经典是供"字面性"解读的，不是供人玩耍的，简言之，它免于阅读之辩证（dialectic of reading）］。

在《黑客帝国》三部曲中，这个格局得到了最为清晰的展示。我们不应该把《黑客帝国》三部曲解读为由一套连贯一致的哲学话语支撑的作品，而应将其解读为这样的作品——它的非一致性集中体现了我们的意识形态困境和社会困境包含的对抗（antagonism）。那么，黑客帝国是什么？简单地说，它就是所谓的"大对体"，即虚拟的符号秩序，替我们结构现实的网络。"大对体"的这个维度，就是处于符号秩序中的主体的构成性异化（constitutive alienation）之维：大对体躲在幕后操纵；主体并不说话，它由符号结构"代言"。《黑客帝国》的悖论、"无限判断"就是下列两者的相互依赖：一者是现实的彻底人工性（被建构起来的自然）；一者是身体的凯旋。"身体的凯旋"是在这样的意义上说的：打斗具有芭蕾舞般的品质，动作缓慢，又无视普通物理现实遵循的自然定律。令人吃惊的是，关于实在界与现实的区分，《黑客帝国》的精确性超过了我们的预期。莫菲斯的名言"欢迎来到实在界这个大荒漠"中的"实在界这个大荒漠"指的并非处于黑客帝国之外的现实世界，而是指黑客帝国这个纯粹的数字世界。当莫菲斯给尼欧看有关芝加哥废墟的照片时，他只是说："这是现实世界！"即灾难发生后，处于黑客帝国之外的我们的现实之残迹，而"实在界这个大荒漠"指是的纯粹形式的数字世界之灰色（grayness），该数字世界派生了陷于黑客帝国之人的虚假的"经验财富"（wealth of experience）。

以另一个难忘的场景为例。在那里，尼欧必须在红药片与蓝药片之间做出选择，即在真相（Truth）与快乐（Pleasure）之间做出选择。要么是创伤性的觉醒，然后进入实在界；要么继续停留于由黑客帝国调控的幻觉。他选择真相，这与影片中那个极其卑劣的人物——叛军中为黑客帝国服务的线人-特工——形同水火。在一个难忘的场景中，这位线人-特工与黑客帝国特工史密斯有一场对话。他用叉子叉起一块红色牛排，说道："我知道这只是虚拟的幻觉，但我不在乎，因为它的味道很真实。"简言之，他遵循的是快乐原则，快乐原则告诉他，最好留在幻觉中，即使你已经知道那只是幻觉。不过，《黑客帝国》的选择并不这么简单：尼欧最终为人类提供了什么？不是直觉的觉醒，然后进入"实在界这个大荒漠"，而是自由地漂走于众多的虚拟世界之间：不是简单地被黑客帝国奴役，而是通过学着改变黑客帝国的定律解放自己。我们可以改变我们物理世界的定律，因而学习自由地飞翔，违反其他的物理定律。简言之，不是在痛苦的真理和快乐的幻觉之间做出选择，而是在两种模式的幻觉之间做出选择：叛徒被束缚在我们的"现实"这一幻觉之内，被黑客帝国所支配和操纵；尼欧则为人类提供了作为游乐场的世界的经验，在那里，我们可玩耍众多的游戏，自由地从一种游戏转为另一种游戏，重塑那些固化我们现实经验的定律。

我们应该以阿多诺的方式宣布，这些非一致性乃这部影片的关键时刻（moment of truth），它们以实例证明了我们的晚期资本主义的社会经验存在着对抗性。这些对抗涉及基本的存有论对偶（ontological couples），如现实与痛苦（现实乃妨碍快乐原则一统天下之物），自由与体制（只有在阻止自由进行全面布置的体制内，自由才是可能的）。不过，这部电影的终极力量位于与此不同的层面。它独特的冲击力并不来自其核心观点：被我们体验为现实的事物，其实只是由"黑客帝国"派生出来的人工虚拟现实，而"黑客帝国"也只是直接依附于我们心灵的大型计算机。它独特的冲击力来自其核心形象：在注满水的摇篮里，千百万人过着幽闭恐惧症一般的生活，为给黑客帝国提供能源（电力）而苟延残喘。所以，当（某些）人不再沉浸于由黑客帝国控制的虚拟现实，当（某些）人从这一虚拟现实中"觉醒"时，这种"觉醒"并非进入外部现实的开阔空间的门户，而是首先恐怖地意识到，这里存在着围墙，在围墙里面，我们每个人都是胎儿般的生物，浸泡在羊水里……这种全然的被动性是被排除在外的幻觉，它维持着我们的意识性的体验，使我们把自己体验为积极的、自我设置的主体（self-positing subjects）。它是终极的变态幻象，是这样的观念：我们归根结底是大对体（黑客帝国）的原乐的工具，大对体吸出我们的生命实体（life-substance），以之为电池。

这把我们带到了那个核心性的力比多之谜：何以黑客帝国需要人体能源？纯粹从能源的角度看，答案当然是没有意义的：黑客帝国可以轻而易举地找到其他更为可靠的能源，那样它就不需以千百万人类单位（human units）为坐标，对虚拟现实进行极端复杂的排列。唯一连贯一致的答案是：黑客帝国需要靠人类的原乐为生。所以，我们在此要回到拉康的那个基本命题：大对体绝非名不见经传、毫无个性的机器，它需要有原乐源源不断地涌入。这是对《黑客帝国》的正确洞视：它把变态具有的两个方面并置起来。一方面，把现实化约为由任意的、可以废除的定律调控的虚拟之境（virtual domain）；另一方面，隐藏这一自由之真相，把主体约为全然工具化的被动性。证明《黑客帝国》三部曲的后续部分质量下降的证据是，这个核心方面没有得到丝毫的开发。真正的革命本应是改变人类、黑客帝国与原乐发生关系的方式，改变黑客帝国占有原乐的方式。比如，如果个人通过拒绝提供秘密的原乐而与黑客帝国暗中捣乱，情形会怎样？

每个理性和有教养的人都知道，意大利电影的真正伟大之处和历史遗产，以及意大利电影对 20 世纪欧洲文化和全球文化的世界历史性贡献（world-historical contribution），并不是新现实主义，不是某个其他的只能吸引堕落知识分子的怪癖，而是三个独特的电影类型：意大利式西部片、20 世纪 70 年代以来的情色喜剧、包括《大力神大战莫西斯塔》（*Hercules contra Macista*）在内的历史服装奇观。毫无疑问，第三个类型最为伟大。第二个类型取得的伟大成就之一，是粗俗得令人着迷的《爱和能量》[*Conviene far bene l'amore*，1974，由帕斯夸莱·费斯达·康巴尼勒（Pasquale Festa Campanile）执导]。它的基本前提是，在不远的将来，正值世界耗尽能源之时，年纪轻轻、才华横溢的意大利科学家诺维莱医生（他令人想起威廉·莱希）发现，人类在发生性行为时，人体会释放出巨大的能量。但这有一个前提条件：发生性行为的人不能相爱。所以，为了人类能够生存下去，教会被迫改变立场：相爱是罪孽，无爱之性才值得鼓励。于是，我们看到人们这样向牧师忏悔："对不起，神父，我又触犯了天条，爱上了我太太！"为了产生能量，夫妻被迫在监督人的控制下，在集体大厅里当众两两发生关系，且每周两次。监督人对他们指指点点："第二排左侧那一对，动作快点！"……它与《黑客帝国》的相似性是无可怀疑的。两部电影透露的真相，都是原乐政治在今日所处的主导地位。

《黑客帝国之二：重装上阵》（*The Matrix Reloaded*）打算以一系列的方式克服其前传存在的不一致性，或以一系列的方式玩弄其前传存在的不一致性。但在这样做时，它又陷入了自身具有的新的非一致性而无力自拔。不仅在叙事方面，而且在有关世界的潜在视境方面，它的结局都是门户大开、悬而未决的。基本调子是额外的复杂化和怀疑的调子，它们遮蔽了简单而清晰的"从黑客帝国中获得解放"这一意识形态，而正是这种意识形态支撑着《黑客帝国》第一部的存在。人们在地下锡安城举行的公共狂喜仪式，不能不令我们想起原教旨主义的宗教集会。两个关键的先知人物令人起疑。莫菲斯对未来的期许是真的吗？或者，他就是一个患妄想狂的疯子，正在冷酷地把自己的幻觉付诸现实？尼欧不知道自己是否应该信任神谕（Oracle）这个能够预见未来的女人：她也在以自己的预言操纵他？或者她是黑客帝国的好的方面的代表？也与史

密斯不同，史密斯在第二部中变成了黑客帝国的过度，变成胡作非为的
病毒，它不断复制自己，试图免于被删除的命运。如何看黑客帝国的建
筑师、它的软件作者、它的上帝所发布的神秘晦涩的声明？他告诉尼欧
说，他其实生活在第六个升级版本的黑客帝国之中：每个版本都会出现
一个救星式的人物，但他解放人类的努力却以大规模的灾难告终。那么
尼欧的反叛（它远非独特的事件）只是由骚乱与恢复秩序构成的更大循
环的一部分？《黑客帝国之二：重装上阵》结束时，一切都变得可疑起
来：问题不仅在于，任何反抗黑客帝国的革命能否实现其宣称的目标，
或者如此革命是否必须以破坏的狂欢告终；问题还在于，如此革命是否
进入黑客帝国的视野，甚至由黑客帝国来规划。那些从黑客帝国中解放
出来的人，能够完全自由地做出选择吗？解决问题的方案就是冒险进行
彻底反抗，使自己俯首听命地玩耍局部的"反抗"游戏，同时置身于黑
客帝国之内？还是与黑客帝国中"好"的力量进行跨阶级的合作？正在
此时，《黑客帝国之二：重装上阵》结束了。它终结于"认知图绘"的
失败。这种失败完美地反映了如今左翼及其反抗制度（System）的斗争
遭遇的悲惨困境。

　　一个补充性的扭曲是由电影的结局提供的。那时尼欧一扬手，就仿
佛施了魔法一般地击退了正在攻击人类的鱿鱼般的邪恶机器。在"真正
的现实"中，而不是黑客帝国中，他如何可能做到这一点？在黑客帝国
中，他当然能够制造奇迹：冻结时间的流动，无视重力定律等等。这种
无法解释的非一致性会引发这样的结论吗："那里的一切都是由黑客帝
国派生出来的"，根本不存在终极现实？通过宣称一切都是无限序列的、
彼此相互映射的虚拟现实，而寻找摆脱混乱的简易方式，是一种"后现
代"的诱惑。尽管应该拒绝这种"后现代诱惑"，但是，把"真正的现
实"与由黑客帝国派生出来的世界予以简明扼要的区分，这种做法包含
着精确的洞识：即使斗争发生在"真正的现实"中，关键的战斗还是要
在黑客帝国中获胜；这是我们应该（重新）进入虚拟的虚构世界的原
因。如果斗争只是发生于"实在界这个大荒漠"，那我们就会看到另一
个乏味的异托邦——残余人类大战邪恶机器的异托邦。

　　用那对古老而美好的马克思主义范畴——经济基础与上层建筑——

来说：一方面，我们应该顾及在现实中发生的、"客观"的、物质的社会经济过程具有的不可化约的二元性；另一方面，我们还要顾及真正的政治-意识形态过程。如果政治领域尽管天生就是"不毛之地"，天生就是影子剧院，但在转化现实时依然发挥着生死攸关的作用呢？尽管经济是真正的场所（real site），政治是影子剧院，但主要的战斗还是要在政治和意识形态中进行。以 20 世纪 80 年代末为例：尽管主要事件是共产主义者真正丧失了权力，但至关重要的突破却发生在不同的层面：在某些神奇的时刻，尽管他们依然大权在握，但人们突然不再对之感到恐惧，不再严肃地看待自己面临的威胁；即使与警察的对抗还在继续，不知怎么搞的，人人都知道"游戏已经结束"……因此，《黑客帝国之二：重装上阵》这个标题是名副其实的：如果说支配着第一部的，是走出黑客帝国的动力，那么第二部已经说得清清楚楚，战斗必须在黑客帝国中获胜，大家必须重返黑客帝国。

在《黑客帝国之二：重装上阵》中，导演沃卓斯基兄弟故意提高了赌注，使我们面对解放过程的节外生枝和混乱状态。这样，他们将自己置于艰难之境：他们现在面对着几乎无法完成的使命。《黑客帝国之三：矩阵革命》（The Matrix Revolutions）要想获得成功，就必须对今日的革命政治陷入的进退维谷之境做出恰当的回应，为左翼拼命寻找的政治行为（political act）提供蓝图。难怪它一败涂地。这种失败为马克思主义的分析提供了极佳的个案：叙事性的失败，建构"精彩故事"的不可能性，象征着更为根本的社会失败。

这一失败的首个迹象是与我们这些观众签订的破碎合约。《黑客帝国》第一部的存有论前提是直截了当的现实主义前提：存在着"真正的现实"和黑客帝国这个虚拟世界，可以完全依据现实中正在发生的一切对黑客帝国做出解释。《黑客帝国之三：矩阵革命》违反了这些规则：尼欧和史密斯的"神奇"力量延伸至"真正的现实"（尼欧能在那里阻止子弹的飞行，等等）。这岂不类似于侦探小说？在那里，先是发现了一系列的复杂线索，然后提出这样的解决方案：凶手拥有神奇力量，犯罪时能够违反我们的现实遵循的定律。读者会有上当受骗之感，如同在《黑客帝国之三：矩阵革命》中那里。在那里，支配性的调子是信仰的调子，不是知识的调子。

　　第二个失败是叙事性的失败：提出的解决方案过于简单。事情没有得到真正的解释，所以最终的解决方案更像是对戈尔迪之结的著名切割。《黑客帝国之二：重装上阵》中有许多有趣的模糊提示（莫菲斯是危险的妄想狂，统治锡安城的精英腐败不堪），《黑客帝国之三：矩阵革命》均无开发利用。每念及此，这一失败尤其可悲可叹。《黑客帝国之三：矩阵革命》唯一有趣的新方面（既不聚集于黑客帝国，也不聚集于现实，而是聚集于多个世界之间）同样没有得到充分的开发利用。

　　黑客帝国系列影片的关键特色是逐步把史密斯提升为主要的负面英雄，提升为对世界的威胁，提升为对尼欧的某种否定。史密斯是谁？是法西斯主义力量的某个寓言：一个发疯的、自动化的、对黑客帝国构成威胁的坏程序。所以，充其量，这部电影为我们提供的教益是反法西斯主义斗争的教益：由资本养育的、想控制工人的（通过黑客帝国控制人类）、残酷的法西斯主义暴徒已经失控，为了粉碎他们，黑客帝国不得不谋求人类的帮助，正如自由的资本不得不谋求共产主义的帮助，以打败法西斯主义……（或许，从今天的政治视角看，更为恰当的模型是设想，以色列即将摧毁巴勒斯坦解放组织，然后与它签订停战协议，前提是巴勒斯坦解放组织摧毁已经失控的哈马斯……）不过，《黑客帝国之三：矩阵革命》给这种反法西斯主义的逻辑涂上了潜在的法西斯主义因素：尽管（阴性）神谕和（阳性）建筑师都只是程序，他们的区别被性别化了，如此一来，结局已经刻入阴性"原则"与阳性"原则"的平衡所遵循的逻辑。

　　在《黑客帝国之二：重装上阵》的结尾处，奇迹真的出现了。那时只剩下了两条出路：后现代的诺斯替教或基督教。也就是说，要么我们将在第三部中获知，"真正的现实"也只是黑客帝国制造的景观，没有最后的"真正"现实，要么我们进入神圣魔法之域。不过，在《黑客帝国之三：矩阵革命》中，尼欧真的会变成基督一般的形象？看上去真的如此：他与史密斯决斗，决斗结束时，他变成了（另一个）史密斯，这样一来，一旦他死去，史密斯（所有的史密斯）就会被摧毁……但是，如果我们看得更仔细一些，一个关键的差异就会不请自至：史密斯是个原犹太人形象（proto-Jewish figure），一个淫荡的侵入者，他像耗子一样繁殖，胆大妄为，破坏人类与黑客帝国-机器的和谐，所以，他的毁灭会促成阶级之战的（暂时）休止。与尼欧一道死去的，就是这个带来了冲突和失衡的犹太人侵入者。与此相反，在基督那里，上帝变成了人，这样，一旦基督死去，这个人（"看这个人"）——来自彼岸的上帝——也会死去。《黑客帝国》三部曲的这个真正的"基督学"版本会促成完全不同的场景：尼欧本应是由黑客帝国程序制造出来的人，是黑客帝国直接的人类化身。如此一来，一旦他死去，黑客帝国就会自我毁灭。

最终协议（final pact）的荒谬一面无法不令我们大吃一惊：建筑师不得不向神谕承诺，不仅机器不再与处于黑客帝国之外的人类交战，而且那些渴望摆脱黑客帝国、获得自由之身的人类终将如愿以偿。但是，如何让他们做出选择？所以，电影结束时，问题没有得到丝毫的解决：黑客帝国依然存在，继续盘剥人类，没有保证另一个史密斯不会出现；绝大多数人继续被奴役。造成这种僵局的是，以典型的意识形态适中，黑客帝国充当着双重寓言：充当资本的寓言（机器从我们身上吸引能量），充当大对体这个符号秩序的寓言。

不过，或许黑客帝国系列影片在结局上的失败中包含着发人深省的信息。包含这种信息，会成为拯救《黑客帝国之三：矩阵革命》的唯一方式，至少在一定程度上如此。它包含的信息是：在今天，我们还看不到最终的解决方案；资本依然存在；我们所能希望的，只是暂时的休战。也就是说，毫无疑问，比这个僵局更糟糕的，是对民众的成功反叛的伪德勒兹式的庆祝。

（7）我们活在世上吗？

原乐的这一优势是如何与全球资本主义联系起来的？甚至可以说，它是如何以全球资本主义为根基的？超我的享乐指令与资本主义的共同之处，就是它们真正的无世界性。

影片《海底总动员》（*Finding Nemo*，又译《寻找尼莫》）中有个不错的希区柯克式细节：牙医的丑八怪女儿进入父亲的办公室时（办公室里有个水族箱），影片中的音乐是《惊魂记》中的命案现场的音乐。两部影片的联系比下列观念更精致：在无助的小动物看来，女孩是令人恐怖之物。这一幕结束时，尼莫跳进了洗面器的出水孔，逃走了。这是他从人的世界向他自己的生命世界的过渡（最后他进入了离牙医办公室不远的大海，与父亲重逢）。对洞穴这一主题发挥的关键作用，我们全都一清二楚。在《惊魂记》中，水就是从那个洞穴消失的（从出水孔流出的水慢慢淡出，已经死去的玛莉安的大眼睛慢慢化入，等等）。因此，洗面器的出水孔充当的是秘密通道，它把人与鱼这两个迥然不同的世界隔离开来。这种承认是真正的多元文化主义：通往另类世界的不二之门，是我们世界中类似于排便口之类的东西，是通往被排除在我们的日常现实之外的黑暗王国的洞穴。进入这个洞穴后，粪便消失得一干二净。两个世界的迥然不同是以一系列的细节展示出来的。例如，当父亲−牙医用渔网抓住小尼莫时，他觉得他把小尼莫从死亡中拯救出来，没有意识到，使得小尼莫如此魂不附体的，正是他的出场……不过，为真理这一概念所下的赌注是，两个世界之间这个淫荡的、难以命名的联系，这个秘密通道，表现得还不充分：存在着贯穿众多世界的真正"普遍"的真理。

为什么巴迪欧开始精心阐释世界、"诸世界之逻辑"（logic of worlds）这一话题？如果这样做的动力来自他对资本主义的更深入的洞识呢？如果世界这一概念是因为下列需要而成为必需之物的呢——认为资本主义世界的独特身份乃其无世界性（worldless）？巴迪欧宣称，我们的时代是无世界的时代。[1]我们如何把握这个怪异的论点？即使纳粹的排犹主义也是面向某个世界的：通过描述目前的紧急形势，通过对敌人（"犹太人阴谋"）、目标和实现这一目标的手段进行命名，纳粹主义以下列方式展示现实——允许其主体获得全球性的"认知图绘"，包括他们将进行有意义的介入的空间。或许我们应该在这里锁定资本主义的"危险"：尽管它是全球性的，囊括了所有的世界，却又维持着严格

---

1 See Alain Badiou, "The Caesura of Nihilism," lecture delivered at the University of Essex, September 10, 2003.

意义的 "无世界性" 的意识形态格局，使绝大多数人丧失了全部有意义的 "认知图绘"。资本主义的普遍性表现在，资本主义不是某个 "文明" 的称谓，不是某个特定的文化-符号世界（cultural-symbolic world）的称谓，而是某个中性的经济-符号机器（economico-symbolic machine）的称谓，它与亚洲的价值观并驾齐驱。所以，欧洲在世界范围内的成功在于它的失败，在于它的自我抹除，在于它割断了与欧洲的脐带。批评 "欧洲中心论" 的人致力于揭露欧洲人隐秘的资本主义偏见，却做得远远不够：资本主义的问题并不在于它以欧洲为中心的隐秘偏见，而在于下列事实：它真的是普遍的、中立的社会关系母体（matrix of social relations）。当然，巴迪欧在这里提到了马克思在《共产党宣言》中有关资本主义的 "去地域化" 力量的著名段落。资本主义的 "去地域化" 力量溶解了所有固定的社会形式：

> 在那个段落中，马克思谈到了所有的神圣联系在资本主义的冰水中的去神圣化。这个段落有着热情洋溢的语调。马克思的热情是对资本具有的溶解力量的热情。资本把自己展示为这样的物质力量，它能使我们摆脱太一这样的 "超我" 形象，摆脱与这一形象相伴而生的神圣联系。这实际上代表着它积极进步的品格，这种进步的品格一直在持续展示自己，直至今日。我曾经说过，广义的原子论、循环往复的个人主义，以及把思想降低为纯粹的管理实践、治理实践或技术操纵的实践，从来都不能令我这个哲学家感到心满意足。我只是在想，正是在去神圣化的因素中，我们必须与思考的天职（vocation of thinking）重新建立联系。[1]

于是巴迪欧承认了资本主义的异乎寻常的存有论身份，承认了它瓦解每个稳定的再现框架（frame of representation）的动力机制：通常由批判-政治活动（critico-political activity）完成的使命，即瓦解国家的再现框架的使命，已由资本主义完成。这给巴迪欧的 "事

1　Alain Badiou, "L'entretien de Bruxelles," *Les Temps Modernes* 526 (1990): 6.

件"政治（"evental" politics）提出了一个难题。¹在前资本主义的
构成（precapitalist formations）中，每个国家，每个再现性整体化
（representational totalization），都暗示存在着奠基性的排除（founding
exclusion），存在着"征兆扭曲"点，存在着"非部分的部分"，存在着
这样的因素——尽管它是制度的一部分，在制度内却无立足之地。解放
性的政治（emancipatory politics）必须从这个过度（"额外"）的因素出
发，进行干预。这个因素尽管是某个形势的一部分，却无法依据该形势
得以说明。但是，一旦制度不再把过度排除在外，而是直接把它设置为
自己的推动力，如同资本主义那种情形一样（资本主义只是通过自身不
断的自我革命，通过不断的克服自己的极限，才能再生产自身），会出
现什么情况？简单地说，如果某个政治事件，如果对某个确定的历史世
界（historical world）的革命性、解放性的干预，总是与其过度的"征
兆扭曲"点存在联系，如果根据定义它破坏了这个世界的轮廓，那么，
面对一个早已是无世界性的世界，我们如何界定对此世界的解放性的
政治干预？正如阿尔伯特·托斯卡诺（Alberto Toscano）在其颇具洞察
力的分析中所言，巴迪欧在这里陷入了某种矛盾：他得出了这样"合
乎逻辑"的结论，在一个"无世界性"的世界（即今日的全球资本主
义的世界）里，解放性政治的目标应该恰恰是"传统"做法的对立物。
今日的使命是促成新的世界，提出能够提供"认知图绘"的新的主人
能指：

> 在有关诸世界表象（appearance of worlds）的理论著述中，巴
> 迪欧有力地认为，事件使诸世界功能紊乱，造成超越性的政权
> （transcendental regimes）。在其"有关当下的存有论"（ontology of
> the present）中，巴迪欧倡导这样做的必要性：在我们这个"间歇
> 性"或无世界性的时代建构一个世界。如此一来，那些被排除在

1　如果最大的勇气不是忠诚于事件，而是扮演无人感恩的角色（雅鲁泽尔斯基在波兰扮演的角色），消除走火入魔的事件导致的灾祸／灾难，情形会怎样？这里没有名显，只有"消失中的调停者"（vanishing mediator）这一角色，其成功是依据他作为压制性的旧政权的最终残余被如何诽谤或抹除来衡量的。

外之人可以前来发明新的名称，发明能够维持新的真理程序（truth procedures）的名称。他写道，"我认为，我们处在特殊的时刻，在这个时刻，不存在任何世界。"……结果："除了帮助寻找新的名称，寻找能够创造未知世界的名称，哲学再无其他合法的目标。未知世界是唯一等待我们之物，因为我们正在等待着它的诞生。"如果把他的学说的某些关键特征予以特殊的倒置，巴迪欧在这里似乎是在某种程度上倡导"命令"（ordering）使命。在某些人看来，该使命将不可避免地——也可能是错误地——与如今泛滥成灾的口号"另外的世界是可能的"产生共鸣。[1]

说到真理，同样的问题不请自至。如果在巴迪欧看来，真理-事件总是局部的，总是有关确定的历史世界的真理，那我们如何概括有关无世界性世界的真理？正如托斯卡诺似乎表明的那样，难道正是基于这一原因，尽管承认资本主义带来了"存有论"的突破，巴迪欧还是避开了反资本主义斗争的话题，甚至嘲笑反资本主义斗争在今天的主要形式（反全球化运动），并继续以严格的政治术语，把解放性的斗争（emancipatory struggle）界定为反对（自由）民主这种如今占主导地位的意识形态政治形式（ideologico-political form）的斗争？"在今天，敌人不再被称为帝国或资本。它被称为民主。"[2]尽管如此，在这一点上，托斯卡诺对巴迪欧的批判是不恰当的：

在这方面，我们同意巴迪欧的强烈主张。……这主要不是因为我们认为巴迪欧对民主态物癖（fetishism of democracy）的抨击有什么问题，而是因为我们认为，尽管存在着由沾沾自喜的崇拜偶像者和背信弃义的意识形态家组成的唠叨阵营，巴迪欧还是把抑制力视为"意识形态的正规化或主体的正规化"，视为自由-民主

1　Alberto Toscano, "From the State to the World? Badiou and Anti-Capitalism," *Communication & Cognition* 36 (2003): 1–2.

2　Alain Badiou, "Prefazione all'edizione italiana," in *Metapolitica* (Naples: Cronopio, 2002), p. 14.

的平等这一概念的正规化，因而过高估计了抑制力的价值。妨碍主体的政治解放的，不是民主代议[1]，而是下列根深蒂固的信念——利润定律（rule of profit）没有替代物。如今的"民主"主体非常清楚，他们在对平民百姓的管理中发挥的作用微不足道，代议机器（apparatuses of representation）在本质上是虚假不实的，但如此"民主"主体的狗智主义是以下列观点为基础的——资本主义是不可避免的。[2]

为了替巴迪欧辩护，我应在此稍作补充："妨碍主体的政治解放的"，并不直接是"利润定律没有替代物这一根深蒂固的信念"。阻止我们从根本上怀疑资本主义的，正是"以民主的斗争形式反抗资本主义"这一信念。今天，谈到左翼（残余）对经济的分裂态度，列宁反对"经济主义"以及反对"纯粹"政治的立场至关重要。一方面是"纯粹政治家"（pure politicians），他们不再把经济视为斗争的场所；另一方面是"经济学家"，他们陶醉于今日全球经济的运行，排除了进行真正的政治干预的可能性。关于这种分裂，与以往任何时候相比，我们今天更应该回到列宁那里：是的，经济是关键领域，应该在那里一决雌雄，我们应该打破全球资本主义的咒语，但政治的干预应该是政治性的，而不是经济性的。如今人人都在"反资本主义"，甚至好莱坞的"社会-政治"阴谋影片，从《国家之敌》（*Enemy of the State*）到《惊曝内幕》（*The Insider*），也是如此。在这些影片中，敌人是大型集团公司及其对利润的无情追逐。在这种情形下，"反资本主义"这一能指已经丧失其颠覆之力。我们应该问题化的，是这种"反资本主义"的不言自明的对立物，即对那些要粉碎阴谋的诚实美国人的民主实质（democratic substance）的信任。民主是如今全球资本主义世界的硬核，是它真正的主人能指。迈克尔·哈特和安东尼奥·内格里最近的陈述，难道不是对巴迪欧的洞识的出人意料的肯定吗？追随着某种悖论性的必然性（paradoxical

---

1　"民主代议"的原文是"democratic representation"，"representation"一词多义，译名甚多，"再现"（艺术）、"代议"（政治）、"表征"（表征），不一而足。

2　Toscano, "From the State to the World?," p. 3.

necessity），他们的反资本主义及对反资本主义的关注，已经使他们认可了资本主义具有的革命力量。这样一来，如同他们所言，我们不再需要对抗资本主义，因为资本主义已在催生共产主义的潜能，用德勒兹的话说，这是"资本主义化生为共产主义"……[1]

我们在此应对的，是拉康所谓"根本不存在性关系"的另一个版本。如果说，在看拉康看来，根本不存在性关系，那么，在真正的马克思主义看来，根本不存在经济与政治之间的关系，不存在能使我们立足于同一中立立场，把握这两个层面的"元语言"，尽管——或者说因为——这两个层面难解难分地交织在一起。"政治性"的阶级斗争发生在经济中（不妨回忆《资本论》第3卷最后一段话，在那里，正题戛然而止，开始谈论阶级斗争），与此同时，经济领域发挥着关键作用，它能使我们对阶级斗争进行解码。难怪这种不可能的关系所呈现的结构与莫比乌斯带的结构无异：首先，我们不得不从政治景观（political spectacle）向政治景观的经济基础行进；然后，在第二个阶段，我们不得不面对处于经济的核心地带的政治斗争的不可化约之维。

这一视差分裂还可说明现代性具有的两个不可化约之维："政治"乃统治之逻辑，乃调节控制（"生物政治"、"被管制的世界"）之逻辑；"经济"乃剩余（the surplus）进行不断融合之逻辑，乃不断"去地域化"之逻辑。反抗政治统治，涉及"编外"因素，无法依据政治秩序对"编外"因素做出说明。但如何概括对"通过过度而再生产"这一经济逻辑的反抗？而且，我们不要忘了，严格说来，这个过度是权力之过度（excess of power）的对应物。权力之过度是权力对其"正式"代议功能（representative function）的过度。贯穿整个20世纪的左翼梦想是，使经济从属于政治（国家对生产过程予以控制）。在其最新的著作中，哈特

1　See Michael Hardt and Antonio Negri, *Multitude* (NewYork:The Penguin Press, 2004). 如此说来，互联网天生就是"共产主义"的，是社会（化）知识的实体化，是集体心灵的直接化身？是否可以在标准的马克思主义的意义上这样说，互联网已经"自在"地是共产主义的（正如在马克思看来，大型工厂企业已经自在地集体化，这与生产资料的个人所有制形成了鲜明对比），如此一来，要做的一切就是从自在转向自为？

和内格里似乎屈从于与此相反的诱惑，把关注的焦点转向了经济斗争。在经济斗争中，人们可以依赖于国家。

　　同样的歧义似乎还萦绕于彼得·霍尔沃德（Peter Hallward）未曾发表的杰出文本《规范政治》（"The Politics of Prescription"）。它是对"巴迪欧式政治"最敏锐的概念化。霍尔沃德对我们身陷其中的意识形态-政治困境（ideologico-political predicament）做了精确的诊断。他的文本由此出发：解放性政治在1989年达到顶峰，在解放性政治精疲力竭之后，左翼（残余）分裂为"谨慎的改良主义和后革命的绝望"。一方面，存在着五花八门的信奉实用主义-现实主义的自由派，他们寻找"和平共处和相互尊敬的合理机会"，谈论的是对话、交流、对大对体性的认可；另一方面，某些人依然坚持某种激进的变革观，但他们的弥赛亚主义已经陷入弄巧成拙的自我推迟的恶性循环，永远"即将到来"的恶性循环，展示了"根本性的朦胧或瘫痪，即这样的思想，它面对着无法反抗的形势（德勒兹）、无法满足的要求（列维纳斯）、永远无法调和的需要（利奥塔尔）、永远无法信守的承诺（德里达）。"不过，在今天，这一僵局的需要即将获得满足，那就是乌托邦的终结的终结（end of the end of utopias）：我们可以发现

　　　　新的"主要矛盾"——新自由调节（neo-liberal adjustment）的更为严厉的政策的会聚，这最明显地表现在伊拉克和海地两个国家。新自由调节是借助于近期咄咄逼人的帝国干预形式，面对着近期富有弹性的反抗形式和批判形式完成的。

　　　　政治哲学在今天面对着仅有的重大决策：或者期待这个终结的终结，开发其蕴含，或者忽视或否认它，并对它的延迟进行反思。

　　两件奇怪的事情令我们震惊。首先，由霍尔沃德枚举的这种"终结的终结"的例证甚是稀缺和模糊：海地，没问题，但伊拉克呢？美国占领者与武装反抗者的冲突真的如此泾渭分明吗？"鉴于特定的简单化，可以……将其置入'最后'审判或最终审判的决定性逻辑之下"？其次，

霍尔沃德没有提及这个"终结的终结"的主要、明显的候选项——反全球化运动。在他看来，反全球化运动究竟是旧时代的油尽灯枯，还是新时代的第一声啼哭？霍尔沃德的沉默的背景很容易猜测：反全球化运动与用来描述旧时代的替代物（自由主义的实用主义、自我推迟的弥赛亚主义）的两个术语不符，而巴迪欧——霍尔沃德的基准点——完全正当地认为反全球化运动问题重重，毫不含糊地把它排除在纯正的解放性政治之外（霍尔沃德试图踏着巴迪欧的足迹对这种解放性政治做出精心阐释），排除在规范政治之外。雅克·朗西埃在谈及平等时，极为清晰地道破了规范政治的基本前提："平等不是要达到的目标，而是出发点，是在任何情况下都要坚持的假设。"因此，规范行为（act of prescription）把某个公理设置为出发点，要求把公理的直接实施视为我们行动的指导原则，而不能视为我们逐步实现的遥远目标，同时在战略上对环境进行权衡："规范是直接的，因为其元素是此时此刻的紧迫性。规范对推迟视而不见，它运作于现在，但现在已经通过它对未来的预期而变得灿烂。"所以，这里存在着某种循环性－回溯性的时间：我们努力逐步实现指定的公理，但达到这个目标的方式是，在对待公理时，仿佛它已早实现："规范首先是对它后续力量的预期，是对其后果的承诺，是把赌注压在其最终获得的力量上。"一边是直接的规范逻辑（prescriptive logi），它命令我们把平等当成社会生活的直接公理来接受，一边是为未来的平等创造条件的"温和"的自由主义－渐进主义路径，两者间鸿沟是不可化约的。霍尔沃德通过参照萨特（巴迪欧承认的老师之一），总结这个"公理性"程序的要旨：

> 萨特对此作了极好的解释：首先你决定，其次你为这个决定提供可以辩解的动机或理由，进而证明这个决定的正当性。首先你承诺，然后你探索这个承诺允许你所做的事情的极限。前进－后退的方法：首先你行动，然后重新审视这一行动，重建允许你采取行动的环境。

这当然没有造成任何类型的"非理性主义的决断主义"（巴迪欧常

为此遭受批判）；[1] 它所相当于的事物，可以用"最后审判的视角"这一神学术语进行最佳的表述：拒绝当今形势很复杂之类的实用说辞，拒绝需要通过妥协和零碎改革逐步进行改革之类的说辞，依据"绝对"标准进行直接判断（并按照这一判断行事）：

> 政治总是公共生活的那一面。鉴于特定的简单化，可以在一定时间内将其置入'最后'审判或最终审判的决定性逻辑之下。拒绝承认规范具有的不可调和的二元性，本身就是正统的意识形态反应；坚持妥协、协商、零碎的"民主"改革，一直都是再生产现状和强化现状的特殊工具。

就这样，规范之逻辑把我们自由主义的妥协之逻辑难免视为相互排斥的两个特色合二为一了：规范是分裂的（它把将"我们"与"他们"对立起来的分界线强行置于复杂的社会肌质之上），同时它又是普遍的（分裂是由直接应用普遍的公理引起的）。我应该至少提及规范政治这一概念导致的两个重要后果。第一，它允许我们把下列两者真正区分开来：一者是激进的解放性政治，一者是居于支配地位的现状政治（status quo politics）。这种差异不是两种不同的积极视境（positive visions）、两套不同的公理的差异，而是下列两者间的差异：一者是基于一套普遍公理的政治，一者是放弃政治的构成性维度的政治。之所以如此，是因为它求助于恐惧，把恐惧视为最终的动员原则（mobilizing principle）：对移民的恐惧，对犯罪的恐惧，对亵渎神灵的性堕落的恐惧，对过度的国家（excessive State）及其过高税收的恐惧，对生态灾难的恐惧。这样的（后）政治"总是依赖于对妄想狂民众的操纵——'恐惧之人的令人恐

1　尽管如此，为了表明这一点，霍尔沃德无法抵御下列诱惑——把自己原则的"坏"版本归于他人。在这种情形下，这是他自己感到愧疚的一个标志："内格里、阿甘本、德里达和齐泽克，各以自己的方式，全都接受了这种绝对化，把它视为实际上已经绝望的政治的前提条件，视为下列行为的条件——乞求对未经调停的创造性（un-mediated creativity）作同样绝对的肯定（内格里）、对存在于失效的现实性中的潜力作同样绝对的肯定（阿甘本）、对撤离活动的决定作同样绝对的肯定（德里达）、对未被反思污染的激进行为作同样绝对的肯定（齐泽克）。"可以轻而易举地把巴迪欧添进这个系列。

惧的集会'。"第二，它得出了至关重要、极不恭敬的反反本质主义结论（anti-anti-essentialist conclusion）：

> 我们必须对政治的可能性之条件予以去政治化（去历史化）处理。……尽管在前景和方向上存在着引人注目的差异，出现下列情况绝非偶然：规范政治最有力的支持者往往使其可能性之条件立足于自治的、"自动诗化的"（auto-poetic）和超政治的机能或能力。乔姆斯基使之立足于心智–认知机能，甘地使之立足于精神机能，萨特使之立足于想象之机能或否定之机能，朗西埃使之立足于话语能力，巴迪欧使之立足于用来毫不羞愧地寻求"不朽"真理的能力。

这种诊断把"反本质主义"送回它的老地方：把它放进某些人的自由–民主的保留剧目，这些人的自动反应就是抨击任何公理性承诺，认为公理性承诺是"极权性"的。……到目前为止，一切都好：我们能够理解，规范一词不仅对于今天的政治有用，而且对于对过去的解放性斗争所做的短暂评判有用。不要忘记美国反对奴隶制斗争的早期阶段。即使在内战之前，这种斗争即已在下列两者的武装冲突中达到顶峰：一者是富有同情心的自由主义者主张的渐进主义，一者是规范政治的实践者约翰·布朗（John Brown）这个独一无二的形象。下面的引文值得重复：

> 在美国社会中，非裔美国人是漫画中人，他们被描绘成小丑和滑稽的表演者，他们是笑柄。即使废奴主义者，也不例外。尽管他们反对奴隶制，他们中的多数人并不把非裔美国人看成与自己平起平坐的人。他们中的多数人愿意为终结南方的奴隶制效劳，但他们不愿意为终结北方的歧视尽力。非裔美国人一直为此大发牢骚。……约翰·布朗不像他们。在他看来，实施平等主义是终结奴隶制的第一步。前来与他联系的非裔美国人立即会明白这一点。他清楚地表明，他看不出非裔美国人有什么不同。他表明这一点，不

是通过言谈，而是通过行动。[1]

即使在如今信奉第三条道路的左翼（Third Way Left）中间，偶尔也能听到规范政治的遥远回声：在社会主义者于 2004 年获胜后，西班牙首相何塞·路易斯·罗德里格斯·萨帕特罗（Jose Luis Rodriguez Zapatero）把女性在政治上的平等视为公理，并强行实施。他没有把它设置为通过对女性进行政治教育等而逐渐现实的目标。他单刀直入，起而行之，指定女性担任自己内阁中的半数职位，等等。……"规范政治"的问题在别处。霍尔沃德毫不妥协地反对渐进主义路径，他这样做是完全正当的，但是我们不清楚，他如何坚守巴迪欧理论大厦中的某些元素，这些元素非常危险地接受于无休无止的"即将到来"这一"反极权主义"逻辑。在这里，我想到的是巴迪欧概念大厦（conceptual edifice）具有的两个相互联系的特性：他的基本对偶性概念"表现／再现之国家"（presentation/state-of-representation）和随之而来的"无法命名"（unnameable）概念。"无法命名"是无法"强制实施"的。

巴迪欧把存在（Being）与事件（Event）对立起来。这种对立的关键是，在存在秩序（order of Being）中，下列两者间事前就存在分裂：一者是存在的呈现（presence of beings）的纯粹多数，如此存在的呈现是可以用数学存有论（mathematical ontology）处理的；一者是它们在某个确定的存在状态（State of Being）中的再现：并非所有的存在之多数（multitude of Being）都能在存在状态中得到充分的再现，而事件总是出现在这种过剩／残余出现之处，而且这种过剩／残余是国家无法掌控的。因此，问题是把呈现的纯粹多数与它在国家中的再现分割开来的鸿沟的地位问题。对康德的隐秘指涉在这里依旧至关重要：把实在界的纯粹多数（pure multiplicity of the Real）与"世界"的显现分割开来的鸿沟（"世界"的坐标是由一套预先决定其视域的范畴提供的），在康德那里，就是把物自体与我们的现象性现实分割开来的鸿沟，就是把物

<hr>

1　Margaret Washington, on <http://www.pbs.org/wgbh/amex/brown/filmmore/reference/interview/washington05.html>.

自体与作为我们经验之客体向我们显现的事物分割开来的鸿沟。康德及巴迪欧依然没有解决那个基本问题：存在之纯粹多数（pure multiplicity of being）与它在众多世界中的显现，这两者的分裂是如何造成的？存在如何向自己显现自己？因为再现与呈现遵循"虚假无限"（spurious infinity）的逻辑，巴迪欧最终只有两个选项可供选择：要么继续忠于破坏性的净化伦理（ethics of purification），要么求助于康德对规范性的调节理想（normative regulative Ideal）与构成性的现实秩序（constituted order of reality）所做的区分，宣称一旦把事件与存在秩序永远分割开来的鸿沟消失，一旦真理－事件被认为已在存在秩序中得以充分实现，（自我）破坏性的暴力就会激增。

沿着这些思路，巴迪欧提出了对"无法命名"的总体强制（total forcing）、对它业已完成的命名、整体性提名（total Nomination）这一梦想，并以之为恶的定义之一。[1] 整体性命名，指"一切都能在既定的一般真理－程序的领域内命名"。业已完成的真理－程序，这个虚构（康德式的调节观念？）被当成现实。它开始发挥构成性的作用。依巴迪欧之见，这样的强制所抹除的，是一般真理－程序固有的限制（其不可判定性、不可辨认性等）：业已实现的真理摧毁了它；业已实现的政治真理变成了极权主义。因此，真理之伦理（ethics of Truth）乃是尊敬之伦理——即对无法命名的实在界的尊敬之伦理。无法命名的实在界是无法强制的。不过，问题在于，如何避开康德对这一限制的解读。尽管巴迪欧拒不承认，作为我们的存在的终极视野的有限（finitude as the ultimate horizon of our existence）具有存有论－超越性的身份（ontological-transcendental status），但他对真理－程序的限制最终还不是要以下列事实为根基——它是有限的？意味深长的是，巴迪欧本是极权主义观念的伟大批判者，现在却求助于这一观念，其方式俨然康德式的自由派对"黑格尔主义极权主义"的批判：主体是无限的真理－程序的操作者，他以纯粹的决定／选择的行为，宣布事件是真理－程序的参照系的起始点

---

1 在欧洲研究生院（European Graduate School）召开的一次讨论会上。瑞士萨斯费（Saas-Fee），2002 年 8 月。

（诸如"我爱你"、"基督已经复活"之类的陈述）。所以，尽管巴迪欧使主体屈从于无限的真理-程序，这一程序的立足之地悄无声息地受到了主体之有限的制约。难道巴迪欧这位反对列维纳斯的人，没有以"尊敬无法命名之物"的话题，危险而精确地接近列维纳斯式的话题——对大对体性的尊敬？与所有的表象相反，对大对体性的尊敬在政治层面上完全不起作用。

因此，"强加"（forçage）——把事件"强行"置于存在秩序之上——这一概念岂不经过巴迪欧的主人之一萨特的调停，背叛了巴迪欧的费希特主义（Fichteanism）？费希特主义的含义是，现实（存在）继续被感知为实在界的深不可测的多重性，我们永远无法以主体的计划完全对它进行"强加"。此外，出人意料的是，难道我们没在20世纪30年代中期的海德格尔那里看到，他在强加与人类界限的联系中，对强加做了最切中要害的说明？他在《形而上学引论》中对《安提戈涅》的解读，典型地表明了这一点。他在那里展示了宏大的视境，把古希腊人视为勇敢的悲剧性人物，他们把集体的命运强行置于存在之上，最终以失败告终。巴迪欧强调，归根结底，无法命名的这一过度指是的实在界的全然愚蠢性（sheer stupidity），指的是多重性本身的无关痛痒、漠不关心的过度。但是，尽管如此，实在界依然反对通过忠诚于真理-程序而致力于强行实施它的主体。

"强加"概念与巴迪欧的另一个关键概念是联系在一起的。这个概念就是"实在界的激情"——把事件性的真理（evental Truth）直接强加于现实。这等于说，任何现实，只要反对这种"恐怖主义"的强加，就必须摧毁。难怪巴迪欧为了避开强加导致的灾难，不得不引入无法命名。这样一来，它就永远阻止事件性真理的充分实现：从充分的强加（full forcing）中做典范性的"后现代"撤退，强调真理（或民主、正义等）应该保持"即使到来"的状态，保持可能性（使可能性高于任何现实性）的状态，成为幽灵性的实存物，而非存有论的实存物。严格说来，强加和拒绝实现是同一枚硬币之两面，同一个格局之两面。

这个概念性的僵局使我们看到了"规范政治"的第二个可疑特性，即它对平等这一公理颇成问题的依赖：难怪巴迪欧通常绕过马克思，强调从雅各宾派到列宁的直通车——马克思的基本洞识涉及平等之逻辑具有的"资产阶级"局限。正如资本主义主张表现（presentation）先于再现之国家（state of representation）一样，它还主张实施平等的原则：它的不平等（"剥削"）并非"对平等原则的无原则的违反"，而是平等之逻辑的绝对的固有之物；不平等是平等得以合乎逻辑的实现所导致的悖论性结果。我在这里想到的，并非那个无聊的陈旧主题——市场交换如何正式地、合法地预设了在市场上相遇和互动的平等主体的存在；马克思对"资产阶级"社会主义者的批判的关键在于，资本家的剥削并不涉及工人与资本家的任何"不平等"交换。这种交换是完全平等和"正当"的。在理想的层面上（原则上），工人以得到了他所出售的商品（他的劳动力）的全部价值。当然，激进的资产阶级革命派已经意识到这种局限。他们试图以某种方式做出补偿。不过，他们做出补偿的方式，是以"恐怖主义"的做派，直接实施越来越多的事实平等（平等的工资、平等的卫生服务等）。这只能通过新形式的形式上的不平等（对弱势群体实施花样繁多的优惠待遇）来强行实施。简言之，"平等"这一公理要么意味着不足（依然是抽象形式的实际不平等），要么意味着过分（强行实施"恐怖主义"的平等）。它是严格的辩证意义上的形式主义概念（formalist notion）。这也就是说，它的局限恰恰在于，它的形态不够具体，只是纯粹的中性容器，其中容纳的内容一直在躲避这一形式。

且让我们打开天窗说亮话。我们的问题不是恐怖本身。巴迪欧认为，我们今天应该重建解放性的恐怖（emancipatory terror）。他的这一挑衅性看法是他最深刻的洞识之一。问题在别处：应该永远把平等政治的"极端主义"或"过度激进主义"解读为一种意识形态的-政治的位移（ideologico-political displacement）现象，解读为它的对立物的索引、局限的索引、对"进行到底"的实际拒绝的索引。如果雅各宾派对激进"恐怖"的依赖不是某种神秘的出轨行为（acting-out），还会是什么？这种行为证明了他们的无能为力——无法动摇经济秩序的基本面（私有财产等）。这道理不同样适用于政治正确的所谓"过度"？难道它们没有表现出退却，不再动摇种族主义和性别主义的制度性（经济等）根基？或许已经到了这样的时候，我们应该把为几乎全部"后现代"左翼所共享的标准话题问题化。依据这一标准话题，不知何故，政治"极权主义"是物质生产与技术超越主体间的交流和符号实践的结果，仿佛政治恐怖之为政治恐怖，是因为工具理性的"原理"、以技术盘剥自然的"原理"，已经扩展到社会。如此一来，人被当成了新人（New Man）的原料，人即将被转化为新人。如果这一话题的含义与此完全相反呢？如果政治"恐怖"的存在恰恰说明，（物质）生产领域的自治性即将被否认并从属于政治的逻辑，情形会怎样？

　　不妨回忆一下巴迪欧对法国大革命中的恐怖行径所做的崇高辩护。化学家拉瓦锡在法国大革命时被斩首，有人为此辩护："共和国不需要科学家。"巴迪欧引用了这一辩护。他的看法是，如果截短这个语句，剥离它的告诫意味，这个陈述的真理就会显现出来："共和国不需要。"[1]共和国以自身为实例，展示了自由与平等这一纯粹的政治逻辑。它应该坚持到底，不必考虑旨在满足个人需求的"货物服务"。[2]在真正的革命过程中，自由是以自身为目的的，自由是要陷入自身的周期性发作的。对经济领域的重要性的这一中止，对（物质）生产的重要性的这一中止，使巴迪欧更接近于汉娜·阿伦特。在阿伦特看来（她的看法与巴迪欧极其类似），自由与货物供应和服务的领域截然相反，与房屋的维护和管理的实施截然相反，这些都不属于真正的政治：自由的唯一场所是公共政治空间。正是在这个意义上，巴迪欧［还有席尔万·拉扎鲁（Sylvain Lazarus）］[3]对重新评价列宁的呼吁，比表面上看更加含混不清。事实上，这相当于抛弃马克思对下列问题的关键洞识——政治斗争是如何成为一种景观的？要想破译这种景观的密码，必须涉足经济领域。"如果马克思主义对政治理论还有什么分析的价值，难道这价值

1　"共和国不需要科学家"的法文原文是"La république n'a pas besoin de savants"，译成英文是"The Republic has no need for scientists"；这个语句截短之后，法文是"La république n'a pas besoins"，英文是"The Republic has no needs"，直译为"共和国不需要"，实际意义为：共和国什么也不需要。——译者注

2　See Alain Badiou, "L'Un se divise en Deux," intervention at the *symposium The Retrieval of Lenin*, Essen, February 2-4, 2001.

3　See Sylvain Lazarus, "La forme Parti," intervention at the symposium *The Retrieval of Lenin*.

不就在于，它认为自由问题包含在某种社会关系中吗？该社会关系在自由主义的话语中被含蓄地称为"非政治性"的社会关系，即自然化的社会关系。"[1]难怪巴迪欧和拉扎鲁提到的列宁，是撰写《怎么办？》的列宁，是与马克思主义所谓的"经济主义"彻底决裂并张扬政治的自主性的列宁（列宁认为必须从外部向工人阶级灌输社会主义的－革命的意识），而不是撰写《国家与革命》的列宁，不是痴迷于现代中央集权工业的列宁，不是设想以非政治化的手段重组经济和国家机器的列宁。

布鲁诺·博斯特尔斯（Bruno Bosteels）在尚未发表的《投机的左翼》（"The Speculative Left"）一文中，专门处理这些问题。他在那里为巴迪欧辩护，反对把他说成这样的人："是共产主义者，却不是马克思主义者"，提倡抽象的反国家主义的反叛。在巴迪欧看来，马克思主义和共产主义"在关于永恒的悖论性历史（paradoxical history of eternity）中相互依存，也就是说，在永恒反抗的历史性展开（historical unfolding of eternal revolt）中相互依存。借用一个众所周知的名言说，没有共产主义的马克思主义是空洞的，没有马克思主义的共产主义是盲目的。"不过，这个宣言式的断语存在着一系列问题：马克思主义的理论内核是马克思主义对政治经济的批判，这在巴迪欧的著作中付之阙如。毫无疑问，这是巴迪欧下列行为的一个结果——他拒绝承认"经济"是事件的潜在场所。仿佛在强调这一点时，巴迪欧主要指的是革命爆发的路线，绕过了马克思。相当合乎逻辑的是，即使在接受列宁时，巴迪欧追随的也是席尔万·拉扎鲁的足迹：一旦布尔什维克夺取了政权并试图建立新国家，就不再理会列宁。使他们兴趣盎然的，是"续发事件"，这些事件在1917年10月即告结束。所以，把下列两者加以对比甚是有趣。一者是博斯特尔斯对拉康式行动（Lacanian Act）的纯粹否定性品格的批判。他认为拉康式行动是这样一个姿势：它认可大对体的不存在，强调穿越幻象，强调死亡驱力的纯粹否定性。这与巴迪欧的耐心工作（patient work）这一积极概念截然相反。耐心工作促成了对事件的纯真性。一者是巴迪欧对具体的（后）革命的耐心劳作（patient labor）——建立新

1 Wendy Brown, *States of Injury* (Princeton: Princeton University Press, 1995), p. 14.

的社会秩序——的傲慢蔑视。他认为这样的耐心劳作属于国家主义的警察 / 监管的范畴。

这里的最大讽刺在于，巴迪欧一方面坚定地反对消极性的行为这一概念，一方面认为"文化大革命"的历史意义在于暗示了"作为革命政治行为的核心生产者的政党–国家的终结。广而言之，"文化大革命"表明，把革命大众行动或组织现象（organizational phenomena）赋予严格的阶级再现（class representation）的逻辑，已不再可能。它之所以依旧是最重要的政治插曲（political episode），原因就在这里。"这段话来自巴迪欧的《文化大革命：最后的革命?》（"The Cultural Revolution: The Last Revolution?"）一文。[1] 它在结尾处着重重申了同样的观点：

> 最后，即使陷入了绝境，"文化大革命"也能证明，要使政治摆脱监禁它的政党–国家框架，无论何时何地，都绝无可能。它是无可替代的饱和经验（experience of saturation）的标志。之所以如此，是因为在社会主义的形式条件下寻求新政治道路、重新发动革命、寻找工人斗争的新形式的暴力意志（violent will），一旦面对必要的维护，由于公共秩序和拒绝内战的缘故，以及政党–国家的总体框架的缘故，总以失败告终。

因此，20 世纪最后一次真正伟大的革命的关键重要性，是消极的，这表现在它的失败上。它的失败意味着，革命过程遵循的政党 / 国家逻辑已经失效。不过，如果我们百尺竿头更进一步，把表现（即革命大众的"直接"的、超国家主义的自我组织）和再现这两极视为相互依存的两极，这样一来，与真正的黑格尔式悖论相符，以"接管国家权力"为目标的革命行动的政党–国家形式同时也是所有形式的"直接"（非再现性的）的自我组织（地方议会和其他形式的"直接民主"），情形会怎样？在西方，几乎人人喜爱地方议会（councils），汉娜·阿伦特之类的自由派人士也不例外，他们在古希腊的城邦生活中发现了地方议会的踪

迹。在整个"真正存在的社会主义"时代,"民主社会主义者"怀抱的秘密希望就是"苏维埃"的直接民主,就是把地方议会视为人民的自我组织的形式。地方议会版本的"民主社会主义"只是"官僚"的"真正存在的社会主义"的影子替身,只是对"真正存在的社会主义"的与生俱生的僭越(它自身毫无实质和积极的内容),根本无法充当一个社会的永久的基本组织原则?

这使我们看到了巴迪欧的政治面临的僵局。这僵局是在他宣告了雅各宾派的革命范式业已终结后出现的。他虽然知道,旨在夺取和毁灭国家机器的反国家主义的革命政党政治已经油尽灯枯,但拒绝探索"经济"领域的革命潜能,因为在他看来,这个领域属于存在秩序(order of Being)之域,并不包含潜在的"事件性场所"(eventual sites)。由于这个缘故,剩下的唯一出路就是"纯粹"的政治组织之路。"纯粹"的政治组织在国家疆界之外运作,基本上把自己的行动限制在发布动员性声明(mobilizatory declarations)上。迈出这一僵局的不二法门,就是把真理之尊严(dignity of Truth)、事件之潜能(potential for Events)还给"经济"领域。

6 淫荡的意识形态纽结，以及如何解开它

（1）学术游荡，或，权力与抵抗的视差

阿米什社区有种做法，称为游荡（*rumspringa*）。"游荡"一词来自德语的"*herumspringen*"，意为肆意蹦跳。17岁前，阿米什社区的孩子接受严格的家庭规训。17岁后，他们将获得自由，被允许——甚至被鼓励——走出社区，学习和体验他们周围的"英语"世界的生活方式。他们开车、听通俗音乐、看电视、饮酒作乐、吸食毒品、疯狂猎艳……若干年后，他们必须做出决定，究竟是成为阿米什社区的一员，还是远走高飞，成为普通的美国公民。如此解决之道远远没有放任自流，没有允许年轻人做出真正的自由选择，也就是说，没有给他们提供机会，让他们基于对双方生活的完全知晓和充分体验，最终决定自己的未来。相反，如此解决之道以最残忍的方式偏向一方，即便是选择，也是假选择。年轻的阿米什人经历了多年的规训，一直幻象着如何享受外面"英语"世界那不守道德、不合法律的快乐，但在毫无准备的情形下，突然被抛进这个世界，当然会投身于极端的非法之乐，"逐个试验，无一遗漏"，使自己沉溺于交媾、吸食毒品和酗酒的生活。因为在这样的生活中，他们缺乏任何内在的限制或管制，这种放荡不羁的生活会不可阻挡适得其反，导致不堪忍受的焦虑。因此，让他们做出选择是必定能赢的一场赌博。若干年后，他们一定会回到自己的社区，重新与世隔绝。难怪百分之九十的孩子都是这样做的。

这是一个完美的个案，证明了总是陪伴着"自由的选择"而来的磨难（difficulties）：年轻的阿米什人正式被赋予了选择的自由，但他们在做出选择时发现，他们置身其间的环境使无法使他们做出自由的选择。要想让他们得到真正的自由选择，就必须把所有的选项告诉他们，让他

们在这些选项中接受教育。要想让他们得到真正的自由选择，唯一的方式就是把他们从阿米什社区中解救出来，使他们不再深深嵌入阿米什社区，也就是说，使他们变得"英语化"。这也清晰地展示了对待戴面纱的女性的标准自由主义态度固有的局限：如果这是她们的自由选择，不是丈夫或家人强加于她们的选项，她们就可以这样做。作为自由的个人选择的结果（比如为了表明脱俗），她们戴上了面纱。不过，在戴上面纱的瞬间，戴面纱的意义已经彻底改变：这不再是她们从属于自己社区的标志，而是表明，她们有自己的怪癖。这差异一如下列两者间的差异：中国农民吃中餐，是因为他生于斯、长于斯的村庄亘古以来一直如此；西方城市居民决定前往当地中餐馆就餐，是因为这是他自由选择的结果。由此获得的全部教益是，选择总是元选择（metachoice），是对选择的模态（modality of the choice）的选择：只有对戴不戴面纱不做选择的女性，才真的在做选择。在我们的世俗的选择社会（societies of choice）里，保持实质性宗教归属感（religious belonging）的人们之所以处于从属的地位，原因就在这里：即使他们被允许践行他们的信仰，即使他们的信仰因被视为怪异的个人选择 / 主张而被"宽容"，一旦他们公开自己的信仰，公开自己的信仰对于自己的意义（实质性的归属感），他们就会被指控为"原教旨主义"。这意味着，西方"宽容"的多元文化意义上的"自由选择的主体"，只能作为极端狂暴的过程（抛弃自己特定的生命世界、切断自己的根源）的结果呈现于世人面前。

　　难道我们的学术自由不同样如此？（这并不先验地使学术自由失去意义，我们应该意识到这一点。）在"激进"的过去，我们实现自己最狂野的梦想。与这样的"激进"过去相比，真正融入霸权性的意识形态－政治社区（ideologico-political community），更为有益。在这个传奇中，最新的主人公是如今美国的新保守派。这些人中的绝大多数，年轻时都是托洛茨基主义的支持者。正如我们现在回溯性地指出的那样，即使 1968 年 5 月在巴黎发生的辉煌的学生运动，不也是集体性的游荡？从长远看，不也是有益于这一制度的再生产能力的提升？在《霸权的难题》（"The Problem of Hegemony"）一文中，西蒙·克里奇利（Simon

Critchley)[1] 为这个关键性的游荡做了连贯一致的辩护：

> 我们身处国家之内。……国家是否限制人类的生存？倘若没有国家，我们是否会生活得更好？如今这已经成为可以争辩的话题。或许这是无政府主义的永恒诱惑，我们将回到无政府主义那里。然而，在我看来，在历史上的今日，我们不能怀抱这样的希望：通过无政府工团主义、革命的无产阶级实践或通过政党的中介，国家走向枯萎。……如果阶级立场不是变得简单，而是相反，通过脱白的过程（processes of dislocation）变得复杂，如果不能再以马克思的方式设想革命，那么这意味着，不论好坏（让我们说"坏"吧），我们已经无法摆脱国家，一如我们无法摆脱资本主义。问题已经变成：对国家，对我们置身其间的国家，我们应该具有怎样的政治战略？……如今革命的主体已经分崩离析，令国家消失，这样政治方案已经不再具有一致性，它只是美丽诱人的幻象。在这样的时代，只有在与国家保持距离时，才能设想政治。或者，更好的是，政治乃是与国家保持距离的实践，是与国家无关的实践，是在某种情景下运作的实践。政治是某种情景下的实践，政治的目的就是建构新的政治主体性（political subjectivities），新的特定聚居地中的政治聚合（political aggregation），新的政治序列（political sequences）。
>
> 或许正是在这种强烈情景性的、真正局部性的层面上，资本主义全球化的雾化能力（atomising force）被遇见、较量和抵抗。也就是说，它不是被下列行为抵制——建构全球性的反全球化运动。全球性的反全球化运动充其量也只是对它所质疑的全球化所做的丰富多彩的批判回声而已。它被下列行为抵抗——占据和控制我们自己脚下的土地（我们就在这样的土地上生活、工作、行动和思考）。这不必涉及数以百万计的民众。这甚至不必涉及数以千计的民众。最初它只涉及几个人。它可能是茱莉亚·克莉斯蒂娃（Julia Kristeva）最近所说的"隐秘的反叛"（intimate revolt）之域。也就

1　见于网络：http://www.politicaltheory.info/essays/critchley.htm.

是说，政治就起源于此，它是局部的、讲究实际的和特定的，是围绕着具体问题的进行的，它不是跑出去，抗议八国集团召开的某次会议。你不应该在敌人的地面上与他们相逢，应该在自己的地面上与他们相逢，在自己拓展的地面上与他们相逢。否则你在旅行上要花费多少金钱和时间！

真正的民主是"在与国家保持距离时制订的，或通过至为简单的行动得到的。它是讲究实际的、局部的、情景性的。……它对国家表示质疑，对既定秩序予以深究。它这样做不是为了废除国家（尽管废除国家在某种乌托邦的意义上或许是可欲的），而是为了改善它，削弱其恶果。"这个立场的主要含混之处在于它怪异的不合理推论：如果国家要继续存在下去（if the state is here to stay），如果废除国家和资本主义是不可能的，为什么在采取行动时要与国家保持距离？为什么不对国家采取行动，在国家之内采取行动？为什么不接受新左翼的第三条道路的基本前提？或许严肃对待斯大林对"官僚机构"的执着批判的时候到了。换言之，克里奇利的立场不就是依赖下列事实的立场吗：其他人会接受运行国家机器的使命，使我们能与国家保持批判性的距离？此外，如果民主的空间是由与国家的距离来界定的，克里奇利不是把国家这个战场轻易地让给了敌人？国家采取何种形式，难道不是生死攸关之事？难道克里奇利的立场没有导致这样的结果——把这个重要问题化降为次要问题：无论我们拥有怎样的国家，它本质上都是非民主的？

这把我们带到了第二个含混之处：国家"要继续存在下去"，这个事实是暂时的撤退，是有关今日历史-政治情景（historico-political situation）的特定主张，还是以人类的有限（human finitude）为条件的超越性限制（transcendental limitation）？也就是说，克里奇利把今日的格局界定为这样的格局：在那里，国家要继续存在下去，我们陷入了多重位移（multiple displacements），等等。在克里奇利做此界定时，这个论点是极端含混的（这也是必然的）：正如他的概括似乎暗示的那样（"如今革命的主体已经分崩离析，令国家消失，这样政治方案已经不再具有一致性，它只是美丽诱人的幻象……"），这只是今日的历史格局

（historical constellation），在这一格局中，进步的政治力量正在撤退？或者，这是一般的"真相"，一旦我们相信了本质主义的、乌托邦的政治意识形态，就会对这个"真相"视而不见？再说一遍，这里的含混是必然的。

> 革命不是由系统性法律或结构性法律生成的。我们依靠自己，我们为自己做那些必须要做的事情。政治需要主体性发明（subjective invention）。任何存有论，任何历史末世论的历史哲学，都不能为我们做这件事情。要想在做事时与国家保持距离（我试图把这一距离描述为民主的距离），我们需要建构特定情景中的政治主体性（political subjectivities）。这样的主体性不是任意的和相对主义的，而是对某个伦理要求的说明。如此伦理要求的范围是普遍的，其证据会在某个情景中出现。这是肮脏、琐碎、局部、实用和平淡无奇的工作。应该开始了。

这个两难之境是不是过于粗糙？难道它不是"二元对立"的例证？也就是说，即使解放性的进步（emancipatory progress）也无法直接基于"客观"的社会必然性，即使"我们为自己做那些必须要做的事情"这一论点真实可靠，它也是以某个特定的历史场所——巴迪欧所谓的"事件性场所"——为前提的。附带说一句，卢卡奇的《历史与阶级意识》会完全认可这一论点。《历史与阶级意识》是合乎"目的论"的、黑格尔式的马克思主义的终极稻草人。克里奇利为这种马克思主义提供了最具说服力的版本。难道克里奇利的立场没有充当信奉第三条道路的左翼的某种理想补充物：它是"反叛"，但又不构成有效的威胁，因为它预先认可了癔症挑衅（hysterical provocation）的逻辑，用"不可能"的要求对权力进行狂轰滥炸，也没有打算让这些要求得到满足？因此，克里奇特宣称伦理先于政治，这是合乎逻辑的：他提倡的那种类型的政治干预的终极推动力就是对非正义进行体验，对现状在伦理上的不可接受性进行体验。

与克里奇特呼吁进行适度、局部、"实用"的行动相反，我不禁要引用巴迪欧的挑衅性看法："与其辛辛苦苦地发明正式的方式（formal ways），使已获帝国认可并得以存在之物清晰显现出来，不如干脆袖手旁观。"[1] 与其参与局部化的行动（如为众多的新主体性提供空间），不如一事无成，如此行动的终极功能就是使制度运行得更加平稳。今日的威胁不是被动性，而是伪主动性，是"积极主动"的冲动，是"参与"的冲动，是掩饰正在发生的一切的空虚性的冲动。人们始终都在干预，"做事"；学者们参与无意义的"论争"，等等，而真正困难的事情就是后退一步，退出这些活动。当权者通常喜欢"批判性"的参与、对话，而不喜欢沉默，目的只是使我们参与"对话"，确保我们对他们不利的被动性土崩瓦解。

焦躁的预期（担心什么都不会发生，资本主义会万古长青），绝望的要求（要求有所行动，革资本主义的命），全是假的。革命性变化之意志（will to revolutionary change）是作为冲动出现的，是作为这样的想法——"我只能这样做"，否则毫无意义——出现的。用伯纳德·威廉姆斯对应该（ought）与必须（must）所做的区分来说，[2] 真正的革命当然是作为"必须"来执行的：革命不是我们"该做"的事情，不是我们为之奋斗的理想，而是我们不得不做的事情，因为我们只能做这件事情，别无选择。这是我们这样说的原因：今日左翼担心革命不会发生，全球资本主义会不会万古长青，但只要左翼把革命变成道义上的责任，变成我们在与资本主义存在（capitalist present）具有的惯性进行斗争时应该做的事情，左翼的担心就是虚假的。

"抵抗"的僵局把我们重新带回视差的话题：要做的全部事情就是轻微地改变我们的视角，所有"抵抗"行动，用不可能的、"颠覆性"的（生态学的、女权主义的、反种族主义的、反全球化的……）要求对当权者狂轰滥炸，看上去都像是这样的内在过程：养活权力机器，为它提供材料，使之正常运行。这一视角的改变所遵循的逻辑，应该得以普遍化：一边是公开律令，一边是对公开律令的淫荡的、超我的补

---

1 Alain Badiou, "Fifteen Theses on Contemporary Art," 见于网络：http://www.lacan.com/frameXXIII7.htm.

2 See Bernard Williams, *Moral Luck* (Cambridge: Cambridge University Press, 1981), p. 125.

充，两者间的分裂使我们面对政治－意识形态视差（politico-ideological parallax）的核心。公开律令和对它的淫荡的、超我的补充并非法律大厦的两个不同部分，它们是同一个"内容"。随着视角的轻微变化，庄严的、非人格的律令成了淫荡的原乐机器（machine of jouissance）。视角再次发生轻微变化，规定我们义务、确保我们权利的法律条例成了残忍权力的表现形式。它给我们——它的主体（臣民）——发送的信息是："我想怎么对付你就怎么对付你！"说到法律权力大厦，卡夫卡当然是这一视差转移的无法仿效的大师："卡夫卡"并非独一无二的写作风格，而是对律令大厦所做的怪异的、纯真的新凝视。如此凝视实施了视差转移，在先前高贵的法律秩序大厦中，看到巨大的淫荡原乐机器。

关于权力过度（excess of power）的这一视差性质，关于本质上属于"过度"的权力的这一视差性质，马克思做了清晰的概括。在分析 1848 年的法国革命时（见其《路易·波拿巴的雾月十八日》和《法兰西阶级斗争》），他以真正的辩证方式把社会代表制（social representation）——代表经济阶级和经济力量的政治代理——遵循的逻辑"复杂化"了。与寻常的"复杂化"概念相比，马克思走得更远。依据马克思的"复杂化"，政治代表制从来都不能直接反映社会结构（一个政治代理可以代表不同的社会群体；一个阶级可以放弃自己直接的代表，并把确保自己实施统治所需的政治法律条件委托给另一个阶级，如同英国资产阶级所做的那样——把政治权力的行使委托给贵族政体；等等）。马克思隐隐约约地预示了一个世纪后被拉康界定为"能指的逻辑"（logic of the signifier）的东西。说到在革命的热忱消失后执政的秩序党，马克思写道：秩序党之所以存在，秘密在于

　　　　它是奥尔良党人与正统主义者所联合组成的一个党派。资产阶级分裂成为两大派，一是大地主，一是金融贵族和工业资产阶级，这两大派曾先后独占政权，前者在复辟时期独占过政权，后者在七月王朝时期独占过政权。波旁乃是代表一个集团的利益占优势的王室名称；奥尔良乃是代表另一个集团的利益占优势的王室名称；只有在无名称的共和制王国中，这两大集团才能在同等掌握政权的条

件下捍卫共同的阶级利益，而同时又不停止其相互间的竞争。[1]

这是第一次复杂化：在我们应对两个或更多社会经济集团时，只有假装着否定它们共同的前提，才能代表着它们共同的利益：两个王室派别的公分母不是保皇主义，而是共和主义。（同样，今日合乎逻辑地说来代表着资本之利益的唯一政治代理，具有超乎具体派别的普遍性的唯一政治代理，乃是第三道路的社会民主主义……）于是，马克思在《路易·波拿巴的雾月十八日》中对"十二月十日会"（Society of December 10）——由恶棍组成的拿破仑私人军队——予以解剖：

> 在这个团体里，除了一些来历不明和生计可疑的破落放荡者之外，除了资产阶级可憎的败类中的冒险分子之外，还有一些流氓、退伍的士兵、释放的刑事犯、脱逃的劳役犯、骗子、卖艺人、游民、扒手、玩魔术的、赌棍、私娼狗腿、妓院老板、挑夫、下流作家、拉琴卖唱的、拣破烂的、磨刀的、镀锡匠、叫化子，一句话，就是随着时势浮沉流荡而被法国人称作 la bohème〔浪荡游民〕的那个五颜六色的不固定的人群。波拿巴把这些跟他同类的分子组成十二月十日会即"慈善会"的核心，……波拿巴是流氓无产阶级的首领，他只有在这些流氓无产者身上才能找到他自己的个人利益的大量反映，他把这些由所有各个阶级中淘汰出来的渣滓、残屑和糟粕看作他自己绝对能够依靠的唯一的阶级，这就是真实的波拿巴，这就是 sans phrase〔不加掩饰的〕波拿巴。[2]

秩序党的逻辑被推向极致，在此得出了极端的结论：正如所有保皇主义派别的唯一公分母是共和主义一样，所有阶级的唯一公分母是所有

1　Karl Marx and Friedrich Engels, *Selected Works*, Volume 1 (Moscow: Progress Publishers, 1969), p. 83.——作者注。译文引自《马克思恩格斯全集》（第 7 卷），中央编译局译，人民出版社 1959 年版，第 67 页。——译者注

2　Karl Marx and Friedrich Engels, *Collected Works*, Volume 2 (Moscow: Progress Publishers, 1975), p. 148.——作者注。译文引自《马克思恩格斯全集》（第 8 卷），中央编译局译，人民出版社 1961 年版，第 174 页。如今，"拣破烂"写作"捡破烂"，"叫化子"写作"叫花子"。——译者注

阶级排泄出来的过度（excremental excess），所有阶级的垃圾／残余。也就是说，只要拿破仑三世自以为超乎阶级利益，代表所有阶级的调和，那么，他直接的阶级基础就只能是所有阶级排泄出来的残余，是处于每个阶级之中的被否定的非阶级（rejected nonclass），是每个阶级的被否定的非阶级。马克思在另一个段落中继续写道，正是来自"社会排拒物"（social abject）的这一支持，使拿破仑如鱼得水，长久改变自己的立场，依次代表不同的阶级，反对其他的阶级：

> 波拿巴作为一种已经成为独立力量的行政权力，自命为负有保障"资产阶级秩序"的使命。但是这个资产阶级秩序的力量是中等阶级。所以他就自命为中等阶级的代表人物，并颁布了相应的法令。可是另一方面，他之所以能够有点作为，只是因为他摧毁了并且每天都在重新摧毁这个中等阶级的政治力量。所以他又自命为中等阶级的政治力量和著作力量的敌人。[1]

不过，这也并非全部。要使这个制度正常运转，也就是说，要使拿破仑超乎所有阶级，而不仅担当某个阶级的直接代表，他还必须充当一个特定阶级的代表，充当这样一个阶级的代表：准确地说，就其构成而言，该阶级还不足以找到要求主动代表的统一代理（united agent）。组成这个阶级的人无法代表自己，因此只能被人代表。这个阶级当然就是小农阶级：

> 小农人数众多，他们的生活条件相同，但是彼此间并没有发生多式多样的关系。他们的生产方式不是使他们互相交往，而是使他们互相隔离。……因此，他们不能以自己的名义来保护自己的阶级利益，无论是通过议会或通过国民公会。他们不能代表自己，一定要别人来代表他们。他们的代表一定要同时是他们的主宰，是高高

1　Ibid., p. 193.——作者注。译文引自《马克思恩格斯全集》（第8卷），中央编译局译，人民出版社1961年版，第224页。其中的"著作力量"的原文是"literary power"，即"文学力量"或"文字力量"。——译者注

站在他们上面的权威，是不受限制的政府权力，这种权力保护他们不受其他阶级侵犯，并从上面赐给他们雨水和阳光。所以，归根到底，小农的政治影响表现为行政权力支配社会。[1]

只有把这三个特色并置一处，它们才能构成民粹主义-波拿巴主义的代表制：站在所有阶级之上，在所有阶级中游荡，直接依赖所有阶级的排拒物／残余，外加对由下列人构成的阶级的终极指涉——他们无力充当要求政治代表制的集体代理。这个悖论是以代表对被代表的构成性过度为根基的。在律令的层面上，国家权力只是代表着其主体的利益；为他们服务，对他们负责，本身也屈从于他们的控制。不过在超我阴暗面（superego underside）的层面上，有关责任的公开信息是由有关权力的无条件行使的淫荡信息补充的。"律令并不真的约束我，我想怎么收拾你就怎么收拾你，一旦我心意已决，我可以把你当成罪犯来处置，一旦我想让你毁灭，我就可以让你一命呜呼……"这种淫荡的过度乃是最高权力（其能指即主人能指）必不可少的构成要素。这种不对称是结构性的，也就是说，只有当主体在它那里听了淫荡的、无条件的一意孤行发出的回声时，律令才能保持其权威。

（2）人权与非人之权

这种过度把我们带到了终极游荡观，即反对旨在进行全球性转化的"大型"政治干预的终极游荡观。对20世纪大灾难的骇人体验，当然是对下列大灾难的体验——它们释放了史无前例的巨大暴力。对这些大灾难的理论化，主要有三个版本：

1. 第一个版本以哈贝马斯的名义概括而来：就其自身而论，启蒙运动是积极的解放过程，它不存在固有的"极权主义"潜能；

1 Ibid., p. 188.——作者注。译文引自《马克思恩格斯全集》（第8卷），中央编译局译，人民出版社1961年版，第217页。——译者注这些大灾难只是一个指示符，它告诉我们，启蒙运动依然是未竟之业，所以我们应以完成这一大业为使命。

2. 与阿多诺和霍克海默的"对启蒙运动的辩证"相关，同时也与阿甘本相关的版本：启蒙运动的"极权主义"潜能是固有的，也是事关生死的，"被管制的世界"乃启蒙运动之真相，20世纪的集中营和大屠杀乃是整个西方史的消极目的论的终点（negative-teleological endpoint）。

3. 第三个版本是由艾蒂安·巴里巴尔等人的著作确立的：现代性开辟了新的自由之域，但与此同时也带来了新的危险，最终结果如何，没有终极的目的论保证；战斗已经打响，结局不得而知。

巴里巴尔有关"暴力"[1]这一非凡条目的起点，乃是"转化"这个经典的黑格尔-马克思式概念的不足："转化"即把暴力转化为历史理性的工具，转化为引发新的社会构成（social formation）的力量，暴力具有的"非理性"的残酷性因而得以"扬弃"（"扬弃"一词是就黑格尔赋予它的意义而言），被化约为有助于实现历史过程的整体和谐的特定污点。20世纪使我们面对大灾难，某些大灾难与马克思主义政治力量相反，与马克思主义的政治介入导致的某些政治力量相反，它们是无法以这种方式"理性化"的：它们的工具化，它们被转化为历史的狡计（Cunning of Reason）的工具，不仅在伦理上是不可接受的，而且在理论上也是错误的，是意识形态性的（这是就"意识形态"一词的最强烈意义而言的）。尽管如此，在对马克思进行缜密的解读时，巴里巴尔在马克思的文本中发现了下列两者间的摇摆不定：一者是这种目的论的"转化"理论，它是对暴力的转化；一者是更为有趣的历史观——历史乃是开放的、未决定的对抗性斗争过程，其最终的"积极"结局没有得到无所不包的历史必然性的保证。

1　Étienne Balibar, "Gewalt" (entry for *Historisch-Kritisches Wöterbuch des Marxismus*, forthcoming from Das Argument Verlag, Berlin).

巴里巴尔认为，由于必不可少的结构性原因，马克思主义没有虑及暴力之过度，而暴力之过度是无法融入历史进步（historical Progress）这一叙事的。说得更明确些，马克思主义无法提供适当的理论，对法西斯主义和斯大林主义及其"极端"结果做出说明。因此我们肩负着双重使命：一重使命是确立一种有关历史暴力的理论，把这种历史暴力视为这样一种事物，任何政治行动者（political agent）都无法主宰它，使之工具化，相反，它可能吞噬政治行动者，使之成为自我毁灭的恶性循环；另一重使命是上一重使命的另一面，即提出使革命"文明化"的问题，提出如何使革命进程本身变成"文明化"的力量的问题。不妨回忆一下臭名昭著的圣巴托洛缪大屠杀。它的问题出在哪里？皇太后凯瑟琳·德·美第奇（Catherine de Medici）的目标是有限的，也是精确的：她的目标就是马基雅维利式的阴谋——暗杀海军上将科利尼（Admiral de Coligny）这个强大的新教教徒（他当时正在推动与西班牙在荷兰的战争），并让过于强大的信奉天主教的吉斯家庭（Guise family）承担罪责。就这样，凯瑟琳希望最终得到的结果就是两大家族的衰落，因为它们对法国的统一构成了威胁。这个要使对头反目成仇的智谋最后变成了完全失控的血腥残杀：因为信奉残酷的实用主义，凯瑟琳无法看到人们对其信仰倾注的巨大热情。

在这里，汉娜·阿伦特的洞察力至关重要。她强调政治权力与纯粹行使（社会）暴力的区分：由非政治权威掌控的组织，通过发布命令掌控的组织（命令又不以政治权威为根基），如军队、教会、学会，都是暴力的例证，而非严格意义上的政治权力的例证。[1] 不过，在这里，引入下列两者的区分颇为有用：一者是公开的符号律令，一者是对公开的符号律令的淫荡补充。权力总是必须依赖暴力这个淫荡的污点，政治空间从来没有"纯净"可言，总是在一定程度上涉及对"前政治"暴力的依赖。当然，政治权力与前政治暴力的关系是一种互蕴涵关系：不仅暴力是对权力必不可少的补充，而且（政治）权力本身总是任何明显的"非政治"暴力关系的根基。军队、教会、家庭和其他"非政治"社

1　See Hannah Arendt, *On Violence* (New York: Harvest Books, 1970).

会形式中被认可的暴力和直接的依附关系，本身就是某种伦理-政治斗争和决策的"物化"（reification）。批判性分析应该做的，就是发现支撑着"非政治"或"前政治"关系的隐秘政治过程。在人类社会中，政治域是包罗万象的结构化原则（structuring principle）。因此，使某些局部的内容中立性化，把它视为"非政治"的，这本身就是地地道道的政治姿势。

不过，"过度暴力论"的威力依旧不减。对苦难的过度冷漠，通常无法不令我们胆战心惊，即使这种苦难在媒体上被广泛报道和谴责，也是如此，仿佛对苦难的愤怒之情，使我们变成了目不转睛、神魂颠倒的观众。不妨回忆一下 20 世纪 90 年代初对萨拉热窝的三年围困。那时萨拉热窝的民众忍饥挨饿，遭受永不中断的炮火袭击和狙击手的打击。巨大的难解之谜在于：尽管媒体上的照片和报道铺天盖地，联合国、北约和美国都没有采取任何哪怕是微不足道的措施，解除对萨拉热窝的封锁，或者强行设置一个通道，使民众能够进出，使给养能够流通。为什么不这样做？要知道，这不需要付出什么代价：只要给塞族军队施加些许严肃的压力，这道旷日持久的景观——萨拉热窝陷于重重围困并暴露在荒谬的恐怖之下——就会结束。对这个难解之谜，答案只有一个。这答案是由罗尼·布劳曼（Rony Brauman）提供的，他当时代表红十字会，协调对萨拉热窝的救助。这答案便是：把萨拉热窝的危机描绘为"人道主义"危机，把政治-军事冲突重铸为人道主义灾难，这种行为是由明显的政治选择支撑的。在这场冲突中，这种选择基本上是偏袒塞族一方的。在这里，法国总统弗朗索瓦·密特朗扮演的角色是险恶的和操纵性的：

> 庆祝对南斯拉夫进行"人道主义干预"，此举取代了政治话语，预先使所有相互矛盾的争辩变得不足挂齿。……对弗朗索瓦·密特朗而言，表述他对南斯拉夫战争的分析，显然是不可能的。以严格的人道主义回应，他发现了意想不到的交流资源，或者更精确地说，发现了意想不到的政治化妆资源，两者基本上是一回事。……密特朗依旧支持把南斯拉夫限制在它的边界之内，相信只有强大的

塞族武装才能保证这个爆炸性地区的稳定。在法国人民的眼中，这个立场很快变得无法接受。所有熙熙攘攘的行动和人道主义话语，都允许他重申法国对人权的永无止境的担当，并装着反对大塞尔维亚的法西斯主义的样子，任其自由发展。[1]

从这种特定的洞识看，我们应该走向一般的层面，把去政治化的、人道主义的"人权"政治的问题视为服务于特定的经济-政治目的的军事干预的意识形态。正如温迪·布朗（Wendy Brown）在谈及叶里庭[2]时所言，这样的人道主义"把自己描绘为反政治之物，描绘为对无辜和弱势者的纯粹保护——保护他们免受权力的压制；描绘为对个体的纯粹保护——保护他们免受巨大、残忍、暴虐的文化、国家、战争、伦理冲突、部族主义、重男轻女的攻击，保护他们免受其他集体性权力（collective power）的调遣，以免成为其实例"。[3]然而问题是："哪种政治化（以人权为名进行干预的人），被用来反抗他们反对的权力。它们代表着另一种正义构成（formulation of justice），或者，它们反抗的是集体性的正义事业（collective justice projects）？"[4]例如，显然，美国推翻了萨达姆·侯赛因的政权，以不再使伊拉克人民受苦受难为名使自己合法化，这不仅以其他政治-经济利益（石油）为动机，而且以有关政治、经济条件的某个特定观念为根基。它要向伊拉克人民展示自由的视角（perspective of freedom），包括西方的自由主义的民主政治、对私人财产的保护、融入全球市场经济，等等。如此一来，单纯地阻止苦难的发生，这个纯粹人道主义的、反政治的政治，实际上成了含蓄的指令，要进行积极的集体性事业（collective project）——推进社会政治转型。

我们应该站在更为一般的层面上质疑下列两者间的对立：一者是普遍的、前政治的人权，它属于每个人"本身"；一者公民特定的政治权

1 Rony Bauman,"From Philanthropy to Humanitarianism,"*South Atlantic Quarterly* 103: 2/3 (Spring/Summer 2004), pp. 398-399, 416.

2 叶里庭（Michael Ignatieff），加拿大自由党党魁。——译者注

3 Wendy Brown, "Human Rights as the Politics of Fatalism," *South Atlantic Quarterly* 103: 2/3, p. 453.

4 Ibid., p. 454.

利，公民则是特定的政治共同体。在这个意义上，巴里巴尔赞成"颠倒'人'与'公民'的历史关系与理论关系"，颠倒的方式是"做出解释，告诉大家，人是由公民而来的，公民不是由人而来的"。[1] 在这里，巴里巴尔引用了汉娜·阿伦特有关 20 世纪难民现象的洞识："有人相信以人类本身的假设性存在为根基的人权概念，在这些人首次遇见丧失了所有特质和特定关系、除了人什么都不是的人时，这一人权概念就会崩溃。"[2] 当然，这个思路直接导致了阿甘本的神圣人概念——神圣人是被化约为"赤裸的生命"的人。[3] 借助于对普遍性和特殊性所做的真正黑格尔式的悖论性辩证关系，我们可以说，正是在人类被剥夺了其特定的社会政治身份、其特有的公民权这一基础之时，他就已经不再被视为人，不再被当成人来对待。简言之，悖论在于，正是在某人在自己的社会现实中被化约为"一般"的人时，正是在某人不再具有公民权、职业等时，也就是说，正是在某人实际上成了"普遍人权"的载体时（"普遍人权"属于我，"无论"我的职业、性别、公民权、宗教、种族身份……如何），他被剥夺了人权。

于是我们站在了经典的"后现代"、"反本质主义"的立场上。该立场是福柯的性（sex）观念——性是由众多的性征（sexuality）实践派生出来的——的政治版："人"这个人权的载体，是由一套政治实践派生出来的，而政治实践使公民权得以实现。但这就够了吗？一边是人权，它属于"人本身"，一边是公民的政治化，两者构成了二律背反。雅克·朗西埃[4] 为这个二律背反提供了优雅和精确的解决方案：虽然与政治斗争这个偶然领域（contingent sphere）不同，我们无法把人权设置为非历史的"本质主义"的彼岸，设置为免于历史重负的"自然人权"，但也不应该把人权贬为被物化的物神（reified fetish）。物神是公民的政治化这个具体的历史进程的产物。因此，人权之普遍性与公民政治权利

1 Étienne Balibar, "Is a Philosophy of Human Civic Rights Possible?", *South Atlantic Quarterly* 103: 2/3, pp. 320–321.

2 Hannah Arendt, *The Origins of Totalitarianism* (New York: Meridian, 1958), p. 297.

3 See Giorgio Agamben, *Homo sacer* (Stanford: Stanford University Press, 1998).

4 See Jacques Rancière, "Who Is the Subject of the Rights of Man?", *South Atlantic Quarterly* 103: 2/3, pp. 297–310.

的分裂，并非人之普遍性与特定政治领域（political sphere）的分裂。相反，正如朗西埃所言，它以严密的黑格尔式方式，"使整个共同体与自身分割开来"。[1]"普通人权"远非前政治性的，相反，它指真正的政治化这一精密空间："普遍人权"相当于对普遍性本身享有的权利（right to university），相当于政治行动者的下列权利——断定它与自身存在着彻底的不一致（就其特定身份而言）。也就是说，它相当于政治行动者设置自身的权利：正是因为它是"额外"的权利，是"非部分的部分"，在社会大厦中没有适当的位置，它才把自身设置为社会域本身之普遍性。因此，这里的悖论十分精密，并与下列悖论保持对称——普遍人权是那些被化约为非人的人们享有的权利：一旦我们想在不涉及普遍的、"元政治"（meta-political）的人权的情形下设想公民的政治权利，我们就会失去政治本身，因为我们把政治化约成了"后政治"的游戏，只对特定利益进行协商。

一旦人权被化约为神圣人的权利，被化约为被排除在政治共同体之外的人的权利，被化约为"赤裸的生命"，也就是说，一旦人权变得百无一用（人权百无一用是因为它是没有任何权利之人的权利，是被视作非人之人的权利），人权会有怎样的际遇？朗西埃在此提出了一个惊人的辩证逆转：

> 一旦人权变得毫无用处，你的所作所为就与慈善人士处置旧衣服的行为无异。你把这些旧衣服送给穷人。那些在自己这里显然毫无用途的权利，与药品和衣服一起，被送往国外，送给那些没有药品、衣服和权利之人。正是以这种方式，作为这个过程的结果，人权成了那些没有权利之人的权利，成了赤裸人类（bare human beings）的权利，他们忍受着非人的压制，处于非人的生存条件之下。权利成了人道主义权利，成了那些无法颁布这些权利之人的权利，成了那些被绝对排斥在任何权利之外的人的权利。尽管如此，它们不是空白。政治名称和政治位置（political places）从来都不会

1　Ibid., p. 305.

变成纯粹的空白。空白要由某人或某物来填充。……如果那些忍受
非人压制的人无法颁布人权这个他们最后的救命稻草，那么别人就
必定继承他们的权利，以便站在他们的位置上颁布这些权利。这就
是所谓的"反对人道主义干预的权利"，即这样的权利：某些国家
接受了本属于受害民众的利益，通常还反对人道主义组织本身提供
的建议。可以把"反对人道主义干预的权利"描绘为某种"向发送
者的回归"（"return to sender）：发送给无权利之人的、被废弃的权
利，又被送回到发送者那里。[1]

所以，用列宁主义的话说，在如今处于主导地位的西方话语中，
"第三世界受苦受难的受害者的人权"实际上意味着西方强权的干预权。
它们以保护人权为名，在政治、经济、文化、军事上对第三世界国家进
行干预，影响其选择。提及拉康的交流公式（以倒置即真实的形式，发
送者从接收者-收件人那里取回了自己发送的信息），是绝对有益的。在
有关人道主义干预主义（humanitarian interventionism）的主导话语中，
发达的西方以真实的形式从受害的第三世界那里取回了自己发送的信
息。一旦人权以这种形式去政治化（depoliticized），有关人权的话语就
必须求助于伦理学：必须行动起来，提及对善与恶的前政治反对。如
今，叶里庭的著作中清晰可见的"伦理学新政"（new reign of Ethics）[2]
就依赖于这样的暴力姿势：去政治化，拒绝对受害的他者（victimized
other）进行任何政治主体化（political subjectivization）。而且，正如朗
西埃指出的那样，在去政治化的问题上，叶里庭的自由主义人道主义
与福柯或阿甘本的"激进"立场不谋而合：福柯-阿甘本的"生物政
治"概念是整个西方思想的顶峰，但它最终跌进了某种"存有论陷阱"
（ontological trap）。在那里，集中营显现为某种"存有论的命运：我们每
个人都会处于集中营中的难民所处的情境。民主政治和极权主义之间的
任何差异都会式微。任何政治实践也都已经跌入生物政治的陷阱"。[3]

1　Ibid., pp. 307-309.
2　Ibid., p. 309.
3　Ibid., p. 301.

在不完全同意福柯时，阿甘本开始识别最高权力与生物政治（以今天普遍化的例外状态，两者是重合的）。这时，他预先排除了出现政治主体性（political subjectivity）的任何可能性。不过，政治主体性是以"非人"的某种边界为背景兴起的。如此一来，我们应该继续认可被剥夺了公民权的人类的非人性这一悖论，并把"非人"之人、纯粹之人设置为人对自身的必不可少的过度，设置人自身的"除不尽的余数"，设置为康德的现象人类观（phenomenal notion of humanity）这一极限概念（limit-concept）。康德的哲学中有所谓的崇高本体（sublime Noumenal），一旦我们过于接近它，它就会显现为纯粹的令人恐怖之物。和崇高本体一样，被剥夺了所有现象性资格（phenomenal qualification）的人"本身"，会显现为非人的鬼怪，显现为卡夫卡笔下的奥德拉岱克之类的东西。人权人本主义（human rights humanism）存在的问题是，它遮盖了"人本身"具有的这种鬼怪性，把它描述为崇高的人类本质。那我们如何寻找摆脱此一僵局的出路？巴里巴尔最后隐隐约约地提到圣雄甘地。真的，甘地的公式"你想看到世界的变化，就必须改变自己"完美地封装了解放性变化（emancipatory change）的基本态度：不要等待"客观进程"导致预期的／可欲的变化，因为如果你一味地等待下去，变化永远不会发生；相反，要投身于变化，成为这种变化，冒着危险，直接使自己发生变化。不过，甘地的策略的终极限制不就在于，只是在反抗自由民主政体时，它才有效？之所以如此，是因为自由民主政体能够坚守最低限度的伦理-政治标准，也就是说，在自由民主政体中，用颇具情感色彩的话说，掌权者"良知"未泯。不妨回忆一下甘地在 20 世纪 30年代后期是如何回答那个"德国犹太人如何反对希特勒"的问题的。他的回答是：他们应该集体自杀，以唤醒世界的良知……不费吹灰之力，我们就可以想象纳粹的反应：好！我们一定鼎力相助！把毒药给你送到什么地方？

不过，还有另外一种方式。可以以这种方式赋予巴里巴尔对放弃暴力的恳求以特定的扭曲。这种扭曲，我不禁要称之为巴特尔比政治（Bartleby politics）。不妨回忆一下有关"活死人"的完全对称的两种对立模式，即这样的模式——发现自己置身于"介乎两种死亡"之间的离奇位置：要么是生物性的死亡，符号性的存活（作为幽灵，或作名称这一符号性权威，超越生物性的死亡）；要么是符号性的死亡，生存性的存活（从安提戈涅到如今的神圣人，被排除在社会符号秩序之外的那些人，都是如此）。如果把这一逻辑应用于暴力与非暴力的对立，从中发现它们相交的两种模式，情形会怎样？[1]我们全都知道"被动性的主动进攻行为"（passive-aggressive behavior）这个通俗心理学概念。它通常适用于家庭主妇。家庭主妇不是主动地反抗丈夫，而是消极怠工，在达破坏的目的。这把我们带回当初的起步之处：或许我们应该肯定这种被动进攻的态度，把它视为真正的激进政治姿势。它与攻击性的被动性（aggressive passivity）截然不同。攻击性的被动性是我们在参与社会 - 意识形态生活时采取的标准的"交互被动"（interpassive）模式，在采取这种模式时，我们始终都是主动的，但主动的目的是确保什么也不会发生，什么也不会改变。在这样的格局中，第一个真正关键（"进攻性"、暴力性）的步骤就是撤退，保持被动性，拒绝参与——巴特尔比的"我宁愿不做"是必不可少的第一步。它清理场地，开辟空间，以迎接真正的行动，迎接这样将真正改变这个格局的坐标的行为。

（3）被框定的暴力

　　巴特尔比政治——屠弱的"向行动过渡"——的对应物在今天的境况如何？好莱坞的一部经典动作片总是极佳的例证。在安德鲁·戴维斯（Andrew Davis）执导的影片《亡命天涯》（The Fugitive）的结尾处，在一个医学大会上，由哈里森·福特（Harrison Ford）扮演的无辜受害的医生与由杰罗姆·克拉比（Jeroem Kraabe）扮演的同事短兵相接，指责他代大型制药公司篡改医疗数据。在这个关节点上，在我们期待着镜头转向公司——法人资本——这个真正的罪魁祸首时，克拉比打断了他的谈话，让福特让开，然后两人在会议大厅的外面展开了一场激情澎湃的

1　在下文中，我借用了由罗伯·拉欣（Rob Rushing）提出的观念（University of Illinois, Champaign-Urbana）。

暴力斗争。他们贴身肉搏，直至血流满面。这个场景具有的显然荒谬的特性颇具启示意义，仿佛为了避开玩弄反资本主义的把戏这一意识形态的混乱，我们不得不采取行动，直接打开叙事的裂缝，供所有人观赏。在这里，另一个方面是坏人向邪恶、傲慢、病态人物的转化，仿佛心理堕落（这伴随着令人眼花缭乱的打斗场面）应该取代匿名的、非心理的资本驱力（drive of capital）。更加适当的姿势应该是，把堕落的同事表现为心理上真诚、私下里诚实的医生，他因为自己任职的医院陷入财务困境，才经不住诱惑，吞下了制药公司抛出的诱饵。

于是《亡命天涯》为充当着诱惑物的、暴力性的"向行动过渡"提供了一个清晰的实例，为意识形态位移（ideological displacement）提供了一个工具。从这个零层面的暴力（zero-level of violence）迈出的更大的一步，收进了保罗·施拉德（Paul Schrader）和马丁·斯科塞斯（Martin Scorsese）执导的影片《出租车司机》（*Taxi Driver*），收进了由罗伯特·德尼罗（Robert de Niro）扮演的特拉维斯（Travis）的最后的迸发。他的迸发是针对皮条客的，那些皮条客控制着一个由朱迪·福斯特（Jodie Foster）扮演的女孩，特拉维特要把她从火坑中拯救出来。在这里，"向行动过渡"所隐含的自杀之维至关重要：在准备进攻时，特拉维斯站在镜子面前，反复练习拔枪的动作，在后来变得颇为著名的那个场景中，他以居高临下的口吻，向镜中的自己发话："你在跟我说话？"这是对拉康的"镜像阶段"概念所做的教材般的图解。在这个图解中，进攻显然针对着自己，针对着自己的镜像。这个自杀之维再次出现在屠杀场景的结束处。在那里，特拉维斯遭受重创。他倚在墙上，伸出右手，做手枪状，然后将其对准自己血污的前额，做出扣动扳机的样子，仿佛在说："我的迸发的真正目标是我自己。"特拉维斯的悖论在于，他把自己视为他要清除的城市生活中的堕落污垢的一部分，所以正如布莱希特在《措施》中在谈及革命暴力时所言，他想成为最后一片污垢，清理了这片污垢，房间就会变得洁净。

暴力如此"非理性"的迸发，是美国的文化和意识形态的一个关键话题。它绝对没有暗示帝国主义的狂妄自大，反而代表着对无能为力的不打自招。要把它们表现出来的暴力、展示出来的破坏力视为其对立物的表象模式。如果它们还意味着什么，那也只是意味着，它们是范例，证明如此"向行动的过渡"只是孱弱的"向行动过渡"。如此说来，这些迸发使我们能够发现备受赞扬的美国个人主义和自我依赖的隐含面，即隐秘的自知：我们全都被眼睁睁地抛进了这个世界，被我们无法控制的力量围困。帕特丽夏·海史密斯早年写过一篇精彩的短篇小说，题为《纽扣》（"Button"）。它讲的故事是，一个属于中产阶级的纽约人士与九岁的儿子生活在一起，儿子患有康氏综合征，始终只能发些叽叽喳喳的嘈杂声，会微笑，口水流得到处都是。某个深夜，因为再也不堪忍受，他决定前往曼哈顿的寂静街道散步。在那里，他撞见一个极度贫困、无家可归的乞丐。乞丐向他伸出手来，面露恳求之色。他突然涌上了一股难以名状的愤怒，出手打死了乞丐，并撕下了他夹克衫上的一粒纽扣。然后他回到家中，仿佛已经脱胎换骨，能够重新忍受他的家庭噩梦，而不留下任何创伤。他甚至能向自己的残疾儿子发出微笑。他始终把那粒纽扣放在裤兜里面。那是一个暗示，至少提醒他，他曾经反击过自己的悲惨命运。

一旦即使这样的暴力性迸发失败，海史密斯就会处于最佳状态，如同在《那些一走了之的人们》（*Those Who Walk Away*）中那样。《那些一走了之的人们》被视为她取得了最大成就的单部作品。它是一部犯罪小说，是所有文类中最具"叙事"色彩的文类。她把实在界之惰性（inertia of the Real）、解放方案之匮乏和"空洞时间"之拖延注入这部作品，揭示了生活的特征——愚蠢的现实性（stupid factuality）。在罗马，埃德·科尔曼（Ed Coleman）想杀死雷·加勒特（Ray Garrett）。雷是埃德的女婿，年近而立之年，是位半途而废的画家，拥有一个画廊。埃德的独生女儿佩吉（Peggy）最近自杀了，埃德把女儿的身亡归咎于女婿雷。雷没有远走高飞，反而跟着埃德来到威尼斯，埃德与女友在那里越冬。随后便是海史密斯笔下的典范性苦恼——两个男人的共生关系：他们其因内心的仇恨，难解难分地缠绕在一起。雷因为太太自杀而深感内疚，为此寝食难安，于是坦然接受埃德的暴力意向。与他的死亡之愿（death wish）相呼应，他接受了埃德的邀请，与他一道登上汽船。在咸水湖的中央，埃德把雷推下船去。雷佯装自己已经死去，取了假名，换了身份，既体验着使人兴奋的自由，又感受着势不可挡的空虚。他像活死人那样游荡，穿越冬季威尼斯寒冷的大街小巷，直至………我们在此得到的是一部没有凶杀或凶手失败的小说：最终没有清晰的解决方案，只是对雷和埃德的无奈认可——他们注定彼此为对方所困扰，直到最后。

如今，借助于美国在全球发动的意识形态攻势，诸如约翰·福特（John Ford）的《搜查者》（*Searchers*）和《出租车司机》之类的影片提供的基本洞识具有了前所未有的用途：我们目睹了"安静美国人"这一形象的死灰复燃。"安静美国人"是纯真朴素、乐善好施之人，他要真诚地把民主与西方自由带给越南人，只是他的意图完全没有奏效。正如格雷厄姆·格林所言："动机良好，结果很糟，这样的人，我一个都没有见过。"因此，弗洛伊德对美国总统伍德罗·威尔逊（Woodrow Wilson）所做的颇具先见之明的分析是对的。伍德罗·威尔逊展示了美国人道主义干预主义的态度：他无法避开潜在的侵略之维。

约翰·奥哈拉（John O'Hara）的小说《相约萨马拉》（*Appointment in Samarra*，1934）的关键事件发生于兰登门戈乡村俱乐部举办的圣诞节晚宴上。小说的悲剧主人公是朱利安·英格里斯（Julian English）。他29岁，家财万贯且颇富人缘，拥有一家汽车分销店。在晚宴上，他把一杯酒泼到了镇上的首富哈利·赖利（Harry Reilly）的脸上。他为此陷入一系列社交丑闻，而且似乎势难逆转。小说以朱利安在车内的自杀作结，令人感慨唏嘘。正如朱利安在随后发生的有关泼酒风波的冲突中所言，他这样做，不因为哈利是镇上的首富，也不因为此人一贯攀龙附凤，更不因为他是天主教徒。当然，以上三点在他暴力性的"向行动过渡"中都发挥一定的作用。在后面的倒叙中，朱利安回忆了他年轻时的经历。那时候，他们一帮年轻人在看了《一个国家的诞生》（*Birth of a Nation*）后会扮演三K党，他们不信任犹太人，等等。在最近20年的好莱坞电影中，从罗素·班克斯（Russell Banks）的《苦难》（*Affliction*）到约翰·塞尔斯（John Sayles）的《小镇疑云》（*Lone Star*），这样的屠弱"打击"拥有无数的例证。

《小镇疑云》为"俄狄浦斯式"动力结构的扭曲提供了独一无二的

洞识。在美国德克萨斯州的一个边陲小镇上，一具失去生命多年的尸体被人发现。那是韦德（Wade）的尸体。他是一位残酷无情、极度腐败的治安官，几十年前神秘地销声匿迹。正在调查此案的现任治安官的父亲也是治安官，正是他取代了韦德，并被小镇誉为英雄，因为他为小镇带来了秩序与繁荣。不过，韦德是在与取代他的治安官发生公开冲突后不知所终的，而且所有的迹象似乎都能表明，韦德是被他的继任者杀害的。在真正的俄狄浦斯式仇恨（Oedipal hatred）的驱使下，现任治安官想证明自己的父亲的统治是以谋杀为根基的，进而颠覆其神话。我们在此面对的不是两代人，而是三代人。韦德——由克里斯·克里斯托弗森（Kris Kristofferson）出色地扮演——是弗洛伊德所谓的某种"原初父亲"，是小镇淫荡而残忍的主宰，他违反了所有的法律，仅仅因为他人不与他玩耍就开枪杀人。因此，应把主人公的父亲犯下的罪行视为奠定法律根基（law-founding）的犯罪，是过度（非法杀害腐败的主人），而过度使得法治成为可能。不过，我们在影片即将结束时获知，犯下这桩罪行的并非主人公的父亲。尽管在韦德谋杀案中，他是无辜的，但他把腐败带到了更"文明"的层面，以夹杂着商业利益的腐败（到处帮人"摆平"事情等等）取代了其"颇具传奇色彩"的前任的极度残忍的腐败。以小腐败取代"伦理性"的奠基之罪（founding crime），是这部电影的巧妙手腕之所在：主人公想发掘有关其父亲的奠基之罪的惊天秘密，最终却获知，他父亲远非以自己的非法暴力奠定法治根基的英雄人物，而是与他人无异的一帆风顺的投机取巧之士……所以，这部影片提供的最后信息是"忘记阿拉莫之战"（最后对话中使用的字眼）：让我们放弃努力，不再探寻大型的奠基性事件，既往不咎，尽弃前嫌。要在主人公父亲与韦德的二元性中寻找这部影片潜在的力比多构造的关键。主人公的父亲是宣扬法律与秩序之人，韦德则是淫荡的原初父亲，是这部影片的力比多焦点，是代表过度享受的人物，对他的谋杀成了核心事件。主人公对揭露父亲罪行的痴迷，难道没有暴露他与韦德这个淫荡人物的暗通款曲？

　　在这里，克林特·伊斯特伍德（Clint Eastwood）的《神秘河》（*Mystic River*）引人注目，因为它为这样的暴力性的"向行动过渡"提供了独一无二的扭曲。由西恩·潘（Sean Penn）扮演的吉米·马库姆（Jimmy Markum）、由蒂姆·罗宾斯（Tim Robbins）扮演的戴夫·波伊尔（Dave Boyle）和由凯文·贝肯（Kevin Bacon）扮演的西恩·迪瓦恩（Sean Devine）那时还是孩子，一起在波士顿的一个穷乡僻壤长大。他们平时在街上玩棍子球游戏，打发时光。生活就这样风平浪静，波澜不惊，直至一个不假思索的决定永远彻底地改变了每个人的人生进程。一个原初性、"奠基性"的暴力行为开启了循环性运动。它便是对少年戴夫的绑架和连续强暴。犯案者是一个打着牧师旗号的当地警官。牧师和警官代表两个关键的国家机器——警方和教会，一个是暴力镇压的国家机器，一个意识形态的国家机器，即弗洛伊德在其《群体心理学与自我之分析》中提及的"军队与教会"。如今，25 年过去了，另一个悲剧性事件——吉米 19 岁的女儿遇害——使三人重逢。西恩现在是警官，被指定负责此案的侦破。吉米在突然和可怕地失去女儿后，心无旁骛，一心一意地报仇雪恨。陷入旋涡的是戴夫，他现在失魂落魄，挣扎着摆脱自己心中的魔鬼。随着调查慢慢接近真相，戴夫的太太塞莱斯特（Celeste）越来越疑神疑鬼，越来越感到恐惧，并把自己的怀疑和恐惧向吉米和盘托出。作为受挫的付诸行动（acting-out），两起凶杀案出现了：戴夫杀死了一个当时正在车内与男孩发生同性恋行为的人；吉米则杀死了戴夫，因为他相信，正是戴夫杀害了他的女儿。不久，西恩告诉吉米，警方已经找到真正的凶手，他杀错了人，杀了自己亲密的朋友。

　　影片以家庭救赎这个怪异的场景作结。吉米的太太安娜贝丝（Annabeth）把家人紧紧团结起来，以经受暴风雨的考验，安全渡过难关。她以冗长但动人的言辞恢复了吉米的自信。她赞美他，说他是强大和可靠的一家之长，总是准备做出必要的牺牲，以保护家庭这个港湾。尽管做了符号性的和解，尽管对这场灾难（杀错了人）的扬弃表面上大功告成（在影片的最后一幕，西恩一家在观看爱尔兰游行，重新成为"正常"的家庭），但可以说，它对家庭纽带的救赎力量做了最强烈的控诉：这部电影为我们提供的教益并非"家庭纽带可以治愈一切创伤"，家庭是避风港，能使我们避免最可怕创伤；相反，这部电影为我们提供的教益是，家庭是一部畸形的意识形态机器，它使我们无视自己犯下的最可怕的罪恶。这样的结局远远没有带来净化，相反，它是绝对反净化的。它使我们这些观众苦涩地发现，到头来，什么问题也没有得到真正解决，我们正在目睹对家庭的伦理之核的淫荡嘲弄。[1]［我们能够想到的唯一类似的场景，便是约翰·福特执导的《要塞风云》(Fort Apache)。在那里，约翰·韦恩 (John Wayne) 当着一群记者的面赞美亨利·方达的高贵的英雄主义，而亨利·方达其实是一个残酷无情的将军，他死于对印第安人毫无意义的攻击。］今天，在我们这个黑暗的年代，或许我们能做的全部事情就是揭露所有救赎努力的失败，展示对下列姿势的淫荡嘲弄——使我们与我们被迫实施的暴力达成妥协。或许约伯是今天真正的英雄，即这样的人——拒绝在自己蒙受的苦难中寻求任何深层的意义。

(4) 鸡的浑然不知

是暴力性迸发，却又是基本被动性之征兆；是遁入静止状态，却又是最彻底的暴力行为。暴力的这些沧桑之变，令人想起很久之前极端保守派威廉·巴勒特·叶芝 (William Butler Yeats) 对 20 世纪所做的诊断：

> 血色浪潮汹涌澎湃，纯真之典全被淹没；至善者信心尽失，至恶者激情四射。

这一诊断的关键包含在"纯真之典"的短语之中。要在伊迪丝·华顿 (Edith Wharton) 的"纯真时代"(age of innocence) 一词的意义上理解这一短语：牛顿的太太，即小说标题所指的"纯真"之人，并不天真地相信，自己的丈夫忠实于她。她很清楚，他与奥兰斯卡伯爵夫人 (Countess Olenska) 早已如漆似胶。只是出于礼貌，她才对此完全无视，并以自己的言谈举止告诉世人，她相信自己的丈夫……

在马克斯兄弟出演的一部影片中，格鲁乔·马克思 (Groucho Marx)

1　在电影中，三桩婚姻全都被描述为存在根本缺陷的婚姻：西恩因为妻子的离开伤痕累累；戴夫的妻子不信任并背叛他，造成了他的死亡；吉米的妻子表现出过度的信任，提供了虚假的安全感。

撒下了弥天大谎却被人识破，于是恼羞成怒地狂叫："你到底相信什么，相信你的眼睛还是相信我说过的话？"这个显然荒唐的逻辑完美地揭示了符号秩序的运作。在符号秩序运作时，符号性的面具－委任远比戴着这个面具或接受这个委任的人的直接现实重要。符号秩序的运作涉及"恋物癖式否认"具有的结构："我很清楚，事情一如我亲眼所见（这人就是个利欲熏心的胆小鬼），但尽管如此，我还是对他心怀敬意，因为他佩戴着法官的徽章，所以他说话时，说话的不是他，而是律令，律令正在通过他说话。"[1] 所以在某种程度上，我实际上相信他说过的话，而不相信自己的眼睛：我相信存在着另一个空间（Another Space），即纯粹的符号权威之域，它比其代言人更重要。因此，对现实进行狗智式化约是不恰当的：当法官说话时，与法官这个人的直接现实相比，他的言词中包含着更多的真理。如果我们把自己局限于"亲眼所见"，我们就会不得要领。这个悖论就是拉康以其"不愿上当，必定犯错"表达出来的旨趣：那些不愿忍受符号性欺骗／虚构并继续相信眼见为实的人，犯错最多。"只相信自己的眼睛"的狗智派无法看到符号性虚构的功效，更无法理解，这种虚构结构着我们对现实的体验。同样的分裂还出现在我们与邻居结成的最为隐秘的关系中：我们与邻居相处，仿佛并不知道邻居也会体味不佳，也要排泄粪便，等等。最低限度的理想化，最低限度的恋物癖式否认，是我们友好共处的基础。

同样的恋物癖式否认，难道不能用来说明理想化姿势（idealizing gesture）的崇高美？从安娜·弗兰克[2] 到信赖苏联的美国共产党人，到处可以发现这样的理想化姿势。尽管我们知道斯大林主义骇人听闻，但我们依然钦佩麦卡锡政治迫害的受害者，他们勇敢地坚守了对共产

1　在埃塞俄比亚的基督徒看来，狮子是神圣的动物，因此会遵守安息日，即是说，安息日不"工作"（寻找食物）。但是，尽管相信狮子有其神圣性，他们还是知道狮子对他们的绵羊构成了威胁，所以不会在安息日把它们带到牧场上……这可能是恋物癖式否认的一个例证，但实际上，它把恋物癖式否认颠倒了过来。它把标准的"我知道，但即便如此……［我相信……］"颠倒成了"我相信你，但即便如此，我很清楚……"

2　安妮·弗兰克（Anne Frank），即安内莉斯·玛丽·"安妮"·弗兰克（Annelies Marie "Anne" Frank, 1929—1945），生于德国法兰克福，犹太女孩，大屠杀中最著名的受害者之一。她用 13 岁时得到的生日礼物——日记本——写下了著名的《安娜日记》，记录了从 1942 年 6 月 12 日到 1944 年 8 月 1 日的亲身经历，为纳粹德国灭绝犹太人提供了见证。——译者注

主义的信仰和对苏联的支持。这里的逻辑与安娜·弗兰克的逻辑完全一致。安娜·弗兰克在自己的日记中表达了人类的终极善良（ultimate goodness）的信仰，尽管第二次世界大战期间出现了针对犹太人的滔天罪行。总之是声称相信人类本质上的善良，使得如此声称变得崇高的，正是下列两者的分裂：其一是这种声称，其二是与这种声称完全相反的排山倒海的事实证据。使得如此声称变得崇高的，是否认真实事实状态的积极意愿（active will）。或许这是最为基本的形而上学姿势：拒绝接受实在界的全然愚蠢性，否认它，寻求隐藏在实在界之后的另一个世界。因此，大对体就是谎言之秩序（order of the lie），是真诚地撒谎之秩序（order of lying sincerely）。"至善者信心尽失，至恶者激情四射"正是在这个意义上说的。即使至善者也不再能够维持自己的符号性纯真（symbolic innocence），不再能够全然介入符号性仪式，"至恶者"、暴徒则投身于（种族主义、宗教、性别主义……的）狂热行动。至善者与至恶者的对立，不是准确地描述了下列两者在今天的分裂：一者是心胸宽阔却又半死不活的自由主义者，一者是"激情四射"的原教旨主义者？

这把我们带到了有关原教旨主义的公式上：被排除在符号界（符号秩序）的东西，在实在界（直接知识这一实在界）中回归了。原教旨主义者并不相信，他直接知道。换句话说，自由的－怀疑的狗智主义（liberal-skeptical cynicism）和原教旨主义共享一个基本、潜在的特征：就"相信"一词的真正意义而言，他们丧失了相信的能力。对狗智主义和原教旨主义来说，宗教陈述是有关直接知识的拟经验性陈述：原教旨主义对它们照单全收，疑心重重的狗智派对它们百般嘲弄。在它们看来，不可思议的是决策（decision）这个"荒谬"行为。如此"决策"设置每个纯真的信仰，不以"理性"链为根基，不以实证知识为根基。对它们而言，不可思议的是安娜·弗兰克之类的某些人的"真诚的虚伪"。正如我们看到的那样，安娜·弗兰克在面对纳粹骇人的邪恶行径时，以其"因为荒谬，我才相信"的真正行动，表达了她对全部人类的根基之善（fundamental goodness）的信仰。难怪宗教原教旨主义者通常都是激情澎湃的数字黑客，还总是把宗教与最新的科学成果相结合：对他们而言，宗教陈述与科学陈述属于同一个实证知识模态。（从这个意义上说，

"普遍人权"的身份与纯粹信仰的身份无异：他们都无法以我们有关人性的知识为根基，它们都是由我们的决策设置的公理。）我们因此被迫得出悖论性的结论：在传统的世俗人道主义者与宗教原教旨主义者的对立中，人道主义者代表信仰，原教旨主义者代表知识。简言之，原教旨主义的真正危险并不在于它对世俗的科学知识构成了威胁，而在于它对纯正的信仰本身构成了威胁。

我们在此获得的第一个教益是，由处于统治地位的意识形态强加于人的选择（"原教旨主义还是自由主义"），不是真正的选择：我们总是不得不寻找第三种可能性。有关第二次现代性或反射性"风险社会"的一个惯用话题是，我们今日面临着太多的选择。我们忍受着真正的选择暴政（tyranny of choices）。我们在预订酒店房间时通常获得的体验，可以极佳地证明这一点：只有在回答了一连串的问题和做出了一系列的选择后，我们的预订才能得到确认。"吸烟不吸烟？早晨把报纸送到房间？早餐送到房间？枕头要软的还是硬的？……"不过，这种选择的表象不应该令我们上当：它是其对立物的表象模式。在社会的基本结构方面，它缺乏任何真正的选择。（就酒店的预订而言，我们必须找到酒店……）[1] 萨特曾经借助一个例证讨论那个著名的伦理两难之境：在维希政府执政期间，一个青年感到左右为难，因为一方面他要照料他那年迈多病的母亲，一方面又想加入抵抗军。如今在面临这样的伦理两难之境时，我们禁不住会做出如下的自发反应："我会告诉母亲，我必须离她而去，加入抵抗军；我会告诉我的抵抗军联络员，我必须照料我的母亲，无法与他们一起作战。这样我能躲在家里，巧妙地逃离战争！"处于统治地位的意识形态把选择强加于我们：我们只有做出正确的选择，才能自由地选择。"民主政体还是恐怖行径？"谁又会选择恐怖行径？不过，事关激进政治行为的选择同样是强迫的——我们"先被人挑选，然后再做选择"，我们被迫做我们做的事情。如此说来，我们今天的选

---

1 在迷人的 20 世纪 60 年代，对于女性而言，空姐是很刺激的职业。当然，这样的职业更能满足男性的幻象，因为空姐这一形象的迷人之处部分地在于，她是男人可以手到擒来的性对象，亦即这样的梦想：当空姐在飞机上为我们提供饮料时，可以这样解读她提供的服务——其中包含着隐含的补充："要咖啡、茶……还是我？"

择是在两种被迫的选择中做出的选择。如同他们在好莱坞最近制作的一部法庭剧［《告白》（*Confession*），由戴维·琼斯（David Jones）执导，1999］中所言：做正确的事情并不难，难的是弄清楚什么才是正确的事情。一旦我知道了什么是正确的事情，想不去做都难。

结果，真正辩证的社会政治分析信守的第一原则是，二（基本对抗）通常总是不得不显现为三：给定的社会政治领域在表面上被结构的方式，界定自身的动力结构的公开斗争，从来都不是"真正"的潜在对抗，我们不得不寻找第三个代理。从古代中国到如今的晚期资本主义，这个原则屡试不爽。古代中国的意识形态格局是由儒家思想（依赖于传统的习俗、权威和教育）与道家学说（自发的自我启蒙）的对立雄霸的，但要借助于由毛泽东改造的"法家"这个第三种立场。依我们的理解，如今的意识形态格局是由下列两者的对立决定的：一者是新保守派的原教旨主义民粹主义（fundamentalist populism），一者是自由主义的多元文化主义，它们相辅相成，全都排除了第三种可能。这使我们能够提出"革命形势"这个正确的形式概念（formal concept）：革命形势是这样的形势，在那里，对抗直接显现为自身，被直接"体验"，这是例外性的，也是暂时性的；在那里，官方意识形态斗争的面具脱落了，官方的对手发现了他们与官方的"深层一致"，并开始分享官方的关切。这时形势被化约为真正的潜在对抗——不再具有保守派与进步派、极权主义者与民主主义者、法家与民粹主义者、原教旨主义者与自由主义者，以及所有其他的虚假对立，剩下的只有我们与他们。[1]

从叶芝那里获得第二个教益涉及符号性虚构的身份问题。不妨回忆一下在希区柯克的影片《西北偏北》中出现的联合国谋杀现场：就在加里·格兰特忙着与一位联合国高级外交官交谈时，藏在两人身后的走廊里的凶手飞刀刺向外交官的后背。正在滔滔不绝的外交官突然不再说话，双目外凸，向前跌去，倒在格兰特的膝上；格兰特不假思索地拔

1　我记得，我年轻时，在 20 世纪六七十年代的老南斯拉夫，斯洛文尼亚哲学界出现了类似的格局："法国结构主义"出现时，这些"不共戴天的敌人"开始以同样的语言反对它。当时的斯洛文尼亚哲学界是由下列两者间的对立支配的：一者是（官方）的法兰克福学派的马克思主义者，一者是（意见与之相左的）海德格尔派。

出了插在外交官后背上的刀子。恰在这时，一个恰巧就在附近的摄影师拍下了这个场面。这张照片很快出现在所有报纸的头版上，它是犯罪的"证据"，照片上的凶手握着武器，显然刚刚把人杀死……这一幕不仅告诉我们有关摄影纪实也不真实的道理，而且和欺骗性表象的所有个案一样，它的不真实包含着些许的真理。在这种情形下，真理就是叛逆之罪。

"真理具有虚构的结构。"还有什么比卡通更能证明这个论点？在卡通中，有关现存社会秩序的真理是直接描绘出来的，由"真实"演员出演的叙事电影反而不允许这样做。不妨回想我们在激烈打斗的卡通中（动物们在那里打作一团）看到的社会形象：无情的生存斗争，残酷的陷阱和攻击，把他人当成傻瓜并大肆盘剥……如果在由"真实"演员出演的故事片中讲述同样的故事，毫无疑问，影片要么无法通过审查，要么会被荒诞地指责为过度悲观。[1]对这一悖论的终极确认，不就是纳粹集中营吗？社会上流行的观念是，如果直面现实会导致因为过于强烈而不堪忍受的创伤，我们就会逃之夭夭，遁入虚构了事。然而，对大屠杀进行艺术描绘，如此做法的命运不是证明了与此完全相反的看法？尽管十分可怕，我们依然能够观赏有关大屠杀的纪录片，审视有关这场大灾祸的档案，但下列行为中却透着虚假——试图为灭绝集中营中发生的事件提供"写实"的叙事性虚构。这个事实比它初看上去更为不可思议：一者是观赏有关奥斯威辛集中营的纪念片，一者是对奥斯威辛集中营中发生的一切作令人信服的虚构性刻画，前者竟然比后者更容易，这究竟是怎么回事？为什么有关大屠杀的优秀影片全是喜剧片？我们应该在此

---

1 当然，卡通也有其正面：虽然缺乏现实主义深度，虽然"不死"的身体具有可塑性，等等，但卡通世界还是展示了乌托邦潜能。正如埃丝特·莱斯利（Esther Leslie）指出的那样，至关重要的转移发生在20世纪30年代中期。早期的卡通具有无政府主义的可塑性（anarchic plasticity），缺乏深度，一味插科打诨，后来才有了迪士尼的较长的故事卡通片，才展示出更具"现实主义"特点和充满情感的世界。这个驯化过程与马克斯兄弟的驯化过程遥相呼应。《鸭羹》（*Duck Soup*）在财政上失利后，欧文·托尔伯格（Irving Thalberg）和米高梅电影制片公司重新打造了他们：与无数乏味的音乐片一道，他们的颠覆性的插科打诨表现出来的无法控制的挑衅和无法无天的精神，被改造成了爱情叙事的因素。简言之，他们被化约成了这样的角色：陷入困境的情侣的仁慈帮助者，使情侣最终携手而归。See Esther Leslie, *Hollywood Flatlands* (London and New York: Verso, 2002).

对阿多诺做出更正：奥斯威辛之后不可能的不是诗，而是散文。因此，纪录写实主义（documentary realism）是留给那些无法忍受虚构的人们的，是留给那些无法忍受幻象之过度（excess of fantasy）的人们的。这样的幻象之过度存在于每部叙事性虚构中。秉持现实主义的散文失败了，对难以忍受的气氛（unbearable atmosphere）的诗意召唤更能切中要害。也就是说，在阿多诺宣布奥斯威辛之后诗歌已经不再可能时，这种不可能性乃是"自使之然的不可能性"（enabling impossibility）：根据定义，诗歌永远都是"有关"无法直接面对、只能间接暗示的事物的。在这里，我们不应害怕更进一步，提到那句古语：词语无能之时，乃音乐兴起之日。如果在下列普通智慧中也存在某些真理呢：以某种历史的预感，早在奥斯威辛事件之前，勋伯格的音乐就已表达对奥斯威辛事件的焦虑，展示了奥斯威辛的噩梦？[1]

因此，"原教旨主义"既不涉及信仰本身，也不涉及其内容；使"原教旨主义者"非同寻常的，是他与自己的信仰相关联的方式；有关它的最基本的定义，应该将焦点置于信仰的形式身份。德里达在《信仰与知识》（"Faith and Knowledge"）[2]中探索了这两个术语的内在联系：知识总是依赖于居于知识之先的基本行为，即信仰，包括对符号秩序的信仰，对世界的基本合理性的信仰；与此同时，宗教越来越多地依赖科学知识，尽管它否认这种依赖，如以现代媒介传播宗教，以最新的科学进展达到宗教的目的，等等。或许这种联系在新世界赛伯诺斯替教（New Age cyber-Gnosticism）那里达到了顶峰。也就是说，精神性已经以我们的生命世界的数字化和虚拟化为根基。如果我们为这个联系添加另一种扭曲呢？如果所有版本的新蒙昧主义信仰，从阴谋理论到非理性神秘主义，全都是在信仰本身失败之后，全都是在对大对体、符号秩序

1　可对维特根斯坦《逻辑哲学论》著名的最后一句话做伪精神分析的解读：对于不能说的东西，我们应该大叫一声。一旦具有表达力的言词宣告失败，我们应该以疯狂的呐喊补充之。——作者注。《逻辑哲学论》的最后一句话是："对于不能说的东西，我们应该保持沉默。"（Whereof one cannot speak, thereof one must be silent.）——译者注

2　See Jacques Derrida, "Faith and Knowledge," in *Religion*, ed. Jacques Derrida and Gianni Vattimo (Stanford: Stanford University Press, 1998).

的基本依赖失败之后才兴起的呢？如今的情形不就是如此吗？[1]

几十年来，拉康派中间一直流传着一个经典笑话。它以实例证明了大对体之知。[2] 某人相信自己是一粒种子，于是被送进精神病院，那里的医生费劲九牛二虎之力，才让他相信，他不是种子，而是人。他终于痊愈了，相信自己不是种子而是人了，于是获准出院。但没走多远又回到医院，上下颤抖，惊恐不安，因为门外有一只鸡，他害怕鸡会吃掉他。"我的好伙计，"大夫说，"你已经很清楚，你不是种子，而是人。""我当然知道，"患者回答道，"鸡知道吗？"这是精神分析治疗的真正风险之所在：仅仅把患者的征兆的无意识真相告诉他，令他口服心服，是不够的；还必须诱使无意识本身接受这个真相。这也是汉尼巴尔·莱克特这个原拉康派（proto-Lacanian）犯错的地方：主体的真正创伤内核不是羔羊的沉默，而是鸡的浑然不知……[3]

这道理不同样适用于马克思所谓的商品恋物癖？这里再次引用《资本论》第 1 章第 4 节"商品恋物癖及其秘密"的起始句："初看上去，商品似乎是相当琐碎之物，很容易为人理解。对它的分析表明，其实它

1　乔治·布什计划使社会保障私有化，一家报纸的专栏对这个计划发起攻击，这为对大对体信仰的依赖添加了一个扭曲："换言之，私有化需要美国人接受一种理论（股票优于债券），只有很多美国人相信这个理论虚假不实时，这个理论才能成立。白宫竭尽全力使每个人相信，这个理论是成立的。如果这种努力成功，那个理论就必败无疑。"见迈克尔·金赛（Michael Kinsey），《"私有化"的空洞炒作》（"Privatization's Empty Hype,"），《洛杉矶时报》（*LA Times*），2004 年 12 月 26 日。感谢杰夫·马丁内克（Jeff Martinek），他引起了我对这个文本的注意。

2　"大对体之知"（Other's knowledge）中的"知"（knowledge），不仅指知识，而且指知晓。"知识"在汉语中指人类认知的成果，是静态的；"knowledge"在英文中不仅指知识，而且指知道、知晓这个动态过程。"大对体之知"指"无意识之知"——你知道，只是你不知道你已经知道。你在意识层面上对知觉的修订，未必得到了无意识的呼应与协调，故而形成诸多人格的矛盾，形成诸多的"二律背反"。有个笑话揭示了这个道理（为什么只有笑话才能揭示这样的道理？为什么笑话可笑？或许可以从这里找到答案）。甲："你冷吗？"乙："不冷。"甲："那你为什么哆嗦？"乙："冻的。"——译者注

3　汉尼巴尔·莱克特（Hannibal Lecter）是影片《沉默的羔羊》（*The Silence of the Lambs*，其实应译为《羔羊的沉默》）中的人物，由大名鼎鼎的安东尼·霍普金斯出演。他本是精神病学专家，不仅知识渊博、智商极高，而且思维敏捷、沉着冷静、足智多谋，可惜有食人肉的恐怖嗜好。联邦调查局实习特工克拉丽斯奉命与他周旋，希望他能协助警方办案，但他要求克拉丽斯说出个人经历，以换取他的帮助。克丽丝童年时因为失怙而被寄养在乡下牧场。一天早晨，她在听到了待宰羔羊的鸣叫，出于同情和怜悯，想拯救它们，结果不仅没有成功，自己也被送走，心理上留下了严重的创伤。——译者注

是相当诡异之物，充满了形而上学的微妙和神学的精密。"[1]这几句话理应使我们感到惊讶，因为它颠覆了消解神学神话（theological myth）之秘密、挖掘神学神话之世俗根基的标准步骤。马克思并没有以启蒙批判的寻常方式宣称，批判性的分析应该证明，表面上看颇具神秘色彩的神学实存物，实际上来自"平凡"的现实生活过程。相反，马克思宣称，批判性分析的使命是，在初看上去平淡无奇的物体那里发现"形而上学的微妙和神学的精密"。换言之，一旦批判的马克思主义者与沉溺于商品恋物癖的资产阶级主体相遇，马克思主义者对他的责备不是："商品在你看来是具有特殊力量的神奇物体，但它其实只是人与人的关系的物化形式。"真正马克思主义者的责备会是："你可能觉得，商品在你看来只是社会关系的简单体现（例如，货币只是某种凭证，它使你有权利拥有社会产品的一部分），但这并非事物的本来面目——在你的社会现实中，借助于你对社会交换的参与，你目睹了一个离奇的事实——商品真是具有特殊力量的神奇物体。"换言之，我们可以设想，某个资产阶级主体选修了马克思主义课程，老师在课上对他讲解商品恋物癖问题；课程结束后，他回到老师那里，抱怨他依旧是商品恋物癖的牺牲品。老师告诉他："但你现在已经知道事情是怎样的，商品只是社会关系的表现形式，商品本身没有任何神奇可言！"学生对此的回答是："我当然知道这一切，但是，跟我交道的商品似乎对此一无所知。"这种情形是马克思在其有关商品的著名虚构中引用的。那里开始了彼此的对话：

> 假如商品能说话，他们会这样说：我们的使用价值或许引发人们的兴趣，但使用价值并不属于我们这些物体。属于我们这些物体的，是我们的价值。我们作为商品进行的交流证明这一点。我们只是作为交换价值才彼此关联起来的。[2]

1　Karl Marx, *Capital*, vol. 1 (Harmondsworth: Penguin, 1990), p. 163.
2　Ibid., pp. 176–177.——作者注。参见中文版："假如商品能说话，它们会说：我们的使用价值也许使人们感到兴趣。作为物，我们没有使用价值。作为物，我们具有的是我们的价值。我们自己作为商品物进行的交易就证明了这一点。我们彼此只是作为交换价值发生关系。"见马克思：《资本论》（第一卷·上），中央编译局译，人民出版社1975年版，第100页。——译者注所以，再说一遍，真正的使命不是说服主体，而是说服鸡与商品：不是改变我们谈论商品的方式，而是改变商品彼此之间交流的方式……阿伦卡·祖潘奇克在这里始终如一，并设想了一个事关上帝本人的绝妙例证：

> 在某个开明的社会里，比如说吧，在一个实施革命恐怖政策的社会里，某人因为相信上帝而身陷囹圄。借助于种种措施，特别是借助于开明的解释，他终于恍然大悟，原来上帝并不存在。因此他被释放。但不久他又跑了回来，解释说他害怕因此遭受上帝的惩罚。他当然知道上帝并不存在，但上帝也知道这一点吗？[1]

当然，这正是在基督教中发生的事情。基督被钉在十字架上，奄奄一息，喃喃自语："父亲，父亲，你为什么把我离弃？"在这里，在一个短暂的时刻内，上帝也不再相信自己。或如切斯特顿（G. K. Chesterton）以强调的语气所言：

> 一旦世界摇摇晃晃，一旦太阳被逐出天堂，问题就不再是被钉死在十字架上，而是十字架上的哭喊。来自十字架上的哭喊表明，上帝已经被上帝离弃。现在，让革命者在所有的信条中挑选一个信条，在世上所有的上帝中挑选一个上帝，仔细地权衡所有的上帝，看哪个上帝会无可阻挡地重现，看哪个上帝具有永不改变的力量。他们不会挑选另一个也在造反的上帝。不会的（对于人类的言词而言，事情变得越来越难于表达），但让无神论者挑选一个上帝吧。他们只会找到一个从来都不表达他们孤独的神，只会找到一个上帝似乎瞬间成为无神论者的宗教。[2]

正是从这个意义上说，今天的时代或许不比任何先前的时代更具无

1　Alenka Zupancic, "'Concrete Universal' and What Comedy Can Tell Us About It", to appear in *Lacan:The Silent Partners*, ed. Slavoj Žižek (London and New York:Verso, 2005).

2　G. K. Chesterton, *Orthodoxy* (San Francisco: Ignatius Press, 1995), p. 145.

神论色彩：我们全都沉湎于彻底的怀疑主义，全都凡事保持狗智的距离（cynical distance），"不抱任何幻象"地利用他人，打破所有的伦理制约限制，投身于极端的性实践，等等。这些全都受到了沉默知晓（silent awareness）的保护——大对体对此一无所知：

> 主体准备身体力行，彻底改变，但前提是，他能在大对体那里保持不变，在作为外部世界的符号界中保持不变。用黑格尔的话说，在符号界中，主体对自身的意识被体现、物化为还不知道自己就是意识的某种事物。在这种情形下，对大对体的信仰，对"相信大对体并不知道"这种现代信仰形式的信仰，正在帮助保持事物状态不发生变化，无论主体发生了怎样的突变，做了怎样的排列，都是如此。只有在主体获知大对体知道（它并不存在）时，主体的世界才会真的改变。[1]

当然，一个明显的反论在此冒将出来：大对体其实并不存在，存在的只是我们的活动。或者直截了当地说，商品彼此之间并不交谈，这种神奇特质是我们赋予商品的。上帝并不存在，所以上帝无法知道也不知道他已经死去……没错，但问题的实质在于：正如黑格尔会说的那样，大对体——社会精神实体（social-spiritual Substance）——本身并不存在，它只是作为参照点而存在，它是由无数个人的嘈杂的活动和互动激活的。这是我们正在谈论的分裂——主体之知与大对体之知的分裂——是主体本身所固有的分裂的原因。它是下列两者间的分裂：一者是主体知道的东西，一者是主体假定大对体知道的，或主体归之于大对体的东西。这是它能在主体获知大对体知道它本不应知道的东西时对主体产生如此震撼性的冲击的原因。[2]

尼尔斯·玻尔（Niels Bohr）不仅对爱因斯坦的"上帝不会掷骰子"做出了正确的回应（"别对上帝该做什么指手画脚！"），而且提供了一

1　Zupancic, "'Concrete Universal' and What Comedy Can Tell Us About It."
2　此句甚绕，附上原文，供读者参考："which is why it has such a shattering impact on the subject when he learns that the Other knows what it was supposed not to know."

个完美的例证，表明信仰方面的恋物癖式否认是如何在意识形态中发挥作用的。见他的门上有一个马蹄铁，惊讶的来访者说道，他不盲目地相信这会带来好运。玻尔立即做出反驳："我也不相信这会带来好运；我把它放在那里，是因为我听说，不管你相信不相信，它同样有效！"这个悖论表达得一清二楚的，是信仰成为一种反射性态度（reflexive attitude）的方式：它从来都不是简单的相信或不相信的问题，我们必须相信有人在相信，不论我们相信不相信。克尔凯郭尔做出下列断言是正确的：我们并不真的相信（基督），我们只是相信有人相信（believe to believe）基督而已。克尔凯郭尔的断言之所以是正确的，原因就在这里。玻尔只是使我们直面对这种反射性（reflexivity）的合乎逻辑的否认而已（我们还是能够不相信自己的信仰的……）。[1]

在某些情况下，匿名戒酒互助社（Alcoholics Anonymous）与帕斯卡尔迎头相遇："假装，直至弄假成真。"不过，这种习俗的因果关系比它初看上去更为复杂：它没有解释信仰是如何形成的，只是呼吁他人对此做出解释。要详细说明的第一件事是，在理解帕斯卡尔的"跪下，然后你会相信"时要明白，它与某种自我指涉的因果关系（self-referential causality）有关："跪下，你就会相信，你之所以跪下，是因为你相信了。"要详细说明的第二件事是，在意识形态的"正常"的狗智式运作过程中，信仰被转移给了另一个信仰，转移给了"想必相信的主体"。所以真正的逻辑是这样的："跪下，你会因此使别人相信！"我们不得不在字面上理解这一切，甚至冒险颠倒帕斯卡尔的公式："你觉得自己相信的太多，太直接？你发现自己的信仰因其粗糙的直接性而过于压抑？那跪下吧，假装你相信了，你就会摆脱你的信仰——你将不再不得

---

1 不怀好意地到处寻找"阳物符号"（phallic symbols），进而嘲弄弗洛伊德的阳物概念，这种做法如今依然非常时髦。例如，一旦某个故事提到强劲的前突运动，就会有人认为，这种运动代表着"阳物的插入"。或者，如果某个建筑高耸入天，那它显然是"阳物性"的，等等。我们不禁注意到，那些做此评论的人从来都没有完全认同自己的评论。他们或者把对"无所不在的阳物符号"的相信归咎于某个神秘的、正统的弗洛伊德派，或者他们认可阳物的意义，却又把这意义当成有待批评、克服之物。这种情形的讽刺意味在于，随处看见阳物符号的朴素的、正统的弗洛伊德派并不存在，它是批评者自己虚构出来的，是批评者的"想必相信的主体"。在这两种情形下，唯一相信阳物符号的人是批评者自己，他通过别人相信——他把自己的信仰"投射"（或移置）到虚构出来的他者身上。

不相信，你的信仰将成为"外存在"（ex-sist），你的信仰将体现在你的祈祷行为上！"也就是说，如果某人跪下，祈祷不要过多地恢复自己的信仰，而是相反，祈祷摆脱自己的信仰，摆脱过多的亲近性，获得更多的喘息空间，与之保持最低限度的距离，情形会怎样？相信，即在没有仪式这个外在化的中介时"直接"相信，是沉重的、压抑性的和创伤性的负担。通过某种仪式，人会获得机会，把信仰转移给大对体。[1]

如果存在着弗洛伊德式的伦理指令，这指令会是：我们应该鼓足勇气，坚守自己的信念；我们应该勇敢地全盘承担自己的认同（identification）。[2]这道理完全适用于婚姻。有关婚姻的标准意识形态的隐含预设（或指令）是，婚姻之中不应有爱。因此，关于婚姻，帕斯卡尔式的公式不是"你不爱自己的伴侣？那与他喜结连理吧，经过共同生活这一仪式，爱会不请自至！"帕斯卡尔的公式与此相反："你深爱某人？与之结为夫妻，使你们的爱情关系仪式化，以摆脱这种过度的激情依附，用无聊乏味的日常事务取而代之。如果你无法抵御激情的诱惑，总有人等你红杏出墙……"

当巴迪欧[3]强调双重否定不等于肯定时，他只是借此确认了黑格尔式的陈旧格言——不愿上当，必定犯错。且以"我相信"这一断言为例。对它的否定是："我并不真的相信，我只是假装相信。"不过，它的真正的黑格尔式的否定之否定并不是回到直接的信仰，而是自我关联的假称（self-relating pretense）："我假装着假装相信"。它的意思是："我真的相信，而不需要知道我真的相信。"如此说来，如今的意识形态批判的终极形式不是一大讽刺吗？这里的讽刺是在严格的莫扎特的意义

1　何以影迷总是迷恋穿帮、小错？《西北偏北》中出现的那个捂着眼睛的传奇般的孩子，就是一例。发现穿帮、小错，我们会从中获得巨大的快乐，却远远没有毁灭剧情幻觉（diegetic illusion），反而以某种恋物癖式的否认强化了幻觉。信仰的彻底含混性不都包含在这一悖论中吗？我们在发现穿帮时获得的快乐不就是我们的自我对我们的无意识信仰（unconscious beliefs）的复仇吗？——作者注。其实，《西北偏北》中出现的那个孩子没有捂着眼睛，而是捂着耳朵。大约在影片进行到1小时45分钟左右时，也就是在伊芙向罗杰开枪之前，伊芙背后的一个小男孩仿佛害怕听到枪声，立即捂住了耳朵。那时枪声未响，而且小男孩无法看到端枪的伊芙。——译者注

2　第一次世界大战带来的创伤性冲击甚至超过了第二次世界大战。究其原因，如同弗洛伊德在其《眼下对战争与死亡的思考》（"Thoughts for the Times on War and Death"，1915）中所言，在1914年，"我们一度不相信会爆发的战争爆发了"，不可思议的事情发生了。

3　见其（尚未出版的手稿）《世界的逻辑》。

上说的：比发出陈述的主体更严肃地对待陈述。或者，如同笛卡儿在其《方法谈》第3章的开篇所言："很多人并不知道自己真正相信什么；因为作为一种心理行为，相信一件事情不等于我们知道自己相信那件事情，知道一种行为不等于知道另一种行为。"[1]

（5）谁害怕原教旨主义这个大坏蛋？

在所谓"原教旨主义者"那种情况下，意识形态的这种"正常"运作（即意识形态信仰被转移给大对体），还是受到了直接信仰（他们"真的相信"）的暴力回归的干扰。由此导致的第一个后果是，如同拉康在谈及萨德侯爵时所言，原教旨主义者为自己的幻象所捉弄，直接认同自己的幻象。我记得自己年轻时有个关于儿童来源的幻象：在获知儿童是怎么来的后，我依然没有受胎的精确概念，所以我想，人必须每天做爱，九个月内连续不断，儿童才会生下来。在女人的子宫里，儿童是用精子堆积起来的，每次射精都像盖大楼时的添砖加瓦……人们只是玩弄这样的幻象，并不"严肃对待它"。这是幻象实现其功能的方式，而原教旨主义者无法与自己的幻象保持这种最低限度的距离。

让我用艾尔弗雷德·耶利内克（Elfriede Jelinek）执导的影片《钢琴教师》（*The Piano Teacher*）来澄清这一点。可以认为这部影片讲述的是一个精神病患者的故事。这位患者缺乏用以组织其欲望的幻象坐标。在影片演到一半时，她前往播放录像的小房间，在那里观赏赤裸裸地展示性行为的色情片。她这样做，只是为了学习那些招式，学着做爱。她给自己预期的情人写了一封信，把她在小房间里看到的一切和盘托出……她的精神错乱和缺乏幻象坐标，还明显表现在她与她母亲的怪异关系中

1　罗伯特·普法勒（Robert Pfaller）曾在《他人的幻觉》（*Illusionen der Anderen*，Frankfurt: Suhrkamp 2002）中赞美古代或东方的文化，并以其没有主体的信仰（beliefs without a subject）的流行，反对西方基督徒和现代人对待某个主体充分接受的信仰的迷恋。他这样做时，难道没有因此落入巴特（关于日本）、韦尔南（关于古希腊）、福柯的晚期著作（关于古希腊）等人的陷阱？他们全都提出了某个文明的视境。这样的文明没有禁欲的主体，守则（codes）和信仰在那里自由流通。它使我们沉溺于快乐，又不带来创伤性的愧疚和责任。如此视境不就是欧洲的幻象性投射吗？它把自己的意识形态幻象——清除了实在界的创伤性切割（traumatic cut of the Real）的空间——投射到了大对体身上。

（她在夜里拥抱母亲并开始亲吻她，这表明她完全缺乏欲望的坐标，而只有欲望的坐标才能把她引向确定的客体），表现在她用剃刀切割自己的阴道这一行为中。这个行为注定会把她带入现实。[1]在影片的结尾处，女主人公在刺伤自己后走出了音乐厅。她在那里与其情人最后一次见面。如果通过虐待自己，她摆脱了一直都在控制着她的被虐幻象呢？简言之，如果结局是"乐观"的结局呢：在被自己的情人强暴后，在被自己的幻象捉弄后，这个创伤性的经验使她能够摆脱幻象呢？此外，如果被她写进信中的幻象是他关于"他真想对她那样如法炮制"的幻象，他之所以对此感到恶心，只是因为他是从她那里直接获得自己的幻象呢？

广而言之，我在热恋时，很久没有见到自己的心上人，于是请她寄来照片，以便想起她长什么模样。这一请求的真正目的不是以此核查我的爱人是否依然符合我的爱的标准，而是想（再次）得知这些标准是些什么。我已经彻底坠入爱河，这些照片无法先验地令我大失所望，我需要它，只是因为它会告诉我，我爱的是什么……这意味着，真正的爱是述行性的。"述行性"一词是在这样的意义上使用的——它能改变其客体。也就是说，"述行性"一词不是在理想化的意义上使用的，而在这样的意义使用的——它在自己的客体上打开了缺口，即下列两者间的缺口：一者是客体的实证属性，一者是隐秘宝藏，即心上人的神秘内核。所以，我们会说，我爱你不是因为你身上的属性值得我爱，相反，正是因为我爱你，你身上的属性在我看来才是可爱的。职是之故，发现自己处于被爱之境是极具暴力性甚至创伤性的：被爱，使我切实意识到下列两者间的分裂：一者作为确定的存在（determinate being）的我，一者是我身上深不可测的未知因素，正是它激发了他人之爱。人人都知道有关爱的定义——"爱就是提供自己没有的东西……"，但这只是上半句，我们通常忘记给它添加下半句，只有给它添加下半句，它才能变得完整一致——"……给不想要的人"。难道这没有为我们最基本的经验所证实吗？当某人出乎意料地宣称深深地爱上我们时，我们就有这样的体验。我们在对此做出可能的积极回应之前，第一反应不就是某种淫

1　我把这一点归功于巴黎的热纳维耶芙·莫雷尔（Geneviève Morel）。

荡、侵入之物正在强迫我们接受？在亚利桑德罗·伊纳里图（Alejandro
Iñárritu）执导的影片《21 克》（*21 Grams*）的中间，保罗因为心力衰竭
而生命垂危，他轻声地宣布他爱克里斯蒂娜。克里斯蒂娜正因为丈夫和
两个幼儿刚刚死去而伤心欲绝，迅速离去。他们再次见面时，克里斯蒂
娜大声抱怨，指出向他人示爱这一行为具有的暴力性质：

> 你知道，你让我整天胡思乱想。我不说话，已经几个月了，我
> 本来几乎不认识你，现在已经要跟你聊聊了。……有种东西，我想
> 得越多，就越不明白：为什么你要说你喜欢我？……说话呀，因为
> 我一点都不喜欢你这样说。……你不能走近一个你几乎不认识的女
> 人，告诉她，你喜欢她。你——不——能。你不知道她正在忍受怎
> 样的煎熬，你不知道她感觉有多么糟糕。……我不会结婚了，你知
> 道。在这世界上，我什么都不是。我什么都不是。[1]

说完之后，克里斯蒂娜看着保罗，抬起手来，绝望地开始亲吻他。
所以说，并非她不喜欢他，并非她不想与他发生肉体关系。相反，她
的问题在于，她真想得到他，也就是说，她的抱怨的关键在于：他有
什么权利唤醒她的欲望？以某种黑格尔式的扭曲来说，爱不仅是向被
爱客体身上的深不可测的深渊敞开心扉；被爱者身上"多于他或她"的
东西，被爱者身上预设的过度（presupposed excess），是由爱本身以反
射的方式设置的。之所以说真正的爱绝不是向"被爱大对体的超越性
秘密"敞开心扉，原因就在这里。正如黑格尔会说的那样，真正的爱是
明白：被爱者的过度，即被爱者身上躲避我、不让我抓住的东西，正是
把我的欲望刻入被爱的客体之处——超越性（transcendence）是内在性
（immanence）的表象形式。正如情节剧的智慧（melodramatic wisdom）
所言，最终使得被爱者美丽的，是爱本身，是被爱（being loved）这一
事实。

让我们回到我们的原教旨主义者那里：他之所以受到自己幻象的愚

---

[1] Guillermo Arriaga, 21 *Grams* (London: Faber & Faber, 2003), p. 107.

弄，是因为他丧失了感受力，无法感受大对体的欲望之谜。英国最近有个精神分析治疗的病例。患者是位女性，一桩强奸案的受害者。强奸犯的一个出乎意料的举动令她深感困扰：就在残酷地迫使她放弃抵抗后，就在即将向她施暴之前，他突然停了下来，彬彬有礼地说道："请稍等，女士！"然后戴上了安全套。温尔雅直接插入残酷的场景，这种怪异之感令她百思不得其解：他这是什么意思？是对她的怪异关心，还是只是强奸犯采取的自我保护措施（确保他不会从她那里染上艾滋病，而不是确保她不会从他那里染上艾滋病）？这个姿势远远超过原始激情的爆发，代表着与"谜一般的能指"（enigmatic signifier）的相遇，与绝对无法参透的大对体的欲望的相遇。

与大对体的欲望的如此相遇，是否遵循着异化的逻辑或分离（separation）的逻辑？可以把它体验为彻底的异化［我迷恋难以企及、晦暗不明、难以参透、与我兜圈子的神圣欲望（divine Desire），如同在詹森主义的晦暗之神（Jansenist *dieu obscur*）中那样］。不过，一旦我们以黑格尔的方式洞察了下列问题的秘密，关键性的转移就会出现："埃及人的秘密，对埃及人来说也是秘密"，也就是说，我们与大对体的异化已经是大对体对其自身的异化。正是这种双重的异化，导致了拉康所谓的分离，即两个匮乏的叠加。

原教旨主义者立场的两个特征的联系是明显的：因为幻象是主体为了解开大对体的欲望之谜构建起来的情境，因为幻象提供了"大对体究竟想从我这里得到什么"这一问题的答案，直接认为同幻象会填平这一鸿沟：大对体的欲望之谜已经解开，我们知道了整个答案。

因为明显的低能，美国天主教原教旨主义想象（fundamentalist imaginary）比它看上去是更具悖论性，是真正的前现代现象。有关科学教派（Scientology）起源的故事在此更能说明问题：其缔造者罗恩·哈伯德（L. Ron Hubbard）原是科幻小说家，写过一系列的小说，讲述发生在另一个星系的故事。那时人类在地球上尚未进化。写着写着，他对自己编织的故事开始信以为真，开始把自己的文学性虚构当成"严肃"的宗教文本。这样，原本是小说，现在回溯性地变成了宗教。这是对有关现实性的故事（story of modernity）的精确逆转。在有关现代性的故事中，原本是宗教文本，后来成了作为展示人类精神伟大性的艺术纪念碑，因而能够幸存下来……类似的故事还隐藏在美国基督教原教旨主义的巨大文学畅销书之后。蒂姆·莱希（Tim F. LaHaye）和杰里·詹金斯（Jerry B. Jenkins）的《末日迷踪》（*Left Behind*）是由 12 部小说构成的一个系列，它们讲述的是即将到来的世界末日的故事。大众传媒对这个系列不屑一顾，但它的销量却超过六千万册。小说开篇时，几百万人突然莫名其妙地失踪了。上帝直接召走了这些纯真之人，以使他们免于世界末日的恐怖。于是反基督者出现了：华而不实、低级庸俗、魅力超凡、年轻气盛的罗马尼亚政治家尼可拉耶·卡帕西亚（Nicolae Carpathia）在当选了联合国秘书长后，把联合国的席位迁往巴比伦，成功地使联合国强行成为反美的世界政府，并强迫各个民族国家解除武装……在最后决战中，所有的非基督徒（包括犹太人）全都葬身于一场大火。可以想象，如果站在穆斯林的立场讲述这个故事，如果这个故事在阿拉伯国家成为畅销书，这会在西方自由的媒体上引发怎样的轩然大波！使得这些小说难以置信的，并非其惊人的低劣和原始风格（primitivism），而是下列两者的奇异重叠：一者是"庄重"的宗教信息，一者是极其低劣的通俗文化、商业垃圾。

那些即使在梅尔·吉布森的影片《基督受难记》尚未发行之前就对它进行猛烈抨击的人的资质证明文件，似乎是无可挑剔的。他们的下列关切不是完全合理的吗：这部由偶尔也会迸发排犹情绪的、狂热的天主教传统主义者制作的影片会不会点燃排犹的情绪？广而言之，《基督受难记》不是我们自己（西方、基督教）的原教旨主义者和反世俗主义者的某种宣言？因此，将其拒之门外，难道不是每个西方世俗主义者应尽的义务？如果我们要表明，我们并非一味攻击其他文化的原教旨主义的种族主义者，这样毫不含糊的抨击难道不是必要的条件？

已故的教皇约翰·保罗二世对这部影片的矛盾反应是众所周知的。看完影片后，他深深为之感动，喃喃自语道："就是这么回事呀！"罗马教廷的官方发言人很快撤销了这一陈述。对教皇自发反应的管窥，很快由"官方"的中立姿态所取代和调整，为的是不冒犯任何人。这个乾坤大转移极佳地表明，自由主义的宽容出了什么问题，政治正确——

担心任何人的特定的宗教情感受到伤害——出了什么问题。即使《圣经》明确告诉我们，要求处死耶稣的是犹太暴民，那也不应直接展示这个场景。要降低这个场景的重要性，使这个场景语境化，以此表明，虽然耶稣被钉死在十字架上，不能为此指责所有的犹太人……这一姿势的问题在于，以这种方式，咄咄逼人的宗教激情只是受到了压抑。它依然存在，在表面之下闷燃，因为无法释放，只能变得越来越强烈。（附带说一句，这一妥协姿势与今日开明的排犹分子的姿势不是如出一辙吗？尽管他们并不相信耶稣是神，却依然指责犹太人杀死了我们的主耶稣基督。或者，这一妥协姿势与典型的世俗犹太人的姿势不是如出一辙吗？尽管他们并不相信耶和华及其先知摩西，却依然认为犹太人拥有神圣的权利，享有以色列的领土。）

在这个视域内，对原教旨主义激情的唯一"激情澎湃"的反应，就是由法国政府最近表现出来的咄咄逼人的世俗主义了。在法国，政府禁止学生在学校佩带明显的宗教符号，穿戴明显的宗教服饰。这不仅包括穆斯林的头巾，而且包括犹太人的圆顶小帽和过大的基督教十字架。不难预测这种举措的最终结果：从公共空间被逐之后，他们会直接将自己变成没有融入主流社会的共同体。这是拉康在强调后革命的博爱（postrevolutionary fraternité）原则与种族隔离逻辑之间的联系时所要表达的东西。

之所以激情本身最终会变得"政治正确"，原因就在这里。尽管一切都被允许，禁令依然存在，只是禁令的位置发生了变化。以今日的性和艺术陷入的僵局为例。还有什么比屈于这样的超我指令——不断地创制造新的艺术逾越和艺术挑衅（表演艺术家在舞台上自渎或受虐狂一般地自残，雕刻家展示腐烂的动物尸体或人类的排泄物），尝试越来越"勇敢"的性爱形式——更投机取巧和无聊乏味？围绕着吉布森的影片形成的荒唐情形表明，这样的方案无能为力。吉布森最初想用拉丁语和阿拉姆语（Aramaic）制作这部影片，并且不配字幕；因为经销商施压，他后来决定配上英语（或其他语言）字幕。不过，他的这种妥协不只是向商业压力让步，因为执行当初的计划会直接暴露吉布林这项事业具有的自我矛盾的性质。也就是说，我们可以想象这部不配字幕的影片在美国郊区购物中心上演时的情景：对于历史的刻意忠诚，会走向其对立面，变成令人费解的异国景观。

因此吉布森的《基督受难记》为其企图——成为原教旨主义的基督教影片——付出了终极的辩证代价（dialectical price）。它所丧失的，恰是任何纯正的基督教经验的痕迹。所以，在其电影肌质（dialectical price）的层面上，这部影片对它公开宣称的敌人——好莱坞娱乐——亦步亦趋。也就是说，如果《基督受难记》不是对神明的终极亵渎，又是什么？如果它没有把基督的受难和死亡展示为同性恋施虐受虐的终极景观，又做了什么？影片剩下的就是，一个年轻貌美的裸体男性被慢慢虐待至死。

这部影片全然没有探究基督被钉死在十字架上这一行为的意义：何以基督必须死去？答案有三个版本：（1）诺斯替-二元论的：基督之死是善恶斗争中的新篇章，也就是说，基督之死是上帝为了拯救人类向魔鬼支付的代价；（2）牺牲的：基督为我们的罪孽付出了代价，这不是为不满足魔鬼的要求支付的，而是为满足正义感和正义的平衡支付的；（3）典范的：基督以爱这一终极行为典范，激励人们追随他，走向至善……当然，这里错过了什么东西。错过的是第四个版本，它是前三个版本的真相：如果基督之死是圣父向人类偿还自己债务的方式，是以此请求人类宽恕的方式呢？他之所以请求人类宽恕，是因为他把事情搞砸了，创造了一个充满苦难和不公的不完美世界。

不过，在宗教的原教旨主义和自由主义的宽容之外，还有第三种立场。我们不应试图拯救宗教纯粹的伦理内核，反对宗教成为政治工具，而应无情地批判这一内核——所有宗教中的这一内核。如今，从新世纪灵性（New Age spirituality）到精神享乐主义（spiritualist hedonism），宗教不只是已经做好准备，要为后现代的寻欢作乐服务。这个时候，颇具讽刺意味的是，只有全面的唯物主义才能维持真正禁欲的、好斗的伦理姿势，并把适宜的判断传给宗教-政治的原教旨主义，远离温文尔雅的、自由主义的蔑视。

（6）飞越彩虹联盟！

大规模集体自杀的神秘景观总是引人注目。不妨回忆一下追随吉姆·琼斯（Jim Jones）的那几百个邪教教徒吧，他们在圭亚那营地乖乖服毒自尽。在经济生活的层面上，堪萨斯州今天正在发生同样的事情。托马斯·弗兰克（Thomas Frank）[1]恰当地归纳了如今美国民粹主义保守主义本身存在的悖论。民粹主义保守主义的基本前提是经济利益与"道德"问题的分裂。也就是说，经济上的阶级对立（贫困农户、蓝领工人与律师、银行家、大公司的对立）被转换/编码为下列两者的对立：一者是诚实、勤劳的、信奉基督教的美国人，一者是颓废的、自由主义者，他们喝着拿铁咖啡，开着进口汽车，提倡堕胎和同性恋，嘲弄为国家做出的牺牲和简朴的"乡村"生活方式，等等。因此，敌人被设想为"自由主义者"，他们通过联邦的干预（从学校班车到指定讲授达尔文的进化论和变态的实行为），试图破坏纯正的美国生活方式。因此，主要的经济利益是剔除强大的国家。强大的国家向勤劳的人们课税，以为监管干预措施提供经费。最低的经济方案是"低税收，少监管"。

从开明、理性地追求自身利益这个正常的视角看，这一意识形态姿势的矛盾是显而易见的：民粹主义保守派正在通过投票，将自己投进经济废墟。减少税收和放宽管制意味着大公司拥有更多的、驱使贫困农民走向破产的自由；更少的国家干预意味着联邦减少对小农户的资助，等等。在美国福音派民粹主义者眼中，国家代表着外来力量。和联合国一道，国家是反基督者的代理：它夺走了基督教信徒的自由，解除了其从事引领工作（stewardship）的道德责任，因而瓦解了个人主义道德，而正是这种道德使我们人人成为自我拯救的设计者。我们如何把这与布什统治下国家机器史无前例的爆发结合起来？难怪在国家试图规范媒体合并、约束能源公司、加强空气污染管理、保护野生动植物、限制在国家公园采伐木材时，大型企业集团愉快地接受了福音派对国家的攻击。最

1　See Thomas Frank, *What's the Matter with Kansas? How Conservatives Won the Heart of America* (New York: Metropolitan Books, 2004).

终的历史反讽在于，激进的个人主义成了意识形态上的辩护者，为多数人眼中的巨大匿名实体辩护。因为没有民主的、公开的控制，这样的实体控制着多数人的生活。[1]

至于他们斗争的意识形态方面，民粹主义者显然正在打一场根本无法打赢的战争。如果共和党全面禁止堕胎，禁止在学校讲授进化论，对好莱坞和大众文化实施联邦监管，那就不仅意味着他们在意识形态上一败涂地，而且意味着大规模的经济萧条将在美国出现。因此，结局是日益衰弱的共生："统治阶级"不同意民粹主义的道德日程，却默许了他们的"道德战争"，把"道德战争"当成抑制下层阶级的手段，使他们发泄自己的愤怒，而无损于统治阶级的经济利益。这意味着，文化战争是陷于错位模式的阶级战争。对于那些声称我们生活在后阶级社会中的人来说，也是如此。

不过，这只能使得那个难解之谜更加费解：怎么会有这种错位？"愚蠢"和"意识形态操纵"不是答案。也就是说，只说原始的下层阶级已被意识形态机器洗脑，故而他无法辨别自己的真正利益，是不够的。别的且不说，我们不妨回忆一下，几十年前，同一个堪萨斯州是如何成为美国进步的民粹主义温床的。民众不会在几十年后变得愚蠢。但是，威廉·莱希式的直接"精神分析解释"——民众的力比多投入迫使他们违背自己的理性利益——同样无济于事：它过于直接地把力比多构造与经济对立起来，没有把握它们的中介环节。埃内斯托·拉克劳的解决方案同样无能为力：既定的社会经济地位与隶属于这一地位的意识形态之间，并无"自然"联系可言，所以谈论"欺骗"和"虚假意识"是毫无意义的，因为仿佛存在着已经刻入"客观"的社会经济形势的、"适当"的意识形态知晓（ideological awareness）似的；每个意识形态大厦都是旨在建立/强加等值链的霸权争夺战的结果，而且这结果是绝对偶然的，无法由诸如"客观的社会经济地位"之类的外在指涉物来保证。……以这样的总体答案来回应，难解之谜只是销声匿迹了。

1　何以反对达尔文主义并喜欢执着于《圣经》字面意义的福音派从来都没有动心，从字面上解读基督的"去变卖你所有的，分给穷人"（马可福音 10:21）的教诲？

这里要注意的第一件事情是，要想进行文化战争，就必须具有两个方面。文化还是"开明"自由主义者占主导地位的意识形态话题，这些自由主义者的政治以反抗性别主义、种族主义、原教旨主义和拥护多元文化的宽容为焦点。因此，关键问题是，为什么"文化"是作为我们生命世界的核心范畴出现的？就宗教而论，我们不再"真的相信"，我们只是参与（某些）宗教仪式——不信神的犹太人只是"出于对传统的尊敬"才遵守洁食的规矩。实际上，"我并不真的相信，这只是我们文化的一部分"似乎成了我们时代特有的被否认/被废除的信仰的主导模式。尽管我们并不相信圣诞老人，但每到十二月，每个家庭和每个公共场所都摆放着圣诞树，如果这不是文化上的生活方式（cultural lifestyle），还有什么是文化上的生活方式？或许，就其核心而论，与"真正"的宗教、艺术等不同的"非原教旨主义"的"文化"概念，乃是被否认/非人格的信仰之域的代名词，也就是说，文化是下列事物的代名词：我们身体力行，但不真的相信，并不"严肃地看待它们"。

要注意的第二件事情是，自由主义者声称他们与穷人休戚相关，却又以相反的阶级信息为文化战争编码：他们通常为多元文化的宽容和女性的权利而战，这意味着与下层阶级的所谓的不宽容、原教旨主义和重男轻女的性别歧视大唱对台戏。解开这个困惑的方式就是关注调停性术语（mediating terms）。调停性术语的功能就是模糊真正的分界线。在这里，"现代化"一词在近期意识形态攻势中的使用方式是典范性的。首先是在建构"现代化者"（modernizers）与"传统主义者"（traditionalists）的抽象对立。前者认可全球资本主义的所有方面，从经济到文化，无所不包。后者则抵制全球化。于是，从传统保守派、民粹主义右翼到继续提倡福利国家和工会的"老左翼"，全都被抛进了这个"抵制者"的范畴。这种范畴化显然包含着社会现实的因素。不妨回忆一下教会与工会的结盟。2003年初，在德国，教会与工会的结盟中止了商店在星期日开门营业的合法化进程。不过，只说这种"文化差异"横贯了整个社会领域、跨越了不同的阶层和阶级，是不够的；只说这种对立可以以不同的方式与其他对立相结合（如此一来，我们会拥有抵抗全球资本主义"现代化"的保守的"传统价值"，或拥有全然认可资本主义全球化的道德保守派），是不够的；简言之，只说这种"文化差异"是在今日社会进程中运转的一系列对抗中的一个，是不够的。

这种对立无法在社会整体（social totality）中发挥关键作用。这是事实。但这个事实并不只是意味着，应该把它与其他差异铰接在一起。它意味着，这种对立是"抽象"的。马克思主义为此押下的赌注是，只有一种对抗，即"阶级斗争"，它全然决定（overdetermines）所有其他的对抗，因此是整个领域的"具体普遍性"。在这里，"全然对抗"一词完全是在阿尔都塞赋予它的意义上使用的。它并不意味着，阶级斗争是其他全部斗争的最终指涉物和意义视域；它意味着，阶级斗争是结构性原则，它允许我们对其他对抗被绞进"等值链"的方式的"矛盾"的多元性做出说明。例如，女权主义的斗争可以与追求解放的进步斗争绞在一起，也可以被中上层阶级当作意识形态的工具（实际上也在被中上层阶级当作意识形态的工具），以彰显他们对"重男轻女、不宽容"的下层阶级的优越性。这里的重点在于，不仅女权主义斗争可以以不同的方式与阶级对抗铰接在一起，而且阶级对抗得到了双重铭刻：阶级斗争的特定格局（specific constellation）可以做出解释，何以女权主义斗争被上层阶级利用。这道理同样适用于种族主义：阶级斗争的动力机制可以做出解释，何以露骨的种族主义在最低阶层的白人工人中间最为盛行。阶级斗争是严格的黑格尔意义上的"具体普遍性"：在与它的大对体性（其他对抗）相联系时，它在与自身联系，也就是说，它（全然）决定了它以何种方式与其他斗争相联系。

要注意的第三件事情是，女权主义／反种族主义／反性别主义等的斗争与阶级斗争存在着根本性的差异。在前一种情形下，斗争的目标是把对抗转化为差异（性别、宗教、种族群体的"和平"共处），阶级斗争的目标则截然相反："加重"阶级差异，使之成为阶级对抗。减法的要义是把全然复杂的结构化约为其"对抗性"的最小差异。所以，种族—性别—阶级这个系列模糊掉的，是阶级情形下的政治空间所遵循的不同逻辑。反种族主义和反性别主义斗争以努力寻求他者的充分认可为原则，阶级斗争则旨在克服、征服甚至消灭他者。即使这不意味着肉体上的消灭，阶级斗争也是旨在消灭他者扮演的社会政治角色，发挥的社会政治功能。换言之，这样说是合乎逻辑的——反种族主义想让所有的种族均能获准坚持和促进其文化、政治和经济上的努力，而这样说显然是无意义的——无产阶级斗争的目的就是允许资产阶级充分地肯定其身份和努力……在一种情形下，我们得到的是"横向"的逻辑，即对不同身份的认可；在另一种情形下，我们得到的是与对手进行斗争的逻辑。[1]这里悖论在于，保持着这一对抗逻辑的，正是民粹主义的原教旨主义；自由主义左翼则遵循认可差异的逻辑，把对抗化解为共存的差异的逻辑。就其形式而论，保守的、民粹主义的草根运动接管了老牌的左翼-激进的立场，进行大众动员，与上层阶级的剥削进行斗争。在目前的两党制下，只要红色代表共和党，蓝色代表民主党，只要民粹主义的原教旨主义投票给共和党，那反共的老标准语——"宁死不红"——就会获得新的反讽意义。反讽在于，从老牌的左翼草根动员到新型的基督教原教旨主义的草根动员，"红色"心态一直保持着出人意料的连续性。

这种出人意料的逆转只是漫长序列中的一个。在今天的美国，民主党和共和党扮演的传统角色几乎颠倒了过来。共和党挥霍政府的财富，制造了创纪录的预算赤字，建立了强大的联邦国家，并执行全球干预主义的政策。民主党则执行紧缩的财政政策，在克林顿执政时消灭了财政赤字。即使在社会经济政治这一敏感领域，民主党和英国的布莱尔一样，总体上完成了新自由主义的日程——消灭了福利国家，降低了税收，实施了私有化，等等。布什则提议采取激进的措施，使几百万非法入境的墨西哥工人的身份合法化，使退休人员获得更多的医疗保健。这里的极端个案是美国西部的活命主义团体（survivalist groups）：尽管它们的意识形态信息是宗教种族主义信息，但它们的整个组织模式（小型非法团体血战联邦调查局及其他联邦机构）使他们成为 20 世纪 60 年代

---

[1] 不过，纯粹的对抗差异（pure difference of antagonism）与两个你死我活的实证性社会群体的差异毫无关系。也就是说，支撑着对抗性斗争的普遍主义并不为任何一方所独占。正是由于这个缘故，对抗性斗争的最大胜利并不是摧毁敌人，而是"普遍的兄弟情义"的爆发。一旦有了"普遍的兄弟情义"，对方阵营的代表会自动投诚，加入我方阵营。想想那个著名的场景吧：警察和军方加入了示威者的行列。正是在满腔热情的、无所不包的兄弟情义的爆发中（原则上任何人都不会被排除在兄弟情义之外），作为实证性代理（positive agents）的"我们"与"敌人"的差异被化约成了纯粹的形式差异。

黑豹党的离奇替身。

依据马克思主义的一个陈旧洞识，法西斯主义的每次崛起都是革命失败的标志。难怪堪萨斯州依旧是美国约翰·布朗之州。约翰·布朗是美国历史上一个关键的政治人物，是热切的"彻底废奴主义者"，他几乎把彻底的解放性–平等性的逻辑引入美国政治图景。"约翰·布朗自视为彻底的平等主义者。在他看来，在每个层面上实施平等主义，是十分重要的。"[1] 始终如一的平等主义使他卷入了反对奴隶制的武装斗争：1959 年，布朗与其他 21 人在哈珀渡口（Harper's Ferry）占领了联邦军械库，希望以此武装奴隶并对南方进行暴力反抗。不过，26 小时后，罗伯特·李（Robert E. Lee）领导的联邦军队镇压了叛乱，并把布朗投入监狱。在被判定犯有谋杀、叛国和煽动奴隶起义等罪行后，布朗于 1859 年 12 月 2 日被处以绞刑。即使到了奴隶制早已废除的今日，布朗依然是美国集体记忆中一个富有争议的人物。这一点，罗素·班克斯说得最为简洁。他的杰出小说《拨云者》（*Cloud-splitter*）重述了布朗的故事：

> 白人觉得他疯了，是因为他是白人，却愿意牺牲自己的性命，去解放美国黑人。……黑人一般来说并不觉得他疯了，只有很少的美国黑人认为布朗心智不正常。如果你今天走到大街上，与小学生或老妇人或大学教授交谈，如果你与美国黑人谈起布朗，他们就会直率地以下设假设开始——他是英雄，因为他愿意牺牲自己的性命，一个白人的性命，去解放美国黑人。如果你与美国白人交谈，或许同样比例的他们会说，他是个疯子，至于原因，则完全一样——他是个白人，竟然愿意牺牲自己的性命去解放美国黑人。同样的行为，使他在美国白人那里成了疯子，在美国黑人那里成了勇士。[2]

---

1 Margaret Washington, on <http://www.pbs.org/wgbh/amex/brown/filmmore/reference/interview/washington05.html>.

2 Russell Banks, on <http://www.pbs.org/wgbh/amex/brown/filmmore/reference/interview/banks01.html>.

因为这个缘故，那些支持布朗的白人更加宝贵。令人吃惊的是，其中就有反对暴力的志士亨利·大卫·梭罗（Henry David Thoreau）。因为反对传统上对布朗的蔑视（即把布朗视为嗜杀、愚蠢和疯狂之人），梭罗[1]为这个出类拔萃之勇士勾勒出一幅画像，认为他对事业的追求无与伦比。他甚至走得更远，把布朗之死（他认为布朗早在被处死之前即已死去）比作基督之死。许多人表达他们的不快，并对布朗大肆嘲讽，梭罗对这些人大发雷霆：这些人因其僵化的立场和"僵死"的存在而无法与之相提并论；他们并没有真正活着，他们只是曾经活过而已。

当谈论堪萨斯州的民粹主义者时，我们应该牢记，他们曾经把布朗誉为圣徒。[2]因此，我们不仅应该抵制对民粹主义原教旨主义者的毫不费力的自由主义蔑视（或者更糟，居高临下地对他们如何"被人操纵"表示痛心疾首）；我们应该拒绝文化战争这个术语。尽管就正在争论的多数问题的实证内容而论，激进左翼应该支持自由主义的立场（支持堕胎、反对种族主义和反对仇视同性恋），但我们永远不应忘记，从长远看，我们的同盟是民粹主义原教旨主义者，不是自由主义者。尽管愤怒满腔，他们还是不够激进，无法看到资本主义与他们悲叹的道德败坏之间的联系。记住罗伯特·伯克（Robert Bork）有关"滑向罪恶之都"（slouching towards Gomorrah）的臭名昭著的哀叹是如何陷入典型的意识形态僵局的：

> 娱乐业没有迫使不情愿的美国公众堕落。对颓废的需求一直存在着。这不是那些人出售低级材料的借口，就像对毒品的需求不是毒贩子贩毒的借口一样。但我们必须被提醒，错在我们，错在不受外部力量制约的人性。[3]

1　See Henry David Thoreau, *Civil Disobedience and Other Essays* (New York: Dover Publications, 1993).

2　某些反堕胎主义者总是把布朗的斗争与他们自己的斗争等量齐观：布朗承认黑人是完整的人，也就是说，黑人中的多数人那时还"不怎么是人"，因此其基本人权被拒绝；以同样的方式，反堕胎主义者承认未出生的胎儿是完整的人。

3　Robert H. Bork, *Slouching towards Gomorrah* (New York: Regan Books, 1997), p. 132.

这种需要的根基是什么？伯克在这里制造了意识形态的短路。他没有提及资本主义的内在逻辑（为了维持自己不断扩张的再生产，资本主义必须创造越来越新的需求），因而也没有承认，在与消费主义的"颓废"斗争时，他正在与处于资本主义核心的一种倾向斗争。相反，他直接提到了"人性"，认为"人性"独自最终渴望堕落，因此需要长久的控制和检查："人天生就是理性、道德的生物，不需要强大的外部约束，这种观念已经为经验所推翻。存在着一个急切渴望、日渐成长的堕落市场，有利可图的行业正在为它供应产品。"[1]

用黑格尔式的话说，道德保守派无法理解的是，在与荒淫、自由、放荡的文化作战时，他们正在与肆无忌惮的资本主义经济必然导致的意识形态后果作战，而这样的资本主义经济正是他们不遗余力地强烈支持的。他们反对外部敌人的斗争正是反对他们自己立场的斗争。[前一阵子，诸如丹尼尔·贝尔（Daniel Bell）之类的聪明的自由主义者就以"资本主义的文化矛盾"为题概括出了这一悖论。]对由冷战分子启动的对共产主义政权的"道德"十字军东征，这令我们有了出乎意料的新发现：令人尴尬的事实是，东欧政权是由这样的力量推翻的——它们"代表着保守主义的三大对手：青年文化、20世纪60年代的一代知识分子、依然支持团结一致而不支持个人主义的劳工阶级"[2]。这个事实回过头来，令伯克寝食难安：在一次学术研讨会上，他"以并不赞许的口吻提到了迈克尔·杰克逊在美国橄榄球超级杯大赛上表演的抓裤裆的动作。专题讨论小组的另一个参与者以辛辣的口吻告诉我，正是这种欲望（享受美国文化的如此表现）才令柏林墙轰然倒塌。对于重新建造柏林墙来说，这似乎是同样优秀的看法"。[3]尽管伯克意识到了这种形势的反讽意味，他显然没有看到它更深层次的方面。

不妨回忆一下拉康有关成功交流的定义：在成功的交流中，我以颠倒的形式（即真实的形式）从他人那里收回有关我自己的信息。这不正是如今在自由主义者那里发生的事情吗？他们不正在以颠倒/真实的形

1 Ibid., p. 139.
2 引自：www.prospect.org.
3 Bork, *Slouching towards Gomorrah*, p. 134.

式，从保守的民粹主义者那里收回他们有关自己的信息？换言之，保守的民粹主义者不就是宽容的、开明的自由主义者的征兆？可怕和可笑的堪萨斯乡巴佬对自由主义者的腐败勃然大怒，难道他们不正是这样的形象吗——在这种形象的伪装下，自由主义者与其自身的虚伪之真相（the truth of his own hypocrisy）不期而遇？用来自《绿野仙踪》的有关堪萨斯州的一首最为流行的歌曲说，我们绝对应该飞跃彩虹：一旦飞跃为单个问题开展的斗争（single-issue struggles）这个"彩虹联盟"（激进的自由主义者赞成为单个问题开展斗争），勇敢地在通常貌似多元崇拜的自由主义（multi-culti liberalism）的终极敌人中寻找同盟。如今反抗全球资本主义的至关重要的"抵抗场所"（sites of resistance），通常都被深深打上了宗教原教旨主义的标志。

（7）作为意识形态理论家的罗伯特·舒曼

这意味着，说到自由主义民主政治与宗教原教旨主义的"正式"的意识形态-政治的对立，我们应该摆出黑格尔式的姿势，把处于霸权地位的自由主义民主政治与原教旨主义对手的外部矛盾，转换为处于霸权地位的意识形态政治大厦固有的张力：自由主义民主政治的真正大对体不是它的原教旨主义敌人，而是它自己否认的阴暗面，它自己的淫荡补充。

据说《幽默曲》（"Humoresque"）是舒曼钢琴杰作。要以声音在舒曼的歌曲中的逐渐消失为背景，来理解这部作品：它不只是简单的钢琴作品，还是没有唱词的歌曲。它的唱词已被化为沉默。如此一来，我们实际上听到的只是钢琴的伴奏而已。舒曼在书面乐谱上添加了著名的"内在声音"一语，我们应该把它解读为上层乐谱线和下层乐谱线之间的第三条乐谱线，把它解读为声乐旋律线，解读为不发声的"内在声音"，海德格尔-德里达所谓的"被抹去"的存在在音乐上的等价物。因此，我们在这里实际上听到的是"变异，但不是基于一个主题的变异"，是一系列没有主题的变异，是没有主旋律的伴奏。它只是作为视觉音乐（*Augenmusik*）——只供眼睛欣赏的音乐——存在，以书面乐谱为伪

装。难怪舒曼发明了"没有管弦乐团的音乐会"，它是巴托克（Bartók）
的"管弦乐团音乐会"的某种对应物。要以下列事实为基础重建这种缺
席的旋律：第一层和第三层（分别由右手和左手弹奏的钢琴乐曲）彼此
并不直接发生联系，也就是说，它们的关系并非直接的镜像关系。为了
解释它们的相互联系，我们被迫重建第三个层面，即"虚拟"的中间层
面（曲调）。出于结构性的原因，这个层面无法演奏。其身份就是只有
以乐谱为伪装才能存在的不可能－实在界的身份。它的有形出场会毁灭
我们实际听到的那两个曲调。这如同弗洛伊德的"一个孩子在挨打"（A
Child is Being Beaten）。在那里，中间的幻象场景从来都不是意识性的，
但必须把它当成在第一场景和最后场景之间迷失的一环加以重建。舒曼
把这种缺席的旋律推向了显然荒诞的自我指涉。后来他在《幽默曲》的
同一片段中重复了那两个实际上已经演奏出来的曲调，但这一次，乐谱
并不包含第三个、缺席的曲调，不包含内在声音。这里缺席的正是缺席
的旋律，即缺席本身。我们如何演奏这些音符？要知道，在实际要被演
奏的层面上，这些音符实际上重复了先前的音符。这些实际要被演奏的
乐符只是被剥夺了它本来就没有的东西而已，只是被剥夺了其构成性的
匮乏而已。或者仿效《圣经》里面的话说，他们丧失了他们从来都不曾
有过的东西。

因此，真正的钢琴家应该足智多谋，他能以这样的方式演奏现存
的、实证的音符：让我们听到与之相伴、未曾演奏的"沉默"、虚拟的
音符之回声，或让我们注意到它们的缺席……意识形态不就是这样运作
的吗？外显的意识形态文本（或实践）由"未曾演奏"的一系列淫荡的
超我补充来支撑。在"真正存在的社会主义"中，社会主义民主的外显
意识形态是由一套内隐（不明言）的指令和禁令支撑的，它告诉主体
如何不必严肃看待外在的规范，如何执行一套未得到公开承认的指令。
在"真正存在的社会主义"的最后几年里，向当权者表示异议的一大策
略，就是忽视处于统治地位的意识形态的虚拟的、不成文的影子，严肃
地对待这种意识形态："你让我们实施社会主义民主？好吧，我们马上
实施！"

十诫这一宣言的遭遇也是如此。其革命性的创新并不在于其内

容，而在于与内容相伴的律令的淫荡补充（Law's obscene supplement）这一虚拟肌质的缺席。这正是作为意识形态批判实践的"大闹地狱"（*acheronta movebo*）所表达的东西：不是直接改变律令的外显文本，而是干预其淫荡的虚拟补充。[1] 想想对兵营里的同性恋的态度吧。它在完全不同的两个层面上运作：外显的同性恋受到野蛮的攻击，那些被当成同性恋的人每天都在遭人排挤和殴打。不过，对同性恋隐含的仇恨总是由过度的隐含网络（excessive implicit web）伴随。过度的隐含网络的是由对同性恋的影射、偷笑和淫荡实践构成的。因此，对军队中的仇恨同性恋这一行为的真正彻底的干预，不是首先将焦点置于同性恋的外在表现方式；相反，应该"大闹地狱"，破坏隐含的同性恋实践，正是隐含的同性恋实践支撑着对同性恋的外在仇恨。真正的选择并不是在下列两者间做选择：一者是信守符号律令的普遍性，试图清除其淫荡的补充，使之得以净化，这依稀是哈贝马斯式的选项；一者是鄙视这一普遍维度，把它视为由淫荡幻象这一实在界（the Real of obscene fantasies）控制的影子剧院。真正的行为是干预这一淫荡的地下领域，促使它转化。

（8）欢迎来到美国亚文化这个实在界

展示伊拉克囚徒被美国士兵折磨和羞辱的照片在 2004 年 4 月底公之于世。果然不出所料，在对此作出回应时，乔治·布什一味强调这些士兵的行为属于孤立的犯罪，并不反映美国所代表和为之奋战的东西，即民主、自由、人格尊严等价值观。实际上，这一案例变成了公开丑闻，并将美国置于防御状态，这个事实是一个积极的信号。在真正的"极权主义"政权中，这种事情只会保密，严防张扬出去。[2] 不过，若干令人不安的特征还是使这个画面复杂化了。在阿布格莱布监狱丑闻爆发前的几个月里，国际红十字会定期发布报告，指称军事监狱里发生了虐

1　由于这个原因，《十诫》的公布并非意识形态询唤的正常例证：《十诫》正是丧失了淫荡的幻象支撑的律令。

2　同样，我们不要忘记，美国军方没有找到大规模杀伤性武器是一个积极的标志：一个真正"极权主义"政权会做警察通常所做的事情，放置毒品，然后"发现"犯罪的证据……

囚事件，以此对驻伊拉克美国军方进行轰炸。但这些报告被按部就班地忽略了。所以，并非美国当局未获得蛛丝马迹，对美军监狱中正在发生的事情一无所知。只是到了他们必须面对媒体的曝光时，也因为他们必须面对媒体的曝光，他们才承认这桩罪行。难怪他们采取的预防措施之一，就是禁止美国军警使用数码相机和具有拍照功能的手机，以阻止这些照片的公开传播，而不是阻止犯罪行为本身。其次，至少可以说，美军司令部的直接反应令人吃惊。他们解释是，士兵没有受到正常的教育，不了解日内瓦公约中有关对待战俘的规定，仿佛只有接受教育，才知道不应羞辱和折磨囚徒！

　　然而，这则新闻的主要特征是下列两者间的对比：一者是在萨达姆统治下囚徒被施以酷刑的"标准"方式，一者是美军施以酷刑的方式。在萨达姆的统治下，重点是直接、残忍地施加痛苦，美军则着重在心理上的羞辱。此外，用相机记录羞辱的过程，并把肇事者拍进照片（囚徒赤裸、扭曲的身体的旁边，是他们傻呵呵的笑脸），是这个过程的组成部分。这与萨达姆的秘密虐囚构成了鲜明的对比。在看到那张著名的用黑色头套套住裸体囚徒头部的照片时，我的第一反应是，这是有关曼哈顿下城（Lower Manhattan）最新表演艺术节目的一张照片。囚徒的姿势和服装暗示我们，这是戏剧性表演，是某种雕塑剧（*tableau vivant*）。这无法不令我们想到美国表演艺术和"残酷剧场"（theater of cruelty）的整个领域——罗伯特·梅普尔索普（Robert Mapplethorpe）的照片，大卫·林奇影片中的怪异场景……

　　正是这个特征使我们看到了问题的症结：熟悉美国生活方式的人看到这张照片，都会想到美国通俗文化的淫荡黑暗面。例如，要想获准进入某个封闭团体，就必须要通过入门仪式（initiatic rituals），要经历折磨和羞辱。难道我们没有在美国媒体上不时看到类似的照片吗？那必定是在军事单位或高中校园爆发了某种丑闻。那里的入门仪式是如此严格，士兵或学生受到的难以忍受的伤害。他们被迫摆出丢人现眼的姿势，做出卑鄙下流的动作（诸如在同龄人面前把啤酒瓶插入自己肛门），被人用针扎，等等。附带说一句，因为布什就是"骷髅会"（Skull and Bones）——耶鲁大学仅限少数人加入的秘密社团——的成员，知道他经历了怎样的入门仪式才获准进入这个社团，肯定极其有趣。

　　当然，明显的差异在于，在这种入门仪式的情形下，正如其名称暗示的那样，人是出于自己的自由意志才经历这些仪式的。他们完全知道自己必须期待什么，他们有着清晰的目的——得到最终的奖赏，获准进入某个核心圈子。最后但同样重要的是，他们还会获准对新成员执行同样的仪式。但在阿布格莱布监狱，仪式并非囚徒为了获准成为"我们中的一员"而必须支付的代价，相反，这是把它们排除在外的标志。不过，与工人自由地出卖自己的劳动力一样，那些经历羞辱性入门仪式的人的"自由选择"，不正是虚假的自由选择的范例吗？更糟糕的是，我们在此应该记得，在以前的美国南方，反黑人的暴力行径有一个最恶心的仪式：一个黑人被一群白人暴徒逼进死角，动弹不得，被人强迫摆出攻击性的姿势（"小子，给我脸上来口痰！""说我是垃圾！"等），而这是为随后的殴打或私刑进行辩护的。此外，在把美国的入门仪式应用于阿拉伯囚徒时，这一行为包含着终极的狗智信息：你想成为我们中的一员？好吧，让你小子尝尝我们的生活方式的滋味……

　　因此，要把阿布格莱布监狱的酷刑置于一系列淫荡的地下实践（underground practices）之中。正是这样的地下实践，支撑着意识形态的大厦。沿着同样的思路可知，梵蒂冈对纳粹采取的行为是真正的黑暗之谜。最为媒体关注的，不是这个黑暗之谜，而是教皇对大屠杀这一主题的沉默。鉴于具体的环境，这种不置一词即使不被宽恕，也是可以理解的。比不置一词更阴险的是，在第二次世界大战结束后的几年里，天主教教会不甘寂寞，协同组织了纳粹罪犯向南美的逃亡。最常见的逃亡路线穿越了意大利的北部地区。在那里，纳粹罪犯会在偏僻的修道院里躲藏一段时间（在某些情形下，甚至在梵蒂冈城隐身一阵子）。从那里，他们被偷偷送到西班牙或某艘船上（通常从意大利西北部的热那亚上船），然后远走阿根廷。[1]梵蒂冈要拯救的不是意大利的"软"法西斯主义政权的前官员，而是纳粹分子，而且纳粹的意识形态是明显反基督

---

[1] Uki Goñi, *La auténtica Odessa. La fuga nazi a la Argentina de Péron* (Buenos Aires: Paidos, 2004). 其中有充足的证明文件。

教的，是"异教徒"的。梵蒂冈为什么会有这种冲动？是什么样的深刻的休戚相关，促使梵蒂冈采取规模如此巨大、组织如此完美的行动？如果天主教能在 20 世纪 40 年代末建立如此令人钦佩的地下网络，以拯救纳粹，为什么它不能在 20 世纪 40 年代初建立类似的网络，以拯救犹太人（至少拯救罗马的犹太人）？同样的暧昧不明一直持续至今：教皇约翰·保罗二世曾为教会在漫长历史上对犹太人的不公表示歉意，这倒是真的；但同一个教皇又把主业会（Opus Dei）的奠基人封为圣徒，要知道，主业会的奠基人以其排犹言论和对法西斯主义的同情闻名于世。

广而言之，今天的天主教教会至少依赖两个层面的不成文的淫荡规则。首先当然是臭名昭著的主业会，它是教会的"白色黑手党"，是（半）秘密组织。它莫名其妙地成了超越任何实证的合法性的纯粹律令的化身。它至高无上的规则是无条件地顺从教皇，坚定地为教会工作。与此同时，所有其他的规则都被（潜在地）悬置起来。通常，其成员要使自己的身份不为人知（其成员的使命是渗透到政治与金融的上层组织）。如此一来，他们真的是"主之业"——"主的事业"。也就是说，他们采取的是变态的立场，他们要成为实现大对体意志（big Other's will）的直接工具。其次是神父对儿童实施性虐待的大量案例。这些案例分布得如此广泛，从奥地利到意大利，从意大利到爱尔兰，从爱尔兰到美国，我们都可以谈论教会之内不同地区的"反文化"及其各自的潜规则了。这两个层面是互联互通的，因为主业会通常会插手掩盖神父卷入的性丑闻。附带说一句，教会对性丑闻的反应还表明，它是如何看待它自己扮演的角色的。教会坚持认为，尽管可悲可叹，这些案例是教会的内部问题。在与警方合作展开调查这一问题上，教会表现出极大的不情愿。的确，在某种程度上，这是对的：虐待儿童是教会的内部问题，也就是说，是它的制度性、符号性的组织的内在产物，而不是一系列涉及个人的特定刑事案件，而这些人又碰巧是神父。因此，对这一不情愿的回应不仅应该是，我们正在处理刑事案件；而且应该是，如果教会不充分参与调查，那就是事后从犯。此外，作为一个公共机构，教会应该接受调查，看它是否为此类犯罪系统地创造了条件。正是基于这个原因，我们不能把有神父卷入的性丑闻解释为反对独身主义者采取的策略。反对独身主义者想证明他们的看法是正确的：如果神父的性冲动无法找到合法的宣泄渠道，这些性冲动就会以病态的方式迸发出来。允许天主教神父结婚，不会解决任何问题；如果不让神父骚扰男孩，我们就无法让神父尽职尽责，因为恋童癖作为天主教的"内在僭越"，作为其淫荡的隐秘补充，是由天主教的神职制度导致的。

不妨回忆一下罗伯·莱纳（Rob Reiner）执导的《好人寥寥》（*A Few Good Men*）。那是一部军事法庭片，讲的是两个美国陆战队队员被控谋杀其袍泽同僚的故事。军事检察官宣称，他们的行为是蓄意谋杀。辩方——汤姆·克鲁斯与黛咪·摩尔联手，怎么可能失手？——则成功地证明，被告人是依所谓的"红色条规"行事的。"红色条规"是军事群体中不成文的规则，它授权对破坏了海军陆战队道德标准的袍泽同僚在夜色中予以秘密的殴打。这样的条规宽恕僭越行为，它是"合法"的，同时它还重新确认了群体的凝聚力。履行条规，必处于夜色的掩护之下，必不能公开承认，必不可形诸言语。在公共场合，每个人都假装对此一无所知，甚至主动否认它的存在。可以预言，这部影片的高潮是军官杰克·尼科尔森的暴跳如雷。是他下令殴打违规士兵的。当然，他的公开爆发之时，乃其衰落之日。尽管"红色条件"违反了军体的外显规则，却代表着最纯粹的"群体精神"。它向个人施加强大的压力，以促成群体认同。用德里达的话说，与书面的外显律令不同，这样的超我的、淫荡的条规是无法诉诸言辞的。外显的律令是由死去的父亲这个符号权威——"父亲之名"——来支撑的，不成文的条规却是由对"父亲之名"的幽灵般的补充来支撑的，由弗洛伊德所谓的"原初父亲"这个淫荡的幽灵来支撑的。[1]

这是科波拉的《现代启示录》给我们提供的教益。科茨（Kurtz）是弗洛伊德所谓的"原初父亲"，即不服从任何符号律令的、淫荡的父亲–享受（father-enjoyment），敢于面对面地对抗骇人的享受这一实在界（the Real of terrifying enjoyment）的总主人（total Master）。以科茨的

1　对于这个话题的更加详细的阐释，见下列著作第3章：Slavoj Žižek, *The Metastases of Enjoyment* (London and New York: Verso, 1995).

形象为化身，弗洛伊德所谓的"原初父亲"不仅被塑造成了某种野蛮过去的残余，而且被塑造成了现代西方强权的必然产物。科茨是完美的战士。如此一来，由于过度认同军事强权系统，他变成了军事强权系统必欲除之而后快的过度。《现代启示录》的终极视域就是对下列问题的洞识：强权是如何派生其自身的过度的？必须通过行动而消灭这一过度，而这样的行动又必须仿效它欲消灭之物。威拉德（Willard）的任务是杀死科茨，这在官方记录中踪迹全无。如同向威拉德传达命令的将军所言，"这事从来都没有发生过"。我们因此进入了秘密行动之域，进入了"强权做过却又不承认做过的事情"之域。正是在这里，克里斯托弗·希钦斯（Christopher Hitchens）没有抓住要领，因为关于阿布格莱布监狱，他这样写道：

> 两件事情，其中之一必定为真。要么这些傻瓜是奉他人之命行事。在这种情形下，有些人处于中上级层面，他们认为自己不受法律、条规及现行命令的约束。要么他们是自行其是，在这种情形下，他们相当于战场上的反叛者、逃兵或叛国者。正是基于这个原因，人们渴望获得下列问题的答案：军事审判程序是否有这样的规定，据此规定，可以把他们拉出去枪毙？[1]

问题是，阿布格莱布监狱的酷刑并非这两个选项中的一个。无法把这些酷刑化约为单个士兵的简单恶行，也不能说这些士兵是直接奉命而行。这些酷刑是由特定版本的淫荡的"红色条规"合法化的。正是由于这个缘故，美军司令部的保证甚是荒唐可笑：它没有发布羞辱和折磨囚徒的"直接命令"。当然它没有发布这样的命令，因为正如每个熟悉军人生活的人所知道的那样，事情不是以这样的方式发生的。没有正式的命令，没有书面的文字，只有非官方的压力，暗示和指令是私下里传送的，人们以这种方式分享肮脏的秘密。断言这些酷刑是"战场上的反叛者、逃兵或叛国者"所为，与下列断言同样荒唐可笑：三 K 党对黑人施

---

1 Christopher Hitchens, "Prison Mutiny," available online (posted on May 4, 2004).

以私刑是背叛了西方基督教文明的叛徒所为，而不是西方基督教文明的淫荡阴暗面的爆发；或者，天主教神父对儿童的虐待是背叛了天主教的"叛徒"所为。阿布格莱布监狱不只表明美国对第三世界人民的傲慢：在屈从于羞辱性的酷刑时，伊拉克囚徒实际上获准进入了美国文化，他们尝到了美国文化的淫荡黑暗面的滋味，而这种淫荡黑暗面是对人格尊严、民主和自由等公共价值的必要补充。难怪事情逐渐变得清晰起来：对伊拉克囚徒的仪式性羞辱并非有限的个案，而是广泛实践的一部分：2004年3月日，唐纳德·拉姆斯菲尔德（Donald Rumsfeld）不得不承认，见诸传媒的照片只是"冰山一角"，还有更刺激的东西即将曝光，包括强奸和谋杀的视频。

围绕着关塔那摩囚徒的命运，NBC——美国全国广播公司——最近展开了一场论争。在争论中，关于这些囚徒的身份在伦理和法律上的可接受性问题，一种看法是："他们是没被炸死的人。"因为他们是美国的轰炸目标（只是意外地躲过一劫），因为美国的轰炸是合法军事行动的一部分，所以，一旦他们在战斗结束后成为囚徒，就不必对他们的命运多费口舌。无论他们的处境如何，活着总比死了好，活着总不像死了那样糟糕。这种推理实际表达的东西多于它想表达的东西：它几乎货真价实地把这些囚徒置于活死人的境地。在某种程度上，这些人已经死去（作为猛烈轰炸的合法目的，他们丧失了生存的权利）。所以，他们现在是阿甘本所谓神圣人的实例。对神圣人，人人可以得而诛之而不受惩罚，因为在法律的眼中，神圣人的生命已经轻如鸿毛。[1]如果说关

1　他们的情形与影片《双重阴谋》的前提（这个前提在法律上很成问题）存在着朦胧的相似性。《双重阴谋》的前提是：如果你因为谋杀某人而被判有罪，但在刑满释放后你发现此人依然活着，你可以杀死他而不受惩罚，因为你不能因为同一桩罪行两次受审。用精神分析的话说，这桩杀人案清晰呈现了受虐狂变态（masochist perversion）的时间结构：顺序是颠覆的——你先被惩罚，然后获得犯罪的权利。——作者注。影片《双重阴谋》的原名是"Double Jeopardy"。它是法律术语，体现的是英美法系的一条基本原则：一个人被控某种罪行而受审并作出裁决后，法院不得再因同一罪行再次审理此案。《双重阴谋》讲述的故事是：莉比·帕森斯与丈夫尼克、儿子麦迪幸福地生活在一起，不久丈夫遇害，莉比成了头号嫌疑犯，被判入狱十年。入狱之前，莉比将儿子托付给好友安吉拉，但不久安吉拉与麦迪便告销声匿迹。在狱友的帮助下，莉比越来越怀疑丈夫可能还活在世上，以前做过律师的狱友提醒莉比：如果尼克还没死，她可以杀死尼克而不必承担罪责，因为一个人不能因同一罪名被再次起诉。六年后，莉比获得假释，穷凶极恶的尼克准备谋取莉比的性命，但莉比最终让尼克得到了应有的报应，并与儿子团聚……

塔那摩囚徒已经置身于介乎"两种死亡之间"的空间中，占据着神圣人的位置，虽然从生物学的角度看依然活着，但从法律的角度看已经死去（被剥夺了正式的法律身份），那么，以这种方式对待他们的美国当局也处于两种法律地位之间，构成了神圣人的配对物：作为合法的权力，他们的行为不再为法律所覆盖和限制——他们在真空中运作，而这样的真空依旧处于法律的领域之内。近期披露的阿布格莱布监狱虐囚事件，只是展示了把囚徒置于介乎"两种死亡之间"的空间中所导致的全部后果而已。

今日资本主义采取的典型的经济策略是外包，即把物质生产（还包括宣传、设计、财务等）的"肮脏"过程通过分包转让给另一家公司，以此轻易避开环保和卫生方面的管制。比如，生产是在印度尼西亚完成的，那里的环保和卫生方面的管制远不如西方严厉。拥有产品商标的西方跨国公司可以宣称，它对另一个公司的违规行为概不负责。难道我们没有在这里看到与酷刑类似的东西？酷刑不是也正在被"外包"，被留给了美国在第三世界的同盟国？这些国家可以对囚徒施以酷刑，又不必担心出现什么法律问题或引发公众的抗议。9·11事件刚一发生，美国《新闻周刊》的乔纳森·阿尔特（Jonathan Alter）不就明确提倡这样的外包吗？他先是说："我们不能使酷刑合法化，酷刑与美国的价值观念背道而驰。"但还是得出了这样的结论："我们必须考虑把某些疑犯转交给并不像我们这样拘谨的同盟国，即使这样做显得伪善。没人说过这样做会很可爱。"[1] 今天，第一世界的民主国家就是这样运转的——把它的阴暗面"外包"给其他国家。我们可以理解，有关是否需要运用酷刑的争论绝不是学术性的：如今，美国人甚至不相信自己的同盟国能够做好这项工作，不太"拘谨"的伙伴是美国政府抵赖不承认的一部分。只要我们还记得，几十年来，中央情报局如何一直都在教美国的拉丁美洲和第三世界军事同盟实施酷刑，那么，这就是极其合乎逻辑结果。而且，只要还能用处于支配地位的怀疑态度描述"外包信仰"（我们让处于原始状态的他人、"原教旨主义者"代我们相信什么）的特征，那么，新的

---

1 Jonathan Alter, "Time to Think about Torture," *Newsweek*, November 5, 2001, p. 45.

宗教原教旨主义在我们自己社会中的崛起，岂不证明我们对第三世界国家的不信任吗？它们不仅没有能力代我们实施酷刑，它们甚至不再能够代我们相信什么。[1]

2005 年 3 月，泰莉·斯基亚沃（Terri Schiavo）一案引起了全美的关注：她先是患食欲紊乱，据说食欲紊乱导致了内分泌失调；作为内分泌失调的结果，她的心脏在 1990 年曾经短暂地停止跳动，大脑受损。法院指定的医生断定，她一直处于持续性植物状态，没有康复的希望。她丈夫想终止医治，让她在安静中辞世，但她的父母认为她的状态可以得到改善，她如果有知觉，也不想切断食物与水。此案最后闹到了美国政府和司法机构的最高层，涉及最高法院和总统，国会还为此通过了快速决议，等等。在更广泛的语境中，这种情形的荒诞性令人叹为观止：全世界数千万人因为艾滋病和饥饿命在旦夕，美国公众的意见却聚焦于单个病案——延续赤裸生命的运行，延续丧失了所有具体人类特征的持续性植物状态。这就是当天主教的代表在谈论与当代虚无主义的享乐主义（nihilistic hedonism）的"死亡文化"（culture of death）针锋相对的"生命文化"（culture of life）时，他所代表的天主教教会表达的东西。实际上，我们在这里遇到的是某种黑格尔式的无限判断。黑格尔式的无限判断肯定最高级与最低级的思辨同一性：精神的生命（the Life of the Spirit）、神圣的精神之维与被化约为惰性植物的生命。我们今天发现，关于人权，存在着两个极端：一方面是"没被炸死的人"，他们在心智和肉体上都是完整的人，却被剥夺了权利；另一方面是被化约为赤裸的植物性生命的人，但这种赤裸的生命受到了整个国家机器的保护。

所以说布什是错误的：被羞辱的伊拉克囚徒的照片出现在电视屏幕和报纸头版上，我们在看到这些照片时所得到的，正是对"美国价值观念"的直接洞识，对支撑美国生活方式的淫荡享受之核的直接洞识。这些照片因此为审视塞缪尔·亨廷顿（Samuel Huntington）有关正在发生

1　这两个步骤似乎是共存的：依鲍勃·赫伯特（Bob Herbert）之见，负责"反恐战争"的美国机构执行一项秘密计划，即著名的"超级引渡"。它是这样的政策：抓捕疑犯，甚至不需在表面上执行法定诉讼程序，然后把它们送走，让他们接受同盟国政权的审讯，被施以酷刑。see Bob Herbert, "Outsourcing Torture," *International Herald Tribune*, February 12–13, 2005, p. 4.

的"文明的冲突"的著名论点提供了恰当的视角：阿拉伯文明与美国文化的冲突并非野蛮与尊重人的尊严的冲突，而是匿名的、残忍的酷刑与作为媒介景观的酷刑的冲突。在作为媒介景观的酷刑中，受害者的身体成了虐待者的愚蠢微笑的"天真美国"面孔的背景。与此同时，我们在此还获得了证据。它可以证明，用瓦尔特·本雅明的话说，文明之间发生的冲突都是潜在的野蛮（underlying barbarisms）之间发生的冲突。

幻象背景支撑着主人能指的空白（emptiness）。以幻象背景为伪装，这种淫荡的虚拟之维已经刻入意识形态文本。主人能指是潜能之能指（signifier of potentiality），是潜在威胁之能指，是威胁之能指。为了正常地发挥作用，这样的能指必须保持潜在状态。正如它还是潜在意义（potential meaning）之能指一样。潜在意义的现实性（actuality）乃意义之空白。以"我们的国家"为例，"我们的国家"就是事物本身，是值得我们献身的至高无上的事业，是密度最高的意义（highest density of meaning）。这样，它不意指任何具体之物，它没有确定的意义，它只能在同义反复（tautology）的掩护下来阐述——"国家就是事物本身"。[1] 威胁的这种空白在诸如"你小子等着！你看我怎么收拾你！"之类日常短语中一望便知。正是对你究竟会有怎样的遭遇不做具体的说明，才使威胁变得如此惊心动魄，因为我要借助自己的幻象之力（power of my fantasy），以假想的恐惧，填充这一空白。[2] 就这样，主人能指是特许的场所，幻象可以填充其空白。之所以如此，是因为幻象的功能就是填充没有所指的能指之空白。也就是说，就其最基本的层面而言，幻象归根结底是填充主人能指之空白的材料：在国家那种情形下，幻象就是告诉

1　主人的言语行为不就是以代表着无形威胁的不祥预兆，发布箴言或发布"深刻思想"的行为吗？你可以一个接一个发布这些东西："智者不追赶运气，他让运气追赶他。""不是生命延迟死亡，而是死亡在无休止地拖延生命。""不要担心失去机遇，机遇全都注册于宇宙的和谐之中。""世界上的第一个词语不就是其睾丸被魔鬼死死抓住的愚蠢巨人发出的尖叫声吗？"……

2　我在此利用的是：Mladen Dolar, "Moc nevidnega/The Power of the Invisible," Problemi 1-2(Ljubljana, 2004).

我们国家究竟是什么的那些神话般的朦胧叙事。[1]换言之，就概念而论，正如黑格尔会说的那样，最高权力总是涉及普遍与其构成性例外所遵循的逻辑：普遍的、绝对的律令统治只能由最高权力来支撑，而最高权力又为自己保留了宣告例外状态的权利，即为了律令本身的利益而中止法治的权利。如果我们把律令的过度与律令分离开来，使律令丧失其过度，我们就会失去律令（的统治）本身。

在某种程度上，权力与权力的无形威胁的这种联系在 20 世纪和 21 世纪被加倍（gets redoubled）或反射到了自身（reflected-into-itself）。它不再只是现存的权力结构，如此权力结构为了保持其效率、控制其臣民，不得不依赖潜在威胁／无形威胁的幻象之维。在 20 世纪和 21 世纪，威胁所处的位置被外在化了，被移置到了外部（Outside），成了强权之敌（Enemy of the Power）。法西斯主义者以犹太人的阴谋为威胁，斯大林主义者以阶级敌人为威胁，当然还有如今的"反恐战争"，均属此列。敌人的无形威胁使先发制人的逻辑合法化了：正是因为威胁是虚拟的，等到威胁变为现实就会太迟，我们必须首先发起攻击，否则悔之晚矣……换言之，无所不在的、看不见的恐怖威胁使过于显眼的保卫性的防御措施合法化了。当然，正是这种措施对民主与人权构成了唯一的真正威胁。古典权力充当着这样的威胁——它之所以行之有效，正是因为它从来都不真正实施，它只是摆出威胁的姿势。这种威胁在冷战时达至顶峰。那时冷战双方都发出了相互核毁灭的威胁，而且威胁一直都是威胁。在反恐战争中，无形的威胁不断变成现实。核打击不得不仍然是打击的威胁，而恐怖袭击的威胁则引发了对潜在恐怖分子的无穷打击。权力把自己描述为始终受到威胁的权力，把自己描述为生活在致命危险中的权力，因此即使它发起打击，也只是保卫自己而已。这样的权力是最

1　排犹主义亦复如是：犹太人是主人能指，是最终的、空洞的基准点，它可以对令人烦恼的诸多不一致的现象做出解释，这些现象包括腐败、道德衰落与文化颓废、性堕落、商业化、阶级斗争和其他社会对抗等。如此一来，犹太人的形象不得不由一堆有关他们的神秘仪式和特性的幻象来支撑／环境。另一方面，更加缜密的考察表明，典型的弗洛伊德式威胁——阉割威胁——的结构比初上去复杂得多：阉割的威胁之所以为威胁，绝不在它发出了这样的信号——某个特定客体（阴茎）即将失去；真正的威胁在于，无论失去多少，我永远都不能彻底摆脱它，也就是说，彻底摆脱剩余享受的烦人的过度／残余。为什么？因为阉割的威胁所涉及的阳物，是符号性阉割（symbolic castration）的能指。所以，自相矛盾的是，我们在阉割中丧失的，是（符号性）阉割本身。

危险的权力种类，是尼采所谓的弱者之积怨和道德之伪善的典型。事实上，早在一个世纪之前就对今日"反恐战争"的虚假道德前提提供了最佳的分析的，不正是尼采吗？

> 任何政府都不会再承认，它保留军队的目的是间或满足自己的征服之欲。相反，军队理应是用来防御的，人们也多以批准自卫（approves of self-defense）的道德说事。但这暗示了自己的道德和邻国的不道德。如果我们的国家必须考虑自卫的方式，那就必然这样设想邻国——它们急于进攻和征服。此外，我们为需要军队提供的理由暗示我们，也像我们的国家那样否认自己有征服之欲，号称只是为了自卫才保留军队的邻国，是伪君子和狡猾的罪犯。它最大的奢望就是不经战斗而征服无害的、笨拙的受害者。所以，所有国家都彼此把对方视为仇敌：它们预先假定了邻国的坏品性和自己的好品性。不过，这种预先假定是不人道的，像战争一样糟糕，甚至比战争还糟。的确，基本上，这种预先假定就是对战争的挑衅和战争的肇因，因为如同我以前所言，它把不道德归诸邻国，因而激起了充满敌意的品性和行径。我们必须发誓，要像完全放弃征服之欲那样，完全放弃军队乃自卫手段的学说。[1]

用拉克劳的话说，正在进行的"反恐战争"岂不是已经证明，恐怖是民主政治的"构成性外部"（constitutive outside），是民主政治的对抗性大对体（antagonistic Other），是这样时刻，到了这个时刻，多元选择的民主争胜（democratic agonism）变成了依赖等同逻辑（logic of equivalence）的对抗？等同逻辑是这样的："面对恐怖主义的威胁，我们团结一致，忘记我们之间的细微差异……"说得更尖锐些，一边是帝国（Empire），一边是恐怖威胁，两者的关系岂不类似于启蒙（Enlightenment）与其"迷信"的宗教大对体的关系（这种关系是黑格尔在《精神现象学》中题为"启蒙与迷信的斗争"的一章中所描

---

1 Friedrich Nietzsche, *Sämtliche Werke: Kritische Studienausgabe*, vol. 2 (Berlin: Walter de Gruyter, 1980), p. 678.

述的）？也就是说，原教旨主义恐怖行径固有的概念结构与开明帝国（enlightened Empire）固有的概念结构岂不如出一辙？它们不全都基于一种洞识，不全都声称自己具有普遍性？换言之，反恐战争和发生于20世纪的冷战之类的世界范围内的斗争不同。其差异在于：在冷战的情形下，敌人尽管也飘忽不定，却被清楚地等同于真正存在的帝国；恐怖威胁则天生就是幽灵性的，它没有可见的中心。这多少类似于《最后的诱惑》（*The Last Seduction*）中的琳达·菲奥兰提诺（Linda Fiorentino）的性格："多数人都有黑暗的 面……她没有别的。"多数政权都有其黑暗、压迫、幽灵的一面……恐怖威胁没有别的。[1] 敌人的幽灵化导致的悖论性结果，是出乎意料的反射性逆转：在这个没有被明确认定的敌人的世界上，美国这个反恐者成了主要的敌人，如同在阿加莎·克里斯蒂的《东方快车谋杀案》中那样。在《东方快车谋杀案》中，因为犯谋杀罪的是一群疑犯，受害者本人（一个邪恶的百万富翁）就应该被证明是罪犯。

　　如果海德格尔对民主的大名鼎鼎的质疑是对的呢？"政治制度怎能与技术时代（technological age）步调一致？哪种政治制度会是这个样子？我知道这个问题没有答案。我不相信民主政治就是这个样子。"[2] 在海德格尔的心中，对技术时代所做的更充分的政治回应，或许是某种纳粹式的"极权主义"社会政治动员。他无法理解，自由民主的"宽容"是如何更加有效地动员个人的，是如何把个人变成工作狂的。贝斯特吉（Beistegui）提出了这个明显的反论：

　　　　海德格尔在接受《明镜周刊》采访时暗示，民主政治或许不是

---

1   或许正是基于这个原因，诸如奥丽安娜·法拉奇（Oriana Fallacci）的最后两部著作之类的著作才被边缘化的，才被认为是不可接受的。奥丽安娜·法拉奇最后两部著作直接描述了恐怖威胁的来源。这些著作被边缘化，被认为是不可接受的，并不真正因为政治正确的敏感性（Politically Correct sensitivity），而是因为要让敌人保持其幽灵般的身份。在每次呼吁消除原教旨主义的威胁后，布什（或布莱尔、沙龙等）都不厌其烦地强调，伊斯兰教是注重和平与宽容的伟大宗教。布什们之所以这样做，原因也在这里。见 Oriana Fallacci, *The Rage and the Pride* (New York/Milan: Rizzoli, 2002); 还有她的 "reply to critics," *La forza della ragione* (Milan: Rizzoli, 2004).

2   "Only a God Can Save Us: Der Spiegel's interview with Martin Heidegger," in *The Heidegger Controversy*, ed. Richard Wolin (Cambridge, MA: MIT Press, 1993), p. 55.

对技术所做的最适当的回应。人们会纳闷，海德格尔的这一暗示是否正确。随着法西斯主义的崩溃，自由主义模型已被证明是在全球传播技术最有效和最强大的工具。技术越来越与资本的力量别无二致。[1]

然而，正在进行的"静悄悄的革命"，即民主政治的极限，难道没有使这一论点的不证自明的特点变得问题重重？今天全球资本主义的动力机制，难道没有使我们能够看到自由-民主的模型存在的固有局限？

（9）鸡蛋、煎蛋卷和巴特尔比的微笑

眼下"反恐战争"中这种对立的"思辨性同一"，迫使我们面对一系列至关重要的政治-理论后果。第一个后果与阴谋论有关。我们全都知道有关阴谋论的陈词滥调——阴谋论是穷人的意识形态：如果人们缺乏基本的认知图绘能力和认知图绘资源，无法确定自己在社会整体中的位置，他们就会创造阴谋理论，而阴谋理论为他们提供代用的图绘，把社会生活中所有错综复杂的事物解释为某个隐秘的阴谋的结果。然而，正如詹明信——"认知图绘"一词的发明者——指出的那样，对阴谋理论只作意识形态性-批判性的蔑视，是远远不够的。在今天的全球资本主义中，我们常常要应对真实的"阴谋"。洛杉矶公共运输网在20世纪50年代初的毁灭，不仅是"资本的客观逻辑"的表现，而且是汽车公司、道路建设公司和政府机构的明确的"阴谋"的结果。这道理同样适用于今日城市发展中的诸多"趋势"。

对阴谋论的"妄想狂式"的意识形态之维（假定存在着神秘和全能的主人等）的蔑视，应该使我们对始终存在的实际"阴谋"保持警惕。在今日，最终的意识形态是把阴谋视为幻象，并对阴谋论做沾沾自喜的批判性-意识形态性的蔑视。换言之，在昔日传统的资本主义中，秩序（Order）的表象，中央控制机构的表象，掩盖着潜在的混乱，掩盖

---

1 Miguel de Beistegui, *Heidegger and the Political* (London: Routledge, 1998), p. 116.

着社会进程的无法控制的、"自然-历史"的特性。在今日，"混乱"以其全部维度呈现出来，甚至呈现为对"后现代"资本主义的赞美，而这样的资本主义依赖于混乱的自我创生过程（autopoietic processes），依赖于分散化的决策，等等。但"混乱"的表象却是意识形态的面具，掩盖着国家机器和对社会、经济予以控制和监管的其他形式的史无前例的增长。例如，对第三世界国家的新殖民主义奴役并非遵循匿名的"资本逻辑"的"盲目"自然过程，而是组织有序、协调有方的过程。或者用福柯的话说，事情并不是这样的：权力实际上充当着混乱、复杂的局部化微观实践网（network of localized micropractices），却想让人们这样看待它——它来自中央决策点（central point of decision），来自至高无上的权力主体（Subject of Power）。相反，权力如今执行的策略是否定自己，把自己井井有条的机器展现为混乱网络的元素。[1]

　　第二个后果与第一个后果相关，是我们对下列问题的知晓：在关于"原教旨主义"的指控中，用黑格尔的话说，恶（Evil）通常居于审视原教旨主义之恶（fundamentalist Evil）的凝视一方。18世纪伟大的穆斯林知识分子阿布·哈尼法（Abu Hanita）写道："意见相左乃神圣的慈悲之象征。"[2] 在与欧洲现代性（European modernity）相遇之前，这种态度实际上是穆斯林共同体的指导原则。对"意见相左"的容忍，在我们提出下列简单问题时极佳地表现出来：作为位于欧洲东南部的一个地理区域的巴尔干半岛地区（Balkans），何时变成了欧洲的意识形态想象中的"巴尔干"（Balkan）？答案是：在19世纪中叶，也就是说，在巴尔干半岛地区充分遭受欧洲现代化（政治、经济、军事、意识形态的）后果之

　　1　这个问题的另一个方面是，全球市场模式不得不依赖例外。以农产品的价格为例。发达国家向不发达国家施压，强迫它们实施私有化并与外国竞争，但同时又通过提高进口关税和提供国家资助，竭力保护自己的农业。马里生产的棉花的价格是美国的一半，但美国对棉花的补贴大于马里的整个国民生产总值，马里如何与美国竞争？第三世界的牛产品（cattle production）如何与欧盟的牛产品竞争？在欧盟，每头牛每年获得的补贴超过400欧元，高于大多数第三世界国家的人均产值。这里的关键在于，不能把这些不平衡贬为"不公平贸易行为"的直接例证，并通过"公平"的国际贸易监管取而代之。这些不平衡是结构性的。

　　2　引自 Ziauddin Sardar and Merryl Wyn Davies, *The No-Nonsense Guide to Islam* (London: New Internationalist and Verso, 2004), p. 77.——作者注。作者把"Abu Hanifa"（哈布·哈尼法）写成了"Abu Hanita"（哈布·哈尼塔）。——译者注

时。[1] 一边是西欧早期对巴尔干半岛地区的感知，一边是"巴尔干"在过去 150 年间的形象，两者的分裂绝对令人叹为观止。在 16 世纪，法国自然科学家皮埃尔·贝隆（Pierre Belon）注意到，"土耳其人并不强迫任何人以土耳其的方式生活。"[2] 难怪犹太人在 1492 的被斐迪南国王和伊莎贝拉王后赶出西班牙后，他们中的多数在伊斯兰国家得到庇护，同时还获得了从事宗教活动的自由。如此一来，特别具有讽刺意味的是，犹太人在土耳其大城镇的出没令许多西方旅行者不安。这样的例子还有很多。下面是 1788 年去过伊斯坦布尔的意大利人比萨尼（N. Bisani）的报道：

> 一个外地人，倘若看惯了伦敦和巴黎的党同伐异，在这里看见礼拜堂竟然居于清真寺和犹太教教堂之间，看见一个嘉普遣会修士（capuchin friar）旁边竟然站着托钵僧，必定大吃一惊。我不知道，这个政府是怎么许可与自己的宗教完全相反的宗教进入自己的腹地的。这种令人快乐的对比，必定来自伊斯兰教的退化。更加令人惊讶的是，我发现这种宽容精神在民众中间普遍流行。你在这里会看到，土耳其人、犹太人、天主教徒、亚美尼亚人、希腊人和新教徒在一起交谈，他们谈论的话题是商业或娱乐。他们相处融洽，意愿良好，仿佛他们来自同一个国家，信奉同一种宗教。[3]

请注意，这些特征——多元文化主义宽容（multiculturalist tolerance）的精神和实践——如今被欧洲人誉为自己的文化高人一等的标志，当初却被称作"伊斯兰教的退化"的结果！一个恰当的例子是"明星玛丽"（Star Mary）——法国特拉普派（Trappist）的大修道院——的奇特命运。在被拿破仑一世政权赶出法国后，修道士们先是得到德国的庇护；1868 年，他们被逐出德国，而且没有一个基督教国家愿意收留他们，于是他们请求苏丹王允许他们在巴尼亚卢卡（Banja Luka）附

1　我在此利用的是 Bozidar Jezernik, *Wild Europe: The Balkans in the Gaze of Western Travellers* (London: Saqi Press, 2004).

2　Quoted in ibid., p. 231.

3　Quoted in ibid., p. 233.

近——此地现属波斯尼亚的塞尔维亚部分——购买土地，竟然获准，于是他们从此在那里快乐地生活下去……直至卷入在基督教之间发生的巴尔干冲突。[1] 一家基督教修道院只能在由穆斯林统治的欧洲地区获准休养生息，其中的讽刺意味可谓无与伦比。那么，"巴尔干"一词通常令我们西方人联想起来的特征——不宽容的精神、种族暴力、痴迷于舔舐历史创伤等——究竟来自哪里？答案只有一个：来自西欧本身。可以成为黑格尔所谓"反射性决定"的范例的是，西欧人在巴尔干地区观察和居高临下地为之哀叹的东西，正是他们自己引入巴尔干地区的东西。他们在巴尔干地区大力奋战的，正是他们自己的历史遗产。我们不要忘记，被归到土耳其人名下的 20 世纪两宗大型种族犯罪（一宗是对亚美尼亚人的屠杀，一宗是对库尔德人的镇压），都不是由传统的穆斯林政治力量所为，而是军事现代化者（military modernizers）所为。这些军事现代化者想把土耳其从传统的重负下解放出来，把土耳其变成欧洲式的民族-国家。弗洛伊德曾经提及巴尔干地区，姆拉登·多拉尔对此"提及"做过详细解读，并以此为基础说过一个妙语：欧洲意识是像巴尔干地区那样结构起来的[2]。这个妙语是千真万确的：以"巴尔干"的大对体性为伪饰，欧洲注意到了"陌生人自身"，注意到了它自身的被压抑物。

不过，这无论如何都没有迫使我们把下列两者简单地对立起来：一者是文化的"真实"身份，一种是外部凝视对其"真实"身份的篡改。下一个后果是，这种"真实"身份本身通常是通过认同外部凝视构成的。外部凝视扮演着文化的自我理想的角色。例如，阿根廷人的身份是在 19 世纪构成的。它主要的神话主题就是那时确立的——加乌乔人忧郁（gaucho melancholy）等。不过，早在几十年前，所有这些主题就出现在欧洲旅行者的回忆录中。这意味着，阿根廷的意识形态的自我身份（ideological self-identity）从一开始就依赖于对大对体的凝视的异化性认同（alienating identification）。这道理甚至更适用于现代希腊：雅典 1880

---

1 See ibid., p. 232.

2 "欧洲意识是像巴尔干地区那样结构起来的"（European unconscious is structured like the Balkans），此语是对拉康所谓的"意识是像语言那样结构起来的"（the unconscious is structured like a language）的戏仿，有创意，颇滑稽。——译者注

年时还是居民只有十万人的乡里乡气的农庄；它甚至不是希腊独立后的
第一个首都。正是在西方强权（主要是德国和英国）的压力下，首都才
迁往雅典。那里的新古典风格的政府建筑物是由西方建筑师建造的。给
希腊注入它与古希腊一脉相承之感的，还是醉心于古代的西方人。因
此，现代希腊真的是大对体的幻象的物质化。因为幻象的权利是基本权
利，难道我们不应由此得出下列极端政治不正确的结论吗：不仅德国和
英国不应把它们掠夺的古代遗迹归还希腊［这些古代遗迹现在陈列于佩
加蒙博物馆（Pergamon Museum）和不列颠博物馆］，而且希腊应该自愿
把德国和英国据为己有的古代遗迹送给它们，因为只是相对于西方的意
识形态幻象而言，这些遗迹才有价值？

从这些观察中获得的一般方法论导引，可由那个有关被疑盗窃的工
人的老笑话来例证。他每天晚上离开工厂时，保安都对他推在前面的独
轮车进行严格检查，结果一无所获，车内总是空空如也，直至他们最后
恍然大悟——那个工人偷窃的正是独轮车……那些现在声称"除掉了萨
达姆，这个世界无论如何都比以前好多了"的人给我们玩的，就是这个
把戏：他们忘了把对萨达姆的军事干预造成的结果纳入他们的解释。没
错，没有萨达姆，世界更好了，但说到被军事占领的伊拉克，说到最近
崛起的宗教激进主义（崛起是由军事占领伊拉克导致的），世界并没有
好起来。[1]

说到民主，我们不应害怕看到同样的后果：就在人民被"在民主制
度下，事情无论如何都会更好一些"的断言狂轰滥炸之时，锲而不舍地
寻找从人民那里偷走的独轮车。在此要注意的第一件事情就是，无论是

<hr>

1　早在 1979 年，珍妮·柯克帕特里克（Jeanne Kirkpatrick）就详述了"权威主义"政权与"极
权主义"政权的区别，以之为美国的下列政策辩解：一边与右翼独裁者合作，一边更加严厉地对
待共产主义。在她看来，权威主义独裁者是务实的统治者，他们关心自己的权力和财富，对意识
形态问题漠不关心，尽管也会为某项事业要耍嘴皮子；相形之下，极权主义领袖是无私的狂热
分子，他们对自己的意识形态深信不疑，并准备为自己的理想破釜沉舟。所以，可以与权威主义
统治者打交道，他们对物质威胁和军事威胁会做出理性的、可以预知的反应；极权主义领袖更加
危险，必须直接与之对抗……具有讽刺意味的是，这种区分完美地概括了美国在占领伊拉克时犯
下的错误：萨达姆是腐败的权威主义独裁者，他争权夺利，以残酷的、务实的考量为准则（这
使他在 20 世纪 80 年代与美国合作），美国干预的主要结果是，它导致了排除一切务实考量的、
更加不妥协的"原教旨主义"的对抗。见其论文《独裁者和双重标准》（"Dictators and Double
Standards"），该文发表于《评论》（Commentary）。

确信民主"无关紧要"，确信民主会使国家的命运依赖于只会吸引选票的少数人的奇思妙想，还是相信政治代理，相信他的使命根植于对事物的真实状态的洞识，都不是虚假的"归化"[虚假的"归化"不承认纯正的民主开放性（emocratic openness）]，都不是在宣告它们享有特殊地位，并因此对民主构成潜在的威胁。相反，无论是"确信"还是"相信"，它们都是民主逻辑（democratic logic）本身的必然产物和构成要素。也就是说，无论宣告自己具有特殊的洞识，还是蔑视民主的游戏规则，这些只有在民主的空间内才是可行的。内容必然补充其民主形式，内容是民主程序的"材料"。

这是评估（evaluation）这个概念对民主社会的运作来说至关重要的原因。如果所有的主体在符号身份的层面上都是平等的，如果所有的主体都是等值的（un sujet vaut l'autre），如果所有主体都可以彼此相互代替[之所以可以彼此相互代替，是因为他们全都被化约为空洞的确切位置（$），被化约为"没有质量和属性的人"——罗伯特·穆齐尔（Robert Musil）的代表作的标题就是如此]，如果每次提到他们的真正符号性的委任都被禁止，那么如何把他们分布在社会大厦（social edifice）之内，他们的职业如何得以合法化？答案当然是评估：人必须评估其潜能。评估要尽可能地客观，要通过所有可能的途径，从对他们的能力进行量化测试，到"个性化"的深入访谈，无所不包。潜在的理想的概念（ideal notion）是描述他们的特征。这时，他们丧失了符号性身份的全部痕迹。此外，永远不要按平等主义的面值接受平等主义：只要平等的正义（egalitarian justice）这个概念是由嫉妒支撑的，它就会依赖于标准放弃（standard renunciation）的倒置（标准放弃是这样的放弃，它的完成于他人有益）："我已准备放弃它，如此一来，别人无法得到它！"

今天，一旦我们隐秘的个人信息（甚至性生活方面的信息）被公诸媒体，抱怨私人生活受到威胁甚至销声匿迹，已经成为时尚。[1]这倒是

---

1 这种"隐私之媒体化"和"公开之隐私化"还可解释，何以人会失去自己本来没有的东西。两三年前，小甜甜布兰妮·斯皮尔斯（Britney Spears）抱怨——当然是在广泛宣传的采访中抱怨——她在媒体上的曝光夺走了她真实的人格：她真的拥有她哀叹自己丧失的东西，即也配称作"人格"的那种东西？

真的，但前提是，我们要把事情翻过来：在公开展示隐秘信息时，实际上销声匿迹的是公共生活，是真正的公共领域。在公共领域中，人充当的是符号性代理，无法把他化约为私人，化约为一麻袋隐秘的属性、欲望、创伤、怪癖。[1] 这意味着，"解构主义"/"风险社会"的老生常谈（依此老生常谈，当代人把自己体验为彻底的非自然化之人，甚至把自己最"自然"的特性——从种族身份到性偏好——全都体验为通过选择获得的东西、在历史上偶然获得的东西、有待通过学习获得的东西）具有深刻的欺骗性：我们如今实际上见证的，正是截然相反的过程，即史无前例的再自然化的过程。所有大型的"公共事务"都被（重新）转化成了这样的问题，即对隐秘的"自然"/"个人"怪癖采取的立场进行监管的问题。这也是为什么说，在更一般的层面上，伪自然化的种族-宗教冲突是特别适合全球资本主义的斗争形式的原因：在我们这个"后政治"时代，一旦真正的政治逐渐被老练的社会行政（social administration）取而代之，剩下的仅有的冲突资源就是文化（宗教）张力或自然（种族）张力了。[2] 评估正是社会提升（social promotion）——社会提升对特别适合这个大规模的再自然化（massive renaturalization）——的监管。所以，重申马克思在描述商品恋物癖时语含讥讽地提及的变态逻辑——并把这种变态逻辑视为评估之真理——的时间到了。马克思是在《资本论》第 1 章结束时提及这一逻辑的。他在那引用了莎士比亚的《无事生非》第 3 幕第 3 场中道格培里（Dogberry）向西可尔（Seacoal）提供的建议："一个人长得漂亮是环境造成的，会写字念书才是天生的本领。"[3] 如今，在我们这个评估的时代，成为电脑专家或成功的经理人是环境造成的，拥有漂亮的嘴唇或眼睛却是个文化事实……

民主政治是以最低限度的异化为先决条件的。只有当行使权力之人

1　尽管可以把精神分析视为促成这种倾向的基本工具（因为它把公开的姿势"阐释"为私下里的创伤性冲突的表现形式），但真实的情形却与此截然相反：拉康给我们提供的教益是，不能把我们的符号性身份化约为隐秘精神怪癖的表现形式。

2　我在此利用的是：Alenka Zupancic, *Poetika:Druga knjiga/Poetics: Book Two* (Ljubljana: Analecta, 2005).

3　参见《资本论》，第 1 卷，人民出版社 2004 年版，第 102 页。——译者注

与普通百姓之间存在着最低限制的代议距离（distance of representation）时，才能让行使权力之人对普通百姓负责。在"极权主义"中，这个距离被取消了，领袖应该直接代表人民的意志。结果当然是，（经验上的）人民在其领袖那里甚至被更加彻底地异化了：领袖直接就是人民"真正所是"的东西，就是人民的真实身份，就是人民的真实愿望和利益，而这愿望和利益与其混乱的"经验"上的愿望和利益截然相反。与疏离了其主体的极权主义权力不同，人民——"经验"上的人民——自己疏离了自己。[1]

在其（尚未出版的手稿）《世界的逻辑》（*La logique des mondes*）中，阿兰·巴迪欧详细阐明了革命正义之政治（politics of revolutionary justice）的永恒理念。革命正义之政治的永恒理念包括四个时刻：第一个时刻是唯意志论，即这样的信念：人们可以"创造奇迹"，同时忽视"客观"规律和障碍；第二个时刻是恐怖，即粉碎人民之敌的无情意志；第三个时刻是平等的正义，它是直接、残忍地强加于人，无须理解据说强迫我们逐步进行的"复杂环境"；第四个——最后但同样重要的——时刻是信任人民（trust in the people），这里的陷阱当然在于这个辅助词（"the"）的含混性：被信任的人民究竟是"经验"上的个人，还是大写的人民（People）？以大写的人民的名义，我们可以把代表人民对人民的敌人采取的恐怖行动，转变为对人民本身采取的恐怖行动。

这当然没有以任何方式暗示对民主政治的简单恳求和对"极权主义"的排斥。相反，"极权主义"中也存在着真理的时刻（moment of truth）。黑格尔曾经指出，政治代议制并不意味着人民预先已经知道他们渴望什么，然后命令他们的代表维护自己的利益。他们只是"自在"地知道自己渴望什么。为他们规划利益和目标的，使他们变得"自为"的，是他们的代表。因此"极权主义"的逻辑彰显、设置了总是已经在内部把被代表的"人民"切割开来的分裂。"极权"领袖与精神分析师的分界线甚是纤细，几乎无法为人感知：他们都是小客体，即移情之爱

---

[1] 在这里，德里达严格的表述——"即将到来的民主"——是精确的：民主就是这种"即将来到"，也就是说，如果我们的视域是"即将到来"的视域，是不可化约的、面向高深莫测的未来的视域，那民主就是我们的宿命。

（transferential love）的客体。他们的差异就是下列两者间的差异：一者是变态的社会联系，在这种联系中，变态者知道他人的真正渴望；一者是精神分析师的话语。精神分析师虽然占据"想必之知"的位置，却使之保持空无一物的状态。

我们在此不应该惧怕得出事关领袖形象的激进结论：一般说来，民主政治无法超越务实功利的惯性（pragmatic utilitarian inertia），无法中止"服务于善"的逻辑；因此，正如不存在自我分析一样［不存在自我分析是因为分析性的变化（analytic change）只有通过与精神分析师这个外部形象结成移情性的关系才会发生］，要想激发对事业的热忱，要想彻底改变其追随者的主体立场，要想使其追随者的身份"发生质变"，领袖是不可或缺的。[1]

在非革命的形势与革命的形势之间存在着严格的分界线。在非革命的形势下，我们可以解决迫在眉睫的直接问题，同时推迟重大关键问题的解决。"卢旺达的人民命在旦夕，所以忘记反对帝国主义的斗争吧，先来阻止发生大屠杀。"或者，"我们必须立即消除贫困和种族主义，不要等待全球资本主义秩序的崩溃。"在革命的形势下，这个策略不再有效，我们必须处理重大问题，即使为了解决迫在眉睫的"小"问题，也应如此。所以，在严格的形式的意义上，规定程序（procedure of prescription）的出现象征着"革命的形势"的邻近：政治行动者并不以实用主义的方式解决局部问题，在面对着局部问题或局部僵局时，他超越这些问题并遁入未来。也就是说，他们把这一基本公理（fundamental Axiom）直接设置为解决眼前局部问题的始点。

但是，这并不意味着，真正的革命形势观只涉及短期目标和长期目标的差异。每个纯正的革命性爆发都有"纯粹"暴力的因素。也就是说，纯正的政治革命是无法用"服务于善"的标准——此后多数人的生活在多大程度上得以改善——来衡量的。纯正的政治革命就是目标本

---

[1] 对于某个知识分子的政治激进化所做的极其愚蠢的反驳是："你知道吗，如果你倡导的革命发生了，你将是第一个被枪杀的人？"答案不应该是"不是这样的！"而是"那又怎么样！"这种愚蠢性证明，把主体性的阐明立场（subjective position of enunciation）视为衡量命题真假的终极尺度，是有其局限性的。

身，是这样的行为——它改变了人们关于什么生活才是"好生活"的观念。不同的生活标准（如此标准最终也是更高的生活标准）是革命过程的副产品，不是它的目标。革命暴力通常是通过援引诸如"不打破鸡蛋就做不成煎蛋卷"之类的妇孺皆知的陈词滥调来辩解的。借助于乏味的"伦理"考量，可以轻而易举地使这种"智慧"变得问题重重：目标再高尚，也不能证明实现这一目标的凶残手段是正当的。与这样的妥协态度相反，我们应该直接把革命暴力视为解放性的目的（liberating end）本身。如此一来，应该把上述陈词滥调翻转过来："不做煎蛋卷，你就打不破鸡蛋（如果革命政治不是这样的活动，许多鸡蛋要在这个活动的过程中被打个粉身碎骨，还能是什么？），尤其是在顶着（革命激情的）高温的时候。"暴力的这种过度，即使最"宽容"的自由主义立场也无法甘心忍受。这样说的证据是，一旦涉及弗朗茨·法农（Frantz Fanon）对下列问题的基本洞识——暴力在有效的去殖民化的过程中是不可避免的，"激进"的后殖民主义的美国黑人研究就会局促不安。我们应该在此牢记詹明信的观念：暴力在革命过程中发挥的作用，与世俗财富在加尔文主义的命运逻辑（logic of predestination）中发挥的作用完全相同。尽管暴力没有内在价值，却是革命过程之纯正性的标志，是下列事实的标志——这个过程已经破坏了现存的权力关系。没有暴力的革命，这样的梦想就是"没有革命的革命"（罗伯斯庇尔语）的梦想。

再添加一个最终的扭曲，不妨说，不应该把以暴力的方式打破鸡蛋直接等同于暴力的迸发。一旦我们陷入原乐命令（imperative of jouissance）的恶性循环，选择表面看来与原乐"天然"对立的东西，即对原乐的暴力性放弃（renunciation of jouissance），是巨大的诱惑。这不正是全部所谓的"原教旨主义"的基本的、潜在的主题？难道它们没有呼吁重新引入牺牲的精神，努力阻止当代世俗文化的过度的"自恋享乐主义"（narcissistic hedonism）？不过，精神分析的视角径直使我们能够理解，何以这样的努力一败涂地。放弃享受（"颓废的快乐已经太多！放弃它们，做出牺牲！"），这个姿势导致了它自身的剩余享受（surplus-enjoyment）。所有要求其主体为事业做出暴力性（自我）牺牲的"极权主义"世界，不全都散发着这样的臭味——痴迷于致命的、淫荡的原乐？

反之亦然：以追求快乐为本的生命，必定终结于极度的规训（如此规训能够确保最大限度的快乐），即"健康的生活方式"，包括慢跑、节食、精神放松和尊重他人。超我的享受指令与牺牲的逻辑内在地交织在一起，两者构成了恶性循环，一个极端支持着另一个极端。

这当然没以任何方式暗示，我们应该排除暴力。暴力是需要的，但需要何种暴力？没有千篇一律的暴力。有一种暴力是暴力性地向行动过渡，它只是证明了行动者的无能为力。有一种暴力，其真正目标是确保一切不变。在法西斯主义的暴力展示中，壮观的景象始终都会出现，以确保什么都不会真正发生。还有一种暴力行为，它真正改变某个格局的基本坐标。为了使这种暴力出现，应该通过一个姿势（它是冷漠的拒绝，因而也是彻底暴力性的），通过一个纯粹撤退的姿势［用马拉美的话说，什么都不会发生，位置原封不动（*rien n'aura eu lieu que le lieu*）］，使出现暴力的位置保持开放状态。

这把我们带回到了麦尔维尔的巴特尔比[1]那里。要在字面上理解他的"我宁愿不"（I would prefer not to）。他说的是"我宁愿不"，不是"我不喜欢"（I don't prefer to）。我们由此又回到了康德对否定判断与无限判断的区分上。在拒绝雇主的命令时，巴特尔比不是否定谓语动词，而是肯定非谓语动词：他不说他不想去做，而说他宁愿不去做。[2]就这样，他从"反抗"或"抗议"的政治走向另一种政治的。"反抗"或"抗议"的政治寄生于它所否定的事物上，另一种政治则在霸权立场和对霸权立场的否定的外面开辟新的空间。我们可以想象这一姿势在如今的公共空间中的众多表现形式：不仅有显而易见的"这里有开创新事业的千载良机！"——"我宁愿不"；而且有"发现你的真实和深刻的自我，寻求内心的平和！"——"我宁愿不"；或者，"你可知道我们的环境受到了致命的威胁？请为生态做些什么！"——"我宁愿不"；或者，

---

1 巴特尔比是麦尔维尔（Herman Melville）的文学名篇《巴特尔比》（*Bartleby, the Scrivener: A Story of Wall Street*）中的人物。巴特尔比是纽约市法律事务所雇用的抄写员。刚进事务所时颇勤奋，但只抄写，不做其他事情，后来抄写的工作也不做了，凡事都以"我宁愿不"应答。被解雇后，他拒绝离开事务所。后被捕入狱，死在狱中。——译者注

2 这个观察得自阿伦卡·祖潘奇克，见 Alenka Zupancic, "Bartleby: In beseda je mesto postala/ Bartleby: And the Word Was Made Flesh,"in *Bartleby* (Ljubljana: Analecta, 2004).

"我们在周围看到的那些种族不公正与性别不公正呢？是不是应该多做些努力，以解决这些问题？"——"我宁愿不"。这是最纯粹的减法姿势，它把全部的质的差异化约为纯粹的形式上的最小差异。

如此说来，我们在此阐明的论点与哈特和奈格里在《帝国》中阐明的论点岂不完全一致？他们也把巴特尔比称作反抗目前的社会机器世界的人物，比作对目前的社会机器世界说不的人物。[1]差异是双重的。首先，在哈特和奈格里那里，巴特尔比的"我宁愿不"只被阐释为收拾桌子、与现存社会世界保持距离的第一步；然后需要辛勤地劳作，建设新共同体。如果依旧陷于巴特尔比的状态，我们会处于自杀性的边缘，最终一事无成。不过，从我们的视角看，这正是要避免得出的结论：就其政治模式而言，巴特尔比的"我宁愿不"并非后来要在耐心的积极劳作——即对现存社会世界予以"确定的否定"——中被克服的"抽象的否定"的起点，[2]而是始元（arche），是支撑整个运动的潜在原则。随后的建设工作不是"克服"它，而是体现它。

这使我们回到本书的核心主题——视差转移。巴特尔比的态度不只是两个阶段中的首个阶段、预备阶段，其后会有第二个、更具"建设性"的阶段，即构成新的另类秩序的阶段。它是这一秩序的资源和背景，是这一秩序的永恒根基。再说一遍（这也是最后一遍），巴特尔比的撤退姿势与新秩序的构成之间的差异是视差之异。建设新秩序的狂热的、忙碌的行动，是由潜在的"我宁愿不"来支撑的。"我宁愿不"永远回响在建设新秩序的行动中。或者，如同黑格尔会说的那样，新的后革命秩序并不否定它的奠基性姿势，即把过去一扫而光的破坏性愤怒的爆发，它只是为这种否定性赋予形体。想象新秩序之难，正是想象掌权的巴特尔比之难。因此，从超我-视差（superego-parallax）向巴特尔比-视差（Bartleby-parallax）转移遵循的逻辑是十分严密的：它是从某物（something）向空无（nothing）的转移，是从两种"某物"的分裂向

1　See Michael Hardt and Antonio Negri, *Empire* (Cambridge, MA: Harvard University Press, 2001).

2　对黑格尔式概括的这一明暗暗打，是故意的：哈特和内格里本是两个伟大的反黑格尔派，但在谈及巴特尔比时，竟做了最经典的（伪）黑格尔式的评点。的确，对黑格尔的忽视，在回归最普通、最低俗的黑格尔式主题的掩饰下，迎来了黑格尔的报复。

把某物与空无、把某物与其自身位置之空白（void of its own place）分割开来的分裂的转移。也就是说，在"革命的形势"下，公开律令与其淫荡的超我补充之间的分裂发生了怎样的变化？不是说，以某种形而上学的统一，分裂被彻底消除，我们只是获得了对社会生活的公开监管，荡涤了所有隐秘的淫荡补充。分裂依旧，只是被化约成了结构性的最小值（structural minimum），被化约成了下列两者间的"纯粹"差异：一者是一整套的社会监管，一者是社会监管的不在场之空白（void of their absence）。

我们应该在最一般的存有论差异的层面上得出同样的结论：通过把传统哲学差异化约为"当下如是"（what is）、某物与空无（而非另一种现实、"更高"的现实）的"最小"差异，它把物质层面（physical level）与形而上学层面（metaphysical level）之间、经验层面（empirical level）与超越层面（transcendental level）之间的传统哲学差异推向极致。克服形而上学，并不意味着把形而上学之维化约为普通的物质现实（或以更加"马克思主义"的方式，证明所有的形而上学的幽灵均脱胎于现实生活的对抗），而是把物质现实与另一种现实、"更高"的现实的差异化约为这种现实与其自身的空白的内在差异、分裂，也就是说，识别把物质现实与其自身分割开来的空白。正是这个空白，使得物质现实变成了"并非全部"的现实。[1]这道理同样适用于政治经济的终极视差，适用于下列两者间的分裂：一者是日常的、物质的社会生活之现实（人们彼此互动并与自然互动，人们受苦、消费等），一者是资本的投机之舞（speculative dance of Capital）这一实在界，即资本的似乎已经脱离日常现实的、自我推进的运动。如果我们前往生活明显一片混乱的国家，就能真切体验到这种分裂：我们在那里耳闻目睹了大量的生态衰变和人类苦难，但我们后来阅读的经济学家的报告告诉我们，这里的经济形势

---

1 我们因此应该抵制这样的诱惑，像彼得·斯洛特迪克（Peter Sloterdijk）那样提出存有论差异的某种直接的"存有性"起源，在原始人对工具的使用中（原始人使用工具的目的是与物体互动）发现海德格尔所谓"世界的开放"（opening of the world）之根源。我在世界之内对事物进行物质性的介入，只有在这个约束性的条件下，世界对我才是开放的。see Peter Sloterdijk, *Nicht gerettet. Versuche nach Heidegger* (Frankfurt: Suhrkamp, 2001).

"在财政上甚是健全"……马克思的看法主要还不是把第二个维度化约为第一个维度，以证明商品的超自然的疯狂之舞脱胎于"现实生活"的对抗；相反，他的看法是，没有第二个维度，我们就无法真正把握第一个维度：资本的自我推进的形而上学之舞在操纵大局，为现实生活的发展与灾难提供关键。

第二（或许更为重要），不要把由"我宁愿不"表达出来的撤退化约为"对帝国说不"的态度，而要首先把它化约为我所谓的抵抗之游荡（rumspringa of resistance）的全部财富，化约为所有形式的抵抗，只要这些抵抗能够帮助体制通过确保我们对它的参与再生产自身。如今，"我宁愿不"首先不是"我宁愿不参与市场经济，不参与资本主义的竞争和牟利"，而是——这在某些人看来问题重重——"我宁愿不给供养非洲黑人孤儿的机构捐款，我宁愿不介入阻止在野生动物沼泽开采石油的斗争，我宁愿不把图书送给阿富汗的富有自由主义、女权主义精神的女性……"与直接的霸权性询唤（hegemonic interpellation）——"积极参与市场竞争，更主动，更有效！"——保持距离，正是如今意识形态运作的模式。今天的理想主体（ideal subject）这样自言自语："我很清楚，全部的社会竞争和物质成功都是竹篮打水一场空，我真正的自我在别处！"如果"我宁愿不"还能表达什么东西，那它表达的是，拒绝玩耍"西方佛教"的把戏，说什么"社会现实只是虚幻的游戏"。

表明我们目前的意识形态困境的一个极其含混的指示符，是《沙堡：佛教与全球金融》（*Sandcastles: Buddhism and Global Finance*）。它是由亚历山大·厄伊（Alexander Oey）于 2005 年制作的纪录片。片中的评论者包括经济学家阿尔努·布特（Arnoud Boot）、社会学家萨斯基娅·萨森（Saskia Sassen）、藏传佛教教师钦哲仁波切（Dzongzar Khyentse Rinpoche）。萨森和布特讨论的是全球金融的巨大范围、力量与社会效应、经济效应。据估计，资本市场如今的价值为 83 万亿美元，资本市场只存身于纯粹以自利为基础的系统之内。在那里，通常基于谣言的羊群效应会在几个小时之内推高或摧毁公司——甚至整个经济——的价值。钦哲仁波切以有关人类感知、幻觉和启蒙的沉思反驳他们，他的哲学-伦理主张是："放弃对某些东西的依恋，它们在现实中根本不存在，只是感觉。"这应该是对数十亿美元投机这一疯狂之舞所做的新阐释。佛教的观念是，根本不存在自我，只存在连续的感知之流。与这一观念相呼应，萨森对全球资本的评论是："不是说那里真有83万亿美元。本质上，那只是一组连续的运动。它消失了，它重现了。"

这里的问题当然是：我们如何解读佛教存有论（Buddhist ontology）与虚拟的资本主义世界的结构的并行不悖？这部影片倾向于人本主义的解读：透过佛教的透镜，可以发现，全球资本财富的繁荣只是幻觉，它背离了客观现实，在交易所和会议室达成的交易造成了我们多数人无法看到的人类苦难。不过，如果我们接受了这样的前提，即物质财富的价值、我们对现实的体验是主观的，欲望在日常生活和新自由主义的经济学中发挥着决定性的作用，那么，不可能得出截然相反的结论吗？难道不是这样的吗：我们传统的生命世界以朴素的-实在论的实体主义观念为根基（据此观念，外在现实是由固定的物体构成的），而"虚拟资本"史无前例的动力机制使我们面对现实的幻觉性质？一笔巨大的财富，只因虚假谣言从天而降，竟在几个小时内化为乌有。要想证明现实的非实体性（nonsubstantial character），还有什么比这更好的证据？因此，既然佛教存有论的基本前提是根本不存在"客观存在"，为什么还要抱怨金融期货投机"背离了客观现实"？

关于今日的虚拟资本主义，从佛教的视角能够得出的唯一的"批判性"教益是，我们应该清楚，我们正在应对纯粹的影子剧院，应对非实体性的虚拟实存物（insubstantial virtual entities），因此我们不应全身心地介入资本主义的游戏，在介入这个游戏时，我们应该在内心与之保持距离。虚拟资本主义可以充当走向解放的第一步。虚拟资本主义使我们面对下列事实：我们受苦受难和被人奴役的原因与客观现实无关（根本不存在现实这种东西），与我们的欲望有关，与我们对物质事物的渴望有关，我们对物质事物的过度依附有关；一旦我们摆脱了虚假的实体主义现实（substantialist reality）的观念，我们要做的全部事情就是放弃欲望，保持内心的宁静与距离……难怪这样的佛教成了对今日虚拟资本主义的完美的意识形态补充：它允许我们在参与虚拟资本主义时，保持内心的距离——祈求好运。

正是因为反对这样的介入，巴特尔比才不断重复其"我宁愿不"，而不是"不去做"（not to do it）。它的拒绝不是对确定的内容的拒绝，而是形式性的姿势，是拒绝本身。因此，它与辛祺的"不！"极其类似：它是"挫败"之行为，而不是符号性行为。"我宁愿不"具有清晰的"以一字尽显整句意思"（holophrastic）的品质：它是已经成为客体的能指（signifier-turned-object），是已被化约为惰性污点（inert stain）的能指，它代表着符号秩序的崩溃。

已有两个电影版的《巴特尔比》：一个是 1970 年制作电视电影（TV film），由安东尼·弗里德曼（Anthony Friedman）执导；一个是 2001 年版，它把故事搬到了洛杉矶，由乔纳森·派克（Jonathan Parker）执导。不过，有个经久不息却又未经证实的谣言一直在互联网上流传：还有第三个版本的《巴特尔比》。在这个版本中，巴特尔比由安东尼·博金斯（Anthony Perkins）出演。如果这个谣言被证明虚假不实，那么，"虽然字面意义不真实，但深层意义很真实"的说法比任何时候都更有效：博金斯以其诺曼·贝茨[1]的模式出场，就是地地道道的巴特尔比。我们可以想象巴特尔比在说"我宁愿不"时面露的微笑，那就是诺曼·贝茨在《惊魂记》最后一个镜头中的微笑。他那时直视摄影机，以他母亲的声音说道："我甚至不能伤害一只苍蝇。"其中没有任何暴力的品质，暴力只属于他母亲的固定、呆滞、持久、冷漠的存在。

巴特尔比甚至不能伤害一只苍蝇。使他的出场令人如此不堪忍受的，正是这一点。

1　诺曼·贝茨（Norman Bates）是希区柯克执导的影片《惊魂记》中的男主角。

译者后记

　　齐泽克的这部著作不可小觑。用时下流行的话说，《视差之见》可谓"良心之作"，因为从内容到形式，它都与齐泽克此前的著作存在质的差异：态度更加冷静、客观和理智，思路更加清晰，行文更加流畅，也颇讲究英美哲学追求的形式逻辑，至少讲究"起承转合"和"始叙证辩结"。文字虽不晦涩，却同样艰深，难以理解，这是因为他的想法异于常人，而不是因为他"以艰深文浅陋"——把水搅浑，以掩饰自己的浅薄轻浮，使自己显得莫测高深。

　　迄今为止，齐泽克出版的著作有五六十种之多。但依据学界达成的共识，其中四部著作最为重要，不可不读：第一部是《意识形态的崇高客体》，第二部是《与否定性一起逗留：康德、黑格尔与意识形态批判》，第三部是《发痒的主体：政治存有论的不在场的中心》，第四部是《视差之见》。[1] 这样，齐泽克始于"客体"，中经"否定性"，抵达"主体"，最后则以"视差"审视"客体"、"否定性"和"主体"，可谓独具慧眼和独出心裁。

　　齐泽克独把此书视为自己的代表作（*magnum opus*），道理何在？或许是因为，在这部著作中，齐泽克提出了一套独特的存有论。齐泽克并不刻意强调自己的存有论，相反，他总是给自己的存有论披上黑格尔的外衣，把它说成是黑格尔的存有论。经过齐泽克之手，这样的存有论已经拉康化，或者干脆说，已经齐泽克化。这存有论便是有关"分裂的主体"（split-subject）的存有论，是有关"自我差异的太一"（self-different

---

　　1 《意识形态的崇高客体》（*The Sublime Object of Ideology*），中央编译出版社 2002 年初版，2014 年再版；《与否定性一起逗留：康德、黑格尔与意识形态批判》（*Tarrying with the Negative: Kant, Hegel, and the Critique of Ideology*），未见中文版；《发痒的主体：政治存有论的不在场的中心》（*The Ticklish Subject: The Absent Centre of Political Ontology*），中文版译为《敏感的主体：政治本体论的缺席中心》，江苏人民出版社 2006 年版。

One）的存有论。只有通过视差的转移，我们才能看到这种差异，看到这种"最小的差异"。依据这一存有论，主体和客体都是纯粹的自我关联的否定性（self-relating negativity）而已。如此一来，他把自己原本分散的哲学见解整合起来，使之融为一体。这种存有论在《意识形态的崇高客体》中已露端倪，只是没有系统化而已。《视差之见》则对之详加论述。把齐泽克与其他当代哲学家区分开来的，把齐泽克与巴迪欧的数学存有论（mathematical ontology）区分开来的，都是这一存有论。

　　学界还有一种看法：本书与《发痒的主体》（The Ticklish Subject）一道，构成了齐泽克的完整"哲学体系"。在《发痒的主体》中，齐泽克首先澄清"主体性"（subjectivity）一词，继而使自己与海德格尔主义、法国当代政治哲学、女权主义的解构主义保持距离。齐泽克反对它们的哲学取向。他表明，它们是一丘之貉，全都把笛卡儿式的主体性（Cartesian subjectivity）视为可以实证、自成一体的一致性（identity）。笛卡儿致力于抹除整个现实。它们全都忽略了笛卡儿这一做法的颠覆性蕴含，忽略了主体性的激进之维。笛卡儿式"我思"（"我思故我在"）的重要性无可置疑，精神分析的主体就是笛卡儿式的"我思"。精神分析的主体是"空位"（empty place），只发挥纯粹的结构性功能。只有从人的实体性一致性（substantial identity）退却，主体性才能发挥纯粹的结构性功能。这意味着，真正的主体性只能来自它与实在界的相遇，来自它在与实在界相遇之后的土崩瓦解、分崩离析。换言之，主体不同于意识形态的主体化（ideological subjectivization）过程促成的"自我"，它涉及女性主体（feminine suject）的癔症性质疑。总之《发痒的主体》阐明、澄清了拉康的主体观，促成了齐泽克的主体观。齐泽克认为，只有这样，才能揭示主体在反对资本主义意识形态方面具有的解放性潜能。

　　在描述这两部著作的关系时，齐泽克指出，令主体发痒的，正是视差客体。那么，问题来了：何谓视差？何谓视差分裂？何谓视差客体？视差与实在界、辩证唯物主义、辩证法、意识形态、主体、政治的关系如何？视差如何影响了齐泽克"做哲学"的方式？作为一个哲学家，齐泽克的文艺批评为什么会散发出如此巨大的魅力？译者不揣浅陋，一一回答这些问题。

（1）视差

本书的核心概念是"视差"。"视差"一词源于希腊语中的"παραλλαξις"一词，意为变化。视差本是天文学概念，指从保持一定距离的两个点观察同一个目标所产生的方向差异。从目标看两个点之间的夹角，叫作这两个点的视差，两点之间的距离称作基线。只要知道视差角度和基线长度，就可以计算出目标和观测者之间的距离。一个最简单的实验是：伸出一个手指放在两眼之间，先闭上右眼，用左眼看它，再闭上左眼，用右眼看它，会发现手指相对远方的物体的位置发生了变化。手指与两只眼睛之间的夹角即视差，两只眼睛之间的距离即基线。人在看东西时之所以产生有空间感的立体视觉效果，就是因为视差之故。同一个人，因为两只眼睛存在差距，观察事物的结果不尽相同；不同的人，两只眼睛之间的距离不同，观察事物的结果自然相去甚远。值得注意的是，齐泽克所谓"视差"有时与此不同——他的"视差"更类似于"视角"：在天文学中，如上所述，"从目标看两个点之间的夹角，叫做这两个点的视差"，视差只有一个；在齐泽克这里，"视差"有时指这两个点，因此"视差"不是一个，而是两个。

无论如何，通常由此得到的庸常"教益"是：意识到这一点，我们应该明白，有时候我们需要"换位思考"，适当地放弃一己之见。作为一个"反直觉大师"，齐泽克的用意显然不在于此。当然，他也要求我们在思考问题时改变视角。比如他在谈及政治视差时这样说："要做的全部事情就是轻微地改变我们的视角，所有'抵抗'行动，用不可能的、'颠覆性'的（生态学的、女权主义的、反种族主义的、反全球化的……）要求对当权者狂轰滥炸，看上去都像是这样的内在过程：养活权力机器，为它提供材料，使之正常运行。"但在更多的时候，齐泽克强调视角与视角之间的绝对分裂："视差并不对称。在审视同一个未知因素时，视差是由两个互不兼容的视角构成的。在这两个视角中间，存在着不可化约的非对称性，即最低限度的反射性迂回曲折（minimal reflexive twist）。我们并不拥有两个视角。我们只拥有一个视角，以及在躲避这个视角的事物。透过第一个视角我们无法看到的事物，构成了空白，第二个视角填补了这个空白。"因此，不同的话语世界没有公分母，不同的意义层面没有元语言。这就是齐泽克给视差添加的"迂回曲折"：

> 观测到的差异不仅是"主观"的，不能仅仅归诸下列事实：那个客体就在"那里"，主体借助不同的姿势或透过不同的视点审视它。与此相反，黑格尔会说，主体和客体得到了内在的"调停"（mediated）。于是，发生于主体视点层面上的"认识论"转移，总是对客体自身的"存有论"转移的反映。或者依照拉康的说法，主体的凝视（gaze）总是在"盲点"掩护下，已经刻入那个被感知的客体。盲点"处于客体之内，而非客体本身"。通过这个"盲点"，客体把主体的凝视返还给主体。"当然，图画在我的眼中，但我也在图画中。"

这告诉我们：（1）视差不仅涉及观察者的观察位置的变化，不仅是认识论上的变化，而且涉及被观察客体的变化，是客体自身在存有论上的变化。认识论上的变化，只是存有论上的变化的反映。（2）观察者的观察已经影响了被观察的客体，观察的"盲点"不仅属于观察者，而且属于被观察的客体；观察者的"盲点"是被观察者返还给观察者的。我观察客体，但我也是客体的一部分。"你在桥上看风景，看风景的人在楼上看你。"

"图画在我眼中"，这意味着现实对主体的依赖；"我也在图画中"，这意味着主体已被刻入画面，成了他自己眼中的客观化的碎片。用拉康的话说，主体既发出了阐明之行为（the act of enunciation），又是被阐明的内容（the enunciated content），这构成了"反射性迂回曲折"——主体进入了主体自己建立的画面。正是这种反射性短路，证明了主体的"物质性存在"。"唯物主义的意思是，我看到的现实从来都不是'完整'的。这样说，倒不是因为大部分现实是我看不见、摸不着的，而是因为现实包含着污点（stain），包含着盲点（blind spot）。污点或盲点的存在表明，我被囊括于现实之内。"这与认定"物质第一性、精神第二性，世界的本原是物质，精神是物质的产物和反映"的传统唯物主义相去甚远。用传统的唯物主义的话说，在齐泽克那里，物质包含着意识，意识是物质的一部分，不能把两者截然分割开来。任何现实都是符号性现实。

也就是说，视差不仅源于知识的不足。即使获得了足够的知识，符号性现实依然存在着视差，依然具有非一致性。符号性现实存在着非一致性，不仅因为某些领域还不为人知，而且因为，只要符号性现实的分裂是构成性的（constitutively），视差就是不可化约的。诸如主体与客体、唯物主义与唯心主义、经济与政治之类的两极对立，是不可化约的。对于创造性思维来说，这种不可化约性是必不可少的。我们既不应该陷入不可知论，也不应该陷入折中主义，说什么真理居于两者之间。我们应该维持这种不可化约性，而不是一味和稀泥，或熟视无睹。知识的增长并不能克服视差，因为视差构成了我们所谓的"现实"。简言之，《视差之见》在存有论上的洞察力表现在，现实是未完成的，也是不完整的；现实是不确定的，也是没有充分构成的。之所以说"符号性现实"这个"大对体根本不存在"，也是因为这个缘故。视差意味着"大对体自身的不一致"。

（2）视差之见

齐泽克的"视差之见"一词源自日本哲学家和文学批评家柄谷行人。在此之前，"视差"曾经出现在詹姆斯·乔伊斯的小说《尤利西斯》中："布卢姆先生抬起神情困惑的眼睛，向前踱去。不要再想这个了。一点钟过了。港务总局的报时球已经降下来了。邓辛克标准时间。罗伯特·鲍尔爵士的那本小书饶有趣味。视差。我始终也没弄清楚这个词的意思。那儿有个神父，可以去问问他。这词儿是希腊文：平行，视差。""可不能一进去就信口开河地说些明知道不该说的话：视差是什么？"美国小说家奥森·卡德（Orson Card）比较自己的两部科幻小说《安德的影子》（*Ender's Shadow*）和《安德的游戏》（*Ender's Game*）时，也以"视差"说明二者的关系。

表面上看，齐泽克所谓的"视差之见"类似于海森堡原理

（Heisenberg principle）。根据海森堡原理，客体是不可知的，因为我们对于客观的感知总是把我们的视角——甚至相关的设备——插在我们与现实之间。从这个意义上说，海森堡是"后现代性"的，因为他宣称，客体是绝对不确定的（indeterminacy）。这时，客体成了拉康所谓的"实在界"与康德所谓的"本体"。但在齐泽克看来，从视差的角度看，客体当然是可以确定的，但只能间接地确定，借助于三角测量（triangulation），而三角测量是以观察的不可通约性（incommensurability）为前提的。

（3）视差分裂

视差起于视角的分裂。不知何故，齐泽克没有称之为"视角分裂"（gap of perspective），而称之为"视差分裂"（gap of parallax）。实际上，无论称之为"视角分裂"还是"视差分裂"，都与我们中文里的视差（parallax）同义。使情形变得更加复杂的是，齐泽克有时把视差分裂称为"最小差异"（minimal difference）。"视差分裂的另一个名字就是最小差异。最小差异即'纯粹'差异，它无法立足于实证性的实体性属性（positive substantial properties）。"在审视某些事物时，"我们总在两点之间变换视角（perspective），而两点之间，绝不存在任何综合（synthesis）和调停（mediation）的可能。"它们没有共同的中立地带。康德所谓的"二律背反"就是如此。齐泽克由此介入德勒兹与巴迪欧的存有论之争。

"视差分裂"与齐泽克的其他关键概念——如"消失中的调停者"（vanishing mediator）、"除不尽的余数"（minimal difference）等——同样重要。齐泽克以"视差"整合其哲学，即以"视差分裂"整合其哲学。齐泽克面对着既相互关联又互不兼容的符号世界或现实领域，本书的三大部分关注的也是这样的问题：视差分裂是如何为哲学话语、科学话语和政治话语厘清边界的？三者之间固有的张力何在？齐泽克认为，在哲学话语中，视差分裂表现为下列两者间的分裂：其一是存有性的生命（ontic life），其二是其先验的、超验的可能性之条件，即其存有论的视域（ontological horizon）。这意味着，我们不能从存有论的视域推导出存有性领域（ontic domain），两者是不可通约的。在以神经生物学为代表的科学话语中，视差分裂表现为下列两者的分裂：其一是人类的意义世界，其二是脑壳内的那团肉。这个意味着，对人类行为的任何确凿说明，都无法解释我们的下列努力——我们可以违反自发的心理倾向，违背自身的利益，形成心理取向上的矛盾：我爱她，但我因此恨自己（I hate to love her）；我恨他，但我喜欢恨她（I love to hate her）。在政治话语中，视差分裂即不可化约的社会对抗。

　　齐泽克罗列了多种视差模式。这些模式涉及量子物理学（波粒二象性）、神经生物学（脑壳与意识的分裂）、存有论、实在界、欲望与驱力的分裂、无意识甚至"阴道"。但齐泽克主要关注的，是视差分裂的三种模式。第一种是存有论差异（ontological difference），它是最重要的视差分裂，是我们认知现实的前提条件。第二种是科学视差（scientific parallax）的分裂，它是下列两者间的分裂：一者是对现实的现象性体验，一者是对这种体验的科学解释。这在如今的脑科学中登峰造极。依据脑科学，脑壳除了一团肉，什么也没有，齐泽克称之为"难以承受的非我之轻"（the unbearable lightness of being no one）。第三种是政治视差分裂，即没有任何共同基础的社会对抗（social antagonism）。

（4）视差客体

　　《视差之见》要回答的一个关键问题是：何以不存在能把诸如量子物理学、神经生物学、哲学、精神分析之类的特殊话语模式统一起来的、连贯一致的、包罗万象的存有论？任何话语都涉及抽象化的过程，涉及这样的意向性努力——把事实上全然不同的现实的诸方面化约为可以理解的统一体。《视差之见》的基本观念就是，正是这样的抽象化过程，正是这样的意向性努力，导致了自身的客体。正是因为这样的抽象化过程，正是这样的意向性努力，导致了这样的结果：意义世界总是包含着污点、盲点或不可通约性，污点、盲点或不可通约性意味着主体已经被包括在意义世界之中。这意味着，那个"深不可测的未知因素"（unfathomable X），那个导致了视差分裂的视差客体，正是主体自身之内的某种东西。

换言之，视差分裂是差异或对立，如此差异或对立并不以实证性属性为根基，因为从存有论的角度看，差异或对立先于实际存在之物的差异。视差转移并非两个视角之间的转移或并置。更重要的是，它是纯粹的、最小的差异，它是不可通约的，它甚至使一个视角或一个客体与自身分道扬镳。之所以说现实是辩证的，是因为并不存在纯粹的自我一致性（self-identity）：任何事物的一致性，任何事物之现实，都涉及它的大对体，即它们所不是的东西，因此都无法与自身保持一致。与自身都不能保持一致的东西，就是视差客体。视差客体就是自身分裂、自身不一致的客体。

视差客体就是小客体（*objet petit a*）。小客体不是我们的欲求之物，小客体是我们的欲望的客体-成因，它启动了我们的欲望之旅。欲望是转喻性的，它总是"吃着碗里的，看着锅里的"，总是"这山望着那山高"，总是从一个能指滑向另一个能指，从碗滑向锅，从一座山滑向另一座山。但是，通过转喻性的位移，欲望维持了其最限度的一致性。小客体为这种一致性既提供了形式框架，又提供了动力。齐泽克认为，作为欲望的客体-成因，小客体是"深不可测的未知因素"。它造成了视差分裂：

> 因此，小客体接近于康德的超验客体（transcendental object），因为超验客体代表的是未知因素——超越了客体表象的本体内核（noumenal core），代表的是"在你之内而非你"（in you more than yourself）的事物。因此，可以把小客体界定为纯粹的视差客体（parallax object）：不仅它会随着主体的位移而变化，而且只有当从某个视角观看风景（landscape）时，它才存在，人们才能识别它的出场。说得更确切些，小客体正是视差分裂的成因，正是莫测高深的未知因素。莫测高深的未知因素永远都在躲避符号性把握（symbolic grasp），因而造成了符号性视角（symbolic perspectives）的多样性。

（5）视差与实在界

实在界（the Real）没有实体性的一致性（substantial consistency），它只是视差分裂的同义语。与小客体一样，实在界躲避符号化，它是符号性现实（symbolic reality）的残余。面对绝对分裂的符号性现实，人总是千方百计地遮蔽视差或视差分裂，以制造假想出来的整体感（sense of wholeness）和一致性，进而阻止人与实在界相遇。意识形态对我们的操纵就依赖于此。齐泽克认为，要想重新创造新的符号秩序，唯一的途径就是与实在界相遇，然后通过政治行动穿越整体感和一致性的幻象。齐泽克对克洛德·列维-斯特劳斯在《结构人类学》中列举的一个个案极有兴趣：某个部落存在两个"子群"，如果让他们画出自己村庄的平面图，他们都会画成一个圆形，这是相同之处，不同之处在于，一个"子群"把村庄画成同心圆，一个则把圆形一分为二。这是两种感知的分裂，是"创伤性的内核（traumatic kernel），是村舍居民难以符号化、无法解释、不能'内在化'、不堪忍受的基础性对抗，是社会关系中阻止共同体成为和谐整体并长期稳定的不平衡"。这种创伤性内核、对抗就是"实在界"。只有直对这种实在界，才能寻求新的符号秩序。

因此，在《视差之见》中，齐泽克深化了他对想象界-符号界-实在界这个三元组的阐释，并强调他所谓的"视差实在界"（the parallax Real）与拉康所谓的"实在界"的巨大差异：

> 这意味着，归根结底，就其身份而论，实在界纯粹是视差性的，因而也是非实体性的（non-substantial）：它本身没有实体性的密度（substantial density），它只是两个透视点（points of perspective）的分裂，只有从一个透视点转向另一个透视点时才能觉察其存在。因此，视差实在界（parallax Real）与标准（拉康式）的实在界截然相反。标准（拉康式）的实在界"总是回到它的位置"，也就是说，在所有可能的（符号）宇宙中都保持不变。与之相反，视差实在界可以用来解释，何以同一个潜在的实在界却具有多种多样的表象。它并非一成不变的硬核（hard core），而是引发分歧的根本缘由

（hard bone of contention）。正是这缘由把同一性（sameness）粉碎成了五花八门的表象。就前者而论，实在界是不可能的硬核，我们无法直接面对它，只有透过众多符号性虚构（symbolic fictions）、虚拟性构型（virtual formations）这些镜子才能面对它。就后者而论，这个硬核纯粹是虚拟出来的，实际上并不存在的未知因素。它只能借助于众多的符号构型（symbolic formations），回溯性地重建。那些符号模型"全都明明白白地摆在那里"。

在齐泽克看来，实在界只是两个视角的分裂。只透过一个视角，无法觉察其存在；只有从一个视角转向另一个视角，才能发现其踪迹。可见齐泽克所谓的实在界不同于拉康所谓的实在界：它不是一成不变的硬核，而是虚拟出来的未知之物，是造成视差分裂的"原因"。为了与拉康所谓的实在界区别开来，齐泽克把自己的实在界称为"视差实在界"。

（6）视差与辩证唯物主义

以此为根基，齐泽克要重建"辩证唯物主义哲学"："本书的使命并不在于使辩证法面临不可跨越的障碍，而在于证明，视差分裂提供了使我们能够识别辩证法的颠覆性内核的关键。对于辩证唯物主义哲学的康复而言，把视差分裂真正理论化，是必不可少的第一步。"在这里，任何综合（synthesis）和调停（mediation）都是不可能的。以前的辩证唯物主义采取了中国的"阴阳"模式：阴与阳通过斗争走向综合，融为整体。他则以"把太一与它自身分割开来"的理论解释辩证唯物主义。

这种"辩证唯物主义"与我们理解的"辩证唯物主义"大相径庭。我们理解的"辩证唯物主义"指马克思和恩格斯在批判地吸取德国古典哲学（包括黑格尔辩证法的"合理内核"和费尔巴哈机械唯物论的"基本内核"）的基础上，在总结自然科学、社会科学和思维科学后，创立的一套系统科学的逻辑理论思维形式，包括对立统一、质量互变、否定之否定三大规律。齐泽克所谓的"辩证唯物主义"强调辩证过程的否定性。齐泽克认为，表象之下并无普遍有效的法则。相反，世界是不一致、不完整和不可化约的偶然。要想实现辩证唯物主义尚未实现的潜能，就必须看到视差分裂本身具有的否定性。

不过，齐泽克的辩证唯物主义与下列主张无涉：存在着中立的符号性现实，只是我们对它所做的形形色色的再现扭曲了它；存在着中立的视角，我们透过它观察和描述符号性现实。任何整体性（totality）和一致性都是假象，符号性现实从来都是不完整和不充分的，齐泽克也无意克服符号性现实的不一致性和不完整性。他专注于视差分裂本身，挖潜其中的革命性潜能。他有正题（thesis），有反题（antithesis），但并不致力于使它们达成更高的合题（synthesis），反而指出追求合题这一行为所忽略的东西。他颠覆了传统的哲学难题，因为他表明，处于悖论中的正题和反题都是错误的，它们都是以某物为前提的，没有看到更为基本的问题。在他看来，埃内斯托·拉克劳就是如此——拉克劳的逻辑有一个基本的前提：存在着实证性的仅在外部呈现对立之势的两极：

> 不过，从黑格尔的角度看，这种逻辑依然依赖于在外部完全对立的两极。每一个对立面都是从另一个对立面提取而来的，也就是说，倘若推向极致，每一个对立面都不再需要另一个对立面。如此一来，每个对立面都扑向了另一个对立面。这个事实只能表明，它们是相互依赖的。我们需要百尺竿头更进一步的，是从外部对立或相互依赖走向直接的内在化的重叠（internalized overlapping）。这意味着，不仅一极与它的对立面重合在一起（因为一极要从另一极提取自己，并因此被推向极致），而且一开始就不存在"原初"的两极二元性（duality of poles），只存在太一（the One）的内在分裂。

首先，处于对立状态的两极并不具有实证性；其次，两对的对立并非外在的，而是内在的——它是"太一"的内在分裂，是"太一"自身存在的非一致性。拉克劳忽略了作为这种内在分裂和非一致性，陷入了想象性的完整感（sense of completeness）的泥潭。依据齐泽克的辩证唯物主义，任何人，任何整体性，任何符号性现实，任何二元性的对立体系，都是与自身不一致，都是自身之内的不一致。而且，这种彻底的

"同一（the Same）与其自身的非重合（noncoincidence）"是所有思想的可能性之条件。倘若"同一与其自身完全重合"，那任何思考都是不可能的。因为任何差异系统（system of differences）都是不完整的，对立也永远不能在相互依赖的系统中被中立化。相反，差异被维持，差异被"设置"。总之齐泽克的辩证唯物主义强调分裂、差异和非一致性，颠覆了所有想象性的一致（imaginary unity）。

此外，齐泽克把普通与特殊之间的差异转化为特殊与其自身的分裂，认定普遍与特殊的调停者是贯穿于普遍与特殊的分裂。齐泽克因此否定了普遍性，而否定普遍性乃他所谓的辩证唯物主义的基本特征。通过分析联系密切却又不可通约的话语世界，齐泽克向我们证明，普遍性涉及纯粹的分化（pure differentiation）本身，而他从来都无意于克服介乎不同意义世界之间的视差分裂：一旦我们面对着视差分裂，"我们应该坚持认为，二律背反是不可化约的；我们不应该把激进批判点（point of radical critique）设想为与某个位置相对的另一个确定的位置，而应把它设想为不同位置之间的不可化约的分裂，设想为不同位置之间的纯粹结构性裂缝（structural interstice）。"

总之，以为一致的整体或完整的综合是完全可能的，这种想法是以幻象为根基的。任何符号性现实都是有限的，也不存在一览无余的视角。正是因为这个缘故，如果我们试图"全面、系统、整体地把握事物"，我们就会一无所成。"当然，这里要避开的陷阱，恰恰是试图概括出这样的整体性（totality），它里面包括民主的意识形态、权力的践行以及经济（再）生产的过程。如果要把它们全部纳入我们的视野，那到最后，我们会一无所得。轮廓消失了。"

（7）视差与辩证法

毫无疑问，齐泽克的辩证唯物主义是建立在他对黑格尔的辩证法的独特解读之上的。按齐泽克的解释，黑格尔的辩证法是由三部分组成的：表象-本质-表象。也就是说，从表象（appearance）到本质（essence），然后从本质再回到表象，而不是"更高级的本质"。最终是回到表象，真正重要的还是表象。尽管齐泽克对"后现代主义"或"后现代性"颇不以为然，但在"重视表象"这一面方面，两者不谋而合。众所周知，后现代主义或后现代性重表面（surface）轻本质（essences），重虚构（fiction）轻真相（truth），重尼采式的周而复始的"眼下"（here-and-now）而轻深度（即过去、现在和未来）。

　　齐泽克对辩证法的阐释充满玄机。齐泽克总是提到拉康晚年讲座中提及的"智者迷失"（*les non-dupes errent*，类似于我们中国人所谓的"聪明反被聪明误"）即是一例："人不上当，必定出错（the undeceived are mistaken）。""智者迷失"关注的是"欺骗的结构"（the structure of deception）的问题。剔除符号性现实中的符号、虚构和想象，直面实在界，仿佛是"智者"之举，仿佛只有这样，人才不会上当。其实这样的"智者"之举，才会真的令人步入歧途。比如，人人都知道人在恋爱之时会沉迷于幻象，人人都知道，令自己神魂颠倒的只是假象，两人情意绵绵地拥抱在一起，与拥抱一根木头无异，甚至做爱也不过是高级自慰而已，但又必须沉迷于这样的假象，否则"必定出错"——没有恋爱，更没有婚姻，没有后代，甚至没有未来。明知"枕上绸缪，被中恩爱，是五殿下油锅中生活；罗袜一弯，金莲三寸，是砌坟时破土的锹锄"，却依旧沉迷于此，依旧"上当"，才不会"出错"。

　　美国影片《阿甘正传》可谓这方面的典范。阿甘先天弱智，智商只有 75，却阴差阳错地成为橄榄巨星、越战英雄、乒乓球外交使者、亿万富翁。他是一位圣愚式的人物，他有着"金子一般的心"，毫不迟疑地执行上级的指示，既没有盲目狂热的激情，也不对意识形态进行质疑。他拒绝哪怕最低限度的詹姆逊所谓的"认知绘图"，深陷于同义反复的符号机器。即是说，他对如此这般的符号机器并没有保持反讽的距离，没有敬而远之。他目睹或参与了许多伟大的历史政治事件，至于这些历史政治事件包含着怎样的意义，他根本就一无所知，也不想知道。他从来不问自己，为什么要打橄榄球，为什么要参加越战？为什么要打乒乓球？为什么要去海上打鱼？他不是一个"智者"，而是一味沉迷于表象、现象、假象，却时进马到成功。他的心上人珍妮全身心地投入到当时的意识形态战斗之中，竭尽全力反对越南战争。简言之，她参与了历史，并努力理解当时事件的意义及结构，结果呢，却是搬起石头砸了自己的脚，落了个一败涂地的结局，死于一场世纪瘟疫（艾滋病），成为"智者迷失"的范例。

我们一直主张"透过现象看本质"，似乎"本质"比"现象"更重要。其实，在齐泽克看来，"现象"比"本质"更重要。幻象、假象的重要性不言而喻。假话是假话，真话也是假话。以假为真，固然如此，以真为假，亦复如是。说假话，容易为人揭穿；实话实说，却能以假乱真。"你是干什么的？""咳，我没啥正当职业，喜欢偷偷摸摸。""你这人真会搞笑。"其实他真是小偷，如假包换。"那人长得像个傻瓜，说话像个傻瓜，做事像个傻瓜。你可千万别上当，他真是个傻瓜。"不要相信什么"大智若愚"的鬼话，他是典型的"大愚若愚"。"远看像个逃荒的，近看像个要饭的，仔细一看，还真是个要饭的（而不是搞钻探的）。"从小偷、傻瓜、乞丐开始，转了一圈，重新回到了小偷、傻瓜、乞丐。始于表象，终于表象。

但齐泽克强调表象的"分裂性"或"悖论性"。"愚蠢的第一印象"通常没有什么"分裂"或"悖论"可言，但一经阐释（"你为是这样，其实并非这样"），"愚蠢的第一印象"的"分裂"或"悖论"便浮出水面。正是因为存在着"分裂"或"悖论"，对现实采取的常识性的、经验主义的看法会被否定、颠覆。但同时被否定的，还有对现实的看法的解读和解析。这些解读看上去颇有新意，甚至独出心裁，但它们属于"愚蠢的第一印象"的一部分。齐泽克之所以被称为"反常识大师"，原因就在这里：人皆以之为是，他独以之为非；人皆以之为非，他独以之为是。他能"是"中见"非"，"非"中见"是"。

这个过程就是黑格尔所谓的扬弃（sublation, *Aufhebung*）。扬弃是黑格尔的辩证法的核心。扬弃是对全部"直接的－物质的现实"的扬弃，它剥离了被扬弃之物的语境，把它丰富的生命特性化约为固定的标记，因而属于"羞辱性工作"（mortifying job）。一旦经过扬弃，被扬弃之物的生命的直接性就会永远丧失。齐泽克举例说：

　　在 20 世纪 60 年代，一位崇尚"进步"的教育理论家拨动了众人的心弦。他那时发表了一篇论文，公布了一个简单实验的结果：他让一群五岁的孩子画出他们在家玩耍时的情形，两年之后，这群孩子已经读了一年半的小学，他让他们再次画出同样的场景。两者间的差异令人震惊：五岁时，他们的自画像生气勃勃、充满活力、色彩丰富，充满了超现实主义的顽皮情趣；两年后，他们变得僵硬死板、低眉顺目，而且绝大多数孩子自发地选择了灰色，尽管他们可以随意选择其他颜色。可以预见，人们把这个实验视作证据，以此证明学校这类国家机器的"压制性"，证明学校的训练和纪律如何毁灭了儿童天生的创造力，云云。不过，从黑格尔的视角看，我们理应反其道而行之，把这个转移视为决定性的精神进步（crucial spiritual progress）之迹象，并对之大加赞美：把生气勃勃的五颜六色化约为灰色的规训，这并未给他们造成任何损失，相反，他们由此获得的收益却不胜枚举……

何以至此？在齐泽克看来，扬弃的过程是从"绿色"的生命直接性（immediacy of life）迈向"灰色"的概念性结构（conceptual structure）的过程，但它能够"重现本质性决断（essential determinations），而我们直接的经验是无法使我们看到这种本质性决断的"。如果在观察事物时花费太多的心血，一味关注细节，无意于对细节进行概括性决断，人的认识就永远停留在原始状态。

拉康曾经提到，弗洛伊德曾把事物的多种属性化约为某个单一的支配性特征。齐泽克注意到，柏拉图曾把现实性化约为可能性，把"实然性"化约为"应然性"："某物之概念——理念——总是将某个道义维度（deontological dimension）赋予该物，总是指定：为了使之充分实现自身，该物应该成为怎样之物。"这都是把事物的众多属性化约为该物的"真正现实"之内核，但同时又会突显事物的内在潜力。这是化约和决断（determination）的魅力，也是扬弃的魅力。通过化约、决断和扬弃来审视世界，其实就是透过众多潜在性之镜（lenses of the potentialities）领悟周围世界的现实性。或者用黑格尔的话说，通过化约、决断和扬弃审视世界，"设置"了周围世界的现实性。

那些孩子把自己画得"僵硬死板、低眉顺目"并选择灰色为主色调，这会使他们认识到生活的多面性：生气勃勃、五颜六色只是生活的一个维度，死气沉沉、色彩单一也是生活的重要维度，正是因为这个维度（"大对体"）的存在，才突显出与之相对的生活维度的鲜明特点，才使他们明白：真正的生活是怎样的，真正的生活应该是怎样的，什么样的生活才真正值得一过。生活充满了众多的可能性。萨尔曼·拉什迪（Salman Rushdie）曾经说过："文学是这样的所在，我在那里探索人类社会的最高点和最低点（Literature is where I go to explore the highest and lowest places in human society）。"文学的魅力也在这里：呈现生活的多个维度和多种潜能，同时将道义维度赋予生活——让我们知道何者为"高"，何者为"低"。

（8）视差与意识形态

齐泽克对英美学术界构成巨大冲击。以拉康为代表的法国精神分析、以黑格尔为代表的德国古典哲学传统、以好莱坞为代表的英美的大众文化，乃齐泽克知识的三大背景。但令英美人印象最深的，是他对马克思的意识形态理论的解读。首先，在研究马克思的意识形态理论时，一般人总以《德意志意识形态》为根基和框架，齐泽克对之则视若无物；一般人无法想象《资本论》与意识形态的关系，齐泽克则对《资本论》赞赏有加，并从中挖掘理解马克思的意识形态理论的资源，并卓有成效。其次，齐泽克在本书中论及意识形态时，着重探讨意识形态的功能问题。他向我们表明，幻象是如何使我们的符号性现实成为一个整体的。即使只是为了被人感知，现实也不得不与我们的"幻象性空间"保持一致。隐藏在意识形态主体化这一过程中的幻象因素告诉我们应该如何欲望：幻象为欲望提供坐标，因而构成了欲望。通过幻象，任何主体的经验，任何社会制度，任何政权或文化都被赋予了最低限度的一致性。幻象投射遮蔽了符号性现实的非一致性。但是，只要想象界构成了我们所谓的现实，幻象就会神不知鬼不觉地发挥作用，填补我们视野的盲点。

　　自相矛盾的是，我们生命中最内在、最隐秘之物，却是纯然的外来之物。它是我们的"外隐"（extimate）之核。它决定我们的行为。它是隐秘性的，离我们最近，却又是看不见的，属于"未知之知"（unknown knowns）之境。有些东西我们是知道的，只是我们不知道自己已经知道而已，因为充分意识到它们的存在，会带来创伤，使我们眼中的世界土崩瓦解。一方面，我们"知道"它们，因为它们在支配我们的行为；另一方面，我们的"知道"又没有达到"意识之知"的层面，没有以理性的方式充分意识到它们的存在。危险在于，这些"未知之知"，即我们虽然知道却又不知道我们已经知道的东西，正牢牢地控制着我们。

　　这样的分析颠覆了后现代主义的一种见解：我们如今生活在"后意识形态"的世界中。与之相反，齐泽克表明，信仰或意识形态正在以虚拟的方式发挥作用；即使人人都不真的相信什么，但只要相信，虽然我不相信，别人还在相信（这样的别人就是拉康所谓的"想必相信的主体"），那信仰或意识形态就会继续大行其道。这种"想必相信的主体"支配着我们的选择和日常行为。如果意识形态幻象通过设定人类互动的领域来构成我们的现实，我们如何能够摆脱意识形态？我们如何摆脱我们身在其中的现实？现实感的丧失对我们意味着什么？

　　此外，齐泽克还以阿布格莱布监狱的虐囚案以及天主教教会中的恋童癖为例，说明意识形态大厦是如何以隐含的逾越为根基的，如何用隐含的逾越来支撑的："普遍的、绝对的律令统治只能由最高权力来支撑，而最高权力又为自己保留了宣告例外状态的权利，即为了律令本身的利益而中止法治的权利。如果我们把律令的过度与律令分离开来，使律令丧失其过度，我们就会失去律令（的统治）本身。"如此一来，成功的意识形态成了永远立于不败之地的"不倒翁"：正常运作的意识形态，固然在"正常运作"；对意识形态的批判，不仅无法瓦解意识形态，无法中止意识形态的运作，反而是对意识形态的补充，维持着它继续前行。这样的意识形态批判前景令西方学术界的左派感到绝望。他们无论如何殚精竭虑，如何搜肠刮肚，即使想破了脑袋，也无法设想超越资本主义及其意识形态的任何可能。政治想象力的枯竭，已使西方左派捉襟见肘。

（9）视差与主体

在齐泽克看来，主体也是实在界，也是视差分裂。主体不是"想象性的自我"（imaginary ego），"想象性的自我"只是掩盖分裂、制造统一的幻象（fantasy of unity）。究其实质，主体乃"存在之分裂"（gap of being）。主体在符号性现实中占据某个空位（empty place），发挥结构性功能。主体不是"符号性的主体化"（symbolic subjectivization）的产物——它没有任何实体性、一致性的内容。这样的主体是如何获得彻底的伦理自主性（radical ethical autonomy）的？齐泽克不得不面对这个问题。

齐泽克认为，现代脑科学为主体获得彻底的伦理主体性提供了依据。最新的脑科学研究表明，大脑结构具有可塑性，并一直处于变化和发展之中：

> 这种发展并不是由基因预先规定的，基因所做的与此正相反：基因影响大脑的结构，大脑具有可塑性，这样一来，如果大脑的某些部分被频繁使用，那它们就会更为发达；一旦它们失效，大脑的其他部分就会发挥它们曾经发挥的功能，等等。我们在此面对的不仅是分化，而且是跨越分化（trans-differentiation），"改变差异"。学习和记忆在强化或中止突触联系（synaptic links）方面发挥着关键作用：神经细胞"记住"了它们的刺激，积极地结构它们，等等。庸俗唯物主义和唯心主义同心协力，共同反对这种可塑性：唯心主义要证明，大脑只是物质，是必须从外部激活的中继机器，而不是活动的场所；唯物主义要维持它的机械唯物主义现实观。这可以用来解释，何以那个奇怪的信念尽管已在经验上被驳斥却依然屹立不倒：与其他器官不同，大脑并不成长或再生；它的细胞只是渐渐死去。这种观点忽视了下列事实：我们的心灵不仅反映世界，还是与世界进行转换性交换（transformative exchange）一部分，它"反映"着转化的可能性，通过可能的"方案"审视世界，而且这种转化还是自我转化，这种交易还把大脑改为心灵的生物学"场所"。

总之，齐泽克赞成主体获得彻底的自主性，获得彻底的自由，这与最新的脑科学研究是一致的：大脑的结构具有可塑性，主体当然也具有自主性。

主体是符号化（symbolization）所固有的空白或分裂，它是作为下列两者的悖论性关系形成的：一者是空无一物、"非现象性"的主体，一者是某种现象（phenomena），即基础性的幻象，它是主体无法企及的。

（10）视差与政治

在本书中，齐泽克透过黑格尔和拉康解读哲学、科学和政治理论，借助辩证思维和精神分析范畴分析当代文化，重新激活马克思主义对全球资本主义的批判。齐泽克展示了不可根除的否定性（negativity）发挥的功能。他向我们证明，认识到分裂——包括被阐明的内容与阐明之行为的分裂——能使我们摆脱晚期资本主义在意识形态上对我们的操纵。

首先，真理是否可能？要想使真理成为可能，必须具备怎样的条件？齐泽克认为，以前的哲学家对这个问题的回答无法令人满意。在这样做时，他还打开了这样的可能性：为政治左翼确立新的起点。齐泽克向我们表明，资本主义全球化的成功是以自我具有的想象性的客体属性（imaginary object character of the ego）为根基的。在政治生活中，想象性的自我认同（imaginary ego identifications）发挥着这样的功能——掩盖不可化约的社会对抗。要想获得解放，我们就必须认识到，主人能指隐藏的不仅是公开律令的隐秘的非一致性，还有超我指令。晚期资本主义的超我指令是"享受"。

面对这种困局，齐泽克无计可施，只能以奇异的招数应对之。在他看来，拒绝这种超我指令的方式，不是任何形式的抗议，因为任何任何形式的抗议，都寄生于它要抗议的事物之上。那该怎么办？齐泽克主张，既不接受超我的指令（不去"享受"），又不采取任何行之无效的反措施。他把这种举动（或"非举动"）视为自我解放的第一步："'反抗'或'抗议'的政治寄生于它所否定的事物上，另一种政治则在霸权立场和对霸权立场的否定的外面开辟新的空间。"一旦我们转到了政治视差分裂的另一面，我们就从"巴特尔比的隐忍"走向了对社会对抗的直接介入。这样一来，拉康式行为就会采取集体性社会行动的形式。在这个过程中，主体会改变形势的坐标，实现齐泽克所谓的"介乎恐惧和战栗之间的政治"。

齐泽克相信，马克思主义是一种经济学说而不是一种政治学说。马克思主义坚持经济制度的优先性，坚持把作为经济制度的资本主义视为政治、社会、文化、精神等的终极视域。那如何看待政治与经济在现实中和历史上的融合？齐泽克以其精心阐释的视差模型来回答这个问题。拉康认为"根本不存在性关系"。如果这是对的，"那么，在真正的马克思主义看来，根本不存在经济与政治之间的关系，不存在能使我们立足于同一中立立场，把握这两个层面的'元语言'，尽管——或者说因为——这两个层面难解难分地交织在一起。"由此导致的实际结果令人惊诧："用那对古老而美好的马克思主义范畴——经济基础与上层建筑——来说：一方面，我们应该顾及在现实中发生的、'客观'的、物质的社会经济过程具有的不可化约的二元性；另一方面，我们还要顾及真正的政治-意识形态过程。如果政治领域尽管天生就是'不毛之地'，天生就是影子剧院，但在转化现实时依然发挥着生死攸关的作用呢？尽管经济是真正的场所（real site），政治是影子剧院，但主要的战斗还是要在政治和意识形态中进行。"对于西方左翼来说，这可能是个不错的出发点，比当前无休无尽的"身份与社会阶级"之争更有价值，也比齐泽克对"巴特尔比"的反思更清晰。就这样，齐泽克展示了马克思主义在哲学上的有效性。在当代西方学者中，大概只有齐泽克能够做到这一点。其他人，即使忠诚的马克思主义者，面对如此纷繁复杂的社会-政治局势，恐怕也只能作壁上观了。

某些学者认为，齐泽克是卢卡契式的马克思主义者。拉克劳甚至怀疑齐泽克对斯大林主义怀有深深的眷恋。其实，齐泽克充其量也只是一只披着狼皮的羊。本书终篇之时，齐泽克赞赏的不是斯大林，甚至不是列宁，而是"没有任何暴力的品质"的巴特尔比，他"甚至不能伤害一只苍蝇"——"使他的出场令人如此不堪忍受的，正是这一点"。

（11）视差与"做哲学"

作为一位欧陆哲学家，齐泽克每书必谈哲学，必谈拉康、黑格尔和马克思，还会谈康德、斯宾诺莎、克尔凯郭尔。这不奇怪。奇怪的是，作为一位欧陆哲学家，他还必提形形色色的逸闻，必开五花八门的玩笑（特别是讲马克斯兄弟们讲过的笑话），必论卡夫卡等一般人难以理解的作家（他对卡夫卡的解读相当精辟，非一般人所能及），当然也不会放过史蒂芬·金、派翠西亚·海史密斯之类的通俗作家，更不放过希区柯克、伯格曼之类的电影大师，不会放过瓦格纳、莫扎特之类的歌剧作家。他还必谈认知科学和神经科学取得的最新进展，必提当下的种种政治、经济、文化事件，必论令人瞠目结舌的神学问题，必说德里达、德勒兹等人之间的论争，甚至以排泄与交媾点缀其间……

对齐泽克而言，哲学是一门"表演艺术"：他俨然一位杂耍大师，玩着令人眼花缭乱的把戏，令人大有"五色令人目盲，五音令人耳聋"之虞。他的著作，那些与他有着相似的知识背景和学术背景的人读来，自然心醉神迷；那些与他有着完全不同的知识和学术背景的人读来，难免丈二和尚——摸不着头脑。读过来，读过去，如同坐在过山车上，忽上忽下，忽左忽右，头昏脑涨。这表明，阅读此书，需要广泛的知识积累和开阔的学术视野，还有要良好的心理素质——勇于迎接挑战。只有这样，才能从中获得阅读的快感。

你不能不赞叹齐泽克的精辟：他对政治、经济、哲学、文化、电影、小说、诗歌甚至舒曼的《幽默曲》的解读，不仅新意迭出，而且极具挑衅性——向读者的常识感和道德神经发起强劲挑战——和洞察力。你不能不赞叹齐泽克的惊人的博学：他几乎无所不知，无所不谈，无所不写，俨然上帝一般。他从一个文本滑向另一文本，从一种解读转向另一种解读。即便如此，人生有涯，学海无涯，更难免自身的盲点。比如，齐泽克喜谈宗教，但有学者指出，如果他认真读过法国人类学家路易·杜蒙（Louis Dumont）的著作《个人主义论说文集》（*Essays on Individualism*）或彼得·布朗（Peter Brown）的《西方基督王国的崛起》（*The Rise of Western Christendom*），他对宗教的看法就会大为改观。

　　有学者对齐泽克蜻蜓点水般的旁征博引不以为然，认为这样容易使读者买椟还珠、舍本逐末、因小失大、只见树木不见森林的后果。不错，齐泽克对堆积如山的"例证"始终兴趣不减。灵光一闪之后，他便旁若无人，或荤或素，洋洋洒洒，夸夸其谈，甚至口不择言。他的思维类似于黑格尔所谓的"图像思维"（picture-thinking）。这也予人这样的感觉：和齐泽克的所有著作一样，从传统的视角看，本书结构相当松散，并非"有机的统一整体"。尽管有引论、分部分（第一部分、第二部分、第三部分），有章，有节，甚至还有两个"插曲"，但读者不必过分当真。按部就班地阅读，自然可以；信手翻来，或"风吹哪页读哪页"，亦无不可。甚至可以这样认为：和齐泽克的所有著作一样，本书也是若干"奇思妙悟"的产物，是"精骛八极，心游万仞……观古今于须臾，抚四海于一瞬"的结果。若把本书与黑格尔的《精神现象学·序》进行对比性阅读，我们会发现，两人相去何止千里万里，尽管重新解读黑格尔是齐泽克的"丰功伟绩"之一。

　　也就是说，齐泽克不是以简明的理论方式，环环相扣地严密论证，而是把来自不同语境的例证拼在一起，让自己的看法从中"不证自明"或"不言而喻"。这些例证，有时与其"概念框架"（conceptual framework）相关，有时无关；即使相关，关联性也是时强时弱；无论强弱，都是证明其"概念框架"的实例，并无结构上的必要性——有它不多，没它不少。"且以……为例"，在本书中俯拾皆是。这当然是黑格尔所不齿的，因为黑格尔说过："缜密的考察表明，这一扩展不是通过已经自发具有众多不同形态的同一个原理产生的，而是通过对同一个公式的杂乱无章的重复完成的。这种重复只是外在地应用于不同的材料，因而得到的只是对多样性的乏味展示而已。"[1] 可以断定，在黑格尔眼

---

[1]　原文为："A closer inspection shows that this expansion has not come about through one and the same principle having spontaneously assumed different shapes, but rather through the shapeless repetition of one and the same formula, only externally applied to diverse materials, thereby obtaining merely a boring show of diversity." 参见中文版："但仔细考察起来，我们就发现他们所以达到这样的开展，并不是因为同一个理念自己取得了不同的形象，而是因为这同一个理念作了千篇一律地重复出现；只因为它外在地被应用于不同的材料，就获得了一种无聊的外表上的差别性。"见黑格尔：《精神现象学》上卷，贺麟、王玖兴译，商务印书馆 1979 年版，第 10 页。

中，齐泽克的旁征博引，与那个天生千姿百态的原理无关，而是对其原理的杂乱重复和乏味表演。

这说明，齐泽克"做哲学"（do philosophy）的方式与众不同。在《精神现象学·序言》中，黑格尔不厌其烦地告诉读者，重要的不是他使用的特殊术语、概念、范畴、命题，而是"做哲学"的方式：黑格尔爱"公理"胜过"个人旨趣"，他追求的是普遍的真理，对个人的"一己之见"并无兴趣。齐泽克则反其道而行之。由此导致的直接结果是，齐泽克的"哲学体系"与传统意义上的"哲学体系"大异其趣。有人认为齐泽克的"哲学体系"不成体系，甚至齐泽克的哲学不算哲学。不仅如此，还有人认为辩证法不算哲学，因为哲学永远追求连贯、自足的体系，无须外求。在齐泽克看来，这不是哲学，而是旨在维护现状的意识形态。辩证法不追求连贯、自足的体系，不执着于任何意识形态和所谓的"真理"。辩证法的使命在于解构哲学，甚至解构一切肯定性的陈述和命题。如此一来，与其说辩证法是哲学，不如说它是阿兰·巴迪欧所谓的"反哲学"（anti-philosophy）；与其说黑格尔、拉康和齐泽克是哲学家，不如说他们是"反哲学家"（anti-philosopher）。

和辩证法一样，视差本身也是"反哲学"的，因为它不仅逃避哲学的系统化努力，而且认为哲学的系统化是根本不可能的。哲学不再是哲学，而是"理论"。理论本身就是视差性的。它没有主人能指，即使被拉康所倚重的范畴——如大对体、小客体、实在界等等——也不是主人能指。理论没有最后的结论，一切都要依据局部的术语（local terms）来重新阐释：从伦理学到神经科学，从宗教原教旨主义到《黑客帝国》，从阿布格莱布监狱到德国唯心主义，全都如此，没有例外。

这样的"反哲学"大旗还能打多久？这样的"反哲学"努力会不会因为被"招安"而前功尽弃？答案似乎是肯定的。尽管理论总以根本性的、无法消解的悖论为根基，但它用以完成使命的临时性术语（provisional terms）会随着时间的消逝而不可避免地被"主题化"、物化（reified）甚至商品化，某些临时性术语还会成为主人能指。如此一来，理论过程的自我消耗过程会逐渐变弱并被终止，理论最终会自成体系。"教材出，学术死。"韦勒克和沃伦的《文学理论》的出版，葬送了原本生机勃勃的"新批评"实践。

可悲的是，齐泽克似乎无法逃脱这个厄运。形形色色的"齐泽克学"或"齐泽克研究"的出笼，即为明证。

（12）齐泽克哲学与时代

齐泽克的哲学具有鲜明的时代感。"今昔是何年"是他一直关切的核心问题之一。他要研究后现代社会或晚期资本主义社会及其遵循的逻辑，以揭示后现代社会与主体的性质、特征与变化为天职。只有把齐泽克的诸多命题置于这个框架之内，才能理解其意义。

正是这样的时代，使他刷新了弗洛伊德、拉康的概念、理论。如"超我"，他不再像弗洛伊德那样强调它的压制、评判、禁忌、罪过之维，而是强调它的"淫荡性"。在他看来，我们这个时代，超我的永恒指令不再是"克己复礼"，而是"放纵自己"。超我成了"原乐"。虽然维多利亚女王时代的特立独行之士或许已在享受特定的历史压制，并使自己隐秘情感升华，但那时的"原乐"毕竟与我们在消费社会中享受的"原乐"不同。消费社会的"原乐"是义不容辞的放纵（obligatory permissiveness），即马尔库塞所谓的"压制性的去崇高化"（repressive desublimation）。"原乐"如今成了主体的义务：释放自己的欲望，并以此"实现自我"。齐泽克以"原乐"说明集体性暴力、种族主义、民族主义等，说明个人的力比多投入、选择和痴迷。齐泽克认为，"原乐"是建构大对体（the Other）的主要方式。齐泽克对多元文化主义和人权等政治理想主义的批判，大多以此为根基。所有这些政治理想都以下列可能性为前提：存在着某种终极的集体和谐与妥协，政治行动的目标就是促成这样的和谐与妥协。这些政治理想无视对抗（antagonism）的存在。

再如"死亡驱力"（Thanatos, death drive）。死亡驱力是齐泽克著作中贯穿着的一个永恒主题。"死亡驱力"最早为弗洛伊德所提，弗洛伊德身后的学者一直对此感到迷惑，解释"死亡驱力"的理论层出不穷、矛盾重重。拉康和齐泽克的解释依旧充满悖论。在他们看来，死亡驱力不是死亡之愿（death wish），甚至与死亡无关。死亡驱力不是死，

而是生，而且是永生。它要化身为生命，化身为不朽（immortality），
化身为天谴。它与吸血鬼、活僵尸类似，俨然"永世流浪的犹太人"
（Wandering Jew）。或者说，我们的生命就是死亡驱力的"化身"。它
在我们之内，又多于我们。用马克思的话说，它是我们的类存在物
（species-being）。

（13）齐泽克与文艺批评

　　如前所述，齐泽克的哲学其实是"反哲学"。这种"反哲学"有一
个重要特点——它与文学批评和艺术批评"秘响旁通"。在本书译者看
来，尽管齐泽克以"欧陆哲学家"自诩，骨子里却是风流浪漫、潇洒倜
傥的文学批评家。他对亨利·詹姆斯的《鸽翼》的解读，能见常人所不
能见，显现出异乎寻常的真知灼见。凯特（Kate）是个聪明绝顶、敢作
敢当的女子。母亲去世后，她的富孀姨妈收容了她，一心一意让她嫁个
金龟婿，她却爱上个穷记者邓舍尔（Densher）。凯特这时认识了患有重
病的美国富家女孩米莉（Milly），两人一见如故。但米莉又对邓舍尔一
见钟情。凯特见此，心生一计：利用米莉对邓舍尔的倾情，让邓舍尔接
近米莉，盼着米莉病逝之后，水到渠成地得到她的大笔财富，然后与邓
舍尔喜结连理，从此享受大富大贵的生活。于是三人同游威尼斯，不料
米莉与邓舍尔渐生情愫。凯特见状，虽然为邓舍尔就此爱上米莉忧心忡
忡，却不能戳穿自己的阴谋，使前功尽弃。在这神秘又凄美的水上之
都，三人的情欲纠葛依稀呈现出来。传统上，我们对这个故事的解读只
能停留在肤浅的层面上：神圣的爱情在金钱面前不堪一击，最终三人全
都因为金钱而失去爱情。

　　在金钱面前，神圣的爱情是"如何"不堪一击的？其内在的力比多
机制为何？我们不得而知。只有齐泽克能告诉我们这其中的秘密：

　　　　可以把《鸽翼》解读为这样的故事：米莉在获知以她为针对目
　　标的阴谋后，没有破坏这一阴谋，没有采取报复行动，而是长袖善
　　舞地与之始终配合，从而找到了自主行为（autonomous act）的空

间。当不必要的知晓（甚至是关于知晓的知晓）强加于人时，这部小说的决定性时刻来临了。这种知晓将会如何影响人们的行为？一旦米莉获知了邓舍尔（Densher）和凯特（Kate）的关系，获知了那个阴谋（邓舍尔向她示爱是那个阴谋的一部分），她会怎样做？一旦邓舍尔获知，米莉已经知道他和凯特的计谋，他又会如何应对？在这里，备受煎熬的是米莉：在获知这个阴谋后，她以牺牲的姿势作出回应，把她的财富留给了邓舍尔。这个彻头彻尾的利他主义姿势当然是操纵性的，而且操纵的深刻程度远远大于凯特的阴谋。米莉的目标是，通过把她的金钱留给邓舍尔，摧毁凯特和邓舍尔的关系。她直率地接受了自己的死亡，并把自己的死亡表演为自生自灭的牺牲。这种牺牲，再加上那笔留给邓舍尔的金钱，应该能够使凯特和邓舍尔从此过上幸福的生活……这是摧毁他们的任何幸福前景的最佳方式。她把财富留给了他们，同时又使他们在伦理上不可能接受她的礼物。

无论如何，米莉死了，大笔财富已经顺利到手。揆诸常理，凯特和邓舍尔从此会过上凯特设计的大富大贵的日子。偏偏不能如愿。凯特无法与邓舍尔生活在一起，因为米莉虽然已经死去，但邓舍尔会"天长地久有时尽，此恨绵绵无绝期"，把米莉留在了自己的记忆里，"不思量，自难忘"：

> 这也是凯特无法接受邓舍尔的"爱上对米莉的记忆"的原因：接受这一点，会意味着她接受"保守他或她的小小私密"之逻辑。以一个陈词滥调为例（和所有的陈词滥调一样，这个陈词滥调也包含着些许真理）——男人和女人对下列问题的回答并不一致："有两种类型的伴侣，一种类型与别人做爱，但在做爱时幻想着与你做爱，一种类型只与你做爱，但在做爱时幻想着跟别人做爱，这两种类型，你更喜欢哪一种？"多数男人更喜欢第二种类型，多数女人更喜欢第一种类型。同样，凯特已经准备忍受第一种类型的伴侣（邓舍尔可以与米莉同枕共眠，但在心里只应幻想着与凯特享受鱼

水之欢……），她甚至督促邓舍尔这样做，从而拒绝第二种类型的伴侣（凯特和邓舍尔结为连理，同时邓舍尔幻想着与米莉共赴巫山云雨）。在凯特看来，她跟邓舍尔的婚姻必将如此。

也就是说，"红杏出墙"有两种：一种是肉体上的，一种是"幻想"上的。一般说来，男人不接受肉体上的出轨，女人不接受"幻想"上的出轨。可悲的是，任何性爱都伴随着"出轨"——"幻想"上的出轨。这是否意味着，对于女性而言，性爱中的男人都是不可接受的？对于女性而言，爱情与出轨总是一物之两面？爱情本身就是对爱情的背叛？

齐泽克的洞察力总是令人叹为观止。即使最愚不可及的电影，他也能从中发现人类共同的恐惧与幻象；即使最声名狼藉的宗教，他也能够从中发现人类欲望与驱力的"真相"。

*　　　*　　　*　　　*　　　*　　　*

甘瓜苦蒂，天下物无全美。本书虽为大师的杰作，无奈错讹之处甚多——错字、漏字、语法错误几乎无页无之。齐泽克著作等身，出道以来，每年均有若干种著作问世，即便是天纵之才，行文亦难免仓促。料想原书编辑亦无尽责。这给本书的翻译带来了困难。有时面对一个无论如何都无法读懂的语句，译者百思不得其解，日坐愁城，束手无策。有时只得与作者联络，有劳作者告知，方知此语错在哪里，那句本意如何。加之译者能力一般，水平有限，虽已尽力，想必错讹之处还是难免，敬祈方家指正。感谢黄灿同学为我校对文稿，并贡献弥足珍贵之见。最后（也是最重要的），真诚感谢浙江大学出版社及出版社领导、北京启真馆文化传播有限责任公司及公司总经理王志毅先生对本人的信任，感谢兢兢业业的编辑张兴文先生。

2014 年 5 月 5 日

图书在版编目（CIP）数据

视差之见 ／（斯洛文）齐泽克著；季广茂译 . — 杭州：
浙江大学出版社，2014.12
书名原文：The parallax view
ISBN 978-7-308-13956-4

Ⅰ. ①视… Ⅱ. ①齐… ②季… Ⅲ. ①齐泽克，S. −
哲学思想 Ⅳ. ①B555.4

中国版本图书馆 CIP 数据核字 (2014) 第 237829 号

视差之见

[斯洛文尼亚] 斯拉沃热·齐泽克 著　季广茂 译

责任编辑	王志毅
文字编辑	张兴文
营销编辑	李嘉慧
装帧设计	八月之光
出版发行	浙江大学出版社
	（杭州市天目山路 148 号　邮政编码 310007）
	（网址：http://www.zjupress.com）
排　　版	北京大观世纪文化传媒有限公司
印　　刷	北京天宇万达印刷有限公司
开　　本	635mm×965mm　1/16
印　　张	40
字　　数	576千
版印次	2014年12月第1版　2025年1月第13次印刷
书　　号	ISBN 978-7-308-13956-4
定　　价	79.00元